中华传世藏书

【图文珍藏版】

群書治要

精华本

[唐]魏征等⊙原著

刘凯⊙主编

第三册

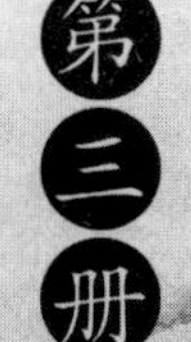

綫装書局

【原文】

"臣又闻圣王之自为动静周旋[①]，奉天承亲，临朝享臣，物有节文[②]，以章人伦。盖钦翼祗栗[③]，事天之容也；温恭敬逊，承亲之礼也；正躬严恪[④]，临众之仪也；嘉惠和说[⑤]，飨下之颜也。举错[⑥]动作，物遵其仪，故形为仁义，动为法则。孔子曰：'德义可尊，容止可观，进退可度，以临其民。是以其民畏而爱之，则而象之[⑧]。'《大雅》云：'敬慎威仪，惟民之则[⑨]。'诸侯正月朝觐天子，天子惟[⑩]道德，昭穆穆以视之[⑪]，又观以礼乐，飨醴[⑫]乃归。故万国莫不获赐祉福，蒙化而成俗。今正月初幸路寝[⑬]，临朝贺，置酒以飨万方，传曰'君子慎始'，愿陛下留神动静之节，使群下得望盛德休[⑭]光，以立基桢[⑮]，天下幸甚。"上敬纳其言。子咸[⑯]亦明经，历位九卿。家世多为博士者。

【注释】

①周旋：古代行礼时进退揖让的动作。《孟子·尽心下》："动容周旋中礼者，盛德之至也。"引申为交往、交际应酬。

②物有节文：物，事。节文，礼节、仪式。

③钦翼祗栗：钦，敬佩。翼，辅助。祗，恭敬。栗，畏惧。

④严恪：庄严恭敬貌。

⑤和说：即"和悦"。

⑥飨：宴飨。

⑦错：通"措"。

⑧孔子曰至则而象之：《孝经》载孔子之言。则，效法。

⑨《大雅》云下二句：见《诗经·大雅·抑》。

⑩惟：思念。

⑪昭穆穆以视之：颜师古注："昭，明也。穆穆，天子之容也。视读曰示。"

⑫飨醴：颜师古注："飨醴，以醴酒飨也。"

⑬路寝：古代天子、诸侯的正厅。

⑭休：美。

⑮基桢：犹根基。基，建筑物的根脚；桢，筑墙时两端之柱。引申为准则、榜样。

⑯子咸：匡衡之子匡咸。因家学渊源，深明经术，历位九卿。平帝元始三年为左冯翊。

【译文】

"臣又听说圣王的言行举止，无论侍奉上天、侍奉父母、君临朝廷、任用臣僚，事事都合礼节制度，以彰显人伦大道。恭敬谨慎，敬畏战栗，是侍奉上天的礼仪；温和、恭敬、谦逊，是侍奉双亲的礼节；端庄自身，严谨恭敬，是治理百姓的威仪；和颜悦色，慈善仁惠，是对待臣下的礼仪。如果言行举止，事事都遵循礼仪，那么他的形象就成为仁义的象征，其行动就成为众人效法的榜样。孔子说:‘品德仁义能够受人尊敬,容貌举止可供效法,进退处世符合法度,这样来治理百姓,那么百姓就会敬畏爱戴他,就会效法他。’《诗经·大雅》说:‘恭敬严谨的威仪,是百姓效法的榜样。’诸侯在正月都来朝廷拜见皇上,皇上依据道德礼仪,以严明肃穆的礼仪接见他们,并表演礼乐,以醴酒宴乐,之后才让他们回去,因此各诸侯国都得到皇上所赐的福祉,都接受圣上的教化,而改进风俗。今年正月初皇上将在正殿接受百官朝贺,摆设酒宴款待八方来宾。经传上说‘君子谨慎于开始’,希望陛下注意举止的礼节,让百官、百姓能够仰望到您盛德的光彩,以建立治国的根基。这样,将是天下的幸运!”皇上慎重地采纳了他的建言。匡衡的儿子匡成也通晓经义,曾官居九卿职务。其后代出了很多经学博士。

【原文】

孔光字子夏,孔子十四世之孙也。会元寿元年[①]正月朔日[②]有蚀之,后十余日傅太后[③]崩。是月,征光诣公车[④],问日蚀事。光对曰:“臣闻日者,众阳之宗,人君之表,至尊之象。君德衰微,阴道盛强,侵蔽阳明[⑤],则日蚀应之。《书》曰:‘羞用五事,建用皇极。’[⑥]如貌、言、视、听、思失,大中之道不立,则咎征[⑦]荐臻[⑧],六极[⑨]屡降。皇之不极,是为大中不立。其传曰:‘时则有日月乱行。’谓朓、侧匿[⑩],甚则薄蚀[⑪]是也。又曰‘六沴’[⑫]之作,岁之朝曰三朝[⑬],其应至重。乃正月辛丑朔日有蚀之,变见三朝之会。上天聪明,苟无其事,变不虚生。《书》曰‘惟先假王正厥事’[⑭],言异变之来,起事有不正也。臣闻师曰,天左[⑮]与王者,故灾异数见,以谴告之,欲其改更。若不畏惧,有以塞除[⑯],而轻忽简诬,则凶罚加焉,其至可必。《诗》曰:‘敬之敬之,天惟显思,命不易哉[⑲]。’又曰:‘畏天之威,于时保之[⑱]。’皆谓不惧者凶,惧之则吉也。”

【注释】

①元寿元年:公元前2年。元寿,汉哀帝刘欣的第三个年号,共计二年。

②朔日:每月的第一天,即初一。《说文》:“朔,月一日始苏也。”

③傅太后:汉元帝妃嫔,汉哀帝祖母。

④公车:唐李贤《后汉书注》引《汉官仪》曰:“公车司马,掌殿司马门,天下上事及征召皆总领之。”公车司马,即公车司马令,简称公车令,秩六百石,掌宫殿中司马门的警卫和接待工作。凡吏民上章,四方贡献,及被征召者,皆由其转达。

⑤阳明:日光之明。

⑥书曰下二句:见《尚书·洪范》。羞,进。五事,指貌、言、视、听、思。皇,大。极,中。

⑦咎征:过失的报应,灾祸应验。

⑧荐臻:接连地来到,一再遇到。《墨子·尚同中》:“飘风苦雨,荐臻而至者,此天之降罚也。”

⑨六极:六种凶恶的事。《尚书·洪范》:“六极:一曰凶短折,二曰疾,二曰忧,四曰

贫,五曰恶,六曰弱。”

⑩朓、侧匿:朓,晦日而月见于西方。侧匿,朔日而月见于东方。又孟康曰:“朓,行疾也。侧匿,行迟也。”

⑪薄蚀:薄食。《吕氏春秋·明理》:“其月有薄蚀。”高诱注:“薄,迫也。日月激会相掩,名为薄蚀。”

⑫六诊:指六气不和。气不和而相伤为沴。

⑬三朝:正月一日,是一年岁、月、日之始,称三朝,或称三始。

⑭惟先假王正厥事:见《尚书·高宗肜日》。言先代至道之王必正其事。

⑮左:背离,不协调。

⑯塞除:堵塞并消除。

⑰诗曰下三句:见《诗经·周颂·敬之》。惟,是。显,明察。思,语气词。命不易,指天命难于常保不变。

⑱又曰下二句:见《诗经·周颂·我将》。

【译文】

孔光,字子夏,是孔子第十四代孙。适逢元寿元年正月初一发生了日食,其后十多天傅太后去世。当月,皇上征召孔光到公车府,询问有关日食的事情。孔光回答说:“我听说太阳是一切阳性事物的本源,是国君的代表,是至高无上的尊严的象征。君主的德行衰微,臣子兴盛强大,侵犯遮蔽了太阳的光明,那么日食现象就会随之发生。《书经》说要‘进用貌、言、视、听、思五事’、‘建用广大中正之道’,如果貌、言、视、听、思五方面有过失,中正之道没有确立,那么凶祸的现象就会逐渐产生,上天给予的凶、恶、疾、贫、弱、忧六种惩罚和灾异就会频繁发生。广大而不中正,就称之为‘大中不立’,书上说‘这个时候就会经常发生日月乱行’,日月不是行得快了,就是转得慢了,甚而至于发生日食的现象。书上又说‘六种恶气堵塞’,正月初一乃是岁之朝、月之朝、日之朝,其感应很强。正月辛丑初一发生日食,是灾异出现在三朝之会。上天是聪慧明察的,如果世间没有什么事情,变异的现象是不会平白无故发生的。《书经》说‘先代至道之王必正其事’,是指变异现象的产生,起因是由于有不正常的事情发生。我听老师说,上天为了辅助君主,就让灾异现象多次出现,以此来告诫君主,要他改变过失。如果君主不感到畏惧,还遮掩敷衍,轻视忽略上天的告诫,欺瞒上天,那么惩罚性的灾难就必定降临,那是无疑的。《诗经》说:‘敬服上天,敬服上天,上天无比神明,承受天命难之又难啊!’又说:‘敬畏天的威力,才能保全平安。’这些都是说不敬畏上天就会遭受凶祸,敬畏上天就会吉利。”

【原文】

薛宣字赣君,东海郯[①]人也。成帝初即位,宣为中丞[②],执法殿中[③],外总部刺史[④]。上疏曰:“陛下至德仁厚,哀闵元元,躬有日仄之劳[⑤],而亡佚豫之乐,允执圣道,刑罚惟中。然而嘉气尚凝[⑥],阴阳不和,是臣下未称,而圣化独有不洽者也。臣窃伏思其一端,殆吏多苛政，政教烦碎，大率咎在部刺史。或不循守条职，举错[7]各以其意，多与[8]郡县事，至开私门，听谗佞，以求吏民过失，谴呵及细微，责义不量力。郡县相迫促，亦内相刻，流至众庶。是故乡党阙于嘉宾之欢，九族忘其亲亲之恩，饮食周急之厚弥衰，送往劳来之礼不行。夫人道不通。则阴阳否隔，和气不兴，未必不由此也。《诗》云：'民之失德，干糇以愆[9]。'鄙语曰：'苛政不亲，烦苦伤恩。'方刺史奏事时，宜明申敕，使昭然知本朝之要务。臣愚不知治道，唯明主察焉。"上嘉纳之。

【注释】

①东海郯：东海，郡名。郯，郯县，即今山东郯城。

②中丞：御史中丞的简称。

③执法殿中：在殿中察举违法行为。

④部刺史：汉代中央派到地方的监察官。又称州刺史。

⑤日侧之劳：谓过了中午还抽不出时间吃饭。

⑥凝：颜师古注："凝，谓不通也。"

⑦举错：即"举措"。

⑧与：同"预"，干预。

⑨诗云下二句：见《诗经·小雅·伐木》。意谓因一点吃饭小事而失和。干糇，即干粮。愆，过失。

【译文】

薛宣，字赣君，是东海郯县人。当时，成帝刚刚登上帝位，薛宣任御史中丞，负责监察朝廷中的执法情况，及统管地方部刺史。他上奏疏说："陛下德行至高，仁慈厚道，怜爱百姓，身体有太阳开始偏西还没来得及吃饭的劳苦，而没有舒服安逸的享乐，诚恳地坚持圣人的大道，施行刑罚非常公正，可是吉祥的气象还没有形成，阴阳没有调和。这是因为臣子不称职，而且圣明的教化还有不和谐的地方。我私下考虑，其中一个原因大概是官吏大多实行苛政，政令和教化繁杂细碎。这其中大部分罪过在部刺史身上，他们有的不遵守规定的职责，举动各自按照自己的心意，经常干预郡县的事务，甚至开启行私请托的门路，听信中伤谄媚之言，来搜求官吏百姓的过错，责备呵斥隐微的过失，不根据能力而一味责求行为的合宜。郡和县相互催促，它们各自内部之间也很苛刻，这种风气也传布到了百姓中。所以乡里缺少接待贵客的喜悦，九族之人忘记了他们之间亲戚的情义，供奉饮食救助危急的忠厚品德更加衰退，送走离开的人、慰劳归来的人的礼节不再施行。社会的道德规范不通行，那么就会阴阳闭塞不通。和顺的气象不兴盛，未必不是因为这个原因。《诗经》说：'人们失去情谊，多是饮食小事上丧失了和气。'俗语说：'政治苛暴人们就不亲附，徭役烦苦就会有损于皇恩。'当刺史禀告政事的时候，应该明确地告诫他们，使他们清楚地知道本朝的要紧事务。我很愚昧不懂得治理国家的道理，希望圣上明察。"皇上赞许并采纳了他的意见。

【原文】

谷永字子云，长安[①]人也。建昭[②]中，御史大夫繁延寿[③]闻其有茂材，除补属，举为太常丞[④]，数上疏言得失。建始三年冬，日食、地震同日俱发，诏举方正[⑤]直言极谏之士。太常[⑥]阳城侯刘庆忌举永待诏公车，对曰："陛下秉至圣之纯德，惧天地之戒异，饬身修政，纳问公卿，又下明诏，帅举直言，燕见紬绎[⑦]，以求咎愆，使臣等得造[⑧]明朝，承圣问。臣材朽学浅，不通政事。窃闻明王即位，正五事[⑨]，建大中，以承天心，则庶征[⑩]序于下，日月理于上；如人君淫溺后宫，般乐游田[⑪]，五事失于躬，大中之道不立，则咎征降而六极[⑫]至。凡灾异之发，各象过失，以类告人。乃十二月朔戊申，日食婺女[⑬]之分，地震萧墙[⑭]之内，二者同日俱发，以丁宁[⑮]陛下，厥咎不远，宜厚求诸身。意岂陛下志在闺门[⑯]，未恤政事，不慎举错，娄失中与？内宠大盛，女不遵道，嫉妒专上，妨继嗣与？古之王者废五事之中，失夫妇之纪，妻妾得意，谒行于内[⑰]，势行于外[⑱]，至覆倾国家，或乱阴阳。昔褒姒用国，宗周以丧，阎妻骄扇，日以不臧[⑲]，此其效也。经曰：'皇极，皇建其有极。'传曰：'皇之不极，是谓不建。时则有日月乱行[⑳]。'"

【注释】

①长安：在今陕西西安市西北。

②建昭：汉元帝的第三个年号。

③繁延寿：即西汉时李延寿。据《汉书·公卿表》载，建昭三年，卫尉李延寿为御史大夫，三年卒。一姓繁。

④太常丞：官名。太常属官。

⑤方正：又称贤良方正，汉代选举科目之一。

⑥太常：官名。掌宗庙礼仪，兼掌选试博士。

⑦燕见紬绎：燕见，即"宴见"，皇帝闲暇时召见臣下。紬绎，理出头绪。

⑧造：至。

⑨五事：貌、言、视、听、思。

⑩庶征：庶，众也。征，证也。

⑪般乐游田：般乐，游乐、玩乐。游田，出游打猎。

⑫六极：一曰凶短折，二曰疾，三曰忧，四曰贫，五曰恶，六曰弱。

⑬婺女：星名，即女宿，二十八宿之一。

⑭萧墙：门屏，宫室用以分隔内外的当门小墙。

⑮丁宁：谓再三告示。

⑯志在闺门：谓留心于女色。

⑰谒行于内：谓内则所请必行。

⑱势行于外：谓外则擅其权力。

⑲昔褒姒用国二句：谓周幽王受褒姒迷惑，使得宗周沦丧。阎妻骄扇二句，谓周厉王

内宠阎妻骄恣炽盛，日食而不善。

⑳皇极二句：见《尚书·周书·洪范》。

【译文】

谷永，字子云，是长安人。建昭年间，御史大夫繁延寿听说他有优秀的才能，拜任他为自己的属吏，后举荐他为太常丞，他多次上奏疏谈论政治得失。建始三年冬季，日食和地震同日发生，皇帝命令选拔贤良方正中敢于直言能够尽力劝谏的士人，太常阳城侯刘庆忌推荐谷永为待诏公车。谷永对答道："陛下秉承至圣的纯正品德。忧惧天地以异象显示的警告，整饬自身，修治国政，询问并采纳公卿的建议，又颁下英明的命令，让众官推举敢于直言的人，抽空召见他们以探究异变发生的原委，来寻求上天降罪的原因，使我们这些士人得以到圣明的朝廷上来，接受圣上的询问。臣才能不佳、学问浅薄，不通晓政事。私下里听说圣明的君主即位，要端正貌、言、视、听、思五事，建立帝王统治的准则，来顺从上天的心意，这样众多吉祥的征兆才会在下面序列出现，日月在天上运行才会有规律。如果君王过分地沉溺在后宫，安于享乐和出游打猎，自身失掉了对五事的修正，大中至正的准则不能确立，那么灾祸的征兆就将降临，而显示惩戒的六种灾异现象就会出现。凡是灾祸异象的出现，各自象征着过失，按类警告世人。于是在十二月初一戊申，日食在婺女之时，地震在萧墙之内，两者同日发生，来再三告示陛下，这些过失不在远方，应当深切地在自己身上寻找原因。臆想难道是因为陛下留心女色，不忧虑政事，不慎重举止，行为屡次失去中正的准则吗？或者是因为宠爱姬妾很过分，女子不遵守妇道，因为嫉妒都想独自占有圣上，从而妨碍了子孙的兴旺吗？古代的君王有的败坏了五事的中正，丧失了夫妇间的纲纪，妻子姬妾得到了宠爱，在内有所请求就一定会得到实施，在外擅用权力，以至于倾覆国家，迷惑扰乱阴阳之序。从前褒姒当权，西周因此丧国；阎妻娇宠日甚，因此出现日食。这是异象的征验啊！经书上说：'帝王统治天下的准则，就是要建立起大中至正的政治。'经传上说：'统治准则不中正，这称作不建，此时就会出现日月运行混乱的现象。'"

【原文】

元延元年[①]，为北地[②]太守。时灾异尤数，永当之官，上使卫尉[③]淳于长受永所欲言。永对曰："臣闻事君之义，有言责者尽其忠，有官守者修其职。臣永幸得免于言责之辜，有官守之任，当毕力遵职，养绥[④]百姓而已，不宜复关得失之辞。忠臣之于匕，志在过厚，是故远不违君，死不忘国。昔史鱼[⑤]既没，余忠未讫，委柩后寝，以尸达诚[⑥]；汲黯[⑦]身外思内，发愤舒忧，遗言李息[⑧]。经曰：'虽尔身在外，乃心无不在王室[⑨]。'臣永幸得给事中出入三年，虽执干戈守边垂，思慕之心常存于省闼[⑩]，是以敢越郡吏之职，陈累年之忧。"

【注释】

①元延元年：公元前 12 年。元延，汉成帝的第六个年号，共计四年。

②北地:郡名。治马领(在今甘肃庆阳西北)。

③卫尉:始于秦,为九卿之一。汉朝沿袭,为统率卫士守卫宫禁之官。

④养绥:养育安抚。

⑤史鱼:春秋时卫国(都于濮阳西南)大夫。也称史鳅,字子鱼,名佗。卫灵公时任祝史,故称祝佗。负责卫国对社稷神的祭祀。孔子称他"直哉史鱼,邦有道如矢,邦无道如矢"。

⑥以尸达诚:史鱼将终,以弥子瑕佞而己不能退、蘧伯玉贤而己不能荐,命子不得以大夫礼葬己。卫灵公入吊,怪而问之,子以实对,灵公叹曰:"此寡人之过也。"乃进蘧伯玉而远弥子瑕。史称"尸谏"。

⑦汲黯:西汉名臣。字长孺,濮阳(今河南濮阳)人。好直谏廷诤,武帝称为"社稷之臣"。

⑧遗言李息:汲黯外调,言于大行令李息,以为御史大夫张汤用事,败坏天下,必当进言于上,否则将并受诛杀。息不敢言。后张汤伏诛,息并得罪焉。

⑨"虽尔身在外"二句:见《尚书·周书·康王之诰》。

⑩省闼:禁中,宫中。

【译文】

元延元年,谷永做了北地郡太守。当时灾祸异象特别多,谷永应当赴任,皇上派卫尉淳于长听受谷永要说的话。谷永对答道:"臣听说侍奉君主的大义,有进言职责的人要竭尽他的忠诚,有官位职守的人要勤于他的职守。臣谷永有幸得以避免不进忠直之言的罪过,而拥有居官守职的责任,本应当全力遵守职责,教养安抚百姓,不应该再涉及关于政治得失的言辞。忠诚的大臣对于君主,志在尽量奉献自己的忠心,因此虽远离京城也不会背叛君主,即将赴死也不会忘记国家。从前史鱼已死,余存的忠诚没有终止,命儿子将自己的灵柩放在后堂,用尸体传达忠诚;汲黯身在朝外而想着朝廷,显露愤懑舒展幽怨,留言给李息。经书上说:'即使你身在朝廷外,心无时不在王室。'臣谷永有幸做给事中出入朝廷三年,而今即便就要持着戈矛守护边疆之地,思念的心却常存在宫中。因此敢于超越郡守的职责,陈述多年的忧虑。"

【原文】

"臣闻天生蒸[①]民,不能相治,为立王者以统理之。方制[②]海内非为天子,列土封疆非为诸侯,皆以为民也。垂三统,列三正[③],去无道,开有德,不私一姓,明天下乃天下之天下,非一人之天下也。王者躬行道德,承顺天地,博爱仁恕,恩及行苇[④],籍税取民不过常法,宫室车服不逾制度,事节财足,黎庶和睦,则卦气理效,五征[⑤]时序,百姓寿考,庶草蕃滋,符瑞并降,以昭保右[⑥]。失道妄行,逆天暴物,穷奢极欲,湛湎[⑦]荒淫,妇言是从,诛逐仁贤,离逖[⑧]骨肉,群小用事,峻刑重赋,百姓愁怨,则卦气悖乱,咎征着邮[⑨],上天震怒,灾异屡降,日月薄食,五星失行,山崩川溃,水泉涌出,妖孽[⑩]并见,茀星[⑪]耀光,饥馑荐臻,百姓短折，万物夭伤。终不改寤，恶洽[12]变备，不复谴告，更命有德。《诗》云：'乃眷西顾。此惟予宅[13]。'"

【注释】

①蒸民：众民，百姓。蒸，众。

②方制：谓方始制定疆域。《汉书·地理志上》："昔在黄帝，作舟车以济不通，旁行天下，方制万里，画壄分州，得百里之国万区。"颜师古注："方制，制为方域也。"王先谦《汉书补注》："《广雅·释诂》：'方，始也。'言黄帝遍行天下，始裁制万里，区别州野。"后引申指疆域。

③垂三统，列三正：三统，指黑统、白统、赤统。汉代大儒董仲舒力倡"三统"说，认为天道终而复始，黑、白、赤三统循环往复。夏朝为黑统，以寅月（正月）为五月；商朝为白统，以丑月（夏历12月）为正月；周朝为赤统，以子月（夏历11月）为正月。每个朝代之始，都应循例改正朔、易服色，以顺天意。

④恩及行苇：《诗经·大雅·行苇》有"敦彼行苇，牛羊勿践履"的诗句，意谓行仁明道，即使卑微如草，也不残伤之。

⑤五征：指雨、暘、寒、燠、风。

⑥右：通"佑"。

⑦湛湎：沉湎，沉迷。

⑧逖：远。

⑨咎征着邮：邮，通"尤"。王先谦引胡三省《通鉴注》云："《洪范》之常雨、常暘、常寒、常燠、常风，为咎征着明也。天现咎征，以有着人君之过也。尤，过也。"

⑩妖孽：草木之异谓之妖，虫豸之异谓之孽。

⑪茀星：即孛星。古代指彗星。茀，音背。

⑫洽：周遍。

⑬诗云下二句：见《诗经·大雅·皇矣》。意谓天以殷纣为恶不变，乃眷然西顾，而授命于周文王。

【译文】

"我听说天生众民，相互不能治理，就设立君王来统领治理他们。划定海内疆域不是为了天子，分封土地不是为了诸侯，都是为了治理百姓。流传三统历法，排列三正次序，抛弃暴虐无道，扩展仁厚有德，不偏私于一姓，从而彰显出天下乃是天下人的天下，不是一个人的天下。君王亲自施行道义仁德，承合顺应天地，博爱宽厚，恩泽布及路边芦苇一样微贱的人，收纳赋税、取用民财不超过常行的法度，宫室车马服用不逾越制度，做事节俭财产富足，百姓和睦，就会阴阳和顺，五种自然现象按时间先后出现，百姓长寿，草木生长繁茂，祥瑞的征兆一齐降临，来显示上天的庇护和扶助。若是无道而行为荒诞，违逆天意残害生物，穷奢极欲，沉湎于逸乐而荒废政事，听从妇人之言，诛杀放逐仁厚贤能的人，离弃骨肉，众小人当权，严峻刑法，加重赋税，百姓愁苦怨恨，就会阴阳悖乱，通过灾兆显示君主的过失，上天盛怒，灾祸异象多次发生，日月相掩而食，五星失去正常的运行，大山崩塌，江河溃决，泉水涌出，妖孽同时出现，孛星放光，荒年相连，百姓夭折，万物早亡。倘若一直不改悔醒悟，使得罪过广布、变异备具，上天就不再责备告诫，而会另外扶立有德的人。《诗经》说：'于是眷然西望，而给予他宅居。'"

【原文】

杜邺[①]字子夏，本魏郡[②]繁阳人也。邺少孤，其母张敞[③]女。邺壮，从敞子吉学问，得其家书，以孝廉为郎[④]。元寿[⑤]元年正月朔[⑥]，上以皇后[⑦]父孔乡侯傅晏[⑧]为大司马卫将军[⑨]，而帝舅阳安侯丁明[⑩]为大司马骠骑将军[⑪]。临拜[⑫]，日食，诏举方正[⑬]直言[⑭]。扶阳侯韦育[⑮]举邺方正，邺对曰："臣闻阳尊阴卑，卑者随尊，尊者兼卑，天之道也。是以男虽贱[⑯]，各为其家阳；女虽贵，犹为其国阴。故礼明三从[⑰]之义，虽有文母之德，必系[⑱]于子。春秋不书纪侯[⑲]之母，阴义杀也；昔郑伯随姜氏之欲，终有叔段篡国之祸[⑳]；周襄王内迫惠后之难，而遭居郑之危[㉑]。汉兴，吕太后[㉒]权私亲属，又以外孙为孝惠[㉓]后。是时继嗣[㉔]不明，凡事多暗，昼昏冬雷之变，不可胜载。窃见陛下行不偏之政，每事约俭，非礼不动，诚欲正身与天下更始[㉕]也。然嘉瑞未应，而日食、地震、民讹言行筹[㉖]，传相惊恐。案春秋灾异，以旨象为言语[㉗]，故在于得一类而达之也。日食，明阳为阴所临。坤卦[㉘]乘离，明夷[㉙]之象也。坤以法地，为土为母，以安静为德。震[㉚]，不阴[㉛]之效也。臣闻野鸡著怪，高宗深动[㉜]；大风暴过，成王怛然[㉝]。愿陛下加致精诚，思承始初，事稽诸古，以厌[㉞]下心，则黎庶群生无不说[㉟]喜，上帝百神收还威怒，祯祥福禄何嫌不报。"

【注释】

①杜邺：字子夏，西汉大臣，茂陵(今陕西兴平市东北)人。生年不详，卒于公元前2年。原籍魏郡繁阳(今河南内黄县东北)，系张敞外孙。幼年丧父母，随舅父张吉生活。初以孝廉为郎。后受大司马王商赏识擢为主簿，不久荐为御史。哀帝刘欣即位之初，任命为凉州刺史。不数年，因病免职。他为人宽厚，平易近人，并善于辞令，尤工古文。留有《元寿元年举方正直言对》文集五卷，另有《灾异对》《说王商》《汉书本传》《书断》等文，均受当时人的赞誉。

②魏郡：郡名。治邺县(在今河北磁县南)。

③张敞：字子高，西汉大臣，河东平阳(今山西临汾西南)人。生年不详，卒于公元前48年，杜邺外祖父。其祖父张孺为上谷太守，父张福事汉武帝，官至光禄大夫。

④孝廉为郎：孝廉，汉代选举官吏的科目名。郎，官名，郎官的泛称。

⑤元寿：即汉哀帝刘欣第三个年号，公元前2年改。

⑥朔：月相名，旧历每月初一。亦专指正月初一。

⑦皇后：此指哀帝刘欣的皇后傅氏，是孔乡侯傅宴之女，哀帝祖母傅太后的侄女。哀帝死后被废为庶人，因为不堪耻辱而自杀身亡。

⑧傅晏:汉哀帝祖母傅太后的叔叔傅中叔之子,汉哀帝皇后傅氏之父,被封为孔乡侯。公元前2年,为大司马卫将军。公元前1年,因乱妻妾之位,免职,迁徙到合浦郡。

⑨大司马卫将军:古代官职名。《周礼》以大司马为夏官之长。西汉武帝刘彻于公元前139年罢太尉,公元前119年始置大司马,加于大将军、骠骑将军、车骑将军、卫将军号前。其位贵比上卿。

⑩丁明:汉瑕丘人。其妹为定陶共王姬,生哀帝。哀帝入立,明封阳公侯,为大司马骠骑将军,辅政。

⑪大司马骠骑将军:古代官职名,其位尊比丞相。

⑫拜:用一定的礼节授予某种名义或职位,或结成某种关系。

⑬方正:古代制科之一。汉文帝时始诏举"贤良方正能直言极谏者",多为举荐;后成为制科之一,有举荐和自荐之别,先荐,后廷试。

⑭直言:直言敢谏。汉晋察举科目名。

⑮韦育:韦玄成孙韦宽之子。

⑯贱:指地位卑贱。

⑰三从:旧礼教认为妇女应该做到在家从父,出嫁从夫,夫死从子,谓之"三从"。

⑱系:拴缚,约束。

⑲纪侯:指的是姜季。

⑳昔郑伯随姜氏之欲二句:郑伯,即郑庄公,姬姓,郑氏,名寤生,历史上非常著名的政治家,春秋时期郑国第三代国君,公元前743年至公元前701年在位。姜氏,指申侯之女武姜,郑武公之妻,郑庄公之母。叔段,郑庄公弟弟。

㉑周襄王内迫惠后之难二句:《左传》僖公二十四年云:周襄王之母惠王宠爱襄王弟王子带,助长其气焰。王子逞借狄师攻襄王,襄王被迫出奔于郑。

㉒吕太后:即汉高祖刘邦之妻吕雉。

㉓孝惠:即汉惠帝刘盈(公元前211年~公元前188年),西汉第二位皇帝(公元前195年~公元前188年在位),刘邦的嫡长子,母亲吕雉。在位七年,死时年仅二十四岁,谥号"孝惠"。

㉔继嗣:后嗣;后代。此特指帝王的继位者,即太子。

㉕更始:重新开始;除旧布新。

㉖行筹:谓以筹码计数。

㉗以旨象为言语:谓天以景象旨意来告喻人。

㉘《坤卦》乘《离》:坤卦,《易经》六十四卦之第二卦。乘,驾驭,超越。离,《易经》六十四卦第三十卦。

㉙《明夷》:易经六十四卦第三十六卦,下离上坤。离为明,坤为顺;离为日,坤为地。日没入地,表示光明受损,前途不明,环境困难,宜遵时养晦,坚守正道,外愚内慧,韬光养晦。

㉚震:地震。

㉛不阴：指不遵“阴”道。

㉜野鸡著怪，高宗深动：指殷高宗祭祀汤时，一只雉飞到祭鼎上鸣叫。古代认为是变异之兆，因此殷高宗深受震动，遂修五德。野鸡，指雉，汉讳吕后之名。

㉝大风暴过二句：相传周成王信流言而疑周公，天乃风雷，偃禾拔木，成王乃启金縢之书，悔而信周公。

㉞厌：师古曰：“厌，满也。”

㉟说：通“悦”。

【译文】

杜邺，字子夏，本是魏郡繁阳人。杜邺年少丧父母，他的母亲是张敞的女儿，因此杜邺壮年时跟随舅舅张吉学习，得到了其家传之书。因举孝廉做了郎官。元寿元年正月朔日，皇上任用皇后的父亲孔乡侯傅晏做大司马卫将军，任用帝舅阳安侯丁明做大司马骠骑将军。到授官时，发生了日食，皇上下令推举方正直言的士人。扶阳侯韦育举荐杜邺方正，杜邺对奏说：“我听说阳者尊贵阴者卑贱，卑贱者跟随尊贵者，尊贵者兼管卑贱者，这是上天的规律。因此男子虽然卑贱，也各自是家里的阳者；女子虽然尊贵，仍是国中的阴者。因此在礼法上要明确三从的规范，即使有文母的德行，一定也要受她儿子的约束。《春秋》不记载纪侯的母亲，是因为妇道衰减。从前郑伯听从姜氏的欲望，终于发生叔段篡国的祸乱；周襄王在国内迫于惠后之难，而遭到移居郑国的危亡。汉朝兴起，吕太后依仗权势偏私亲属，又让外孙女做孝惠皇后，那时继嗣不明确，凡事多隐晦，白昼昏暗冬季打雷之类的异象，多得记载不过来。臣私下里见陛下施行不偏颇的政治，每事节约俭省，凡事不合礼法就不去做，确实是想修正自身与天下一起更换布新。然而好的兆象还没有应验，却发生了日食、地震。百姓听到谣言行筹占卜，相互传说惊惶不安。据《春秋》记载，灾异是上天以景象旨意作为言语告诫人，所以在于获知一类旨喻后来知晓其他的事。日食，表明阳被阴所覆盖，《坤》卦凌于《离》卦之上，是《明夷》的卦象。《坤》用来效法地，为土为母，以安静为德。地震，是不守‘阴’道的效验。我听说野鸡显登鼎怪异之象，殷高宗深被触动；大风猛烈地刮过。成王因此惊恐不安。希望陛下更加精心专诚，考虑承继国初的隆盛，凡事多考查古例，满足百姓的心意，那么黎民百姓就没有不高兴的，上帝百神收回威势和怒气，还哪里用得着忧虑祯祥福禄不来回报呢！”

【原文】

王嘉，字公仲，平陵[①]人也，建平三年[②]代平当[③]为丞相。嘉为人刚直严毅有威重，上甚敬之。哀帝初立，欲匡[④]成帝之政，多所变动。嘉上疏曰：“臣闻圣王之功在于得人。孔子曰：‘材难，不其然与[⑤]。’今诸大夫有材能者甚少，宜豫畜养可成就者，则士赴难不爱其死。临事仓卒乃求，非所以明朝廷也。”嘉因荐儒者公孙光、满昌[⑥]及能吏萧成[⑦]、薛修等，皆故二千石有名称。天子纳而用之。

【注释】

①平陵：县名。在今陕西咸阳市西北。

②建平三年：公元前4年。

③平当：字子思，梁国下邑（今安徽砀山）人。建平二年迁诸吏散骑，光禄勋，拜御史大夫，代朱博为丞相。

④匡：正也。谓纠正其失误。

⑤材难，不其然与：见《论语·泰伯篇》。

⑥满昌：颍川人，字君都，曾跟从匡衡学《齐诗》，官至詹事。

⑦萧咸：萧望之八子当中做到二千石高位的三个儿子之一，字仲君，曾做过丞相史，因举茂材，做好畤县令，后来又曾作淮阳、泗水内史，张掖、弘农、河东太守。在任上的表现都很不错，多次受到增秩赐金的奖励。

【译文】

王嘉，字公仲，平陵人。建平三年，他代替平当作了丞相。王嘉为人刚直严毅而且很有威望，皇上非常敬重他。哀帝刚刚即位时，想要匡正成帝在政事上的失误，在人事上多有变动，王嘉就上疏说："我听说成就圣王的功绩在于得到人才。孔子说：'贤才难得，不是这样的吗？'现今朝中诸多的大夫有杰出才能的很少，应该预先扶植培养可以做出成就的人。这样，在国家危急的时刻就会有士人会为了赴救国难而不吝惜性命。如果到了面临患乱才再匆促间寻求这样的人才，这不是治明朝廷的办法啊！"王嘉于是就举荐了儒者公孙光、满昌以及能干的官吏萧咸、薛修等人，他们都是原来食俸二千石官吏中有很好的声名而且被人称颂的。天子接纳了王嘉的意见并任用了他们。

【原文】

是时，侍中董贤[1]爱幸于上，上欲侯之而未有所缘，傅嘉劝上因东平事[2]以封贤。上于是定[3]躬、宠告东平本章，掇[4]去宋弘，更言因董贤以闻，欲以其功侯之，皆先赐爵关内侯。顷之，欲封贤等。上心惮嘉，乃先使皇后父孔乡侯傅晏持诏书视丞相御史。于是嘉与御史大夫贾延上封事言："窃见董贤等三人始赐爵，众庶匈匈，咸曰贤贵，其余并蒙恩[5]，至今流言未解。陛下仁恩于贤等不已，宜暴贤等本奏[6]语言，延问公卿、大夫、博士、议郎，考合[7]古今，明正[8]其义，然后乃加爵土。不然，恐大失众心，海内引领而议。臣嘉、臣延材驽[9]不称，死有余责。知顺指不迕，可得容身须臾。所以不敢者，思报厚恩也。"上感其言，止。数月，遂下诏封贤等。

【注释】

①董贤：公元前22年至前1年在世，字圣卿，西汉云阳人。董贤是西汉御史董恭之子，是一个美男子。董贤初任太子舍人，汉哀帝即位后改任他职，二年后，哀帝有一天在

宫中望见董贤，被其的仪貌吸引，拜为黄门郎。后拜为大司马。哀帝崩，王莽掌权后，董贤随即失势，自杀而死。《汉书·佞幸传》有其传。

②东平事：东平国境内有两座山，一座叫瓠山，另一座叫危山。某日，危山上的泥土莫名其妙地翻了出来盖在草上，硬是在山上铺出一条像驰道（天子专用）一样的道路来；无独有偶，瓠山发生山体崩裂，有一块巨石侧转起立。东平王刘云和王后听说了这个情况，便自作主张前往瓠山祭祀；按当时当地的风俗，用黄菩草（即忘忧草）扎成神像，还专门撰写了祭文。这件事被投机分子躬夫息、孙宠等人获悉，他们便通过中常侍宋弘告发，说东平王刘云要谋反。哀帝便指示有关部门把刘云及其王后等人逮捕起来，严加审讯。

董贤

③定：谓改治。

④掇：削也。掇去宋弘，谓削去宋弘之名。

⑤其余并蒙恩：董贤以贵宠得封，而其他人（息夫躬、孙宠）遂亦蒙恩。

⑥本奏：奏本。

⑦考合：研究综合。

⑧明正：辨明。

⑨驽：喻愚钝无能。

【译文】

此时，侍中董贤被皇帝喜爱宠信，皇帝想封他为侯却没有合适的机会，傅嘉劝皇上借着东平王之事来封赏董贤。皇上因此决定更改息夫躬、孙宠告发东平王谋反的奏章，去掉了宋弘的名字，改称是因为董贤而听到了这件事，想通过这个功劳来封董贤为侯，将他们三个人都先赐爵为关内侯。过了不久，想册封董贤等人，皇帝心中忌惮王嘉，于是先派皇后的父亲孔乡侯傅晏拿着诏书去给丞相和御史看。于是王嘉与御史大夫贾延进上密封的奏书说："臣等私下里看见董贤等三人刚刚被赐爵，就引来众人的纷纷议论，都说董贤显贵了，其余的人都跟着一起蒙受恩宠，到现在流言还没有消散。陛下不断地施加给董贤等人仁爱恩惠，应该公开董贤等人奏本上的进言，再询问公卿、大夫、博士、议郎等人的意见，研究综合古今之制，辨明其是否合义，这样以后才可以进行加爵封地。如果不是这样（而是随便地加爵封地），恐怕会大失民心，引来天下人的伸颈议论。臣王嘉、臣贾延愚钝无能不称职，即使死了也难逃罪责。明明知道顺从而不违逆圣上的旨意，能够得以片刻的容身，而之所以不敢顺从圣上旨意的原因，是希望报答君主您的厚恩呵。"皇上被他们的话所感动，就中止了这件事，过了几个月，最终还是下命令封赏董贤等人。

【原文】

有诏假谒者节[①]，召丞相诣廷尉诏狱。使者既到府，掾史涕泣，共和药进嘉，嘉不肯服。主簿[②]曰："将相不对理[③]陈冤，相踵以为故事，君侯宜引决[④]。"使者危坐府门上[⑤]。主簿复前进药，嘉引药杯以击地，谓官属曰："丞相幸得备位三公，奉职负国，当伏刑都市以示万众。丞相岂儿女子邪，何谓咀[⑥]药而死？"嘉遂装出[⑦]，见使者再拜受诏，乘吏小车，去盖不冠，随使者诣廷尉。廷尉收嘉丞相、新甫侯印绶，缚嘉载致都船诏狱。

【注释】

①谒者节：官名。节，符节。信物。
②主簿：官名，掌文书、印鉴等，此属丞相。
③理：谓廷尉。汉廷尉相当于古代之大理。
④引决：谓自杀。
⑤使者危坐府门上：此为逼促王嘉的行为。
⑥咀：嚼也。
⑦装出：朝服而出。
⑧都船诏狱：据《百官表》执金吾属官有都船令。其部诏狱，即称都船诏狱。

【译文】

有诏令暂借给谒者符节，召丞相到廷尉诏狱。使者到了王嘉的府上，掾史哭泣着一起和药给王嘉，王嘉不肯服用。主簿说："将相不面对法官陈述冤情，这样沿袭已成旧例，丞相您应该喝药自杀。"使者端坐在府门上（逼迫王嘉喝药）。主簿又上前进药，王嘉拿过药杯掷到地上，对属吏说："丞相有幸得以位居三公，奉行职事时有负国家，应当服刑都市来警示世人。丞相我难道是一个小女子吗？为什么要吃药自杀？"王嘉于是着装出门，见到使者拜了两拜接受了圣旨，乘坐着卒吏的小车，去掉车盖免冠，跟随使者拜见廷尉。廷尉收回了王嘉的丞相新甫侯的印绶，将王嘉绑着用车载到都船诏狱。

【原文】

上闻嘉生[①]自诣吏，大怒，使将军以下与五二千石杂治。吏诘问嘉，嘉对曰："案事者思得实。窃见相等前治东平王狱，不以云为不当死，欲关[②]公卿示重慎；置驿马传囚，势不得逾冬月，诚不见其外内顾望阿附[③]为云验。复幸得蒙大赦，相等皆良善吏，臣窃为国惜贤，不私此三人。"狱吏曰："苟如此，则君何以为罪？犹当有以负国[④]，不空入狱[⑤]矣。"吏稍侵辱嘉，嘉喟然仰天叹曰："幸得充备宰相，不能进贤，退不肖，以是负国，死有余责。"吏问贤、不肖主名。嘉曰："贤，故丞相孔光、故大司空何武，不能进；恶，高安侯董贤父子，佞邪乱朝，而不能退。罪当死，死无所恨。"嘉系狱[⑥]二十余日，不食欧血而死。

【注释】

①生：活着。

②关：通告。

③阿附：指阿附藩王法。《汉书诸侯王表》记汉有附益之法。

④犹当有以负国：谓犹坐以负国之法。当，谓论罪。负国，指背负皇朝，外附诸侯。

⑤不空入狱：意谓入狱有所根据。

⑥系狱：囚禁于牢狱。

【译文】

皇上听说王嘉自己活着去见了官吏，非常愤怒，派将军以下的官员和五个二千石官吏一起会审王嘉。狱吏责问王嘉，王嘉回答说："考问事情的人希望得到事情的真相。我私下见梁相等人以前处理东平王一案，并不认为刘云不应该被处死，只是事情涉及公卿应该要显示慎重；（梁相等人）备置驿马转送囚犯（到京城），势必不能超过冬月，我确实没有发现他们内外观望阿附刘云的证据。恰好那时蒙受皇上大赦，梁相等人都是善良的官吏，我私下替国家爱惜贤才，不是偏爱这三个人啊！"狱吏说："假如是这样，那么你为什么认为判处你的罪名是应该的呢？您一定是辜负了国家，不是无罪而入狱的吧！"狱吏稍稍侵辱王嘉，王嘉就喟然仰天长叹道："我有幸得以充任宰相，不能够举拔贤才、罢退愚才，因此而有负于国家，死有余责啊！"狱吏于是就询问贤与不肖的人的名字，王嘉说："贤才，就是故丞相孔光、故大司空何武，不能举拔；恶人，就是高安侯董贤好，谄媚邪僻扰乱朝廷，却不能将其罢免。我罪该万死，所以死而无恨了。"王嘉被关在狱中二十多天，不吃食物，口吐鲜血而死。

【原文】

嘉为相三年诛，国除。死后上览其对而思嘉言，复以孔光代嘉为丞相，征用何武为御史大夫。元始四年[①]，诏书追录忠臣，封嘉子崇为新甫侯，追谥嘉为"忠侯"。赞曰：王嘉之争，哀哉。故曰"依[②]世则废道，违俗则危殆"。此古人所以难受爵位者也。

【注释】

①元始四年：公元4年。元始，西汉时期汉平帝刘衎的年号，从公元1年至公元5年，共计五年。

②依：顺应。

【译文】

王嘉担任丞相三年被诛杀，封国被削除。他去世后皇上读他的临终答辞而思考他的话，于是用孔光代替王嘉做了丞相，征用何武做了御史大夫。元始四年，皇帝下诏书追录忠臣，封王嘉的儿子王崇为新甫侯，追封王嘉谥号为忠侯。论赞说：“王嘉的谏诤，很悲哀啊！”因此有人说“顺应世俗就会使道义衰败，违背世俗就会使自身危险”，这正是古人难以接受封爵进官的原因了。

儒林传

【原文】

古之儒者，博学乎“六艺”[①]之文。“六艺”者，王教[②]之典籍，先圣所以明天道[③]、正人伦[④]、致至治之成法[⑤]也。周道[⑥]既衰，坏于幽、厉[⑦]，礼乐征伐自诸侯出，陵夷[⑧]二百余年而孔子兴，衷圣德遭季世[⑨]，知言之不用而道不行。乃叹曰：“凤鸟不至，河不出图，吾已矣夫[⑩]！文王既没，文不在兹乎[⑪]？”于是应聘诸侯，以答礼[⑫]行谊。西入周，南至楚，畏匡厄陈[⑬]，奸[⑭]七十余君。适[⑮]齐闻《韶》，三月不知肉味[⑯]；自卫反鲁，然后乐正，《雅》《颂》[⑰]各得其所[⑱]。究观[⑲]古今篇籍，乃称曰：“大哉。尧之为君也，唯天为大，唯尧则之。巍巍乎其有成功也，焕乎其有文章[⑳]。”又曰：“周监于二代，郁郁乎文哉。吾从周[㉑]。”于是叙《书》则断《尧典》[㉒]，称《乐》则法《韶舞》[㉓]，论《诗》则首《周南》[㉔]。缀[㉕]周之礼，因鲁《春秋》，举十二公[㉖]行事，绳[㉗]之以文、武之道，成一王法，至获麟[㉘]而止。盖晚而好《易》，读之韦编三绝[㉙]，而为之传。皆因近圣之事，以立先王之教，故曰：“述而不作，信而好古[㉚]。下学而上达，知我者其天乎[㉛]！”

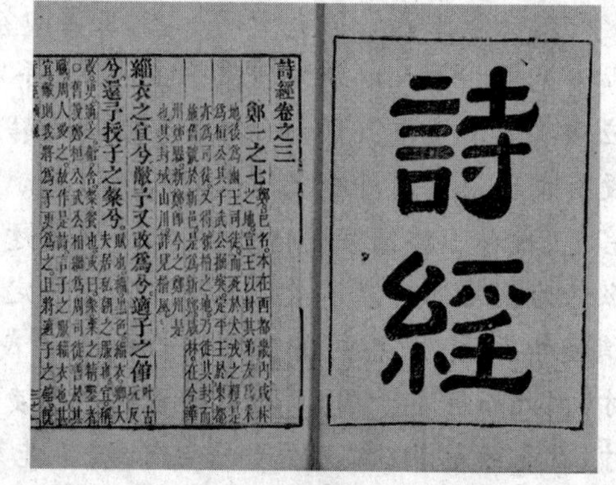

《诗经》书影

【注释】

①《六艺》：古代称《诗》《书》《礼》《乐》《易》和《春秋》六种经书。也泛指各种经书。

②王教：王者的教化。汉刘向《列女传·楚平伯嬴》：“夫妇之道，固人伦之始，王教之端。”

③天道：指自然界的变化规律。

④人伦：是指人与人之间正常的五种关系，即君臣（领导与被领导）、父子、夫妇、兄弟、朋友。

⑤成法：既定之法。

⑥周道：周代治国之道。

⑦幽、厉：周代昏乱之君幽王与厉王的并称。

⑧陵夷：由盛到衰。衰颓，衰落。

⑨季世:末代,衰败时期。

⑩"凤鸟不至"三句:见《论语·子罕篇》。凤鸟,即凤凰。古以为神鸟,祥瑞的象征,它出现就表示天下太平。相传圣人受命,黄河就出现图画。

⑪"文王既没"二句:亦见《论语·子罕篇》。意谓周文王死后,一切文化遗产都在我这里。

⑫答礼:言以礼答之。

⑬畏匡厄陈:畏,拘囚之意。匡,邑名,在今河南长垣西南十五里有匡城。厄,为难,迫害。陈,指春秋时陈国。

⑭奸:音读干,通"干",干谒的意思,指为谋求禄位而谒见当权者。

⑮适:往,到。

⑯三月不知肉味:谓欣赏《韶》入了迷。

⑰《雅》《颂》:《诗经》分《风》《雅》《颂》三部分。此即指《诗经》。

⑱各得其所:整理之意。

⑲究观:仔细观察。

⑳"大哉,尧之为君也"等句:见《论语·泰伯篇》。巍巍,高貌。焕,明也。

㉑"周监于二代"等句:见《论语·八佾篇》。二代:夏代和商代。郁郁,文章盛貌。

㉒叙《书》则断《尧典》:言《尚书》始于《尧典》。《尧典》,《尚书》篇目之一,记载了唐尧的功德、言行,是研究上古帝王唐尧的重要资料。

㉓《韶舞》:舜时乐舞名。

㉔论《诗》则首《周南》:言《诗经》首篇为《周南·关雎》。《周南》,《诗·国风》之一。后人认为《周南》所收大抵为今陕西、河南、湖北之交的民歌,颂扬周德化及南方。汉以后被作为诗教的典范。

㉕缀:连结。引申为紧跟、追随。

㉖十二公:指《春秋》所载鲁国的十二个国君,即隐公、桓公、庄公、闵公、僖公、文公、宣公、成公、襄公、昭公、定公、哀公。

㉗绳:谓治正之。

㉘获麟:《春秋》哀公十四年云:"西狩获麟。孔子曰:'吾道穷矣。'"传说孔子作《春秋》,至此而止。

㉙读之韦编三绝:谓读之爱不释手,故韦(皮绳)再三断绝。韦编,古时以皮绳编缀竹简,故称韦编。据《史记·孔子世家》记载,孔子晚年喜读《周易》,常常翻阅,爱不释手,以致连穿连《周易》竹简的皮条也断了数次。形容好学不倦,勤奋用功。

㉚"述而不作"二句:见《论语·述而篇》。

㉛"下学而上达"二句:言下学人事而上达天命。下学,谓学习人情事理的基本常识。上达,谓上知天命。

【译文】

古代的儒者,对六艺中的文章都广泛地学习。六艺是古圣先王教化民众的经典,是古圣先王用来明天道、正人伦、达到天下大治的成法。周道衰微，坏于幽厉之时，礼乐征伐出自诸侯，衰落二百多年后孔子兴起，由于圣德遭逢末世，知道言不被用，大道不能通行，于是孔子慨叹道："凤鸟不来，河不出图，我实施大道没有指望了啊！""文王已死，礼乐文化之传承岂不在我这里吗？"于是应聘于诸侯，以答礼行义。向西入周，向南到楚，受惊于匡，断粮于陈，拜谒七十多个国君。到齐听到《韶》乐，三月不知肉味；从卫返鲁，然后音乐得以修正，《雅》《颂》各得其所。仔细观察古今篇籍，于是称赞道："尧做君主真伟大啊！只有天最大，尧效法它。他的成就多么高啊，他的礼乐法度多么美好啊！"又说："周借鉴夏商，礼乐文化隆盛，我赞同周。"于是整述《尚书》便从《尧典》开始，称乐便以《韶舞》为法，论《诗》则以《周南》为首。追随周礼，按照鲁《春秋》，列举鲁国十二公期间的行事，用文武之道为标准，成为大一统之王者的不易之法，到获麟为止。晚年喜欢《易》，读《易》次数太多而使连缀竹简的皮带断了好几次，而且还为《易》作了传。都是以近代圣王之事，来确立先王之教。所以孔老夫子说："我只是传承上古圣贤的道统而没有自己的创作发明，对古圣先贤传下来的教诲深信不疑。""下学人事，上达天命，知道我的大概只有天吧！"

【原文】

申公，鲁人也。见上，上问治乱之事。申公时已八十余，老，对曰："为治者不在多言，顾[①]力行何如耳。"

【注释】

①顾：文言连词，但、但看。

【译文】

申公，鲁人。到朝廷后，拜见皇上，皇上询问国家兴衰的事。申公当时已八十多岁，年老，答道："国家安定不在于多说，要看怎样勉力行事。"

【原文】

严彭祖[①]字公子，东海下邳[②]人也。彭祖为宣帝博士，至河南郡太守，以高第入为左冯翊[③]，迁太子太傅[④]，廉直不事权贵。或说曰："天时不胜人事。君以不修小礼曲意，亡[⑤]贵人左右之助。经谊虽高，不至宰相。愿少自勉强。"彭祖曰："凡通经术，固当修行先王之道，何可委曲从俗，苟求富贵乎？"彭祖竟以太傅官终。

【注释】

①严彭祖：本姓庄，班氏因避汉明帝讳改之。
②下邳：县名。在今江苏邳州市西南。
③左冯翊：官名；政区名。汉太初元年（公元前104年）改左内史置。为拱卫首都长

安的三辅之一。治所在长安(今西安市西北)。

④太傅:辅导太子的官,西汉时称为太子太傅。

⑤亡:通“无”。

【译文】

严彭祖字公子,东海下邳人。彭祖是宣帝博士,官至河南、东郡太守。因高第入朝为左冯翊,升任太子太傅,他为人廉直不事奉权贵。有人劝说道:“天命不能胜任人事,您因为不行小礼曲意,没有贵人左右帮助,经义虽然高深,也做不到宰相。希望您稍为勉强一下自己!”彭祖说:“大凡通晓经术之人,本应修行先王大道,怎么能委曲随俗、苟且求取富贵呢?”彭祖最终任太傅官一直到死。

循吏传

【原文】

黄霸字次公,淮阳[①]阳夏[②]人也。以廉称,察补河东[③]均输长[④],复察廉为河南[⑤]太守丞[⑥]。霸为人明察内敏,又习文法,然温良有让,足知,善御[⑦]众。为丞,处议当于法,合人心,太守甚任之,吏民爱敬焉。时,上垂意[⑧]于治,数下恩泽诏书,吏不奉宣[⑨]。太守霸为选择良吏,分部宣布诏令,令民咸知上意,使邮亭[⑩]乡官皆畜鸡豚,以赡鳏寡贫穷者。然后为条教,置父老[⑪]师帅[⑫]伍长[⑬],班行之于民间,劝以为善防奸之意,及务耕桑,节用殖财,种树畜养,去食谷马。米盐靡密,初若烦碎,然霸精力能推行之。吏民见者,语次寻绎[⑭],问它阴伏[⑮],以相参考。尝欲有所司察,择长年廉吏遣行,属令周密。吏出,不敢舍[⑯]邮亭,食于道旁,乌攫[⑰]其肉。民有欲诣府口言事者适见之,霸与语,道此。后日吏还谒霸,霸见迎劳之,曰:“甚苦!食于道旁乃为乌所盗肉。”吏大惊,以霸具知其起居,所问豪氂不敢有所隐。鳏寡孤独有死无以葬者,乡部书言,霸具为区处,某所大木可以为棺,某亭猪子可以祭,吏往皆如言。其识事聪明如此,吏民不知所出,咸称神明。奸人去入它郡,盗贼日少。霸力行教化而后诛罚,务在成就全安长吏。许丞老,病聋,督邮[⑱]白欲逐之。霸曰:“许丞廉吏,虽老,尚能拜起送迎,正颇重听,何伤?且善助之,毋失贤者意。”或问其故,霸曰:“数易长吏,送故迎新之费及奸吏缘绝簿书盗财物,公私费耗甚多,皆当出于民,所易新吏又未必贤,或不如其故,徒相益为乱。凡治道,去其泰甚者耳。”自汉兴,言治民吏,以霸为首。

【注释】

①淮阳:郡国名。治陈县(今河南淮阳县)。

②阳夏:县名。今河南太康县。

③河东:郡名。治安邑(今山西夏县西北)。

④均输长：设在郡治的均输官。

⑤河南：郡名。治洛阳（在今河南洛阳东北）。

⑥太守丞：太守的佐官。

⑦御：领导，团结（人民）。

⑧垂意：注意；留意。

⑨奉宣：宣布帝王的命令。

⑩邮亭：古时传递文书的人沿途休息的处所；驿馆。

⑪父老：同三老，掌教化的乡官。

⑫师帅：表卒。

⑬伍长：古代户籍以五家为伍，设伍长一人。

⑭寻绎：抽引推求。

⑮阴伏：秘诀。

⑯舍：住宿。

⑰攫：抓取。

⑱督邮：官名。郡之重要属吏，代表太守督察县、乡，传达教令兼处理狱讼等事。

【译文】

黄霸，字次公，淮阳郡阳夏县人，以廉洁被察知后升补为河东郡均输长，后又因廉洁被察知而升为河南郡太守丞。黄霸为人善于观察，且思维敏捷，又熟习法律条文，待人接物温良谦让，能体家人，善于团结众人。做太守丞时，处事议政合乎法度，顺应人心，太守十分信任他，老百姓也敬爱他。当时皇上正专心于治理天下，多次下达诏书给民众，但有的官吏却不让百姓知道。太守黄霸却专门选择了优秀的下属吏员，分到各处去发布皇上诏令，让民众都能知道皇上的旨意。他还让邮亭乡官都养上鸡和猪，以赡养鳏寡贫穷的人。然后又制订了条令教则，发给各方父老、师帅和伍长等基层小吏，由其颁行于民间，劝说百姓严防奸盗，并安心于农耕蚕桑之业，节约使用货物资财，种树木、养牲畜，去掉浮华奢侈的浪费。像米粒盐粒一样细密的公事，最初显得烦杂碎乱，然而黄霸却全力以赴地加以推行。官吏民众凡可遇见的人，黄霸都要从其言行中了解有用的情况，询问事情的来龙去脉，以资参考。曾经遇有秘事调查，于是择派一位老成的廉吏前往访察，并令其绝不能泄露机密。廉吏依言出发，途中易服微行，不敢住在驿亭，饿了便躲在路边悄悄地吃些食物，这时忽有一只乌鸦飞来抢走了他手里拿的肉。百姓中正好有一个要到郡府陈报事情的人看到这一情况，便与黄霸讲了此事。日后那廉吏回来拜见黄霸，黄霸迎上前慰劳他，说："太辛苦了！在路上吃饭还被乌鸦抢走了肉。"廉吏大惊，以为黄霸对他外出的起居情况都已知晓，所以对黄霸问及的调查结果便不敢有丝毫的隐瞒。郡中若有鳏寡孤独的人死了没钱安葬的，由乡吏上书报知，黄霸都能为他们分别妥善处理，告其某处有棵大树可做棺椁之材，某亭有头小猪可以做宰祭之用，乡吏依令去取，果然都像黄霸所说的一样。黄霸了解情况清晰明了到这样的程度，官吏民众不知底细的人，都称他是神明。

奸盗也只好转移到其他的郡中，所以本郡的盗贼就逐渐地减少了。黄霸尽力施行教化，然后才使用刑罚，注意成全维护下属官吏。许县县丞年纪老了，耳朵也聋了，督邮报告黄霸想要辞退他，黄霸说："许县县丞是廉洁的官吏，虽然上了年纪，但还能应付官场拜起送迎之类的例行公事，即使很聋，又有何妨呢？还是好好地帮助他，不要让贤德的人失望。"有人请教他其中的缘故，黄霸道："一再更换长吏，送旧迎新的费用，以及奸猾官吏乘机销毁账册文书而盗窃财物，公家和私人的损失很大，所有的费用都得百姓供给，换上的新官又未必贤德，或者还不如他的前任，白白地反复加剧混乱。大凡治民的道理，主要是做得不要太过头罢了。"自从汉朝兴起，讲到治理地方官吏民众的，还是以黄霸为第一。

【原文】

龚遂字少卿，山阳[①]南平阳[②]人也，以明经为官。宣帝即位。不久，渤海[③]左右郡岁饥，盗贼并起，二千石不能禽制。上选能治者，丞相、御史[④]举遂可用，上以为渤海太守。时，遂年七十余。召见，形貌短小，宣帝望见，不副所闻，心内轻焉，谓遂曰："渤海废乱，朕甚忧之。君欲何以息其盗贼，以称朕意?"遂对曰："海濒遐远，不沾圣化，其民困于饥寒而吏不恤，故使陛下赤子[⑤]盗弄陛下之兵[⑥]于潢池[⑦]中耳。今欲使臣胜之[⑧]邪，将安之[⑨]也?"上闻遂对，甚说。答曰："选用贤良，固欲安之也。"遂曰："臣闻治乱民犹治乱绳，不可急也。唯缓之，然后可治。臣愿丞相、御史且无拘臣以文法，得一切便宜从事[⑩]。"上许焉，加赐黄金，赠遣乘传[⑪]。遂见齐俗奢侈，好末技，不田作，乃躬率以俭约，劝民务农桑。春夏不得不趋[⑫]田亩，秋冬课[⑬]收敛[⑭]，益蓄果实菱[⑮]芡[⑯]。劳来[⑰]循行[⑱]，郡中皆有蓄积，吏民皆富实，狱讼止息。上甚重之，以官寿卒[⑲]。

【注释】

①山阳：郡名。治昌邑（在今山东金乡县西北）。

②南平阳：县名。今山东邹县。

③渤海：郡名。治浮阳（在今河北沧州市东南）。

④御史：指御史大夫。

⑤赤子：初生婴儿，比喻纯朴的人。

⑥兵：武器。

⑦潢池：可能是水上演兵之处。《汉书·循吏传·龚遂》："海濒遐远，不霑圣化，其民困于饥寒而吏不恤，故使陛下赤子盗弄陛下之兵于潢池中耳。"后因以"潢池弄兵"谓叛乱、造反。

⑧胜之：谓以武力镇压之。

⑨安之：谓安抚之。

⑩便宜从事：谓按客观情况灵活处理。

⑪乘传：所乘的驿车。

⑫趋：向也。

⑬课：核算。

⑭收敛：收成。

⑮菱：菱角。

⑯芡：植物名。一名“鸡头”。种子称“芡实”，可食，也可入药。

⑰劳来：劝勉。

⑱循行：巡视各地。

⑲以官寿卒：谓在官任上以寿终。龚遂七十余岁为渤海太守，过数年为水衡都尉，又数年（公元前66年～公元前62年）卒，终年大约八十余岁。

【译文】

龚遂，字少卿，是山阳郡南平阳县人。因通晓经术而做了官，刘贺被废黜后，宣帝即位。过了几年，渤海附近郡县闹灾荒，饥民纷纷起来造反，太守制服不了他们。宣帝想要选一位能够治理渤海的人，丞相和御史大夫推荐龚遂，认为可用，宣帝就任命他做渤海太守。那时龚遂已经七十多岁了，宣帝召见时，望见他形貌矮小，与自己听到的不相符合，心里有点看不起他，就问他说：“渤海郡法纪废弛，饥民作乱，我非常担忧。您准备用什么办法来平息郡中盗贼，好让我放心？”龚遂回答说：“无非是因为渤海远在海边，没有受过圣朝的教化，那儿的百姓饥寒交迫，而地方官吏又不加体恤，所以才逼得皇上的子民盗了皇上的兵器在水塘中戏耍罢了，并不是有意存心叛乱啊！如今不知是要我去镇压他们呢，还是去安抚他们呢？”宣帝听了龚遂的对答，非常高兴，回答道：“选用贤良，本来就是为了安抚百姓啊！”龚遂说：“我听说治乱民就像理乱绳一样，是急不来的啊！只有从容和缓，然后才能治理。我请求丞相和御史大夫暂且不要用一般法令条文约束我，让我根据实际情况自行处置。”宣帝同意了，额外赏赐了黄金，派他赴任。龚遂眼看渤海地方风俗奢侈，喜欢工商业，轻视农耕，于是亲自带头厉行节俭劝导百姓务农种桑，春夏两季劝百姓到田野耕作，到了秋冬就督促他们收割，还让家家户户多储果实、菱角、芡实之类。由于龚遂的巡视劝勉，郡中都有积蓄，官吏和百姓都殷实富足，诉讼案件也没有了。龚遂很受宣帝器重，在任上寿终。

酷吏传

【原文】

严延年①字次卿，东海下邳②人也。延年为人短小精悍，敏捷于事，虽子贡、冉有③通艺④于政事，不能绝⑤也。吏忠尽节者，厚遇之如骨肉，皆亲乡⑥之，出身不顾，以是治下无隐情。然疾恶泰甚⑦，中伤者多，尤巧为狱文⑧，善史书，所欲诛杀，奏成于手，中主簿⑨亲近史不得闻知。奏可论死，奄忽⑩如神。冬月，传属县囚，会论⑪府上，流血数里，河南号曰“屠伯”⑫。令行禁止，郡中正清⑬。初，延年母从东海来，欲从延年腊⑭，到洛阳，适见报囚[15]。母大惊，便止都亭[16]，不肯入府。延年出至都亭谒母，母闭阁不见。延年免冠顿首[17]阁下，良久，母乃见之，因数责延年："幸得备[18]郡守，专治千里，不闻仁爱教化，有以全安[19]愚民，顾[20]乘[21]刑罚多刑杀人，欲以立威，岂为民父母意哉？"延年服罪，重顿首谢，因自为母御，归府舍。母毕正腊[22]，谓延年："天道神明，人不可独杀。我不意当老见壮子被刑戮也！行矣！去女[23]东归，扫除墓地耳。"遂去，归郡，见昆弟宗人[24]，复为言之。后岁余，果败[25]，东海莫不贤知其母[26]。

【注释】

①严延年：生年不详，卒于公元前58年。东海下邳（今江苏邳州）人。彭祖兄。父为丞相掾，少学法律于丞相府。昭帝时，为侍御史。劾大将军霍光擅废立不道，为朝廷所敬惮。后又弹劾大司农田延年，不实，坐法至死，逃亡。宣帝神爵中，遇赦出，随许延寿征西羌，迁涿郡太守，继为河南太守。其治严酷，被称为"屠伯"。后为人所告，以诽谤朝廷罪，被杀。

②东海下邳：郡名，治郯县（在今山东郯城西北）。下邳，县名，在今江苏邳县西南。

③子贡、冉有：孔子的两个弟子，精通政务。

④通艺：犹精通。

⑤绝：超过。

⑥乡：乡饮酒礼的略称。郑玄注："乡，谓饮酒也。"

⑦泰甚：太甚，过甚。

⑧狱文：判决狱讼的文书。

⑨主簿：官名，汉代中央及郡县官署多置之，主管文书，办理事务。

⑩奄忽：疾速，倏忽。

⑪会论：会同判决罪犯死刑。

⑫屠伯：犹屠夫。多以指酷吏或惯于屠杀生灵的人。

⑬正清：正肃清明，不邪乱。

⑭腊：祭名。古代称祭百神为"蜡"，祭祖先为"腊"；秦汉以后统称"腊"。

⑮报囚：判决囚犯。李贤注："报，犹论也。立春阳气至，可以施生，故不论囚。"

⑯都亭：都邑中的传舍。秦法，十里一亭。郡县治所则置都亭。

⑰顿首：磕头，旧时礼节之一，以头叩地即举而不停留。

⑱备：充任；充当。常用作谦词。

⑲全安：保全而使之平安。

⑳顾：却，反而。高诱注："顾，反也。"

㉑乘：利用；凭借。

㉒正腊：指冬至后第三个戌日举行的祭祀。因是日为腊日，故称。

㉓去女：离开你。女，通"汝"，你。

㉔昆弟宗人：昆弟，兄弟。宗人，同宗之人。

㉕果败：指严延年为人以诽谤朝廷罪所告，被杀一事。

㉖贤知其母：称其母贤智。知，同“智”。

【译文】

严延年，字逸卿，东海郡下邳县人。严延年身材短小，精明强干，办事灵活快捷，即使是历史上以精通政务著称的子贡、冉有等人，也未必能胜过他。郡府的吏员忠诚奉公的，严延年就会像自家人一样优待他们，亲近他们并一心为他们着想。居官办事，不顾个人得失，所以在他管辖的区域之内没有什么事情是他不知道的。然而严延年痛恨坏人坏事太过，被他伤害的人很多。他尤其擅长写狱辞，又善于写官府文书，想要诛杀的人，就亲手写成奏折，连专门掌管文书的主簿，以及最接近他的属吏，都无从得知。奏准判定一个人的死罪，迅速得就像神明一样。到了冬天行刑时，他就命令所属各县把囚犯解送到郡上，集中在郡府统一处死，一时血流数里，所以河南郡人都称他为“屠伯”。在他的辖区裏，有令则行，有禁则止，全郡上下一派清明。当初，严延年的母亲从东海郡来，打算与严延年一起行腊祭礼。刚到洛阳，正好碰上他在处决犯人。他母亲很震惊，便住在道旁的亭舍，不肯进入郡府。严延年出城到亭舍去拜见母亲，母亲关门不见。严延年在门外脱帽叩头，过了好一阵，母亲才见他，因此斥责他说：“你有幸当了一郡太守，治理方圆千里的地方，没听说你以仁爱之心教化百姓，以保全百姓使他们平安，反而利用刑罚大肆杀人，想以此来建立威信，难道身为老百姓的父母官是该这样行事的吗？”严延年赶忙认错，重重地叩头谢罪。于是亲自为母亲驾车，一同回郡府去。正腊的祭祀完毕后，母亲对严延年说：“苍天在上，明察秋毫，岂有乱杀人而不遭报应的？想不到我人老了还要亲眼看着壮年的儿子身受刑戮！我走啦！离开你回到东边的家乡去，为你准备好葬身之地。”于是母亲就这样走了。回到本郡，见着兄弟本家之人，又把以上所言对他们说了。过了一年多，严延年果然出事了。东海郡人没有不称颂严母贤明智慧的。

货殖传

【原文】

秦杨以[①]田农而甲一州，翁伯[②]以贩脂而倾县邑，张氏以卖酱[③]而隃侈，质氏[④]以洒削而鼎食[⑤]，浊氏以胃脯[⑥]而连骑，张里以马医而击钟[⑦]，皆越法矣。然常循守事业，积累赢利，渐有所起。至于蜀卓、宛孔、齐之刀间，公擅山川铜铁鱼盐市井之人，运其筹策，上争王者之利，下锢[⑧]齐民之业，皆陷不轨奢僭之恶。又况掘冢[⑨]搏掩[⑩]，犯奸成富，曲叔、稽发、雍乐成之徒，犹夏齿列[⑪]，伤化败俗，大乱之道也。

【注释】

①以：凭借。依靠。

②翁伯:《史记》作“雍伯”。

③酱:《史记》作“浆”。

④质氏:《史记》作“郅氏”。

⑤鼎食:列鼎而食。古代贵族饮食的排场。

⑥胃脯:煮羊胃为脯。

⑦击钟:打钟奏乐。形容生活奢华。

⑧锢:意谓专取。

⑨掘冢:掘坟盗墓。

⑩搏掩:谓抢夺财物。或谓“搏”当作“博”,博掩,赌钱。

⑪齿列:并列。指恶人与善良之人并列。

【译文】

秦杨凭借拥有大片田地而富甲一州;翁伯凭借贩卖油而成为县邑的首富;张氏靠卖酱致富,生活奢侈,超越礼制;质氏靠磨刀发家,列鼎而食;浊氏靠卖肉干富家,侍从的车骑前呼后拥;张里凭借医马而打钟奏乐,生活奢华。他们的生活都超越了礼法的规定。但是他们通常还都是固守自己的事业,一点点地积累盈利,逐渐发家致富。至于蜀人卓氏、宛人孔氏、齐人刀闲,他们公然占有山川、铜铁、鱼盐市场的收益,运筹谋划,上同帝王争利,对下专有平民的生业,他们都陷入了违法、奢侈、犯上的邪恶。更何况那些通过盗墓、赌博、抢劫、犯法奸诈而致富的人,如曲叔、稽发、雍乐成之流,他们依然和善良的人齐齿并列,不受惩罚,这是败坏风俗,损伤教化,导致社会大乱的行径啊!

游侠传

【原文】

楼护字君卿,齐人。父世医①也,护少随父为医长安,出入贵戚家。护诵医经、本草、方术数十万言②,长者咸爱重之,共谓曰:“以君卿之材,何不宦学乎?”由是辞其父,学经传,为京兆吏③数年,甚得名誉。初,护有故人吕公,无子,归护。护身与吕公、妻与吕妪④同食。及护家居,妻子颇厌吕公。护闻之,流涕责其妻子曰:“吕公以故旧穷老托身于我,义所当奉。”遂养吕公终身。

【注释】

①父世医:陈直曰:秦汉医士,分齐秦两派,齐派由阳庆传仓公,楼护之父世业医,盖与仓公有关。

②护诵医经……句:陈直曰:今之《本草》,所述药材产地,皆西汉郡县之名,楼护所诵,当与今本同。古代书少,诵读数十万言,即比较一般人为多,东方朔上书自夸,亦仅四

十四万字。

③京兆吏：京兆尹的属吏。

④吕妪：吕公之妻。

【译文】

楼护，字君卿，齐国人。家族世代为医。楼护少年时跟随父亲在长安行医，经常出入于权贵人家。楼护能够背诵医经、本草、方术近十万余字，长者见到他没有不器重他的，都对他说："以你的才学，怎么不去学习，以后做官呢？"于是，楼护就辞别父亲，去学习经传，后来担任京兆尹的属吏多年，很有名誉。当初，楼护有一个老朋友叫作吕公，吕公没有子嗣，便在楼护家寄住。楼护与吕公、楼妻与吕公的老伴在一起吃饭。等到楼护免官居家后，楼护的妻子就很厌烦吕公在家里吃住。楼护知道了这件事情后，便哭泣着责怪他的妻子说："吕公因为故旧之情和孤苦穷老而寄住到我们家里，从朋友的道义上来说我们应该奉养他们。"于是，他们夫妻俩就奉养吕公终身。

佞幸传

【原文】

石显字君房，济南[①]人。少坐法腐刑，为中黄门[②]，以选为中尚书[③]。显为人巧慧习事，能探得人主微指，内深贼，持诡辩[④]以中伤人，忤恨睚眦，辄被以危法。初元[⑤]中，前将军萧望之[⑥]及光禄大夫周堪[⑦]、宗正刘更生[⑧]皆给事中[⑨]，望之领尚书事，知显专权邪辟，建白[⑩]以为："尚书百官之本，国家枢机，宜以通明公正处之。武帝游宴后庭，故用宦者。非古制也。宜罢中书宦官，应古不近刑人[⑪]。"元帝不听，由是大与显忤。后皆害焉，望之自杀，堪、更生废锢[⑫]，不得复进用。

【注释】

①济南：郡名，治东平陵（在今山东章丘西北）。

②中黄门：宦官。

③中尚书：官名，掌文书奏章。

④诡辩：颠倒是非或似是而非的辩论。

⑤初元：汉元帝年号，共五年（公元前48年～公元前44年）。

⑥萧望之：《群书治要》第十九卷节录其传。

⑦周堪：和萧望之同为元帝的师傅。

⑧刘更生：即刘向。

⑨给事中：侍从皇帝左右。

⑩建白：提出建议的报告。

⑪古不近刑人:《礼》有“刑人不在君侧”之说。
⑫废锢:罢官后,不再任用。

【译文】

石显,字君房,济南人;年轻时受过腐刑,后来担任中黄门官职,又被选为掌管文书章奏的中尚书。石显为人机灵聪明,深谙事理,能够揣摩到皇帝的心思,内心极其狡诈,常用颠倒是非的言论暗中打击别人,一点小事就记恨于人,让人受到严酷的刑法处置。初元年间,前将军萧望之和光禄大夫周堪、宗正刘更生都担任给事中。萧望之主管尚书之事,知道石显是一个专权奸邪的小人,就向元帝陈述其意见说:“(传递章折奏书的)尚书是百官的根本,国家政权的关键,应该要让公正通明的人担任这一职务。过去,武帝日夜游宴于后宫,所以才重用宦官,这是不符合古制的。应该罢免担任中书之职的宦官,顺应古代的礼制,不能让受过腐刑的人在君王之侧。”元帝没有采纳萧望之的建议,因此萧望之惹得石显非常恼怒。后来,萧望之等人都遭到石显的迫害,萧望之被逼自杀,周堪、刘更生被罢黜官职,不再任用。

【原文】

元帝晚节[①]寝疾,定陶恭王[②]爱幸,显拥祐[③]太子颇有力。元帝崩,成帝初即位,迁显为长信[④]中太仆,秩中二千石。显失倚,离权数月,丞相御史条奏显旧恶,及其党牢梁、陈顺皆免官。显与妻子徙归故郡,忧满不食,道病死。诸所交结,以显为官,皆废罢。

【注释】

①晚节:犹言晚年。
②定陶恭王:汉元帝次子。
③拥祐:亦作“拥右”“拥佑”。
④长信:官名,太后所居。长信中太仆,掌太后车驾。

【译文】

元帝晚年卧病,当时元帝的次子定陶恭王很受宠爱,石显拥护皇太子却非常积极有力。于是,元帝死后,成帝刚一即位,就把石显调到长信宫作中太仆,官禄是中二千石。石显失去依靠之后,失权不到几个月,丞相御史就向皇帝列举石显以前的罪恶,他的党羽牢梁、陈顺都被免官。石显和他的妻儿返回故乡,一路上忧心难安,吃不下东西,就这样病死在路上。之前通过巴结石显而获得官位的人,全都被罢免。

外戚传

【原文】

孝成[①]班婕妤[②],帝初即位选入后宫。始为少使,蛾而大幸,为婕妤。成帝游于后庭,尝欲与婕妤同辇载,婕妤辞曰:"观古图画,贤圣之君皆有名臣在侧,三代末主乃有嬖女。今欲同辇[③],得无近似之乎?"上善其言而止。太后闻之,喜曰:"古有樊姬[④],今有班婕妤。"婕妤诵《诗》及《窈窕》《德象》《女师》之篇,每进见上疏,依则古礼。鸿嘉三年,赵飞燕[⑤]谮告许皇后[⑥]、班婕妤挟媚道,祝诅[⑦]后宫,詈[⑧]及主上。许皇后坐废。孝问班婕妤,婕妤对曰:"妾闻'死生有命,富贵在天'。修正尚未蒙福,为邪欲以何望?使鬼神有知,不受不臣之诉。如其无知,诉之何益?故不为也。"上善其对,怜悯之,赐黄金百斤。

【注释】

①孝成:指汉成帝刘骜(公元前51年~公元前7年),西汉第九位皇帝,公元前33年至公元前7年在位,死后谥号"孝成皇帝"。

②班婕妤(公元前48年~公元2年):西汉女辞赋家,是中国文学史上以辞赋见长的女作家之一。汉族,祖籍楼烦(今山西朔县宁武附近)人,是汉成帝的妃子,善诗赋,有美德。初为少使,立为婕妤。婕妤,古时宫中的女官名,是妃嫔的称号。汉武帝时始置,位视上卿,秩比列侯。

③辇:古代用人拉着走的车子,后多指天子或王室坐的车子。

④樊姬:春秋楚庄王之姬。樊姬曾谏止楚庄王狩猎,使勤于政事,又激楚相虞丘子辞位而进贤相孙叔敖,楚庄王赖以称霸。

⑤赵飞燕:汉成帝刘骜的第二任皇后,她妖冶冷艳,舞技绝妙,受成帝专宠近十年,贵倾后宫。

⑥许皇后:汉宣帝皇后许平君的侄女。汉元帝为了补偿早年丧母之痛,将自己的表妹许配给皇太子刘骜为太子妃。公元前33年元帝去世,太子刘骜继位,是为汉成帝,许妃成为皇后。许皇后出身名门,色艺俱佳,犹擅文章,致使十数年间汉成帝专宠皇后,其他嫔妃难得临幸。但其年长之后,色衰爱弛,所生子女又皆早夭,逐渐失宠。赵飞燕姐妹入宫后,许皇后地位更加不稳固。鸿嘉三年(公元前18年)许皇后被废,改居长定宫,世称长定贵人。

⑦祝诅:祝告鬼神,使嫁祸于别人。

⑧詈:责骂。詈,音立。

【译文】

孝成帝的妃子班婕妤,在成帝刚刚即位的时候就被选入后宫。开始的时候是做少使，很快就深得成帝的宠爱，被封为婕妤。有一次，成帝在后宫游玩，曾经打算和班婕妤一同乘坐车子。班婕妤推辞说道：“臣妾观察自古以来的图画，发现圣明的君主身旁坐的都是有名的大臣，只有夏商周三代时的亡国之君身边才会有宠幸的女子，现在陛下若是与我同乘一辆车，不就和那些亡国的君主差不多了吗？”成帝认为她说得很有道理，于是就作罢了。太后听说了这件事后，高兴地说道：“古时候楚国有一位樊姬，现在又有了班婕妤。”班婕妤诵读《诗经》和《窈窕》《德象》《女师》等文章。每次被成帝召见或是上疏言事，都完全依照古礼而行事。鸿嘉三年，赵飞燕诬陷许皇后、班婕妤行妇人媚道，并且说她祝告鬼神，使之嫁祸于后宫。甚至谩骂皇上。许皇后得罪被废，孝成帝审问班婕妤时，她回答说：“臣妾我听说：‘死生有命，富贵在天。善良正直尚且还没有能得到福分，做那些邪僻之事又想得到什么呢？假如鬼神有知，就不会接受这种丧失为臣之礼的祷告；假如鬼神无知，那么向它们祷告就不会有任何作用，所以我不做这种事情。”成帝认为她说的很有理，非常怜悯她，就赏赐给了她黄金一百斤。

《后汉书》治要

【题解】

《后汉书》是一部记载东汉历史的纪传体断代史，也是继《史记》《汉书》之后，又一部私撰史书。全书记录了从汉光武帝到汉献帝时共195年间的历史。本书结构严谨，编排有序。沿袭《史记》《汉书》体例，根据东汉历史特点，又有所创新。

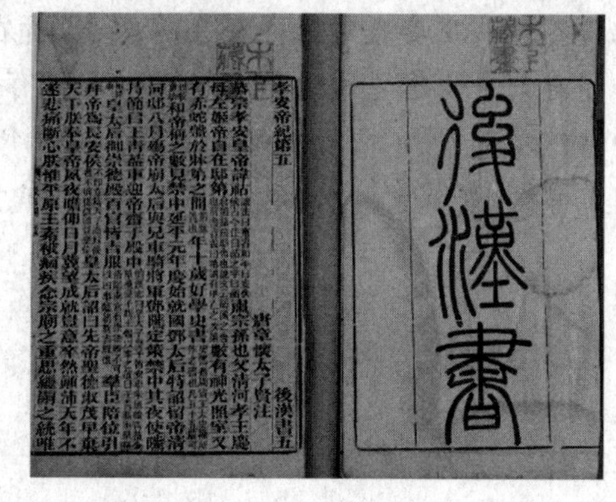

《后汉书》书影

作者范晔，出身士族家庭，生活于南朝刘宋之时。生性狂狷不羁，官至左卫将军、太子詹事。宋文帝元嘉九年，因“左迁宣城太守，不得志，乃删众家《后汉书》为一家之作”，始撰《后汉书》。后来因对朝廷不满，参与彭成王谋反而被杀。写成了10纪，80列传。现存《后汉书》8志30卷，由南朝梁刘昭从司马彪《续汉书》抽补。

魏征编纂《群书治要》，在《后汉书》的《本纪》十二帝中，仅录光武、孝明、孝章、孝和四帝的事略；二十个皇后传中，仅录明德马皇后、和熹邓皇后两传事略；其他五百四十六名人物传中，仅录冯异、岑彭、臧宫、祭遵、马武、马援、马廖、卓茂、鲁恭、宋弘、韦彪、杜林、桓谭、冯衍、申屠刚、鲍永、郅恽、郭伋、樊宏、阴识、阴兴、朱浮、陈元、桓荣、第五伦、钟离意、宋均、寒朗、东平王苍、朱晖、袁安、郭躬、陈宠、杨终、庞参、崔骃、杨震、张皓、种暠、刘陶、李云、刘瑜、虞诩、傅燮、盖勋、蔡邕、左雄、周举、李固、杜乔、延笃、史弼、陈蕃、窦武、任延、董宣、单超、侯览、曹节、吕强、张让、周党、严光等六十三人。除对侯览等五名宦者的专横史实予以节录外，其余多属褒扬。正如清人邵晋涵说：“东汉尚气节，此书创为《独行》《党锢》《逸民》三传，表彰幽隐，搜罗殆尽。”所谓东汉尚气节，自然是指传统士大夫所讲的气节，但《党锢》《独行》《逸民》三传所述的人物，他们对统治阶层滥用权威，多少都表示过愤怒、抗议和藐视。这种气节，在一定的历史阶段上，具有它的积极性一面。魏征辑录冯异、杨震、李固、蔡邕等数十人的“嘉言懿行”，也是从巩固李唐王朝统治需要出发，要唐太宗像刘秀那样爱惜功臣，重视人才。

本纪

【原文】

世祖光武皇帝讳秀①，字文叔②，南阳蔡阳人③，高祖九世之孙也，出自景帝生长沙定王发④。发生舂陵节侯买⑤，买生郁林太守外⑥，外生钜鹿都尉回⑦，回生南顿令钦⑧，钦生光武。光武年九岁而孤，养于叔父良。身长七尺三寸，美须眉，大口，隆准，日角⑨。性勤于稼穑⑩，而兄伯升好侠养士，常非笑光武事田业⑪，比之高祖兄仲⑫。王莽天凤中⑬，乃之长安⑭，受《尚书》⑮，略通大义。

刘秀

【注释】

①世祖：指庙号。光武帝时期，汉室中兴，“世祖”指光武帝开辟了一个全新的历史时代，象征他是开创新纪元的有为君王。讳：古文中指称已亡君主或尊者的名字，在其名字前称“讳”，以示敬意。秀：伏侯《古今注》：“秀之字曰茂。”传闻刘秀出生时，稻禾一茎九穗，因有丰茂的长势而取名为“秀”。

②文叔：古代的兄弟排列次序分伯、仲、叔、季。光武帝刘秀的长兄刘伯升，次兄刘仲，自己排行老三，故字“文叔”。

③南阳：郡名，治所在今河南省南阳市。蔡阳：县名，今湖北省枣阳市西南。

④生：生子。据清人惠栋《后汉书补注》考证。长沙：郡名，治所在今湖南省长沙市。

⑤舂陵：乡名，今湖北省枣阳市东。节：刘买死后，谥号“节”。

⑥郁林：郡名，治所在今广西壮族自治区桂林市。太守：本是秦朝郡守的官职名称，秩二千石。汉景帝时更名为太守。

⑦钜鹿：郡名，今河北省境内。都尉：本是秦朝郡守的官职名称，掌佐守，典武职，秩比二千石。汉景帝时更名为都尉。

⑧南顿：县名，今河南省项城市境内。令：秦朝的官职名称，万户以上为令，秩千石至六百石。

⑨尺：汉代的尺约为23厘米。十寸为尺。据此算来，刘秀的身高约为168厘米。美须眉：美丽的胡须和眉毛。隆准：以鼻头为准，高高隆起，即高鼻梁。日角：郑玄《尚书中候注》曰：“日角谓庭中骨起，状如日。”这里指额头骨凸隆起，貌如日形。

⑩稼：种植。穑：敛收。

⑪非笑：讥笑。

⑫仲：郃阳侯喜，刘仲。汉高祖刘邦的二哥，能为产业。
⑬天凤中：实指公元 14 年。
⑭之：到、往。
⑮受《尚书》：《东观记》曰："受《尚书》于中大夫庐江许子威。"

【译文】

光武皇帝，享有"世祖"的庙号，当时人取名应当避讳"秀"字，他的字号为文叔，是南阳蔡阳人，系汉高祖刘邦的第九世孙，先祖是汉景帝刘启之子长沙定王刘发。刘发生春陵节侯刘买，刘买生郁林太守刘外，刘外生钜鹿都尉刘回，刘回生南顿令刘钦，刘钦生光武皇帝。光武帝九岁时已成了孤儿，被叔父刘良抚养长大。他身高七尺三寸，是一个俊俏的美男子，嘴巴大，鼻梁高，额头凸起饱满。他生性勤劳，忙于田地种植和各种农事。而他的长兄刘伯升（即刘演）喜好结识侠客、收养良士，常常讥笑他劳务耕田，甚至自此为汉高祖的二哥刘仲。王莽天凤元年（公元 14 年），刘秀去长安，向中大夫庐江许子威求学，接受《尚书》中的教育，能大致通晓经义。

【原文】

莽末，天下连岁灾蝗，寇盗锋起[①]。地皇三年[②]，南阳荒饥，诸家宾客多为小盗。光武避吏新野[③]，因卖谷于宛[④]。宛人李通等以图谶说光武云[⑤]："刘氏复起，李氏为辅。"光武初不敢当，然独念兄伯升素结轻客，必举大事，且王莽败亡已兆，天下方乱，遂与定谋，于是乃市兵弩[⑥]。十月，与李通从弟轶等起于宛[⑦]，时年二十八。

【注释】

①锋：或作"蜂"，比喻众多。
②地皇：王莽执政，在公元 20 年改为"地皇"年号。
③新野：隶属南阳郡。《续汉书》曰："伯升宾客劫人，上避吏于新野邓晨家。"
④因：就，即乘机、就势之义。宛：县名，今河南省南阳市。
⑤图：古时传闻的《河图》书。谶：符命之类的书，给君主受天命称王天下的预言作征验。《易纬·坤灵图》记有"汉之臣李阳也"的话语。
⑥市：购买。弩：古代的一种兵器，即弩弓，泛指弓。
⑦从弟：古人把共有一个曾祖父却不共父亲，年纪比自己幼小的同辈男性称为"从弟"，类似所谓的"堂弟"。

【译文】

王莽末年，天下连年遭逢蝗虫灾害，贼寇强盗借机蜂拥竞起。地皇三年（公元 22 年），南阳郡发生饥馑灾荒，各家门客大多沦为偷盗之类的小人。光武帝正在新野县躲避荒乱，逃离了官吏的骚扰，乘机在宛城售卖粮食。宛城李通等人用图谶的预言来劝说光武帝:"刘氏复兴起势,李氏辅佐。"光武帝起初不敢担当,然而又独自暗忖:大哥伯升向来结交侠客,必定会举兵起事,且王莽衰败灭亡的迹象已初露端倪,天下正处于混乱之际。(他)随即与(李通等)策定计谋(准备举兵起事),便开始购置弓弩军械来招兵买马。十月,他和李通的堂弟李轶等人在宛城举兵起义,当年他刚好28岁。

【原文】

十一月,有星孛于张①。光武遂将宾客还舂陵。时伯升已会众起兵。初,诸家子弟恐惧,皆亡逃自匿,曰"伯升杀我"。及见光武绛衣大冠②,皆惊曰"谨厚者亦复为之",乃稍自安。伯升于是招新市、平林兵③,与其帅王凤、陈牧西击长聚④。光武初骑牛,杀新野尉乃得马⑤。进屠唐子乡⑥,又杀湖阳尉⑦。军中分财物不均,众恚恨⑧,欲反攻诸刘。光武敛宗人所得物⑨,悉以与之,众乃悦。进拔棘阳⑩,与王莽前队大夫甄阜⑪、属正梁丘赐战于小长安⑫,汉军大败,还保棘阳。

【注释】

①星孛于张:指在"张"星宿处发现了彗星"孛",以此预示人祸兵乱。孛,孛星,彗星之一。张,二十八星宿之一。《汉书音义》:"张,南方宿也。"

②绛衣大冠:武官的装扮,将军服。绛,大红色。大冠,武官的官帽。

③新市:今湖北省京山县。平林:今湖北省随县东北。

④聚:居,指小于"乡"一级的地理区域单位。

⑤尉:武官的官名。

⑥屠:屠杀。唐子乡:在今河南省新野县东。

⑦湖阳:在今湖北省枣阳市。

⑧恚恨:怨恨。

⑨敛:收集。

⑩棘阳:周代的谢国所在地,故城在今河南省新野县东。棘,盖可通"枣",即枣阳。

⑪前队:王莽时设军布局为六队,南阳居前队,河内居后队,颍川居左队,弘农居右队,河东居兆队,荥阳居祈队。并且,当时的行政岗位还设有郡大夫一职,如同太守。

⑫属正:王莽时设"队"每置"属正"一人,职如都尉。小长安:"聚"名,在今湖北省襄阳市南。

【译文】

十一月,孛星被发现亮于张星宿处。光武帝便率领宾客返回舂陵,当时刘伯升已经聚集宾客门徒起兵。刚开始,各家的青年们都害怕,纷纷逃离,有的暗自躲藏起来,他们说:"刘伯升要迫害我们。"等见到光武帝身穿大红色的武将服、戴着大大的将军帽时,他们惊讶地说:"谨慎厚道的人也干起兴兵作乱的事了。"这才稍稍安定了些。刘伯升便在新市和平林招募军兵,和军队的统帅王凤、陈牧一同西进攻打长聚。光武帝起初坐牛车,在捕杀新野尉后才拥有马车。随后，他继续前进，在唐子乡展开大屠杀，诛杀湖阳尉。由于对战利品分配不均，大家都怨声载道，还试图反攻刘氏家族。光武帝收集族人所得的战利品，全部分给大家，这才使得他们喜笑颜开。接着，起义军发兵攻打棘阳，与王莽前队大夫甄阜和属正梁丘赐所率的军队在小长安进行交战，汉军大败，退守棘阳城。

【原文】

更始元年正月甲子朔[①]，汉军复与甄阜、梁丘赐战于沘水西[②]，大破之，斩阜、赐。伯升又破王莽纳言将军严尤、秩宗将军陈茂于淯阳[③]，进围宛城。二月辛巳，立刘圣公为天子[④]，以伯升为大司徒，光武为太常偏将军[⑤]。三月，光武别与诸将徇昆阳、定陵、郾[⑥]，皆下之。多得牛、马、财物，谷数十万斛[⑦]，转以馈宛下。莽闻阜、赐死，汉帝立，大惧，遣大司徒王寻、大司空王邑将兵百万[⑧]，其甲士四十二万人[⑨]，五月，到颍川，复与严尤、陈茂合[⑩]。初，光武为春陵侯家讼逋租于尤[⑪]，尤见而奇之。及是时，城中出降尤者言光武不取财物，但会兵计策[⑫]。尤笑曰："是美须眉者邪？何为乃如是！"

【注释】

①更始：刘玄的年号。刘玄，字圣公，春陵（今湖北省枣阳市南）人，西汉皇族。他也是绿林军的将领之一。新莽地皇三年（即公元22年），绿林军与春陵军共建联军，并建立政权，他被拥立为汉帝，建元更始，即所谓的更始帝，庙号汉延宗，史称"玄汉"。

②沘水：河流名，在今河南泌阳河及其下游唐河流域。

③纳言：虞官，掌管发号施令，即所谓的喉舌之官。严尤：实为庄尤，避汉明帝刘庄之讳。秩宗：也是虞官，掌管郊庙祭祀事宜，周代称"宗伯"，秦汉时没有设立此官，王莽时改太常为"秩宗"，后又改为"典兵"。淯阳：县名，属南阳郡。

④刘圣公：刘玄。

⑤太常：原为奉常，秦朝的官名，汉景帝时更改为"太常"。偏将军：将军的辅佐官名。

⑥徇：侵略、夺取，掠夺地盘。昆阳：在今河南省叶县北。定陵：在今河南省叶县东。郾：今河南省漯河市郾城区。

⑦斛：古时的容量单位，十斗一斛。

⑧王邑：王商的儿子，与王莽是从父兄弟，相当于堂兄弟关系。

⑨甲士：披戴铠甲的战士。

⑩颍川：郡名，治所在今河南省禹州市。

⑪春陵侯：即光武的季父（小叔叔）春陵侯刘敞。讼：诉讼。逋：违。

⑫但：只。

【译文】

更始元年正月甲子初一，汉军再次与甄阜和梁丘赐所率的军队在沘水西边交战，此次大获全胜，斩杀了甄阜、梁丘赐二将。刘伯升也在沘水北边打败了王莽军中的纳言将军严尤和秩宗将军陈茂，并围剿宛城。二月辛巳日，刘玄被拥立为天子，任命刘伯升为大司徒，光武帝为太常偏将军。三月，光武帝和众将去攻夺昆阳、定陵和郾城，都攻克下来。得到了许多牛马牲畜和钱财物品，还有数十万斛的粮食，他将这些战利品转运并馈赠给宛城的军队。王莽听说甄阜、梁丘赐二将已战死，刘玄已被立为帝王等事，大为惊惧，派遣大司徒王寻、大司空王邑率领百万战士，其中披甲的精锐部队有四十二万人，五月，就抵达了颍川，再与严尤、陈茂会合。当初，光武帝还为春陵侯家中欠租一事去找过严尤诉讼，当时严尤见到他就颇感奇怪。等到这时，从城中逃出来向严尤投降的人述说光武帝不掠取钱财和物品，只是在操练军队和筹划作战策略。严尤笑笑说："是那个美须浓眉的人吗？为什么竟会这样！"

【原文】

中元元年春正月，东海王彊、沛王辅、楚王英、济南王康、淮阳王延、赵王盱皆来朝[①]。丁卯，东巡狩。二月己卯，幸鲁，进幸太山。北海王兴、齐王石朝于东岳。辛卯，柴望岱宗，登封太山；甲午，禅于梁父[②]。三月戊辰，司空张纯薨。夏四月癸酉，车驾还宫。己卯，大赦天下。复嬴、博、梁父、奉高[③]，勿出今年田租刍稿。改年为中元。行幸长安。戊子，祀长陵。五月乙丑，至自长安。六月辛卯，太仆冯鲂为司空。乙未，司徒冯勤薨。是夏，京师醴泉涌出[④]，饮之者固疾皆愈，惟眇、蹇者不瘳[⑤]。又有赤草生于水崖。郡国频上甘露。群臣奏言："地祇灵应而朱草萌生[⑥]。孝宣帝每有嘉瑞，辄以改元、神爵、五凤、甘露、黄龙，列为年纪，盖以感致神祇，表彰德信。是以化致升平，称为中兴。今天下清宁，灵物仍降。陛下情存损挹[⑦]，推而不居，岂可使祥符显庆，没而无闻？宜令太史撰集[⑧]，以传来世。"帝不纳。常自谦无德，每郡国所上，辄抑而不当，故史官罕得记焉。秋，郡国三蝗。冬十月辛未，司隶校尉东莱李䜣为司徒。甲申，使司空告祠高庙曰："高皇帝与群臣约，非刘氏不王。吕太后贼害三赵[⑨]，专王吕氏，赖社稷之灵，禄、产伏诛[⑩]，天命几坠，危朝更安。吕太后不宜配食高庙，同祧至尊[⑪]。薄太后母德慈仁[⑫]，孝文皇帝贤明临国，子孙赖福，延祚至今。其上薄太后尊号曰高皇后，配食地祇。迁吕太后庙主于园[⑬]，四时上祭。"十一月甲子晦，日有食之。是岁，初起明堂、灵台、辟雍，及北郊兆域。[⑭]宣布图谶于天下。复济阳、南顿是年徭役。参狼羌寇武都，败郡兵，陇西太守刘盱遣军救之，及武都郡兵讨叛羌，皆破之。

【注释】

①中元：东汉时期汉光武帝刘秀的第二个年号。中元元年是公元56年。

②岱宗：即泰山。梁父：泰山下的小山名。封：聚土为坛。禅：进行祭祀。

③嬴、博、梁父、奉高：都是县名，属于太山郡，兖州博城县，今山东省泰安市境内。

④醴泉：即甘泉。

⑤眇：眼瞎。蹇者：跛足的人。瘳：本义病愈，这里指治疗。

⑥朱草：比喻道德正气。《孝经·援神契》曰："德至草木，即朱草生。"

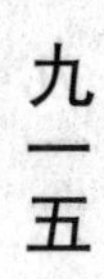

⑦损挹:谦让。

⑧太史:史官之长。

⑨吕太后:汉高祖的后妃吕雉。三赵:指汉高祖的儿子赵幽王友、赵恭王恢、赵隐王如意。

⑩禄、产:即吕禄和吕产,都是吕太后兄弟的儿子。吕后离世,他们各自拥兵(南北军队)自重,想要作乱,后来周勃和陈平等铲除了他们。

⑪祧:祖庙。

⑫薄太后:汉高帝之姬,汉孝文帝的母亲。

⑬园:坟域。

⑭明堂:天子宣教施政的地方,祭祀、庆赏、选士、教学等典礼仪式,都在此举行。灵台:关于灵台的说法很多,这里选取郑玄笺解《诗经》"灵台"之说,灵台是天子设的神台,以此观察星象来应对时局。周文王受天命在丰地筑造城邑,建立灵台。辟雍:天子为教育贵族子弟开设的大学。兆域:坟墓四周的疆界,代指墓地。

【译文】

中元元年(公元56年)春正月,东海王刘彊、沛王刘辅、楚王刘英、济南王刘康、淮阳王刘延、赵王刘盱都来觐见皇上。丁卯日,皇帝东巡。二月己卯,皇帝到了鲁地,进而又抵达泰山。北海王刘兴、齐王刘石在东岳朝见皇上。辛卯日,烧柴望祭泰山之神,又登上泰山设坛来祭祀天神;甲午日,在梁父山祭拜地神。三月戊辰日,司空张纯辞世。夏四月癸酉日,皇帝返回宫中。己卯日,大赦天下囚徒。免除嬴、博、梁父、奉高赋税,不用缴纳当年的田租和草料。皇帝更改年号为中元。皇帝前进到达长安。戊子日,祭拜长陵。五月乙丑日,皇帝从长安返回。六月辛卯日,任命太仆冯鲂为司空。乙未日,司徒冯勤去世。这年夏天,京城有甘泉从地下涌出,久患病痛的人喝了能痊愈,只有眼瞎、腿跛的人不能治愈。有赤草在河岸上生长。各郡国连连献上甘露。众臣上奏说:"地神显灵就有赤草萌发生长。汉孝宣皇帝每逢有吉祥的现象出现,就根据祥瑞的感应现象来改变年号,神爵、五凤、甘露、黄龙,列为纪年的年号,是为了感动祇氏,表彰德行和诚信。这使得天下升平,被称为汉代的中兴。现在天下清静安宁,神灵之物频频降临。陛下虽然内心存有谦虚退让之意,推辞功德而不占为己有,但是岂能让吉兆祥符隐没,而不让天下老百姓知道呢?应该命令史官将此记录撰集,传给后世。"皇帝并未采纳这些建议。他常常谦虚地说自己没有德行,每当有郡国上报祥瑞,往往不愿承当,所以史官很多东西不能记录下来。秋天,有三个郡国出现蝗虫灾害。冬十月辛未日,任用司隶校尉东莱李䜣为司徒。甲申日,派司空告祭高祖神庙说:"高祖刘邦和各位大臣相约,不是刘氏血统的皇室成员不能封王称帝。吕太后残害赵幽王刘友、赵恭王刘恢、赵隐王刘如意,专封吕氏家族的人为诸侯王,凭借国家的威灵,吕禄、吕产被绳之以法并斩首示众,天命即将失坠之时,朝廷转危为安。吕太后不应在高庙配享祭祀,也不能与皇帝同列受祭。薄太后母德仁慈,孝文皇帝因为其贤明临朝治理国家,子孙们托他的福,才使刘氏的皇位延续到今天。现在奉上薄太后的尊号为高皇后，配享地神的祭祀。把吕太后的神主牌位迁到园陵去，在那里四季供奉祭祀。”十一月末的甲子日，又有日食发生。这一年，开始建造明堂、灵台、辟雍及北郊祭地的场所。向全国宣布图谶。免除济阳、南顿这一年的徭役。参狼羌侵犯武都，打败守郡官兵，陇西太守刘盱派遣军队前往营救，和武都郡兵马讨伐叛乱的羌军，将其打败。

【原文】

二年春正月辛未，初立北郊，祀后土。东夷倭奴国王遣使奉献[①]。二月戊戌，帝崩于南宫前殿，年六十二。遗诏曰：“朕无益百姓，皆如孝文皇帝制度，务从约省[②]。刺史、二千石长吏皆无离城郭，无遣吏及因邮奏[③]。”初，帝在兵间久，厌武事，且知天下疲耗，思乐息肩[④]。自陇、蜀平后，非儆急[⑤]，未尝复言军旅。皇太子尝问攻战之事，帝曰：“昔卫灵公问陈，孔子不对[⑥]，此非尔所及。”每旦视朝，日仄乃罢。数引公卿、郎、将讲论经理，夜分乃寐[⑦]。皇太子见帝勤劳不怠，承间谏曰：“陛下有禹、汤之明，而失黄、老养性之福[⑧]，愿颐爱精神，优游自宁。”帝曰：“我自乐此，不为疲也。”虽身济大业，兢兢如不及，故能明慎政体，总揽权纲，量时度力，举无过事。退功臣而进文吏，戢弓矢而散马牛，虽道未方古，斯亦止戈之武焉[⑨]。

【注释】

①倭：汉人认为倭人远在东南大海中，依靠山岛建立国家。

②约省：简约。汉文帝安葬用瓦器，不用金银铜锡作为装饰，顺应山势，不另起坟土。

③邮：边境上传书、供食宿的驿站。

④息肩：卸掉负担或免除劳役。

⑤儆急：紧急之事，常指紧急军情。

⑥孔子不对：语出《论语·卫灵公》，记载卫灵公与孔子对话的故事。卫灵公向孔子咨询军队陈列之法，孔子并不回答军事问题，用自己只听说过俎豆用礼的事来表示对卫灵公的不满。

⑦夜分：半夜。

⑧黄、老：即黄帝和老子。

⑨止戈之武：尚文。止戈，即“武”字的构形。

【译文】

中元二年春正月辛未日，开始设立北郊祭祀场所，祭祀后土。东夷倭奴国王派遣使者来进贡礼品。二月戊戌日，皇帝在南宫前殿逝世，享年六十二岁。遗诏说：“我没有做什么造福于百姓的事，死后一切丧事都依照孝文皇帝那样操办，力求精简从省。州郡地方刺史、二千石长官都无须离开自己的岗位进城奔丧，不要派吏员或通过邮寄唁函来吊唁。”起初，皇帝从戎时间已久，厌倦战争，而且知道天下疲于消耗，希望太平安乐和休养

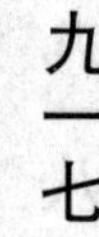

生息。自从陇、蜀两地平定以后,不是很紧急的事情,就不再提上战争议程。皇太子曾经向他问带兵列阵的事,皇帝说:"过去卫灵公向孔子问陈兵列阵的事,孔子不理睬他,这些事不是你能知道的。"皇帝每天早晨上朝理事,一直到太阳偏西才稍做休息。经常带领公卿、郎官、将领们讨论经书的大义和道理,半夜时分才睡觉。皇太子见他勤苦劳累从不懈怠,就趁着好时机进行劝谏:"陛下有大禹和商汤一样的圣明,却无福消受黄帝和老子的养性之道,但愿陛下能养足精神,悠然自适,求得平安宁静。"皇帝说:"我自己很乐意干这些事,并不觉得劳累。"虽然自己成就了功业,却小心翼翼地处理国事,就好像没有成就大业一样,所以能明智谨慎地处置政事,总揽朝政,审时度势,权衡能力,行为不产生偏差。减少开国功勋的权力,提拔文官执政,收藏起弓矢武器,而把军用的马匹放归民间,就算他的治国理念和道义还远不足与古代圣贤并驾齐驱,但这毕竟也是能阻止战争的美德啊!

【原文】

论曰[①]:皇考南顿君初为济阳令,以建平元年十二月甲子夜生光武于县舍[②],有赤光照室中[③]。钦异焉,使卜者王长占之。长辟左右曰[④]:"此兆吉不可言。"是岁县界有嘉禾生,一茎九穗,因名光武曰秀。明年,方士有夏贺良者,上言哀帝,云汉家历运中衰,当再受命。于是改号为太初元年,称"陈圣刘太平皇帝",以厌胜之。及王莽篡位,忌恶刘氏,以钱文有金刀,故改为货泉。或以货泉字文为"白水真人"。后望气者苏伯阿为王莽使至南阳,遥望见春陵郭,唶曰[⑤]:"气佳哉!郁郁葱葱然。"及始起兵还春陵,远望舍南,火光赫然属天,有顷不见。初,道士西门君惠、李守等亦云刘秀当为天子。其王者受命,信有符乎?不然,何以能乘时龙而御天哉[⑥]!

【注释】

①论:史官在史书的纪传性文体后评论历史事件及人物的文字,是总结篇旨的一种文体。

②建平:西汉汉哀帝刘欣的年号。

③赤光:强光。据《东观记》所述,其文曰:"光照堂中,尽明如昼。"

④辟:避开。

⑤唶:叹气。

⑥乘时龙而御天:《周易·乾卦》:"时乘六龙以御天也。"这里是强调光武帝受天命而生。

【译文】

论说:光武皇帝的亡父南顿君刘钦当初是济阳县县令,建平元年(公元前6年)十二月甲子夜,在县府舍内出生,当时有红光照在室中。刘钦对此感到惊奇,便叫卜筮师王长来占卜吉凶。王长避开左右随从说:"这等征兆吉祥但不能够用语言来言传。"这一年在济阳县边界处生长出祥瑞的禾苗，一根茎上生出九颗穗，因此为他起名叫刘秀。第二年，有个名叫夏贺良的方士，向汉哀帝进言说，汉朝经历数运而中途衰落，应当再次接受天命。于是汉哀帝改年号为太初元年(公元前5年)，自称“陈圣刘太平皇帝”，用以压服谶言。等到王莽篡位，嫉妒憎恨刘氏，认为钱币上有金刀文字，所以改称为货泉。有人把“货泉”字写为“白水真人”。后来有望气占卜的苏伯阿作为王莽的使者到南阳郡，望见春陵城郭，感叹道：“景色不错！如此郁郁葱葱啊！”等到光武帝开始起兵返回春陵，远远望见屋舍南边，火光明亮，一直连接到天上，一会儿就不见了。起初，道士西门君惠、李守等人也说刘秀将要做天子。王者上承天命，确实有符瑞吗？否则，为什么刘秀能乘时势而成为皇帝呢？

【原文】

赞曰[①]：炎正中微，大盗移国。[②]九县飙回，三精雾塞。[③]人厌淫诈，神思反德。光武诞命，灵贶自甄[④]。沈几先物，深略纬文。[⑤]寻、邑百万，貔虎为群[⑥]。长毂雷野，高锋彗云。[⑦]英威既振，新都自焚[⑧]。虔刘庸、代，纷纭梁、赵[⑨]。三河未澄，四关重扰。[⑩]神旌乃顾，递行天讨。[⑪]金汤失险，车书共道。[⑫]灵庆既启，人谋咸赞。[⑬]明明庙谟，赳赳雄断。[⑭]於赫有命，系隆我汉。[⑮]

【注释】

①赞：史书篇后的评论，多是赞扬为主，属于评点式的一种文体。

②炎正：表明汉朝采用火德。大盗：指王莽篡位夺权。

③九县：九州。飙回：暗指动乱，动荡不安。三精：日、月及星三精。雾塞：指昏暗不明。

④诞：大。灵贶：佳气神光之类，即神灵赐福。甄：明白或者甄别。

⑤几：事物变化的萌芽状态。物：事。沈深之几，先见于事。文：经纬天地。

⑥貔虎：指非常勇猛的军队。

⑦长毂：兵车。雷野：声势盛大。彗：扫。

⑧新都：王莽初封为新都侯。自焚：本来是说周武王讨伐商纣，商纣穿着宝玉自焚而死。这里用商纣的事件比况王莽被杀。

⑨虔、刘：都是杀的意思。庸：公孙述在庸和蜀称帝。代：卢芳占据代郡。纷纭：比喻动乱。梁：指刘永。赵：指王朗。

⑩三河：河南、河北及河东。未澄：指当时朱鲔等占据洛州，还没有归顺光武帝。四关：指长安四塞之国。重扰：指更始帝刘玄在关中，刘盆子入关杀掉刘玄，挖掘各个陵墓。

⑪神旌：代称王师。乃顾：《诗经·大雅·皇矣》有“乃眷西顾”之语。天讨：《尚书·皋陶谟》有“天讨有罪”之语。

⑫金：比喻坚固。汤：取其热。失险：城池都失去其险固。车书共道：《礼记·中庸》有“天下车同轨，书同文”之语。

⑬灵庆:符谶。人谋:群臣进劝光武帝称尊号的事情。赞:助。

⑭明明:光明。庙谟:朝廷的计策。赳赳:勇武的样子。雄断:决断。

⑮於:叹词,称赞之义。赫:盛貌。系:联系。

【译文】

赞说:汉朝中途逐渐衰微,王莽篡位更改国制。九州纷纷动乱,日月星三精均出现阴沉的迹象。民众厌恶淫乱和奸诈,鬼神也追思道德和皈依本真。光武帝既然应天命出生,佳气神光自然会显明。深沉的征兆先被预见,雄才韬略经纬天地。王寻、王邑有百万雄师,如虎如豹,聚合成群。兵阵车舆壮大声威和架势,战戟高高举起来,密密麻麻像乌云。英才豪杰一齐振奋威武,新都王莽最终自焚。庸、代地区遭受抢掠,梁、赵纷纷自立为王。三河地区的贼敌还没有归顺,长安各陵遭到侵扰。神兵天将助汉室,替天行道。坚固无比的城池失去了艰险牢固的优势,书同文,车同轨。符咒谶言预示等征兆有天人应验才能够开启,群下一致劝汉武帝改封尊号。光明正义的谋略,勇武的决断(使人)能够远胜千里之外。呜呼天命,光复大业的事还得依靠汉廷王朝。

【原文】

孝明皇帝[①]讳庄,世祖第四子也。永平[②]二年春,宗祀[③]光武皇帝于明堂[④]。礼毕,登灵台[⑤],诏曰:"朕以暗陋[⑥],奉承大业,亲执珪璧[⑦],恭祀天地。仰惟先帝受命中兴,拨乱反正[⑧],以宁天下,封泰山,建明堂,立辟雍[⑨],起灵台[⑩],恢弘[⑪]大道,被之八极[⑫]。而胤子[⑬]无成、康[⑭]之质,群臣无吕、旦[⑮]之谋,盥洗[⑯]进爵[⑰],踧踖[⑱]惟惭。其令天下自殊死[⑲]以下,谋反大逆,皆赦除[⑳]之。"冬,幸辟雍,初行养老礼[㉑],诏曰:"三老[㉒]李躬[㉓],年耆[㉔]学明;五更[㉕]桓荣[㉖],授朕《尚书》[㉗]。《诗》[㉘]曰:'无德不报。'其赐荣爵关内侯[㉙],食邑[㉚]五千户。三老五更[㉛],皆以二千石禄,养终厥[㉜]身。其赐天下三老,酒人一石,肉四十斤。有司其存[㉝]耆耋[㉞]、恤幼孤、惠鳏寡[㉟],称朕意焉。"

【注释】

①孝明皇帝:即刘庄(公元28年~公元75年),字子丽,汉光武帝第四子,母光烈阴皇后阴丽华。史称汉明帝,死后谥号"孝明皇帝"。

②永平:孝明皇帝年号永平(公元58年~公元75年)。

③宗祀:谓对祖宗的祭祀。

④明堂:古代帝王宣明政教的地方。凡朝会、祭祀、庆赏、选士、养老、教学等大典,都在此举行。

⑤灵台:古时帝王观察天文星象、妖祥灾异的建筑。

⑥暗陋:愚昧鄙陋。

⑦珪璧:古代祭祀朝聘等所用的玉器。古为瑞信之物。

⑧拨乱反正:治理混乱的局面,使恢复正常。

⑨辟雍：亦作“辟雝”，辟，通“璧”。本为西周天子所设大学，校址圆形，围以水池，前门外有便桥。东汉以后，历代皆有辟雍，除北宋末年为太学之预备学校（亦称“外学”）外，均为行乡饮、大射或祭祀之礼的地方。

⑩灵台：学官。

⑪恢弘：亦作“恢宏”或“恢闳”，发扬；扩大。

⑫八极：八方极远之地。

⑬胤子：胤，音印。后代，子嗣，嗣子。

⑭成、康：周成王与周康王的并称。

⑮吕、旦：吕，指吕尚，即姜子牙。旦，即周公，周文王姬昌第四子。

⑯盥洗：盥，音贯。洗手洗爵。古代仪礼形式之一，用水使手及酒器洁净，以示恭敬。郑玄注：“盥手又洗爵，致洁敬也。”

⑰进爵：犹敬酒。爵，酒器。

⑱踧踖：音促急。恭敬而不安的样子。郑玄注：“论语云：‘踧踖，敬恭貌。’”⑲殊死：指殊死刑（斩首的死刑）。

⑳赦除：犹赦免。

㉑养老礼：古代对年高德劭的老者按时饷以酒食而敬礼之礼节。

㉒三老：指国三老，多以致仕三公任之。

㉓李躬：人名。

㉔年耆：耆，音其。年老。古代年六十曰耆。

㉕五更：古代乡官名。用以安置年老致仕的官员。

㉖桓荣：字春卿。生于西汉成帝阳朔鸿嘉年间。谯国龙亢（今安徽省怀远县西龙亢镇北）人。东汉经学大师。明帝时，对桓荣倍加敬重，尊以师礼，拜为五更，旋封其为关内侯。桓荣八十余岁卒，明帝赐葬于洛阳城外首山之阳，亲自为其送葬。

㉗尚书：又称《书》《书经》，为一部多体裁文献汇编，是中国现存最早的史书。

㉘诗：指《诗经》。

㉙关内侯：爵位名。秦汉时置，为二十等级之第十九级，位于彻（列）侯之次。有其号，无国邑。

㉚食邑：指古代君主赐予臣下作为世禄的封地。

㉛三老五更：古代设三老五更之位，天子以父兄之礼养之。

㉜厥：代词，其，表示领属关系。

㉝存：慰问，抚恤。

㉞耆耋：指老人。

㉟鳏寡：老而无妻或无夫的人。

【译文】

孝明皇帝，名庄，是光武帝第四个儿子。永平二年春，在明堂祭祀光武皇帝，祭礼结束，登上灵台，颁诏说："朕以愚昧浅陋，继承帝业，亲自执掌珪璧，敬祭天地之神。敬思先帝受天命中兴汉室，拨乱反正，以求天下安宁。封禅泰山，修建宗庙明堂，设立大学，筑造学宫，弘扬正理大道，惠及八方极远之地。而我虽即位却没有周成王、周康王那样的资质，群臣没有吕尚、周公那样的谋略。净手洗爵，进奉醇酒，恭敬之余自感惭愧。诏今天下自犯死罪以下的，包括谋反、大逆不道之人，都予以赦免。"冬天，孝明皇帝驾临辟雍，初次举行养老礼。颁诏说："三老之一的李躬，年过六旬、学问精深。任五更的桓荣，教授朕学习《尚书》。《诗经》说：'没有施恩不报的。'赐予桓荣关内侯爵位，食邑五千户；三老、五更都为二千石的俸禄奉养终生；赐给天下的三老每人酒一石，肉四十斤。有关官员们要慰问六七十岁以上的老人，体恤幼童孤儿，善待鳏寡孤独之人，这样才合乎朕的心意啊！"

【原文】

六年，诏曰："先帝诏书，禁民上事[①]言圣，而间者[②]章奏颇多浮辞[③]，自今若有过称虚誉[④]，尚书[⑤]皆宜抑而勿省，示不为谄子[⑥]嗤[⑦]也。"

【注释】

①上事：向朝廷上书言事。
②间者：近来。
③浮辞：虚浮不实的话。
④虚誉：不实的赞扬。
⑤尚书：官名。始置于战国时，或称掌书，尚即执掌之义。东汉时正式成为协助皇帝处理政务的官员。
⑥谄子：逢迎拍马的人。
⑦嗤：音吃，通"蚩"，欺侮。

【译文】

永平六年，孝明皇帝颁布诏书说："先帝曾下诏书，禁止臣民上书称颂帝王，而近来所上的奏章仍有不少浮夸言辞。从现在起，如果今后还有虚夸溢美的奏章，尚书都应该加以制止，不要阅览，以示不被谄媚之人所欺骗。"

【原文】

十二年，诏曰："昔曾闵[①]奉亲，竭欢致养[②]；仲尼葬子，有棺无椁[③]。丧贵致哀，礼存宁俭[④]。今百姓送终之制，竞为奢靡。生者无担石[⑤]，而财力尽于坟土；伏腊[⑥]无糟糠[⑦]，而牲牢[⑧]兼于一奠。糜[⑨]破积世[⑩]之业，以供终朝[⑪]之费。子孙饥寒，终命于此，岂祖考[⑫]之意哉！又车服过制，恣[⑬]极耳目；田荒不耕，浮食[⑭]者众。有司[⑮]其申明科禁[⑯]宜于今者，宣下郡国。"

【注释】

①曾、闵：曾参、闵子骞。李贤注："曾参字子与，闵损字子骞，并孔子弟子，皆有孝行也"。

②致养：奉养亲老。

③椁：音果，古代葬时套于棺外之木器，俗称套棺。

④宁俭：宁可俭约。

⑤担石：一担一石之粮。比喻微小。

⑥伏腊：古代两种祭祀的名称。"伏"在夏季伏日，"腊"音辣，在农历十二月。指伏祭和腊祭之日，或泛指节日。

⑦糟糠：糟糠是指酒糟、米糠等粗劣食物，旧时穷人用来充饥的食物。

⑧牲牢：犹牲畜。古代特指供宴飨祭祀用的牛、羊、猪。

⑨糜：音迷，浪费。

⑩积世：累代，世代。

⑪终朝：早晨。

⑫祖考：祖先。

⑬恣：放纵；无拘束。

⑭浮食：多谓不事耕作而食。

⑮有司：官吏。古代设官分职，各有专司，故称。

⑯科禁：戒律；禁令。

【译文】

永平十二年，皇上颁诏曰："昔日曾参和闵子骞，竭力奉养父母，使其欢心；仲尼埋葬儿子孔鲤，有内棺而无外椁。办丧事贵在心存哀思，礼仪宁可省俭。现在老百姓办理丧事都竞相奢侈比阔。活着的人连一担一石的粮食都没有，却把财力全用在丧葬上。伏祭和腊祭等祭日连糟糠都吃不上，却把牲畜全用于祭奠。浪费世代积蓄的家业，来供应一个早晨的费用，子孙们受饥受寒，最终怕是要毙命在这件事上。这难道是祖先们的本意吗？再说丧葬的车与礼服，都超过了礼制，恣意放纵，只图耳目外观的体面，田地荒芜不去耕种，不劳而获的人日益增多。有关官吏应申明适合现状的禁令，并把它向各郡国宣布贯彻。"

【原文】

十八年，帝崩。遗诏："无起寝庙[①]，藏主[②]于光烈皇后[③]更衣别室[④]。"帝遵奉建武制度，事无违者。后宫之家，不得封侯与政。馆陶公主[⑤]为子求郎[⑥]，不许，而赐钱千万，谓群臣曰："郎官上应列宿[⑦]，出宰[⑧]百里，有有作苟。非其人，则民受其殃，是以难之。"故吏称其官，民安其业，远近肃服[⑨]，户口[⑩]滋殖[⑪]焉。

【注释】

①寝庙：古代宗庙的正殿称庙，后殿称寝，合称寝庙。

②藏主：藏，收藏，储藏。主，旧时为死者立的牌位。礼"藏主于庙"，既不起寝庙，故藏于后之易衣别室。

③光烈皇后：即光武帝刘秀的第二任皇后阴丽华，明帝之母。谥号"光烈"，故称其为"光烈皇后"。

④别室：正室以外的房间。

⑤馆陶公主：李贤注："光武女"。因封邑而得名。

⑥郎：官名。帝王侍从官的通称。

⑦列宿：众星宿。特指二十八宿。李贤注：《史记》曰：太微官后二十五星，郎位也。

⑧出宰：由京官外出任县官。

⑨肃服：肃然服从。有安定之意。

⑩户口：住户和人口的总称。计家为户，计人为口。

⑪滋殖：增加；增长，增生。

【译文】

永平十八年，明帝驾崩，遗诏："不要建造寝宫庙宇，将我的牌位放在母亲光烈皇后的更衣侧室。"明帝遵照奉行建武时期的制度，凡事没有违背的。后宫的家属，不得封侯参与政治。馆陶公主曾经为儿子请封为郎官，明帝没有允许，只是赐其钱千万。并告知群臣说："郎官与上天列宿相对应，外出为官就要管辖百里的地方，如果用人不当，老百姓就要受其灾殃，因此我没有准许公主的请求。"所以当时的官吏都各称其职，老百姓安居乐业，远近的民众肃然敬服，住户及人口大量增加！

【原文】

论曰：明帝善刑理[①]，法令分明，日晏[②]坐朝，幽枉[③]必达。外内无幸曲[④]之私，在上无矜大[⑤]之色。断狱[⑥]得情，号居前世十二[⑦]。故后之言事者，莫不先建武、永平之政。

【注释】

①刑理：刑法；法律。

②日晏：天色已晚。

③幽枉：犹冤屈。

④幸曲：宠幸偏袒。

⑤矜大：骄矜尊大。

⑥断狱：审理和判决案件。

⑦十二：十分之二。李贤注："十断其二，言少刑也。"

【译文】

史官论赞说：明帝精通刑法政务，法令分明。天色很晚还坐朝理政，有冤屈之事必能通晓。朝廷内外没有宠幸偏袒的私行，身居上位没有骄矜尊大的情形。审理和断案合情合理，受刑的人仅仅是前代十分之二。所以后代向君王进谏言事之人，没有不尊崇建武、永平之政的。

【原文】

孝章皇帝[①]讳炟，明帝第五子也。少宽容，好儒术[②]，显宗[③]器重之。建初元年，诏曰："朕以无德，奉承大业，夙夜[④]栗栗[⑤]，不敢荒宁[⑥]，而灾异仍见，与政相应。朕既不明，涉道日寡，又选举乖实[⑦]，俗吏[⑧]伤民，官职耗乱[⑨]，刑罚不中，可不忧与！昔仲弓[⑩]、季氏[⑪]之家臣，子游[⑫]、武城[⑬]之小宰[⑭]，孔子犹诲以贤才，问以得人[⑮]。明政之小大，以人为本；乡举里选，必累功劳。今刺史[⑯]、守相[⑰]，不明真伪，茂才[⑱]、孝廉，岁以百数，既非能显，而当授之政事，甚无谓也。每寻前世举人[⑲]贡士[⑳]，或起畎亩[㉑]，不系[㉒]阀阅[㉓]。敷奏[㉔]以言，则文章可采；明试以功，则治有异迹。文质斌斌[㉕]，朕甚嘉之。其令太傅[㉖]、三公[㉗]、中二千石[㉘]、二千石、郡国[㉙]守相，举贤良方正[㉚]能直言极谏之士各一人。"

【注释】

①孝章皇帝：名炟，明帝第五子，公元75年至公元88年在位。谥号孝章，享年三十三岁。年号有建初、元和、章和。

②儒术：儒家的原则、学说、思想。

③显宗：汉明帝刘庄。

④夙夜：朝夕，日夜。

⑤栗栗：畏惧貌。

⑥荒宁：荒废懈怠，贪图安逸。荒，纵欲迷乱；逸乐过度。宁，安宁。孔安国注：尚书曰："不敢荒怠自安宁。"

⑦乖实：名不副实；失实。

⑧俗吏：才智凡庸的官吏。

⑨耗乱：昏乱。

⑩仲弓：春秋鲁国人，冉氏，名雍，字仲弓，也称子弓。孔子的学生，以德行著称。曾任季氏宰。

⑪季氏：季桓子，即季孙斯，春秋时鲁国卿大夫。

⑫子游：姓言，名偃，字子游，亦称"言游""叔氏"，春秋末吴国人，与子夏、子张齐名，孔夫子的弟子，"孔门十哲"之一。曾为武城宰。

⑬武城：指武城县；位于山东省西北边陲，鲁西北平原。现隶属山东省德州市。

⑭小宰：邑宰，县邑的长官。

⑮得人：谓得到德才兼备的人。亦谓用人得当。《论语·雍也》："子曰：'女得人焉耳乎？'"

⑯刺史：官名。西汉武帝时，分全国为十三部(州)，每部置刺史一人，以六条职权巡察所属郡县。

⑰守相：郡守和诸侯王之相。

⑱茂才：又作茂材，是汉代的另一种察举常科，西汉时原作秀才，到东汉时，因避汉光武帝名讳，改秀为茂。

⑲举人：推举，选拔人才。亦指所举之人才。

⑳贡士：旧指地方向朝廷荐举人才。

㉑甽亩：音犬母，本指田野，此引申指民间。甽同畎。

㉒系：涉及；关系。

㉓阀阅：泛指门第、家世。

㉔敷奏：陈奏，向君上报告。李贤注："敷，陈；奏，进也。令各陈进其言，则知其能否也。尚书曰'敷奏以言，明试以功'，则政之类。"

㉕文质斌斌：亦作"文质彬彬"，文华质朴配合得宜，既有文采，又很朴实。

㉖太傅：官名。三公之一。周代始置，辅弼天子治理天下。

㉗三公：西汉末至东汉初，以大司马、大司徒、大司空为三公。至汉光武帝建武二十七年，省大司马，又置太尉，以太仆赵熹为之，而与司徒、司空为三公。

㉘中二千石：汉代官吏秩禄等级，中是满的意思，中二千石即俸禄实得二千石。

㉙郡国：郡和国的并称。汉初，兼采封建及郡县之制，分天下为郡与国。郡直属中央，国分封诸王、侯，分别称为王国、侯国。

㉚贤良方正：汉代选拔统治人才的科目之一。

【译文】

孝章皇帝，名炟，是明帝的第五个儿子。少年时待人宽容，喜好儒家学说，明帝很器重他。建初元年，颁诏说："朕没有德行，继承帝业，日夜战战兢兢，不敢荒废懈怠，贪图安逸。但是异常的自然灾害仍然出现，说明治政还是不力。朕既不明智，经历治国之道的时间又少；加之所选官员名不符实，才智凡庸的官吏伤害百姓，官职混乱，我怎能不忧虑呢？从前仲弓是季氏的家臣，子游是武城的县官，孔子尚且教诲他们要任用贤才，询问是否用人得当。说明政事无论大小，以用人为根本。从乡里推荐选拔的人，必须要是多次立下功劳的。而如今的刺史、守相不明了其中真伪，推举的茂才、孝廉每年数以百计，他们并非是才能显著之人，却要授予他们政务，这样很没有意义。每考究前代选拔、举荐的人才，有的是被启用于田亩之间，不拘于出身门第。让他们各陈其言，那么他们的文章必然可以采纳；明白考验他们实际的功绩，那么从政方面定会有其过人之处。既有文采，又很朴实。朕非常喜欢这样的人才。命令太傅、三公、中二千石、二千石、郡国守相，推举贤良方正、能够直言极谏之士各一人。"

【原文】

四年，诏于，是下太常[①]、将、大夫[②]、博士[③]、议郎[④]、郎官及诸生[⑤]、诸儒会白虎观[⑥]，讲议五经[⑦]同异，帝亲称制临决[⑧]焉。七年，诏曰："车驾[⑨]行秋稼，观收获，因涉郡界，皆精骑轻行[⑩]，无他辎重[⑪]。不得辄修道桥，远离城郭[⑫]，遣吏逢迎，刺探[⑬]起居，出入前后，以为烦扰也。动务省约，但患不能脱粟瓢饮[⑭]耳。所过欲令贫弱有利，无违诏书。"

【注释】

①太常：掌管宗朝礼仪，兼掌选试博士的官职。

②大夫：古职官名。周代在国君之下有卿、大夫、士三等；各等中又分上、中、下三级。后因以大夫为任官职者之称。

③博士：古代学官名。汉文帝置一经博士，武帝时置"五经"博士，职责是教授、课试，或奉使、议政。

④议郎：官名。汉代设置，为光禄勋所属郎官之一，掌顾问应对，无常事。汉秩比六百石。多征贤良方正之士任之。与中郎相同，高于侍郎、郎中。

⑤诸生：众有知识学问之士。

⑥白虎观：汉代官观名。在未央宫中。汉章帝建初四年（公元79年）会学者于此，讲五经同异，成《白虎通德论》书。

⑦五经：指儒家的五经，即《周易》《尚书》《诗经》《礼记》《春秋》。

⑧临决：谓亲自裁决。

⑨车驾：帝王所乘的车。亦用为帝王的代称。

⑩轻行：轻装疾行。

⑪辎重：辎，音资，外出时携载的物资。

⑫城郭：城墙。城指内城的墙，郭指外城的墙。

⑬刺探：探听。李贤注："刺探，谓候伺也。"

⑭脱粟瓢饮：脱粟，粗米。瓢饮，用瓢喝水。形容生活俭朴或生活艰苦。李贤注："晏子相齐，食脱粟之饭。孔子曰，颜回一瓢饮。"

【译文】

建初四年又颁诏，命令太常、将、大夫、博士、议郎、郎官和诸生、诸儒在白虎观集会，讲说商讨"五经"的异同，章帝亲自到场主持决断。建初七年，诏书说："皇帝巡视秋季的庄稼，考察收获情况，因而来到郡界。随从都是精骑，轻装疾行，没有辎重。不得擅自整修道路、桥梁；不准派官吏远离城郭来迎接，伺候起居，出入于朕前后，成为百姓的烦扰。出巡务必减省节约，只要粗食瓢饮就行了。所过之处希望有利于贫弱之民，不得违背诏书旨意。"

【原文】

三年春，北巡狩[①]，敕侍御史[②]、司空[③]曰："方春，所过无得有所伐杀。车可引避[④]，引避之；騑[⑤]马可辍[⑥]解，辍解之。《诗》云：'敦彼行苇[⑦]，牛羊勿践履。'《礼》[⑧]，人君伐一草木不时[⑨]，谓之不孝。俗知顺人，莫知顺天。其明称朕意。"

【注释】

①巡狩：意为天子巡行视察郡国所守疆土。

②侍御史：官名。秦置，汉沿设，在御史大夫之下。受命于御史中丞，接受公卿奏事，举劾非法。

③司空：官名。即冬官大司空，掌管工程。汉改御史大夫为大司空，与大司马、大司徒并列为三公，后去大字为司空，历代因之，明废。

④引避：让路；躲避。

⑤騑：音非。古代驾车的马，在中间的叫服，在两旁的叫騑，也叫骖。李贤注："夹辕者为服马，服马外为騑马。"

⑥辍：撤除。

⑦行苇：路旁的芦苇。

⑧礼：五经之中的《礼记》。礼记："孔子曰：'伐一树，杀一兽，不以其时，非孝也。'"

⑨不时：不适时；不合时。李贤注："不时谓不合于时也。"

【译文】

元和三年春，皇帝到北方视察邦国州郡，命令侍御史、司空说："当前正值春天，所过之处不得有砍伐杀戮的行为。车驾可以让路的，就绕道而行；驾车的騑马可以解开不用的，就解开它们。《诗经》说：'芦苇丛生在道旁，别放牛羊来踩踏。'《礼记》也说：'君王砍伐一草一木不合时令，便叫作不孝。'一般人只知道顺人行事，却不知道遵循天道。当显明此意，以符合朕的心意。"

【原文】

论曰：魏文帝[①]称："明帝察察[②]，章帝长者。"章帝素知民厌明帝苛切[③]，事从宽厚。感陈宠[④]之议，除惨之狱科；深元元[⑤]之爱，著胎养之令。割裂名都，以崇建周亲[⑥]；平徭简赋[⑦]，而民赖其庆[⑧]。又体之以忠恕[⑨]，文之以礼乐。故乃蕃辅[⑩]克谐[⑪]，群后[⑫]德让。谓之长者，不亦宜乎！在位十三年，郡国所上符瑞[⑬]，合于图书者，数百千所。呜呼懋[⑭]哉！

【注释】

①魏文帝：曹魏的开国皇帝曹丕。公元 220 年至公元 226 年在位。魏武帝曹操与武宣卞皇后的长子。庙号高祖(《资治通鉴》作世祖)，谥号文皇帝。

②察察：苛察；烦细。

③苛切：苛刻严峻。

④陈宠：生年不详，卒于公元106年，沛国洨县(今安徽固镇)人。先祖世习律令，宠传其家业。初为州郡吏，后辟司徒府，掌狱讼，断案公平。李贤注：“宠时为尚书，以吏政严切，乃上书除惨酷之科五十余条，具本传也。”

曹丕

⑤元元：百姓，庶民。

⑥周亲：至亲。李贤注：“周，至也。”

⑦平徭简赋：平衡徭役而减少赋税。

⑧庆：福泽。

⑨忠恕：忠，谓尽心为人；恕，谓推己及人。

⑩蕃辅：喻指诸侯；藩王。蕃，通藩。

⑪克谐：能和谐。

⑫群后：原指四方诸侯及九州牧伯。亦泛指公卿。

⑬符瑞：吉祥的征兆。多指帝王受命的征兆。

⑭懋：音冒，美好。

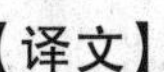

【译文】

史官论赞说：“魏文帝认为‘明帝是苛察之人，章帝是德高望重的人。’章帝素来了解百姓厌恶明帝的苛刻严峻，因此凡事讲求宽厚。有感于陈宠的建议，废除了残酷的刑罚条目；深切关爱百姓，制定出养护胎孕的法令；划分出郡国名城，用来重建至亲的世系；平衡徭役减少赋税，因而百姓仰赖其福泽；又能以忠恕之道体恤臣民，用礼乐教化百姓。所以诸侯藩王能够和谐，公卿大臣互相礼让。所以称章帝为德高望重的君王，不是很恰当吗？他在位十三年，郡国出现吉祥的征兆，与河图洛书上相合者就有数百千件。真是太美好了！”

【原文】

孝和皇帝讳肇①，章帝第四子也，在位十七年而崩。齐民②岁增，辟③土日广。每有灾异，辄延问④公卿，极言得失。前后符瑞八十一所，自称德薄，皆抑而不宣。旧南海⑤献⑥龙眼、荔支⑦，十里一置⑧，五里一候⑨，奔腾⑩阻险，死者继路⑪。时临武长⑫汝南唐羌⑬县接(旧无时临至县接十字，补之)南海，乃上书陈状。帝下诏曰：“远国珍羞⑭，本以奉宗庙。苟有伤害，岂爱民之本耶？其敕太官，勿复受献。”由是遂省。

【注释】

①孝和皇帝讳肇：即汉和帝，为东汉第四代皇帝，名刘肇(公元79年~公元105年)。

章帝第四子。章帝死后继位，在位十七年病死，终年二十七岁。肇，音照。

②齐民：犹平民。

③辟：音辟，开垦，开辟。

④延问：请教询问。

⑤南海：李贤注："南海，郡，秦置，今广州县也"。

⑥献：奉献，进贡。指附属国奉献礼物。

⑦龙眼荔支：两种水果，均生南方。龙眼，即桂圆；荔支，即荔枝。

⑧置：驿站。李贤注："置谓驿也"。驿站，古代供传递文书、官员来往及运输等中途暂息、住宿的地方；旅店。

⑨候：驿馆，驿站的客舍。

⑩奔腾：飞奔急驰。

⑪继路：不绝于路。

⑫临武长：临武县令。李贤注："临武，县，属桂阳郡，今郴州县也。"历史上，临武又是楚南古驿，古代中原赴粤出海的必经之路。

⑬唐羌：生卒不详，字伯游，东汉汝南（今河南汝南、平与县间）人，辟公府，补临武长。

⑭珍羞：亦作"珍馐"，珍美的肴馔。

【译文】

孝和皇帝，名肇，是章帝的第四子，在位十七年后去世。他在位期间国家人口逐年增加，开拓的疆域日渐广阔。每当遇有自然灾害发生，则马上请教公卿，请他们大胆直言陈说朝政得失。各地前后出现吉祥的征兆有八十一处，而和帝还自称德行浅薄，都压下来不许宣扬。从前南海郡进贡龙眼、荔枝，每隔十里设一个驿站，五里设一驿馆，沿途道路艰险，使者飞奔急驰，累死者不绝于路。当时临武县县令汝南人唐羌，其县境与南海接壤，于是上书陈述这一情况。和帝下诏说："远方进贡的珍馐美味，本来是进献祀奉宗庙的，如果因此而伤害了百姓，这哪里是爱民的本意呢？敕令太官不要再接受这一贡物了。"从此取消了这一进贡。

皇后纪序

【原文】

明德马皇后①，伏波将军援②之小女也。永平③三年，立为皇后。既正位宫闱④，愈自谦肃⑤。能诵《易经》。好读《春秋》《楚辞》⑥，尤善《周官》⑦。常衣大练⑧，裙不加缘⑨。诸姬⑩主朝请⑪，望见后袍衣疏粗⑫。反以为绮縠⑬，就视，乃笑。后辞⑭曰："此缯⑮特宜染色，故用之耳。"六宫莫不叹息⑯。

【注释】

①明德马皇后:公元39年至公元79年在世,是伏波将军马援的小女儿。公元57年,光武帝去世,太子刘庄即帝位,即汉明帝,封她为贵人。公元60年,大臣们联名上奏,请立皇后。明帝去问阴丽华皇太后,太后说:“马贵人德冠后宫,即其人也。”马皇后继承了他父亲的智慧和为人处世的本领,她当上皇后后,依然保持勤奋、恭谨、俭朴的本色。她的所作所为,对明帝、章帝两朝的政治都有着积极的影响,因此赢得后世人们的赞誉。享年四十一岁。死后谥号明德,为东汉一代贤后。

②伏波将军援:指马援,东汉开国功臣之一,扶风茂陵人,因功累官伏波将军,封新息侯。以“老当益壮”“马革裹尸”而闻名。

③永平:东汉明帝年号。

④宫闱:帝王的后宫,后妃的住所。

⑤谦肃:谦恭庄敬。

⑥楚辞:书名。亦作“楚词”。本为楚地的歌辞。西汉刘向辑。为骚体类文章的总集。

⑦周官:李贤注:“周官,周礼也”。西汉的景帝、武帝之际,河间献王刘德从民间征得一批古书,其中一部名为《周官》。原书当有天官、地官、春官、夏官、秋官、冬官等六篇,冬官篇已亡,汉儒取性质与之相似的《考工记》补其缺。王莽时,因刘歆奏请,《周官》被列入学官,并更名为《周礼》。东汉末,郑玄为《周礼》作注。

⑧大练:粗帛。

⑨缘:饰边。衣服边上的镶绲;衣服的边。

⑩姬:汉代宫中女官。

⑪朝请:汉律,诸侯春天朝见皇帝叫朝,秋天朝见皇帝叫请。泛称朝见皇帝。

⑫粗:粗糙;粗劣。

⑬绮縠:绫绸绉纱之类,丝织品的总称。縠,音胡。

⑭辞:告知,告诉。

⑮缯:帛之厚者。

⑯叹息:叹美;赞叹。

【译文】

明德马皇后,是伏波将军马援的小女儿,永平三年,立为明帝的皇后。她在正式成为皇后后,越加谦恭庄敬。她能读诵《易经》,喜欢读《春秋》《楚辞》,尤其喜欢《周礼》。常穿粗厚丝帛做的衣服,裙子不饰花边。宫中姬妃朝见皇帝时,远远看到皇后衣袍粗疏,反而认为是好的绸缎,到跟前一看,就笑了。皇后说:“这种粗厚丝帛特别适合染色,所以用它做衣服。”六宫没有人不赞叹的。

【原文】

时楚狱[①]连年不断,因相证引[②],坐系[③]者甚众。后虑其多滥[④],乘间[⑤]言及,恻然[⑥]。

帝感之，多有所（旧无所字，补之）降宥[7]。每于侍执[8]之际，辄言及政事（旧无每于至政事十一字，皆补之）。多所毗补[9]，而未尝以家私干欲。宠敬日隆，始终无衰。

【注释】

①楚狱：《后汉书·楚王英传》："有司奏英招聚奸猾，造作图谶，擅相官秩，置诸侯王公将军二千石，大逆不道，请诛之……楚狱遂至累年，其辞语相连，自京师亲戚诸侯州郡豪桀及考案吏，阿附相陷，坐死徙者以千数"。又《袁安传》记袁安案其狱，"理其无明验者，条上出之。"后因称冤狱为"楚狱"。

②证引：谓举证和攀引他人。

③坐系：获罪入狱。

④滥：冤屈，冤枉。

⑤乘间：利用机会；趁空子。

⑥恻然：哀怜貌；悲伤貌。

⑦降宥：减罪宽宥。宥，音又。

⑧侍执："侍执巾栉"的省称。指拿着手巾、梳子伺候，形容妻妾服侍夫君。

⑨毗补：裨补。增益补阙。

【译文】

当时刑狱连年不断（明帝弟楚王刘英被告谋反，牵连者皆入狱），囚犯互相举证牵连，获罪入狱的人很多。马皇后担心其中多有冤屈，找机会与明帝谈及此事，并流露出悲伤的神情。明帝很感动，对那些囚犯大多有所宽免。每当她服侍皇帝时，常常谈到朝政之事，对皇帝执掌朝政有很多补益，但是她从不以自家私事干预朝政。明帝对她宠爱敬重日益加深，自始至终不衰。

【原文】

自撰《显宗起居注》[1]，削去兄防参医药事[2]。帝请曰："黄门[3]舅旦夕供养且一年，既无褒异，又不录勤劳[4]，无乃过乎？"太后曰："吾不欲令后世闻先帝数亲后宫之家，故不著也。"帝欲封爵诸舅，太后不听。明年夏，大旱，言事[5]者以为不封外戚之故，有司因此上奏，宜依旧典[6]。太后诏曰："凡言事者，皆欲媚朕以要福耳。昔王氏五侯[7]，同日俱封，其时黄雾四塞，不闻澍雨[8]之应。又田蚡[9]、窦婴[10]，宠贵横恣[11]，倾覆之祸，为世所传。故先帝防慎[12]舅氏，不令在枢机[13]之位。诸子之封，裁令半楚、淮阳[14]诸国。常谓：'我子不当与先帝子等。'今有司奈何欲以马氏[15]比阴氏[16]乎！吾为天下母，而身服大练，食不求甘，左右但着皂[17]布，无香薰之饰者，欲身率下[18]也。以为外亲见之，当伤心自敕[19]，但笑言太后素好俭。前过濯龙门[20]上，见外家问起居者，车如流水，马如游龙[21]，苍头[22]衣绿褠[23]，领袖正白，顾视御者不及远矣。故不加谴怒[24]，但绝岁用而已，冀以默愧[25]其心，而犹解怠，无忧国忘家之虑。知臣莫若君，况亲属乎？吾岂可上负先帝之旨，下亏先人之德，重袭西京败亡之祸[26]哉!”固不许。

【注释】

①显宗起居注:汉明德马皇后所编撰的书,是历史上最早的专门记录皇帝日常言行的著作。

②防参医药事:防,指马防,明德马皇后兄长。参,参与。医药,《后汉书·章帝本纪》:“明帝寝疾,马防为黄门郎,参侍医药。”

③黄门:官名。本秦官,汉因之。因给事黄门,故名。

④勤劳:指功劳。

⑤言事:古代专指向君王进谏或议论政事。

⑥旧典:李贤注:“汉制,外戚以恩泽封侯,故曰旧典也”。

⑦王氏五侯:李贤注:“成帝封太后弟王谭、王商、王立、王根、王逢时等,同时为关内侯。”汉成帝刘骜的舅父王凤有五个兄弟,因外戚关系晋升为五侯,即平阿侯王谭、成都侯王商、红阳侯王立、曲阳侯王根、高平侯王逢时,史称“王氏五侯”。

⑧澍雨:时雨。澍,音树。

⑨田蚡:西汉景帝皇后王娡同母异父弟,汉武帝的舅舅。被封武安侯,后任丞相。暴毙卒。

⑩窦婴:西汉大臣,字王孙,观津(今河北衡水东)人,窦婴是窦太后侄。景帝时被封魏其侯。武帝初,任丞相,后因罪而被处死。蚡,音坟。

⑪横恣:专横放肆。

⑫防慎:谨慎防备。

⑬枢机:指中央政权的机要部门或职位。

⑭淮阳:淮阳国,辖境相当今河南省淮阳、太康、扶沟、柘城、鹿邑等县地。东汉章和二年(公元88年)改为陈国。

⑮马氏:外戚马氏。马,指明德马皇后。

⑯阴氏:外戚阴氏。阴,指光武帝皇后阴丽华。

⑰皂:《后汉书》原文作“帛”,今译文从此意。

⑱率下:做下属表率。

⑲自敕:敕同敕。告诫自己。

⑳濯龙门:指位于东汉洛阳城西北的濯龙园,又名龙池。

㉑车如流水,马如游龙:形容车马往来不绝,繁华热闹的景象。

㉒苍头:指奴仆。

㉓褠:音勾,指臂衣,古人用以套于臂上,犹今之袖套。

㉔谴怒:犹谴责。

㉕默愧:暗中羞愧。

㉖西京败亡之祸:西京,即长安,今称西安。西汉都长安,东汉改都洛阳,因称洛阳为

东京，长安为西京。李贤注："西京外戚吕禄、吕产、窦婴、上官桀安父子、霍禹等皆被诛。"

【译文】

马皇后自撰《显宗起居注》，其中删减了她的哥哥马防参与侍奉医药的事。章帝问她说："黄门舅日夜供养服侍先帝将近一年，既不给他特殊褒奖，又不记载他的功劳，这不是太过分了吗？"马皇后说："我不想让后世人知道先帝多次亲近后宫的家属，所以不记载。"章帝打算给几位舅舅进封爵位，太后不准。第二年（建初二年）夏天，大旱，议事者认为这是没有封外戚的缘故，官吏因此上奏，应该依照先前的制度封侯外戚。太后颁诏说："凡是进言议事的人，都是想巴结我来求得好处罢了。以前，汉成帝在同一天加封了太后的弟弟王谭、王商等五位侯爵，当时黄色的雾气到处弥漫，却不见时雨的回应。再者田蚡、窦婴，尊荣显贵、专横放肆，颠覆之祸，为后世所传闻。所以先帝谨慎防备舅氏，不让他们居于朝廷机要之职。对几个儿子的封赏，仅仅让他们享有楚、淮阳等诸侯国一半的封地。先帝常说：'我的儿子不应当跟先帝的儿子等同。'现在有司为什么要拿马氏和阴氏相比呢？我身为天下母仪，之所以身穿粗帛，饮食不求甘美，左右侍从也只穿帛布，没有熏香之类装饰物，是想以身作则给下边做个表率。我以为外戚看到这些情况，应当反躬自问，但他们只是笑着说我平日喜爱节俭。我前段时间过濯龙园门上时，看到外家前来问候我生活起居，他们坐车如流水，御马似游龙，奴仆们都穿着绿色袖衣，衣领雪白，回头看一看为我驾车的御者，与他们相差太远了。我故意不加以谴责，只是停发他们每年的开支费用，希望能用这种办法使他们私下觉得羞愧，但是他们仍然懈怠如故，没有忧国忘家的思虑。了解臣下者莫过于君王，何况我是他们的亲属呢？我岂能上违先帝之旨意，下损先人之德行，重蹈西京外戚败亡之祸呢？"所以，马皇后坚决不同意加封外戚。

【原文】

帝省[①]诏悲叹，复重请曰："汉兴舅氏之封侯，犹皇子之为王也。太后诚存谦虚，奈何令臣独不得加恩三舅[②]乎？且卫尉[③]年尊。两校尉[④]有大病，如令不讳，使臣长抱刻骨之恨。宜及吉时[⑤]，不可稽留[⑥]。"太后报曰："吾反覆念之，思令两善[⑦]。岂徒欲获谦让之名，而使帝受不外施之嫌哉！昔窦太后[⑧]欲封王皇后之兄，丞相条侯[⑨]言，受高祖约，无军功，非刘氏不侯。今马氏无功于国，岂得与阴、郭[⑩]中兴之后等耶？常观富贵之家，禄位重叠，犹再实之木，其根必伤[⑪]。且人所以愿封侯者，欲上奉祭祀，下求温饱耳。今祭祀则受四方之珍，衣食则蒙御府[⑫]之余资，斯岂不足，而必当得一县乎？吾计之熟矣，勿有疑也。夫至孝之行，安亲为上。今数遭变异，谷价数倍，忧惶[⑬]昼夜，不安坐卧，而欲先营外封，违慈母之拳拳[⑭]乎！吾素刚急[⑮]，有胸中气，不可不顺也。若阴阳调和，边境清静，然后行子之志。吾但当含饴弄孙[⑯]，不能复关政[⑰]矣。"

【注释】

①省：泛指观看；阅览。

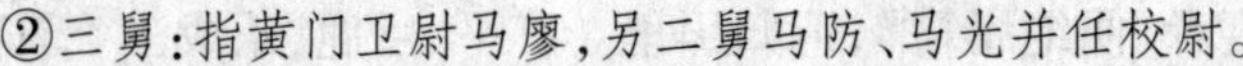

②三舅：指黄门卫尉马廖，另二舅马防、马光并任校尉。

③卫尉：官名，始于秦，为九卿之一，汉朝沿袭，为统率卫士守卫宫禁之官。卫尉即卫将军。

④校尉：军职名。其地位略次于将军，并各随其职务冠以各种名号。

⑤吉时：指人健在之时。

⑥稽留：延迟，停留。

⑦两善：两者都好。胡三省曰："两善，谓国家无滥恩，而外戚亦以安全也。"

⑧窦太后：文帝后也。与汉文帝育有一女二男，长子刘启即后来的汉景帝。

⑨条侯：李贤注："条侯，周亚夫也"。

⑩郭：指光武帝第一任皇后郭圣通。

⑪再实之木，其根必伤：谓果树一年两次结实，根部定损伤。比喻福中寓祸，利害相互依伏。

⑫御府：帝王的府库。

⑬忧惶：亦作"忧皇"，忧愁惶恐。

⑭拳拳：勤勉貌。李贤注："拳拳，犹勤勤也。"

⑮刚急：刚厉褊急。

⑯含饴弄孙：含着饴糖逗小孙子。形容老人自娱晚年，不问他事的乐趣。

⑰关政：参与政事。

【译文】

章帝看了太后的诏书而悲叹，又请示说："汉王朝创立，对舅氏的封侯，犹如封皇子做王一样。太后确实态度谦虚，但为何令儿臣唯独不得加恩于三位舅舅呢？再说卫尉廖舅年岁很高，两校尉防舅和光舅都重病在身，如有不测，定使儿臣长抱刻骨的遗憾。应该在他们在世时加封，不能再延迟了。"太后回报说："我曾经反复考虑过此事，总想做到两全其美。岂能只图获得谦让之名，而让皇帝遭受不施恩于外戚的嫌疑呢！昔日文帝之母窦太后打算加封景帝王皇后之兄，丞相条侯周亚夫说，受高祖盟约，没有军功，非刘氏者不得封侯。当今马氏对国家没有功劳，怎能和阴氏、郭氏中兴汉室的皇后相比呢？我常看到富贵之家，禄位重叠，犹如一年两次结果的树木，根部一定会损伤。再说人之所以想封侯，是想上可祭祀祖先，下可求得温饱罢了。如今外戚的祭祀可以收到四方进献的珍品，吃穿的开销来自皇家府库的余资，这难道还不够，而一定要得到一县之封吗？我已经考虑成熟了，不要再有疑惑了。凡称得上至孝的行为，是要让父母安心。当今国家多次遭受灾异，谷价数倍增长，我日夜忧愁惶恐，坐卧不宁，若是想着先加封外戚，这不是违背了慈母拳拳之心吗？我平日为人刚正性急，胸有郁气，不可不理顺啊！如果阴阳调和，边境清静，然后再按你的想法去办。那时我只当含饴弄孙，不再参与政事了。"

【原文】

其外亲有谦素[①]义行者，辄假借[②]温言，赏以财位。如有纤介[③]，则先见严恪[④]之色，然后加谴。其美车服[5]、不轨法度者，便绝属籍[6]，遣归田里。广平、巨鹿、乐成王[7]，车骑朴素，无金银之饰，太后即赐钱各五百万。于是内外从化[8]，被服如一，诸家惶恐，倍于永平世。乃置织室[9]，蚕于濯龙中，数往观视，以为娱乐。常与帝旦夕言道政事，及教授诸小王，论议经书，述叙[10]平生，雍和[11]终日。

【注释】

①谦素：谦恭恬淡。

②假借：凭借，借助。

③纤介：指细小的嫌隙。

④严恪：庄严恭敬。

⑤车服：车与礼服。

⑥属籍：指宗室谱籍。

⑦广平、巨鹿、乐成王：古代封爵。东汉建武十三年（公元37年），省广平郡，其地并入巨鹿郡。明帝永平三年，封皇子羡为广平王，分巨鹿郡复置广平国。永平十五年，封皇子恭为巨鹿王，置巨鹿国。乐成王族的开基祖刘党（公元56年~公元94年），是汉明帝的第四个儿子。公元66年，被赐号重熹王，公元72年被封为乐成王，公元88年就国，定都乐成（今河北献县东南）。

⑧从化：归化，归顺。

⑨织室：汉代宫中掌管丝帛礼服等织造之机构。织室在未央宫，分设东、西织，织作文绣郊庙之服，有令、史，属少府。成帝时省东织，更名西织为织室。

⑩述叙：犹叙述。

⑪雍和：融洽，和睦。

【译文】

凡外亲有谦恭恬淡、忠义行为的，太后总是借助温和的话语勉励，赏赐他们钱财与爵位。如果有人犯有细小的过错，太后先表现出严肃认真的神色，然后再进行批评教育。对于那些车服华美不遵守法度的，便取消他们宗室的谱籍，遣送回故乡。广平王、巨鹿王、乐成王的车骑朴素，没有金银的装饰，太后即赐钱各五百万。于是朝廷内外都受到教化，衣被车服规制划一，外戚们惶恐的程度，比明帝永平之世还要加倍。太后又设置织室，在濯龙园中养蚕，经常前往观视，当作一种娱乐活动。她平日常跟章帝谈论国家政事，并教授诸位幼年王子，议论研讨经书意旨，叙述平生往事，终日和乐融融。

【原文】

天下丰稔[1]，方垂[2]无事，帝遂封三舅廖、防、光为列侯。并辞让，愿就关内侯[3]。太后闻之曰："圣人设教[4]，各有其方，知人情性莫能齐也。吾日夜惕厉[5]，思自降损[6]，居不求安，食不念饱，冀乘此道，不负先帝，所以化导兄弟，共同斯志，欲令瞑目之日，无所复恨，何意[7]老志复不从哉!”廖等不得已,受封爵而退位归第[8]焉。

【注释】

①丰稔:庄稼成熟、丰收。富足。

②方垂:边陲。垂,通“陲”。

③关内侯:爵位名。秦汉时置,为二十等级之第十九级,位于彻(列)侯之次。有其号,无国邑。

④设教:实施教化。

⑤惕厉:亦作“惕励”,警惕谨慎,警惕激励。李贤注:“惕,惧也。厉,危也。”

⑥降损:谓谦恭自下。

⑦何意:岂料。

⑧归第:回家。

【译文】

当时天下富足,边陲安宁无事,于是章帝加封三位舅父马廖、马防、马光为列侯,他们都谦逊推让,希望只做关内侯。太后听说了这件事,说:“圣人实施教化,方式各不相同,是因为懂得人的性情是不同的。我日夜警惕谨慎,思索自己要谦恭自下,居不求安,食不思饱,希望能奉行此道,不负先帝。所以教化开导兄弟,共同有志于此,以求瞑目之日不再有什么遗憾。岂料人老了还是不能达成自己的志向啊!”马廖等人不得以,接受封爵后便退位还家了。

【原文】

和熹邓皇后[1]讳绥,太傅禹[2]之孙也。选入宫为贵人[3],恭肃[4]小心,动有法度。帝深嘉爱焉。及后有疾,特令后母兄弟入亲医药,不限以日数。后言于帝曰:“宫禁[5]至重,而使外舍[6]久在内省[7],上令陛下有幸私[8]之讥[9],下使贱妾获不知足之谤,上下交损,诚不愿也。”帝曰:“人皆以数入为荣,贵人反以为忧,深自抑损[10],诚难及也。”每有宴会[11],诸姬贵人,竞自修整[12],簪珥[13]光彩,袿裳[14]鲜明,而后独省(省作著)。素[15],装服无饰。阴后以巫蛊[16]事废,立为皇后。是时方国[17]贡献,竞求珍丽之物,自后即位,悉令禁绝,岁时但供纸墨而已。

【注释】

①和熹邓皇后:东汉和帝皇后。名绥,谥熹。父训为护羌校尉,母阴氏,为光武帝皇后从弟之女。和帝永元七年(公元95年)选入宫中,次年为贵人,十四年立为皇后。和帝死后,邓后先后迎立殇帝、安帝即位,尊为太后,临朝称制凡十六年。

②禹:邓禹(公元2年至公元58年),字仲华,南阳新野(今河南省新野)人,东汉开国名将。禹为南阳豪族,随光武帝起事,为东汉初的大功臣,“云台二十八将”之首。汉明帝

即位后，以其为先帝元勋，拜为太傅。

③贵人：皇帝妃嫔封号。东汉光武帝时始置，其位仅次于皇后。

④恭肃：恭敬严肃。

⑤宫禁：汉以后称皇帝居住、视政的地方。宫中禁卫森严，臣下不得任意出入，故称。

⑥外舍：外戚。李贤注："外舍，外家。"

⑦内省：指宫中。

⑧幸私：古谓帝王对人宠爱。

⑨讥：讥刺，非议。

⑩抑损：谦逊；谦让。

⑪宴会：宾朋宴饮的集会。

⑫修整：修饰容貌。

⑬簪珥：发簪和耳饰。古代多为高贵妇女的首饰。说文曰："簪，笄也。珥，瑱也，以玉充耳。"瑱是古时的一种耳饰，是有"华夏特色"的耳饰。

⑭袿裳：即袿衣。古代妇女的上等长袍。释名曰："妇人上服曰袿。"

⑮素：质朴无饰。

⑯巫蛊：古代称巫师使用邪术加害于人为巫蛊。蛊，音古。

⑰方国：四方诸侯之国；四邻之国。

【译文】

和熹邓皇后，名绥，是太傅邓禹的孙女。初选入宫中为贵人，为人恭肃谨慎，一举一动都合乎法度，深得和帝的嘉许和钟爱。她有病时，和帝特令她的母亲和兄弟入宫亲理医药，不限天数。她对和帝说："皇宫是圣上居住、处理政务之要地，臣下不得随意出入，而您让外戚久住宫中，上使陛下您容易蒙受宠爱私家之嘲讽，下会使贱妾落个不知礼的毁谤，这样上下都受到损伤，我实在不希望这样。"和帝说："人们都以能多次入宫为荣，贵人您反以此为忧，深自谦让，实在是难能可贵啊！"每当有宴会时，皇妃、贵人们都竞相装饰打扮，发簪、耳饰光彩靓丽，衣着华丽漂亮，而唯独她朴素无华，衣服不刻意修饰。阴皇后因巫蛊之事被废，立邓贵人为皇后。当时四方诸侯国为了进贡，竞相寻求珍贵华美之物。自从邓皇后即位后，命令全部禁绝，每年只供奉纸墨而已。

列传①

【原文】

冯异②，字公孙，颍川③人也。建武二年，为征西大将军，大破赤眉④，屯兵上林苑⑤，威行关中⑥。六年，朝京师，帝谓公卿曰："是我起兵时主簿⑦也，为吾披荆棘⑧、定关中。"既罢，使中黄门⑨赐以珍宝、衣服、钱帛。诏曰："仓卒芜蒌亭豆粥，呼沱河麦饭⑩，厚意久不报。”异稽首[11]谢曰：“臣闻管仲[12]谓桓公[13]曰：‘愿君无忘射钩[14]。臣无忘槛车[15]。’齐国赖之。臣今亦愿国家无忘河北之难，小臣不敢忘巾车之恩[16]。”

【注释】

①列传：我国纪传体史书中列叙历史人物事迹的传记。

②冯异：生年不详，卒于公元34年，字公孙，汉族，颍川父城（今河南宝丰东）人。东汉开国名将，“云台二十八将”之一。

③颍川：郡名，以颍水得名。治所在阳翟（今河南省禹州市）。

④赤眉：指汉末以樊崇等为首的农民起义军。因以赤色涂眉为标志，故称。

⑤上林苑：古宫苑名。秦旧苑，汉初荒废，至汉武帝时重新扩建。故址在今西安市西及周至、户县界。

⑥关中：古人习惯上将函谷关以西地区称为关中。

⑦主簿：官名。汉代中央及郡县官署多置之。其职责为主管文书，办理事务。

⑧荆棘：李贤注：“荆棘，榛梗之谓，以喻纷乱。”

⑨中黄门：在宫廷服役的太监。

⑩仓卒芜蒌亭豆粥，呼沱河麦饭：王郎起，光武自蓟东南驰，晨夜草舍，至饶阳无蒌亭。时天寒烈，众皆饥疲，异上豆粥。明旦，光武谓诸将曰：“昨得公孙豆粥，饥寒俱解。”及至南宫，遇大风雨，光武引车入道傍空舍，异抱薪，邓禹热火，光武对灶燎衣。异复复进麦饭菟肩。因复度滹沱河至信都，使异别收河间兵。仓卒，匆忙急迫。呼沱河，即滹沱河，在河北省西部。麦饭，磨碎的麦煮成的饭。

⑪稽首：古时一种跪拜礼，叩头至地，是九拜中最恭敬者。

⑫管仲：春秋时期齐国颍上（今安徽颍上）人，史称管子。春秋时期齐国著名的政治家、军事家。

⑬桓公：齐桓公，中国春秋时期齐国的国君，“春秋五霸”之首。

⑭射钩：管仲和挚友鲍叔牙分别做公子纠和公子小白的师傅。齐襄公十二年（公元前686年），齐国动乱，公孙无知杀死齐襄王，自立为君。一年后，公孙无知又被杀，齐国一时无君。逃亡在外的公子纠和小白，都力争尽快赶回国内夺取君位。管仲为使公子纠当上国君，埋伏中途欲射杀小白，箭射在小白的铜制衣带钩上。小白装死，在鲍叔牙的协助下抢先回国，登上君位。他就是历史上有名的齐桓公。桓公即位，设法杀死了公子纠，也要杀死射了自己一箭的仇敌管仲。鲍叔牙极力劝阻，指出管仲乃天下奇才，让桓公忘掉旧怨，重用管仲。桓公接受了建议，接管仲回国，不久即拜为相，主持政事。管仲得以施展全部才华。齐桓公不记射钩之恨，重用管仲，终于成就一番霸业。

⑮槛车：囚车，用栅栏封闭的车，用于囚禁犯人或装载猛兽。

⑯巾车之恩：谓汉光武帝于巾车乡（今河南宝丰东）擒获冯异，旋即赦而录用的故事。

【译文】

冯异，字公孙，颍川郡人。建武二年，为征西大将军，大破赤眉军，屯兵于上林苑，威势影响到关中地区。建武六年,朝拜京师洛阳。光武帝向公卿们说:"冯异是我起兵时的主薄,为我披荆斩棘,平定关中。"朝罢,命令太监以珍宝、衣服、钱帛赏赐冯异。颁诏说:"过去兵荒马乱很是仓促,芜蒌亭的豆粥、滹沱河的麦饭,这种深情厚谊永远无法报答啊!"冯异叩首谢恩说:"臣听说管仲对齐桓公说:'愿君王别忘了我曾射中您衣带钩之罪,臣也不敢忘记您把我从囚车释放出来之恩。'齐国终于依赖管仲而称霸。臣今天也希望国家不要忘记在河北的困顿,小臣也不敢忘记陛下在巾车乡擒获我、又赦免而录用我的恩德。"

【原文】

岑彭[①],字君然,南阳人也。拜廷尉[②](旧无拜廷尉三字,补之),行大将军事。与大司马吴汉[③]等,围洛阳数月,朱鲔[④]等坚守不肯下。帝以彭尝为鲔校尉,令往说之。鲔曰:"大司徒[⑤]被害时,鲔与其谋。又谏更始,无遣萧王[⑥]北伐。诚自知罪深。"彭还,具言于帝。帝曰:"夫建大事者,不忌小怨,鲔今若降,官爵可保,况诛罚乎?河水在此,吾不食言。"彭复往告鲔,鲔乃面缚[⑦],与彭俱诣河阳[⑧],帝即解其缚,拜鲔为平狄将军,封扶沟侯。建武八年,彭与吴汉围隗嚣[⑨]于西城[⑩]。公孙述[⑪]将李育[⑫]守上邽[⑬],盖延[⑭]、耿弇[⑮]围之。敕彭曰:"两城若下,便可将兵南击蜀虏。人苦不知足,既平陇,复望蜀[⑯],每一发兵,头须为白。"

【注释】

①岑彭:生年不详,卒于公元35年,字君然,南阳棘阳(今河南南阳新野)人,东汉中兴名将,"云台二十八将"之一。

②廷尉:官名,秦置,为九卿之一。掌刑狱。

③吴汉:生年不详,卒于公元44年,字子颜,南阳宛(今河南南阳)人,东汉中兴名将,"云台二十八将"位居第二。任偏将军、大将军,光武帝称帝后,升任大司马,封广成侯。

④朱鲔:生卒不详,西汉末年汉阳人。王莽地皇三年(公元22年)与王匡起兵反王莽,北入南阳,号新市兵,皆称将军。地皇四年(公元23年),汉更始帝刘玄以朱鲔为大司马,入长安,封为胶东王。东汉建武元年(公元25年),光武帝攻打洛阳,守将正是朱鲔。光武帝派岑彭招降朱鲔,并拜他做了平狄将军,封扶沟侯。朱鲔后为少府,传封累代。鲔,音尾。

⑤大司徒:指刘秀之兄刘縯,字伯升。更始政权建立后,任大司徒,封汉信侯。昆阳之战后,遭更始帝刘玄猜忌,被杀。

⑥萧王:指汉光武帝刘秀。更始二年,更始帝刘玄封正在镇慰河北的刘秀为萧王。

⑦面缚:双手反绑于背而面向前。古代用以表示投降。

⑧河阳:古县名。河阳即今吉利、孟州一带。

⑨隗嚣:音尾消。字季孟,天水成纪(今甘肃秦安)人。出身陇右大族,青年时代在州郡为官,以知书通经而闻名陇上。王莽的国师刘歆闻其名,举为国士。刘歆叛逆后,隗嚣

归故里。刘玄更始(公元23年)政权建立后,隗嚣趁机占领平襄。因隗嚣"素有名,好经书",推为上将军。成了割据一方的势力。更始二年,隗嚣归顺更始,封为右将军。这年冬天,隗崔、隗义合谋反叛,隗嚣告密,刘玄感其大义灭亲,封为御史大夫。光武帝即位(公元25年)后,隗嚣劝刘玄东归光武帝,刘玄不允。隗嚣欲挟持东归未遂,逃回天水,自称西州大将军,建武九年(公元33年),病故。

⑩西城:今甘肃天水市西南。

⑪公孙述:生年不详,卒于公元36年,字子阳,扶风茂陵(今陕西兴平市)人。西汉末,以父官荫郎,补清水县长(在今甘肃省境内)。述熟练吏事,治下奸盗绝迹,由是闻名。王莽篡汉,述受任为江卒正(即蜀郡太守)。王莽末年,天下纷扰,群雄竞起,述遂自称辅汉将军兼领益州牧。是时公孙述僭号于蜀,时人窃言王莽称黄,述欲继之,故称白,自称"白帝"。

⑫李育:王莽时(天水郡改名镇戎郡)镇戎郡守将,后为公孙述的部将。

⑬上邽:古县名。本邽戎地,在今甘肃天水市。邽,音规。

⑭盖延:生年不详,卒于公元39年,虎牙大将军安平侯,字巨卿,渔阳要阳人。东汉大将,"云台二十八将"之一。

⑮耿弇:音梗眼。字伯昭,扶风茂陵(今陕西兴平东北)人,东汉开国名将,是中国战争史上卓越的军事天才。

⑯平陇复望蜀:谓已取得陇右(甘肃一带),又想攻取西蜀(四川一带)。后来既有成语,"获陇望蜀"或"得陇望蜀"。比喻贪得无厌。

【译文】

岑彭,字君然,南阳郡人。光武帝任命他为廷尉,摄行大将军的职事。与大司马吴汉等,围攻洛阳数月,朱鲔等坚守不肯投降。光武帝因岑彭曾经给朱鲔当过校尉,命令他前往劝降。朱鲔对岑彭说:"大司徒刘伯升遇难时,我曾经参与过谋划;还曾劝谏更始,不要派遣萧王北伐,我确实知道自己的罪大。"岑彭回来,向光武帝详细禀报了这些情况。光武帝说:"成就大事的人不记恨小怨,朱鲔今天如果投降,可保全他的官爵,又何谈诛罚他呢?今有黄河水在此作证,我绝不食言。"岑彭又回去告诉朱鲔,朱鲔于是自己反绑双手,和岑彭一块到河阳,光武帝当即为他解去捆缚,授予朱鲔平狄将军,封为扶沟侯。建武八年,岑彭与吴汉包围隗嚣于西城。当时公孙述的大将李育驻守在上邽,被盖延、耿弇包围,光武帝下令岑彭:"西城、上邽两城如果能攻下,便可带兵向南攻打蜀地。人苦于不知足,既已平定了陇地,又想着攻取西蜀,每发一次兵,头发、胡须都白了许多。"

【原文】

臧宫[①],字君翁,颍川人也。匈奴饥疫[②],自相分争,帝以问宫,宫曰:"愿得五千骑以立功。"帝笑曰:"常胜之家,难与虑敌,吾方[③]自思之。"建武二十七年,宫与杨虚侯马武[④]上书曰:"匈奴人畜疫死,旱蝗赤地[⑤],疫困之力,不当中国一郡。万里死命,悬在陛下,福不再来，时或易失，岂宜固守文德[⑥]，而堕[⑦]武事乎？"诏报曰："《黄石公记》[⑧]曰：'柔能制刚，弱能制强。'柔[⑨]者，德也；刚[⑩]者，贼[⑪]也。弱者，仁之助也；强者，怨之归也。舍近谋远者，劳而无功；舍远谋近者，逸而有终。逸政[⑫]多忠臣，劳政[⑬]多乱民。故曰：务广地者荒，务广德者强；有其有者安，贪人有者残。残灭之政，虽成必败。今国无善政[⑭]，灾变不息，百姓惊惶，人不自保，而复欲远事边外乎？孔子曰：'吾恐季孙[⑮]之忧，不在颛臾[⑯]。'且传闻之事，恒多失实。苟非（非旧作无，改之）其时，不如息民[⑰]。"自是诸将，莫敢复言兵事者。

【注释】

①臧宫：生年不详，卒于公元58年，字君翁，颍川郏（今属河南）人。东汉中兴名将，"云台二十八将"之一。曾任县中亭长、游徼等职。后来，率领宾客参加下江兵（绿林军的一支），任校尉，追随光武帝征战，成为光武帝亲信。光武帝进兵河北，任命臧宫为偏将军，臧宫屡次陷阵破敌，立有战功。

②饥疫：饥饿无粮并患疫病。

③方：将，将要。

④马武：公元前16年至公元61年在世，字子张，南阳湖阳（今河南唐河湖阳镇）人，东汉大将，"云台二十八将"之一。初入绿林军，后归光武帝，东汉建立后，任捕虏将军，封杨虚侯。永平四年（公元61年），去世。

⑤赤地：空无所有的地面。指遭受严重旱灾、虫灾后庄稼颗粒无收的景象。李贤注："赤地，言在地之物皆尽。"

⑥文德：文治，德教，与"武功"相对。

⑦堕：荒废；废弃。

⑧黄石公记：又名《黄石公三略》。旧题秦时黄石公撰。所谓"三略"，其意为上、中、下三卷韬略。相传为周初太公姜尚所著，全书以太公与文王、武王对话的方式编成。后经黄石公推演成书，传授于张良。

⑨柔：怀柔，安抚。

⑩刚：肃杀，坚硬。

⑪贼：祸害。

⑫逸政：人民安居乐业的政治。

⑬劳政：谓劳役繁重之政。

⑭善政：清明的政治；良好的政令。《左传》曰："国无善政，则自取谪于日月之灾。"

⑮季孙：生卒不详，姬姓，季氏，名斯。谥桓，史称"季桓子"。春秋战国时，鲁国大夫，卿家贵族。

⑯颛臾：音专于。春秋国名。风姓，相传为伏羲之后。故址在今山东省费城西北。

⑰息民：谓使人民得到休养生息。

【译文】

臧宫，字君翁，颍川人也。匈奴因饥荒瘟疫，各部落自相纷争，光武帝问臧宫如何看待此事，臧宫说："我愿带五千骑兵去征伐匈奴，建立功业。"光武帝笑着说："常胜将军，是很难和他讨论如何御敌的，还是我自己再想一想这件事情吧！"建武二十七年，臧宫和杨虚侯马武上书说："匈奴此时因遭瘟疫，人畜死亡严重，旱灾和蝗灾使得庄稼颗粒无收，为瘟疫、虫害所困，其国力抵不上中原的一个郡。万里效命远征，就等陛下您发一句话了。福运不会二次再来，时机常常容易错过，怎能只图固守文治而废弃武事呢？"诏书回复说："《黄石公记》中说：'柔能克刚，弱能制强'。怀柔是德行的表现，强硬会招致祸害；弱者能得仁义的辅助，强者则会遭受人们的怨恨；舍近求远，会劳而无功；舍远求近，则安闲而有善终；使人民安居乐业的政治多出忠臣，而烦劳扰民的政治则多生乱民。所以说：'致力于扩大土地者政治会荒废，而致力于扩大德行者国家会富强。满足已有的，则人心安定；不知足而贪图别人所有的，则会使人心残暴。残酷暴虐的政治，即使成功也注定要失败。'现在国家还没有清明的政治，灾害不断发生，百姓惊惶，人人不能自保，这种情况下还要远征塞外吗？孔子说：'我担心季孙氏的忧患，不在颛臾。'况且关于匈奴的传闻，常有许多不合事实之处。如果不得其时，还不如让百姓得到休养生息为好。"从此以后，诸将领没有谁再敢提战争之事了。

【原文】

祭遵[①]，字弟孙，颍川人也。从征河北，为军市令[②]。世祖舍中[③]儿犯法，遵格杀之。世祖怒，命收遵。时主簿陈副谏曰："明公常欲众军整齐，今遵奉法不避，是教令行也。"世祖乃贳[④]之，以为刺奸将军[⑤]，谓诸将曰："当备祭遵！吾舍中儿犯令尚杀之，必不私诸卿也。"河北平，拜征虏将军。遵为人廉约小心，克己奉公，赏赐辄尽与士卒，家无私财，身衣韦袴[⑥]、布被[⑦]，夫人裳不加缘。帝以是重焉。及卒，愍悼[⑧]之尤甚。遵丧至河南县，诏遣百官，先会丧所，车驾素服[⑨]临之，望哭哀恸[⑩]。还幸[⑪]城门，过其车骑，涕泣不能已。丧礼成，复亲祠[⑫]以太牢[⑬]，如宣帝临霍光[⑭]故事。至葬，车驾复临，赠以将军、侯印绶，朱轮容车[⑮]，介士[⑯]军陈[⑰]送葬，谥[⑱]曰成侯。既葬，车驾复临其坟，存见[⑲]夫人室家。其后朝会，帝每叹曰："安得忧国奉公之臣，如祭征虏者乎？"遵之见思若此。

【注释】

①祭遵：字弟孙，东汉初年颍川颍阳人。公元24年，光武帝攻打颍阳一带，祭遵去投奔他，被光武帝收为门吏。后随军转战河北，任军中的执法官，负责军营的法令。

②军市令：古代军中交易场所的主管。通鉴胡注："从军者非一处人，故于军中立市使相贸易。置令以治之。"

③舍中：犹家中。

④贳：音士。宽纵，赦免。

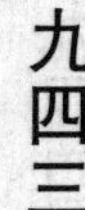

⑤刺奸将军：督察奸吏。后为行使此种职责的官名。汉王莽始设，东汉、魏、晋因之。其权限有别。续汉志曰："将军属有外刺、刺奸。主罪法。"通鉴胡注："王莽置左右刺奸，使督奸猾，光武因以为将军号。"

⑥韦袴：音维酷。韦，熟皮做的裤子，形容生活节俭。去毛熟治的兽皮。袴，同裤。

⑦布被：布制的被子。多以状生活清苦。

⑧愍悼：哀悼；哀怜。

⑨素服：本色或白色的衣服。居丧或遭遇凶事时所穿。

⑩恸：极其悲伤。

⑪幸：皇帝亲临。

⑫亲祠：谓帝王亲自致祭。

⑬太牢：古代帝王祭祀社稷时，牛、羊、豕（猪）三牲全备为"太牢"。古代祭祀所用牺牲，行祭前需先饲养于牢，故这类牺牲称为牢；又根据牺牲搭配的种类不同而有太牢、少牢之分。少牢云有羊、豕，没有牛。由于祭祀者和祭祀物件不同，所用牺牲的规格也有所区别：天子祭祀社稷用太牢，诸侯祭祀用少牢。

⑭霍光：约生于汉武帝元光年间，卒于汉宣帝地节二年（公元前68年），字子孟，河东平阳（今山西临汾）人。是汉昭帝的辅政大臣，执掌汉室最高权力近二十年，为汉室的安定和中兴建立了功勋，霍光薨，汉宣帝及上官太后亲临其丧，并派太中大夫任宣、侍御史五人持节护丧。

⑮朱轮容车：朱轮，古代王侯显贵所乘的车子。因用朱红漆轮，故称。容车，送葬时载运死者衣冠、画像之车。李贤注："容车，容饰之车，象生时也。"

⑯介士：甲士（披甲的战士）也。东观记曰："遣校尉发骑士四百人，被玄甲、兜鍪，兵车军陈送葬。"

⑰军陈：指军队的阵法或军伍的行列。

⑱谥：古代帝王、贵族、大臣、士大夫或其他有地位的人死后，据其生前业绩评定的带有褒贬意义的称号。亦指按上述情况评定这种称号。

⑲存见：探望慰问。

【译文】

祭遵，字弟孙，颍川郡人。随从光武帝征讨黄河以北，任军市令。光武帝族人中的一个年轻人犯了法，被祭遵依法处死。光武帝大怒，下令将祭遵收监。当时主簿陈副劝谏说："明公您常想让众军纪律严明，现在祭遵执法不避权贵，这是为了政令得以施行啊！"光武帝随即赦免了祭遵，还将他封为刺奸将军，并向诸将说："应当效法祭遵！我家中小儿犯法尚且要被他杀，那必然不会徇私于诸卿了。"河北平定后，拜祭遵为征虏将军。祭遵为人廉洁简约，谨慎小心，克己奉公，凡受到的赏赐，全部分给士兵，他家中没有私财，身穿简朴的皮裤，盖着布制的被子，他的夫人衣裳也不加花边。光武帝为此非常器重他一。等他去世时，光武帝特别哀痛。祭遵的灵柩要到河南县时，光武帝诏命百官先行会集到丧葬礼仪的处所，随后身穿素服亲自前来吊唁，望灵痛哭，极其悲伤。返回时亲临城门，看见祭遵曾经的战车战马，又痛哭不已。丧礼完毕，又亲自以太牢祭祀，就像当年汉宣帝亲临霍光将军丧礼的旧例；到安葬时，光武帝再次亲临，赐赠将军、侯的印绶；并以朱轮容车以及全副武装的士兵列成军阵为其送葬，赠谥号为“成侯”。安葬完毕，皇帝又到祭遵的坟墓上，探望慰问他的夫人及家人。其后每逢朝会，光武帝常感叹地说：“怎么能够得到象征虏将军祭遵这样忧国奉公的大臣啊？”皇上思念祭遵竟达到这种地步。

【原文】

马武[1]，字子张，南阳人也，封为扬虚侯。为人嗜酒，阔达敢言[2]，时醉在御前，面折[3]同列[4]，言其短长，无所避忌。帝故纵之，以为笑乐。帝虽制御功臣，而每能回容[5]，宥[6]其小失。远方贡珍甘[7]，必先遍列侯，而大官[8]己余。有功辄增邑赏[9]，不任以吏职，故皆保其福禄，终无诛谴[10]者。

【注释】

①马武：生年不详，卒于公元61年，字子张，南阳湖阳（今河南唐河湖阳镇）人。东汉大将，“云台二十八将”之一。初入绿林军，为新市兵将领，后归光武帝。

②阔达敢言：李贤注：“阔达，大度也。敢言谓果敢于言，无所隐也。”

③面折：当面批评、指责。

④同列：犹同僚。

⑤回容：曲法宽容。李贤注：“回，曲也，曲法以容也。”

⑥宥：宽恕；赦免。

⑦珍甘：指珍贵甘美的食品。

⑧大官：太官。

⑨邑赏：封地和赏赐。

⑩诛谴：亦作“诛遣”，诛杀贬谪。

【译文】

马武，字子张，南阳郡人，被封为杨虚侯。马武为人喜欢喝酒，豁达、敢于直言，有时醉酒后，在皇帝面前当面批评同僚，说出他们的优点缺点，无所顾忌。光武帝有意放纵他这样做，当作玩乐。皇帝虽然驾驭功臣，但往往能够包容宽恕他们的小过。远方进贡的珍美食品，必先逐一赐给列侯们，而掌管皇帝膳食的太官处则所剩无几了。列侯有功，就增加其封地和赏赐，而不任以官职，因此功臣们都能保有其福禄，最终没有遭诛杀、降职或流放的人。

【原文】

论[1]曰：光武中兴二十八将，前世以为上应二十八宿[2]，未之详。然咸能感会[3]风云，奋其智勇,称为佐命④,亦各志能之士也。议者多非光武不以功臣任职,至使英姿茂绩⑤,委⑥而勿用。然原夫深图远筭⑦,固将有以⑧焉尔。若乃⑨王道⑩既衰,降及霸德⑪,犹能授受惟庸⑫,勋贤⑬兼序⑭,如管、隰⑮之迭升⑯桓世,先、赵⑰之同列文朝,可谓兼通⑱矣。

【注释】

①论:指《后汉书·朱祐景丹等传论》。

②二十八宿:我国古代天文学家把天空中可见的星分成二十八组,叫作二十八宿,东西南北四方各七宿。

③感会:感应会合。

④佐命:辅助帝王创业的功臣。

⑤英姿茂绩:英姿,指才智出众的人。茂绩,丰功伟绩。

⑥委:舍弃,丢弃。

⑦深图远筭:谓计划周密,考虑深远。筭,音算。

⑧有以:犹有因。有道理。

⑨若乃:至于。用于句子开头,表示另起一事。

⑩王道:是说君主以仁义治天下,以德政安抚臣民的统治方法。李贤注:“王谓周也。”

⑪霸德:犹霸道,指君主凭借武力、刑法、权势等进行统治。与“王道”相对。

⑫庸:功勋。

⑬勋贤:有功勋有才能的人。

⑭序:旧指按等级次第授官或依照功绩给予奖励。

⑮管、隰(音习):管仲和隰朋的并称。二人为春秋齐桓公相。《史记》曰:管仲、隰朋修齐国之政,齐人皆悦事之。

⑯迭升:犹递升。

⑰先、赵:先轸、赵衰的并称。二人为春秋晋文公大夫。《国语》云,文公使赵衰为卿,辞曰:“先轸有谋,臣不若也。”乃使先轸佐下军。公曰:“赵衰(三让),其所让皆社稷之卫也。”

⑱兼通:谓一齐显达。

【译文】

《后汉书·朱祐景丹等传论》说:“光武中兴二十八将,过去人们认为他们是与天上的二十八星宿相感应,对此未能详知。然而这二十八人都能感应风云的变化乘势而起,发挥其智谋勇武,可称得上是辅佐帝王创业的功臣,也都是有远大志向和卓越才能的人。议论家多有责备光武不给功臣任职,致使才智出众、立下丰功伟绩之人,被舍弃而不能任用。然而推究其深谋远虑的根源,必将有其道理。至于西周王道衰微,到春秋霸道兴起,还能按功劳授受职位,不偏不倚,勋贤有序。如齐桓公时,管仲去世后职位转给隰朋;先轸、赵衰能同列于晋文之朝，这便可以称得上是一起显达了。”

【原文】

观其治平[①]临政，课职[②]责咎[③]，将[④]所谓[⑤]“导之以法，齐之以刑”者乎？若格[⑥]之功臣，其伤已甚。何者？直绳[⑦]则亏丧[⑧]恩旧[⑨]，挠情[⑩]则违废[⑪]禁典[⑫]，选德则功不必厚，举劳则人或未贤，参任[⑬]则群心难塞，并列则其弊未远。不得不校其胜否[⑭]，即以（旧无以字，补之）事相权[⑮]。故高秩[⑯]厚礼，允答[⑰]元功[⑱]；峻文[⑲]深宪[⑳]，责成吏职。建武之世，侯者百余，若夫数公者，则与参国议，分均休咎[㉑]，其余并优以宽科[㉒]，完其封禄，莫不终以功名，延庆[㉓]于后。

【注释】

①治平：治国平天下。
②课职：谓以忠于职守相督责。
③责咎：责究罪过。
④将：副词，殆；大概。
⑤所谓：所说的，用于复说、引证等。
⑥格：纠正。
⑦直绳：以法制裁。
⑧亏丧：损伤；损失。
⑨恩旧：称旧交。
⑩挠情：曲徇私情。
⑪违废：背离、废弛。
⑫禁典：指朝廷法令。
⑬参任：参合任用。李贤注：“参任，谓兼勋贤而任之。则群臣之心各有觊望，故难塞也。若遵高祖并用功臣，则其敝未远。”
⑭胜否：好坏；得失。李贤注：“胜否犹可否。”
⑮相权：相互平衡。权谓平其轻重。
⑯高秩：优厚的俸禄；高爵位。
⑰允答：允，介词，犹以。答，酬答。
⑱元功：功臣。
⑲峻文：指苛细的法令条文。
⑳深宪：犹严法。
㉑休咎：吉凶，善恶。
㉒宽科：宽大的法律条文。
㉓延庆：延续福祚。

【译文】

“观察他(光武帝)治国平天下处理政务,以忠于职守相督责,追究过失,大概就是《论语》所说的‘导之以政,齐之以刑’的意思吧!若以崇尚法令来纠正这些功臣,那对他们的伤害就太大了。为什么呢?依法制裁则会伤害旧恩,顺从私情又会违背法令;选用贤才,则他的功绩不一定很厚;推举功臣,此人或许又不够贤善;若两者兼顾来参考任用,则众臣之心会各有企图,难以满足;若遵循高祖的方法全部使用功臣,则弊端很快便会显露;不得不比较其可否胜任,就用拟任职事来相互平衡。所以,光武帝用高爵厚礼来酬谢功臣们,以严峻而苛细的法令条文,督导官吏各尽职责。建武年间,封侯者有一百多人,只有(高密、固始、胶东)三位列侯与公卿参议国家大事,分担吉凶,其余都给予优厚宽容的待遇,保全他们封爵所得的俸禄,无不最终保有功名并延续于后代子孙。”

【原文】

太傅高密侯邓禹①
中山太守全椒侯马成②
大司马广平侯吴汉③
河南尹阜成侯王梁④
左将军胶东侯贾复⑤
琅邪太守祝阿侯陈俊⑥
建威大将军好畤侯耿弇⑦
骠骑大将军参遽侯杜茂⑧
执金吾雍奴侯寇恂⑨
积弩将军昆阳侯傅俊⑩
征南大将军舞阳侯岑彭⑪
左曹合肥侯坚镡⑫
征西大将军阳夏侯冯异⑬
上谷太守淮阳侯王霸⑭
建义大将军鬲侯朱祐⑮
信都太守阿陵侯任光⑯
征虏将军颍阳侯祭遵⑰
豫章太守中水侯李忠⑱
骠骑大将军栎阳侯景丹⑲
右将军槐里侯万修⑳
虎牙大将军安平侯盖延㉑
太常灵寿侯邳彤㉒
卫尉安成侯铫期㉓

骁骑将军昌成侯刘植[24]
东郡太守东光侯耿纯[25]
横野大将军山桑侯王常[26]
城门校尉朗陵侯臧宫[27]
大司空固始侯李通[28]
捕虏将军杨虚侯马武[29]
大司空安丰侯窦融[30]
骠骑将军慎侯刘隆[31]
大傅宣德侯卓茂[32]

【注释】

①邓禹：字仲华，南阳新野（今河南省新野）人，东汉开国名将。详见前文注。

②马成：生年不详，卒于公元56年，字君迁，南阳郡棘阳（今河南新野县东北）人。东汉开国功臣，东汉大将。

③吴汉：字子颜，南阳宛（今河南南阳）人，东汉中兴名将，任偏将军、大将军，光武帝称帝后，升任大司马，封广成侯。死后，谥忠侯。

④王梁：字君严，渔阳要阳人。为郡吏，太守彭宠以梁守狐奴令，与盖延、吴汉俱将兵南及世祖于广阿，拜偏将军。既拔邯郸，赐爵关内侯。十三年，增邑，定封阜成侯。十四年，卒官。

邓禹

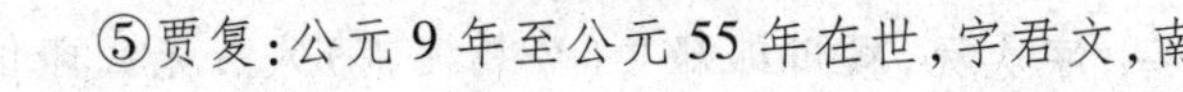

⑤贾复：公元9年至公元55年在世，字君文，南阳郡冠军县（今河南邓州市西北）人。出身儒生，少好习《尚书》。新莽末年，聚众加入绿林军，后归光武帝，任都护将军。光武帝即位，任执金吾，封胶东侯。

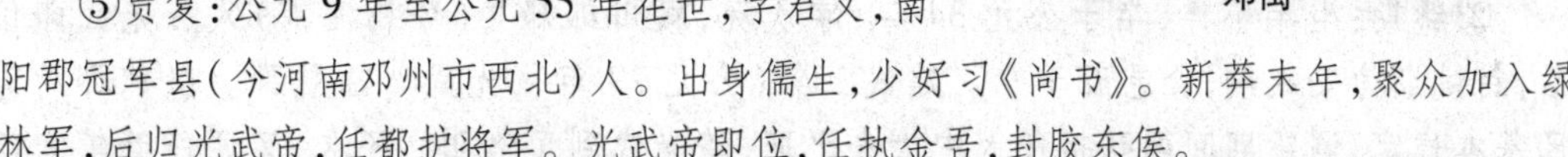

⑥陈俊：字子昭，西阳西鄂人也。少为郡吏，更始立，以宗室刘嘉为太常将军，俊为长史。光武徇河北，刘嘉遣书荐俊，光武以为安集掾。及即位，封陈俊为列侯。后徙俊为琅邪太守。

⑦耿弇：字伯昭，扶风茂陵（今陕西兴平东北）人，东汉开国名将。详见前注。

⑧杜茂：生年不详，卒于公元43年，字诸公，骠骑大将军，参蘧侯。汉朝南阳郡冠军县（今邓州市张村镇冠军）人。

⑨寇恂：生年不详，卒于公元36年，字子翼，上谷昌平（今属北京市）人，东汉名将。

⑩傅俊：生年不详，卒于公元31年，字子卫，颍川襄城（今属河南）人。东汉名将，开国元勋，昆阳侯。

⑪岑彭：字君然，南阳棘阳（今河南南阳新野）人，东汉中兴名将。详见前注。

⑫坚镡：生年不详，卒于公元50年，字子伋，颍川襄城（今河南禹州市）人也。以其吏

能，署主簿。又拜偏将军，从平河北，别击破大枪于卢奴。世祖即位，常从征伐。建武六年，定封合肥侯。建武二十六年，卒。

⑬冯异：生年不详，卒于公元34年，字公孙，颍川父城（今河南宝丰东）人，东汉开国名将。东汉建武十年，因连年征战，在对陇右的作战中，病故于军中。

⑭王霸：生年不详，卒于公元59年，字元伯，颍川颍阳（今河南许昌西）人。生性喜欢法律，父亲担任郡决曹掾，王霸年轻时也做监狱官。建武九年（公元33年），玺书任命王霸为上谷太守，仍率领原部，捕击胡虏，无拘郡界。建武三十年，定封淮陵侯。永平二年，以病免，后数月卒。

⑮朱祐：字仲先，南阳宛人，东汉大将。受封为建义大将军，鬲侯。

⑯任光：字伯卿，南阳宛人。建武元年更封光阿陵侯，食邑万户。建武五年，征诣京师，奉朝请。其冬卒。

⑰祭遵：见前注。

⑱李忠：字仲都，东莱黄人也。建武二年，更封中水侯，食邑三千户。建武四年，三公奏课为天下第一，迁豫章太守。病去官，征诣京师。建武十九年，卒。

⑲景丹：生年不详，卒于公元26年，字孙卿，冯翊栎阳（今陕西西安市临潼区）人，东汉大将。光武即位，拜骠骑大将军，封栎阳侯。卒于军。

⑳万修：生年不详，卒于公元26年，字君游，扶风茂陵（今陕西兴平）人。更始年间（公元23年~公元25年）任信都令，迎光武帝，拜偏将军。平河北，因功封槐里侯。后来在与扬化将军坚镡俱击南阳战争中，病死军中。

㉑盖延：见前注。

㉒邳彤：邳，音劈。字伟君，信都（今河北安国）人，东汉大将。以功封灵寿侯，位至太常。死后葬于安国南关。

㉓铫期：生年不详，卒于公元34年，字次况，颍川郡郏县（今属河南）人。光武即位后，封铫期为安成侯，食邑五千户。建武五年（公元29年），光武驾临魏郡。以魏郡局势已基本稳定，调铫期回朝廷担任太中大夫之职，随光武到了洛阳。不久，又调任管辖宫廷禁卫军的卫尉卿。建武十年（公元34年），铫期病故，光武亲临治丧，谥为忠侯。

㉔刘植：字伯先，巨鹿昌城（今河北巨鹿）人，东汉大将。建武二年，更封植为昌城侯。

㉕耿纯：生年不详，卒于公元37年，字伯山，巨鹿宋子傅家庄（今邢台市新河县护驾村）人，东汉大将，开国功臣，东光侯。

㉖王常：见前注。

㉗臧宫：字君翁，颍川郏（今属河南）人，东汉中兴名将。详见前注。

㉘李通：见前注。

㉙马武：见前注。

㉚窦融：见前注。

㉛刘隆：生年不详，卒于公元57年，字元伯，南阳（治今河南南阳）人，安众侯宗室。新莽末年，投奔更始，拜为骑都尉。后归附光武帝，封亢父侯，拜诛虏将军，讨平李宪。建

武十一年(公元35年)守南郡太守。建武十三年,更封竟陵侯。建武十六年,以度田不实,免为庶人。建武十七年,随马援平叛交趾二征,俘获征贰,封长平侯。不久,以骠骑将军代吴汉行大司马事。后封还印绶,以列侯奉朝请。建武三十年,定封慎侯,卒,谥靖侯。

㉜卓茂:见前注。

【译文】

同原文。

【原文】

马援[①],字文渊,扶风[②]人也。建武九年,拜为太中大夫[③]。十七年,交址[④]女子征侧及女弟[⑤]征贰[⑥]反,攻没其郡,九真、日南、合浦[⑦]蛮夷[⑧]皆应之,寇略[⑨]岭外[⑩]六十余城,侧自立为王。于是拜援伏波将军,督楼船将军段志等,南击交址,斩征侧、征贰,传首[⑪]洛阳。封援为新息侯。

【注释】

①马援:详见前注。

②扶风:古地名。约在今陕西西安市长安区西。

③太中大夫:官名。《汉书·百官公卿表》载:郎中令所属有太中大夫等,秩比千石,掌议论。

④交趾:亦作"交址",原为古地区名,泛指五岭以南。汉武帝时为所置十三刺史部之一,辖境相当今广东、广西大部和越南的北部、中部。

⑤女弟:妹妹。

⑥征侧与征贰:又称二征夫人。汉朝交趾郡麊泠县人。是武装反抗中国东汉政权的两个姐妹,她们的父亲是雒将,也就是部落首领。

⑦九真、日南、合浦:汉武帝时设立了交州,下辖交趾(今越南河内附近)、九真(今越南清化附近)、日南(今越南广治附近)、南海、苍梧、玉林、合浦七郡。

⑧蛮夷:亦作"蛮彝",古代对四方边远地区少数民族的泛称。亦专指南方少数民族。

⑨寇略:侵犯劫掠。

⑩岭外:指五岭以南地区。

⑪传首:传送首级;被杀头。

【译文】

马援,字文渊,扶风郡人。建武九年,官拜太中大夫。十七年,交址女子征侧和她的妹妹征贰造反,攻陷了所在的州郡,九真、日南、合浦的蛮夷全都响应她们,侵略五岭以南地区六十余座城池,征侧自立为王。于是朝廷拜授马援为伏波将军,率领楼船将军段志等南征讨伐交址,斩杀了征侧、征贰,传送首级到洛阳。马援被封为新息侯。

【原文】

援尝有疾,梁松[1]来候之,独拜[2]床[3]下,援不荅。松去后,诸子问曰:"梁伯孙帝壻[4],贵重[5]朝廷,公卿已下,莫不惮[6]之,大人[7]奈何独不为礼?"援曰:"我松父友也。虽贵、何得失其序乎?"松由是恨之。

【注释】

①梁松:字伯孙,少为郎,光武女舞阴长公主婿,再迁虎贲中郎将。松博通经书,明习故事,与诸儒修明堂、辟雍、郊祀、封禅礼仪,常与论议,宠幸莫比。光武崩,受遗诏辅政。永平元年,迁太仆。

②独拜:特行敬礼。

③床:这里指病榻。

④帝壻:壻,同"婿"。松为舞阴公主之夫,光武皇帝之婿。

⑤贵重:位高任重。

⑥惮:畏惧。

⑦大人:对父母叔伯等长辈的敬称。

【译文】

马援曾经生病,梁松来问候他,亲自在病榻前叩拜,马援没有还礼。梁松走后,儿子们问他说:"梁伯孙(梁松的字)是皇帝的女婿,在朝廷中地位显贵,公卿以下的官员没有不怕他的,大人您为什么独独不以礼相待呢?"马援说:"我是梁松父亲的朋友,他虽然尊贵,但怎么能失去长幼次序呢?"梁松因此而憎恨马援。

【原文】

二十四年,武威将军刘尚[1](尚旧作向,改之),击武陵五溪蛮夷[2],军没[3],援因复请行[4]。遂遣援率中郎将马武、耿舒等征五溪。援夜与送者诀,谓友人谒者[5]杜愔[6]曰:"吾受厚恩,年迫余日索[7],常恐不得死国事,今获所愿,甘心瞑目。但畏长者家儿[8],或在左右,或与从事,殊难得调[9],独恶是耳。"初,军次[10]下隽[11],有两道可入,从壶头[12],则路近而水嶮,从充[13]道,则涂夷[14]而运[15]远,帝初以为疑。及军至,耿舒[16]欲从充道,援以为弃日费粮,不如进壶头,扼[17]其喉咽,充贼自破。以事上之,帝从援策。

【注释】

①刘尚:东汉初年大将。

②武陵五溪蛮夷:亦称"武陵蛮",东汉至宋时对分布于今湘西及黔、川、鄂三省交界地沅水上游若干少数民族的总称。因其地有五条溪流而得名。

③没:败亡;覆灭。

④请行:请求前往作战。

⑤谒者:官名。始置于春秋、战国时,秦汉因之。掌宾赞受事,即为天子传达。

⑥杜愔:愔,音因。生卒不详,是马援的友人。惠栋曰:“袁宏纪:‘作杜忆。’”

⑦年迫余日索:即年迫日索,谓老年逼近,余日不多。李贤注:“索,尽也。”

⑧长者家儿:李贤注:“谓权要子弟等。”

⑨调:协调;使协调。

⑩次:谓军队驻扎。

⑪下隽:县名,约在今湖北通城县。

⑫壶头:李贤注:“壶头,山名也,在今辰州沅陵东。武陵记曰‘此山头与东海方壶山相似,神仙多所游集,因名壶头山’也。”

⑬充:李贤注:“充,县名,属武陵郡。”故治在今张家界市永定区。

⑭夷:平坦。

⑮运:运输。

⑯耿舒:东汉茂陵人,耿况之子,耿弇之弟。官至建威大将军。

⑰扼:掐住。李贤注:“扼,持也。”

【译文】

建武二十四年,武威将军刘尚进攻武陵五溪的蛮夷,全军覆没,马援因而再次要求出征。朝廷就派遣马援率领中郎将马武、耿舒等征讨五溪。马援晚上和送他的人告别,对他的朋友谒者杜愔说:“我受国家厚恩,年纪大了,在世的日子也不多了,常担心自己不能为国尽忠而死,今天我的愿望终于达成,死而无憾了。只是担心权贵子弟有的留在我的左右,有的还要与他们共事,很难把关系协调好,我唯独担心这一桩事啊!”起初,军队驻扎在下隽县,有两条路可走。从壶头走,路程近但水路较艰险;从充道走,路虽然平坦但运输路程却较远。光武帝刚开始对此也很犹豫。等到军队开到时,耿舒主张从充道走,马援认为这样会耗费时日,浪费军粮,不如进入壶头,掐住敌人的咽喉要地,充县的敌人会不攻自破。把这件事上报朝廷后,光武帝采用了马援的进军方案。

【原文】

“八年,车驾[①]西讨隗嚣[②],国计狐疑,众营未集,援建宜进之策,卒破西州。及吴汉下[③]陇,冀[④]路断隔,唯独狄[⑤]道为国坚守,士民饥困,寄命[⑥]漏刻[⑦]。援奉诏西使,镇慰[⑧]边众,乃招集豪杰,晓诱羌戎[⑨],谋如涌泉,势如转规[⑩],遂救倒悬[⑪]之急,存几亡之城,兵全师进,因粮敌人,陇冀略平,而独守空郡。兵动有功,师进辄克。诛锄[⑫]先零[⑬],缘入山谷,猛怒力战,飞矢[⑭]贯胫[⑮]。又出征交址,土多瘴气。援与妻子生诀,无悔吝[⑯]之心,遂斩灭征侧,克平一州。间复南讨,立陷临乡[⑰],师已有业,未竟而死。吏士虽疫,援不独存。夫战或以久而立功,或以速而致败,深入未必为得,不进未必为非。人情岂乐久屯绝地,不生归哉!惟援得事朝廷二十二年(二年,作三年),北出塞漠,南渡江海,触冒害气[⑱],僵死军事,名灭爵绝,国土不传。海内不知其过,众庶[19]未闻其毁,卒遇三夫之言[20],横被诬罔之谗,家属杜门[21],葬不归墓,怨隙[22]并兴,宗亲怖栗[23]。死者不能自列[24],生者莫为之讼,臣窃伤之。"

【注释】

①车驾:帝王所乘的车。亦用为帝王的代称。

②隗嚣:见前注。

③下:离开。

④冀:指冀县(今冀州市),战国秦武公所置。约在今甘肃省天水市甘谷县南。

⑤狄:古地名,今甘肃临洮县。

⑥寄命:寄存之命。喻短暂的生命。

⑦漏刻:顷刻。

⑧镇慰:安抚慰问。

⑨羌戎:泛指我国古代西北部的少数民族。

⑩转规:转动圆形器物。喻一往无阻或毫无阻难。李贤注:"规,员也。"

⑪倒悬:以人之倒挂比喻处境极其困苦或危急。

⑫诛锄:除灭;诛杀。

⑬先零:先零部是西羌最大的部落,先零之名初见于《汉书·赵充国传》。

⑭飞矢:飞驰的箭。

⑮胫:人的小腿。

⑯悔吝:悔恨。李贤注:"吝犹恨也。"

⑰临乡:古地名,今湖南省桃源县。

⑱害气:邪气;有害之气。

⑲众庶:众民;百姓。

⑳三夫之言:泛指经过多人传播的流言。

㉑杜门:闭门,堵门。

㉒怨隙:嫌隙。

㉓怖栗:亦作"怖栗",害怕得发抖。

㉔自列:自己陈述。

【译文】

"建武八年,皇上西征隗嚣,征讨方针犹豫未定,各路兵力还未集中,马援提出了应当及时出兵的主张,终于击败了河西的敌人。等到吴汉败离陇上,进入冀县的道路已被断绝,只有马援所在的狄道为国家坚守,军民们饥饿困顿,命在旦夕。马援奉诏出使西方,安抚慰问边地民众,接着又招集豪杰,劝诱羌戎。智谋犹如泉涌,所向披靡,势如破竹,于是挽救了形同倒悬的危急局面,保住了几乎失守的城池,保全了兵力使之得以挥师前进,取敌人的粮食而食，陇冀大致平定，而他自己却独守空郡。他只要动兵便立功，只要出师便能取胜。他诛灭了西羌最大的部落先零，追入山谷，勇猛作战，飞箭穿透了他的小腿；又出征交址，当地多瘴气，马援与妻子儿女生死诀别，毫无后悔、惜命之心，于是斩杀了征侧，平定了交州。之后他再度南征，立即攻陷了临乡，军队已取得功绩，但事业未成而身先死。将士们虽染瘟疫，马援也没有独自生存。说到战争，有的因持久而建立功勋，有的因急于取胜而导致失败；深入敌军中未必就能取胜，暂时不进未必就不对。人情常理哪有乐意长期驻守在险恶绝境中的道理，谁不想生还呢？马援效力于朝廷二十三年，北出塞外沙漠，南渡江海水域，顶着瘴气，死于军中，功名泯灭爵位被夺，封地也不能传给后人。天下人不知道他究竟犯了什么过失，老百姓也未听说过对他的毁谤，突然遇到众口一词的攻击，横遭谗言的诬陷毁谤，家属闭门不敢与外面交往，遗骸不能葬入祖墓，怨言嫌隙一齐而来，宗族亲属惊慌恐惧。死者不能自白冤屈，活着的人也不能为他辩冤，臣下我暗自为他伤悲。”

【原文】

“夫明主醲[①]于用赏，约[②]于用刑。高祖尝与陈平[③]金四万斤，以间[④]楚军，不问出入所为，岂复疑以钱谷间哉？夫操孔父[⑤]之忠，不能自免于谗，此邹阳[⑥]之所悲也。惟陛下留思竖儒[⑦]之言，无使功臣怀恨黄泉。臣闻《春秋》之义，罪以功除；圣王之祀，臣有五义[⑧]。若援所谓以死勤事者也。愿下公卿，平援功罪，宜绝、宜续，以厌[⑨]海内之望。臣年已六十，常伏[⑩]田里[⑪]，窃感栾布哭彭越之义[⑫]，冒陈悲愤，战栗阙庭[⑬]。”书奏，报归田里。

【注释】

①醲：浓厚。

②约：少；省减；简约。

③陈平：西汉王朝的开国功臣。伟大的谋略家。

④间：离间。

⑤孔父：指孔夫子。

⑥邹阳：生卒不详，西汉散文家。文帝时，为吴王刘濞门客，以文辩著称于世。

⑦竖儒：对儒生的鄙称。有时用以谦称自己。

⑧五义：礼记曰，“夫圣王之制祀也，法施于人则祀之，以死勤事则祀之，以劳定国则祀之，能御大灾则祀之，能捍大患则祀之。”

⑨厌：满足。

⑩伏：居；栖身。

⑪田里：泛指乡间，民间。

⑫栾布哭彭越之义：栾布、彭越，人名。前书曰，彭越为梁王，栾布为梁大夫使于齐。越以谋反，枭首洛阳，诏有收视者捕之。布使还，奏事越头下，祠而哭之。

⑬阙廷：朝廷，亦借指京城。

【译文】

“英明的君主，应多多使用奖赏而减少施用刑罚。汉高祖曾给陈平黄金四万斤来离间楚军，不过问他如何支出与收入以及做了些什么，难道还会怀疑他是否用钱粮去离间楚军了吗？人具有孔夫子的忠诚却不能使自己避免谗言的伤害，这是邹阳所悲哀的事情。希望陛下能留意我这个无知儒生的话，不要让功臣含恨九泉。臣听说《春秋》的经义，人的罪过可用功劳来抵消。按圣明君主祭祀的原则，做臣子的能做到五义死后就可享祭祀。像马援，正是所谓的以死来尽心为国效劳的人啊！希望让公卿们来评议马援的功过，再决定应当是剥夺其爵位还是应当续封，来满足天下人的心愿。臣年已六十，经常伏居在民间，私下为栾布不顾禁令哭祭彭越的大义而感动。臣冒死陈述内心的悲愤，惶恐战栗于宫阙之上。”奏疏呈上后，有了答复，他便返回乡里了。

【原文】

子廖[①]，字敬平，少以父任为郎，肃宗[②]甚尊重之。时皇太后躬履[③]节俭，事从简约。廖虑美业难终，上疏长乐宫[④]，以劝成德政，曰：“臣案前世诏令，以百姓不足，起于世尚奢靡。故元帝罢服官[⑤]，成帝御浣衣[⑥]，哀帝去乐府[⑦]。然而侈费不息，至于衰乱者，百姓从行[⑧]不从言也。夫改政移[⑨]，必有其本。”

【注释】

①廖：马廖，马援长子，明德马皇后长兄。明德皇后既立，拜廖为羽林左监、虎贲中郎将。显宗崩，受遗诏典掌门禁，遂代赵熹为卫尉，肃宗甚尊重之。廖性质诚畏慎，不爱权势声名，尽心纳忠，不屑毁誉。有司连据旧典，奏封廖等，累让不得已，建初四年，遂受封为顺阳侯，以特进就第。每有赏赐，辄辞让不敢当，京师以是称之。永元四年，卒。

②肃宗：孝章皇帝，名炟，明帝第五子。

③躬履：亲身履行。

④长乐宫：汉代天子母亲的代称。此指明德马皇后，章帝尊其为皇太后。

⑤服官：官名。汉齐郡临灾产纨縠，陈留郡产锦缎，各设置服官，专掌宫廷衣着供应。在临灾也称三服官，因供应春夏冬三季衣服而得名。

⑥浣衣：谓多次洗过的衣服，指旧衣。

⑦乐府：古代主管音乐的官署。起于汉代。汉惠帝时已有乐府令。武帝时定郊祀礼，始立乐府，掌管宫廷、巡行、祭祀所用的音乐，兼采民歌配以乐曲，以李延年为协律都尉。乐府之名始此。

⑧从行：仿效其行为。

⑨改政移风：改变风气习俗。

【译文】

马援长子马廖，字敬平，年轻时因父亲马援为官被保举为郎，深受章帝的尊重。当时皇太后亲身履行节俭，办事务从简省。马廖担心这种美德难以贯彻始终，上疏马太后，劝谏太后成就德政，说："臣依据前代的诏命，认为百姓日用不足，是由于世人崇尚奢侈浪费。故而元帝免去服官，成帝常穿旧的衣服，哀帝去除乐府。然而奢侈浪费仍未停止，以至造成衰败混乱，原因是百姓效法朝廷的行为而不重视朝廷的言辞。改变风气习俗，必须抓住根本。"

【原文】

"传曰：'吴王①好剑客②，百姓多瘢疮③；楚王好细腰④，宫中多饿死。'长安语曰：'城中好高髻⑤，四方⑥高一尺；城中好广眉，四方且半额；城中好大袖，四方用匹帛。'斯言如戏，有切事实。前下制度未几，后稍不行，虽或吏不奉法，良由慢⑦起京师。今陛下躬服厚缯⑧，斥去华饰⑨，素简⑩所安，发自圣情，此诚上合天心⑪，下顺民望⑫，浩大之福，莫尚于此。陛下既已得之自然，犹宜加以勉勖⑬，法大宗⑭之隆德，戒成哀⑮之不终。《易》曰：'不恒其德，或承之羞。'诚令斯事一竟⑯，则四海诵德，声熏⑰天地，神明可通，金石可勒⑱，而况于人心乎？况于行令乎？愿置章坐侧，以当瞽人⑲夜诵之音。"大后深纳之。

【注释】

①吴王：阖闾（？～公元前 496 年），又作阖庐。姬姓，吴氏，名光，故又称"公子光"。春秋时吴国第二十四任君主，活动于春秋末期，公元前 514 年至公元前 496 年在位，著名军事家，部分史书认为其为"春秋五霸"之一。

②剑客：精于剑术的人。

③瘢疮：音班窗。创伤或疮疡的疤痕。

④楚王好细腰：楚王，楚灵王。初名围，即王位后改名虔。楚共王的儿子，楚康王的弟弟，杀了侄儿楚郏敖自立。昔者，楚灵王好士细腰，故灵王之臣，皆以一饭为节，胁息然后带，扶墙然后起。

⑤高髻：古代妇女发式，又称"峨髻"，是相对指髻式高耸的称谓。

⑥四方：指京城以外的地区。

⑦慢：轻忽；怠忽。

⑧厚缯：帛之厚者。

⑨饰：修饰；装饰。

⑩素简：朴素简约。

⑪天心：犹天意。

⑫民望：民众的希望、心愿。

⑬勉勖：勉励。

⑭大宗：李贤注："太宗，孝文也。玄默为化，身衣弋绨"。

⑮成哀：汉成帝刘骜和汉哀帝刘欣的合称。

⑯竟：李贤注，"竟犹终也"。

⑰熏：李贤注："薰犹蒸也，言芳声薰天地也"。

⑱勒：雕刻。

⑲瞽人夜诵之音：瞽人，古代盲乐师。李贤注："瞽人，无目者也。古者瞽师教国子诵六诗。《前书礼乐志》云：'乃采诗夜'。夜诵者，其辞或秘，不可宣露，故于夜中歌诵也。"

【译文】

"《传》说：'吴王喜欢精于剑术的人，老百姓就多有创伤；楚王喜欢细腰，宫女们多有饿死的。'长安城中的谚语说：'城里的人喜欢束高发髻，四处乡下的百姓发髻就高达一尺；城里的人喜欢画宽眉，乡下的百姓就将眉毛画到半额宽；城里人喜欢长衣袖，乡下的百姓就用整匹布来做衣袖。'这些虽似笑话，但却是切中事实。以前颁布的制度没过多久，稍后就不执行了。虽然是有的官吏不依法办事，但实在是轻慢法令的行为起源于京师的缘故。如今陛下亲自穿着厚缯做的衣服，去掉华丽的装饰，心安住于朴素简约，都是发自您的本性，这种做法实在是上合天心，下顺民意。造福宏大，莫过于此。陛下既已自然而然地做到了这一点，但还须加以勉励，效法太宗的盛大德行，借鉴成帝、哀帝不能善终的教训。《易经》说：'不能持之以恒地恪守自己的德行，恐怕终将会遭受耻辱。'如果真正能将这种事情坚持到底，那么四海之内都会歌颂圣德，赞美之声就会达于天地，可以感通神明，可以刻金石记功，更何况人心呢？何况是推行法令呢！希望把我的这份奏章放在御座旁边，以当作盲人乐师夜间朗诵的声音。"太后深深赞同并采纳了他的建议。

【原文】

卓茂[①]，字子康，南阳人也。以儒术[②]举，迁密令[③]。视民如子，举善[④]而教，口无恶言，吏民亲爱，而不忍欺之。民常有言部亭长[⑤]受其米肉遗者，茂避左右问之曰："亭长为从汝求乎？为汝有事属之而受乎？将平居自以恩意遗之乎？"民曰："往遗之耳。"茂曰："遗之而受，何故言邪？"民曰："窃闻贤明之君，使民不畏吏、吏不取民。今我畏吏，是以遗之，吏既卒受，故来言耳。"茂曰："汝为弊[⑥]民矣。凡人所以贵于禽兽者，以有仁爱，知相敬事也。今邻里长老尚致馈遗，此乃人道所以相亲，况吏与民乎？吏顾不当乘威力强请求耳。

【注释】

①卓茂：见前注。

②儒术：儒家的原则、学说、思想。

③密令：密县县令。秦设密县，属颍川郡。东汉时，属河南尹。约在今河南省新密市。

④举善：推荐德才兼优的人。

⑤亭长：乡官名。战国时始在邻接他国处设亭，置亭长，任防御之责。秦、汉时在乡村每十里设一亭。

⑥弊：蒙蔽；壅蔽。

【译文】

卓茂，字子康，南阳郡人。因儒学被举用为侍郎，晋升为密县县令。他爱民如子，推荐德才兼优的人来教化百姓，口无非礼、伤人的言语，吏民都亲近喜爱他，而不忍心欺骗他。有个人曾说卓茂属下的亭长接受过他送去的米和肉，卓茂屏退身边的人问这个人说："是因为亭长向你提出这个要求吗？还是因为你托他办事，他接受了你的米肉？或是他平日对你有恩，你才送给他的？"这个人说："是我自己前去送给他的。"卓茂说："你送他受，为什么还要向我报告呢？"这个人说："我私下里听说贤明的君主，使百姓不会害怕官吏，官吏也不向百姓索取东西。现在我害怕官吏，所以送东西给他，官吏既然最后接受了，所以我来说这件事情。"卓茂说："你真是愚昧啊！人比禽兽可贵的地方，就是因为人有仁爱之心，知道要互相敬慎处事啊！现在对邻里、老人尚且要给予馈赠，这是人与人之间相亲相爱的表示，何况官吏与老百姓呢？而官吏只是不应当凭借势力去向百姓强行索要。"

【原文】

凡人之生，群居杂处，故有经纪[1]礼义，以相交接。汝独不欲修之，宁能高飞远走，不在人间邪？亭长素善吏，岁时[2]遗之，礼也。"民曰："苟如此，律何故禁之？"茂笑曰："律设大法，礼顺人情。今我以礼教汝，必无怨恶；以律治汝，何所厝其手足[3]乎？一门之内，小者可论，大者可杀也，且归念之。"于是人纳其训，吏怀其恩。治密数年，教化大行，道不拾遗[4]。平帝[5]时，天下大蝗，河南二十余县，皆被其灾，独不入密界。王莽居摄[6]，以病免归。世祖即位，乃下诏曰："前密令卓茂，束身[7]自修，执节[8]淳固[9]，诚能为人所不能为，夫名冠天下，当受天下重赏。今以茂为太傅，封褒德侯，食邑二千户。"

【注释】

①经纪：纲常，法度。

②岁时：每年一定的季节或时间。

③厝其手足：厝，安放，该意犹手足无措。手脚无安放处。喻动辄得咎，不知所从。语出《论语·子路》："刑罚不中，则民无所措手足。"

④道不拾遗：谓路有失物，无人拾取。古时用以形容民风淳厚。

⑤平帝：西汉第十三代皇帝。名刘衎（一说是欣）。父亲是汉元帝之子、中山孝王刘兴。

⑥居摄：因皇帝年幼不能亲政，由大臣代居其位处理政务，谓"居摄"。《汉书·食货志上》："平帝崩，王莽居摄，遂篡位。"

⑦束身：约束自己，谓不放纵。

⑧执节：坚守节操。

⑨淳固：敦厚坚毅。

【译文】

“人的一生，与其他人共同生活在一起，所以才有了纲常礼义来互相交往。唯独你一个人不愿按礼仪行事，难道你能高飞远走，不食人间烟火吗？亭长一向是个好官，一年当中有时送点东西给他，是合乎礼仪的。”那个人说：“如果是这样，法律为什么还要禁止呢？”卓茂笑着说：“法律管大节，礼是顺乎人情的。现在我用礼义教化你，你必然没有怨恨；用法律处治你，那你将会手足无措。在这衙门之内，小错可以论罪，大错可以杀头啊！你且回去想想这个道理吧！”于是那个人接受了这个教导，那位亭长也感念他的恩德。卓茂治理密县几年，教化大行，路不拾遗。西汉平帝时，天下遭受严重的蝗灾，黄河以南有二十多个县都受到蝗灾，只有密县没有受灾。王莽摄政时期，卓茂因病免职回家。世祖光武即位，就下诏书说：“前密县县令卓茂，注重自身修养，坚守节操、敦厚坚毅，确实能做到常人所做不到的事。他名满天下，应当受到重赏。现在朝廷任用卓茂为太傅，封为褒德侯，食邑二千户。”

【原文】

鲁恭[①]，字仲康，扶风[②]人也。太傅赵熹[③]（旧无太傅赵熹四字，补之）举恭直言，拜中牟[④]令。恭以德化为治，不任刑罚。民许伯等，争田累年，守令不能决，恭为平理[⑤]曲直，皆退而自责，辍耕相让。亭长从民借牛，而不肯还之，牛主讼于恭。恭召亭长，敕令归牛者再三，犹不从。恭叹曰：“是教化不行也。”欲解印绶去。掾史[⑥]泣涕共留之，亭长乃惭[⑦]悔，还牛，诣狱受罪，恭贳[⑧]不问。于是吏民信服。

【注释】

①鲁恭：字仲康，扶风平陵人。和帝时，任侍中，后迁光禄勋，官至司徒。鲁恭性情谦恭礼让，奏议依据经书，对治理国家大有益处，但他始终不显耀自己。因年老多病上书请求辞官，八十一岁，在家中去世。

②扶风：古地名。约在今陕西西安市长安区西。

③赵熹：字伯阳，南阳宛人。更始初，征为郎中，行偏将军事。以破王寻、王邑功拜中郎将，封勇功侯。建武初，拜简阳侯相，迁平原太守。后征为太仆，拜太尉，赐爵关内侯。明帝初，封节乡侯，寻坐事免，起为卫尉，行太尉事。章帝初，进太傅，录尚书事。

④中牟：中牟县位于河南省中部，隶属省会郑州市。

⑤平理：评断。

⑥掾史：官名。汉以后中央及各州县皆置掾史，分曹治事。多由长官自行辟举。唐宋以后，掾史之名渐移于胥吏。

⑦惭：惭愧。

⑧贳：音世。赦免。李贤注：“贳，宽贷也。”

【译文】

鲁恭，字仲康，扶风郡人。太傅赵熹举荐鲁恭为直言，被拜为中牟县令。鲁恭以德化治理，不用刑罚。有百姓许伯等人，争夺一块田地已好几年了，郡守县令都不能判决这一案件。鲁恭为他们评判曲直，双方全都退堂检讨自己，中止耕作互相让界。有位亭长从老百姓手里借牛而不肯归还，牛的主人到鲁恭跟前诉讼。鲁恭把亭长召来，多次命令他归还，可是亭长仍不听从。鲁恭叹息说："这是教化不行的结果啊！"鲁恭想要解下绶带，辞官而去。掾吏们哭着一起挽留他，于是亭长惭愧悔悟，把牛归还给了主人，并到狱中请求服罪，鲁恭予以赦免，不再过问此事。于是吏民都信任佩服他。

传

【原文】

宋弘[①]，字仲子，长安[②]人也。世祖[③]尝[④]问弘通博[⑤]之士，弘荐[⑥]沛国[⑦]桓谭[⑧]，才学洽闻[⑨]，几能及[⑩]扬雄[⑪]、刘向[⑫]父子。于是召谭，拜议郎[⑬]给事中[⑭]。帝每讌[⑮]，辄[⑯]令鼓琴[⑰]，好其繁声[⑱]。弘闻之不悦，悔于荐举。伺[⑲]谭内[⑳]出，正朝服，坐府上，遣吏召[㉑]之。谭至，不与席[㉒]而让[㉓]之曰："吾所以荐子者，欲令辅国家以道德也。而今数进郑声[㉔]，以乱雅颂[㉕]，非忠正者也。能自改耶？将令相举[㉖]以法[㉗]乎？"谭顿首[㉘]辞谢[㉙]，良久乃遣[㉚]之。后大会群臣，帝使谭鼓琴，谭见弘，失其常度[㉛]。帝怪而问之，弘乃免冠[㉜]谢[㉝]曰："臣所以荐桓谭者，望能以忠正导主，而令朝廷耽悦[㉞]郑声，臣之罪也。"帝改容[㉟]谢之，使反服[㊱]。其后遂不复令谭给事中。弘推进贤士三十余人，或相及[㊲]为公卿[㊳]者。

宋弘

【注释】

①宋弘：生卒年不详。东汉初年大司空（官名，三公之一），为人正直，做官清廉，对皇上敢直言规谏。

②长安：古都城名。今陕西省西安市。

③世祖：帝王的庙号之一。

④尝：副词，曾经。

⑤通博：通达渊博。

⑥荐：引荐，推荐。

⑦沛国：即沛王国。

⑧桓谭:东汉哲学家、经学家。字君山,沛国相(今安徽濉溪县西北)人。

⑨洽闻:多闻博识。

⑩及:追上,赶上。

⑪扬雄:(公元前53年~公元18年),西汉时大儒。字子云,西汉蜀郡成都(今四川成都郫县)人。他以儒家的孝道为做人的最基本准则。

⑫刘向:(约公元前77年~前6年),字子政,西汉经学家、目录学家、文学家。沛县(今属江苏)人。与其子刘歆,皆为西汉后期著名学者。

⑬议郎:官名。汉代设置,为光禄勋所属郎官之一,掌顾问应对,无常事。

⑭给事中:官名。秦汉为列侯、将军、谒者等的加官。侍从皇帝左右,备顾问应对,参议政事,因执事于殿中,故名。

⑮讌:同"宴"聚会在一起吃酒饭,请人吃酒饭。

⑯辄:副词。每每,总是。

⑰鼓琴:弹琴。

⑱繁声:指浮靡的音乐。

⑲伺:等待。

⑳内:皇宫。

㉑召:召唤,召见。

㉒席:座位,席位。

㉓让:责备,责问。

㉔郑声:郑国的音乐多淫声,为靡靡之音。故称淫荡不雅正的音乐为"郑声"。亦称为"郑音"。

㉕雅颂:亦作"雅讼"。

㉖举:指摘,检举。

㉗法:法律。

㉘顿首:磕头。旧时礼节之一。以头叩地即举而不停留。

㉙辞谢:道歉,谢罪。

㉚遣:发送,打发。

㉛常度:常态。

㉜免冠:脱帽。古人用以表示谢罪。

㉝谢:道歉,认错。

㉞耽悦:深爱,甚喜。

㉟改容:改变仪容,动容。

㊱反服:此处谓让宋弘戴上帽子。

㊲相及:相继。

㊳公卿:三公九卿的简称。

【译文】

宋弘，字仲子，长安人。光武帝曾经向宋弘了解国内学识通达渊博的人，宋弘便推荐了沛国的桓谭，称他才学广博，几乎可以赶得上扬雄和刘向父子。于是征召桓谭，拜为议郎、给事中。光武帝每次举行宴会时，总是叫桓谭弹琴，很喜欢他弹奏的浮靡乐声。宋弘听说这事以后，心中便不高兴，后悔荐举了桓谭。等桓谭从宫中退出时，宋弘就整齐地穿上朝服，坐在府堂上，派属吏去传唤桓谭。桓谭到了，宋弘并不请他入座，而是责备道："我之所以推荐您，是希望您以道德辅佐君王，但您现在几次向皇上演奏郑卫淫声，扰乱雅颂正音。这不是忠诚正直的行为。你能自己改正吗？还是让我依法检举你呢？"桓谭叩头谢罪，过了很久，宋弘才打发他回去。后来光武帝大会群臣，又令桓谭弹琴，桓谭看到宋弘也在座，有失往日的从容神态。光武帝感到奇怪，便问其中的缘故。宋弘便摘下官帽，向光武帝认错说："臣之所以推荐桓谭，是希望他能以忠诚正直的学识来开导君王，而今他却让朝廷沉溺于靡靡之音，这是臣的罪过啊！"光武帝为之动容，并向宋弘道歉（不该喜欢靡靡之音），让他戴上官帽。此后便不再让桓谭担任给事中的职务了。宋弘推荐贤士三十多人，相继有人担任公卿大臣之职。

【原文】

弘当[①]讌见[②]，御坐[③]新施[④]屏风，图画列女[⑤]，帝数[⑥]顾[⑦]视之。弘正容言曰："未见好德如好色者。"帝即为彻之，笑谓弘曰："闻义[⑧]则服[⑨]，可乎？"对曰："陛下进德[⑩]，臣不胜[⑪]其喜。"时[⑫]帝姊湖阳公主[⑬]新寡[⑭]，帝与共论[⑮]朝臣，微[⑯]观其意。主曰："宋公威容[⑰]德器[⑱]，群臣莫及。"帝曰："方且[⑲]图[⑳]之。"后弘被引见[㉑]，帝令主坐屏风后，因[㉒]谓弘曰："谚言'贵易交[㉓]，富易妻。'，人情乎？"弘曰："臣闻'贫贱之知不可忘，糟糠之妻不下堂[㉔]'。"帝顾谓主曰："事不谐[㉕]矣。"

【注释】

①当：通"尝"。曾经。
②讌见：皇帝于内廷召见臣下。
③坐：同"座"。座席，座位。
④施：设置，安放。
⑤列女：犹烈女。谓重义轻生、有节操的女子。
⑥数：屡次。
⑦顾：回首，回视。
⑧闻义：谓听到合乎义理的事。
⑨服：实行，施行。
⑩进德：犹言增进道德。
⑪胜：能够承受，禁得起。

⑫时:当时,那时。

⑬湖阳公主:即汉光武帝刘秀的大姐刘黄。

⑭新寡:谓新近死去丈夫。

⑮论:衡量,评定。

⑯微:暗暗,悄悄。

⑰威容:指庄重的仪容。

⑱德器:道德修养与才识度量。

⑲方且:犹方将。将会,将要。

⑳图:考虑,谋划,计议。

㉑引见:引导入见。旧指皇帝接见臣下或宾客时,由有关大臣引导入见。

㉒因:副词。就,于是。

㉓贵易交:易,改变,更改。谓显贵后忘弃贫贱时的朋友,另结新知。

㉔糟糠之妻不下堂:意谓贫困时与之共食糟糠的妻子不可遗弃。后因以"糟糠"称曾共患难的妻子。

㉕谐:办妥,办成。

【译文】

有一次光武帝在内廷召见宋弘,御座旁边新添加的屏风上面画着烈女像,光武帝不时地回头看。宋弘面色严肃地说:"未曾见过好德像好色一样的人。"光武帝立即把屏风取掉,笑着向宋弘说:"听到合乎义理的事就去实行,这样总可以了吧?"宋弘回答说:"陛下在德行方面进了一步,臣不胜欢喜。"当时光武帝的姐姐湖阳公主新近守寡,光武帝便与她一起品评朝廷群臣,暗暗试探公主的想法。公主说:"宋公仪容庄重,道德修养与才识,是所有的朝臣都比不上的。"光武帝说:"待我想个办法(设法促成这件事)。"后来宋弘被召见,光武帝让公主坐在屏风后边,于是对宋弘说:"谚语说,地位尊贵了就换朋友,有钱了就另取妻子,这是人之常情吗?"宋弘答道:"臣听说贫贱之交不可忘,糟糠之妻不下堂。"光武帝回头向公主说:"这事不好办哪。"

【原文】

韦彪[①],字孟达,扶风[②]人也。拜[③]大鸿胪[④]。是时陈事[⑤]者,多言郡国[⑥]贡举[⑦],率[⑧]非功次[⑨],故守职[⑩]益[⑪]懈[⑫],而吏事[⑬]寖疏[⑭],咎[⑮]在州郡[⑯]。彪上议曰:"孔子曰:'事亲孝,故忠可移于君。'是以求忠臣必于孝子之门。夫人才行[⑰],少能相兼[⑱],是以孟公绰优于赵魏老,不可以为滕薛大夫[⑲]。忠孝之人,持心[⑳]近厚;锻练[㉑]之吏,持心近薄。三代[㉒]之所以直道而行[㉓]者,在其所以磨[㉔]之故也。士宜以才行[㉕]为先,不可纯以阀阅[㉖]。然其要归[㉗],在于选二千石[㉘]。二千石贤,则贡举皆得其人矣。"帝深纳[㉙]之。

【注释】

①韦彪:(? ~公元 89 年),约卒于汉和帝永元元年。孝行纯至,举孝廉,除郎中,以

病免,复归教授。安贫乐道,恬于进趣,三辅诸儒莫不慕仰之。

②扶风:古郡名。旧为三辅之地,多豪迈之士。

③拜:授官,封爵。

④鸿胪:官署名。

⑤陈事:叙事。

⑥郡国:郡和国的并称。汉初,兼采封建及郡县之制,分天下为郡与国。郡直属中央,国分封诸王、侯,封王之国称王国,封侯之国称侯国。南北朝仍沿郡、国并置之制,至隋始废国存郡。后亦以"郡国"泛指地方行政区划。

⑦贡举:古时地方向朝廷荐举人才。

⑧率:一概,都。

⑨功次:指功绩的大小、官阶升迁的先后顺序。

⑩守职:忠于职守。

⑪益:副词。逐渐。

⑫懈:懈怠,懒惰。

⑬吏事:政事,官务。

⑭寖疏:逐渐疏远,逐渐稀疏。

⑮咎:罪过,过失。

⑯州郡:指州郡的长官。

⑰才行:才能和德行。

⑱兼:同时具有或涉及几种事物或若干方面。

⑲孟公绰优于赵、魏老,不可以为滕、薛大夫:《论语》孔子之言也。

⑳持心:谓处事所抱的态度。

㉑锻练:罗织罪名,陷人于罪。

㉒三代:指夏、商、周。

㉓直道而行:按照正道行事。

㉔磨:磨炼。

㉕才行:才智和德行。

㉖阀阅:祖先有功业的世家、巨室。泛指门第、家世。

㉗要归:要点所在,要旨。

㉘二千石:汉制,郡守俸禄为二千石,即月俸百二十斛。世因称郡守为"二千石"。

㉙纳:引进,接受。

【译文】

韦彪,字孟达,扶风人。官居大鸿胪。当时,凡向皇帝陈说朝事的(大臣),大多谈到各郡县侯国向朝廷选荐人才时,常常不按政绩功勋的次序,所以守职之人越来越懈怠,政务也逐渐荒疏,这个过失在州郡的长官。韦彪上书奏议说:"孔子曾说过:'以孝心事奉双亲,故可将忠心移于侍奉君主,所以访求忠臣,一定要去有孝子的人家。'人的才能和德行很少能够兼备,所以孟公绰比赵、魏两国的家臣好,但却不能做滕和薛两个小国的大夫。忠孝的人,存心近于厚道;老练(罗织罪名,陷人于罪)的官吏,存心近于刻薄;夏商周三代的官员之所以能按正道行事,是在于经过磨炼的缘故。选拔人才应该把才智、德行放在首位,不能单纯地只考虑他们的家世、门第。然而它的要点,在于选拔俸禄为二千石的郡守。郡守贤能,那么贡举就能求得合适的人才了。"章帝非常同意他的看法。

【原文】

彪以世承[①]二帝[②]吏治[③]之后,多以苛刻[④]为能,又置官选职,不必以才,上疏谏曰:"农民急于务,而苛吏夺其时[⑤];赋[⑥]发[⑦]充常调[⑧],而贪吏割[⑨]其财。此其巨患也。夫欲急民所务,当先除其所患。天下枢要[⑩],在于尚书[⑪]。尚书之选,岂可不重?而间者[⑫]多从郎官[⑬]超升[⑭]此位,虽晓习[⑮]文法[⑯],长于应对[⑰],然察察[⑱]小惠[⑲],类[⑳]无大能。宜简[㉑]尝[㉒]历[㉓]州宰[㉔]素[㉕]有名者,虽进退舒迟[㉖],时有不逮[㉗],然端心[㉘]向公,奉职周密。宜鉴啬夫捷急之对,深思绛侯木讷之功[㉙]也。往时楚狱大起[㉚],故置令史[㉛]以助郎职,而类多[㉜]小人,好为奸利。今者务简,可皆停省[㉝]。又谏议[㉞]之职,应用公直之士,通才謇正[㉟],有补益[㊱]于朝者。今或从征试,辈为大夫。又御史外迁,动据州郡,并宜清选[㊲]其任,责以言绩。其二千石视事[㊳]虽久,而为吏民所便安[㊴]者,宜增秩[㊵]重赏,勿妄迁徙,惟留圣心。"书奏,帝纳之。

【注释】

①承:继承,接续。

②二帝:即光武帝和明帝。

③吏治:官吏的作风和治绩。

④苛刻:严厉刻薄。

⑤时:农时,适宜于从事耕种、收获的时节。

⑥赋:田地税。泛指赋税。

⑦发:征发,征调。

⑧常调:定额赋税。

⑨割:剥夺,夺取。

⑩枢要:指中央政权中机要的部门或官职。

⑪尚书:官名。始置于战国时,或称掌书,尚即执掌之义。秦为少府属官,汉武帝提高皇权,因尚书在皇帝左右办事,掌管文书奏章,地位逐渐重要。汉成帝时设尚书五人,开始分曹办事。东汉时正式成为协助皇帝处理政务的官员,从此三公权力大大削弱。

⑫间者:近来。

⑬郎官:谓侍郎、郎中等职。秦代置郎中令,为皇帝左右亲近的高级官员。属官执掌护卫陪从、随时建议等。西汉因秦制不变。东汉以尚书台为行政中枢。其分曹任事者为尚书郎,职权范围扩大。

⑭超升：越级提升。

⑮晓习：精通，熟悉。

⑯文法：法制，法规。

⑰应对：酬对，对答。

⑱察察：苛察，烦细。

⑲小惠：惠通“慧”。小慧，小聪明。

⑳类：率，皆，大抵。

㉑简：选择，选用。

㉒尝：副词。曾经。

㉓历：指担任。

㉔州宰：指州刺史。

㉕素：平素，向来，旧时。

㉖舒迟：迟慢。

㉗不逮：比不上，不及。

㉘端心：犹专心，一心。

㉙啬夫捷急之对，绛侯木讷之功：啬夫对答汉文帝时敏捷应急，绛侯为人木讷不善言辞。啬夫，古代官吏名。汉时小吏的一种。

㉚楚狱大起：永平十三年，汉明帝的弟弟楚王刘英，因被告反叛而被流放，明帝下令逮捕刘英的同党，大兴楚狱，前后累年，严刑之下很多同党被迫诬供，株连者达数千人。这就是东汉骇人听闻的“楚狱”一案。

㉛令史：官名。汉代兰台尚书属官，居郎之下，掌文书事务，历代因之。隋唐以后，成为三省、六部及御史台低级事务员之称，位卑秩下，不参官品。至明代遂废。

㉜类多：犹大多。

㉝停省：裁撤，裁减不用。

㉞谏议：官名。谏议大夫。

㉟通才：学识广博兼备多种才能的人。

㊱謇正：忠贞正直。謇，音简。

㊲补益：裨补助益。

㊳清选：精选。

㊴视事：就职治事，多指政事言。

㊵便安：便安，便利安稳，便利安适。

㊶增秩：增俸，升官。

【译文】

韦彪认为社会在传袭光武、明帝两代皇帝的吏治之风，大多把严厉刻薄视为能力，而且选拔任职官员，不重才能。韦彪上疏谏言说：“农民急于务农，而苛刻的官吏使其延误农时;征收赋税为的是满足其定额,而贪官污吏们还要从中分割,这是最大的祸患。想要以农民所做之事为重,应首先消除他们的祸患。天下的中枢,在于尚书,尚书的人选,怎么能不重视?可是近来尚书多是从郎官中越级提升,即使他能通晓法律条文,擅长应答,然而这只是些小智小慧,大多没有较强的能力。应该从曾经担任过州宰、素有声名的人中选拔尚书。他们虽然行动稳重迟缓,常有不及前一种人(郎官)的地方。不过,他们能一心公正,奉职周密。应该借鉴上林苑虎圈啬夫对答汉文帝敏捷急应的故事,好好想一想绛侯周勃性情愚钝但德才兼备的功绩呀!过去大兴楚狱,所以设置令史来协助郎官的职务,但这些人大多是小人,贪图奸利。当今政务应当从简,可全部撤销不用。另外谏议大夫的职位,应当任用公正耿直、学识广博、兼备多才、忠贞正直、对于朝事有所补益的人,现在有些是从征试的人中选拔的。再者御史外放,动辄任州郡长吏,应当精选任职之人,以政绩来要求他们。俸禄二千石的郡守任职虽久,但能给官民带来便利安适的应提高其品级,予以重赏,不要随便调动。这些事情请圣上留意。"奏书呈上,章帝采纳了这一谏议。

【原文】

杜林①,字伯山,扶风人也。文光禄勋。建武十四年,群臣上言:"古者肉刑②严重,则民畏法令。今宪章③轻薄④,故奸轨⑤不胜。宜增科禁⑥,以防其源。"诏下公卿。林奏曰:"夫人情⑦挫辱⑧,则义节⑨之风⑩损;法防⑪繁多,则苟免⑫之行兴⑬。孔子曰:'导⑭之以政,齐⑮之以刑,民免而无耻;导之以德,齐之以礼,有耻且格⑯。'古之明王,深识远虑,动居⑰其厚,不务多辟⑱。周之五刑⑲,不过三千。大汉初兴,详览⑳失得㉑,故破矩为圆㉒,斫雕为朴㉓,蠲除㉔苛政㉕,更立㉖疏网㉗,海内㉘欢欣㉙,人怀宽德㉚。及至其后,渐以滋㉛章㉜,吹毛索疵㉝,诋欺㉞无限㉟。果桃菜茹㊱之馈,集以成赃㊲;小事无妨㊳于义,以为大戮㊴。故国无廉士㊵,家无完行㊶。至于法不能禁,令不能止,上下相遁㊷,为弊弥㊸深。臣愚以为宜㊹如旧制。"帝从之。

【注释】

①杜林:(?~公元47年),杜邺之子。他最大的成就是在学术方面。他博学多闻,被誉为通儒,后世推崇他为"小学之宗"。光禄勋:官名。秦汉负责守卫宫殿门户的宿卫之臣,后逐渐演变为专掌宫廷杂务之官。本名郎中令,秦已设置。汉武帝太初元年(公元前104年),改名光禄勋,由郎中令改置,为九卿之一,掌守卫宫殿门户。

②肉刑:残害肉体的刑罚,古指墨、劓、刵、宫、大辟等。今泛指对受审者肉体上的处罚。

③宪章:典章制度。引申指法度。

④薄:少。

⑤奸轨:违法作乱的事情。

⑥科禁:戒律,禁令。

⑦人情:人心,众人的情绪、愿望。

⑧挫辱:凌辱,受凌辱。

⑨义节:义行和节操。

⑩风:习俗,风气。

⑪法防:犹法禁。

⑫苟免:苟且免于损害。

⑬兴:兴起。

⑭导:引导。

⑮齐:整治,整理。

⑯有耻且格:谓人有知耻之心,则能自我检点而归于正道。

⑰居:指存,存心。

⑱辟:特指刑法。

⑲五刑:五种轻重不等的刑法。秦以前为:墨、劓、剕(刖)、宫、大辟(杀)。

⑳详览:详尽观览。

㉑失得:失和得。指事之当否、成败、利弊、优劣等。

㉒破矩为圆:谓削去棱角,改方为圆。比喻去严刑峻法而从简易。

㉓斫雕为朴:亦作"斫琱为朴"。谓去掉雕饰,崇尚质朴。亦谓斫理凋敝之俗,使返质朴。

㉔蠲除:废除,免除。

㉕苛政:残酷地压迫和剥削人民的政治。指繁重的赋税、苛刻的法令。

㉖更立:改立。

㉗疏网:稀疏的网。喻宽大的法律。

㉘海内:国境之内,全国。古谓我国疆土四面临海,故称。

㉙欢欣:欢喜欣悦。

㉚宽德:宽厚的德政。

㉛滋:增长,增加。

㉜章:典章制度。

㉝吹毛索疵:同"吹毛求疵"。吹开皮上的毛,寻找里面的毛病。比喻刻意挑剔过失或缺点。

㉞诋欺:毁谤丑化。

㉟无限:没有穷尽。谓程度极深,范围极广。

㊱菜茹:菜蔬。

㊲赃:用盗窃、贪污等非法手段获取的财物。

㊳无妨:没有祸害,没有妨害。

㊴大戮:谓杀而陈尸示众。

㊵廉士:旧称有节操、不苟取的人。

㊶完行：完美的操行。

㊷遁：犹回避也。

㊸弥：益，更加。

㊹宜：应当，应该。

【译文】

杜林，字伯山，扶风郡人。任光禄勋之职。建武十四年，群臣上书说："古时肉刑严重，因此人民害怕法令；如今宪章制度轻忽宽松，所以作奸违法的事情多不胜举。应该增加禁令条款，从源头上加以防范。"诏书下发公卿。杜林上奏说：'人心受到挫伤，那么仁义节操的风尚就会受到损伤；法令防禁繁多，那么苟且免于刑罚（而不知耻）的行为就会兴起。孔子说：'用政令来引导，用刑法来整治，百姓虽免于刑罚，但不知羞耻；用道德来引导，用礼义来教化，百姓就会有羞耻之心，从而也就守规矩了。'古代的圣明君王，深谋远虑，举措本着仁厚之心，不实行繁多的刑罚，周代使用的五刑之法，不过有三千条。汉朝建国，详细地考察了历代得失，所以去除严刑峻法而从简易，去浮华而尚质朴，废除苛刻的政令，改立宽松的法律，举国欢欣，人民都怀有宽厚之德。到了后来，又逐渐增添了法律条款，吹毛求疵，毁谤、欺侮到了无以复加的程度。把果桃蔬菜的馈赠，都当成贪赃行为；把对大义没有妨碍的小事，也看成应当杀戮的大罪。所以（按这样的标准）弄得整个国家没有廉士，家中也没有完美操行的人。以至于有法不能制约，有令不能禁止，上下互相回避，造成的弊端就更深了。愚臣认为应该沿袭过去所规定的法制。"光武帝采纳了这个谏议。

【原文】

桓谭[①]，字君山，沛国[②]人也。拜议郎[③]给事中[④]。因上疏陈时政[⑤]所宜，曰："臣闻国家之废兴在于政事，政事得失由乎辅佐。辅佐贤明，则俊士[⑥]充朝[⑦]，而治合世务[⑧]；辅佐不明，则论[⑨]失时宜，而举多过事[⑩]。夫有国之君，俱欲兴化[⑪]建善，然而治道[⑫]未理[⑬]者，其（旧无其字，补之）所谓贤者异也。盖善治者，视俗而施教[⑭]，察失[⑮]而立防，威德[⑯]更兴，文武迭用，然后政调于时，而躁人[⑰]可定。昔董仲舒[⑱]言：'治国譬若琴瑟，其不调者，则解而更张[⑲]。'夫更张难行，而咈[⑳]众者亡。是故贾谊[㉑]以才逐，而晁错[㉒]以智死。世虽有殊能[㉓]，而终莫敢谈者，惧于前事也。

【注释】

①桓谭：事见前文。

②沛国：即沛王国。建武二十年（公元44年），汉光武帝封其子刘辅为沛王，建立沛王国。治相县（今安徽淮北市相山区），领二十一县。

③议郎：官名。汉代设置。为光禄勋所属郎官之一，掌顾问应对，无常事。汉秩比六百石。多征贤良方正之士任之。

桓谭

④给事中：官名。秦汉为列侯、将军、谒者等的加官。侍从皇帝左右，备顾问应对，参议政事，因执事于殿中，故名。

⑤时政：当时的政治措施。

⑥俊士：才智杰出的人。

⑦充朝：充满朝廷。

⑧世务：谋身治世之事。

⑨论：主张，学说，观点。

⑩过事：过错，错事。

⑪兴化：振兴教化。

⑫治道：治理国家的方针、政策、措施等。

⑬理：谓治理得好，秩序安定。与“乱”相对。

⑭施教：进行教育。

⑮察失：察觉过失。

⑯威德：声威与德行，刑罚与恩惠。

⑰躁人：指急躁的人。躁犹动也，谓躁挠不定之人也。

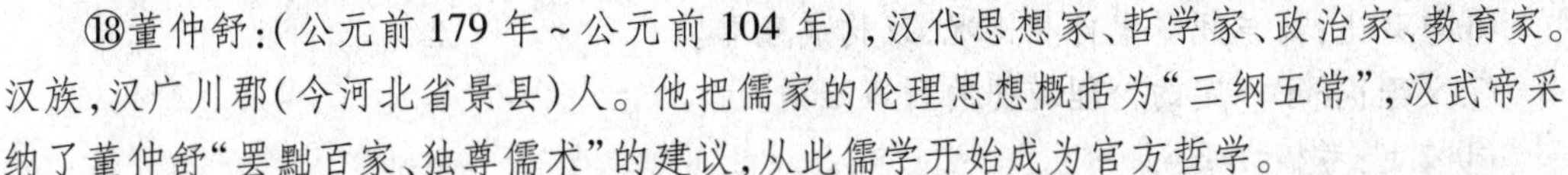

⑱董仲舒：（公元前 179 年~公元前 104 年），汉代思想家、哲学家、政治家、教育家。汉族，汉广川郡（今河北省景县）人。他把儒家的伦理思想概括为“三纲五常”，汉武帝采纳了董仲舒“罢黜百家、独尊儒术”的建议，从此儒学开始成为官方哲学。

⑲更张：重新张设。

⑳咈：音弗。违背，违逆。

㉑贾谊：洛阳人也。事文帝为博士，每诏令下，诸老先生未能言，谊尽为之对，人人各如其志所出，绛、灌之属害之，文帝亦疏之，乃以谊为长沙太傅。

㉒晁错：晁，音潮。景帝即位，任御史大夫，请削诸侯之郡。后七国反，以诛错为名，遂腰斩错于长安东市。

㉓殊能：指有特殊才能的人。

【译文】

桓谭，字君山，沛国人。官拜议郎给事中。因此上疏陈述时政应该做的事，说：“我听说国家的兴废，取决于政事；政事的得失，在于辅佐大臣。辅佐之臣贤明，那贤能之士就会充满朝廷，治国方略也会适合世务；辅佐之臣不贤明，就会使政论不符合时势的需要，而且其举措大多也是错误的。凡在位的君主，都想兴教化立善德，但却没有把国家治理得井井有条的原因，就是所谓的贤者（辅佐大臣）有差异啊！善于处理政务的人，观察风俗而施行教化，考察过失而设置预防制度，威势和德政交替兴作，文治武功轮流施用，然后才能做到政治和时势相适应，而不安于本分的人才可以安定。昔日董仲舒说过：‘治理国家就像调理琴瑟，对那些声音不可调和的琴瑟，就应改换新弦。如果改弦更张难以进行，而违背众人者就会失败。'因此贾谊是以才高被驱逐，而晁错则是因为智谋多而被诛死。世间虽然有特殊才能的人，但终究没有敢于议政的原因，是惧怕前事重演啊！

【原文】

且设法禁者，非能尽塞[①]天下之奸、皆合众人之所欲也。大抵取便国利事多者，则可矣。又见法令决事[②]，轻重不齐，或一事殊法，同罪异论[③]，奸吏得因缘[④]为市[⑤]。所欲活，则出生议；所欲陷，则与死比[⑥]。是为刑开二门也。今可令通义理[⑦]、明习法律者，校定[⑧]科比[⑨]，一其法度，班[⑩]下郡国，蠲除[⑪]故条。如此，天下知方[⑫]，而狱无怨（旧无怨字，补之）滥矣。"书奏，不省[⑬]。

【注释】

①塞：遏制，约束。
②决事：决断事情，处理公务。
③论：定罪。
④因缘：机会，缘分。
⑤市：做买卖，贸易。引申指为某种目的而进行交易。
⑥与死比：谓与死罪案件相比况，以构成死罪。
⑦义理：合于一定的伦理道德的行事准则。
⑧校定：考核订正。
⑨科比：谓附具事例，援引律令条文，类推比较。科谓事条，比谓类例。
⑩班：颁布。
⑪蠲除：废除，免除。蠲，音娟。
⑫知方：知礼法。
⑬不省：不理会。

【译文】

再者设置法律禁令，不可能完全遏制天下的奸邪，也不能都合乎众人的要求。一般采取对国家便利多的措施就可以了。另外还可以见到依法令断案，量刑轻重不等的情况，有时同一种案件会有不同的法律，同样的犯罪行为会有不同的判决，奸猾官吏借此机会进行交易，想让你活时就用活命的法律；想让你死时就用死刑的条例，这样就为刑法开辟了两种途径。现在可命令通晓经典义理、明白法律的人，校定律条，统一法度，颁发到郡国，废除原有的条文。这样，天下人知晓法令，而讼狱也就没有冤案和滥刑了。"奏书呈上，皇帝没有理会。

【原文】

是时帝方信谶[①]，多以决定嫌疑。谭复上疏曰："今诸巧慧小才伎数[②]之人，增益[③]图书[④]，矫称谶记[⑤]，以欺惑贪邪[⑥]，诖误[⑦]人主，焉可不抑远[⑧]之哉！其事虽有时合，譬犹卜数只偶[⑨]之类。陛下宜垂[⑩]明听，发圣意[⑪]，屏群小之曲说[⑫]，述五经之正义[⑬]，略[⑭]雷同[⑮]之俗语，详[⑯]通人[⑰]之雅谋[⑱]。"帝省奏，愈不悦。其后有诏，会议[⑲]灵台[⑳]所处。帝谓谭曰："吾欲以谶决之，何如?"谭默然良久曰："臣不读谶。"帝问其故，谭复极言[㉑]谶之非[㉒]经。帝大怒曰："桓谭非圣无法，将下斩之。"谭叩头流血，良久得解。出为六安郡丞[㉓]，意忽忽不乐[㉔]，道病卒。

【注释】

①谶：音趁。预言吉凶的文字、图箓。

②伎数：方伎数术。

③增益：增加，增添。

④图书：犹图谶。

⑤谶记：即谶书。

⑥贪邪：贪婪奸邪。

⑦诖误：贻误，连累。诖，音卦。

⑧抑远：谓抑制感情，与之疏远。

⑨卜数只偶：言偶中也。卜数，占卜等类术数。单数和双数。

⑩垂：用作敬辞，多用于上对下的动作。

⑪圣意：圣人及其经典的意旨。圣，聪明睿智。

⑫曲说：邪曲之说。

⑬正义：正确的或本来的意义。

⑭略：忽略，轻视。

⑮雷同：泛指相同。

⑯详：详查。

⑰通人：学识渊博通达的人。

⑱雅谋：高明的见解。

⑲会议：聚会论议。

⑳灵台：古时帝王观察天文星象、妖祥灾异的建筑。

㉑极言：竭力陈说。

㉒非：违背，不合。

㉓郡丞：郡守的副贰。

㉔忽忽不乐：失意而不愉快。

【译文】

这时候光武皇帝正迷信谶纬之学，大多用此来决断疑难的事。桓谭又上书说："当今那些耍小聪明、卖弄小才伎数的人，给儒家经典增加了一些谶纬迷信的内容，假称说这是谶书，来欺骗迷惑贪婪奸邪的人，误导国君，怎能不抑制、疏远他们呢！谶书所言虽然有时与时事相合，如同占卜有单双数一样（碰巧而已）。陛下应该予以英明的听察，阐发圣王的思想，摒除小人的异端之说。遵循《五经》的正义，忽略那些雷同的庸俗言论，详察通达人士的正确谋略。”光武帝看了奏书，越发不高兴。后来诏令群臣商议在哪兴建灵台为好。光武帝向桓谭说：“我打算用谶语决定，你看怎样？”桓谭沉默了好一会儿，说道：“臣不读谶书。”光武帝问这是什么缘故，桓谭又极力陈说谶书违背经典正论。光武帝大怒说：“桓谭非议圣人，无视国法，将他拉下去问斩！”桓谭赶紧叩头请罪，一直叩到额头流血，许久才得到光武帝的宽恕。后桓谭被派出京城，贬为六安郡郡丞，由此落落寡合，病逝在赴任途中。

【原文】

冯衍[①]，字敬通，京兆[②]人也。更始[③]二年，遣尚书[④]仆射[⑤]鲍永行[⑥]大将军事，安集[⑦]北方。乃以衍为立汉将军，与上党太守田邑等缮甲[⑧]养（旧养下有良字，删之）士[⑨]，捍卫[⑩]并土。及世祖即位，遣宗正[⑪]刘延攻天井关[⑫]，与田邑连战十余合。（旧无遣字至余合十七字，补之）后邑闻更始败，乃遣使诣[⑬]洛阳献璧马[⑭]，即拜为上党太守。因遣使者招[⑮]永、衍，永、衍等疑，不肯降，而忿邑背前约。衍乃遣[⑯]邑书曰：“衍闻之，委质[⑰]为臣，无有二心；挈瓶[⑱]之智，守不假器[⑲]。是以晏婴临盟，拟以曲戟，不易其辞[⑳]；谢息[㉑]守郕[㉒]，胁以晋鲁，不丧其邑。由是言之，内无钩颈之祸，外无桃莱[㉓]之利，而被[㉔]畔[㉕]人之声，蒙降城之耻，窃为左右羞之。”

【注释】

①冯衍：生卒年不详，东汉初期人。

②京兆：犹“京兆尹”。汉代京畿的行政区域，为三辅之一。在今陕西西安以东至华县之间，下辖十二县。后因以称京都。

③更始：更始帝刘玄的年号。公元23年至公元25年，共计三年。

④尚书：始置于战国时，或称掌书，尚即执掌之意。

⑤仆射：官名。秦始置，汉以后因之。汉成帝建始四年，初置尚书五人，一人为仆射，位仅次尚书令，职权渐重。汉献帝建安四年，置左右仆射。射，音夜。

⑥行：谓兼摄官职。

⑦安集：安定辑睦。

⑧缮甲：谓整治武器装备。

⑨养士：谓收罗、供养贤才。

⑩捍卫：防御，保卫。

⑪宗正：官名。掌管王室亲族的事务。汉魏以后，皆由皇族担任。

⑫天井关：又名太行关。在今山西晋城市南太行山顶，因关南有天井泉三处得名。形势险峻，当太行南北要冲，历代为兵争要地。

⑬诣:前往,到。

⑭璧马:璧玉和良马。

⑮招:招抚,招收。

⑯遣:送交。

⑰委质:引申为臣服、归附。委质犹屈膝也。

⑱挈瓶:见"挈缾"。汲水用的小瓶。比喻才智浅小。

⑲假器:借与器物。引申指委以地方官职。

⑳晏婴临盟,拟以曲戟,不易其辞:事见《晏子春秋·内篇杂上第五·崔庆劫齐将军大夫盟晏子不与第三》。

㉑谢息:鲁国大夫孟孙氏之家臣。

㉒郕:音成。古邑名。今山东宁阳东北。

㉓桃莱:桃邑、莱山的并称。桃邑在今山东汶上县东北三十五里之桃乡。莱山在今山东莱芜县。春秋鲁孟僖子家臣谢息,为其守郕邑有功,于是以桃莱两地授予谢息。后用为效忠主上而获封赏的典故。

㉔被:蒙受,遭受,领受。

㉕畔:通"叛"。背叛,叛变。

【译文】

冯衍,字敬通,京兆人。更始二年,刘玄派遣尚书仆射鲍永代行大将军事,安定北方。于是任命冯衍为立汉将军,和上党太守田邑等整修甲兵,捍卫并州疆土。到世祖光武皇帝(刘秀)即位,派宗正刘延攻打天井关,与田邑连战十多回合,后来田邑听到更始帝刘玄失败,就派使者到洛阳献璧玉、良马,当时就被任命为上党太守。光武皇帝派使者招抚鲍永、冯衍,而鲍、冯两人有疑心,不肯投降,而且愤恨田邑违背以前的约定。冯衍写信给田邑说:"我听说只要屈膝为臣,就不能怀有二心;虽然只有提瓶汲水的小智,却仍能守其器而不借给他人。所以晏婴参加誓盟,在剑和戟的威胁下,也不改变主意;谢息为孟孙守城邑,遇到季孙以晋、鲁两国武力相威胁(让他交出城邑),谢息也没有丢弃郕邑。由这些历史事实来看,您现在内无杀身之祸,外又得不到桃邑、莱山封赏之利,而自讨叛徒的坏名声,蒙受降城的耻辱,我私下为您感到羞愧。"

【原文】

时讹言更始[①]随赤眉[②]在北地,永、衍信之,故屯兵界休[③],力[④]移书[⑤]上党,云:"皇帝在雍,以惑百姓。"审知[⑥]更始已歿,乃共罢兵[⑦],幅巾[⑧]降于河内。帝怨衍等不时[⑨]至,永以立功得赎罪,遂任用之,而衍独见黜[⑩]。永谓衍曰:"昔高祖[⑪]赏季布[⑫]之罪,诛丁固之功。今遭明主,亦何忧哉!"衍曰:"记有之:人有挑[⑬]其邻之妻者,挑其长者,长者詈[⑭]之,挑其少者,少者报[⑮]之,后其夫死,而取[⑯]其长者。或谓之曰:'夫非骂尔者耶?'曰:'在人欲其报我,在我欲其骂人也。'夫天命[⑰]难知,人道[⑱]易守,守道[⑲]之臣,何患[⑳]死亡?"顷之,帝以衍为曲阳令，诛斩剧贼[21]郭胜等，降五千余人，论功当封，以谗毁[22]故，赏不行。

【注释】

①更始：指更始帝刘玄。

②赤眉：亦作“赤糜”。指汉末以樊崇等为首的农民起义军。因以赤色涂眉为标志，故称。

③界休：地名，即山西省介休市。

④方：副词。犹正。

⑤移书：致书。

⑥审知：由审察而明白。亦指清楚地知道，确知。

⑦罢兵：停战。

⑧幅巾：古代男子以全幅细绢裹头的头巾。后裁出脚即称幞头。

⑨时：副词。及时。

⑩黜：贬降，罢退。

⑪高祖：汉高祖刘邦。

⑫季布：生卒年不详，曾为项羽部将，高祖时召拜为郎中，惠帝时为中郎将，后转任河东守。为人仗义，以信守诺言、讲信用而著称。因此“得黄金百斤，不如得季布一诺”广泛流传。“一诺千金”由此而来。

⑬挑：挑逗，引诱。

⑭詈：音立。骂，责备。

⑮报：指小辈通于比其辈分高的人。后视为乱伦。

⑯取：娶妻。后多作“娶”。

⑰天命：指自然的规律、法则。

⑱人道：为人之道。指一定社会中要求人们遵循的道德规范。

⑲守道：坚守某种道德规范。

⑳患：忧虑，担心。

㉑剧贼：大盗，强悍的贼寇。亦用以贬称势力大的反叛者。

㉒谗毁：进谗毁谤。

【译文】

当时有人谣传，说更始帝刘玄随赤眉军在北地，鲍永、冯衍信以为真，因此屯兵在界休县，正准备致书信给上党，说皇帝在雍州，来迷惑老百姓。后鲍永、冯衍弄清楚更始（皇帝）已死，便一起停止了战争，用布巾裹着头发在河内向光武帝投降了。光武帝埋怨冯衍等没有早来投降，而鲍永因立功得以赎罪，被任用为官，唯独冯衍遭到黜免。鲍永向冯衍说：“当年汉高祖赦免了季布对抗自己的罪，而诛杀了立功的丁固。现在得遇明主，又何必担忧呢！”冯衍说：“古书上记载说，有个人挑逗他邻人的妻子，挑逗年长的，年长的痛骂他;挑逗年轻的,年轻的顺从了他。后来邻人死了,那个人就娶了年长的做老婆。有人问他说:'你娶的那个女人不是曾经痛骂过你吗?'那人回答说:'在她属于别人时,希望她顺从我;在她属于我时,就希望她骂别人。'天命是难以知道的,人道却容易守;安守于道的臣子,哪里会担忧死亡呢?"不久,光武帝任命冯衍为曲阳令,(冯衍)杀了反贼郭胜等,有五千多人投降,按功劳应该受封赏,但因为受谗言的毁谤,所以没有得到赏赐。

【原文】

建武六年,日食,衍上书陈八事:其一曰显文德①,二曰褒②武烈③,三曰修旧功,四曰招俊杰④,五曰明好恶⑤,六曰简法令⑥,七曰差秩禄⑦,八曰抚边境。书奏,帝将召见。初衍为浪(浪作狼)孟⑧长,以罪摧陷⑨大姓⑩令狐略⑪,是时略为司空⑫长史⑬,谗之于尚书令王护、尚书周生丰曰:"衍所以求见者,欲毁君也。"护等惧之,即共排间,⑭衍遂不得入。后卫尉阴兴⑮、新阳侯阴就⑯,以外戚贵显,深敬重衍,衍遂与之交结,由是为诸王所聘请,寻⑰为司隶从事。帝惩⑱西京外戚⑲宾客,故以法绳⑳之,大者抵㉑死徙㉒,其余至贬黜㉓。衍由此得罪,尝是诣狱,有诏赦不问,归故郡,闭门自保,不敢复与亲故㉔通。

【注释】

①文德:指礼乐教化。

②褒:嘉奖;称赞。

③武烈:谓武功。

④俊杰:亦作"俊桀"。才智杰出的人。

⑤好恶:喜好与嫌恶。

⑥法令:法律、政令等的总称。

⑦秩禄:俸禄。

⑧狼孟:县名。在今山西阳曲县。

⑨摧陷:打击陷害。

⑩大姓:世家,大族。

⑪令狐略:人名。姓令狐,名略。

⑫司空:官名。相传少昊时所置,周为六卿之一,即冬官大司空,掌管工程。汉改御史大夫为大司空,与大司马、大司徒并列为三公。后去大字为司空,历代因之,明废。清时别称工部尚书为大司空,侍郎为少司空。

⑬长史:官名。秦置。汉相国、丞相,后汉太尉、司徒、司空、将军府各有长史。其后,为郡府官,掌兵马。

⑭排间:排挤离间。

⑮阴兴:字君陵,光烈皇后母弟也,为人有膂力。

⑯阴就:生卒年不详。封新阳侯,东汉外戚。其姐阴丽华是汉光武帝的皇后。其子阴丰娶光武帝女郦邑公主刘绶为妻。

⑰寻：不久，接着，随即。

⑱惩：鉴戒。

⑲西京外戚：西京，西汉都长安，东汉改都洛阳，因称洛阳为东京，长安为西京。外戚，指帝王的母族、妻族。

⑳绳：引申为制裁。

㉑抵：谓处以与其罪行相当的惩罚。

㉒徙：贬谪，流放。

㉓贬黜：降职或免去官爵。

㉔亲故：亲戚故旧。

【译文】

建武六年，发生日蚀，冯衍上书陈述了八件事：一是显扬礼乐教化，二是褒奖武功事迹，三是重修祖宗旧业，四是招纳才智杰出的人，五是分清善恶，六是简省法令，七是分别俸禄的等级，八是安抚边境。奏书呈上，光武帝准备召见他。当初，冯衍做狼孟县的长官时，曾经以罪名惩治过县中大姓令狐略，这时候令狐略做司空长史，于是向尚书令王护、尚书周生丰进谗言说："冯衍之所以求见皇上，是想诋毁你们啊！"王护等害怕了，就一起排挤他，冯衍最终未能进宫。后来卫尉阴兴、新阳侯阴就因为是外戚而贵显起来，他们对冯衍很是敬重，冯衍就和他们俩交结为朋友，因此被诸王所聘请，不久就做了司隶从事。光武帝有鉴于西汉外戚和宾客相互勾结危及政权，所以就把外戚和宾客绳之以法，严重的大多被判以死罪或流放，其他的给以贬官罢免的处分，冯衍因此获罪，曾自首到牢狱，皇上下诏赦免了他并不予追究。冯衍回到故乡后，闭门不出，以求自保，不敢再和亲友旧交往来。

【原文】

臣衍之先祖，以忠贞之故，成私门之祸[①]。而臣衍复遭扰攘[②]之时，值兵革之际，不敢回行[③]求世之利，事君无倾邪[④]之谋，将帅无虏掠之心。卫尉阴兴，敬慎周密，内自修敕，外远嫌疑，故与交通[⑤]。兴知臣之贫，数欲本业[⑥]之，臣自惟无三益[⑦]之才，不敢处三损[⑧]之地，固让而不受之。昔在更始，大原执货财之柄[⑨]，居仓卒之间，据位食禄二十余年，而财产岁狭，居处日贫，家无布帛之积，出无舆马之饰。于今遭清明之世，敕躬力行[⑩]之秋，而怨雠[⑪]丛[⑫]兴，讥议[⑬]横世[⑭]。盖富贵易为善，贫贱难为工也。疏远陇亩[⑮]之臣，无望高阙[⑯]之下，惶恐自陈[⑰]，以救罪尤[⑱]。书奏，犹以前过不用。

【注释】

①臣衍之先祖，以忠贞之故，成私门之祸：李贤注："衍之祖冯参忠正，不屈节于王氏五侯。参姊为中山王太后，后为哀帝祖母，传太后陷以大逆，参自杀，亲族死者十七人。"忠贞，忠诚坚贞。

②扰攘：亦作“扰穰”。混乱，骚乱。

③回行：邪行。不走正道。回，邪也。

④倾邪：指为人邪僻不正。

⑤交通：交往，往来。

⑥本业：谓资助他人建立基本生业。李贤注：“欲遗其财，为立基本生业也。”

⑦三益：谓直、谅、多闻。《论语·季氏》：“孔子曰：益者三友，损者三友。友直，友谅，友多闻，益矣。”

⑧三损：指具有便辟、善柔、便佞三种习性的人。与这三种人交友，有损无益，故称三损。《论语·季氏》：“孔子曰：益者三友，损者三友。友直、友谅、友多闻，益矣。友便辟、友善柔、友便佞，损矣。”邢昺疏：“便辟，巧辟人之所忌以求容媚者也。善柔，谓面柔和颜悦色以诱人者也。便，辨也，谓佞而复辨。以此三种之人为友则有损于己也。”

⑨昔在更始大原，执货财之柄：中华书局本《后汉书》断句为：昔在更始，大原执货财之柄。

⑩力行：犹言竭力而行；谓尽力行善道。

⑪怨雠：仇敌。

⑫丛：众多，繁杂。

⑬讥议：讥评非议。

⑭横世：充满世间。

⑮陇亩：草野，山野。

⑯高阙：高大的宫阙。

⑰自陈：自己陈述。

⑱罪尤：罪过。

【译文】

我的祖上（冯参），因为忠贞不屈的缘故，招致了我们家族一门的祸害。臣衍又遭逢国家混乱的时期，正逢战乱纷纷之际，不敢以邪行求取世间的好处，侍奉君王没有恶邪不正的谋略，做将帅也没有掳掠的想法。卫尉阴兴，为人谨慎周密，内自修养，外避嫌疑，所以我和他交往。阴兴深知我的贫困，多次想帮我立基本生计之业，但我想到自己没有益于朋友的三种才能，也不敢处于对朋友有三害的地位，就坚决推让而没有接受他的帮助。过去更始帝执政时期，臣在大原（今山西省中部和西南部）执掌财货集散的大权，处于乱世之时，为官食禄二十多年，但财产一年比一年少，生活一天天贫困，家里没有布帛的积蓄，出外没有车马的排场。现在逢到清明的时代，正是修正自身、尽力行善的时候，可是怨仇迭起，讥议随处可以碰到。这大概就是富贵的时候容易行事，贫贱的时候事事都难的缘故吧！我以一个被疏远于山野之间的人，不敢指望在皇宫高门之下，惶恐不安地表白自己，以补救过去的罪过。书奏，仍然因为以前的过错而没有被任用。

【原文】

论曰："冯衍之引挑妻子之譬[1]得矣。夫纳妻，皆知取詈[2]己者，而取士则不能，何也？岂非反妒[3]情易，而恕[4]义情难。光武虽得之于鲍永，犹失之于冯衍。夫然，义直[5]所以见屈[6]于既往，守节[7]故亦弥[8]阻[9]于来情[10]。呜呼。

【注释】

①譬：比喻，比方。
②詈：骂，责备。
③妒：泛指忌人之长。
④恕：推己及人，仁爱待物。
⑤直：公正，正直。
⑥屈：屈辱，委屈，冤枉。
⑦守节：坚守节操。
⑧弥：益，更加。
⑨阻：艰难，苦难。
⑩来情：指将来的情况。李贤注："守节之人，见衍被黜，弥阻难于将来。"

【译文】

史家评论说：冯衍引用挑逗（他人）妻子的比方是很恰当的，丈夫娶妻子，都知道应娶骂过自己的那位，但是选用贤能却不能（坚持这个原则），为什么呢？难道不是体谅妒忌之情容易，而宽恕忠义之士很难吗？光武虽然对鲍永做得合理，但是对于冯衍还是有失情理啊！像这样，以往受屈辱是因为忠义正直，后来更加坎坷也是因为坚守节操啊！可叹啊！

【原文】

申屠刚[1]，字巨卿，扶风[2]人也。迁[3]尚书令。世祖尝[4]欲出游，刚以陇蜀未平，不宜晏安[5]逸豫[6]。谏不见听，遂以头轫[7]乘舆轮，帝遂为止。时内外群官，多帝自选举，加以法理[8]严察[9]，职事过苦，尚书近臣，至乃捶扑[10]牵曳[11]于前，群臣莫敢正言[12]。刚每辄[13]极谏[14]，又数言皇太子，宜时就东宫，简任[15]贤保[16]，以成其德。

【注释】

①申屠刚：字巨卿，扶风茂陵人，西汉末年为本郡功曹。光武帝时，官至尚书令。生性耿直，常常敢于正言极谏。仰慕史鰌、汲黯的为人。
②扶风：古郡名。旧为三辅之地，多豪迈之士。
③迁：晋升或调动。

④尝:副词。曾经。

⑤晏安:安乐,安定。

⑥逸豫:犹安乐。

⑦轫:音任。停止,阻止。

⑧法理:法律,法律原理。

⑨严察:严厉苛察。

⑩捶扑:杖击,鞭打。

⑪牵曳:亦作"牵拽"。牵拉,拖带。

⑫正言:直言,说实话。

⑬辄:副词。每每,总是。

⑭极谏:尽力规劝。古多用于臣下对君主。

⑮简任:经过选择而任用官员。

⑯保:古代辅导天子和诸侯子弟的官员。

【译文】

申屠刚,字巨卿,扶风郡人。升任为尚书令。世祖光武皇帝曾有一次想出游,申屠刚认为陇蜀尚未平定,不适合游历安闲。他的谏议未被光武帝接受,申屠刚便以头抵住车轮,光武帝这才打消出游的念头。当时内外群臣,大多是皇帝自己选拔的,加上因为法理严厉苛察,官员们事务繁多过于辛苦,像尚书这样皇上身边的近臣,在朝堂上都会被拖出去杖责,群臣没有敢于直言劝谏的。而申屠刚每次总是极力谏言,又屡次说到皇太子应按时入住东宫,挑选任用有贤德的人辅佐,以培养太子的德操。

【原文】

鲍永[①],字君长,上党[②]人也。父宣[③],为王莽所杀。事后母至孝,妻尝于母前叱狗,而永即去[④]之。莽以宣不附[⑤]己,欲灭其子孙,太守苟谏拥护[⑥],召以为吏。更始二年,征[⑦]再迁尚书仆射,行大将军事,持节[⑧]将[⑨]兵,安集[⑩]河东[⑪]、并州、朔部。世祖即位,遣谏议大夫储大伯持节征永,永乃收系[⑫]大伯,遣使驰至长安。既知更始已亡,乃发丧,出[⑬]大伯等,封上将军列侯印绶[⑭],悉罢兵,但幅巾[⑮]与诸将及同心客百余人,诣河内。帝见永问曰:"卿众所在?"永离席叩头曰:"臣事更始,不能令全[⑯],诚惭[⑰]以其众幸[⑱]富贵,故悉罢之。"帝曰:"卿言大[⑲]。"而意[⑳]不悦。

【注释】

①鲍永:上党屯留(今山西长治市屯留县)人。活动于西汉末年与东汉初年,曾为绿林军的重要将领。光武帝即位后,他又成为东汉初期打击豪强的地方官。

②上党:位于山西省东南部。是古时对长治的雅称。"上党"因"居太行山之巅,地形最高与天为党也"而得名,因其地势险要,自古以来为兵家必争之地,素有"得上党可望得

中原"之说。

③鲍宣(公元前30年~公元3年):西汉大夫。字子都。渤海高城(今河北盐山东南)人。哀帝时,为谏大夫。曾上书说:"民有七亡而无一得,有七死而无一生"。后任司隶。莽秉政,因宣不附己,以事逮之入狱,自杀。

④去:赶走,打发走。这里是休掉的意思。

⑤附:归附。

⑥拥护:扶助,保护。

⑦征:征召,征聘。多指君召臣。

⑧节:符节。古代使臣所持以作凭证。

⑨将:统率,指挥。

⑩安集:安定辑睦。

⑪河东:黄河流经山西省境,自北而南,故称山西省境内黄河以东的地区为"河东"。

⑫收系:拘禁。

⑬出:释放。

⑭印绶:印信和系印信的丝带。古人印信上系有丝带,佩带在身。

⑮幅巾:古代男子以全幅细绢裹头的头巾。后裁出脚即称幞头。

⑯全:保全。

⑰惭:羞愧。

⑱幸:希图得到非分的财物或功名利禄等。

⑲大:善,好。

⑳意:内心。

【译文】

鲍永,字君长,上党人。父亲鲍宣,被王莽杀害。鲍永侍奉后母非常孝顺,他的妻子曾经在后母面前斥骂狗,就被鲍永休掉了。王莽因为鲍宣不归附自己,打算灭绝他的子孙,太守苟谏为保护鲍永,就招任为官吏。更始二年被征召,再升任为尚书仆射,代行大将军之权,持符节领兵,平定河东、并州、朔部。世祖光武皇帝即位,派遣谏议大夫储大伯,持符节征召鲍永,鲍永将储大伯关押起来,派人骑马到长安。既经探明更始帝已经死去,于是为他发丧,并放出了储大伯等人,把上将军列侯的印绶封存起来,将兵众全部罢免。只以幅巾束头和诸将及相好的宾客一百多人到河内,光武帝召见鲍永问道:"你的士兵都在何处?"鲍永离开席位叩头说:"臣效忠更始帝,却不能让他保全,实在羞愧再利用他的军队谋求富贵,所以全都把他们罢归了。"光武帝说:"说得好!"但(光武帝)心中却不快。

【原文】

为司隶校尉①,行县②到霸陵,路经更始墓,引车入陌③。从事谏止之。永曰:"亲北面[④]事人[⑤]，宁有过墓不拜？虽以获罪，司隶所不避也。”遂下拜哭，尽哀[⑥]而去。西至扶风，椎牛[⑦]上谏冢[⑧]。帝闻之，意不平，问公卿曰：“奉使如此何如？”太中大夫张湛[⑨]对曰：“仁者行之宗，忠者义之主也。仁不遗旧[⑩]，忠不忘君，行之高者也。”帝意乃释。

【注释】

①司隶校尉：汉至魏晋时监督京师和地方的监察官。

②行县：巡行所主之县。

③陌：田间东西或南北小路。亦泛指田间小路。

④北面：面向北。古礼，臣拜君，卑幼拜尊长，皆面向北行礼，因而居臣下、晚辈之位曰“北面”。

⑤事人：事奉人，服侍人。

⑥尽哀：竭尽哀思。

⑦椎牛：谓击杀牛。

⑧冢：坟墓。

⑨张湛：生卒年不详。字子孝，扶风平陵人也。成、哀间，为二千石。王莽时，历太守、都尉。建武初，为左冯翊。建武五年，拜光禄勋。建武七年，以病乞身，拜光禄大夫，代王丹为太子太傅。及郭后废，因称疾不朝，拜太中大夫，居中东门候舍，故时人号曰中东门君。后数年，卒于家。

⑩遗旧：谓抛弃、疏远故旧。

【译文】

鲍永做司隶校尉，巡行到霸陵，路过更始帝坟墓，便驱车进入通往墓地的小路（准备祭拜），跟从的人谏止他。鲍永说：“我曾经亲自侍奉过更始帝，哪有过墓不拜的道理，虽然有可能得罪上司，我也不能回避。”于是下拜，痛哭尽哀之后才离开。向西到扶风郡，杀牛祭祀了苟谏的陵墓。光武帝听了这些事后，心中不满，问公卿说：“鲍永为什么这么做？”太中大夫张湛回答说：“仁义是行为的宗旨，忠诚是仁义的关键。仁义的人不会遗旧，忠诚的人不会忘君，这才是品行的最高表现。”光武帝的不满才消除。

【原文】

论曰：鲍永守义于故主，斯可以事新主矣。耻以其众受宠，斯可以受大宠矣。若乃[①]言之者虽诚，而闻之者未譬[②]，岂苟进[⑦]之悦易以情纳，持正[④]之忤[⑤]难以理求乎？诚能释利以循道[⑥]，居方[⑦]以从义[⑧]，君子之概[⑨]也。

【注释】

①若乃：至于。用于句子开头，表示另起一事。

②譬：通晓，明白。

③苟进:苟且进取,以求禄位。

④持正:持守公正。

⑤忤:违逆,触犯。

⑥循道:遵循正道。

⑦居方:居,指存,存心。方,方正,刚直。

⑧义:谓符合正义或道德规范。

⑨概:谓风度,气度。

【译文】

史家论说道:鲍永遵守道义而不忘故主,这样才可以辅弼新主;以带领故主的军队投降邀功为耻,这才能得到新主最大的恩宠。至于讲说此事者虽然很真诚,而听者却不明白。难道不是苟求迁升的取悦之言,在感情上容易采纳;而持守公正的逆耳之言,在道理上难以接受吗?如果真的能够放弃私利以遵循正道,存心方正,遵从大义,这才是君子的气度啊!

【原文】

郅恽[1]、字君章,汝南[2]人也。举[3]孝廉[4],为上东城门候[5]。帝常[6]出猎,车驾[7]夜还,恽拒[8]关不开。帝令从者见面于门间[9],恽曰:"火明辽远[10]。"遂不受诏。帝乃回[11],从东中门入。明日,恽上书谏曰:"陛下远猎山林,夜以继昼,其如社稷宗庙何?暴虎冯河[12],未至之诫[13],诚小臣所窃[14]忧也。"书奏,赐布百匹,贬东中门候为参封(旧无封字,补之)尉。

【注释】

①郅恽:音至孕。生卒年不详。东汉刘秀时,郅恽为皇太子教书,后任长沙太守。为人刚直不阿、不畏强权。

②汝南:西汉置汝南郡,因辖区大部分在汝河流域南部,故名。辖境大致相当于今河南东南部和安徽阜阳一带。

③举:推荐,选用。

④孝廉:孝,指孝悌者。廉,清廉之士。分别为国家选拔人才的科目,始于汉代,在东汉尤为求仕者必由之途,后往往合为一科。亦指被推选的士人。

⑤门候:守门之官。

⑥常:通"尝"。曾经。

⑦车驾:帝王所乘的车。亦用为帝王的代称。

⑧拒:引申为据守。

⑨间:空隙,缝隙。

⑩辽远:遥远。

⑪回:指变换方向、位置等。

⑫暴虎冯河：典出《诗·小雅·小旻》："不敢暴虎，不敢冯河。"空手搏虎，徒步渡河。比喻冒险行事，有勇无谋。

⑬诫：中华书局本《后汉书》作"戒"。防备；警戒；鉴戒。

⑭窃：私下，私自。多用作谦辞。

【译文】

郅恽，字君章，汝南郡人。被举荐为孝廉，后任上东城门门官。光武帝曾经出城打猎，夜间才驱车回城，郅恽据守城门，闭门不开，皇帝命跟从的人通过门缝与郅恽见面交涉，郅恽说："火光太遥远（看不清楚是谁）。"便不接受诏令。光武帝只得绕道从东中门入城。第二天郅恽上书进谏说："陛下去往遥远的山林打猎，夜以继日，将对国家和祖宗如何交代？《诗经》上告诫人们：'切勿空手搏虎，徒步渡河。'冒险出猎，尽管没有发生值得警诫的意外，但小臣私下实在太担忧了。"奏书献上之后，光武帝赐给郅恽一百匹布，把东中门的门官贬为参封尉。

【原文】

郭伋[①]，字细侯，扶风[②]人也。王莽时，为并[③]州牧[④]。建武九年，拜[⑤]颍川[⑥]太守[⑦]。十一年，调[⑧]为并州刺史[⑨]。引见[⑩]譙语[⑪]，伋因言选补[⑫]众职，当简[⑬]天下贤俊[⑭]，不宜专用南阳人。帝纳之，伋前在并州，素结恩德[⑮]，及后入界，所到县邑[⑯]，老幼相携[⑰]，逢迎[⑱]道路。所过问民疾苦[⑲]，聘求[⑳]耆德[㉑]雄俊[㉒]，设几杖[㉓]之礼，朝夕与参政事。始至行部[㉔]，到西河美稷[㉕]，有童儿数百，各骑竹马，于道次迎拜。伋问曰：'儿曹[㉖]何自远来？"对曰："闻使君[㉗]到，喜，故来奉迎[㉘]。"伋辞谢[㉙]之。及事讫[㉚]，诸儿复送至郭外，问使君何日当还，伋计日告之。既还，先期[㉛]一日，伋为违信[㉜]于诸儿，遂止于野亭[㉝]，须[㉞]期乃入。

【注释】

①郭伋：生卒年不详，官至太中大夫。为人讲究信用。

②扶风：见前注。

③并：古州名。其地约当今河北保定和山西太原、大同一带地区。

④州牧：官名。古代指一州之长。

⑤拜：授官，封爵。

⑥颍川：郡名，秦王政十七年（公元前230年）置。以颍水得名。治所在阳翟（今河南省禹州市）。

⑦太守：官名。秦置郡守，汉景帝时改名太守，为一郡最高的行政长官。隋初以州刺史为郡长官。宋以后改郡为府或州，太守已非正式官名，只用作知府、知州的别称。明清时专指知府。

⑧调：选调，迁转，更动（工作、位置）。

⑨刺史：古代官名。原为朝廷所派督察地方之官，后沿为地方官职名称。

⑩引见：引导入见。旧指皇帝接见臣下或宾客时由有关大臣引导入见。

⑪讌语：犹宴话（聚谈）。

⑫选补：谓官吏有缺额，选人递补。

⑬简：选择，选用。

⑭贤俊：亦作“贤隽”。才德出众的人。

⑮恩德：犹恩惠。

⑯县邑：县城。

⑰相携：互相搀扶，相伴。

⑱逢迎：迎接，接待。

⑲疾苦：指人民生活中的困苦。

⑳聘求：犹聘召。

㉑耆德：年高德劭、素孚众望者之称。

㉒雄俊：英雄俊杰。

㉓几杖：坐几和手杖，皆老者所用，古常用为敬老者之物。

㉔行部：谓巡行所属部域，考核政绩。

㉕美稷：古县名，汉代西河郡所属，城址在今准格尔旗纳林镇北，汉王朝曾在这里设置西河属国都尉，以安置归附的匈奴人，因而闻名于世。

㉖儿曹：犹儿辈。

㉗使君：汉时称刺史为使君。

㉘奉迎：恭迎，接待。

㉙辞谢：道谢。

㉚讫：绝止，完毕。

㉛先期：约定日期之前。

㉜违信：失信，不履行诺言。

㉝野亭：野外供人休息的亭子。

㉞须：等待。

【译文】

郭伋，字细侯，扶风郡人。王莽当政的时候，做并州牧。建武九年任颍川太守。建武十一年，调任并州刺史，被皇帝召见，与他闲谈，郭伋因此进言，认为选补众职，应当挑选天下才德出众的人，不应该专用南阳人。皇帝采纳了这一意见。郭伋以前在并州，平日施行恩惠仁德。后来再至并州境内，所经过的县邑，百姓们扶老携幼，夹道欢迎。所有经过的地方他都要询问大家生活上有哪些困苦，并聘求年高德勋的长者，为他们设几杖之礼，早晚与他们商议政事。郭伋刚到郡便巡行所属部域，到西河美稷时，有几百名幼童，都骑着竹马，在路边迎拜。郭伋问道：“孩子们为什么这么远赶来啊？”孩子们回答说：“听说您要来，我们都很高兴，所以来迎接。”郭伋向孩子们道谢。等郭伋把事情办完，孩子们又送郭伋到城外,并问他什么时候再回来。郭伋计算归期告诉他们。等回来时,却早一天到了,郭伋怕失信于孩子们,于是在野外的亭子住下来,等到说定的时间才进入美稷。

【原文】

樊宏①,字靡卿,南阳②人,世祖之舅也。宏为人谦柔畏慎,不求苟进③。常戒其子曰:"富贵盈溢④,未有能终者。吾非不喜荣势⑤也。天道⑥恶满而好谦。前代贵戚,皆明戒⑦也。保身全己,岂不乐哉?"宗族染⑧其化⑨,未尝犯法,帝甚重⑩之。

【注释】

①樊宏:汉光武帝的舅舅,以仁义厚道著称,东汉建立后,被封为寿张侯。公元51年去世,谥号为"寿张恭侯"。

②南阳:郡名。在今河南省。

③苟进:苟且进取,以求禄位。

④盈溢:充裕,满盈。

⑤荣势:显贵有权势。

⑥天道:犹天理,天意。

⑦明戒:亦作"明诫"。明白告诫,明训。

⑧染:熏染,影响。

⑨化:教化,教育。

⑩重:看重,重视。

【译文】

樊宏,字靡卿,南阳郡人,是光武帝的舅父。他为人谦和谨慎,从不贪求升迁。经常告诫他的儿子说:"凡是大富大贵到了过于盈满的地步,就没有得善终的。我不是不喜欢荣华富贵,只是天理厌恶盈满而喜好谦虚。前代皇亲国戚们的下场都是我们的明鉴。保全好自己的身家性命,难道不是很快乐吗?"宗族都受他的感化,从来没有人犯法。光武帝非常敬重他。

【原文】

阴识,字次伯,南阳人,光烈皇后①之兄也。以征伐军功增封,识叩头让②曰:"天下初定,将帅有功者众,臣托③属④掖庭⑤,仍⑥加爵邑⑦,不可以示天下。"帝甚美之。

【注释】

①光烈皇后:是东汉开国皇帝汉光武帝刘秀的第二任皇后,谥号"光烈",故称其为"光烈皇后"。光烈皇后姓阴名丽华,两汉时代的南阳郡新野县人,为春秋名相管仲后人,建武十七年被立为皇后。卒于永平七年,与刘秀合葬于原陵。

②让：谦让，推辞。
③托：凭借，依赖。
④属：亲属。
⑤掖庭：宫中旁舍，妃嫔居住的地方。
⑥仍：接续，连续。
⑦爵邑：爵位和封邑。

【译文】

阴识，字次伯，南阳郡人，是光烈皇后的兄长。因征战疆场立下战功得到皇帝加封，阴识叩头辞让说："天下刚刚安定，将帅有功的人很多，臣有幸凭借皇后的亲属关系（入朝），仍再增加爵位和封邑，就不足以向天下人表明朝廷的公正无私。"光武帝非常赞叹他。

【原文】

朱浮，字叔元，沛国人也。为幽州[①]牧[②]。渔阳[③]太守彭宠败后，世祖以二千石[④]长吏[⑤]多不胜任，时有纤微[⑥]之过者，必见斥罢[⑦]，交易[⑧]纷扰，百姓不宁。建武六年，有日蚀之异，浮因上疏曰："臣闻日者众阳之宗[⑨]、君上之位也。凡居官治民，据郡典县[⑩]，皆为阳为上、为尊为长。若阳上不明，尊长不足，则干[⑪]动三光[⑫]，垂示王者。陛下哀愍海内新[⑬]离[⑭]祸毒[⑮]，保宥[⑯]生民，使得苏息[⑰]。而今牧民之吏，多未称职，小违治实[⑱]，辄见斥罢，岂不粲然[⑲]黑白分明哉！然以尧舜之盛，犹加三考[⑳]。大汉之兴，亦累功效[㉑]，吏皆积久[㉒]，养老于官，至名子孙因为氏姓。当时吏职[㉓]何能悉治[㉔]？论议[㉕]之徒岂不喧哗[㉖]？盖以为天地之功不可仓卒[㉗]，艰难之业当累日也。

【注释】

①幽州：州名。汉武帝所置十三部刺史之一。东汉治所在蓟县（今北京城西南）。
②牧：指国君或州郡长官。
③渔阳：地名。战国燕置渔阳郡，秦汉治所在渔阳（今北京市密云区西南）。
④二千石：汉制，郡守俸禄为二千石，即月俸百二十斛。世因称郡守为"二千石"。
⑤长吏：指州县长官的辅佐。
⑥纤微：细微。亦指细微的事物。
⑦斥罢：罢免。
⑧交易：指官吏的更替。
⑨宗：指某一类事物中有统领楷模作用或为首者。
⑩据郡典县：据，占有，占据。典，掌管，主持，任职。
⑪干：干犯，冲犯，干扰。
⑫三光：日、月、星。

⑬新：副词，新近，刚刚。
⑭离：经历，经过。
⑮祸毒：祸害。
⑯保宥：爱护宽待。李贤注："宥，宽也。"
⑰苏息：休养生息。
⑱治实：核实。
⑲粲然：明白貌，明亮貌。
⑳三考：古代官吏考绩之制。指经三次考核决定升降赏罚。
㉑功效：功劳，成绩。
㉒积久：谓经历很长时间。
㉓吏职：官吏的职责。
㉔治：治理，统治。
㉕论议：对人或事物的好坏、是非等表示意见。
㉖喧哗：声音大而杂乱。
㉗仓卒：匆忙急迫。

【译文】

朱浮，字叔元，沛国人。官任幽州牧，渔阳太守彭宠反叛失败，后来光武帝认为位居郡守的官吏大多不能胜任。当时稍有些微小过错的，一定被罢免。这样一来，前后任官员之间交替更迭混乱，百姓不得安宁。建武六年，发生日食，朱浮因此上书说："我听说太阳为众阳之本，是君上的位置。凡是做官治民，任职于郡县的，都是阳刚，是上位，是尊贵，是尊长。如果阳上不明，尊长不足，就会冲犯到日月星三光，（日月星光就会发生变异），以此来告示君王。陛下哀怜海内刚刚经历战乱的苦难，保护、宽待百姓，使他们得以休养生息，而今天负责治理百姓的地方官吏，大多不称职，有一点过失被查实，就被斥责罢免，这种做法难道不是把事理分辨得太过清楚明白了吗！然而就是在尧舜的盛世，还要对官吏每三年考核一次，大汉朝之所以兴旺发达，（这一制度）也累见功效。官吏大多长久在任，在官位上养老送终，以至于子孙后代都以官职的名称为姓氏。当时的官吏怎么能全部治理完天下之事？那些喜欢议论的人，难道没有喧哗吗？治理天下的大业，不能仓促行事，艰难的事情应当日积月累慢慢去做。

【原文】

间者[①]，守宰[②]数见换易[③]，迎新相代，疲劳道路。寻其视事[④]日浅[⑤]，未足昭见其职，既加严切[⑥]，人不自保，各相顾望[⑦]，无自安[⑧]之心。有司或因睚眦[⑨]，以骋[⑩]私怨，苟求[⑪]长短[⑫]，求媚[⑬]上意，二千石及长吏，迫于举劾，惧于刺讥[⑭]，故争饰诈伪，以希[⑮]虚誉。斯皆群阳骚动、日月失行之应[⑯]。夫物暴长[⑰]者必夭折[⑱]，功卒[⑲]成者必亟[⑳]坏。如摧[㉑]长久之业，而造速成之功，非陛下之福也。天下非一时之用[㉒]也，海内非一旦[㉓]之功也。愿陛下游

意[24]于经[25]年之外，望化于一世[26]之后，天下幸甚。”帝下其议，群臣多同于浮。自是牧守[27]易代颇简[28]。

【注释】

①间者：近来。
②守宰：指地方长官。
③换易：调换、更换。
④视事：就职治事。多指政事言。
⑤日浅：时间短。
⑥严切：严峻；严厉。
⑦顾望：犹豫观望。
⑧自安：自安其心，自以为安定。
⑨睚眦：音牙自。瞋目怒视，瞪眼看人。借指微小的怨恨。
⑩骋：放纵，放任。
⑪苟求：任意求得，无原则的求取。
⑫长短：长处和短处。
⑬求媚：讨好。
⑭刺讥：亦作“刺几”。犹言讥刺。
⑮希：谋求。
⑯应：感应，应验。
⑰暴长：急遽生长。
⑱夭折：短命早死。
⑲卒：突然。后多作“猝”。
⑳亟：疾速。与“缓慢”相对。
㉑摧：坠毁，毁坏。
㉒用：治理，管理。
㉓一旦：一天之间。
㉔游意：犹留意。
㉕经：循行；经过；经历。
㉖一世：犹一代。
㉗牧守：州郡的长官。州官称牧，郡官称守。
㉘简：稀少。

【译文】

最近，州郡的守宰多次被调换，送旧迎新，奔波疲劳在道路上。他们就职治事日子不多，不足以看见他们的政绩，又加上朝廷的严格责令，弄得人人不能自保，互相犹豫观望，不能自安其心。有关官员或因小怨小忿来报私仇，有意找岔，巴结讨好圣上的心意。二千石（郡守）和长吏迫于检举弹劾的压力，害怕指责、讥讽，所以就争着掩过是非，来贪图虚名，这都是众阳不安宁导致日月失去正常运转的应兆。任何东西迅猛生长必然会夭折，功业仓促而成必然会很快衰败。如果损毁长久的基业，来造速成的功效，这不能看作是陛下的福气啊！天下不是一时能治理好的，也不是一天之内就会有成效的，希望陛下能够留意于多年之外的效用，寄天下太平于一世之后。那才是天下的幸事啊！”光武帝把这个谏议交到下边议论，君臣大多同意朱浮的意见。从此牧守变动的事就很少了。

【原文】

陈元，字长孙，苍梧人也。以父任为郎。时大司农[①]江冯上言，宜令司隶校尉督察三府[②]。元上疏曰：“臣闻师臣者帝，宾臣者霸。故武王以大公[③]为师，齐桓以夷吾[④]为仲父。孔子曰：‘百官总己，听于冢宰[⑤]。’近则高帝优[⑥]相国之礼，大宗[⑦]假[⑧]宰辅之权。及亡新王莽，遭汉中衰，专操国柄[⑨]，以偷[⑩]天下，况己自喻，不信群臣，夺公辅[⑪]之任，损宰相之威，以刺举[⑫]为明、徼讦[⑬]为直。至乃陪仆[⑭]告其君长，子弟变其父兄，罔[⑮]密法峻，大臣无所措手足。然不能禁董忠之谋，身为世戮。故人君患在自骄，不患骄臣；失在自任，不在任人。是以文王有日昃之劳[⑯]，周公执吐握[⑰]之恭，不闻其崇刺举、务督察也。方今四方尚扰，天下未一，百姓观听，咸张耳目。陛下宜循文武之圣典，袭祖宗之遗德，劳心下士，屈节待贤，诚不宜使有伺察公辅之名。”帝从之。

【注释】

①大司农：官名。秦置治粟内史，汉景帝时改称大农令，武帝太初元年更名大司农。掌租税钱谷盐铁和国家的财政收支，为九卿之一。

②三府：汉制，三公皆可开府，因称三公为“三府”。后世因之。亦用以泛称国家最高行政长官。

③大公：即太公望（吕尚）。辅佐武王灭商有功，封于齐。

④夷吾：即管仲。

⑤冢宰：官名。太宰的别称。太宰原为掌管王家财务及宫内事务的官。周武王死时，成王年少，周公曾以冢宰之职摄政。

⑥优：优待，嘉奖。

⑦大宗：汉文帝的庙号为“太宗”。

⑧假：授予，给予。

⑨国柄：国家权柄。

⑩偷：盗窃。

⑪公辅：古代三公、四辅，均为天子之佐。借指宰相一类的大臣。

⑫刺举：检举。

⑬徼讦：音交劫。揭人阴私。

⑭陪仆:陪隶。泛指奴仆。

⑮罔:喻法网。

⑯日昃之劳:日昃,太阳偏西,约下午二时左右。昃,音仄。《易·离》:"日昃之离,何可久也?"文王勤于处理政事,从早晨到中午太阳偏西还来不及吃饭。

⑰吐握:吐哺握发,形容礼贤下士,求才心切。《韩诗外传》卷三:"成王封伯禽于鲁,周公诫之曰:'往矣,子无以鲁国骄士。吾文王之子,武王之弟,成王之叔父也,又相天下,吾于天下亦不轻矣,然一沐三握发,一饭三吐哺,犹恐失天下之士。'"

【译文】

陈元,字长孙,苍梧郡人,因其父亲的原因出任郎官。当时大司农江冯上书言事,认为应该让司隶校尉督察三公。陈元上书说:"我听说以臣子为师的能够称帝,以臣子为宾客的能够称霸。所以周武王以姜太公为师,齐桓公以夷吾为仲父。孔子说:'百官总归一人,而听之于冢宰大臣。'近世就有高祖优待萧相国的礼节,文帝给宰辅申屠嘉赦免邓通的特权。到了已亡新朝王莽时期,遇到汉室衰落,王莽专持朝政,窃取天下;只迷信自己,不信任群臣;夺取公辅大臣的职权,降低宰相的威信;把侦探举报看作高明,把揭发隐私、攻击别人视为正直;以致奴仆告发君长,子弟告发父兄,法网严苛,大臣无所措手足。就这样也不能禁止董忠与人共阴谋,王莽终于被世人杀死。所以做人君的祸患在于自骄自大,而不在于有骄傲的臣子;其失误在于自任而不在任人。因此周文王有过午还顾不得吃饭的操劳;周公有一饭三吐哺、一沐三握发、殷勤待客的谦恭。没有听说过他们重视以揭发检举,从事监督审察别人的事。当前四方还在扰攘不安,天下尚未统一,老百姓都还在观听形势的发展变化。陛下应当遵循文王、武王的圣明典章,继承祖宗的遗德,劳心礼贤下士,屈尊对待贤士,实在不应该让司隶校尉有督察公辅之权。"光武帝听从了这一建议。

【原文】

第五伦①,字伯鱼,京兆人也。举②孝廉。帝问以政事,大悦,与语至夕。帝谓伦曰:"闻卿为吏,篣③妇公④,不过⑤从兄⑥饭,宁⑦有之耶?"伦对曰:"臣三娶妻,皆无父母。少遭饥乱⑧,实不敢妄过人飡⑨。"帝大笑,拜会稽太守。会稽俗多淫祀⑩,好卜筮⑪,人常以牛祭神,百姓财产,以之困匮⑫。其有自食牛肉,而不以荐⑬祠者,发病且死,先为牛鸣,前后郡将莫敢禁。伦到官,移书属县,晓告⑭百姓。其巫祝⑮有依托鬼神,诈怖⑯愚民,皆案验⑰之;有妄屠牛者,吏辄行罚⑱。民初恐惧,或祝诅⑲妄言,伦案之愈急,后遂断绝,百姓以安。

【注释】

①第五伦:东汉京兆长陵(今陕西咸阳东北)人。先世为战国田氏,迁移西汉园陵,以迁移次第为氏。新朝王莽时为郡吏,又为乡啬夫。京兆尹阎兴召为主簿,任铸钱掾。后举孝廉,任会稽(浙江)、蜀郡(四川)太守。以为官清廉著称。章帝时,揭发外戚马氏诸

多恶行。

②举：推荐，选用。

③笋：通“搒”。笞击。

④妇公：妻父。

⑤不过：不经过，不进入。

⑥从兄：同祖伯叔之子年长于己者。即堂兄。

⑦宁：岂，难道。

⑧饥乱：饥饿乱离。

⑨飡：同“餐”。吃，吞食。

⑩淫祀：不合礼制的祭祀，不当祭的祭祀，妄滥之祭。

第五伦

⑪卜筮：古时预测吉凶，用龟甲称卜，用蓍草称筮，合称卜筮。

⑫困匮：贫乏，贫困。

⑬荐：祭祀时献牲。《易·观》：“观，盥而不荐，有孚颙若。”孔颖达疏：“既盥之后，陈荐笾豆之事。”

⑭晓告：告知；晓谕。

⑮巫祝：古代称事鬼神者为巫，祭主赞词者为祝，后连用以指掌占卜祭祀的人。

⑯诈怖：欺骗恐吓。

⑰案验：查询验证。

⑱行罚：实行惩罚；进行惩罚。

⑲祝诅：祝告鬼神，使嫁祸于别人。

【译文】

第五伦，字伯鱼，京兆人。被推举为孝廉，光武皇帝向他询问政事，听了之后非常高兴，与他谈论到晚上。对他说：“听说你做吏掾时曾拷打过你的岳父，也从不到堂兄家吃饭，难道真有这些事吗？”第五伦回答说：“臣娶过三房妻子，她们都没有父母。小时候遭遇饥荒，确实不敢随便吃别人的饭。”光武帝大笑。任命他为会稽郡太守。会稽民俗中有很多不合礼仪的祭祀，喜爱占卜预测吉凶，经常杀牛祭神，百姓的财产因此贫乏。如果有人自己吃了牛肉却没有先用来祭神的，生病快死时，都要学牛的鸣叫。对这种陋俗，先后到此任职的太守没有人敢出面禁止。第五伦到任后，即发公文给所属各县，告知老百姓，如果有巫婆神汉假借鬼神欺骗恐吓、愚弄百姓的，都要受到查处。有随意杀牛祭神的，官吏要立即给予处罚。老百姓开始有些害怕，有的巫婆神汉背后诅咒他，大放厥词，第五伦却查处得更加严厉，以后这种风俗被断绝，老百姓因而过上安宁的日子。

【原文】

陈留[①]令刘豫、冠军[②]令驷协，并以刻薄之姿，临民[③]宰[④]邑，专念掠杀，务为严苦，吏民

愁怨，莫不疾[5]之，而今之议者，反以为能。违天心[6]，失经义，诚不可不慎也。非徒[7]应坐[8]豫协，亦当宜谴[9]举者。务进仁贤，以任时政，不过数人，则风俗自化矣。臣尝读书记[10]，知秦以酷急亡国，又目见王莽亦以苛法自灭，故勤勤恳恳，实在于此。又闻诸王主贵戚[11]，骄者逾制，京师尚然，何以示远？故曰：'其身不正，虽令不行。'以身教[12]者从，以言教[13]者讼。夫阴阳和，岁乃丰；君臣同心，化乃成也。其刺史、太守以下拜除[14]京师，及道出[15]洛阳者，宜皆召见，可因博问四方，兼以观察其人。诸上书言事有不合者，但可报归田里，不宜过加喜怒，以明在宽也。

【注释】

①陈留：今河南省开封市陈留镇。

②冠军：古县名。汉元朔六年（公元前123年）置。因霍去病功冠诸军，封冠军侯于此，故名。治所在今河南邓州市西北。

③临民：治民。

④宰：主宰；治理。

⑤疾：厌恶；憎恨。

⑥天心：犹天意。

⑦非徒：不但；不仅。

⑧坐：判罪。

⑨谴：责问，谴责。

⑩书记：指文字、书籍、文章等。

⑪王主贵戚：王主，汉诸侯王之女称"王主"。贵戚，帝王的亲族。

⑫身教：谓用自身的行为教育别人。

⑬言教：指用讲说方式进行的教育。

⑭拜除：拜授官职。

⑮出：经过。

【译文】

陈留县令刘豫、冠军县令驷协，都以刻薄的姿态来管理百姓、治理县邑，一心想的是掠夺杀害，务求苛刻严酷，吏民忧愁怨恨，没有不憎恨他们的。但现在有人反而认为他们有才能，这真是违背天意，失去大义，实在不能不慎重啊！不仅只对刘豫、驷协定罪，还应当谴责推选他们的人。一定要选用仁爱贤能之人来处理时政，用不了几个人，风俗就会自然改变过来。臣曾经读过史书和有关记载，知道秦朝是因严酷暴政而亡国，且又目睹王莽因实行苛刻法律而自取灭亡，实在是鉴于这些历史教训，臣才勤恳忠诚地发表上述意见。又听说诸王侯贵戚们，骄横奢侈超越制度，京都尚且是这样，那怎么给远方之人做榜样？所以说'自身行为不端正，就是下命令也不会使大家信从。'拿自身的行为教育别人，别人就会听从；只用言论教育别人（自己不做），就会有争论。阴阳调和，就会有丰收之年，君臣同心同德，教化才能有成效啊！对刺史、太守以下，任职于京师以及经过洛阳到外地就任的官员，都应该召见他们，借此广泛地询问四方情况，并且观察他们的为人。凡有上书反映情况不符合事实的，只需让他们回归故里，不应过分表示喜怒，以表示陛下的宽怀大度。

【原文】

钟离意，字子阿，会稽①人也。显宗②即位，征为尚书。时交址③太守坐臧④千金，征还伏法⑤，以(旧无以字，补之)资物簿⑥入大司农⑦，诏班赐⑧群臣。意得珠玑⑨，悉以委地⑩，而不拜赐⑪。帝怪而问其故，对曰："臣闻孔子忍渴于盗泉⑫之水，曾参回车于胜母之闾⑬，恶⑭其名也。此臧秽⑮之宝，诚不敢拜。"帝嗟叹曰："清乎尚书之言！"乃更以库钱三十万赐意，转为尚书仆射⑯。

【注释】

①会稽：郡名。秦置，今江苏省东部及浙江省西部地。

②显宗：孝明皇帝刘庄（公元28年～公元75年），字子丽，东汉第二位皇帝，庙号显宗，谥号孝明皇帝。

③交址：亦作"交趾"。原为古地区名，泛指五岭以南。

④坐臧：亦作"坐赃"。犯贪污罪；判贪污罪。

⑤伏法：依法被处死刑。

⑥簿：册籍，记载用的本子。

⑦大司农：官名。秦置治粟内史，汉景帝时改称大农令，武帝太初元年更名大司农。掌租税钱谷盐铁和国家的财政收支，为九卿之一。

⑧班赐：颁赐，分赏。

⑨珠玑：珠宝，珠玉。

⑩委地：散落或委弃于地。

⑪拜赐：拜谢或拜受赐赠。

⑫盗泉：泉名。故址在今山东省泗水县东北。盗泉，是春秋时期山东省泗水县东北一眼古泉的名称，据说是因为当时曾有一伙强盗占用过这一眼泉水，故而当时人们便称之为"盗泉"。据《尸子》记载，"孔子过于盗泉，渴矣而不饮，恶其名也"。意思是说，孔子一次路过"盗泉"时，口很渴，但因为泉水的名字为"盗泉"，这个名字令人厌恶，所以强忍干渴，坚决不饮此水。后人认为：孔子忍住一时的口渴，不饮"盗泉之水"，是为了保持自己的节操，是对"盗"的鄙视，而用自己的行为，言传身教。从此"盗泉之水"用来比喻以不正当的手段得来的东西或不义之财。"不饮盗泉"则比喻为人正直廉洁。

⑬曾参回车于胜母之闾：说的是古代孝子曾参到了胜母里，认为里名不孝，掉转车头回去了。曾参（公元前505年～公元前435年），字子舆，春秋末期鲁国南武城（今山东省平邑县）人，孔子的弟子，世称"曾子"。闾，民户聚居处，里巷。

⑭恶:讨厌,憎恨。

⑮臧秽:指贪污等秽行。

⑯仆射:官名。秦始置,汉以后因之。汉成帝建始四年,初置尚书五人,一人为仆射,位仅次尚书令,职权渐重。

【译文】

钟离意,字子阿,会稽郡人。显宗明帝即位,钟离意被征召为尚书。当时交趾太守,犯贪污千金罪,被召回京师准备治罪。并把物资钱财账簿交给大司农,朝廷下诏将赃款分赐给群臣。钟离意接到珠宝,丢在地上而不拜赐。明帝感到奇怪而问他为什么这样。他回答:"我听说孔子曾忍渴而不喝'盗泉'的水,曾参曾在'胜母'的闾门前掉转车头,是讨厌它们的名称啊!这种贪赃的宝物,我的确是不敢拜领的。"皇帝叹息说:"尚书的话高洁啊!"于是改从国库中拿出三十万线赐给钟离意。并升迁他为尚书仆射。

【原文】

宋均[①],字叔庠,南阳人也。迁九江太守。郡多虎暴,数为民患[②],常募[③]设槛阱[④],而犹多伤害。均到,下记属县曰:"夫虎豹在山,鼋鼍[⑤]在水,各有所托[⑥]。且江淮之有猛兽,犹北土之有鸡豚[⑦]也。今为人患,咎在残吏[⑧],而劳勤张捕,非忧恤[⑨]之本也。其务退奸贪,思进忠善,可一去槛阱,除削课制[⑩]。"其后传言,虎相与[⑪]东游渡江。中元元年,山(山作公)阳、楚、沛多蝗,其飞至九江界者,辄东西散去,由是名称远近。

【注释】

①宋均:南阳安众人。父伯,建武初为五官中郎将。均以父任为郎,时年十五,好经书,通《诗》《礼》,善论难。

②患:指为害。

③募:募集,招求。

④阱:槛阱,捕捉野兽的机具和陷坑。李贤注:"槛,为机以捕兽。阱谓穿地陷之。"

⑤鼋鼍:音元陀。大鳖和扬子鳄。

⑥托:凭借,依赖。

⑦鸡豚:鸡和猪。

⑧残吏:残虐百姓的官吏。

⑨忧恤:忧虑。

⑩课制:指赋税。

⑪相与:共同,一道。

【译文】

宋均,字叔庠,南阳郡人。升任九江郡太守。郡内多猛虎,常为害百姓。官府经常招募猎人设置机关陷阱，但仍然有很多人被虎伤害。宋均到任，下达公文给属县说："虎豹出没在山林，鼋鼍生活在水中，各有所依赖。江淮一带有猛兽，正如北方有鸡猪。现在猛虎为害人间，这个责任在残虐百姓的官吏，使人辛苦地捕捉，不是怜悯体恤百姓的根本办法。一定要清除贪官污吏，考虑提拔忠诚善良之士，可一举去掉栅栏、陷阱，并减免赋税。"从此以后传说老虎结伴向东游过长江。中元元年，公阳、楚、沛一带闹蝗灾，蝗虫飞到九江边界，就向东西方向飞去，因此宋均声名远扬。

【原文】

浚遒县有唐、后二山，民共祠之，众巫遂取百姓男女，以为山妪[1]，岁岁改易，既而不敢嫁娶。前后守令，莫敢禁断[2]。均乃下书曰："自今以后，为山娶者，皆娶巫家，勿扰良人。"于是遂绝。征拜尚书令[3]，尝删翦[4]疑事[5]，帝以为有奸，大怒，收郎，即缚格[6]之。诸尚书惶恐，皆叩头谢罪。均顾厉色[7]曰："盖忠臣执义，无有二心。若畏威失正，均虽死，不易志也。"小黄门[8]在傍，入具以闻。帝善其不挠[9]，即令贳[10]郎，迁均司隶校尉。

【注释】

①山妪：古代指代表山神受享祭的女子。

②禁断：禁止，使不再发生；禁绝。

③尚书令：官名。始于秦，西汉沿置，本为少府的属官，掌文书及群臣的奏章。汉武帝时以宦官司担任，汉成帝时改用士人。东汉政务归尚书，尚书令成为对君主负责总揽一切政令的首脑。

④删翦：删除。

⑤疑事：难以辨别的事。

⑥缚格：捆绑拷打。

⑦厉色：怒容；严厉的脸色。

⑧小黄门：汉代低于黄门侍郎一级的宦官。

⑨不挠：亦作"不桡"。不弯曲。形容刚正不屈。

⑩贳：赦免，宽纵。音是。

【译文】

浚遒县有唐、后二山，老百姓都来祭祀山神，许多装神弄鬼的巫师就取来百姓人家的男女，做山公山婆，还年年改换。被确定的男女不敢出嫁婚娶。前后几位太守县令都不敢禁止。宋均于是发布公告说："从今以后，为山神娶妻的都要娶巫师家的人，不可扰害良民。"于是这种陋习才被禁绝。明帝时，宋均调任为尚书令，曾删掉过一些令人疑惑的文书，明帝认为这其中必有奸诈，大怒，将郎官捆绑起来拷打，尚书们惶恐不安，都叩头谢罪。宋均回头厉声说："忠臣按正义办事，没有二心，如果害怕威权失去公正，我宋均即使被处死也不改变正义做法。"小黄门在旁，入宫把此事全部禀报了皇帝。明帝称赞宋均不屈不挠，当即赦免了郎官并提升宋均为司隶校尉。

【原文】

寒朗，字伯奇，鲁国人也。守侍御史，与三府掾属[①]，共考案[②]楚狱[③]颜忠、王平等，辞[④]连及隧乡侯耿建、朗陵侯臧信、濩泽侯邓鲤、曲成侯刘建。建等辞未尝与忠平相见。是时显宗怒甚，吏皆惶恐，诸所连及，率一切陷入[⑤]，无敢以情恕者。朗心伤其冤，试以建等物色[⑥]，独问忠、平，而二人错忤[⑦]不能对。朗知其诈，乃上言建等无奸，专为忠、平所诬，疑天下无辜，类多如此。

【注释】

①掾属：佐治的官吏。汉代自三公至郡县，都有掾属。人员由主官自选，不由朝廷任命。魏晋以后，改由吏部任免。

②考案：考查按验。

③楚狱：见前注。

④辞：诉讼的供词。

⑤陷入：落在不利的境地。

⑥物色：形貌。

⑦错忤：矛盾；错乱。

【译文】

寒朗，字伯奇，鲁国人。他以守侍御史的身份和三公府的属官一起审理楚王刘英谋反一狱中颜忠、王平的案件。他们的供词中牵连到随乡侯耿健、朗陵侯臧信、护泽侯邓鲤和曲成侯刘建等人。刘建等人说并未和颜忠、王平等见过面（指密谋）。这时候明帝非常恼怒，官吏们都惶恐。这个案子牵连的所有的人，都被关押了起来，处境非常危险。没有人敢为他们说情。寒朗为他们蒙冤而伤心，就单独审问颜忠、王平，让他们描述刘建等人的形貌特征，但他们两人互相矛盾不能回答，寒朗知道其中必然有诈。于是向皇帝说明刘建等人没有奸邪行为，乃是因颜忠、王平所诬陷被怀疑的天下无辜的人大多和这种情况一样。

【原文】

帝乃召朗入，问曰："建等即如是，忠、平何故引[①]之？"朗对曰："忠、平自知所犯不道[②]，故多有虚引，冀以自明。"帝曰："即如是，四侯无事，何不早奏，而久系[③]至今耶？"朗对曰："臣虽考之无事，然恐海内别有发其奸者，故未敢时上。"帝怒骂曰："吏持两端[④]，促提下。"左右方引去，朗曰："愿一言而死。小臣不敢欺，欲助国耳，诚冀陛下一觉悟而已。臣见考囚在事者，咸共言妖恶大故，臣子所宜同疾，今出[⑤]之，不如入[⑥]之，可无后责。是以考一连十，考十连百。又，公卿朝会，陛下问以得失，皆长跪言旧制，大罪祸及九族。陛下大恩,裁止于身,天下幸甚。及其归舍,口虽不言,而仰屋[⑦]窃叹,莫不知其多冤,无敢忤[⑧]陛下者。臣今所陈,诚死无悔。"帝意解,诏遣朗出。后二日,车驾自幸洛阳狱录[⑨]囚徒,理出千余人。论曰:"左丘明[⑩]有言:仁人之言,其利博哉!晏子一言,齐侯省刑[⑪]。若钟离意之就格请过,寒朗之廷争冤狱,笃矣乎?仁者之情也!"

【注释】

①引:株连,攀供。

②不道:无道,胡作非为。

③久系:谓长期羁押在狱。

④两端:指游移于两者之间的态度。

⑤出:脱离,释放,开脱。

⑥入:谓定以罪名,使受刑罚。

⑦仰屋:卧而仰望屋梁。形容无计可施。

⑧忤:违逆,触犯。

⑨录:省察,甄别。

⑩左丘明:中国春秋末期鲁国史学家。与孔子同时代或在其前。相传著有《左传》,又传《国语》亦出其手。

⑪晏子一言,齐侯省刑:晏婴的一句话,让齐景公减轻了刑罚。(详见附录。)

【译文】

明帝就召寒朗入宫,问道:"就算刘建等人如你所说是清白的,但忠、平二人为什么要牵连他们?"寒朗回答说:"忠、平二人自知他们所犯的事是大逆不道,所以就多捏造牵连别人,希望为自己开脱。"明帝说:"就算是这样,四位列侯无罪,你为什么不早奏明,而将其关在狱中直到今天?"寒朗回答说:"臣虽然考察他们没有犯什么罪,可是恐怕国内另外有揭发他们作奸犯科的人,所以没有敢及时奏明圣上。"明帝发怒骂道:"你两头都有理,马上拿下。"左右的人正要动手把寒朗带下去,寒朗说:"希望我能说句话再去死。小臣不敢欺瞒,是想辅助国家罢了。诚恳期望陛下立即觉悟啊!臣看到审讯囚犯的官员,都一起说罪恶多么重大,作臣子的都应共同嫉恨,如今放他们出去不如抓他们进来,可避免往后的责任。所以审讯一个人就牵连出十个人,审讯十个人就会牵连出一百个人。还有公卿百官上朝时,陛下询问得失,大家都长跪说,'旧的法典犯大罪要祸灭九族,陛下有大恩德,只处决当事者自身,这是天下的幸事啊!'等到他们回家,口里虽然不说,却仰望屋顶暗自叹息,无不明白其中有很多冤情,但没有敢忤逆陛下的。臣今天把这些话说了出来,即使死了也不后悔。"明帝怒气平息,下令让寒朗回去。过了两天以后,皇帝亲自去洛阳监狱省察囚犯,释放出一千多无罪的人。史家论说:"左丘明说,仁者的话,可以利益很多人啊!晏婴的一句话,齐景公就减轻了刑法。像钟离意解衣受刑;寒朗廷争冤狱,实在是忠诚啊,那是仁者的真情啊!"

【附录】

晏子一言，齐侯省刑：起初，齐景公想更换晏子的住宅，说："您的住宅靠近市场，低湿狭窄，喧闹多尘，不适合居住，请替您换一所明亮高爽的房子。"晏子辞谢说："君主的先臣我的祖父辈就住在这里。臣不足以继承先臣的业绩，这对臣已经过分了。况且小人靠近市场，早晚能得到自己所需要的东西，这是小人的利益。哪敢麻烦邻里迁居为我建房？"景公笑着说："您靠近市场，了解物品的贵贱吗？"晏子回答说："既然以它为利，岂敢不知道呢？"景公说："什么贵？什么贱？"当时齐景公刑名繁多苛严，有出售踊（指古代受刖刑的人所穿的一种特制鞋子；一说假肢）的，所以晏子回答说："踊贵，鞋子贱。"晏子已经告诉了国君，所以向叔在谈话中说到这个。齐景公听后便减省了刑罚。君子说：'仁义之人的话，它的利益广博啊！晏子一句话，齐侯就减少了刑罚。出自《晏子春秋·内篇杂下·景公欲更晏子宅晏子辞以近市得求讽公省刑》。

【原文】

东平王苍[①]，显宗同母弟也。少好经书，雅有智思[②]，显宗甚爱重之。及即位，拜骠骑将军，位在三公上。在朝数载，多所隆益[③]。而自以至亲辅政，声望日重，意不自安。数上疏，乞[④]上[⑤]印绶，退就藩国[⑥]，诏不听[⑦]。其后数陈乞[⑧]，辞甚恳切，乃许还国，而不听上将军印绶，加赐钱五千万、布十万匹。永平十一年，苍与诸王朝京师。月余还国，帝临送，归宫，凄然[⑨]怀思[⑩]，乃遣使手诏[⑪]，告诸国中傅曰："辞别之后，独坐不乐，因就车归，伏轼[⑫]而吟：瞻望永怀[⑬]，实劳我心。诵及《采菽》[⑭]，以增叹息。日者[⑮]问东平王，处家何等最乐，王言为善最乐。其言甚大，副是腰腹矣。"

【注释】

①东平王苍：（？~公元83年）。刘苍为汉光武帝刘秀之子。生年不详，卒于汉章帝建初八年。建武十五年（公元39年），封东平公。十七年，晋爵为王。

②智思：犹智慧，才智。

③隆益：谓建树。

④乞：求讨，祈求，请求。

⑤上：上缴。

⑥藩国：古称分封及臣服之国。

⑦听：听从，接受。

⑧陈乞：陈述请求。

⑨凄然：凄凉悲伤貌。

⑩怀思：怀念；思念。

⑪手诏：帝王亲手写的诏书。

⑫轼：古代设在车厢前供立乘者凭扶的横木。

⑬永怀：长久思念。

⑭采菽：谓采摘豆叶。

⑮日者：往日；从前。

【译文】

东平王刘苍，是汉明帝的同胞兄弟。年轻时好读经书，文雅有智慧，明帝非常爱惜尊重他。到明帝即位，任刘苍为骠骑将军，位在三公之上。他在朝廷的几年中，有很多善政，但他自认为至亲辅政，声望一天天大，心里感到很不安。多次上疏，请求交还印绶，回到藩国，皇帝没有允许。以后又多次陈述请求，言辞非常恳切，才让他回国，却没有允许他交回上将军印绶，并另外赐钱五千万，布帛十万匹。永平十一年，刘苍和诸王到京师朝见天子，一个多月后回到属国。明帝亲自送别，回宫后心中凄凉，感伤思念，于是派遣使者持手诏告各诸侯国中傅说："辞别之后，独坐宫中，郁郁不乐。乘车返回，扶在车轼上吟咏，眺望着远方我长久怀念，心中感到劳苦。当吟诵到《诗经·采菽》一诗时，更增加了感叹。以前我问东平王在家做什么事情最快乐，东平王说做善事最快乐，这句话太伟大了，符合他的胸怀。"

【原文】

朱晖，字文季，南阳人也。为尚书仆射。是时谷贵，县官经用[①]不足，朝廷忧之。尚书张林上言："谷所以贵，由钱贱故也。可尽封钱，一取布帛为租，以通天下之用。又盐，食之急者，虽贵，民不得不须，官可自鬻[②]。又宜因交趾[③]、益州上计[④]吏往来市珍宝，收采[⑤]其利，武帝时所谓均输[⑥]者也。"帝然之，有诏施行。晖独奏曰："《王制》，天子不言有无，诸侯不言多少，食禄之家不与百姓争利。今均输之法，与贾贩无异。盐利归官，则下人穷怨；布帛为租，则吏多奸盗。诚非明主所宜行也。"帝卒[⑦]以林等言为然，得晖重议[⑧]，因发怒，切责[⑨]诸尚书。晖因称病笃[⑩]，不肯复署议[⑪]。尚书令以下惶怖[⑫]，谓晖曰："今临得谴让[⑬]，奈何称疾，其祸不细[⑭]！"晖曰："行年[⑮]八十，蒙恩得在机密[⑯]，当以死报。若心知不可，而顺旨[⑰]雷同[⑱]，负臣子之义。今耳目无所闻见，伏待死命。"遂闭口不言。诸尚书不知所为，乃劾效奏晖。帝意解，寝[⑲]其事。

【注释】

①经用：经常用度。

②鬻：卖。

③交趾：亦作"交址"。原为古地区名，泛指五岭以南。

④上计：战国、秦、汉时地方官于年终将境内户口、赋税、盗贼、狱讼等项编造计簿，遣吏逐级上报，奏呈朝廷，借资考绩，谓之上计。

⑤收采：收取。

⑥均输：汉武帝实行的一项经济措施。在大司农属下置均输令、丞，统一征收、买卖

和运输货物。

⑦卒:最后。

⑧重议:从重议处。

⑨切责:严词斥责。

⑩病笃:病势沉重。

⑪署议:谓上书议事。因上书须署名,故称。

⑫惶怖:恐惧。

⑬谴让:谴责,责备。

⑭细:微小。与大相对。

⑮行年:指将到的年龄。

⑯机密:掌管机要大事的部门、职务。

⑰顺旨:亦作"顺指"。谓曲意逢迎。

⑱雷同:随声附和。

⑲寝:止息,废置。

【译文】

朱晖,字文季,南阳郡人。汉章帝时为尚书仆射。当时粮食很贵,官府日常用度不足,朝廷为这件事很担忧。尚书张林上书说:"粮食之所以贵,是因为钱币贬值的缘故。应该把钱全部封存起来,统一用布帛交纳租税,以布帛来代替钱在天下流通。还有盐,是日常食用最需用的东西,即使昂贵,百姓也不得不买来食用,可以实行官营专卖。还应该统计交趾、益州之间商贾往来买卖珍宝的利润,收取税利,这就是汉武帝时所说的'均输'制度啊!"皇帝认为这个意见对,颁诏施行。只有朱晖持异上奏说:"王者的法制,皇帝不谈有无,诸侯不言多少,吃朝廷俸禄的官家不和老百姓争利。现今实行的均输之法跟商贩没有差别,盐利归官,那么下边的老百姓就要因穷困而怨恨;用布帛交缴租税,那么官吏大多会从中作奸偷盗,这绝对不是英明君主所应该施行的办法啊!"章帝最后还是认为张林等人说的办法对,现在听到朱晖要重新商议,因而发怒,严词斥责诸尚书。晖因而声称自己病重,不肯再到署衙议事。尚书令以下的人害怕了,向朱晖说:"现在受到谴责,你怎么还称病不朝,这祸可不小!"朱晖说:"我快八十岁了,蒙受圣恩得以在机要部门工作,当以死来报答,如果明知不可行的事而顺旨附和,就违背做人臣的道义。现在我的耳不能听眼不能见,只有趴着等死了。"于是闭口不说话了。诸尚书不知道怎么做,于是共同弹劾朱晖。皇帝的怒气渐消,就将此事置而不问了。

【原文】

袁安①,字邵公,汝南人也。为司徒时,和帝②幼弱,太后临朝③。安以天子幼弱,外戚擅权④,每朝会进见,及与公卿言国家事,未尝不噫呜⑤流涕。自天子及大臣,皆倚赖之。章和四年薨⑥,朝廷痛惜焉。后数月,窦氏败⑦,帝始亲万机,追思前议者邪正之节,乃除⑧

安子赏[9]郎。

【注释】

①袁安:汝南汝阳(今河南商水西南)人。少承家学,举孝廉,任阴平长、任城令,吏人畏而爱之。明帝时,任楚郡太守、河南尹,政号严明,断狱公平。

②和帝:汉和帝,为东汉第四代皇帝,名刘肇(公元79年~公元105年)。章帝第四子。章帝死后继位。在位十七年。病死,终年二十七岁。葬于慎陵(今河南省洛阳市东南)。

③临朝:特指太后摄政,代理皇帝职权。

④擅权:专权,揽权。

⑤噫呜:感慨悲叹貌。

⑥薨:死的别称。自周代始,人之死亡,有尊卑之分,"薨"以称诸侯之死。

⑦败:衰落,衰弱。

⑧除:拜官,授职。

⑨赏:指袁安的儿子袁赏。

【译文】

袁安,字邵公,汝南郡人。做司徒官的时候,和帝年幼力弱,窦太后临朝听政。袁安见皇帝幼小,外戚专权。每次朝会进见,和公卿们谈到国家政事时,都感慨流泪。从天子到大臣都依赖袁安。永元四年,袁安去世,朝廷非常痛惜。死后几个月,窦氏衰落,和帝开始亲自处理朝政,回想亲政以前,群臣谏议邪正的情节,于是赐封袁安的儿子袁赏为郎官。

【原文】

郭躬[1],字仲孙,颍川人也。明[2]法律。有兄弟共杀人者,而罪未有所归。帝以兄不训弟,故报[3]兄重,而减弟死。中常侍孙章宣诏,误言两报重。尚书奏章矫制[4],罪当腰斩。帝复召躬问之,躬对:"章应罚金。"帝曰:"章矫诏杀人,何谓[5]罚金?"躬曰:"法令有故误[6],章传命[7]之谬,于事为误,误者其文则轻。"帝曰:"章与囚同县,疑其故[8]也。"躬曰:"'周道如砥,其直如矢[9]。''君子不逆诈[10]。'君王法天,刑[11]不可以委曲[12]生意[13]。"帝曰:"善!"迁躬廷尉正。

【注释】

①郭躬:颍川阳翟(今河南禹县)人。其父断狱三十年。他少时传父业,讲授法律,徒众数百人。后为郡吏,征辟公府。主张审案定刑从宽从轻,章帝元和三年(公元86年)官至廷尉。曾奏请修改律令四十一条,皆改重刑为轻刑,为朝廷采纳,颁布施行。永元六年(公元94年),卒于官。

②明：懂得，了解，通晓。

③报：根据犯罪者罪行的轻重大小，依法判处相应的刑罚。

④矫制：指假托君命行事。制，制书。

⑤何谓：为什么。

⑥故误：法律用语。知而故犯与误犯。

⑦传命：传达命令。

⑧故：故意。

⑨周道如砥，其直如矢：即是说，大道平坦似磨石，笔直像箭杆。出自《诗经·小雅·大东》。

⑩逆诈：谓事先即猜疑别人存心欺诈。

⑪天刑：上天的法则。

⑫委曲：邪曲不正。

⑬生意：谓生发出别的意思。

【译文】

郭躬，字仲孙，颍川郡人。通晓法律。有兄弟两个一起杀了人，然而罪状还没有判定。章帝认为做兄长的不教诲弟弟，所以判兄长重罪而减免了弟弟的死罪。中常侍孙章宣读诏书时，错误的说成兄弟俩都应受死罪，尚书上奏弹劾孙章假传诏令杀人，论罪应当腰斩。章帝又召郭躬询问此事。郭躬回奏："孙章应处以罚金。"帝曰："孙章假传诏令杀人，怎能就只判罚金？"郭躬说："法令规定有故意杀人和失误杀人，孙章错传诏令，属于失误，误杀人的法律条文应从轻处治。"章帝说："孙章和囚犯是同县人，怀疑他是故意杀人的。"郭躬说："'大路好象磨刀石那样平，又像箭一样笔直。'君子不事先怀疑别人存心欺诈。君王应该效法上天，对法律不可以随意曲解。"皇帝说："说得好。"升迁郭躬为廷尉正。

【原文】

陈宠[①]，字昭公，沛国人也。章帝初为尚书，是时承永平故事[②]，吏治尚严切[③]，尚书决事[④]，率[⑤]近于重。宠乃上疏曰："臣闻先王之政，赏不僭[⑥]，刑不滥，与其[⑦]不得已，宁僭不滥。陛下即位，数诏群僚，弘[⑧]崇[⑨]晏晏[⑩]。而有司执事，犹尚深刻[⑪]。治狱者，急于旁格[⑫]酷烈之痛；执宪者，烦[⑬]于诋欺[⑭]放滥[⑮]之文。或因公行私，逞纵威福。夫为政犹张琴瑟，大弦急者小弦绝。故子贡非臧孙之猛法，而美郑乔之仁政[⑯]。《诗》云：'不刚不柔，布政[⑰]优优[⑱]。'方今圣德充塞[⑲]，假于上下[⑳]，宜隆[㉑]先王之道，荡涤[㉒]烦苛之法，轻薄[㉓]捶楚[㉔]，以济[㉕]群生。"帝敬纳宠言，每事务于宽厚。其后遂诏有司，绝诸惨酷[㉖]之科，解妖恶之禁，除文致之，请谳[㉗]五十余事，定著于令。是后民俗和平，屡有嘉瑞[㉘]。

【注释】

①陈宠：沛国洨县（今安徽固镇）人。先祖世习律令，宠传其家业。初为州郡吏，后辟

司徒府，掌狱讼，断案公平。迁尚书，上书要求去烦苛，行宽政，被章帝采纳。因得罪外戚窦宪，和帝初出为太山、广汉太守。又历官廷尉、司空等。在职不徇私情，熟悉法律，常断难案，并兼通经学，号为任职相。

②故事：先例，旧日的典章制度。

③严切：严峻，严厉。

④决事：决断事情，处理公务。

⑤率：大概，一般。

⑥僭：犹言过分。

⑦与其：连词。在比较两件事或两种情况的利害得失而表示有所取舍时，“与其”用在舍弃的一面。

⑧弘：宽容。

⑨崇：尊崇，推重。

⑩晏晏：和悦貌。

⑪深刻：严峻苛刻。

⑫旁格：又为“搒格”，笞击。用鞭、杖或竹板打人。搒，通“搒”。

⑬烦：纷乱，纠结。

⑭诋欺：毁谤丑化。

⑮放滥：没有节制，放纵无度。

⑯子贡非臧孙之猛法，而美郑乔之仁政：子贡，端木赐，字子贡，是孔门七十二贤之一。非：责备，反对。臧孙，鲁大夫，行猛政。郑乔，春秋时郑国大夫公孙侨，字子产，为相多年，有政绩。

⑰布政：施政。

⑱优优：宽和貌。

⑲充塞：充满塞足。

⑳上下：指天地。

㉑隆：尊崇，尊重。

㉒荡涤：冲洗，清除。

㉓轻薄：谓减少，减轻。

㉔棰楚：棰楚本指棍杖之类，引申为拷打。

㉕济：救助。

㉖惨酷：极其残酷；极其刻薄。

㉗请谳：古代下级官吏遇到疑难案件不能决断，请求上级机关审核定案，称为“请谳”。谳，音燕。

㉘嘉瑞：祥瑞。

【译文】

陈宠，字昭公，沛国人。章帝初年，陈宠为尚书。当时继承明帝永平年间的旧例，吏

治崇尚严切,尚书断决政事大都偏严厉。陈宠于是上书说:"臣听闻先王时的政治,不过分赏赐,不滥施刑罚,事情到不得已时,宁可赏赐过分也不滥施刑罚。陛下即位,多次诏告群臣,主张崇尚温和,而有关官员们处理事务,却仍然偏向苛刻。审理案件的人急于给囚犯施加拷打的痛苦,执法的人乱搞诋毁欺诈不切实际的文案。或者假公济私,作威作福。为政之事好像调琴瑟,大弦弹得急速,小弦就会崩断。所以子贡批评臧孙苛刻的法令,而赞美郑乔的仁政。《诗经》说:'不刚不柔,施政温和'。当今圣德充实,至于天地,应该发扬先王的仁道,清除繁苛的刑法,少施加拷打,来造福众生。"章帝恭敬地采纳了陈宠的谏议,凡事都务求宽厚,以后就颁诏有司,废除那些残酷的刑罚,解除那些怪异的禁令,删除那些需要呈请上级复核的律令五十多条,并定为法令。此后民风和平,多次出现祥瑞的现象。

【原文】

宠子忠,字伯始,擢①拜尚书。安帝始亲朝事,连有灾异,诏举②有道③。公卿百僚,各上封事④。忠以诏书既开谏争,虑⑤言事者必多激切⑥,或致不能容,乃上疏豫⑦通广帝意,曰:"臣闻仁君广山薮⑧之大,纳切直⑨之谋,忠臣尽謇谔⑩之节,不畏逆耳之害。是以高祖舍周昌桀纣之譬⑪,孝文嘉爰盎人豕之讥⑫,世宗纳东方朔宣室之正⑬,元帝容薛广德自刎之切⑭。昔者晋平公问于叔向⑮曰:'国家之患,孰为大?'对曰:'大臣重禄不极谏⑯,小臣畏罪不敢言,下情不上通,此患之大者。'今明诏⑰崇高宗⑱之德,推宋景⑲之诚,引咎⑳克躬㉑,谘访㉒群吏。言事者见杜根㉓、成翊世㉔等,新蒙表㉕录㉖,显列㉗二台,必承风响应,争为切直㉘。若嘉谋㉙异策,宜辄纳用。如其管穴㉚,妄有讥刺㉛,虽苦口逆耳,不得事实,且优游㉜宽容,以示圣朝无讳㉝之美。若有道之士,对问高者,宜垂省览㉞,特迁一等,以广直言之路。"

【注释】

①擢:举拔,提升。

②举:推荐;选用。

③有道:指有才艺或有道德的人。

④封事:密封的奏章。古时臣下上书奏事,防有泄漏,用皂囊封缄,故称。

⑤虑:忧虑,担心。

⑥激切:激烈直率。

⑦豫:预先,事先。

⑧山薮:山林与湖泽。薮,音叟。

⑨切直:恳切率直。

⑩謇谔:正直敢言。

⑪高祖舍周昌桀纣之譬:高祖不计较周昌将他比作夏桀、商纣。舍:开释,赦免。譬,比喻,比方。李贤注:"周昌为御史大夫,尝燕入奏事,高帝方拥戚姬,昌走出,高帝逐得,

骑昌项问曰:‘我何如主也?’昌仰曰:‘陛下桀纣之主也。’上笑,不之罪也。”

⑫孝文嘉爰盎人豕之讥:《汉书·爰盎晁错传》曰:“上幸上林。皇后、慎夫人从。其在禁中,常同坐。及坐,郎署长布席,盎引却慎夫人坐。慎夫人怒,不肯坐。上亦起。盎因前说曰:‘臣闻尊卑有序则上下和,今陛下既以立后,慎夫人乃妾,妾、主岂可以同坐哉!且陛下幸之,则厚赐之。陛下所以为慎夫人,适所以祸之也。独不见人豕乎?’于是上乃说,入语慎夫人。夫人赐盎金五十斤。”

⑬世宗纳东方朔宣室之正:汉武帝采纳东方朔宣室不可为董偃置酒的正当谏言。李贤注:“武帝为馆陶公主私人董偃置酒宣室,东方朔为太中夫,谏曰:‘不可。夫宣室者,先帝之正处也,非法度之正不得入焉。’上曰:‘善。’更置酒北宫也。”

⑭元帝容薛广德自刎之切:《汉书·薛广德传》曰:“元帝酎祭宗庙,出便门,欲御楼船,广德当乘舆车,免冠顿首曰:‘宜从桥。’诏曰:‘大夫冠。’广德曰:‘陛下不听臣,臣自刎,以血污车轮,陛下不得入庙矣!’上不说。光禄大夫张猛进曰:‘臣闻主圣臣直,乘船危,就桥安,圣主不乘危。御史大夫言可听。’上曰:‘晓人不当如是邪!’乃从桥。”

⑮叔向:复姓。春秋晋大夫羊舌肸,字叔向,后以其字为姓。见《通志·氏族三》。

⑯极谏:尽力规劝。古多用于臣下对君主。

⑰明诏:公开宣示。

⑱高宗:武丁(?~公元前1192年),姓子,名昭,是中国商朝第二十三位国王,庙号为高宗。他是商王盘庚的侄子,父亲是商王小乙。武丁在位时期,曾攻打鬼方,并任用贤臣傅说为相,妻子妇好为将军,商朝再度强盛,史称“武丁中兴”。商朝著名军事统帅。

⑲宋景:宋景公。《史记》曰:“宋景公时荧惑守心星,太史子韦请移之大臣、国人与岁,公皆不听,天感其诚,荧惑为之退三舍也。”

⑳引咎:归过失于自己。

㉑克躬:严格要求自己。

㉒谘访:谘询访问。

㉓杜根:时为侍御史。永初元年官郎中,因反对外戚专权,太后欲杀之,遇救,逃入宜城山中为酒家保,隐居十五年。外戚除,拜侍御史。后常用作典故。

㉔成翊世:时为尚书郎。

㉕表:显扬,表彰。

㉖录:指录用,任用。

㉗显列:高位。

㉘切直:恳切率直。

㉘嘉谋:高明的经国谋略。

㉚管穴:《史记·扁鹊仓公列传》载,虢太子死,扁鹊过虢,自荐能生之,虢中庶子好方技者不信,扁鹊仰天叹曰:“夫子之为方也,若以管窥天,以郤视文。”郤(隙)即穴。后因以“管穴”喻狭隘的识见。

㉛讥刺:讥评讽刺。

㉜优游：优容，宽待。

㉝无讳：没有顾忌，没有隐讳。

㉞省览：审阅，观览。

【译文】

陈宠的儿子陈忠，字伯始，被选拔为尚书。汉安帝开始亲理朝事时，国内接连发生灾异。安帝下诏命令推荐有道德的人，公卿百官都递上密封的奏章。陈忠认为诏书打开谏诤之路以后，担心言事的人一定会有许多激烈直率的言辞，有的甚至会使皇上接受不了，于是上疏预先开导皇帝的心意，说："我听说仁慈的国君有比高山、湖泽还要大的胸怀，可以接纳恳切率直的谋略；忠心的臣下尽正直劝谏的节操，不害怕逆耳忠谏可能带来的祸患。所以汉高祖不计较周昌将他比作夏桀、商纣，汉文帝嘉奖爰盎'人豕之讥'，汉武帝采纳东方朔宣室不为董偃置酒的正当谏言，汉元帝宽容薛广德以自刎来谏诤的恳切。当日晋平公问叔向说：'国家的忧患什么为大？'叔向答称：'大臣看重俸禄不能极力劝谏，小臣害怕获罪不敢直言，下面的情况反映不上去，这就是国家最大的祸患。'现在您公开宣示发扬殷高宗的德行，推崇宋景公的真诚，能亲自承认过失约束自己，向广大官员征求意见。发表意见的人看到杜根、成翊世刚刚被表彰提拔，分别任侍御史和尚书郎的高位，必然会闻风响应，争相来进献忠言。如果有善计良策，应当立即采纳施行。如果他们的见解短浅狭隘甚至妄加讥讽，即使说得不好听，不符合事实，还是应该宽容善待，以表示圣明的朝廷无所忌讳的美德。如果遇到有道德的人，对策的言论高见卓识，圣上应该亲自审阅。特予提升一级，以广开直言进谏的道路。"

【原文】

杨终[①]，字子山，蜀郡人。征诣兰台，拜校书郎。建初元年，大旱谷贵，终以为广陵、楚、淮阳。济南之狱，徙者万数，又远屯绝域[②]，吏民怨旷[③]，乃上疏曰："臣闻善（旧善上有修字，删之）'善[④]及子孙，恶（旧恶上有行字，删之）恶[⑤]止其身'，百王[⑥]常典[⑦]，不易之道也。秦政酷烈[⑧]，违忤[⑨]天心，一人有罪，延及三族。高祖平乱，约法三章[⑩]；太宗至仁。除去收孥[⑪]。万姓廓然[⑫]。蒙被[⑬]更生。泽及昆虫。功垂万世。陛下圣明。德被四表[⑭]。今以比年[⑮]久旱，灾疫未息，躬自菲薄[⑯]，广访得失。三代之隆，无以加[⑰]焉。"

【注释】

①杨终：蜀郡成都人，十三岁任郡小吏，后于京师受业，显宗时期，为校书郎。后永元十二年，病故。

②绝域：极远之地。

③怨旷：长期别离。

④善善：褒奖善的。善，赞美，褒扬。《韩非子·说林上》："夫以人言善我，必以人言罪我。"善，善行，善事，善人。

⑤恶恶:憎恨邪恶。

⑥百王:历代帝王。

⑦常典:常例,固定的法典、制度。

⑧酷烈:残暴。

⑨违忤:亦作"违牾"。违背;不顺从。

⑩约法三章:《史记·高祖本纪》:"与父老约,法三章耳:杀人者死,伤人及盗抵罪。"

⑪收孥:亦作"收帑"。古时,一人犯法,妻子连坐,没为官奴婢,谓之收孥。

⑫廓然:阻滞尽除貌。

⑬蒙被:遭受,受到。

⑭四表:指四方极远之地,亦泛指天下。孔颖达疏:"圣德美名,充满被溢于四方之外,又至于上天下地。"

⑮比年:每年,连年。

⑯菲薄:鄙陋。指德才等。常用为自谦之词。

⑰无以加:不能再增加,比不上。

【译文】

杨终,字子山,蜀郡人。被朝廷征召到兰台,任校书郎。建初元年,发生大旱灾,谷物价钱昂贵,杨终认为广陵、楚、淮阳、济南的监狱,被迁徙的囚徒多达万人,又在偏远的边疆屯守,官民和家人对长期别离都心怀怨恨。于是他上疏说:"臣听说'褒奖善行可以延及子孙,憎恨邪恶仅止于他本人(不殃及子孙)',这是历代帝王的常规,不可变更的道理。秦朝的政治残暴,违背了上天的好生之德,一个人犯罪,牵连三族。汉高祖平乱以后,约法三章。汉文帝非常仁慈,废止'收孥相坐'的法律。老百姓心里舒坦,像获得了新生,恩泽惠及昆虫,功德流传万代。陛下圣明,恩德遍布天下。而今连年干旱,灾祸和瘟疫都没有停止,您自责德行鄙陋,广泛询问朝政的得失,就是夏商周三代的盛世,也不会超过现代。"

传

【原文】

杨震①,字伯起,弘农②人也。迁③东莱④太守⑤,道经昌邑⑥,故所举茂才⑦王密为昌邑令,谒见⑧,至夜,怀金十斤以遗⑨震。震曰:"故人⑩知君,君不知故人,何也?"密曰:"暮夜无知者。"震曰:"天知、神知、我知、子知,何谓无知?"密愧而出。后转涿郡⑪太守。性公廉,子孙常蔬食步行⑫。故旧长者⑬,或欲令为开产业⑭,震曰:"使后世称为清白吏子孙,以此遗之,不亦厚乎?"

【注释】

①杨震(公元59年~公元124年):字伯起,弘农华阴人。八世祖杨喜,在汉高祖时因诛杀项羽有功,被封为“赤泉侯”。高祖杨敞,汉昭帝时为丞相,因功被封安平侯。父亲杨宝为当时名儒,哀、平二帝时隐居民间,以教书为生。杨震少年时聪明好学,曾拜桓郁为师。自二十岁以后,拒绝所有地方州郡的召请任命,并在家乡华山的牛心峪口,利用其父授徒的学馆自费设塾授徒。他坚持有教无类,不分贫富,四方求学者多达二千余人。他教书育人以清白正直为要,其严谨的治学精神和高尚的师德情操被人们誉为“槐市遗风”。继牛心峪学馆讲学之后,杨震还在华阴双泉学馆等讲学将近十年,弟子多达一千多人,加上牛心峪学馆的学生已超过了三千人,所以,当时人们称杨震为“关西孔子杨伯起(后人亦称其为‘关西夫子’)。”大将军邓骘敬重杨震的学识、贤名和品行,亲自派人征召杨震到自己幕府出仕任职。杨震到大将军邓骘幕府时,年已五旬。此后他又担任过多种官职,直到任太尉时被罢免为止,前后出仕二十多年。此期间杨震恪尽职守,秉公办事,勤政廉洁,为国为民,为历代官吏楷模。

杨震

②弘农:弘农郡是中国汉朝至唐朝的一个郡置,其范围历代有一定变化,以西汉为最大,包括今天河南省西部的三门峡市、南阳市西部,以及陕西省东南部的商洛市。

③迁:指调升官职。

④东莱:地名,山东龙口市(黄县)的古称。

⑤太守:原为战国时代郡守的尊称。西汉景帝时,郡守改称为太守,为一郡最高行政长官。

⑥昌邑:位于胶东半岛西北部,隶属山东潍坊。

⑦茂才:即“秀才”。东汉时,为了避讳光武帝刘秀的名字,将“秀才”改为“茂才”。

⑧谒见:指进见地位或辈分高的人。

⑨遗:给予,馈赠。

⑩故人:对门生故吏既亲切又客气的谦称。

⑪涿郡:今河北省涿州市,辖涿县、范阳县(今河北省定兴县固城镇)等二十一县。涿,音捉。

⑫蔬食步行:蔬食即粗食,以草菜为食;步行即徒步行走。形容生活节俭朴素。

⑬故旧长者:故旧,旧交、旧友。长者,年纪大或辈分高的人。

⑭产业:指私人财产,如田地、房屋、作坊等。

【译文】

杨震,字伯起,弘农郡人。他被升迁为东莱太守,在赴任途中路经昌邑,从前他举荐的秀才王密当时正任昌邑县令,因此就来拜见杨震。到了夜里,王密怀揣了十斤金子来送给杨震。杨震说:“我了解您,您却不了解我,这是为什么呢?”王密说:“夜里没有人知道。”杨震说:“天知,神知,我知,你知。怎么能说没人知道呢?”王密(听罢拿着金子)羞愧地走了。后来杨震调任为涿郡太守。杨震禀性公正廉洁,子孙们常常是粗茶淡饭、徒步出门。他年长的老朋友中有人劝他为子孙置办一些私人财产,杨震却说:“让后世人称他们为清白官吏的子孙,把这个留给他们,不是很丰厚吗?”

【原文】

奏御,帝以示阿母等,内幸[①]皆怀忿恚[②]。而伯荣骄淫[③]尤甚,与故朝阳侯刘护再从兄[④]瓌[⑤]交通[⑥],瓌遂以为妻,得袭护爵,位至侍中[⑦]。震深疾[⑧]之,复诣阙[⑨]上疏曰:“臣闻高祖与群臣约,非功臣不得封。故经制[⑩],父死子继,兄亡弟及,以防篡也。伏[⑪]见诏书,封故朝阳侯刘护再从兄瑰,袭[⑫]护爵为侯。护同产弟[⑬]威,今犹见在。臣闻天子专封封有功,诸侯专爵[⑭]爵有德。今瓌无他功行[⑮],但以配阿母女,一时之间,既忝侍中,又至封侯,不稽[⑯]旧制,不合经义,行人喧哗[⑰],百姓不安。陛下宜览镜[⑱]既往[⑲],顺帝之则。”书奏,不省[⑳]。

【注释】

①幸:指受帝王亲幸宠爱的佞人。
②忿恚:怨恨。
③骄淫:骄纵放荡。
④再从兄:同曾祖而年长于己者。
⑤瓌:刘瓌,生平不详。“瓌”古同“瑰”。
⑥交通:勾结,串通。
⑦侍中:古代职官名。秦始置,两汉沿置,为正规官职外的加官之一。因侍从皇帝左右,出入宫廷,与闻朝政,逐渐变为亲信贵重之职。晋以后,曾相当于宰相。《汉书·百官公卿表上》:“侍中、左右曹诸吏、散骑、中常侍,皆加官……侍中、中常侍得入禁中。”
⑧疾:厌恶,憎恨。
⑨诣阙:谓赴朝堂。阙,借指宫廷,帝王所居之处。后也借指京城。
⑩经制:治国的制度。
⑪伏:敬词。古时臣对君奏言多用之。
⑫袭:继承,沿袭。
⑬同产弟:谓同母之弟。
⑭爵:授爵或授官。

⑮功行:功绩和德行。

⑯稽:相合,相同。

⑰行人喧哗:行人,出行的人。喧哗,声大而嘈杂。

⑱览镜:比喻借鉴。

⑲既往:以往,过去。

⑳不省:不理会。

【译文】

奏书呈上后,安帝拿给王圣等人看。宫内受宠的佞人都心怀怨恨,而伯荣则比以前更加骄纵放荡。她与已故的朝阳侯刘护的远房堂兄刘瓌勾结串通,刘瓌于是娶她为妻,因此得以承袭刘护的爵位,官至侍中。杨震对此深恶痛绝,再次赴朝堂上疏说:"臣听说高祖和群臣约定,非功臣不能受封为侯。所以国家制度规定:父亲死了,其爵位由儿子继承;哥哥亡故了,爵位由弟弟袭封。(这样做)是为了防止篡夺爵位!臣看到诏书上封已故朝阳侯刘护的远房堂兄刘瓌承袭刘护的爵位为侯,但刘护的亲弟弟刘威现在仍然在世。我听说天子独有分封之权,是为了封侯给有功之人;诸侯独有授爵之权,是为了授爵给有德之人。而今刘瓌没有其他的功劳和德行,只因与乳母的女儿婚配,便一下子位至侍中,又被封为诸侯。这样做既不符合旧制,也不合乎经义,路人议论纷纷,百姓深感不安。陛下应当借鉴过去的成例,遵循帝王的法度(来处理国事)。"奏书呈上后,安帝没有理睬。

【原文】

时诏遣使者大为阿母治第[①],中常侍[②]樊丰,及侍中周广、谢恽等,更相扇动[③],倾摇[④]朝廷。震复上疏曰:"臣伏念方今灾害发起,百姓空虚[⑤],不能自赡,重以螟蝗[⑥],羌虏[⑦]抄掠[⑧],三边[⑨]震扰,兵甲军粮,不能复给。大司农[⑩]帑藏[⑪]匮乏,殆[⑫]非社稷安宁之时。伏见诏书,为阿母兴起津城门[⑬]内第舍[⑭],合两为一[⑮],连里竟街[⑯],雕治缮饰[⑰],穷极巧技,转相迫促[⑱],为费巨亿。周广、谢恽兄弟,与国无肺腑枝叶[⑲]之属,依倚近幸,分威共权,属托州郡,倾动[⑳]大臣。宰司辟召[㉑],承望[㉒]旨意,招来海内贪污[㉓]之人,受其货赂[㉔],至有赃锢[㉕]弃世之徒,复得显用[㉖]。白黑溷淆[㉗],清浊同源,天下喧哗,为朝结讥。臣闻师言:'上之所取,财尽则怨,力尽则叛。'怨叛之民,不可复使。惟陛下度之。"丰、恽等,见震连切谏不从,无所顾忌,遂诈作诏书,调发司农钱谷[㉘]、大匠[㉙]见徒[㉚]材木[㉛],各起家舍[㉜]、园、池[㉝]、庐观[㉞](观下旧有阁字,删之),役费无数。震因地震,复上疏,前后所上,转有切至[㉟]。帝既不平[㊱]之,而樊丰等,皆侧目[㊲]责愤,俱以其大儒,未敢加害。

【注释】

①治第:治,修建、修缮。第,官邸、大的住宅。

②中常侍:西汉时皇帝近臣,给事左右,职掌顾问应对。中常侍是仅有虚衔的加官。

西汉前期只有常侍之名，或称常侍郎，为郎官之一，获此号者多为皇帝爱幸之臣。东汉时中常侍已非加官，而成为有具体执掌的官职，其秩为千石，后又增为比二千石，本无员数。安帝时，和熹邓皇后临朝，中常侍都任用宦官，并授以重任。从此以后，居此位的宦官竟可权倾人主，员数也从四人增加到十人，东汉末增加到十二人。

③扇动：煽动，鼓动。

④倾摇：动摇。

⑤空虚：空无，不充实。

⑥螟蝗：螟和蝗，都是食稻麦的害虫。此指螟虫、蝗虫成灾。

⑦羌虏：羌，我国古代民族名，主要分布地相当于今甘肃、青海、四川一带。秦汉时，部落众多，总称西羌。以游牧为主。其后逐渐与西北地区的汉族及其他民族融合。虏，古时对北方外族或南人对北方人的蔑称。

⑧抄掠：抢劫，掠夺。

⑨三边：指东、西、北边陲。

⑩大司农：官名。秦置治粟内史，汉景帝时改称大农令，武帝太初元年更名大司农。掌租税钱谷盐铁和国家的财政收支，为九卿之一。北齐时称司农寺卿，隋唐以后所置略同。元置大司农司，掌农桑、水利、学校、救荒等事。明初置司农司，不久即废，其职掌并入户部。习惯用作户部尚书的别称。

⑪帑藏：国库。帑，音躺。

⑫殆：大概。

⑬津城门：又名津阳门，在洛阳南面，靠近洛河。

⑭第舍：宅第，住宅。

⑮合两为一：李贤注："合两坊而为一宅。"

⑯连里竟街：形容屋舍毗连不绝。李贤注："里即坊也。"里，城邑的市廛、街坊。今称巷弄。

⑰雕治缮饰：雕，饰以彩绘、花纹。后亦写作"彫"。缮饰，修葺装饰。

⑱迫促：逼迫，催促。

⑲肺腑枝叶：肺腑，同"肺附"，比喻帝王的宗室近亲。枝叶，喻同宗的旁支。

⑳倾动：倾覆，动摇。

㉑辟召：征召。

㉒承望：迎合，逢迎。

㉓贪污：贪利忘义。

㉔货赂：财物。

㉕赃锢：音赃故。《后汉书》原文作"臧锢"，谓因收受贿赂而被监禁。李贤注："有臧贿禁锢之人也。"

㉖显用：犹重用。

㉗溷淆：亦作"溷殽"，混乱、杂乱。溷，音浑。

㉘钱谷：钱币、谷物。常借指赋税。

㉙大匠：官名，全称为“将作大匠”，掌管宫室修建之官。秦代称“将作少府”。西汉景帝时改称“将作大匠”，掌管宫室、宗庙、陵寝等的土木营建，秩二千石。

㉚见徒：现被拘禁执役的囚犯。

㉛材木：可作木材的树，木材。

㉜家舍：家庭屋舍。

㉝园池：指有池塘的园林。

㉞庐观：泛指楼阁亭台。

㉟转有切至：转，副词，渐渐、更加。有，助词，无义，作形容词词头。切至，切直尽理。

㊱不平：愤慨，不满。

㊲侧目：斜目而视，形容愤恨。

【译文】

当时皇上下诏，委派使者大规模地为乳母修建府第。中常侍樊丰及侍中周广、谢恽等人更是相互煽动，整个朝廷都为之震荡。杨震再次上疏道：“臣想到当今灾害接连发生，百姓生活匮乏，无法养活自己。再加上遭受螟蝗之灾和羌人的劫掠，东西北三边边陲受到侵扰，兵器和粮草都无力供应了。大司农所掌管的国库已经空虚匮乏，大概眼下并不是国家安宁的时候。我见到诏书上说要为乳母兴建津城门内的府第，将两条街巷合并为一个宅院，屋舍（毗连不绝）贯通整个里弄。房屋雕梁画栋，用尽各种精巧的工艺。各方面加紧督造这座府第，花费数以亿计。周广和谢恽兄弟，不是帝王的宗室近亲，也不是同宗的旁亲，只仗着是皇帝的宠臣，就得以分夺威势，共操权柄，向各州郡请托营私，使大臣们为之动摇，掌控征召的权力，逢迎皇上的意图。招用的都是国内那些贪利忘义之人，接受他们的财货贿赂，以至于那些因收受贿赂而被监禁或被判死刑的人重新得到了重用。黑白颠倒，清浊难辨，天下人议论纷纷，致使朝廷招致讥讽。臣听老师说：‘皇上向百姓索取，如果耗竭了民间的财物，百姓就会怨恨；如果用尽了民间的力役，百姓就会叛乱。’那些怀有怨恨和叛乱之心的人，是很难再听从国家的调遣了。’希望陛下三思。”樊丰、谢恽等人看到杨震接连几次进行的恳切劝谏都不被皇上采纳，就更加无所顾忌了。于是假颁诏书，调发司农掌管的国库钱财谷物和将作大匠掌管的执役的囚徒和木材，用来修建自家的宅第、园林、池塘、楼观等，耗费的人力和钱财难以计数。杨震趁发生地震，再次上疏。先后所上的奏书，言辞一次比一次恳切。安帝看了心中非常不满，而樊丰等人对他则更是侧目而视，怨恨不已。但因杨震是当世的大儒，他们都不敢加害他。

【原文】

会东巡岱宗[1]，樊丰等因乘舆[2]在外，竞治第宅。震部掾[3]高舒召大匠[4]，令史[5]考校[6]之，得丰等所诈下诏书，具奏。须[7]行还上之。丰等闻，惶怖，遂共谮[8]震云：“自赵腾死后，深用怨怼[9]，且邓氏故吏[10]，有恚恨心。”及车驾[11]行还，遣使者策[12]收震太尉[13]印绶[14]，震于是柴门[15]绝宾客。丰等复恶之，乃请大将军耿宝[16]，奏震大臣不服罪，怀恚望[17]，有诏遣归本郡。震行至城西夕阳亭[18]，乃慷慨[19]谓其诸子门人[20]曰："死者士之常分[21]。吾蒙恩居上司[22]，疾奸臣狡猾[23]而不能诛，恶嬖女[24]倾乱而不能禁，何面目复见日月！身死之日，以杂木[25]为棺，布单被，裁足盖形[26]，勿归冢次[27]，勿设祭祠[28]。"因饮酖[29]而卒。

【注释】

①东巡岱宗：东巡，古代谓天子巡视东方。语本《书·舜典》："岁二月，东巡守，至于岱宗。"岱宗，即泰山，泰山旧谓居五岳之首，为诸山所宗，故称。

②乘舆：皇帝的代称。

③掾：官府中佐助官吏的通称。

④大匠："将作大匠""将作监"的别称。

⑤令史：汉丞相府及以后三公府的属吏，在诸曹的掾史之下，秩百石。尚书的属吏也有令史，秩二百石，御史中丞的属官兰台令史，秩六百石，系中级官员，较特殊。令史身份低下，为士人所不屑。隋、唐、宋、金、元的台、省、院、部均设令史，除金外，皆为低级办事吏员。明废令史之名。

⑥考校：考察，校核。

⑦须：等待。

⑧谮：谗毁，诬陷。

⑨深用怨怼：用，介词，犹言"以"，表示凭借或者原因。怨怼，怨恨、不满。

⑩邓氏故吏：邓氏，指大将军邓骘。故吏，原来的属吏。因杨震曾在大将军邓骘幕府任职，故称。

⑪车驾：帝王所乘的车。亦用为帝王的代称。

⑫策：古代君主对臣下封土、授爵、免官或发布其他教令的文件。引申为策命、策免。

⑬太尉：官名。秦至西汉设置，为全国军政首脑，与丞相、御史大夫并称三公。汉武帝时改称大司马。东汉时太尉与司徒、司空并称三公。历代亦多曾沿置，但渐变为加官，无实权。至宋徽宗时，定为武官官阶的最高一级，但本身并不表示任何职务。一般常用作武官的尊称。元以后废。

⑭印绶：印信和系印信的丝带。古人印信上系有丝带，佩带在身。

⑮柴门：犹杜门、闭门。

⑯大将军耿宝：汉安帝舅父，任大鸿胪。公元124年至公元125年任大将军。

⑰恚望：怨望，怨恨。

⑱夕阳亭：亭名，故址在河南省洛阳市西。东汉延光年间，太尉杨震被谮遣归，饮鸩死于此亭。晋贾充出镇关中，百僚饯行于此亭。唐朝也以此亭为饯送之所，改名"河亭"。

⑲慷慨：情绪激昂。

⑳门人：弟子。

㉑常分：定分。

㉒上司:汉时对三公的称呼。

㉓狡猾:诡诈刁钻。亦指诡诈刁钻之人。

㉔嬖女:受宠爱的姬妾。

㉕杂木:杂色木材,劣质木材。《礼记·丧服大记》:"君松椁,大夫柏椁,士杂木椁。"孔颖达疏:"士杂木椁者,士卑,不得同君,故用杂木也。"

㉖裁足盖形:裁,通"才",仅仅。盖,遮盖、覆盖。形,形体、身体。

㉗冢次:冢,坟墓。次,间,际。

㉘祭祠:祭祀,陈物供奉始祖。

㉙饮酖:亦作"饮鸩"。喝用鸩鸟羽毛泡制的毒酒。

【译文】

后来正逢皇上东巡泰山,樊丰等人趁皇上在外,争相大修宅第。杨震的属官高舒把将作大匠的令史召来进行考察核对,获得樊丰等人伪造下发的诏书,准备好了奏章,只等皇上回来就递上去。樊丰等人听到这个消息,十分害怕,于是就一起诬陷杨震说:"自从赵腾被处死以后,杨震就因此而深怀怨恨,而且杨震作为前大将军邓骘的属下,也对朝廷心存怨恨。"等皇上回京后,就派使者收回了杨震的太尉印绶,于是杨震就闭门谢客。樊丰等人还嫉恨他,就请大将军耿宝上奏说,杨震身为大臣却不服罪,心中怀有怨恨。皇上就下诏把杨震遣送回原籍。杨震走到洛阳城西的夕阳亭,情绪激昂地对儿子和弟子们说:"死亡是士人的常分。我承蒙皇上恩典,身居三公之位,痛恨奸臣狡猾却无法诛杀他们,疾恶嬖女作乱而无法禁止她们,有何面目再见日月呢!我死以后,只用杂木来做棺材,用布做成单被,只要能盖住身体就可以了,不要把我埋葬在祖坟之间,也不要为我设立祭祠。"(说罢)就饮鸩而死了。

【原文】

震中子秉[①],字叔节。延熹[②]五年,为太尉。是时宦官方炽[③]。中常侍侯览[④]弟参,为益州刺史[⑤],累[⑥]有臧罪[⑦],暴虐一州。秉劾奏[⑧]参,槛车征诣廷尉[⑨]。参自杀。秉因奏览及中常侍具瑗[⑩],免览官,而削瑗国。每朝廷有得失,辄尽忠规谏,多见纳用。秉性不饮酒,尝从容言曰:"我有三不惑,酒、色、财也。"

【注释】

①中子秉:中子,排行居中的儿子。秉,杨秉,字叔节,大儒杨震中子,少传父业,兼明《京氏易》,博通书传,常隐居教授。年四十余,乃应司空辟,拜侍御史,频出为豫、荆、徐、兖四州刺史,迁任城相。自为刺史、二千石,计日受奉,余禄不入私门。故吏赍钱百万遗之,闭门不受。以廉洁称。

②延熹:东汉皇帝汉桓帝刘志的第六个年号。公元158年6月至公元167年6月。

③宦官方炽:宦官,古代以阉割后失去男性功能之人在宫中侍奉皇帝及其家族,称为

宦官。史书上也称阉(奄)人、奄寺、阉宦、宦者、中官、内官、内臣、内侍、内监等。宦官本为内廷执役的奴仆,不能干预外政,但因与皇室接近而关系密切,故历史上常造成奄宦专权的局面。炽,昌盛、兴盛。

杨秉

④侯览(?~公元172年):东汉桓帝时宦官,山阳防东(今山东单县东北)人。桓帝初为中常侍,延熹年间赐爵为关内侯。因诛梁冀有功,进封高乡侯,后迁为长乐太仆。任官期间,专横跋扈,贪婪放纵,大肆抢掠官民财物。为了报复私仇,侯览又诬陷张俭、李膺、杜密等为党人,造成了历史上有名的党锢之祸。熹平元年,侯览被举奏专权骄奢,印绶亦被缴收,随后自杀身亡。

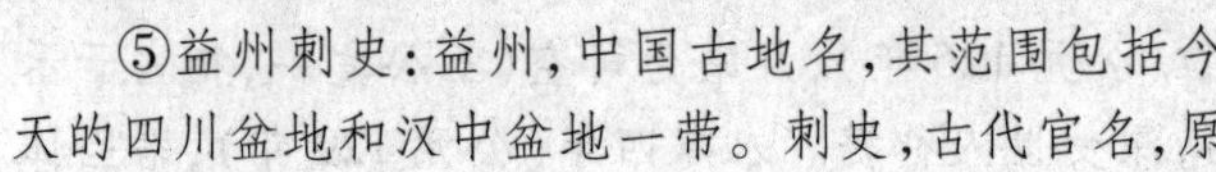

⑤益州刺史:益州,中国古地名,其范围包括今天的四川盆地和汉中盆地一带。刺史,古代官名,原为朝廷所派督察地方之官,后沿为地方官职名称。汉武帝时,分全国为十三部(州),部置刺史。成帝改称州牧,哀帝时复称刺史。魏晋于要州置都督兼领刺史,职权益重。

⑥累:连续,屡次。

⑦臧罪:贪污受贿之罪。

⑧劾奏:向皇帝检举官吏的过失或罪行。

⑨槛车征诣廷尉:槛车,用栅栏封闭的车,用于囚禁犯人。槛,音建。征诣,召往。廷尉,官名,秦始置,九卿之一,掌刑狱。汉初因之,秩中二千石。景帝时改称大理,武帝时复称廷尉。东汉以后,或称廷尉,或称大理,又称廷尉卿。北齐至明清皆称大理寺卿。

⑩具瑗:东汉魏郡元城(治今河北大名东)人。宦官。桓帝时,任中常侍,与宦官单超、左官、徐璜、唐衡合谋诛灭外戚梁冀,封东武阳侯。单超等四人也同日封侯,进称"五侯"。他和左官等骄横贪暴,兄弟亲戚都为州郡刺史、太守,侵夺人民。后被司隶校尉韩演劾奏,贬为都乡侯。卒于家。瑗,音院。

【译文】

杨震的中子杨秉,字叔节,汉桓帝延熹五年,担任太尉。这正是宦官当道的时候,中常侍侯览的弟弟侯参时任益州刺史,多有贪污罪行,危害整个益州。杨秉弹劾侯参,(皇帝下令)用槛车把侯参征召到廷尉。侯参(畏罪)自杀。杨秉接着参奏侯览和中常侍具瑗,最终侯览被免去了官职,具瑗被削减了封国。每逢朝廷有得失,他都尽忠规谏,意见多被采纳。杨秉生性不饮酒,曾从容安详地说:"我不会被三种东西所迷惑,即酒、色、财。"

【原文】

张皓[1],字叔明,犍为[2]人也。子纲[3],字文纪,为侍御史[4]。时顺帝[5]委纵[6]宦官,有识危心[7]。纲常感激[8],慨然[9]叹曰:"秽恶[10]满朝,不能奋身出命[11],埽[12]国家之难,虽生吾不愿也。"退而上书曰:"《诗》云:'不愆不忘,率由旧章[13]。'寻[14]大汉初隆,及中兴之世[15],文、明二帝[16],德化[17]尤盛。观其治为,易循易见,但恭俭守节、约身尚德而已。中官常侍[18],不过两人,近幸赏赐,裁满数金,惜费重民,故家给人足[19]。而顷者[20]以来,不遵旧典[21],无功小人,皆有官爵,富之骄之,而复害之,非爱民重器[22]、承天顺道[23]者也。伏愿陛下割损[24]左右,以奉天心。"书奏,不省。

【注释】

①张皓(公元49年~公元132年):汉留侯张良六世孙。永宁元年(公元120年)拜为廷尉(九卿之一,掌刑狱)。顺帝即位(公元126年),拜皓为司空(三公之一,相当于丞相)。任中,皓以向朝廷推荐贤才闻名,深受世人称赞。永建四年(公元129年),皓因体弱免官。阳嘉元年(公元132年)卒,享年八十三岁。

②犍为:古郡名,汉置,治所在今四川省宜宾市,属益州。

③纲:张纲(公元108年~公元143年),张皓之子。顺帝时任侍御史后在广陵任职,病殁于任上,年仅三十六岁。

④侍御史:官名。秦置,汉沿设,在御史大夫之下。受命于御史中丞,或给事殿中,或举劾非法,或督察郡县,或奉使出外执行指定任务。亦号为"绣衣直指"。

⑤顺帝:汉顺帝刘保(公元115年~公元144年),东汉第七位皇帝。汉安帝长子。公元125年即位,在位二十年。终年三十岁,葬于宪陵。

⑥委纵:放任。

⑦有识危心:有识,指有见识的人。危心,谓心存戒惧。

⑧感激:感奋激发。引申指激动,有生气之意。

⑨慨然:感慨貌。

⑩秽恶:邪恶,污浊。

⑪奋身出命:奋身,谓奋力投身于某一活动。出命,献出生命。

⑫埽:除掉,消灭。

⑬不愆不忘,率由旧章:语出《诗·大雅·假乐》。李贤注:"愆,过也。率,循也。言成王令德,不过循用旧典之文。"

⑭寻:重温。

⑮中兴之世:此指东汉初年的"光武中兴"。

⑯文明二帝:指(西汉)文帝和(东汉)明帝。

⑰德化:犹德教。

⑱中官常侍:中官,宦官。常侍,官名,皇帝的侍从近臣。秦汉有中常侍,魏晋以来有

散骑常侍,隋唐内侍省有内常侍,均简称常侍。

⑲家给人足:家家富足,人人饱暖。

⑳顷者:近来。

㉑旧典:旧时的制度、法则。

㉒器:指鼎彝等传国之重器。亦指政权。

㉓承天顺道:承天,承奉天道。顺道,顺从道义、遵循规律。

㉔割损:割削,减损。

【译文】

张皓,字叔明,犍为郡人。他的儿子张纲,字文纪,为侍御史。当时汉顺帝任用并纵容宦官,有远见卓识的人感到忧心。张纲常常感怀激愤,慨然叹息说:"邪恶之人遍满朝廷,而不能奋不顾身出来扫除国家的危难,即使活在世上我也不愿意。"退朝后又上书说:"《诗经》上说:'不愆不忘,率由旧章(不失误,不忘祖,一切都按照原来的规章制度来办事)。'想当年大汉初隆和中兴的时候,文帝和明帝的德教尤为兴盛。观察他们治国的措施,很容易被遵循和理解,无非是(能做到)恭敬节俭、坚守节操、约束自己的行为并且崇尚道德罢了。宦官和常侍不过才有两个人,对身边宠幸之人的赏赐顶多数金,(皇帝能够)节俭费用,重视人民,所以百姓都能丰衣足食。可是近年以来,(朝廷)不遵守旧时法度,没有功劳的小人,都有了官爵,使得他们富贵和骄纵起来,然后又诛杀了他们。这不是爱民重国、承奉天道、顺从道义的做法呀!乞望陛下削减左右小人,以承奉上天之心。"奏书呈上,顺帝不予理睬。

【原文】

种暠[①],字景伯,河南人也。举孝廉[②]。顺帝(旧无顺帝二字,补之)擢暠,监太子[③]于承光宫中。常侍高梵从中[④]单驾出迎太子,时太傅杜乔[⑤]等疑不欲从,惶惑[⑥]不知所为。暠乃手剑当车[⑦],曰:"太子国之储副[⑧],民命所系[⑨]。今常侍来无诏信[⑩],何以知非奸邪?今日有死而已。"梵辞屈[⑪],驰命奏之。诏报,太子乃得去。乔退而叹息,愧暠临事不惑。帝亦嘉其持重[⑫],称善者良久。出为益州刺史,宣恩远夷[⑬],开晓殊俗[⑭],岷山[⑮]杂落,皆怀服[⑯]汉德焉。

【注释】

①种暠:暠,音搞,东汉大臣。父亲是定陶县令,有资财三千万。父亲去世后,种暠全都赈济了宗族及邑里贫穷的人。先后任侍御史、益州刺史、凉州刺史、南郡太守、大司农。延熹四年,迁为司徒。曾推举桥玄、皇甫规等人,都是称职的名臣。种暠在位三年,薨,时年六十一岁。并州、凉州边境上的人都为他举哀。

②孝廉:孝,指孝悌者;廉,清廉之士。分别为古代选拔人才的科目。始于汉代,在东汉尤为求仕者必由之途。后往往合为一科。亦指被推选的士人。汉朝"举孝廉"制度规

定:每二十万户中每年要推举孝廉一人,由朝廷任命官职。被举之学子,除博学多才外,更须孝顺父母,行为清廉,故称为孝廉。

③监太子:监,本指察看、督察,此有监护之意。太子,汉顺帝太子刘炳(即后来之冲帝)。

④中:特指宫禁之内。亦借指朝廷。

⑤太傅杜乔:太傅,此指太子太傅。杜乔(? ~公元 147 年),字叔荣,后汉河内林虑(今河南林州)人。杜乔为官正直,不与贪官同流合污,最终在牢狱中身殒。

⑥惶惑:疑惧;疑惑。

⑦手剑当车:手剑,持剑。当,阻挡。

⑧储副:国之副君。指太子。

⑨系:维系。指将事物联结聚集起来,使不涣散。

⑩诏信:诏,诏书。信,符契、凭证。

⑪辞屈:谓理屈词穷。

⑫持重:稳重,谨慎。

⑬宣恩远夷:宣恩,宣扬皇帝的恩德。远夷,指远方的少数民族。

⑭开晓殊俗:开晓,开导使明白。殊俗,指风俗不同的远方。

⑮岷山:山名。在四川省北部,绵延四川、甘肃两省边境。为长江、黄河分水岭,岷江、嘉陵江支流白龙江发源地。

⑯怀服:亦作"怀伏"。内心顺服。

【译文】

种暠,字景伯,河南人,曾被推举为孝廉。汉顺帝提拔种暠在承光宫中监护太子。常侍高梵从宫中驾驶单车出来迎接太子,当时太傅杜乔等犹豫着不想依从,但又惶惑而不知该怎么办好。种嵩于是手持利剑挡在车前,说道:"太子是国家皇位的继承人,关系到天下百姓的命运。如今常侍来迎接太子,却没有诏书符契,怎么知道不是奸邪呢?今日宁死不从。"高梵理屈词穷,只好快速回朝奏明皇帝。皇帝有诏报来,太子这才得以跟随而去。杜乔回去后十分感叹,自愧不能像种暠那样临事不惑。皇帝也称赞种暠稳重谨慎,赞扬了他很长时间。后来种暠出任益州刺史,向边远的少数民族宣扬皇上的恩德,开导晓谕远方风俗不同的人民。岷山地区的许多部落都由衷地顺服汉朝的恩德。

【原文】

刘陶[①],字子奇,一名伟,颍川[②]人也。时大将军梁冀专朝,而桓帝[③]无子,连岁荒饥,灾异数见,陶时游[④]大学,乃上疏陈事曰:"臣闻人非[⑤]天地无以为生,天地非人无以为灵。是故帝非民不立,民非帝不宁。夫天之与帝,帝之与民,犹头之与足,相须[⑥]而行也。伏惟陛下袭常存之庆[⑦],循不易之制,目不视鸣条之事[⑧],耳不闻檀车[⑨]之声,天灾不有痛于肌肤,震食[⑩]不即损于圣体,故蔑三光[⑪]之谬,轻上天之怒。伏念高祖之起,始自布衣,合散扶伤[12]，克成[13]帝业，功既显矣，勤亦至矣。流福遗祚[14]，至于陛下。陛下既不能增明烈考之轨[15]，而忽高祖之勤，妄假利器[16]，委授国柄[17]，使群丑刑隶[18]，芟刈[19]小民，雕敝诸夏[20]，虐流远近，故天降众异，以戒陛下。陛下不悟，而竞令虎豹窟于麑场[21]，豺狼乳于春囿[22]，斯岂唐咨禹稷[23]、益典朕虞[24]之意哉！又今牧守长吏[25]，上下交竞[26]，封豕长蛇[27]，蚕食[28]天下，货殖[29]者为穷冤之魂，贫馁[30]者作饥寒之鬼，高门获东观之辜[31]，丰室罗[32]妖叛[33]之罪，死者悲于窀穸[34]，生者戚[35]于朝野。是愚臣所为咨嗟[36]长怀叹息者也。且秦之将亡，正谏者诛，谀[37]进者赏，嘉言结于忠舌，国命[38]出于谗口，擅阎乐于咸阳[39]，授赵高以车府[40]，权去己[41]而不知，威离身而弗顾。古今一揆[42]，成败同势[43]。愿陛下远览强秦之倾，近察哀、平[44]之变，得失昭然[45]，祸福可见。臣敢吐不时[46]之议于讳言[47]之朝，犹冰霜见日，必至消灭。臣始悲天下之可悲，今天下亦悲臣之愚惑也。"书奏，不省。

【注释】

①刘陶：约公元157年前后在世，为人居简不拘小节。举孝廉，累官侍御史，封中陵卿候。三迁尚书令，拜侍中。屡切谏，为权臣所畏。徙京兆尹，到职当出修官钱千万，陶耻以钱买职，称疾不听政。灵帝宿重其才，原其罪，征拜谏议大夫。

②颍川：郡名，秦王政十七年（公元前230年）置。以颍水得名。治所在阳翟（今河南省禹州市），辖境相当于今河南登封市、宝丰以东，尉氏、郾城以西，新密市以南，叶县、舞阳以北地。两汉沿置。

③桓帝：汉桓帝（公元132年~公元167年）刘志，东汉第十位皇帝，汉章帝曾孙，在位二十一年。谥号孝桓皇帝，庙号为"威宗"。

④游：外出求学。

⑤非：无，没有。

⑥相须：亦作"相需"。互相依存，互相配合。

⑦伏惟陛下袭常存之庆：伏惟，亦作"伏维"，下对上的敬词，多用于奏疏或信函，意为念及、想到。袭，继承、沿袭。常存，永久存在、长期存在。庆，福泽。

⑧鸣条之事：指伊尹相汤伐桀，与桀战于鸣条之野的史实。借指征战之事。

⑨檀车：古代车子多用檀木为之，故称。常用以指役车、兵车。李贤注："檀车，兵车也。"

⑩震食：亦作"震蚀"。地震和日、月食。

⑪三光：日、月、星。

⑫扶伤：谓扶助受伤的人。

⑬克成：完成，实现。

⑭遗祚：犹余福。

⑮烈考之轨：烈考，显赫的亡父，后多用为对亡父的美称，此指先祖。轨，法则、制度、规矩。

⑯妄假利器：妄，胡乱、随便。假，授予、给予。利器，李贤注："利器谓威权也。"

⑰国柄：国家权柄。

⑱群丑刑隶：群丑，邪恶之众。刑隶，因犯罪被官府判作奴隶的人，亦特指阉人。

⑲芟刈：音山易，割。引申为杀戮。

⑳雕敝诸夏：雕敝，谓使衰落破败。诸夏，周代分封的中原各个诸侯国，泛指中原地区，亦指中国。

㉑虎豹窟于麑场：窟，穴居、作巢。麑，音泥，幼鹿。

㉒豺狼乳于春囿：乳，鸟兽等产卵、产子。李贤注："乳，产也。"囿，古代帝王畜养禽兽以供观赏的园林，汉以后称苑。

㉓唐咨禹、稷：唐，即唐尧，为帝喾次妃陈锋氏女庆都所生，祁姓，名放勋，号陶唐，谥曰尧，因曾为陶唐氏首领，故史称唐尧。咨，赞叹、赞赏。稷，后稷，周的始祖，名弃，曾经被尧举为"农师"，被舜命为后稷。

㉔益典朕虞：益，即伯益，亦作伯翳、柏翳、柏益、伯鹭，又名大费，相传为尧舜时大臣。

㉕牧守长吏：牧守，州郡的长官。州官称牧，郡官称守。长吏，指州县长官的辅佐。

㉖交竞：相互争斗。

㉗封豕长蛇：亦作"封豨修蛇"。大猪与长蛇。喻贪暴者。

㉘蚕食：亦作"蚕蚀"。蚕食桑叶。喻逐渐侵占。

㉙货殖：谓经商营利。

㉚贫馁：贫穷饥饿。

㉛东观之辜：《孔子家语·始诛》："孔子为鲁司寇，摄行相事……七日而诛乱政大夫少正卯，戮之于两观之下。"两观，汉刘向《说苑·指武》作"东观"。后因以"东观之殃"谓杀身之祸。辜，灾难、祸害。

㉜罗：通"罹"。遭遇。

㉝妖叛：妖，不正。叛，背叛。

㉞窀穸：音谆西，亦作"窀夕"。墓穴。

㉟戚：忧愁，悲伤。

㊱咨嗟：音资接，叹息。

㊲谀：谄媚的话。

㊳国命：国家的法令。

㊴擅阎乐于咸阳：擅，擅自、随意。阎乐，生卒年待考，秦朝人，赵高的女婿，曾任咸阳县令。秦二世三年，赵高与阎乐密谋，趁二世在望夷宫斋戒之机，阎乐率领党羽一千余人，假称皇宫内将有变乱，率兵围宫，逼二世自杀。

㊵授赵高以车府：赵高（？~公元前207年），秦二世时丞相，著名宦官（一说并非宦官），曾任中车府令，兼行符玺令事。秦始皇死后与李斯合谋篡改诏书，立始皇幼子胡亥为帝，并逼死始皇长子扶苏。秦二世即位后，他又设计陷害李斯，并成为丞相。后派人逼死秦二世，不久后被秦王子婴所杀。车府，即车府令，古代执掌乘舆之官。

㊶已：《后汉书》原文作"己"。

㊷一揆：谓同一道理、一个模样。

㊸势：这里指情势。

㊹哀、平：汉哀帝和汉平帝。

㊺昭然：明白貌。

㊻不时：不适时，不合时。李贤注："不时谓不合于时也。"

㊼讳言：谓忌讳臣下谏诤。李贤注："讳言谓拒谏也。"

【译文】

刘陶，字子奇，又名刘伟，颍川郡人。当时大将军梁冀在朝专权，桓帝尚没有子嗣，国家连年饥荒，灾异现象多次发生。刘陶这时正在太学读书，于是上书陈述说："我听说人没有天地就无法生存，天地如果没有人就不能显示它的灵气。所以帝王没有人民就无法存在，人民没有皇帝就无法安宁。上天和帝王、帝王和人民，就像头和脚的关系一样，是相互配合而行动的。臣想到陛下承袭着永久的福泽，遵循着恒定不变的制度，眼不见征战之事，耳不闻兵车之声，天灾不会刺痛您的肌肤，地震和日月之蚀也损害不到您的圣体，所以您才轻视日、月、星三光运行错乱的现象，看轻上天的威怒。想当初汉高祖兴兵起事，是从一介平民开始，他逐渐聚合已经离散的大众，救助被暴秦伤害过的百姓，终于成就了帝王的功业。高祖的功绩既已十分显赫，而勤苦也达到了极点，流传下来的福德和基业，一直延续到陛下。然而陛下既不能光显先祖制定的法度，又忽视了高祖的勤政爱民，随便授予（小人）威权，将国家大权委托给别人，使得邪恶之众和宦官阉人像割草一样地杀戮人民，使国家衰败，远近的百姓都受到暴虐流毒的伤害。因此，上天降下许多异象来警诫陛下。然而，陛下您却并不悔悟，反而竟相让虎豹在鹿场中打洞穴居，任豺狼在春目的园林中繁衍生息，这难道是唐尧赞叹大禹、后稷，让伯益担任朕虞的本意吗？再者，当今的牧守长吏这些官员，上下之间互相争斗，如同大猪长蛇一样贪暴的人，逐渐蚕食天下。经商的人成为穷冤之魂，贫困的人成为饥寒之鬼，高门望族遭受杀身之祸，富裕人家蒙受反叛的罪名。死去的人在坟墓中悲痛，活着的人在朝野间忧伤。这些都是愚臣所为之叹息，长怀感慨的事啊！况且，当初秦朝将要灭亡时，直言谏诤者被杀，进谄言者受赏；于国于民有利的话凝结在忠臣的舌间不敢说出来，国家的法令却出于奸邪之人的口中。让阎乐在咸阳擅自妄为，授予赵高车府令的重任，权柄离开自己却浑然不知，威势远离自身也全然不顾。古今的道理都是一样的，成败的情势也是相同的。希望陛下远观强秦的倾覆，近察哀帝、平帝时代的变乱，那么得失就会明明白白，祸福也可看得清清楚楚。臣敢于在忌讳臣下谏诤的朝廷说出不合时宜的言论，臣将像冰霜见到太阳，必然会被消融。一开始臣是哀痛天下令人痛心的时局，现在，天下人也要怜悯臣的愚昧与糊涂了。"奏书呈上后，皇上不予理睬。

【原文】

李云①，字行祖，甘陵人也。举孝廉，迁白马令。桓帝诛大将军梁冀，而中常侍单超②等五人，皆以诛冀功，并封列侯，专权选举③。又立掖庭④人女亳氏⑤为皇后，数月间，后家封者四人[⑥]，赏赐巨万。是时地数震裂，众灾频降。云素刚，忧国将危，心不能忍，乃露布[⑦]上书，移副三府[⑧]，曰："臣闻皇后天下之母，德配坤灵[⑨]。得其人，则五氏[⑩]来备；不得其人，则地动摇宫。比年[⑪]灾异，可谓多矣；皇天下之戒，可谓至矣。举厝[⑫]至重，不可不慎[⑬]；班[⑭]功行赏，宜应其实。梁冀虽持权专擅，虐流天下，今以罪行诛，犹召家臣搤杀之耳[⑮]。而猥[⑯]封谋臣万户以上，高祖闻之得无见非[⑰]？西北列将[⑱]，得无解体[⑲]耶？孔子曰：'帝者，谛也[⑳]。'今官位错乱，小人谄进，财货公行[㉑]，政治日损，尺一拜用[㉒]，不经御省[㉓]。是帝欲不谛乎？"

【注释】

①李云：东汉白马令。因直谏汉桓帝下狱，与杜众同死狱中。

②甘陵：在今邢台市清河县南部。

③单超（？～公元160年）：东汉专权朝政的首要宦官之一，河南（今河南洛阳）人。桓帝初为中常侍，与宦官徐璜、具瑗、唐衡共谋诛灭外戚梁冀兄弟，以功封新丰侯，为"五侯"之一，食邑二万户。后官拜车骑将军，不久卒。

④选举：古代指选拔举用贤能。自隋以后，分为二途：举士属礼部，包括考试与学校；举官属吏部，掌管铨选与考绩。正史自新、旧《唐书》以下至《明史》皆有《选举志》。

⑤掖庭：亦作"掖廷"。宫中旁舍，妃嫔居住的地方。

⑥亳氏：此指邓皇后，即邓猛女，汉桓帝的第二任皇后。梁皇后病死后，桓帝诛灭梁冀，即立邓猛女为皇后。

⑦后家封者四人：李贤注："时封后兄康为比阳侯，弟统昆阳侯，统从兄会安阳侯，统弟秉为清阳侯。"

⑧露布：不缄封的文书。亦谓公布文书。

⑨移副三府：李贤注："……以副本上三公府也。"副，书籍、文献等的复制本。三府，汉制，三公皆可开府，因称三公为"三府"，后世因之，亦用以泛称国家最高行政长官。

⑩坤灵：古人对大地的美称。

⑪五氏：同"五征"。李贤注："《史记》曰：'庶征，曰雨、曰旸、曰燠、曰风、曰寒。五者来备，各以其叙，庶草繁庑。'"

⑫比年：近年。

⑬举厝：亦作"举措"。举动，行为。亦指措施、任用与废黜。

⑭班：分等列序，排列。

⑮犹召家臣搤杀之耳：家臣，春秋时各国卿大夫的臣属。卿大夫家的总管叫宰，宰下又有各种官职，总称为家臣。后亦泛指诸侯、王公的私臣。搤杀，扼杀、用力掐死。

⑯猥：副词。苟，随便。

⑰得无见非：得无，亦作"得亡"。亦作"行毋"，犹言能不、岂不、莫非、见，用在动词前面表示被动。相当于被，受到。非，责备。

⑱西北列将：李贤注："列将谓皇甫规、段颎等。"

⑲解体：比喻人心离散。

⑳孔子曰一句：李贤注引《春秋运斗枢》曰："五帝修名立功，修德成化，统调阴阳，招类使神，故称帝。帝之言谛也。"郑玄注云："审谛于物也。"

㉑财货公行：货，本指财物，亦有贿赂、买通之意。公行，公然行动、公然进行。

㉒尺一拜用：尺一，亦称"尺一牍""尺一板"。古时诏板长一尺一寸，故称天子的诏书为"尺一"。拜用，拜，授官、封爵；用，任用。

㉓御省：谓帝王过目。

【译文】

李云，字行祖，甘陵人。曾被举荐为孝廉，后升迁为白马县令。桓帝诛杀了大将军梁冀，而中常侍单超等五人因共诛梁冀有功，被一同封侯，独掌选拔任用官员的大权。（桓帝）又册立后宫宫女亳氏为皇后。几个月的时间里，皇后家族中受封的人就有四位，赏赐的钱财达巨万之多。这个时候，多次发生地震，各种灾害频繁出现。李云一向刚直，担忧国家将要面临危难，于心不忍，于是公开上书，并将副本移交三公府，奏书中说："臣听说皇后为天下之母，德配大地。得到这样贤德的人做皇后，则风调雨顺，万物繁茂；得不到这样的人，则大地震动，摇撼宫廷。近年来的灾异，可以说是很多了；皇天垂示的告诫，可以说是很严厉了。每一个举措都至关重要，不能不慎重。论功行赏，应该与实际情况相对应。梁冀虽然掌握大权擅自行事，祸害遍及天下，现如今已经按他的罪行将其处死，这如同召来家臣将其扼杀而已。然而皇上却随意封赏谋臣万户以上的食邑，若是高祖听到了，能不受责备吗？西北的那些将领能不人心离散吗？孔子说：'帝，是审谛万物之意。'当今朝廷官位错乱，小人因为谄谀而被进用，贿赂公然进行，政事的治理一天天败坏，诏书的颁布与官员的任用，甚至都不经皇帝过目，难道是皇帝不想审谛万物了吗？"

【原文】

帝得奏震怒①，下有司逮云送狱，使中常侍管霸与御史廷尉杂考之②。时弘农五官掾杜众③，伤云以忠谏④获罪，上书愿与云同日死。帝愈怒，遂并下⑤廷尉。大鸿胪陈蕃⑥上疏救云曰："李云所言，虽不识禁忌，干⑦上逆旨，其意归于忠国而已。昔高祖忍周昌不讳之谏⑧，成帝赦朱云腰领之诛⑨。今杀云，臣恐剖心⑩之讥，复议于世矣。故敢触龙鳞⑪，冒昧⑫以请。"太常杨秉⑬、洛阳市长沐茂⑭、郎中上官资⑮，并上疏请云。帝恚甚，有司皆奏以为大不敬。诏切责⑯蕃、秉，免归田里⑰，茂、资贬秩⑱二等。云、众皆死狱中。

【注释】

①震怒：盛怒，大怒。旧常用于君主。

②使中常侍管霸与御史廷尉杂考之：管霸，东汉宦官，桓帝时受命杂考李云，后甚奢侈，取天下良田美业，灵帝时专制官省，窦武诛宦官时被杀。御史，官名。春秋战国时期列国皆有御史，为国君亲近之职，掌文书及记事。秦设御史大夫，职副丞相，位甚尊，并以

御史监郡，遂有纠察弹劾之权。汉以后，御史职衔累有变化，职责则专司纠弹，而文书记事乃归太史掌管。杂考，犹会审。

③弘农五官掾杜众：弘农，西汉元鼎四年(公元前113年)，汉武帝设立弘农郡，郡治弘农县，故址在今天河南省三门峡市灵宝市东北。五官掾，州郡的属官。杜众，东汉三李杜之一，下层官吏代表，因上疏桓帝“愿与云同日死”，被下狱，与李云同死狱中。

④忠谏：忠心规劝。

⑤下：交付，发给。

⑥大鸿胪陈蕃：大鸿胪，官职名。《周礼》官名有大行人之职，秦及汉初称典客，景帝六年，更名大行令，武帝太初元年，改称大鸿胪，主掌接待宾客之事。东汉以后，大鸿胪主要职掌为朝祭礼仪之赞导。陈蕃(？～公元168年)，字仲举，汝南平舆人氏(今河南平舆北)，东汉末大臣，汉桓帝时为太尉，汉灵帝时为太傅，因和大将军窦武共同谋划翦除阉宦，事败而死。

⑦干：干犯，冲犯。

⑧高祖忍周昌不讳之谏：《汉书·周昌传》：“昌尝燕入奏事，高帝方拥戚姬，昌还走，高帝逐得，骑昌项，问曰：我何如主？昌仰曰：陛下即桀、纣之主也。于是上笑之，然尤惮昌。”周昌(？～公元前192年)，西汉大臣，刘邦同乡，沛县(今属江苏)人，为御史大夫，耿直敢言，刘邦欲废太子，昌直言谏止，后为赵王刘如意相。不讳，不隐讳。

⑨成帝赦朱云腰领之诛：朱云，生卒年无考，字游，原居鲁地(治今山东曲阜一带)，后移居平陵，少好任侠，为人狂直。汉成帝时，朱云进谏攻击丞相张禹为佞臣，帝怒，欲斩之，他死抱殿槛，结果殿槛被折断。后以左将军辛庆忌死争，遂获赦，皇帝亦下令不换断槛。腰领，腰部与颈部，两者为人体的重要部分，断之即死，故常喻致命之处。

⑩剖心：破胸取心，古代的一种酷刑。其事起于商纣王怒比干之谏，遂剖其心，见《书·泰誓》。

⑪触龙鳞：触犯龙的逆鳞。比喻臣子对君主的过失犯颜直谏。龙鳞，指人主。《韩非子·说难》：“夫龙之为虫也，柔可狎而骑也，然其喉下有逆鳞径尺，若人有婴之者，则必杀人。人主亦有逆鳞，说者能无婴人主之逆鳞，则几矣。”

⑫冒昧：冒犯，无知而妄为。多用于自谦。

⑬太常杨秉：太常，官名。秦置奉常，汉景帝六年更名太常，掌宗庙礼仪，兼掌选试博士。杨秉，字叔节，大儒杨震中子。

⑭洛阳市长沐茂：市长，古官名，职掌同市令(掌管市场之官)。汉代于长安置东西市令，于都邑置市长。沐茂，生平不详。

⑮郎中上官资：郎中，官名，始于战国，秦汉沿置。掌管门户、车骑等事；内充侍卫，外从作战。上官资，生平不详。

⑯切责：严词斥责。

⑰免归田里：免归，犹免遣(免除职务并遣送回乡)。田里，指故乡。

⑱贬秩：贬职，削减俸禄。

【译文】

桓帝看到奏书后大怒，下令有关部门逮捕李云投入狱中，派中常侍管霸和御史、廷尉一同会审他。当时弘农郡的五官掾杜众，痛惜李云因忠心规谏而获罪，上书称自己愿与李云同一天被处死。桓帝越发恼怒，于是将杜众一同交付廷尉治问。大鸿胪陈蕃上奏疏营救李云说："李云所说的话，虽然不知道禁忌，冒犯了皇上，违逆了圣意，但他的用心归根到底是忠于国家的。昔日高祖能够容忍周昌不知忌讳的谏言，成帝赦免了朱云腰斩的重罪，如今要杀李云，臣恐怕（纣王）剖忠臣比干之心的讥讽，又会在今世被人议论了。所以臣胆敢犯颜直谏，冒昧地来请求（宽恕李云）。"太常杨秉、洛阳市长沐茂、郎中上官资也一起上书为李云请罪。桓帝更加愤恨，有关部门上奏称这些人是大不敬，于是皇帝下诏严责陈蕃、杨秉，将二人免官遣送回乡，沐茂、上官资则被减俸两级，李云、杜众都死在了狱中。

【原文】

刘瑜[①]，字季节，广陵人也。举贤良方正[②]。及到京师，上书陈事曰："臣在下土，听闻歌谣[③]，骄臣虐政之事，远近呼嗟[④]之音，窃为辛楚[⑤]，泣血连如[⑥]。诚愿陛下且以须臾之虑，览今往之事。民何为咨嗟[⑦]？天曷为动变[⑧]邪？盖诸侯之位，上法四七[⑨]，关之盛衰者也。今中官邪孽，比肩裂土[⑩]，皆竞立胤嗣[⑪]，继体[⑫]传爵，或乞子疏属[⑬]，或买儿市道，殆乖[⑭]开国承家[⑮]之义。古者天子，一娶九女，娣姪[⑯]有序。今女嬖令色[⑰]，充积闺帷[⑱]，皆当盛其玩饰[⑲]，冗食空宫[⑳]，劳散精神，生长六疾[㉑]。此国之费也、性[㉒]之伤也。且天地之性，阴阳正纪，隔绝其道，则水旱为灾。又常侍、黄门[㉓]，亦广妻娶[㉔]，怨毒之气，结成妖眚[㉕]。行路之人言，官发略[㉖]人女，取而复置，转相惊惧。孰不悉[㉗]然，无缘空生此谤也？邹衍匹夫[㉘]，杞氏匹妇[㉙]，尚有城崩霜霣之异[㉚]，况乃群辈咨嗟，能无感乎！昔秦作阿房[㉛]，国多刑人[㉜]。今第舍增多，穷极奇巧，掘山攻石，不避时令[㉝]。促以严刑，威以峻法，民无罪而覆入[㉞]之，民有田而覆夺之。民愁郁结，起入贼党，官辄兴兵，诛讨其罪。贫困之民，或有卖其首级[㉟]，以要酬赏。父兄相伐残身，妻孥[㊱]相视分裂。穷之如彼，伐之如此，岂不痛哉！又陛下以北辰[㊲]之尊、神器[㊳]之宝，而微行近习之家[㊴]，私幸[㊵]宦官之舍。宾客市买[㊶]，熏灼[㊷]道路，因此暴纵[㊸]，无所不容。今三公[㊹]在位，皆博达道艺[㊺]，而莫或匡益[㊻]者，非不智也，畏死罚也。惟陛下设置七臣[㊼]，以广谏道，远佞邪之人，放郑卫之声[㊽]，则治致和平，德感祥风[㊾]矣。"于是特诏[㊿]召瑜，拜为议郎[51]。

【注释】

①刘瑜：生卒年不详，少好经学，尤善图谶、天文、历算之术。灵帝初，为侍中，与窦武谋诛宦官，被诛。

②贤良方正：汉代选拔统治人才的科目之一。始于汉文帝。被举者对政治得失应直言极谏。如表现特别优秀，则授予官职。武帝时复诏举贤良或贤良文学。名称时有不

同，性质无异。历代往往视作非常设之制科。

③歌谣：民歌、民谣、儿歌、童谣的统称。古代以合乐为歌，徒歌为谣，现则统称为歌谣。

④呼嗟：呼号哀叹。

⑤辛楚：辛酸痛楚。

⑥泣血连如：泣血，无声痛哭，泪如血涌。一说，泣血为泪尽血出。形容极度悲伤。连如，《后汉书》原文作"涟如"，同"涟洳"，泪流貌。《易·屯》："上六，乘马班如，泣血涟如。"

⑦咨嗟：叹息。

⑧动变：变动，变异。

⑨上法四七：法，仿效，效法。四七，二十八，指二十八宿。李贤注："四七，二十八宿也。诸侯为天子守四方，犹天之有二十八宿。"

⑩比肩裂土：比肩，并列、居同等地位。裂土，分封土地。

⑪胤嗣：后嗣，后代。

⑫继体：泛指继位。

⑬乞子疏属：乞子，求子嗣。疏属，远宗、旁系亲属。

⑭乖：背离，违背。

⑮开国承家：谓建立邦国，继承封邑。《易·师》："大君有命，开国承家。"孔颖达疏："若其功大，使之开国为诸侯；若其功小，使之承家为卿大夫。"

⑯娣姪：古时诸侯的女儿出嫁，从嫁共事一夫的妹妹和侄女称"娣姪"。

⑰女嬖令色：女嬖，受君王宠爱的女人。令色，美丽的姿容。

⑱闺帷：亦作"闺帏"。闺房的帷幕。借指妇女居住的地方。

⑲玩饰：供赏玩的佩饰。

⑳宂食空宫：宂食，吃闲饭，亦指坐食官禄的人。宂同"冗"。空宫，深宫，冷宫。

㉑六疾：六种疾病：寒疾、热疾、末（四肢）疾、腹疾、惑疾、心疾。《左传·昭公元年》："淫生六疾……阴淫寒疾，阳淫热疾，风淫末疾，雨淫腹疾，晦淫惑疾，明淫心疾。"后用以泛指各种疾病。

㉒性：身体，体质。

㉓常侍黄门：常侍，官名，皇帝的侍从近臣。黄门，原指官名，此指宦者、太监。因东汉黄门令、中黄门诸官，皆为宦者充任，故称。

㉔妻娶：嫁人和娶妻。

㉕妖眚：指灾异。

㉖略：夺取，掳掠。

㉗悉：知道，了解。

㉘邹衍匹夫：邹衍，亦作驺衍，齐国人，战国时代思想家，活动年代比孟子稍晚，阴阳家学派的代表人物，曾侍燕惠王。匹夫，古代指平民中的男子，亦泛指平民百姓。

㉙杞氏匹妇:杞氏,春秋齐国大夫杞梁之妻。匹妇,古代指平民妇女。

㉚城崩霜霣之异:李贤注引《淮南子》曰:"邹衍事燕惠王尽忠,左右谮之,王系之,仰天而哭,五月天为之下霜。"《列女传》曰:"齐人杞梁袭莒,战死。其妻无所归,乃就夫尸于城下而哭之,七日城崩也。"霣,坠落。

㉛阿房:指阿房官。

㉜刑人:受刑之人。古代多以刑人充服劳役的奴隶。

㉝时令:犹月令。古时按季节制定有关农事的政令。

㉞覆入:覆,反、相反。入,谓定以罪名,使受刑罚。

㉟首级:秦制以斩敌首多少论功晋级。后因称斩下的人头为"首级"。

㊱妻孥:亦作"妻帑",妻子和儿女。

㊲北辰:原指北极星。喻帝王或受尊崇的人。

㊳神器:代表国家政权的实物,如玉玺、宝鼎之类。借指帝位、政权。

㊴微行近习之家:微行,旧时谓帝王或有权势者隐匿身份,易服出行或私访。近习,指君主宠爱亲信的人。

㊵私幸:古时天子私自出行。

㊶市买:买,交易。

㊷熏灼:亦作"燻灼"。喻声威气势逼人。亦喻指逼人的声威气势。

㊸暴纵:放纵无度。

㊹三公:古代中央三种最高官衔的合称。

㊺博达道艺:博达,博学通达。道艺,指学问和技能。

㊻莫或匡益:莫或,没有。匡益,匡正补益。

㊼七臣:泛指谏臣。

㊽放郑卫之声:放,舍弃、废置。郑卫之声,春秋战国时郑卫两国的民间音乐,因不同于雅乐,故被斥为"乱世之音",亦泛指淫靡的音乐。

㊾祥风:预兆吉祥的风。《尚书大传》卷五:"王者德及皇天,则祥风起。"

㊿特诏:帝王的特别诏令。

51议郎:官名。汉代设置;为光禄勋所属郎官之一,掌顾问应对,无常事。汉秩比六百石。多征贤良方正之士任之。晋以后废。

【译文】

刘瑜,字季节,广陵郡人,被推举为贤良方正。等他到了京师,上书陈事说:"臣在民间曾听到歌谣,讲的是骄狂之臣肆虐朝政的事情,以及远近百姓呼号哀叹的声音,臣私下为之感到辛酸痛楚,血泪如雨。臣诚恳希望陛下能够抽出少许考虑的时间,考察古往今来的政事,看看老百姓为什么会叹息,上天又因何事而发生灾变。诸侯的爵位效法于上天的二十八星宿,关系到国家的盛衰。如今的宦官都是邪恶之人,他们也像诸侯一样被分封土地,都竞相树立后代,以继承他们的爵位。有的向远房亲戚乞求子嗣,有的在集市

上买来小孩以充后代。实在背离了开创邦国传承家业的本义。古代的天子，一人娶九个女子，从嫁的妹妹、侄女都上下有序。如今，姿容美丽而受宠幸的女子，充盈整个后宫，要供给她们许多玩饰之物，每天在内宫安坐受食，使帝王耗散精神，（容易因女色）生出六疾。这是对国家财物的浪费、对皇上身体的伤害啊！再者，天地的本性在于阴阳调和；如果背离了正道，就会发生水旱的灾害。再加上常侍黄门等宦官，也大量娶妻，所造成的怨毒之气，凝聚而形成灾祸。行路之人都说官家强掠民间女子，娶了一个又一个，百姓们彼此惊慌害怕，有谁不知道这一情况而去无缘无故生出这种毁谤的言论呢？邹衍是个平民百姓，杞梁的妻子是个平民妇女，他们含冤尚且有让城墙崩塌、五月降霜的灾异。何况这么多人怨恨叹息，能没有感应吗？昔日秦始皇修建阿房宫，国内有很多人受刑。现在官家的府第增多，极尽巧妙，挖山采石，不避开农事时令。他们用严厉的刑罚催促人民，用残酷的法令威逼大众。老百姓无罪的反而要遭受刑罚，有田地的却被抢夺去。人民愁怨郁结，于是加入贼寇之中，而官府动辄发兵讨伐他们的反叛之罪。贫困的百姓，有的出卖自己的首级，来求得酬劳赏赐。父子兄弟相互残害，妻子儿女眼睁睁地分离。百姓窘迫到如此地步，而官府残伐到这样的境地，难道不让人痛心吗？又陛下以如同北极星的尊贵，手握象征帝位的宝物，却更换服装私访宠臣之家，私自出行到宦官之所，（权宦们的）宾客在市场上交易，威赫的声势充塞道路。因此横行霸道，无所不为。当今三公在位，都是博学通达的人，但却无人能够匡正这些不正之风。这并不是因为他们没有智慧，而是他们惧怕死罪和刑罚。惟愿陛下设置谏诤之臣，以广开进谏之路，远离奸邪之人，舍弃郑卫淫乱之声，这样就可使国家政治达到和谐安定，您的德行就会感召来预兆吉祥的风了。”于是桓帝下达特别诏令，征召刘瑜，拜他为议郎。

【原文】

虞诩[①]，字升卿，陈国人也。永建元年[②]，为司隶校尉[③]。时中常侍张防，特用权埶，每请托受取[④]，诩辄案[⑤]之，而屡寝[⑥]不报。诩不胜其愤，乃自系[⑦]廷尉，奏言曰：“昔孝安皇帝，任用樊丰，遂交乱嫡统[⑧]，几亡社稷。今者张防复弄威柄[⑨]，国家之祸，将重至矣。臣不忍与防同朝，谨自系以闻，无令臣袭杨震之迹。”书奏，防流涕诉帝，诩坐论输左校[⑩]。防必欲害之，二日之中，传考[⑪]四狱。

【注释】

①虞诩（？~公元37年）：字升卿，陈国武平（今河南鹿邑西北）人，东汉名将。十二岁已能读《尚书》。父母早亡，他孝养祖母。祖母死后，才出任太尉李修府郎中。安帝时，始为朝歌（今河南汤阴西南）长，后任武都太守。顺帝时，官至尚书仆射。

②永建元年：即公元126年。永建，东汉顺帝刘保的第一个年号，公元126年至公元132年。

③司隶校尉：旧号‘卧虎’，是汉至魏晋监督京师和地方的监察官。始置于汉武帝征和四年（公元前89年），汉成帝元延四年（公元前9年）曾省去，汉哀帝时复置，省去校尉

而称司隶，东汉时复称司隶校尉。

④每请托受取：每，副词，常常、屡次。请托，谓以私事相嘱托。受取，指贪污受贿。

⑤案：通“按”。查办，审理。

⑥寝：止息，废置。

⑦自系：拘禁自己，自请囚禁。

⑧交乱嫡统：交乱，共乱。嫡统，正统。

⑨威柄：威权，权力。

⑩诩坐论输左校：坐，遂，乃。论输，定罪而罚作劳役。左校，官署名，汉将作大匠属官有左校令、右校令，秩各六百石，分掌左右工徒，主要负责京师工程劳作。

⑪传考：传，传讯。考，按问。

【译文】

虞诩，字升卿，陈国人。顺帝永建元年为司隶校尉。当时中常侍张防滥用权势，经常受人请托，贪污受贿。虞诩每次都审查据实上报，虽屡次上书，但都被搁置不报。虞诩不胜愤怒，于是自行捆缚到廷尉处，并上奏说：“往日孝安皇帝任用樊丰，于是扰乱了皇家正统，几乎使国家败亡。现在张防又玩弄权柄，国家的祸患又将再次来临了。臣不愿意与张防同朝共事，谨自我捆绑禀告皇上，不要让臣重蹈杨震的覆辙。”虞诩的奏章呈上后，张防痛哭流涕向皇上申诉，虞诩因此被送左校罚作劳役。张防决意要害死虞诩，两天之内，派人传审了四次。

【原文】

宦者孙程[①]等，知诩以忠获罪，乃相率[②]奏曰：“陛下始与臣等造事[③]之时，常疾奸臣，知其倾国[④]。今者即位，而复自为，何以非先帝乎？司隶校尉虞诩，为陛下尽忠，而更被拘系[⑤]；常侍张防，臧罪明正[⑥]，反构[⑦]忠良。今客星守羽林[⑧]，其占[⑨]宫中有（旧无有字，补之）奸臣。宜急收[⑩]防送狱，以塞天变[⑪]。”防坐徙边[⑫]，即日[⑬]赦出诩。拜议郎，迁尚书仆射[⑭]。

【注释】

①孙程（？~公元132年）：字稚卿，涿郡新城（今河北徐水县）人，东汉宦官。汉安帝时，为中黄门。汉安帝卒，孙程与中黄门王康等十八人首谋拥立济阴王称帝（即汉顺帝），诛灭外戚阎显，封浮阳侯，加官骑都尉，官至奉车都尉。永建元年，孙程与张贤、孟叔、马国等为司隶校尉虞诩讼罪，怀表上殿，呵斥左右。汉顺帝罢免其官职，后徙封程为宜城侯。两年后被召回京城，仍拜骑都尉。阳嘉元年（公元132年），孙程去世，卒后谥号为刚侯。

②相率：亦作“相帅”。相继，一个接一个。

③造事：犹起事。发动事变。李贤注：“谓顺帝为太子，被江京等废为济阴王，程等谋

立之时也。”

④倾国:倾覆邦国。

⑤拘系:亦作“拘系”。拘禁。

⑥臧罪明正:臧罪,贪污受贿之罪。明正,明确的证据。

⑦构:诬陷。

⑧今客星守羽林:客星,对天空中新出现的星的统称,如新星、超新星等。羽林,星名。《史记·天官书》:“北宫玄武,虚、危……其南有众星,曰羽林天军。”张守节《史记正义》:“羽林四十五星,三三而聚,散在垒壁南,天军也。”

⑨占:预测,预示。

⑩收:亦作“栨”。拘捕。

⑪以塞天变:塞,遏制、约束。天变,指天象的变异,如日蚀、星陨等。

⑫徙边:将犯人流放边境服劳役。古代的一种刑罚。

⑬即日:当日。

⑭尚书仆射:官名。秦始置。汉成帝建始四年(公元前29年),置尚书五人,其中一人为仆射。东汉置尚书台,主官为尚书令,以尚书仆射为其副职。献帝时分设左、右仆射,历代沿置。魏、晋后,尚书令、尚书仆射号为“朝端”“朝右”,居宰相之任,成为贵官。

【译文】

宦官孙程等人知道虞诩是因为忠诚获罪,便相继上奏说:“陛下开始和臣等起事的时候,常常痛恨奸臣,知道他们会倾覆国家。现在即位了,反而自己做起了这样的事,那又拿什么来非议先帝呢?司隶校尉虞诩为陛下尽忠职守,却反被拘禁;常侍张防贪污受贿之罪证据确凿,反而诬陷忠良之臣。现在客星守在羽林星旁,这种星相预示宫中有奸臣。应该尽快拘捕张防投入监牢,以遏止天象的变异。”张防于是被判流放边地服役,顺帝当天就赦免了虞诩,拜他为议郎,后来又升迁为尚书仆射。

【原文】

先是[①]宁阳主簿诣阙[②],诉其县令之枉[③],积六七岁不省。主簿乃上书曰:“臣为陛下子,陛下为臣父。臣章百上,终不见省,臣岂可北诣单于[④]以告怨乎?”帝大怒,持章示尚书,尚书遂劾[⑤]以大逆。诩驳[⑥]曰:“主簿所讼,乃君父之怨;百上不达,是有司之过。愚惷之民,不足多诛。”帝纳诩言,笞[⑦]之而已。诩好刺举[⑧],无所回容[⑨],数忤权戚,遂九见谴考[⑩],三遭刑罚[⑪],而刚正之性,终老[⑫]不屈。迁尚书令[⑬]。

【注释】

①先是:在此以前。多用于追述往事之词。

②宁阳主簿诣阙:宁阳,位于鲁中偏西,今泰安市南部。主簿,官名,汉代中央及郡县官署多置之,其职责为主管文书,办理事务。诣阙,指赴京都。

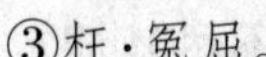

③枉：冤屈。

④单于：汉时匈奴君长的称号。《史记·匈奴列传》："匈奴单于曰头曼。"裴骃《史记集解》："单于者，广大之貌，言其象天单于然。"

⑤劾以大逆：劾，审理、判决。大逆，封建时代称危害君父、宗庙、宫阙等罪行为"大逆"，为"十恶"之一。

⑥驳：音博，同驳。辩正是非，驳斥。

⑦笞：古代的一种刑罚。用荆条或竹板敲打臀、腿或背。为五刑之一。

⑧刺举：检举。

⑨回容：曲法宽容。

⑩谴考：贬谪传考。

⑪刑罚：刑指肉刑，罚指以金钱赎罪。后泛指依照法律对违法者实行的强制处分。

⑫终老：终身，到老。

⑬尚书令：官名。始于秦，西汉沿置，本为少府属官，掌文书及群臣的奏章。汉武帝时以宦官担任，汉成帝时改用士人。东汉政务归尚书台，其主官尚书令成为总揽一切政令的首脑，直接对皇帝负责，秩仅千石。

【译文】

此前，宁阳县主簿来到京都，陈述他们县令的冤屈，但过了六七年都不被理会。主簿于是上书说："臣是陛下的子民，陛下是臣的君父，臣上了很多次奏章，却始终无人理会，臣难道要到北方面见单于来诉说怨情吗？"皇帝大怒，拿主簿的这篇奏章给尚书看。尚书于是判处主簿犯下大逆不道之罪。虞诩驳斥说："主簿所诉讼的，不过是对君父的不满，而奏章上奏多次却不能送达皇帝手上，则是主管官员的过错。这样的愚昧小民，是不值得多杀的。"皇帝采纳了虞诩的话，只对主簿处以笞刑而已。虞诩爱直言检举别人过失，从不曲法宽容，多次违逆有权势的贵戚，因而九次被降职拷问，三次遭受刑罚，但他刚正的性格，到老都不屈服。后迁为尚书令。

【原文】

傅燮[1]，字南容，北地[2]人也。为护军司马[3]，与左中郎皇甫嵩[4]，俱讨贼张角。燮素疾中官，既行，因上疏曰："臣闻天下之祸，不由于外，皆兴于内。是故虞舜升朝，先船[5]四凶，然后用十六相[6]，明恶人不去，则善人无由[7]进也（也旧作者。改之）。今张角起于赵、魏，黄巾乱于六州[8]。此皆衅发萧墙[9]，而祸延四海也。臣受戎[10]任，奉辞伐罪，始到颍川，战无不克。黄巾虽盛，不足为庙堂忧也。臣之所惧，在于治水不息其源，末流[11]弥[12]增其广耳。陛下仁德宽容，多所不忍，故阉竖[13]擅权，忠臣不进。诚使张角枭夷[14]，黄巾变服，臣之所忧，愈益深耳。何者？夫邪正之人，不宜共国[15]，亦犹冰炭不可同器。彼知正人之功显，而危亡之兆见，皆将巧辞饰说，共长虚伪。夫孝子疑于屡至[16]，市虎成于三夫[17]。若不详察真伪，忠臣将复有杜邮之戮[18]矣。陛下宜思虞舜四罪[19]之举，速行谗佞放殛[20]之诛，则善人思进，奸凶自去矣。臣闻忠臣之事君，犹孝子之事父也。子之事父，焉得不尽其情？使臣身备鈇钺[21]之戮，陛下少用其言，国之福也。"书奏，宦者赵忠[22]见而忿恶。及破张角，燮功多当封，忠诉谮[23]之，竟亦不封，以为安定[24]都尉[25]。

【注释】

①傅燮（？~公元187年）：字南容，东汉北地郡灵州（今宁夏吴忠市境内）人。本字幼起，慕南容三复白珪，乃易字焉。身长八尺，有威容。少师事太尉刘宽，再举孝廉，闻所举郡将丧，乃弃官行服。为护军司马，与左中郎将皇甫嵩俱讨张角。后战死沙场，追封为壮节侯。

②北地：即北地郡。秦始置，为秦初三十六郡之一。东汉时，郡治富平县（在今宁夏灵武市和宁夏吴忠市附近），后几经迁徙，富平县内徙至今陕西富平县。

③护军司马：护军，秦汉时临时设置护军都尉或中尉，以调节各将领间的关系。魏晋以后，设护军将军或中护军，掌军职的选用，亦与领军将军或中领军同掌中央军队。司马，官名。《周礼》夏官大司马之属官，有军司马、舆司马、行司马。春秋晋作三军，每军别置司马。其后汉宫门及大将军、将军、校尉属官，都有司马。边郡亦置千人司马，专主兵事，不治民。

④左中郎皇甫嵩：左中郎，左中郎将。中郎将，官名，中郎署的长官。秦置中郎，至西汉分五官、左、右三中郎署，各置中郎将以统领皇帝的侍卫，属光禄勋。皇甫嵩（？~公元195年），字义真，安定朝那（今甘肃镇原东南）人，东汉末期军事家，官至太尉，封槐里侯，领冀州牧。黄巾起义爆发时，他任左中郎将，与朱俊率军镇压起义军。

⑤船：《后汉书》原文作"除"。

⑥十六相：即十六族。指古代传说的高阳氏的后代八恺和高辛氏的后代八元，为舜向尧推荐的十六个贤臣。因其各有大功，皆赐氏族，故称。

⑦无由：没有门径，没有办法。

⑧六州：李贤注："《皇甫嵩传》曰：'连接郡国，自青、徐、幽、冀、荆、杨、兖、豫八州之人，莫不毕应。'此云'六州'，盖初起时也。"

⑨衅发萧墙：衅，祸患、祸乱。萧，通"肃"。萧墙，古代宫室内作为屏障的矮墙，借指内部。

⑩戎：军队。

⑪末流：水流的下游。

⑫弥：益，更加。

⑬阉竖：对宦官的蔑称。

⑭枭夷：诛戮。

⑮共国：谓同治国事。

⑯孝子疑于屡至：孝子，指代曾参。曾参，字子舆，春秋鲁国人，孔门弟子，以孝行著称。《战国策·秦策二》："昔者曾子处费，费人有与曾子同名族者而杀人。人告曾子母

曰:'曾参杀人。'曾子之母曰:'吾子不杀人。'织自若。有顷焉,人又曰'曾参杀人。'其母尚织自若也。顷之,一人又告之曰:'曾参杀人。'其母惧,投杼逾墙而走至暗沙。夫以曾参之贤与母之信也,而三人疑之,则慈母不能信也。"

⑰市虎成于三夫:市虎,市中的老虎。市本无虎,因以比喻流言蜚语。语本《韩非子·内储说上》:"庞恭与太子质于邯郸,谓魏王曰:'今一人言市有虎,王信之乎?'曰:'不信。''二人言市有虎,王信之乎?'曰:'不信。''三人言市有虎,王信之乎?'王曰:'寡人信之。'庞恭曰:'夫市之无虎也明矣,然而三人言而成虎。今邯郸之去魏也远于市,议臣者过于三人,愿王察之。'王曰:'寡人自为知。'于是辞行,而谗言先至,后太子罢质,果不得见。"

⑱杜邮之戮:《史记·白起王翦列传》载,秦名将白起埋怨秦王不听他的建议而遭楚魏联军的攻击,不肯为将,称病不起。秦王免白起为士伍,遣之出咸阳。至杜邮,复使使者赐之剑,使自裁。白起死非其罪,秦人怜之。乡邑皆为设祀。后遂称忠臣无辜被杀为"杜邮之戮"。杜邮,古地名。战国属秦,又名杜邮亭,在今陕西省咸阳市东。

⑲四罪:谓舜治共工、欢兜、三苗、鲧四凶之罪。

⑳放殛:放逐诛杀。

㉑备鈇钺:备,通"服",承受、承担。鈇钺,斫刀和大斧,腰斩、砍头的刑具。

㉒赵忠:东汉灵帝时期"十常侍"之一。灵帝时信任宦官,以张让与赵忠最受重用。

㉓诉谮:诉,谗害、毁谤。谮,谗毁、诬陷。

㉔安定:郡名。东汉时属凉州,改治临泾县,领六县,原领临泾、彭阳、泾阳、祖厉、乌支(乌氏更名)四县,另置阴盘、朝那二县。

㉕都尉:官名。汉景帝时改秦之郡尉为都尉,辅佐郡守并掌全郡的军事。

【译文】

傅燮,字南容,北地郡人。任护军司马,与左中郎将皇甫嵩一起讨伐贼人张角。傅燮向来痛恨宦官,随军出发后,就上书说:"臣听说天下的祸患,并不是由外引起的,都是由内产生的。所以虞舜升朝议事,首先除掉四凶,然后任用十六位贤臣。表明如果恶人不除去,善人就无法得到进用。如今张角在赵、魏起兵造反,黄巾军在六个州郡反叛作乱,这都是祸乱发生于内部而祸患延及天下的结果。臣接受军职,奉命讨伐贼寇,刚到颍川,战无不胜。黄巾军虽然强盛,但不值得朝廷担忧。臣所担心的,在于治理水患而不止息其源头,那下游的水流就会更加泛滥了。陛下仁德宽容,许多事情不忍心去做,所以使得宦官专权,忠臣得不到选用。即使真的把张角诛灭,黄巾军归服,而臣的担忧也依然会日益加深。这是为什么呢?邪恶与正义的人,是不适合共理国事的,就好比冰和炭不能放在同一个容器中一样。那些邪恶的人知道正直的人功劳显著的时候,他们危亡的征兆就开始出现了,于是就都巧言掩饰,共同捏造不实之辞。像曾参那样不实之词的孝子(虽没杀人)也会因多人的传言而被母亲怀疑,集市有老虎的谣言也会因为多次传播而被人相信。如果不能详细审察其中的真伪,忠臣将又会遭遇到像白起在杜邮被迫自杀的事情啊！陛下应该思考虞舜放逐四凶的做法，迅速将谗佞之辈放逐诛杀，那么良善之人就会想着积极进取，奸诈凶恶之人自然就会离去。臣听说忠臣侍奉君主，就好像孝子事奉自己的父亲一样，儿子侍奉父亲，哪有不竭尽心力的？即使让臣遭受斧钺杀戮的刑罚，只要陛下能稍稍采用臣的话，这就是国家的福气了。"奏书呈上以后，宦官赵忠看到后非常愤怒。等攻破了张角，傅燮的功劳多，应该受到封赏。赵忠却毁谤诬陷他，（朝廷）最终也没有封赏傅燮，只让他做了安定都尉。

【原文】

顷之[①]，赵忠为车骑将军[②]，诏忠论讨黄巾之功，执金吾甄举[③]等谓忠曰："傅南容前在东军，有功不侯，故天下失望。今将军当重任，宜进贤理屈[④]，以副[⑤]众心。"忠遣弟延致殷勤[⑥]，延谓燮曰："南容少答[⑦]我常侍，万户侯不足[⑧]得也。"燮正色[⑨]拒之曰："遇[⑩]与不遇，命也；有功不论，时[⑪]也。傅燮岂求私赏[⑫]哉！"忠愈怀恨，权贵亦多疾之，是以不得留，出为汉阳太守[⑬]。贼围汉阳，城中兵少粮尽，燮犹固守。时北地胡骑数千，随贼攻郡，皆夙怀[⑭]燮恩，共于城外叩头，求送燮归乡里。子干[⑮]进曰："国家昏乱，遂令大人[⑯]不容于朝。今天下已叛，而兵不足自守，乡里羌胡[⑰]先被恩德，欲令弃郡而归，愿必许之。"言未终，燮慨然而叹曰："盖圣达节，次守节[⑱]。且殷纣之暴，伯夷不食周粟而死[⑲]。今朝廷不甚殷纣，吾德亦岂绝[⑳]伯夷？世乱不能养浩然[㉑]之志，食禄[㉒]人间，欲避其难乎？吾行何之？"遂麾[㉓]左右进兵，临陈战殁[㉔]。谥[㉕]曰"壮节侯"。

【注释】

①顷之：不久。

②车骑将军：官名。西汉置，掌领车骑士。仅次于大将军、骠骑将军，金印紫绶，地位相当于上卿，或比三公。典京师兵卫，掌宫卫。东汉时亦设车骑将军，位在三公之下。

③执金吾甄举：执金吾（音玉），秦汉时率禁兵保卫京城和宫城的官员，本名中尉，其所属兵卒也称为北军。武帝太初元年（公元前104年），改中尉为执金吾。王莽时改名奋武，东汉时复称执金吾。东汉时执金吾属官只保留一武库，其余悉被减省，其职务主要是典司禁军和保卫京城，宫城的安全。有时皇帝出行，执金吾率领缇骑，步卒组成仪仗和警卫。汉代执金吾有时也被委派为将帅而领兵远征。甄（音真）举，东汉大臣，生平不详。

④理屈：谓以理折服对方。

⑤副：相称，符合。

⑥殷勤：衷情，心意。

⑦答：报礼，答谢，报答。引申为酬答。

⑧万户侯不足得也：万户侯，食邑万户之侯。用以泛指高爵显位。不足，不难。

⑨正色：谓神色庄重、态度严肃。

⑩遇：得志，见赏。

⑪时：时运。

⑫私赏:以私意赏赐。

⑬汉阳太守:汉阳郡太守。汉阳郡,东汉永平十七年(公元74年)改天水郡置,治冀县(今甘肃甘谷县东),属凉州,辖境相当于今甘肃省定西、陇西、礼县等市县以东,静宁、庄浪等县以西,黄河以南,嶓冢山以北地区。太守,官名。秦置郡守,汉景帝时改名太守,为一郡最高的行政长官。

⑭夙怀:素所萦怀(萦怀,牵挂在心)。

⑮子干:即傅燮之子傅干。

⑯大人:对父母叔伯等长辈的敬称。此指傅燮。

⑰羌胡:指我国古代的羌族和匈奴族,亦用以泛称我国古代西北部的少数民族。羌,音腔。

⑱盖圣达节,次守节:达节,谓不拘常规而合于节义。《左传·成公十五年》:"圣达节,次守节,下失节。"杨伯峻注:"最高道德为能进能退,能上能下,而俱合于节义。"守节,坚守节操。

伯夷

⑲伯夷不食周粟而死:商末孤竹君之子,伯夷、叔齐耻食周粟,逃隐于首阳山,采集野菜而食之,及饿将死,作歌。其辞曰:"登彼西山兮,采其薇矣。以暴易暴兮,不知其非矣。神农、虞、夏忽焉没兮,我安适归矣。于嗟徂兮,命之衰矣!"遂饿死于首阳山。

⑳绝:超过。

㉑浩然:正大豪迈貌。

㉒食禄:享受俸禄。

㉓麾:音辉,指挥,挥动。

㉔临陈战殁:临陈,亦作"临阵",谓身临战阵。战殁,战死、阵亡。

㉕谥:古代帝王、贵族、大臣、士大夫或其他有地位的人死后,据其生前业绩评定的带有褒贬意义的称号。

【译文】

过了不久,赵忠做了车骑将军,皇帝诏令赵忠评定讨伐黄巾军将领的功劳,执金吾甄举等人对赵忠说:"傅南容以前在东军中,有功却没有被封侯,故而天下人感到失望。现在将军担当重任,应当进用贤能,以理服人,以符合天下人心。"赵忠(采纳了这一意见)于是派遣他的兄弟赵延向傅燮表达心意,赵延对傅燮说:"南容只要能稍稍答谢我们常侍,被封为万户侯是不难的。"傅燮态度严肃地拒绝说:"得志与不得志,这是命运;有功劳而不论赏,那是时运。我傅燮怎么会乞求私下的封赏呢?"赵忠对他更加怀恨,权贵们也大都憎恨傅燮,因此傅燮无法留在朝廷任职,被外调担任汉阳太守。后来(王国、韩遂的)贼兵围困了汉阳,城中兵少粮绝,傅燮仍然坚守。当时北地的数千胡人军队,也随贼众一同

围攻汉阳郡。这些人向来感怀傅燮的恩德，共同在城外叩头，请求把傅燮送回他的家乡。傅燮的儿子傅干进言说："国家政治黑暗混乱，才使得父亲您不能在朝中容身。如今天下已经叛乱，而我们的兵力不足以自守，乡里、羌胡先前都受过您的恩惠，打算让您弃城回乡，请您一定要答应他们的请求。"话还没有说完，傅燮慨然叹息道："圣人无论怎样行动进退都合于节义，次而则坚守节操。况且以纣王那样的暴虐，伯夷仍不食周粟而死。如今朝廷还不像商纣那样残暴，我的德行操守又怎么能超过伯夷呢？世道昏乱不能长养正大豪迈的志向，在世上享受俸禄却又想逃避所遇到的危难，我能到哪儿去呢？"于是指挥左右进兵，临阵战死，后加谥号为"壮节侯"。

【原文】

盖勋[①]，字元固，敦煌[②]人也。为汉阳长史[③]。时武威[④]太守，倚恃[⑤]权埶，恣行贪横[⑥]，从事武都苏正和[⑦]案致[⑧]其罪。凉州刺史梁鹄[⑨]，畏惧贵戚，欲杀正和以免其负[⑩]，乃访[⑪]之于勋。勋素与正和有仇，乃谏鹄曰："夫绁食鹰鸢[⑫]，欲其鸷[⑬]，鸷而亨[⑭]之，将何用哉？"鹄从其言。正和喜于得免，而诣勋求谢。勋不见，曰："吾为梁使君[⑮]谋，不为苏正和。"怨之如初。

【注释】

①盖勋：生卒年不详，字元固，敦煌郡广至县（今甘肃瓜州县西南）人，东汉末期著名清官。

②敦煌：古代郡名。治所在今甘肃省敦煌市。西汉元鼎六年（公元前111年）置，北魏改为敦煌镇，后复改为郡。

③长史：官名。秦置。汉相国、丞相，后汉太尉、司徒、司空、将军府各有长史。

④武威：武威郡。西汉元鼎二年（公元前115年），置武威郡。西汉武威郡，治姑臧县（今武威市凉州区），领姑臧、武威等十县。东汉武威郡，属凉州，辖十三县。

⑤倚恃：依靠仗恃。

⑥恣行贪横：恣行，任意而行、横行。贪横，贪婪横暴。

⑦从事武都苏正和：从事，官名。汉以后三公及州郡长官皆自辟僚属，多以从事为称。武都，位于甘肃省东南部的白龙江中游地带，西汉属益州刺史部武都郡所辖，东汉隶凉州刺史部武都郡辖。苏正和，任凉州刺史从事，生平不详。

⑧案致：审查而确立。

⑨凉州刺史梁鹄：凉州，又称西凉，古代十三州之一，因凉州在中国的西部，故称西凉，意为"地处西方，常寒凉也"。东汉灵帝时，凉州辖区包括整个甘肃，西面与西域连界，北面包括了宁夏的部分县（市），南面包括青海沿祁连山南麓的一些县（市），以及长安以东的部分地区，区域横跨陕、甘、宁、青、新疆五省区。刺史，古代官名，原为朝廷所派督察地方之官，后沿为地方官职名称。汉武帝时，分全国为十三部（州），部置刺史。成帝改称州牧，哀帝时复称刺史。梁鹄，生卒年不详，字孟皇，安定乌氏（今宁夏固原市原州区南）

人，东汉书法家。梁鹄少好书，受法于师宜官，得师宜官法，以善八分书知名。光和元年(公元178年)，梁鹄入鸿都门学，出任凉州刺史，后迁选部郎，汉灵帝时升任选部尚书，侍奉皇帝左右。三国时任曹魏军假司马(即司马的副职)。

⑩负：连累，拖累。

⑪访：咨询。

⑫绁食鹰鸢：拴，缚。食，喂养。鸢，鸟名，鸷鸟，属猛禽类，俗称鹞鹰、老鹰。

⑬鸷：凶猛，狠戾。

⑭亨："烹"的古字。煮。

⑮使君：汉时称刺史为使君。

【译文】

盖勋，字元固，敦煌郡人。任汉阳郡的长史。当时武威郡太守依仗权势，恣意贪污横行，凉州刺史从事武都人苏正和审查并确立了他的罪行。凉州刺史梁鹄畏惧权贵，想杀掉苏正和以免自己受到连累，于是向盖勋咨询这件事(该如何处理)。盖勋素来与苏正和有仇，却向梁鹄进谏说："拴住鹰鸢来喂养它们，就是想要它们凶猛，可等他们凶猛了却要烹杀它们，那它们还有什么用呢？"梁鹄听从了他的意见。苏正和庆幸自己免于受难，到盖勋那里致谢。盖勋不肯见他，说："我这是为梁使君考虑，不是为了你苏正和。"仍像当初一样怨恨苏正和。

【原文】

征拜[①]讨虏校尉，灵帝[②]召见，问："天下何苦，而反乱[③]如此？"勋曰："幸臣[④]子弟扰之。"时宦者上军校尉蹇硕[⑤]在坐，帝顾[⑥]问硕，硕惧，不知所对，而以此恨勋。司隶校尉张温，举勋为京兆尹[⑦]。帝方欲延接[⑧]勋，而蹇硕等心惮之，并劝从温奏，遂拜京兆尹。时长安令扬党[⑨]父为中常侍，恃势贪放[⑩]，勋案[⑪]得其臧[⑫]千余万。贵戚[⑬]咸为之请，勋不听，具以事闻，并连党父，有诏穷治[⑭]，威震京师。时小黄门京兆高望[⑮]，为尚药监[⑯]，幸于皇太子。太子因蹇硕，属[⑰]望子进为孝廉，勋不肯[⑱]用。或曰："皇太子副主[⑲]，望其所爱，硕帝之宠臣，而子违之，所谓三怨成府[⑳]者也。"勋曰："选贤所以报国也。非贤不举，死亦何悔！"董卓废少帝[㉑]，杀何太后[㉒]，勋与书曰："昔伊尹[㉓]、霍光[㉔]，权以立功，犹可寒心。足下小丑[㉕]，何以终此？贺者在门，吊[㉖]者在庐，可不慎哉！"卓得书，意甚惮之。征为议郎。自公卿以下，莫不卑下[㉗]于卓，唯勋长揖[㉘]争礼，见者皆为失色。勋虽强直不屈[㉙]，而内厌于卓，不得意，疽发背[㉚]卒，遗令[㉛]勿受卓赙赠[㉜]。

【注释】

①征拜：征召授官。

②灵帝：汉灵帝刘宏(公元156年~公元189年)，东汉第十一位皇帝，公元168年至公元189年在位。终年三十四岁。死后谥号孝灵皇帝，葬于文陵。

③反乱:叛乱。

④幸臣:帝王宠幸嬖爱的臣子。

⑤上军校尉蹇硕:上军校尉,东汉灵帝时,在京都洛阳设立西园八校尉,即上军校尉、中军校尉、下军校尉、典军校尉、左校尉、助军左校尉、右校尉、助军右校尉。由上军校尉统率八校尉。蹇硕(?~公元189年),东汉时期的宦官。据《后汉书》记载,中平五年(公元188年),蹇硕为上军校尉,灵帝以蹇硕壮健而有武略,对其特别信任,并以其为元帅,监督司隶校尉以下官员。蹇硕虽然握有兵权,但对何进非常畏忌,曾和宦官们一起说服灵帝派遣何进西击边章、韩遂。中平六年(公元189年),灵帝在病重时将刘协托给蹇硕。灵帝去世后,蹇硕想先杀何进再立刘协为帝,但事败。刘辩继承帝位后,何进命袁绍入宫捕杀蹇硕,混乱中蹇硕被中常侍郭胜所杀,其士兵亦被何进所领。

⑥顾:回首,回视。

⑦京兆尹:官名。汉代管辖京兆地区的行政长官,职权相当于郡太守。后因以称京都地区的行政长官。《汉书·百官公卿表上》:"内史,周官,秦因之,掌治京师。景帝二年分置左右内史。右内史武帝太初元年更名京兆尹。"亦省称"京兆"。

⑧延接:引见接纳,接待。

⑨扬党:《后汉书》原文作"杨党",生平不详。

⑩贪放:贪婪放纵。

⑪案:通"按"。查办,审理。

⑫臧:贪污受贿或窃取之财。

⑬贵戚:帝王的亲族。

⑭穷治:彻底查办。

⑮小黄门京兆高望:小黄门,汉代低于黄门侍郎一级的宦官。《后汉书·百官志三》:"小黄门,六百石。宦者,无员。掌侍左右,受尚书事。上在内宫,关通中外,及中宫已下众事。"高望(?~公元189年),东汉宦官,十常侍之一。

⑯尚药监:古代医官名,是宫廷中一种中层医官,其职责主要是对和合、修制、供奉御药的整个过程实行监督。

⑰属:委托,嘱咐。

⑱肯:乐意、愿意。

⑲副主:储君。谓太子。

⑳三怨成府:言与三人结怨则仇恨集身,难以免祸。李贤注:"府,聚也。"

㉑董卓废少帝:董卓(?~公元192年),字仲颖,陇西临洮(今甘肃省岷县)人,东汉末年少帝、献帝时权臣,西凉军阀,官至太师、郿侯。原本屯兵凉州,于灵帝末年受大将军何进之召率军进京平乱,旋即掌控朝中大权。董卓到达洛阳时,何进已死,董卓并领何进所属部曲,又使吕布杀执金吾丁原,并吞其众。由此势力大盛,得以据兵擅政,废黜少帝,立陈留王刘协为汉献帝,卓迁太尉,领前将军事,更封为郿侯,进位相国。又逼走袁绍等人,独揽军政大权。其为人残忍嗜杀,倒行逆施,招致群雄联合讨伐,但联合军在董卓迁

都长安不久后瓦解。后被其亲信吕布所杀,余部由李傕等人率领。少帝,汉少帝弘农怀王刘辩(公元 176 年~公元 190 年),他是汉灵帝刘宏与皇后何氏的独生子,在位仅五个月。

㉒何太后:汉灵帝皇后,何进之妹,少帝刘辩之母,曾毒杀刘协生母王美人。自汉灵帝宋皇后被中常侍王甫下狱致死后,后位一直空悬,直至光和三年(公元 180 年),曾生育皇子的何贵人被立为皇后。其子刘辩即位后,被尊为皇太后。

㉓伊尹:商初大臣,为成汤重用,任阿衡,委以国政,助汤灭夏。汤死后,历佐外丙、仲壬二王。仲壬死后,汤孙太甲为帝,因不遵汤规,横行无道,被伊尹放之于桐宫(今山西省万荣县西,另说今河南省虞城东北),令其悔过和重新学习汤的法令。三年后,迎回太甲复位。他为商朝理政安民五十余载,治国有方,世称贤相。

㉔霍光:字子孟,约生于汉武帝元光年间,卒于汉宣帝地节二年(公元前 68 年)。河东平阳(今山西临汾市)人。是汉昭帝的辅政大臣,执掌汉室最高权力近二十年,为汉室的安定和中兴建立了功勋,成为西汉历史发展中的重要政治人物。

㉕小丑:微贱之辈。

㉖吊:祭奠死者或对遭丧事及不幸者给予慰问。

㉗卑下:谦敬,退让。

㉘长揖:拱手高举,自上而下行礼。

㉙强直不屈:强直,刚强正直。不屈,不屈折,犹言不卑下。

㉚疽发背:疽,中医指局部皮肤肿胀坚硬的毒疮。发背,发于背部。

㉛遗令:临终前的告诫、嘱咐。

㉜赙赠:指赠送给丧家的财物。

【译文】

盖勋被征召授予讨虏校尉,汉灵帝召见他,问道:"天下(究竟)有什么苦难,以至于人们叛乱到如此地步?"盖勋说:"这都是那些宠臣的子弟们扰乱的结果。"当时宦官上军校尉蹇硕在座,灵帝就回头问他。蹇硕心中害怕,不知道该怎么回答,但因此对盖勋怀恨在心。司隶校尉张温举荐盖勋做京兆尹,灵帝当时正打算接见盖勋,而蹇硕等人心中惧怕他,就一起劝灵帝听从张温的奏议,于是灵帝拜盖勋为京兆尹。当时长安县令杨党的父亲是中常侍,(杨党)依仗权势贪婪放纵,盖勋审查到他贪污受贿的赃款有一千余万。贵戚都为杨党求请免罪,盖勋不为所动,把事情全都奏报朝廷,并牵连到杨党的父亲。皇帝下诏彻底查办,于是盖勋威震京师。当时小黄门京兆人高望担任尚药监,受到皇太子的宠幸。太子通过蹇硕嘱托盖勋让高望的儿子高进为孝廉,盖勋不肯这样做。有人对他说:"皇太子是储君,高望是太子宠爱的人,蹇硕是皇帝的宠臣,可是您违背他们的意愿,这是人们所说的结三个人的怨恨于一身啊!"盖勋说:"选拔贤才是用来报效国家的。不是贤才就不举荐,即便是死,又有什么可后悔的!"(后来)董卓废掉少帝,杀了何太后。盖勋给董卓写信说:"往昔伊尹、霍光,掌权而为国家立下大功,还有令人寒心的地方。您只不过是个微贱之人，这样做，以后如何收场呢？祝贺的人在门口，而吊丧的人已在屋内，能不谨慎吗？”董卓得到这封信，内心非常惧怕盖勋，征召他做议郎。当时朝廷自公卿以下的百官，见到董卓没有不卑躬屈膝的，只有盖勋对董卓依礼相见，拱手作揖而已。在场的人都因此大惊失色。盖勋虽然刚强正直，不屈于董卓，但实际上却受到董卓的厌恶，在朝而不得志。后来因背部发毒疮而死。临终时嘱咐家人，不要接受董卓的丧葬赠礼。

【原文】

蔡邕[①]，字伯喈，陈留[②]人也。灵帝时，信任阉竖，灾变数见，天子引咎[③]，诏群臣各陈政要。邕上封事[④]曰：“臣闻古者取士[⑤]，诸侯岁贡[⑥]。孝武之世，郡举孝廉，又有贤良文学之选，于是名臣辈出，文武并兴。汉之得人，数路[⑦]而已。夫书画辞赋，才之小者，匡国理政，未有其能。陛下即位之初，先涉经术[⑧]，听政余日[⑨]，观省篇章，聊[⑩]以游意，当代博奕[⑪]，非以为教化取士之本也。而诸生竞利，作者[⑫]鼎沸。其高者，颇[⑬]引经训风喻[⑭]之言，下则连偶俗语[⑮]，有类俳优[⑯]，或窃[⑰]成文，虚冒[⑱]名氏。臣每受诏于盛化门，差次录第[⑲]，其未及者，亦复随辈，皆见拜擢[⑳]。既加之恩，难复收改，但守奉禄，于义已弘，不可复使治民及仕州郡。昔孝宣会诸儒于石渠[㉑]，章帝集学士于白虎[㉒]。通经[㉓]义释，其事优大[㉔]；文武之道，所宜从之。若乃小能小善[㉕]，虽有可观[㉖]，孔子以为‘致远则泥[㉗]’，君子故当志[㉘]其大者也。”

【注释】

①蔡邕（公元133年~公元192年）：字伯喈，陈留（今河南省开封市陈留镇）人，东汉文学家、书法家。博学多才，通晓经史、天文、音律，擅长辞赋。灵帝时召拜郎中，校书于东观，迁议论郎。曾因弹劾宦官，被流放至朔方。

②陈留：今河南省开封市陈留镇。秦始皇设立陈留县，属三川郡，治所在今开封陈留镇。汉武帝元狩中，分河南郡置陈留郡。逮至兴平中，董卓暴乱天下，曹操乃自此兴兵倡义。

③引咎：归过失于自己。

④封事：密封的奏章。此处指《陈政要七事疏》。古时臣下上书奏事，防有泄漏，用皂囊封缄，故称。

⑤取士：选取士人。

⑥岁贡：古代诸侯郡国定期向朝廷推荐人才的制度。李贤注引《尚书大传》：“古者诸侯之于天子，三年一贡士。”

⑦路：途径，门路。

⑧经术：犹经学（以儒家经典为研究对象的学问）。

⑨余日：闲暇时日。

⑩聊：姑且，暂且，勉强。

⑪博奕：局戏和围棋。奕，通“弈”，围棋。

⑫作者：指从事文章撰述或艺术创作的人。

⑬颇：大抵，大致。

⑭经训风喻：经训，经籍义理的解说。风喻，亦作"风谕"，以委婉的言辞劝告开导。

⑮连偶俗语：连偶，连而成双，使成对偶。俗语，通俗流行并已定型的语句。

⑯俳优：音排悠，古代以乐舞谐戏为业的艺人。

⑰窃：抄袭。

⑱虚冒：假冒，冒充。

⑲差次录第：差次，分别等级次序。录第，按名次录用。

⑳拜擢：选拔任用。

㉑石渠：即石渠阁，西汉皇室藏书之处，在长安未央宫殿北。

㉒白虎：白虎观，汉宫观名。

㉓通经：解释经旨。

㉔优大：盛大。

㉕小善：犹小技、小的长处。

㉖可观：可以看，值得看。

㉗孔子以为致远则泥：语出《论语·子张》：子夏曰："虽小道，必有可观者焉，致远恐泥，是以君子不为也。"

㉘志：向慕，有志于。

【译文】

蔡邕，字伯喈，陈留郡人。当时汉灵帝信任宦官，国家多次发生灾变。皇帝归罪于己，诏告群臣各自陈述施政的要务。蔡邕呈上密封的奏章，说："臣听说古代选取士人，要求诸侯定期向朝廷举荐人才。汉武帝时，除各郡推举孝廉外，另有贤良文学之士的选拔。于是名臣辈出，文治武功同时兴盛。汉王朝获得人才，主要就是通过这几个方面。书画辞赋，不过是一种小才，至于匡正国家管理政治，就不是他们力所能及的了。陛下即位之初，先涉猎经学，处理政务的闲暇之时，阅览一些辞赋篇章，作为放松精神的消遣，以此代替局戏、围棋等娱乐，并不是要以此（辞赋篇章）作为施行教化、获得人才的根本办法。但是读书人（因为陛下的爱好）而竞相贪图利益，兴辞作赋的人越来越多，喧嚷不休。他们中学问高的，还能引用经典中的经训和讽喻的言辞，学问低下的则使用对偶俗语等，有点类似于以歌舞为业的艺人，有的人甚至抄袭现成的文章，冒名顶替。臣每次受诏在盛化门分别等级次序，按名次录用人才，都会发现其中一些不够资格的人，也跟随别人一同被选拔任用。已经赐予的恩典，难以再收回更改，让他们只是保住俸禄，这在道义上已经够宽大的了，不可以再让他们治理百姓或在州郡中任职。昔日，宣帝召集诸多儒生于石渠阁，章帝集中有学之士于白虎观，解释经旨，阐明义理，这两件事十分盛大。文王和武王的治国之道，确实是应当遵循的。如果只是小能小善，即使有可取的地方，孔子认为'如果让他们致力于远大的事业，就会有所阻滞'。所以君子应当有志于大的方面。"

【原文】

又特诏问曰："比[①]灾变互生，未知厥咎[②]，朝廷焦心[③]，载[④]怀恐惧。每访群公[⑤]，庶[⑥]闻忠言，而各存括囊[⑦]，莫肯尽心。以邕经学深奥，故密特稽问。宜披露[⑧]失得，指陈[⑨]政要，勿有依违[⑩]，自生疑讳[⑪]。"邕对曰："臣伏思诸异，皆亡国之怪也。天于大汉，殷勤[⑫]不已，故屡出妖变[⑬]，以当谴责，欲令人君感悟，改危即[⑭]安。今灾眚[⑮]之发，不于他所，远则门垣[⑯]，近在寺署[⑰]，其为监戒[⑱]，可谓至切。霓堕鸡化[⑲]，皆妇人干政之所致也。前者乳母赵娆[⑳]，贵重天下，生则资藏侔于天府[㉑]，死则丘墓逾于园陵[㉒]，两子受封，兄弟典郡[㉓]，续以永乐；门史[㉔]霍玉，依阻城社[㉕]，又为奸邪。今者道路纷纷[㉖]，复云有程大人者，察其风声[㉗]，将为国患。宜高为堤防[㉘]，明设禁令，深惟赵、霍，以为至戒[㉙]。今圣意勤勤[㉚]，思明邪正。而闻太尉张颢[㉛]，为玉所进，光禄勋伟璋[㉜]，有名贪浊。又长水校尉[㉝]赵玹、屯骑校尉[㉞]盖升，并叨[㉟]时幸[㊱]，荣富优足[㊲]。宜念小人在位之咎，退思引身避贤之福[㊳]。伏见廷尉郭禧[㊴]纯厚老成[㊵]，光禄大夫桥玄[㊶]聪达方直[㊷]，故太尉刘宠[㊸]忠实守正[㊹]，并宜为谋主[㊺]，数见访问[㊻]。夫宰相大臣，君之四体，委任责成[㊼]，优劣已允，不宜听纳小吏，雕琢[㊽]大臣也。又尚方工技之作[㊾]，鸿都篇赋之文[㊿]，可且消息[51]，以示惟忧。《诗》云：'畏天之怒，不敢戏豫[52]。'天戒[53]诚不可戏也。夫君臣不密，上有漏言[54]之戒，下有失身[55]之祸。愿寝[56]臣表，无使尽忠之吏，受怨奸仇。"

【注释】

①比：副词。近日，近来。

②厥咎：厥，代词。咎，罪过、过失。

③焦心：忧虑，着急。

④载：承受。

⑤群公：总称诸侯和朝臣。

⑥庶：希望，但愿。

⑦括囊：结扎袋口。亦喻缄口不言。

⑧披露：陈述，表白。

⑨指陈：指明和陈述。

⑩依违：谓模棱两可。

⑪疑讳：疑虑忌讳。

⑫殷勤：恳切叮咛。

⑬妖变：指反常、怪异的现象或事物。

⑭即：至，到。

⑮灾眚：灾殃，祸患。

⑯门垣：宫门附近。

⑰寺署：官署。

⑱监戒：鉴察往事，警戒将来。监，通"鉴"。

⑲霓堕鸡化：霓堕。《后汉书》原文作"霓堕"，指霓进入内环。霓，副虹，又称雌虹、雌霓。虹霓常有内外二环，内环称虹，也称正虹、雄虹；外环称霓，也称副虹，雌虹或雌霓。鸡化，指雌鸡变化为雄鸡，旧时认为是灾难之兆。

⑳乳母赵娆：汉桓帝乳母赵娆，旦夕在太后侧，中常侍曹节、王甫等与共交结，谄事太后。见《后汉书·陈蕃传》。

㉑资藏侔于天府：资藏，储藏的财物。侔，齐等、相当。天府，原为周官名，掌祖庙之守藏，后因称朝廷藏物之府库为天府。

㉒园陵：帝王的墓地。

㉓典郡：主管一郡政事，谓任郡守。

㉔门史：守卫宫门的官吏。

㉕依阻城社：依阻，凭借、仗恃。城社，本指城池和祭地神的土坛，此喻靠山（含贬义）。

㉖道路纷纷：道路，路上的人，指众人。纷纷，乱貌、众多貌。形容社会上人们纷纷传告。

㉗风声：指传播出来的消息。

㉘堤防：本指堤，有提防之意。

㉙至戒：亦作"至诫"。犹深戒。

㉚勤勤：恳切至诚。

㉛太尉张颢：按《后汉书·灵帝纪》：光和元年"（三月辛丑）太常常山张颢为太尉。……九月，太尉张颢罢。"

㉜光禄勋伟璋：光禄勋，官名，秦汉负责守卫宫殿门户的宿卫之臣，后逐渐演变为专掌宫廷杂务之官。应劭谓："光者，明也。禄者，爵也。勋者，功也。"如淳则谓："勋之言，阍也。阍者，古之门官。"

㉝长水校尉，官名。汉武帝置。八校尉之一，掌屯于长水与宣曲的乌桓人、胡人骑兵，秩比二千石。所属有丞及司马，领骑兵七百三十六人。长水，关中河名。宣曲亦河名。东汉时属北军中侯，校尉秩为比二千石，魏、晋、南朝及北朝魏、齐均置，属领军将军。

㉞屯骑校尉：官名。汉武帝置。八校尉之一。掌骑士，秩比二千石。所属有丞及司马，领兵七百人。东汉时属北军中候，校尉秩为比二千石。魏、晋、南朝及北朝魏、齐均置，属领军将军。

㉟叨：犹忝。表示承受之意。

㊱幸：亲近，宠爱。

㊲优足：富足。

㊳退思引身避贤之福：退思，语出《左传·宣公十二年》："林父之事君也，进思尽忠，退思补过，社稷之卫也。"后因以指退归思过，事后反省。引身，抽身、引退。避贤，让贤。

㊴廷尉郭禧：廷尉，官名。秦始置，九卿之一，掌刑狱。汉初因之，秩中二千石。景帝

时改称大理，武帝时复称廷尉。东汉以后，或称廷尉，或称大理，又称廷尉卿。北齐至明清皆称大理寺卿。

㊵纯厚老成：纯厚，纯朴淳厚。老成，稳重、持重。

㊶光禄大夫桥玄：光禄大夫，战国时代置中大夫，汉武帝时始改为光禄大夫，秩比二千石，掌顾问应对，隶于光禄勋。

㊷聪达方直：聪达，聪明而通达事理。方直，指人品端方正直。

㊸故太尉刘宠：故，过去、从前。刘宠，字祖荣，东汉牟平人。刘宠曾因"明经"被推荐为孝廉，出任济南郡东平陵县令，有仁惠之政。后升任豫章、会稽太守，在会稽郡时，简除烦苛政令，禁察官吏的非法行为，政绩卓著。

㊹守正：恪守正道。

㊺谋主：出谋划策的主要人物。

㊻访问：咨询，求教。

㊼责成：指令专人或机构负责完成任务。

㊽雕琢：比喻罗织罪名。李贤注："雕琢，犹镌削以成其罪也。"

㊾尚方工技之作：尚方，古代制造帝王所用器物的官署。

㊿鸿都篇赋之文：鸿都，光和元年设在鸿都门的学校。专习辞赋书画，出授高级官职。篇，特指诗歌、辞赋等文艺著作。赋，文体名。是韵文和散文的综合体，讲究辞藻、对偶、用韵。

51消息：停止，平息。

52戏豫：亦作"戏渝"。嬉戏安逸。毛传："戏豫，逸豫也。"

53天戒：谓上天给予的警诫。

54漏言：泄漏密言或情况。

55失身：丧失生命。

56寝：谓湮没不彰，隐蔽。

【译文】

又有一次灵帝特别下诏询问（蔡邕）道："最近灾变接连发生，不知其过失究竟在哪里？朝廷为此而忧虑着急，深感恐惧。每次问到各位朝臣，希望能听到忠直之言，然而他们却各自缄口不言，不肯尽心回答。因你（蔡邕）的经学造诣精深，所以特意秘密相问，你应该陈述政事上的得失，指明施政的要领，不要模棱两可，自生疑虑和忌讳。"蔡邕回答说："臣考虑这些灾异都是亡国的怪象。上天对于大汉王朝，殷勤恳切，所以多次出现反常的怪异现象，用来作为谴责，目的是想让人君有所感触而醒悟，转危为安。而今灾害的发生，并不在其他地方，远的不过在宫门附近，近的就在官署之中，以此作为监察往事、警戒将来的警示，可以说是极为恳切。霓入内环，雌鸡化雄，都是妇人干预政事所导致的。以前（桓帝）乳母赵娆，尊贵显赫于天下，她在世时储藏的财货和国库相当，死后的坟墓规模甚至超过帝王的陵墓。她的两个儿子受到封赏，其兄弟也担任郡守。后来又有永乐门史霍玉，依仗权势，专做奸诈邪恶的事情。如今，路上的众人纷纷传言，说有一位叫程大人的。考察这些传言，恐怕此人又要成为国家的祸患。陛下应该高度防范，公开设立禁令，深思赵娆、霍玉的往事以作为借鉴。今天圣上的心意恳切至诚，想要明辨邪正。但是听说太尉张颢是霍玉所推荐的，光禄勋伟璋有贪污之名，还有长水校尉赵玹、屯骑校尉盖升，都是受到一时的宠爱，而获得荣华富贵。（陛下）应该想想小人在位掌权的过失，然后考虑一下（让他们）退身让贤会带来的福祉。臣看到廷尉郭禧纯朴稳重，光禄大夫桥玄聪明通达且品行端方正直，原太尉刘宠忠诚老实恪守正道。这些人都应成为替国家出谋划策的主要人物，应多多向他们请教。宰相大臣是君主的四肢，应当委派给他们职务并让他们负责，如此优劣就能分辨清楚，而不应该听信小吏的话，给大臣罗织罪名。此外，那些尚方百工技艺的制作，鸿都门学诗歌辞赋的文章，都可以暂且停止了，以表示圣上现在只忧虑国事。《诗经》上说："畏惧上天震怒，不敢戏嬉安逸。"上天的警诫实在不可当作儿戏。（以上这些内容）你我君臣之间如果不严守机密，那么对皇上而言就有泄露密言的警戒，对臣下来说就有杀身之祸。希望陛下保藏好臣的奏表，不要让尽忠的官吏，受到奸佞小人的怨恨与仇视。"

【原文】

章奏，帝览而叹息，因起更衣[①]，曹节于后视之，悉宣语[②]左右，事遂漏露[③]。其为邕所裁黜[④]者，皆侧目[⑤]思报。初，邕与司徒刘郃[⑥]素不相平，而叔父卫尉质[⑦]，又与将作大匠阳球[⑧]有隙[⑨]，球即中常侍程璜[⑩]女夫[⑪]也。璜遂使人飞章[⑫]言，邕质数以私事请托于郃，郃不听，邕含隐切[⑬]，志欲相中伤[⑭]。于是下邕，质于洛阳狱，劾以仇怨奉公[⑮]，议害大臣，大不敬，弃市[⑯]。事奏，中常侍吕强[⑰]愍邕无罪，请之。帝亦更思其章，有诏减死一等，与家属钳徙朔方[⑱]，不得以赦令[⑲]除[⑳]。

【注释】

①更衣：古时大小便的婉辞。

②宣语：宣，尽。语，告诉。

③漏露：泄露。

④裁黜：犹罢黜（废除排斥）。

⑤侧目：斜目而视，形容愤恨。

⑥司徒刘郃：司徒，官名。汉哀帝元寿二年，改丞相为大司徒，与大司马、大司空并列三公。东汉时改称司徒。刘郃，东汉后期官员，为东汉河间王宗室，光禄大夫刘倏之弟。公元169年冬汉桓帝病逝，刘倏协助大将军窦武扶立汉灵帝，事后被宦官谋杀。朝廷为追悯刘倏的功劳，就重用刘郃以示回报。光和年间，刘郃位列三公。

⑦叔父卫尉质：卫尉，官名，战国时代开始设置，秦汉相沿，为九卿之一，秩禄中二千石，掌管宫门警卫，汉景帝时一度改称中大夫令。质，蔡质，字子文，陈留圉（今河南杞县）人，蔡邕叔父，灵帝时任卫尉，以罪下狱死。

⑧将作大匠阳球：将作大匠，官名，掌管宫室修建之官。阳球，字方正，渔阳泉州人，性严厉，好申、韩之学。初举孝廉，补尚书侍郎。出为高唐令，迁平原相。后迁将作大匠，坐事论。顷之，拜尚书令。因与司徒刘郃谋议收案张让、曹节，反遭诬陷，遂收球送洛阳狱，诛死，妻、子徙边。

⑨有隙：有嫌隙，有怨恨。

⑩程璜：东汉桓帝、灵帝时期宦官，中常侍，司徒刘郃娶其养女。程璜收受贿赂，排挤忠良，以其资格老而作威作福，被人喻为"程大人"。光和元年（公元178年）蔡邕上疏奏对，多提及程璜之罪。后奏章泄露，程璜因此与大长秋曹节联手陷害蔡邕使其遭受流放。后司隶校尉阳球与程璜女婿刘郃等人谋划铲除宦官，程璜出卖女婿，使刘郃等人被杀。

⑪女夫：女婿。

⑫飞章：迅急上奏章。

⑬隐切：犹怨恨。

⑭中伤：诬蔑别人使受损害。

⑮仇怨奉公：仇怨，仇恨、怨恨。奉公，奉行公事。

⑯弃市：《礼记·王制》："刑人于市，与众弃之。"后以"弃市"专指死刑。

⑰吕强（？~公元184年）：东汉宦官，字汉盛，成皋（今荥阳）人。少为小黄门，迁中常侍，灵帝时封为都乡侯，辞不就。上书请求斥奸佞，任忠良，薄赋敛，厚农桑，开言路。灵帝知其忠而不能用。黄巾起义爆发，建言应赦党人，诛杀贪官，考核地方官吏是否称职。宦官大惧，纷纷征还子弟在州郡为官者。中常侍赵忠等诬奏强兄弟为官贪浊，灵帝派人拘捕，愤而自杀。

⑱钳徙朔方：钳，古刑罚，以铁器钳束人的颈项、手、足。徙，贬谪、流放。朔方，郡名，西汉武帝时置，郡治朔方县（今内蒙古杭锦旗北），东汉废朔方县，移郡治于临戎（今磴口北）。

⑲赦令：旧时君主发布的减免罪行或赋役的命令。

⑳除：免去，免除。

【译文】

蔡邕的奏章送达后，灵帝看完，叹息不已。因灵帝起身如厕，曹节便从后面偷看了奏章的内容，并将其中的内容都告诉了左右之人，事情就这样被泄露了。那些被蔡邕所抨击排斥的人，都对他侧目而视，想着要报复他。当初，蔡邕与司徒刘郃一向不和，而他的叔父卫尉蔡质又与将作大匠阳球有嫌隙，阳球是中常侍程璜的女婿。程璜就使人迅速上奏，说蔡邕、蔡质多次向刘郃以私事相嘱托，刘郃没有答应，蔡邕就心怀怨恨，总想借机中伤。蔡邕、蔡质因此被投入洛阳监狱，判处他们因公报私仇，谋害大臣，犯了大不敬之罪，应该弃市处死。事情上奏后，中常侍吕强怜悯蔡邕本来无罪，就为他求情，灵帝此时也重思蔡邕的奏章，就下诏将蔡邕减除死刑一等，他与家属受（髡）钳之刑而被流放到朔方，并且不得因赦令而免罪。

【原文】

左雄[①]，字伯豪，南郡[②]人也。举孝廉，拜议郎。时顺帝新立，朝多阙政[③]，雄数言事[④]，其辞深切[⑤]。尚书仆射虞诩[⑥]，以雄有忠公[⑦]节，上疏荐之曰："臣见方今公卿以下，类多拱默[⑧]，以树恩为贤，尽节[⑨]为愚，至[⑩]相戒曰：'白璧不可为，容容[⑪]多后福。'伏见议郎左雄，数上封事，至引陛下身遭难厄[⑫]以为敬戒[⑬]，实有'王臣蹇蹇[⑭]'之节、周公谟[⑮]成王之风，宜擢[⑯]在喉舌之官[⑰]，必有匡弼[⑱]之益。"

【注释】

①左雄（？～公元138年）：字伯豪，少有大志，聪明好学，知识渊博，品性笃厚，善助邻里，誉满郡县。在任时实行考试选官制度，对完善科举制度做出了贡献。

②南郡：据《汉书·地理志》："南郡，秦置，高帝元年更为临江郡，五年复故。景帝二年复为临江，中二年复故。莽曰南顺。属荆州。"

③阙政：有缺陷或弊病的政治措施。

④言事：古代专指向君王进谏或议论政事。

⑤深切：真挚，恳切。

⑥尚书仆射虞诩：见前传。

⑦忠公：忠诚公正。

⑧拱默：亦作"拱嘿"。拱手缄默。

⑨尽节：尽心竭力，保全节操。多指赴义捐生。

⑩至：连词。承接上文，表示下文是上文引出的结果。犹以至、以至于。

⑪容容：随众附和。

⑫难厄：犹危难。

⑬敬戒：警戒，戒备。

⑭蹇蹇：忠直貌。蹇，音减，通"謇"。《易·蹇》："六二：王臣蹇蹇，匪躬之故。"高亨注："謇謇，直谏不已也。"王弼注："执心不回，志匡王室者也。"

⑮谟：谋划，谋虑。

⑯擢：举拔，提升。

⑰喉舌之官：比喻掌握机要、出纳王命的重臣。后亦以指尚书等重要官员。

⑱匡弼：匡正辅佐，纠正补救。

【译文】

左雄，字伯豪，南郡人。被举为孝廉，官拜议郎。当时，顺帝刚刚即位，朝廷政务中有不少弊病，左雄多次上书言事，言辞非常恳切。尚书仆射虞诩认为左雄有忠诚公正的节操，于是上疏推荐他说："臣看到当今公卿以下的官员，大多都是拱手缄默的人。他们以树立私恩为贤能，以尽忠保节为愚蠢，以至于互相之间告诫说：'不可做那无瑕的白玉，随众附和的人多有后福。'臣发现议郎左雄多次上密奏(讨论国事),甚至引用陛下亲身遭遇的危难来警戒陛下,确实有为人臣子直言忠谏的节操,有当年周公为成王尽心谋划的风范。应当提拔他到重要官员的职位上,必然能起到匡正国事辅佐陛下的作用。"

【原文】

由是拜尚书令,上疏陈事曰:"臣闻柔远和迩①,莫大宁民②。宁民之务,莫重用贤。用贤之道,必存考黜③。大汉受命④,虽未复古⑤,然至于文景,天下康乂⑥,诚由玄靖宽柔⑦、克慎官人⑧故也。降⑨及宣帝,兴于仄陋⑩,综覈名实⑪,知世所病⑫,以为吏数变易,则下不安业⑬;久于其事,则民服教化。其有治理⑭者,辄以玺书⑮勉励,增秩⑯赐金。是以吏称其职,民安其业。汉世良吏,于兹为盛。故能降来仪⑰之瑞,建中兴⑱之功。汉初至今,三百余年,俗浸彫敝⑲,巧伪滋萌⑳,下饰其诈,上肆其残。典城百里㉑,转动无常,各怀一切㉒,莫虑长久。谓杀害不辜㉓为威风、聚敛整辩㉔为贤能,以修己安民为劣弱㉕、奉法循理为不治。髡钳之戮㉖,生于睚眦㉗;覆尸㉘之祸,成于喜怒。视民如寇仇㉙,税㉚之如豺虎。监司㉛见非不举,闻恶不察,观政于亭传㉜,责成于期月㉝,言善不称德,论功不据实,虚诞㉞者获誉,拘检者离毁㉟。州宰不覆㊱,竞共辟召㊲。或考奏捕治㊳,而亡不受罪㊴,会赦行赂㊵,复见洗涤㊶。朱紫㊷同色,清浊㊸不分。故使奸猾枉滥㊹,轻忽去就㊺,拜除㊻如流,缺动㊼百数。特选横调㊽,纷纷不绝,送迎烦费㊾,损政伤民。和气未洽㊿,灾眚不消,咎皆在此。臣愚以为乡部亲民[51]之吏,皆用儒生清白[52],任[53]从政者,宽其负算[54],增其秩禄[55],吏职满岁[56],宰府州郡[57],乃得辟举[57]。如此,威福[59]之路塞,虚伪之端[60]绝,送迎之役[61]损,赋敛[62]之源息,循理[63]之吏得成其化,率土[64]之民各宁其所。"

【注释】

①柔远和迩:柔远,安抚远人或远方邦国。迩,近。

②宁民:安民,使人民安定。

③必存考黜:存,立、设置。考黜,考绩以定黜陟。

④受命:受天之命。

⑤复古:恢复旧的制度、习俗等。

⑥康乂:安治。

⑦玄靖宽柔:玄靖,亦作"玄静",谓清静无为的思想境界。宽柔,宽缓和柔。

⑧克慎官人:克,能够。官人,选取人才给以适当官职。

⑨降:表示从过去某时直到现在的一段时期。

⑩仄陋:卑微。盖指宣帝幼年遭巫蛊之祸,曾下狱,家人亦蒙难,后为祖母史家收养,长期长于民间,故云。

⑪综覈名实:亦作"综核名实"。对事物进行综合考核以察其名称和实际是否符合。一般用于吏治。

⑫病:弊,不利。

⑬安业:安于本业。

⑭治理:指理政的成绩。

⑮玺书:秦以后专指皇帝的诏书。

⑯增秩:增俸,升官。

⑰来仪:谓凤凰来舞而有容仪,古人以为瑞应。李贤注:“宣帝时凤皇五至,因以纪年。”语出《书·益稷》:“箫韶九成,凤皇来仪。”孔颖达疏:“箫韶之乐作之九成,以致凤皇来而有容仪也。”

⑱中兴:中途振兴,转衰为盛。

⑲俗浸彫敝:浸,副词,逐渐。彫敝,奢靡败坏。

⑳巧伪滋萌:巧,虚伪、欺诈。滋萌,滋生萌发。

㉑典城百里:典城,亦作“典成”,主掌诉讼案件。百里,古时一县所辖之地,因以为县的代称,此借指县令。

㉒一切:权宜,临时。

㉓不辜:指无罪之人。

㉔聚敛整辩:聚敛,搜刮财货。整辩,《后汉书》原文作“整辨”。整辨,一本作“整办”,指整治、办理。

㉕劣弱:衰弱,懦弱。

㉖髡钳之戮:髡钳,古代刑罚,谓剃去头发,用铁圈束颈。戮,惩罚。

㉗睚眦:瞋目怒视,瞪眼看人。借指微小的怨恨。

㉘覆尸:尸体倒地。多指被杀或被杀者。

㉙寇雠:仇敌,敌人。

㉚税:征收或交纳赋税。

㉛监司:负有监察之责的官吏。汉以后的司隶校尉和督察州县的刺史、转动使、按察使、布政使等通称为监司。

㉜观政于亭传:观政,察知政情。亭传,古代供旅客和传递公文的人途中歇宿的处所。

㉝责成于期月:责成,指令专人或机构负责完成任务。期月,一整年。李贤注:“期,匝也。谓一岁。”

㉞虚诞:荒诞无稽。

㉟拘检者离毁:拘检,检束、拘束。离,遭受、遭遇。后多作“罹”。毁,毁谤、诋毁。

㊱州宰不覆:州宰,指州刺史。覆,审察、查核。

㊲辟召:征召。

㊳考奏捕治:考,按问、刑讯。奏,臣子对帝王进言陈事。捕治,逮捕治罪。

㊴亡不受罪:亡,逃跑、出逃。受罪,承受罪责。

㊵会赦行赂:会,副词,恰巧、适逢。赦,宽免罪过。行赂,犹行贿。

㊶洗涤:除去(罪过、积习、耻辱等)。

㊷朱紫:红色与紫色。比喻正与邪、是与非、善与恶。

㊸清浊:本指清水与浊水,比喻人事的优劣、善恶、高下等。

㊹枉滥:枉法恣肆。

㊺轻忽去就:轻忽,轻率随便。去就,离去或接近、担任官职或不担任官职。

㊻拜除:拜授官职。

㊼动:往往,常常。

㊽特选横调:特选,指对官吏的特别选拔。调,李贤注:“调,征也。”。

㊾烦费:大量耗费。

㊿洽:周遍,广博。

51亲民:亲自治理民众。

52清白:旧称未做过所谓卑贱职业。这样的人及其后代始得从政或应试当官。

53任:李贤注:“任,堪也。”

54负算:负欠的口钱(一种人口税)。后泛指负欠的租税。李贤注:“负,欠也。算,口钱也。”

55秩禄:俸禄。

56满岁:任职期满。

57宰府州郡:宰府,宰相办公之所。州郡,本为州和郡的合称,亦泛指地方上,亦指州郡的长官。

58辟举:征召荐举。

59威福:语出《书·洪范》:“惟辟作福,惟辟作威。”孔颖达疏:“惟君作福得专赏人也,惟君作威得专罚人也。”原指执政者的赏罚之权,后多谓当权者妄自尊大,恃势弄权。

60端:方面,种类。

61役:事。

62赋敛:征收赋税。

63循理:依照道理或遵循规律。

64率土:“率土之滨”之省。谓境域之内。

【译文】

由此左雄官拜尚书令。他上书陈述政事说:“臣听说安抚远方和睦近处,再没有比使人民安定更重大的了。使人民安定的关键,没有比任用贤人更重要的了。任用贤者的办法,是一定要设立考核与罢免的制度。大汉受天命建立王朝,虽说未能恢复古代的制度,但是到了文帝、景帝时期,天下安宁康乐,实在是由于实行清静无为、宽缓和柔的政策,能慎重地选贤授官的缘故啊!后来到宣帝时,他生长于卑微的环境,因此能够综合地考察事物的名实是否相符,知道时弊的所在,认为官吏如果经常调换,百姓就不会安于本业;官吏长期忠于职事,人民就会服从教化。对那些卓有政绩的官员,就下诏书给予勉励,给他们增加秩俸、赏赐钱财。因此官吏各称其职,人民安居乐业。汉朝优秀的官吏,以宣帝时期为最多，所以出现了凤凰来舞的祥瑞，建立了振兴汉室的功业。汉初至今已有三百多年，社会风气逐渐奢靡败坏，奸巧伪诈的现象慢萌生。在下者掩饰他的欺诈行径，在上者放任自己的残暴行为。典城、县令等地方官员调动频繁，人人都心怀权宜之计，谁也不做长久的打算。（他们）认为杀害无辜的人是威风，以搜刮聚敛财富为贤能，把修正自己安抚人民看成是懦弱，把奉守法令循理办事当作是无能。遭受髡钳的刑罚，只是因为一点小小的怨恨；遭受杀身之祸，仅是产生在喜怒之间。看待百姓如同贼寇和仇敌，向他们征收赋税却像豺虎。掌管监察的官吏看到非法行为也不检举，听到罪恶之事也不加详察。考察政情却只居于亭传（而不实地考察），责令下属要在一年之内就要完成上级的任务。对人的称赞与他的德行不相称，对功劳的评定与事实不相符；弄虚作假的人获得赞誉，谨守规矩的人遭到毁谤。（对这些人）刺史不进行审查，就竞相征召任用。有的人要被审查参奏、逮捕查办，却因逃跑而没有受到惩罚，逢到大赦或通过行贿，其罪名又被清除掉了。正邪不辨，清浊不分，所以使得奸猾之人枉法放肆，随便地离任或就职，拜官授职像流水一样频繁。官府的缺员往往有百余数，特殊的选拔和横征暴敛纷繁不息；（官吏的）送往迎来耗费巨大，损害政事伤害百姓。和谐的气氛没能走遍天下，灾殃祸患未能消除止息，过失全都在这个方面。臣认为乡里直接管理民众的官员，都应该任用清白的儒生为处理政事的人，宽免他们所欠的租税，增加他们的俸禄。官员任职期满，宰府州郡才能征召荐举他们。这样一来，当权者作威作福的道路就会被阻塞，弄虚作假的萌芽也就会杜绝，送来迎往的事会减少，横征暴敛的源头也会止息。依理办事的官吏，于是得以完成他们的教化，天下的人民，也能够各安其所了。”

【原文】

周举[①]，字宣光，汝南[②]人也。为尚书。时三辅[③]大旱，五谷灾伤[④]，天子亲自策问[⑤]，举对曰："夫阴阳闭隔[⑥]，则二气否塞[⑦]。二气否塞，则人物不昌[⑧]。人物不昌，则风雨不时[⑨]。风雨不时，则水旱成灾。陛下处唐虞之位，未行尧舜之政，变文帝世祖之法，而循亡秦奢侈之欲，内积怨女[⑩]，外有旷夫[⑪]。今皇嗣[⑫]不兴，东宫[⑬]未立，伤和逆理，断绝人伦之所致也。非但陛下行此而已，竖宦[⑭]之人，亦复虚以形势，威侮良家[⑮]，取女闭之[⑯]，至有白首殁[⑰]无配偶，逆于天心。昔武王入殷，出倾宫之女[⑱]；成汤遭灾，以六事克己[⑲]。自枯旱以来，弥历年岁[⑳]，未闻陛下改过之效，徒劳至尊，暴露风尘[㉑]，诚无益也。又下州郡祈神致请[㉒]。昔齐有大旱，景公欲祀河伯[㉓]，晏子[㉔]谏曰：'夫河伯，以水为城国，鱼鳖[㉕]为人民。水尽鱼枯，岂不欲雨？自是[㉖]不能致也。'陛下所行，但务其华，不寻其实，犹缘木希（希作求）鱼[㉗]，却行求前[㉘]也。诚宜推信革政[㉙]，崇道变惑[㉚]，出后宫不御[㉛]之女，理天下冤枉之狱，除大官重膳[㉜]之费。臣才薄智浅，不足以对，惟陛下留神裁察[㉝]。"以举为司徒。

【注释】

①周举（公元105年～公元149年）：字宣光，东汉汝南汝阳人。周举其貌不扬，而博学洽闻，为儒者所宗，故京师为之语曰："《五经》从横周宣光。"

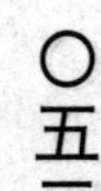

②汝南：古属豫州。汉高帝二年（公元前205年）始建汝南郡，郡治在上蔡。东汉永平十五年，汝南郡为国，封皇子畅为汝南王。建初四年，国除为郡。顺帝时领三十七县，郡治迁至平舆，在今平舆县境北部的射桥村。

③三辅：本指西汉治理京畿地区的三个职官的合称，亦泛称京城附近地区。

④五谷灾伤：五谷，五种谷物。《周礼·天官·疾医》："以五味、五谷、五药养其病。"郑玄注："五谷，麻、黍、稷、麦、豆也。"后以五谷为谷物的通称，不一定限于五种。灾伤，由天灾人祸招致的损害。

⑤策问：以经义或政事等设问要求解答以试士。

⑥闭隔：关闭，隔绝。

⑦否塞：闭塞不通。

⑧人物不昌：人物，人与物。不昌，不昌明、不昌盛。

⑨不时：不适时，不合时。

⑩怨女：指已到婚龄而无合适配偶的女子。

⑪旷夫：无妻的成年男子。

⑫皇嗣：皇子。

⑬东宫：太子所居之宫；亦指太子。

⑭竖宦：指宦官。

⑮威侮良家：威侮，陵虐侮慢。良家，汉时指医、巫、商贾、百工以外的人家，后世称清白人家为良家。

⑯取女闭之：取女，娶妻。闭，关押、幽禁。

⑰殁：亦作"殁"。死，去世。

⑱昔武王入殷，出倾宫之女：出，释放。倾宫，巍峨的宫殿，望之似欲倾坠，故称。《列子·杨朱》："纣亦藉累世之资……肆情于倾宫，纵欲于长夜。"李贤注引《帝王纪》曰："武王入殷，命召公释箕子之囚，表商容之闾，出倾宫之女于诸侯。"

⑲成汤遭灾，以六事克己：李贤注引《帝王级》曰："汤伐桀，后大旱七年，洛川竭，使人持三足鼎祝于山川曰：'政不节邪？使人疾邪？苞苴行邪？谗夫昌邪？宫室荣邪？女谒行邪？何不雨之极也！"'克己，谓克制私欲，严以律己。

⑳弥历年岁：弥历，久经、经历。年岁，犹年月。岁，年。

㉑徒劳至尊暴露风尘：至尊，用为皇帝的代称。暴露，露在外面，无所遮蔽。意谓：皇帝举行罪己之仪，向天忏悔，但精诚未至，效果未彰，徒劳于形式，暴露于外受风尘之苦而已。

㉒致请：致，表达。请，祷祝。

㉓景公欲祀河伯：景公，齐景公。河伯，传说中的河神。《庄子·秋水》："于是焉，河伯欣然自喜，以天下之美为尽在己。"陆德明《庄子释文》："河伯姓冯，名夷，一名冰夷，一名冯迟…一云姓吕，名公子，冯夷是公子之妻。"

㉔晏子：晏婴（公元前578年~公元前500年），字仲，谥平，习惯上多称平仲，又称晏

子，夷维（今山东莱州）人。春秋后期重要的政治家、思想家、外交家。

㉕鱼鳖：鱼和鳖。泛指鳞介水族。

㉖自是：自然是。

㉗缘木希鱼：即“缘木求鱼”。指爬上树去捉鱼，比喻行动和目的相反，劳而无所得。《孟子·梁惠王上》：“以若所为求若所欲，犹缘木而求鱼也……缘木求鱼，虽不得鱼，无后灾。以若所为求若所欲，尽心力而为之，后必有灾。”

㉘却行求前：谓以倒退求前进，比喻方法不对，因而不可能达到目的。却行，倒退而行。语本《韩诗外传》卷五：“夫明镜者所以照形也，往古者所以知今也。夫知恶往古之所以危亡，而不袭蹈其所以安存者，则无异乎却行而求逮于前人也。”

㉙推信革政：推信，推重信服。革政，谓改革政令。

㉚惑：乱，昏乱。

㉛御：与女子交合。

㉜大官重膳之费：大官，即太官。掌皇帝膳食及燕享之事。重膳，两个或两个以上的菜肴，泛指丰盛的膳食。

㉝裁察：裁断审察。

【译文】

周举，字宣光，汝南郡人。他担任尚书的时候，京都地区大旱，五谷遭灾，顺帝亲自进行策问，周举回答说：“阴阳隔绝，二气就会闭塞不通。阴阳二气不通，人与物就不会昌盛。人与物不昌盛，风雨就会不合时宜。风雨不适时，就会产生水旱的灾害。陛下居于唐尧、虞舜一样的君位，却不能施行尧舜的政治；改变了文帝、光武帝的法度，而追寻亡秦奢侈的贪欲。宫内积聚了（很多不能婚嫁的）怨女，宫外却还有很多无妻的旷夫。当今皇室子孙不兴，太子尚未确立，这都是因为伤害了天地本有的和气、违逆了阴阳交感的道理，断绝了（夫妇的）人伦之道所造成的啊！不仅仅是陛下这样做，就是宦官们，也都虚以男子的形体，威逼侮慢良家（妇女），把她们娶来禁闭在家中，以至于有白首寿终都没有配偶者，完全违背了天意。过去周武王攻入殷都，释放了宫中的女子；成汤遭受旱灾时，以六件事来反思约束自己。自从大旱以来，已有年月，没有听到陛下改过的成效，白白让皇上暴露于风尘之中，实在是没有什么益处。陛下又下令让各州郡向神明祈祷求雨。从前齐国遭到大旱，齐景公想祭祀河伯，晏子进谏说：“河伯以水为他的国家城池，以鱼鳖为他的人民，水干了，鱼鳖就会死亡，他难道不希望下雨吗？河伯自然是无法降雨啊！”陛下的行为只致力于浮华的形式，而不探求内在的实质，这就好比想爬到树上去捉鱼、用后退而求前进。确实应该推行诚信，改革政事，崇信道义，改变昏乱的局面。释放后宫没有婚配的宫女，申理天下冤枉的案件，取消太官丰盛膳食的费用。臣才薄智浅，不足以应对策问，只希望陛下能用心裁断审察。”于是周举被任命为司徒。

【原文】

李固[①]，字子坚，汉中[②]人也。阳嘉二年[③]，有地动山崩[④]，火灾之异，公卿举固对策[⑤]，诏又特问当世之敝、为政所宜。固对曰："臣闻王者，父天母地，宝有山川。王道得，则阴阳和理；政化乖[6]，则崩震为灾。斯皆关之天心效于成事者也。夫治以职成，官由能理。古之进[7]者，有德有命[8]；今之进者，唯财与力。伏闻诏书，务求宽博[9]，疾恶严暴[10]。而今长吏[11]，多杀伐致声名[12]者，必加迁赏[13]；其存宽和，无党援[14]者，辄见斥逐[15]。是以淳厚之风不宣，雕薄[16]之俗未革。虽繁刑重禁，何能有益？前孝安皇帝[17]，变乱旧典[18]，封爵阿母[19]，因造妖孽[20]，使樊丰[21]之徒，乘权放恣[22]，侵夺主威，改乱适嗣[23]，至令圣躬[24]狼狈，亲遇其难。既拔自困殆[25]，龙兴[26]即位，天下喁喁[27]，属望风政[28]。积弊[29]之后，易致中兴，诚当沛然[30]思惟善道。而论者犹云，方今之事，复同于前。臣伏从山草[31]，痛心伤臆[32]。今宋阿母[33]，虽有大功勤谨[34]之德，但加赏赐，足以酬其劳苦，至于裂土开国[35]，实乖旧典。夫妃后之家，所以少完全[36]者，岂天性当然[37]？但以爵位尊显，专总[38]权柄，天道恶盈，不知自损，故至颠仆[39]。先帝宠遇阎氏，位号太疾[40]，故其受祸，曾不旋时[41]。今梁氏戚为椒房[42]，礼所不臣[43]，尊以高爵，尚可然也。而子弟群从[44]，荣显[45]兼加。永平建初[46]故事，殆[47]不如此。宜令步兵校尉冀[48]及诸侍中，还居黄门[49]之官，使权去外戚，政归国家，岂不休[50]乎？又宜罢退宦官，去其权重[51]，裁[52]置常侍二人，省事[53]左右；小黄门五人，给事[54]殿中。如此，则论者厌塞[55]，升平[56]可致也。"

【注释】

①李固(公元94年~公元147年)：东汉大臣，汉中南郑(今属陕西)人，少好学。后因对策指斥时政，要求"权去外戚、政归国家"，为议郎。历任荆州刺史、太山太守，政称天下第一。

②汉中：即汉中郡，位于陕西省西南部，为秦初三十六郡之一，郡治初设南郑(今陕西汉中)，西汉初迁至西城(陕西安康市汉江北岸中渡台)。东汉建武元年至六年，郡治改迁南郑(在今陕西省汉中市南郑县附近)。

③阳嘉二年：公元133年。东汉顺帝刘保的第二个年号。

④地动山崩：地动，地震。山崩，悬崖、陡坡上巖石和砂土突然破裂、崩落的现象。

⑤对策：亦作"对册"。古时就政事、经义等设问，由应试者对答，称为对策。

⑥政化乖：政化，政治和教化。乖，反常、谬误。

⑦进：进仕，出仕。

⑧有德有命：李贤注："命，爵命也。言有德者乃可加爵命也。"(爵命，封爵受职。)⑨宽博：谓心胸开阔，能容人。

⑩严暴：严酷暴虐。

⑪长吏：指州县长官的辅佐。《汉书·百官公卿表》："县有丞、尉，秩四百石至二百石，是为长吏。百石以下有斗食、佐史之秩，是为少吏。"

⑫致声名：致，求取、获得。声名，名声。

⑬迁赏：升职和赏赐。

⑭党援：结援相助的党与。

⑮斥逐：驱逐。

⑯雕薄：雕，浮华、虚夸。薄，虚假刻薄、不诚朴宽厚。

⑰孝安皇帝：汉安帝刘祜。

⑱变乱旧典：变乱，变更、使紊乱。旧典，旧时的制度、法则。

⑲阿母：李贤注："阿母王圣。"

⑳妖孽：指物类反常的现象，古人以为是不祥之兆。

㉑樊丰：安帝时宦官。

㉒乘权放恣：乘权，利用权势。放恣，放纵。

㉓改乱适嗣：《后汉书》原文作"改乱嫡嗣"。李贤注："谓顺帝为太子时，废为济阴王。"

㉔圣躬：犹圣体。臣下称皇帝的身体。亦代指皇帝。

㉕困殆：困苦危急。

㉖龙兴：喻王者兴起。

㉗喁喁：仰望期待貌。

㉘属望风政：属望，期望。风政，指政绩。

㉙积弊：谓长期艰危。

㉚沛然：充盛貌，盛大貌。李贤注："沛然，宽广之意。"

㉛伏从山草：伏，居、栖身。从，介词，在、由。山草，犹言山野草莽，借指在野未仕。

㉜臆：心间。

㉝宋阿母：李贤注："谓宋娥也。"

㉞大功勤谨：惠栋曰："大功谓谋立帝，勤谨谓娥为乳母也。"勤谨，勤劳谨慎。

㉟裂土开国：裂土，分封土地。开国，古代指建立诸侯国。

㊱完全：保全。

㊲天性当然：天性，犹天命，指上天的意旨或上天安排的命运。当然，应当这样。

㊳专总：独揽。

㊴颠仆：颠，倾覆、灭亡。仆，颓败，亦指颓败的事物。

㊵先帝宠遇阎氏，位号太疾：先帝，指汉安帝刘祜。宠遇，帝王给予的恩遇。阎氏，指以安帝皇后阎姬为主的阎氏外戚。邓太后死后，安帝亲政，封阎皇后的四位兄弟阎显、阎景、阎耀、阎晏，并列为卿校，典掌禁兵。事隔不到一年，到延光元年（公元122年），又将阎显加封为长社侯，食邑一万三千五百户，追封早死的母亲为荥阳君。阎显兄弟家的孩子都年在童龀（七八岁）之间，也全被拜为黄门侍郎。因阎姬无子，出于嫉妒，又诬告太子刘保谋反，使安帝废黜太子，贬为济阴王。位号，爵位与名号。疾，快速、急速。

㊶旋时：很短的时间，顷刻间。

㊷梁氏戚为椒房：顺帝时，皇后梁妠，为梁商之女、梁冀之妹。椒房，后妃的代称。李贤注："椒房者，皇后所居，以椒泥涂也。"

㊸不臣：谓不以臣属视之。

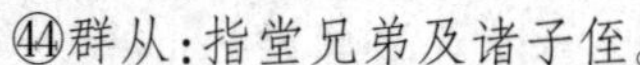

㊹群从：指堂兄弟及诸子侄。

㊺荣显：荣华显贵。

㊻永平、建初：永平，汉明帝年号。建初，汉章帝年号。

㊼殆：大概。

㊽步兵校尉冀：步兵校尉，官名，汉武帝置，八校尉之一，掌上林苑门屯兵，秩比二千石。冀，梁冀。

㊾黄门：官名。本秦官，汉因之。因给事黄门，故名。《汉书·百官公卿表上》："少府，秦官，掌山海池泽之税，以给共养，有六丞。属官有……中书谒者、黄门、钩盾、尚方。"后为非宦者充任的黄门侍郎、给事黄门侍郎等官的简称。

㊿休：美善。

51权重：犹权力，大权。

52裁：通"才"。仅仅。

53省事：视事，处理政务。

54给事：供职。引申为侍奉。

55厌塞：压倒，镇住。

56升平：太平。

【译文】

李固，字子坚，汉中人。顺帝阳嘉二年，国家发生地震、山崩和火灾等灾异现象，公卿推举李固回答皇帝的策问。后来皇帝又下诏书特意询问当时的弊端和治理国家所应做的事务。李固对答道："臣听说王者把上天当作父亲，把大地当作母亲，以山川为宝物。王道通行，阴阳就会调和；政治教化乖乱，就会产生山崩地震的灾害。这都是关乎天意民心，被往事所证明的现象啊！天下大治要靠设官分职来实现。官职要由有治理能力的人来担任。古代出仕的人，有德者才可封爵受职；如今出仕的人，只凭着钱财和势力。臣听说陛下颁布诏书（为政）力求宽厚博爱，憎恶严酷和暴虐。可是当今的官吏中好杀伐以求取名声的人，必然得到升迁和奖赏；那些心存宽和又没有同党相助的人、往往遭到驱逐。所以淳厚的社会风气得不到宣扬，浮华刻薄的陋习没能够革除。即使是有繁苛的刑罚、严厉的禁令，又能有什么益处呢？以前孝安皇帝改变了旧时的制度，给他的乳母封赏爵位，从而造成了异常现象的出现，让樊丰这种人倚仗权力横行霸道，侵夺了君主的权威，改变了太子的嫡嗣之位，致

李固

使皇上处境狼狈，身临危难。陛下既然从困难危险中脱身，登上天子之位，天下人景仰期待，希望能出现好的政治形势。在长期的艰难危急之后，容易形成中兴的局面，确实应当考虑宽广地实施善政。可是有的议论者仍说如今的世道，还是和以前一样。臣栖身于民间，(听到这样的说法)感到十分伤心。如今阿母宋娥尽管有谋立皇上的大功和勤劳谨慎的德行，但(皇上)给她的赏赐已足够报答她的劳苦了，至于给她封地建国，实在有违以往的典章制度。妃后之家，之所以很少有能够保全的，难道是天命就该如此吗？只是因为他们爵高位显，独揽大权啊！天道厌恶盈满，他们因不知自行收敛克制，所以才导致倾覆灭亡。先帝宠幸阎皇后，让她的地位和名号升得太快.所以很快就招致灾祸。当今梁氏的女儿为皇后，按礼法不应当作臣下看待，封给她高贵的爵位，还是可以的。但是梁氏的诸多子弟，都赐给他们荣华显贵，永平、建初时期的先例，并不是这样。应该让步兵校尉梁冀和各位侍中，仍然退居黄门之官，使权力离开外戚之手，朝政归于国家，这难道不是好事吗？还应该罢免、斥退宦官，收回他们掌握的大权，只设置常侍二人，事奉左右；设小黄门五人，在殿中供职。这样，议论者(的言论)可以平息，升平之世就会到来了。”

【原文】

杜乔[1]，字叔荣，河内人也。汉安元年[2]，以乔守[3]光禄大夫。梁冀子弟五人，及中常侍等，以无功并封。乔上书谏曰：“陛下越从藩臣[4]，龙飞[5]即位，天人属心[6]，万邦攸赖[7]。不急忠贤之礼，而先左右之封，伤善害德，兴长[8]佞谀。臣闻古之明君，褒[9]罚必以功过；末代暗主[10]，诛赏各缘[11]其私。今梁氏一门，宦者微孽[12]，并带无功之绂[13]，裂劳臣之土[14]，其为乖滥[15]，胡可胜言！夫有功不赏，为善失其望；奸回不诘[16]，为恶肆其凶。故陈质斧[17]，而民靡畏；班[18]爵位，而物[19]无劝[20]。苟遂[21]斯道，岂伊[22]伤政为乱[23]而已，丧身亡国，可不慎哉！”书奏，不省。先是李固见废，内外丧气[24]，群臣侧足[25]而立，唯乔正色，无所回桡[26]，由是朝野瞻望[27]焉。冀愈怒，遂白[28]执系[29]之，死狱中，与李固俱暴尸[30]于城北。

【注释】

①杜乔(？～公元 147 年)：东汉三李杜之一，为官正直，不与贪官同流合污，最终在牢狱中身陨，后世称“世载弦直”。

②汉安元年：公元 142 年。东汉顺帝刘保的第四个年号。

③守：犹摄。暂时署理职务。多指官阶低而署理较高的官职。

④越从藩臣：此指顺帝刘保为安帝太子时，遭谗，被废为济阴王。安帝崩，立北乡侯刘懿为帝，数月，少帝崩，众人拥立济阴王刘保为帝，是为顺帝。越，超过，从后面赶到前面。藩臣，拱卫王室之臣。

⑤龙飞：指帝王的兴起或即位。《易·乾》：“飞龙在天，利见大人。”孔颖达疏：“若圣人有龙德，飞腾而居天位。”

⑥属心：犹言归心。

⑦万邦攸赖：万邦，所有诸侯封国，后引申为天下、全国。攸，助词，所。赖，依靠、

凭借。

⑧兴长：犹提倡、助长。

⑨褒：亦作"裒"。嘉奖，称赞。与"贬"相对。

⑩暗主：昏昧的君主。

⑪缘：凭借，依据。

⑫微孽：庶孽（妃妾所生之子）贱子。李贤注："《公羊传》曰：'臣仆庶孽之事。'何休注云：'孽，贱子也，犹树之有孽生也。'"

⑬绂：系官印的丝带。也代指官印。

⑭裂劳臣之土：裂，割裂、分裂。劳臣，功臣。

⑮乖滥：错杂不当。

⑯奸回不诘：指奸恶邪僻的人或事。诘，查究、究办。

⑰质斧：《后汉书》原文作"资斧"，亦作"资鈇"。利斧。李贤注引《汉书音义》："资，利也。"

⑱班：本指分瑞玉，见《说文·珏部》。引申为赐予或分给。

⑲物：人；众人。

⑳劝：奖勉，鼓励。

㉑遂：顺应，符合。

㉒伊：发语词，无义。

㉓为乱：作乱，造反。

㉔丧气：意气颓丧，因事情不顺利而情绪低落。

㉕侧足：形容因敬重或畏惧而不敢正立。

㉖回桡：犹回挠（屈服）。

㉗朝野瞻望：朝野，朝廷与民间。瞻望，仰望、仰慕。

㉘白：禀报，陈述。

㉙执系：执，拘捕。系，拘囚、拘禁。

㉚暴尸：暴露尸骸。

【译文】

杜乔，字叔荣，河内郡人。汉安元年，杜乔暂时代理光禄大夫之职。梁冀的子弟五人和中常侍等人没有功劳却都受到封赏。杜乔上书谏诤道："陛下从藩王之位龙飞一跃而即皇帝位，天人归心，为天下所仰赖。但却不急于对忠正贤明的人给以礼遇，反而先给左右近臣封赏，这样的行为伤害了善心与德行，助长了邪佞和谄媚的风气。臣听说古代的明君，奖赏和惩罚必定是按照功过来施行。到了末世的昏庸君主，惩罚和奖赏都凭借他们的私情。如今梁氏一门，包括宦官和（梁氏门中）姬妾所生的贱子，毫无功劳却都佩戴着印绶，分封了本应属于功臣们的封地，这种乖违错乱的现象，哪里能说得完！有功劳而不被封赏，做好事的人就会感到失望；奸邪之事不被查办，作恶的人就敢于胡作非为。所以（即使）摆出锋利的斧头，百姓也不感到害怕；颁赏爵位，大众也不会受到劝勉。如果按照这种方法去做，岂止是损害政事造成叛乱而已，甚至会丧身亡国，怎么可以不慎重呢?”谏书上奏后，皇帝没有理睬。在此以前，李固被罢免，朝廷内外都感到灰心丧气，群臣都害怕得侧足而立，只有杜乔神色庄重，一点也不屈服。从此朝野都很仰慕他。梁冀越发恼怒，于是上奏，将杜乔逮捕。杜乔死在狱中，和李固一起被暴尸于城北。

【原文】

论曰：顺、桓之间，国统三绝[①]，太后称制[②]，贼臣虎视[③]。李固据位持重[④]，以争大义[⑤]，确乎而不可夺[⑥]。岂不知守节[⑦]之触祸[⑧]？耻夫覆折[⑨]之伤任也。观其发正辞，及所遗梁冀书，虽机失谋乖[⑩]，犹恋恋[⑪]而不能已。至矣哉，社稷之心乎！其顾视[⑫]胡广、赵戒，犹粪土也。

【注释】

①国统三绝：指顺帝、冲帝和质帝皆早崩而无嗣。国统，君主一脉相传的统绪，犹正统。

②称制：代行皇帝的职权。

③虎视：谓如虎之雄视，有伺机攫取之意。

④持重：担负重大任务。

⑤大义：正道，大道理。

⑥确乎而不可夺：确，李贤注：“确，坚貌也。”夺，用强力使之动摇、改变，亦谓由于强力而动摇、改变。

⑦守节：坚守节操。

⑧触祸：遭受祸殃。

⑨覆折：倾覆摧折。

⑩乖：不顺利，不如意。

⑪恋恋：依依不舍。

⑫顾视：转视，回视。

【译文】

论曰：“顺帝到桓帝之间，国家大统三次中断(三位皇帝接连去世)。太后代行皇帝之权，贼臣虎视眈眈。李固居高位而承担大任，以此争取大义，意志坚定而不可改变。难道他不知道坚守节操会遭受祸殃吗？他是耻于国家倾危有伤于朝廷托付的重任啊！看他发表的正义言辞和写给梁冀的书信，虽然(在拥立皇帝这件事上)错失时机，谋划不顺，但(他为国家的忠正之心)仍然念念不曾停止，真是做到了极致！再回头看看胡广、赵戒之辈，真是犹如粪土一般啊！”

【原文】

史弼[①]，字公谦，陈留[②]人也。为北军中候[③]。是时桓帝[④]弟勃海王悝[⑤]，素行险辟[⑥]，僭傲多不法[7]。弼惧其骄悖[8]为乱,乃上封事[9]曰:"臣闻帝王之于亲戚,爱虽隆[10],必示之以威;体虽贵,必禁之以度[11]。如是和睦之道兴[12],骨肉之恩遂[13]。昔周襄王[14]恣[15]甘昭公[16],孝景皇帝[17]骄梁孝王[18],二弟阶宠[19],终用勃慢[20]。卒周有播荡[21]之祸,汉有爰盎[22]之变。窃闻勃海王悝,凭至亲之属,恃[23]偏私[24]之爱,失奉上之节[25],有僭慢之心[26],外聚[27]剽轻[28]不逞之徒[29],内荒酒乐,出入无常[30],所与群居[31],皆有口无行[32],或家之弃[33]子,或朝之斥臣[34],必有羊胜[35]、伍被[36]之变。州司不敢弹纠[37],傅相不能匡辅[38]。陛下隆于友于[39],不忍遏绝[40],恐遂滋蔓[41],为害弥大[42]。

【注释】

①史弼:东汉末年陈留考城人。父史敞,顺帝时以佞辩至尚书、京兆尹。弼迁尚书,出为平原相。

②陈留:郡名。汉武帝时置,约在今河南省开封市一带。

③北军中候:官名。东汉所置。掌监北军五营,秩六百石。五营指屯骑、越骑、步兵、长水、射声五校尉所统宿卫兵。

④桓帝:汉桓帝刘志,东汉第十位皇帝,汉章帝曾孙,在位二十一年。

⑤悝:桓帝弟蠡吾侯刘悝,为渤海王。延熹八年,悝谋为不道,有司请废之,帝不忍,乃贬为陶王,食一县。

⑥素行险辟:素,平素、向来、旧时。险辟,阴险邪僻。

⑦僭傲多不法:僭傲,骄横非礼。不法,不合法度、违法。

⑧骄悖:傲慢悖逆。

⑨封事:密封的奏章。古时臣下上书奏事,防有泄漏,用皂囊封缄,故称。

⑩隆:深,深厚。

⑪度:法度,规范。

⑫兴:兴起。

⑬遂:如愿。

⑭周襄王(? ~公元前619年):周惠王子。惠王病死后继位。在位三十三年。

⑮恣:放纵,此处指娇惯。

⑯甘昭公:周惠王之子,周襄王之同母弟。谥昭,故称甘昭公。襄王四年(公元前649年)夏,甘昭公召扬邑、拒邑、泉邑、皋邑戎人以及伊、雒之戎一同讨伐京师,攻入王城,焚烧东门。次年,襄王为此讨伐甘昭公。甘昭公逃到齐国。

⑰孝景皇帝:汉景帝刘启。汉文帝刘恒第四子。

⑱骄梁孝王:骄,通"娇",宠爱、娇惯。梁孝王,刘武(公元前184年~公元前144年),与兄长汉景帝同为窦太后所生,汉文帝次子,曾仗母后疼宠和梁国土地广大准备争夺皇储之位。

⑲二弟阶宠:二弟,指甘昭公和梁孝王。阶宠,犹怙宠,指凭借着他人的宠爱。

⑳终用勃慢:终,到底、终究。用,连词,因而、因此。勃慢,亦作"悖慢""悖嫚",违逆

不敬、悖理傲慢。

㉑播荡:流离动荡。

㉒爰盎(? ~公元前148年):字丝,西汉楚人。文帝时为郎中,以建言有名。景帝时与晁错有隙,吴楚反,帝用盎谋诛错,拜盎为太常。后因事为梁王所怨,被刺而死。

㉓恃:依赖,凭借。

㉔偏私:袒护私情,不公正。

㉕失奉上之节:奉上,侍奉君主。节,礼节。

㉖僭慢:越分而轻慢。

㉗聚:会合,聚集。

㉘剽轻:轻薄,轻浮。

㉙不逞之徒:《左传·襄公十年》:"司马、堵氏、侯氏、子师氏皆丧田焉。故五族聚群不逞之人,因公子之徒以作乱。"后因称犯法为非的人为不逞之徒。

㉚内荒酒乐,出入无常:在内放纵饮酒作乐,出入没有一定之规。

㉛群居:众人共处。

㉜有口无行:有虚言而无德行。

㉝弃:厌弃,唾弃,嫌弃。

㉞斥臣:被废免或贬逐之臣。

㉟羊胜(? ~公元前148年):西汉文士,齐(今山东东部)人。吴楚七国之乱后,梁孝王招延四方文士,他与公孙诡、邹阳皆游于梁。梁孝王怨袁盎等阻景帝立己为嗣,乃与他及公孙诡合谋,刺杀袁盎等议臣十余人。后景帝遣使至梁搜捕,欲治其罪。梁孝王迫令他自杀。

㊱伍被:西汉初年淮南王刘安的谋士。

㊲州司不敢弹纠:州司,犹州官。弹纠,犹弹劾。

㊳傅相不能匡辅:傅相,古称辅导国君、诸侯王之官。汉诸侯国有太傅,景帝中五年令诸侯王不得治国,改丞相曰相,通称傅相。匡辅,匡正辅助。

㊴隆于友于:隆,深、深厚。友于,兄弟友爱之义。

㊵遏绝:阻止禁绝。

㊶滋蔓:生长蔓延。常喻祸患的滋长扩大。

㊷为害弥大:为害,造成祸害。弥,益、更加。

【译文】

史弼,字公谦,陈留郡人。任北军中候。这时候桓帝的弟弟渤海王刘悝平素行为阴险乖僻,骄横非礼,常搞越礼犯法的事。史弼怕他犯上作乱,于是密奏说:"臣听说帝王对于亲属,虽然厚爱他们,也一定要显示自己的威严;尽管他们身分高贵,也一定要用法度来加以约束。像这样,和睦之道才能得以发扬,骨肉恩情才可以实现。从前周襄王放纵甘昭公、孝景皇帝娇惯梁孝王,这两位弟弟凭借宠爱,最后因此傲慢悖逆,致使周室有动荡的祸乱,汉朝有爰盎被刺杀的事变。我私下听说,渤海王刘悝,借着和皇帝是至亲的关系，凭着特殊的宠爱，失去了奉敬皇上的礼节，有不守本分的动向，在外结集一些轻浮违法乱纪的人，在内放纵沉溺于酒乐，出入没有一定之规。所共处的人，都有口无行。这些人有的是被家庭唾弃的（逆子），有的是被朝廷斥逐的官吏，（长此以往）必定会出现像羊胜劝梁孝王篡位和伍被劝淮南王谋反的事变。州官不敢弹劾纠查，傅相不能匡正辅佐，陛下因兄弟情深而不忍心加以制止劝阻。恐怕这样发展下去，为害更大啊！”

【原文】

“乞露臣奏[①]，宣示百僚[②]，诏公卿[③]，平处[④]其法。法决罪定[⑤]，乃下不忍[⑥]之诏。如是，则圣朝[⑦]无伤亲之讥[⑧]，勃海[⑨]有享国[⑩]之庆[⑪]。不然[⑫]，惧大狱[⑬]将兴，使者相望[⑭]于路矣。不胜愤懑[⑮]，谨冒死以闻[⑯]。”帝以至亲，不忍下其事。后悝竟坐逆谋[⑰]，贬为瘿陶王。

【注释】

①乞露臣奏：乞，请求。露，显露、暴露。奏，臣子上帝王的文书。

②宣示百僚：宣示，宣布、公布。百僚，亦作“百寮”，百官。

③诏公卿：诏，皇帝下达命令。公卿，泛指高官。

④平处：评判裁决。

⑤法决罪定：决，判决。定，确定。

⑥不忍：不忍心，感情上觉得过不去。

⑦圣朝：尊称本朝。亦作为皇帝的代称。

⑧讥：讥刺，非议。

⑨勃海：同“渤海”，指渤海王刘悝。

⑩享国：犹享世。

⑪庆：福泽。

⑫不然：连词。相当于“否则”。

⑬大狱：重大的案件。多指牵涉面广而处罚严厉者。

⑭相望：互相看见。形容接连不断。极言其多。

⑮不胜愤懑：不胜，非常、十分。愤懑，亦作“愤满”“愤闷”，抑郁烦闷。

⑯谨冒死以闻：谨，谨慎、慎重。冒死，不顾生命危险。闻，指使君主听见。谓向君主报告。

⑰悝竟坐逆谋：竟，终于、到底。坐，犯罪、判罪。逆谋，叛逆的阴谋。

【译文】

“乞请公布臣的奏章，让百官看看，下令让公卿评判裁决，等到依法判决定罪之后，再下发不忍心惩办而予以赦免的诏令。这样做，就不会有讥讽皇上伤害至亲的非议，而渤海王刘悝也有继续享有封国的福庆。否则，恐怕大狱将兴，（办理逆案的）使者将会不绝于路了。臣非常愤懑，谨此冒死上报。”桓帝因为与刘悝是至亲关系，不忍心将此事交付大臣讨论。后来刘悝终于犯了谋逆之罪,被贬为瘿陶王。

【原文】

弼迁[1]河东太守[2],当举孝廉[3]。弼知多权贵[4]请托[5],乃豫敕断绝书[6]属[7]。中常侍侯览[8],果[9]遣[10]诸生[11]赍书请之[12],并求假盐税[13],积日[14]不得通[15]。生乃说以他事谒[16]弼,而因[17]达[18]览书。弼大怒曰:"太守忝荷重任[19],当选士[20]报国,尔何人而诈伪无状[21]。"命左右引出,楚捶[22]数百,即日[23]考杀[24]之。侯览大怨,遂诈作飞章[25],下司隶[26],诬弼诽谤。槛车征[27],下廷尉[28]诏狱[29],得减死罪一等。

【注释】

①迁:晋升或调动。

②河东太守:河东,郡名。秦置,郡治安邑。在今山西夏县北。太守,官名,为一郡最高的行政长官。

③举孝廉:举,推荐、选用。孝,指孝悌者;廉,清廉之士。指选人才。始于汉代,在东汉尤为求仕者必由之途。

④权贵:旧时指官高势大的人。

⑤请托:谓以私事相嘱托。

⑥乃豫敕断绝书:豫,预先、事先。敕,古时自上告下之词。汉时凡尊长告诫后辈或下属皆称敕。断绝,犹拒绝。书,指书信。

⑦属:同"嘱",嘱托。

⑧中常侍侯览:中常侍,职官名,东汉时,专用宦官充任,负责传达诏令和掌理文书。简称为"常侍"。侯览(? ~公元 172 年),东汉宦官,任官期间诬陷张俭、李膺、杜密等为党人,造成党锢之祸。熹平元年,侯览被举奏弹劾,随后自杀。

⑨果:果然。

⑩遣:派遣,差遣。

⑪诸生:众弟子。

⑫赍书请之:赍书,携带书信。请,拜谒。

⑬求假盐税:假,借。盐税,政府对产销食盐所征的税,旧时称盐课。

⑭积日:累日,连日。

⑮不得通:通,到达、通到。此处指不得见面。

⑯谒:晋见,拜见。

⑰因:介词,趁、乘。此处为趁机之意。

⑱达:送到,传送。

⑲太守忝荷重任:太守,史弼自谓。忝,常用作谦词。荷,承担、担负。

⑳选士:泛指选拔人才。

㉑诈伪无状:诈伪,弄虚作假、伪装假冒。无状,谓行为失检,没有礼貌。

㉒楚捶:杖笞,拷打。

㉓即日:当日。

㉔考杀:拷问击杀。

㉕诈作飞章:诈,作假。作,撰写。飞章,报告急变或急事的奏章。

㉖下司隶:下,交付、发给。司隶,官名。汉武帝置司隶校尉,领兵一千二百人,捕巫蛊,督察大奸猾。后罢其兵,改察三辅、三河、弘农七郡。哀帝时称司隶,东汉复旧称,仍察七郡。

㉗槛车征:槛车,用栅栏封闭的车,用于囚禁犯人或装载猛兽。征,谓收捕。

㉘廷尉:官名,掌刑狱。

㉙诏狱:关押钦犯的牢狱。

【译文】

史弼迁升河东郡太守,在主持选拔孝廉的时候,他知道会有很多权贵向他来走门路,就事先下令断绝书信嘱托。正好中常侍侯览果然派弟子拿着书信请见史弼,并要求借盐税。可是接连几天书信也递不进去。侯览弟子就解释说因有另外的事要见史弼,见面后趁机拿出了侯览的书信。史弼大怒说道:"太守身负国家重任,应当选拔人才报效国家,你是什么人?竟敢搞诈骗行为!"于是命令手下将其拉出,打了几百板子,并在当日经过拷问就杀掉了。侯览非常怨恨,于是伪造奏章发给司隶,诬陷史弼有诽谤之罪,用囚车前往押载,将史弼交付廷尉,投入关押钦犯的大牢。最后得免于死罪。

【原文】

窦武[1],字游平,扶风[2]人。拜城门校尉[3]。清身疾恶[4]。时国政多失,内官[5]专宠,李膺[6]、杜密[7]等为党事[8]考逮[9]。上疏谏曰:"臣闻明主不讳讥刺之言[10],以探幽暗之实[11];忠臣不恤[12]谏争之患,以畅万端[13]之事。是以君臣并熙[14],名奋[15]百世。臣岂敢怀禄逃罪[16],不竭其诚!陛下初从藩国[17],爰登帝祚[18],天下逸豫[19],谓当中兴[20]。自即位以来,未闻善政[21]。梁、孙、寇、邓,虽或诛灭,而常侍黄门[22],续为祸虐,欺罔[23]陛下,竞行谲诈[24],自造制度,妄爵非人[25],朝政日衰,奸臣日强。臣恐二世之难[26],必将复及,赵高[27]之变,不朝则夕。近者奸臣牢修,造设[28]党议[29],遂收前司隶校尉李膺、太仆[30]杜密、御史中丞[31]陈翔[32]、太尉掾范滂等,逮考[33]连及[34]数百人,旷年[35]拘录[36],事无效验[37]。臣惟[38]膺等,建忠抗节[39],志经王室,此诚陛下稷[40]、契[41]、伊[42]、吕[43]之佐,而虚[44]为奸臣贼子之所诬枉[45],天下寒心,海内失望。惟陛下留神澄省[46],时见理出,以厌[47]人鬼喁喁之心[48]。

【注释】

①窦武:东汉末年外戚、大臣。详见前注。

②扶风:古郡名。位于陕西省岐山县东南,南临渭水。

③城门校尉:官名。西汉置。掌京师城门屯兵。

④清身疾恶：清身，谓清廉公正，以身作则。疾恶，憎恨坏人坏事。

⑤内官：宦官，太监。

⑥李膺：见前注。

⑦杜密：见前注。

⑧党事：党锢之事（详见附录）。

⑨考逮：考，弹劾；纠举。逮，逮捕。

⑩明主不讳讥刺之言：明主，贤明的君主。不讳，不隐讳。讥刺之言，讥刺的谏议。

⑪以探幽暗之实：探，探求。幽暗，昏暗不明。实，实际；事实。

⑫不恤：亦作"不恤"，不忧悯；不顾惜。

⑬万端：亦作"万耑"。形容方法、头绪、形态等极多而纷繁。

⑭熙：兴盛。

⑮奋：发扬。

⑯岂敢怀禄逃罪：岂敢，犹言怎么敢。怀禄，留恋爵禄。逃罪，逃免于罪；逃避罪责。

⑰藩国：古称分封及臣服之国。

⑱爰登帝祚：爰，助词，无义，用在句首或句中，起调节语气的作用。帝祚，帝位、皇位。

⑲逸豫：犹安乐。

⑳中兴：中途振兴；转衰为盛。

㉑善政：清明的政治；良好的政令。

㉒常侍黄门：常侍，官名。皇帝的侍从近臣。黄门，汉有黄门令、小黄门、中黄门等，侍奉皇帝及其家族，皆以宦官充任。

㉓欺罔：欺骗蒙蔽。语出《论语·雍也》："可欺也，不可罔也。"

㉔竞行谲诈：竞，副词，争着；争相。谲诈，狡诈；奸诈。

㉕妄爵非人：妄爵，乱授官职。非人，谓不够格、不称职的人。

㉖二世之难：指秦二世胡亥因施暴政，引起农民起义。胡亥遭权臣宦官赵高逼迫自杀事。

㉗赵高：秦时宦官。始皇崩于沙丘，赵高伪造遗诏，赐死太子扶苏，立胡亥为二世，杀李斯，自为丞相，专权用事，旋又弑二世，立子婴，后为子婴所诛。

㉘造设：制设。

㉙党议：朋党之间的争论、非议。

㉚太仆：官名。周官有太仆，掌正王之服位，出入王命，为王左驭而前驱。秦汉沿置，为九卿之一，为天子执御，掌舆马畜牧之事。

㉛御史中丞：官名。汉以御史中丞为御史大夫的助理。外督部刺史，内领侍御史，受公卿章奏，纠察百僚，其权颇重。东汉以后不设御史大夫时，即以御史中丞为御史之长。

㉜陈翔：字仲麟，汝南邵陵人也，与刘表、范滂、孔昱、范康、檀敷、张俭、岑晊并称"江夏八俊"。

㉝逮考：逮捕拷问。

㉞连及：牵连涉及。

㉟旷年：多年，长年。

㊱拘录：拘禁；逮捕。

㊲效验：成效；效果。

㊳惟：思考；思念。

㊴抗节：坚守节操。

㊵稷：后稷，周之先祖。相传姜嫄践天帝足迹，怀孕生子，因曾弃而不养，故名之为“弃”。虞舜命为农官，教民耕稼，称为“后稷”。

㊶契：人名。传说中商的祖先，为帝喾之子。舜时佐禹治水有功，任为司徒，封于商，赐姓子氏。

㊷伊：伊尹。商汤大臣，名伊，一名挚，尹是官名。相传生于伊水，故名。是汤妻陪嫁的奴隶，后助汤伐夏桀，被尊为阿衡。

㊸吕：吕望（姜太公）。即周初人吕尚。尚年老。隐于渔钓，文王出猎，遇于渭滨，与语大悦，曰：“吾太公望子久矣。”故号之曰太公望。后世亦称吕望。

㊹虚：副词。凭空，毫无根据。

㊺诬枉：诬陷冤枉。

㊻澄省：明察。

㊼厌：满足。

㊽喁喁：仰望期待貌。

【译文】

窦武，字游平，扶风郡人。任城门校尉。为人清正，憎恨恶行。当时国政多有失误，宦官专权得宠，李膺、杜密等人受党锢之嫌被审捕。窦武上疏劝谏说：“我听说开明的君主不忌讳讥刺的谏议，以便从中探明暗处的真实情况；忠臣不顾及谏争的祸患，来疏通复杂万端的事情。因此君臣和睦相处，名声流传百世。臣岂敢只想到俸禄而逃避罪过，不竭尽忠诚！陛下初从藩国登上皇位时，天下团结安乐，被称为是中兴之世；但即位以来，没有听到有什么好的政策。梁冀、孙寿、寇荣、邓万代虽说已经被诛灭，但是常侍、黄门却继续作恶，欺骗陛下，竞相伪诈，自定法制，乱授官爵给不够格的人，朝政一天天衰败，奸臣势力一天天强大起来。臣恐怕秦二世胡亥之难必将又要来到；赵高的事变，早晚又要发生。近来奸臣牢修，捏造党事之议，于是逮捕了前司隶校尉李膺、太仆杜密、御史中丞陈翔、太尉掾范滂等人，同时逮捕拷问被牵连者数百人。（这些人）常年被关押拘禁着，而事情并没有找到证据。我认为李膺等人衷心高节，立志辅佐王室，这些人的确是陛下如同稷、契、伊尹、吕望一样的辅佐之臣，但是却被奸臣贼子枉屈诬陷，令天下人寒心、百姓失望。希望陛下用心察审澄清，赶快查处原委，来满足人鬼殷切期盼的心情。”

【附录】

延熹九年(公元166年),张成的弟子牢修控告李膺等人结党,“共为部党”,“诽讪朝廷,疑乱风俗”,将李膺等人关入北寺狱,株连达二百多人。后外戚窦武等出面援救,桓帝才将李膺赦免,但不许为官,居于阳城(今河南登封东南),史称第一次党锢之祸。建宁二年(公元169年)窦武与太傅陈蕃谋诛宦官,任李膺为长乐少府,宦官事先迫使灵帝逮捕窦武。窦武与王甫军激战,兵败自杀,宦官进一步逮捕“党人”李膺及杜密等百余人被捕入狱处死,迁徙、禁锢者“六七百人’,史称第二次党锢之祸。

【原文】

臣闻近臣[①]尚书令陈蕃,仆射胡广[②],尚书朱寓、荀绲[③]、刘祐[④]、魏朗[⑤]、刘矩[⑥]、尹勋[⑦]等,皆国之贞士[⑧]、朝之良佐[⑨]。尚书郎张凌(凌作陵)。妫皓、范范作苑康、杨乔、边韶、戴恢等,文质彬彬[⑩],明达国典[⑪]。内外[⑫]之职,群才并列。而陛下委任[⑬]近习[⑭],专树饕餮[⑮],外典州郡[⑯],内干心膂[⑰]。宜以次贬黜[⑱],抑夺[⑲]宦官欺国之封,案[⑳]其无状[㉑]诬罔之罪[㉒],信任忠良,平决臧否[㉓]。使邪正毁誉,各得其所;宝爱[㉔]天官,唯善是授。如此,咎征[㉕]可消,天应可待。间者[㉖]有嘉禾[㉗]、芝草[㉘]、黄龙[㉙]之见,夫瑞[㉚]生必于嘉士[㉛],福至实由善人,在德为瑞,无德为灾。陛下所行,不合天意,不宜称庆[㉜]。”书奏,因以疾上还城门校尉、槐里侯印绶。帝不许,有诏原[㉝]李膺、杜密等。其冬,帝崩。

【注释】

①近臣:指君主左右亲近之臣。

②胡广:公元91年至公元172年在世,字伯始,东汉中期的大臣。汉安帝时,举孝廉。胡广历事东汉的安帝、顺帝、冲帝、质帝、桓帝、灵帝。为官三十多年,可谓六朝元老。

③荀绲:颍川颍阴的东汉名士荀淑的次子,荀彧的父亲。曾任济南相。

④刘祐:字伯祖,中山安国人也。灵帝初,陈蕃辅政,曾为河南尹。及蕃败,被罢免,卒于家。

⑤魏朗:生年不详,卒于公元169年,字少英,籍上虞。年轻时任县吏。受“党锢之祸”牵连免职。灵帝即位,陈蕃被害。魏朗再次受到牵连,于丹阳自尽。

⑥刘矩:生卒年不详。字叔方,沛国萧人也。矩少有高节,太尉胡广举矩贤良方正,四迁为尚书令。矩性亮直,不能谐附贵势,以是失大将军梁冀意,出为常山相,以疾去官。

⑦尹勋:生卒年不详。巩义市人,字伯元。延熹年间,桓帝欲诛大将军梁冀,勋参与其谋,被封为都乡侯,迁汝南太守。大将军窦武,欲大诛宦官,引刘瑜与勋共谋,事败,均入狱。勋自杀于狱中。

⑧贞士:志节坚定、操守方正之士。

⑨良佐:贤能的辅佐。

⑩文质彬彬:亦作“文质斌斌”,文华质朴配合得宜,既有文彩,又很朴实。

⑪明达国典:明达,对事理有明确透彻的认识;通达。国典,国家的典章制度。

⑫内外:指朝廷和地方。

⑬委任:信任,信用。

⑭近习:指君主宠爱亲信的人。

⑮专树饕餮:专,单,只是。树,培养;造就。饕餮,传说中的一种贪残的怪物,此处比喻性情贪婪的人。

⑯外典州郡:外典,谓在外掌管(军政事务)。州郡,州和郡的合称。亦泛指地方上。

⑰内干心膂:内干,在宫内掌管。心膂,喻重要的部门或职任。

⑱宜以次贬黜:宜,应当;应该。以次,按次序。贬黜,降职或免去官爵。

⑲抑夺:剥夺;强行夺取。

⑳案:通"按",查办;审理。

㉑无状:谓罪大不可言状。

㉒诬罔:欺骗。

㉓平决臧否:平决,判断处理。臧否,善恶;得失。

㉔宝爱:珍爱。

㉕咎征:过失的报应;灾祸应验。

㉖间者:近来。

㉗嘉禾:生长奇异的禾,古人以之为吉祥的征兆。亦泛指生长茁壮的禾稻。

㉘芝草:灵芝。菌属。古以为瑞草。

㉙黄龙:古代传说中的动物名。谶纬家以为是帝王之瑞征。

㉚瑞:祥瑞。古人认为自然界出现某些现象是吉祥之兆。

㉛嘉士:犹善人也;德才兼优的人。

㉜称庆:道贺。

㉝原:动词,赦免。

【译文】

"臣听说您身边的大臣尚书令陈蕃,仆射胡广以及尚书朱寓、荀绲、刘祐、魏朗、刘矩、尹勋等人,都是国家的忠贞之士,辅佐朝廷的良才。尚书郎张陵、妫皓、苑康、杨乔、边韶、戴恢等人,文雅而又朴实,通晓国家典章制度。朝廷内外的职官,人才济济,而陛下却信任身边的宠幸之人,专门起用贪残之人,在外掌管州郡大权,在内干预朝廷中枢大权。应该按次第把他们贬职或驱逐,剥夺宦官凭借欺骗得来的封赏,审判他们胡作非为、欺君罔上之罪。应信任忠良,公平地裁决善恶得失,让邪恶与正直,毁谤与赞誉都名副其实。珍爱官位,只授予善良正直的人。如果能这样做,灾难的征兆就能够消失,自然的感应就会到来。近日以来,有嘉禾、芝草、黄龙这些祥瑞产生,必然是由于有德才兼备的人士出现,福气实在是来自善人。有德行就会有祥瑞,无德行就会感召灾异。陛下所行,不合天意,不应该道贺。"奏书上奏以后,窦武就称病请求辞官,交还城门校尉、槐里侯的印绶。桓帝没有准许，下诏书赦免李膺、杜密等人。这年冬天，桓帝驾崩。

【原文】

灵帝[1]立，拜[2]武为大将军[3]，常居禁中[4]。武既辅朝政，常有诛翦[5]宦官之计[6]，太傅陈蕃亦素[7]有谋[8]。武乃白太后曰："故事[9]，黄门、常侍但当给事省内[10]，典[11]门户，主近署财物耳[12]。今乃使与政事而任权重[13]，子弟布列[14]，专为贪暴[15]。天下匈匈[16]，正以此故[17]。宜悉诛废[18]，以清朝廷。"长乐五官史朱瑀，盗发武奏，骂曰[19]："中官[20]放纵者，自可诛耳。我曹何罪，而当尽见族灭[21]？"因大呼曰："陈蕃、窦武，奏白[22]太后废帝，为大逆[23]。"曹节[24]闻之，惊起白帝[25]，请出御德阳前殿[26]。拜王甫[27]为黄门令[28]，甫将虎贲[29]、羽林[30]追围武，武自杀，枭首[31]洛阳都亭[32]。收捕宗亲、宾客、姻属[33]，悉诛之。迁太后于云台也[34]。

【注释】

①灵帝：汉灵帝，刘宏。详见前注。

②拜：授官，封爵。

③大将军：古代武官名。始于战国，汉代沿置，为将军最高称号，多由贵戚担任，统兵征战并掌握政权，职位极高。

④禁中：指帝王所居宫内。

⑤诛翦：亦作"诛剪"或"诛揃"，剪除。

⑥计：计虑；考虑。

⑦素：平素；向来。

⑧谋：谋虑；谋划。

⑨故事：先例，旧日的典章制度。

⑩给事省内：给事，供职。省内，王宫禁地以内。

⑪典：掌管。

⑫主近署财物耳：主，掌管。近署财物，谓少府所掌中藏府尚方内省诸署也。耳，语气词，表示限止语气，与"而已""罢了"同义。

⑬任权重：任，承当；担当。权重，犹权力，大权。

⑭布列：分布陈列；遍布。

⑮贪暴：贪婪暴虐。

⑯匈匈：即哅哅，动乱，纷扰。

⑰正以此故：以，连词，因为，由于。此故，这个缘故。

⑱诛废：诛杀贬斥。

⑲长乐五官史朱瑀盗发武奏：长乐，指长乐宫。史，《后汉书集解》刘昭云："如长乐五官史朱瑀之类，是史当作吏。"盗发，私自开拆。武奏，窦武的奏书。

⑳中官：宦官。

㉑我曹何罪而当尽见族灭：我曹，我们。见，被。族灭，谓一人犯罪，整个家族、亲属

被诛灭。

㉒奏白:犹奏陈。

㉓大逆:危害君父、宗庙、宫阙等罪行为“大逆”,为“十恶”之一。

㉔曹节:见宦者传。

㉕惊起白帝:惊起,惊吓而起。白,禀报;陈述。

㉖请出御德阳前殿:请,请求;要求。出御,帝王车驾临幸。德阳,德阳殿。

㉗王甫:宦官。详见前注。

㉘黄门令:西汉少府属官有此职,东汉因之。秩六百石,宦者充任,主省中诸宦者。

㉙虎贲:勇士之称。贲,通“奔”。

㉚羽林:汉代禁卫军。西汉武帝时设,初称为建章营骑,后改称羽林骑,其意为国羽翼,如林之盛。隶属光禄勋,为皇帝之护卫。东汉称为羽林郎。后代禁卫军亦常有羽林之名。

㉛枭首:斩首并悬挂示众。

㉜都亭:都邑中的传舍。秦法,十里一亭。郡县治所则置都亭。

㉝姻属:有姻亲关系的家族或其成员。

㉞云台:汉宫中高台名。

【译文】

灵帝即位,拜窦武为大将军,经常居住在宫中。窦武既已经开始辅佐朝政,常有诛灭宦官的打算,太傅陈蕃一直也有这一想法。窦武就向窦太后谏议说:“旧日制度规定,黄门、常侍只应当供职于王宫禁地以内,主管门户,管理宫内衙署的财物,现在却让他们参与政事,享有大权,子弟做官的布满宫内,专门做贪婪暴虐的事。天下动乱不安,正是因为这个缘故,应当将他们全部诛灭、废黜,以此整顿朝廷。”长乐宫五官史朱瑀偷看了窦武的奏疏,骂道:“那些放肆无形的宦官,自然可以诛杀。我们这些人有什么罪,而要全部被灭族?”因而大声疾呼说:“陈蕃、窦武,奏明太后要废掉皇帝,犯大逆不道之罪。”曹节等人听了这话十分震惊,报告灵帝,请灵帝出宫到德阳前殿,拜王甫为黄门令,王甫带领虎贲、羽林军追捕包围窦武,窦武自杀,在洛阳都亭悬首示众。他的宗亲、宾客、姻属,全部被逮捕杀掉。窦太后被迁往云台。

循吏传

【原文】

任延①,字长孙,南阳人也。拜会稽②都尉。时年十九,迎官惊其壮③。及到,静泊无为④,唯先⑤遣馈祠⑥延陵季子⑦。聘请高行⑧如董子仪、严子陵⑨等,敬待以师友之礼。掾吏⑩贫者,辄分奉禄,以赈给⑪之。是以郡中贤士大夫,争往官⑫焉。建武初,延上书乞骸骨[13],归拜王庭[14]。诏征为九真太守[15]。九真俗[16]以射猎为业,不知牛耕,民常告籴[17]交址[18],每致困乏[19]。延乃铸作田器[20],教之垦辟[21],百姓充给[22]。又骆越[23]之民,无嫁娶礼法,各因淫好[24],不识父子之性、夫妇之道。延乃使男女皆以年齿相配[25]。其贫无礼聘[26],令长吏以下,各省奉禄,以赈助[27]之,同时相娶者二千余人。是岁[28]风雨顺节[29],穀稼丰衍[30]。其产子[31]者,始知种姓[32]。咸曰:"使我有是子[33]者,任君[34]也。"多名子为任。于是徼外[35]、蛮夷[36]、夜郎[37]等,慕义保塞[38],延遂止罢[39]侦候[40]戍卒。

【注释】

①任延:东汉南阳宛县(今河南南阳)人。年十二学于长安,显名太学,号为"任圣童"。更始元年(公元23年),任会稽都尉。刘秀即位,他被征为九真太守。当地以射猎为业,不知牛耕,他教民铸作田器、垦辟农田,百姓充裕。又教骆越嫁娶礼法以年龄相配,越人生子者多以"任"为名。后为武威太守,时将兵长史田绀为郡大姓,子弟宾客横暴,他加以收捕,诛杀五、六人,威行郡内。明帝立,任为颍川太守。旋任河内太守,在职九年病卒。

②会稽,郡名。秦置,今江苏省东部及浙江省西部地。

③迎官惊其壮:迎官,迎接的官员。惊,惊讶;惊奇。壮,少壮,年轻。指年未满二十岁。

④静泊无为:安静淡泊。无为,无所作为。

⑤先:首先。

⑥祠:祭祀。

⑦延陵季子:指春秋时吴公子季札。相传吴王寿梦有四子:诸樊(或称谒)、余祭、余眛(一作夷昧)、季札。季札贤,寿梦欲废长立少。季札让不可。寿梦卒,诸樊立,与余祭、余眛相约,传弟而不传子,弟兄迭为君,欲终致国于季札。季札离国赴延陵(一说封于延陵),终身不入吴国,故世称延陵季子。

⑧聘请高行:聘请,原指公府征辟,后泛指请人任职。高行,品行高尚的人。

⑨严子陵:见后文。

⑩掾吏:官府中佐助官吏的通称。

⑪赈给:救济施与。

⑫官:做官,当官。

⑬乞骸骨:古代官吏自请退职,意谓使骸骨得归葬故乡。

⑭王庭:朝廷。

⑮九真太守:九真,九真郡。秦属象郡。汉武帝置,约在今越南北部。太守,官名。秦置郡守,汉景帝时改名太守,为一郡最高的行政长官。

⑯俗:习俗。

⑰告籴:请求买粮。

⑱交址:亦作"交趾"。详见前注。

⑲困乏:贫困;匮乏。
⑳铸作田器:铸作,铸造;制作。田器,农具。
㉑垦辟:开垦。
㉒充给:犹充足。
㉓骆越:古种族名。居于今云南、贵州、广西之间。
㉔淫好:爱好。
㉕年齿相配:年齿,年龄。相配,相婚配。
㉖礼聘:备礼聘娶。
㉗赈助:救助。
㉘是岁:这年。
㉙顺节:顺从节令。
㉚穀稼丰衍:穀稼,五谷庄稼。丰衍,犹言茂盛繁衍。
㉛产子:生孩子。
㉜种姓:指宗族。
㉝是子:此子。
㉞任君:指任延。
㉟徼外:塞外,边外。
㊱蛮夷:亦作"蛮彝",古代对四方边远地区少数民族的泛称。亦专指南方少数民族。
㊲夜郎:汉时西南地区古国名,在今贵州省西北部及云南、四川二省部分地区。
㊳慕义保塞:慕义,倾慕仁义。保塞,谓居边守塞。
㊴止罢:停止。
㊵侦候,侦察;侦探。

【译文】

任延,字长孙,南阳郡人。做会稽郡都尉时年仅十九岁,迎接他的官员对任延的年轻感到很惊讶。等他到任后,清静无为,只是先派人带上祭品祭祀了延陵季札;聘请了品德高尚的人像董子仪、严子陵等,恭敬的以师友之礼相待;官吏中有生活贫困的,任延就把自己的俸禄分给他们。因此郡中的贤人士大夫都争着要到会稽郡为官。建武初年,任延上书请求退休。后回到京城,光武帝颁诏征用他为九真太守,九真郡百姓的习俗是以射猎为业,不知道用牛耕田,老百姓经常从交址购买粮食,生活十分贫困。于是任延开始铸造农具,教给百姓如何开垦田地,使得百姓的生活富裕起来。骆越地区的百姓没有嫁娶的礼法,男女随意结合,不懂得父子、夫妇的伦理之道。于是任延让男女都按年龄来婚配。对于一些贫困、拿不出礼聘的人,就让长吏以下的各自节省俸禄来资助他们。在同一时期相嫁娶的就有两千多人,这一年风调雨顺,庄稼丰收。那些生了孩子的才开始知道有种族姓氏,大家都说:"是任君让我们得到这孩子啊!"大多数人给孩子起名为"任"。因此边外蛮夷、夜郎等地的人民都仰慕他的仁义,愿意为他自保边塞,任延于是撤销了在那里侦查戍防的兵卒。

【原文】

初，平帝[①]时，汉中[②]锡光为交址太守[③]，教导民夷[④]，渐以礼义[⑤]化，声侔于延[⑥]。王莽[⑦]末，闭境拒守。建武初，遣使贡献，封盐水侯。岭南革风[⑧]，始于二守焉[⑨]。延视事[⑩]四年，征诣[⑪]洛阳，九真吏民，生为立祠[⑫]。拜武威[⑬]太守，帝亲见[⑭]，戒[⑮]之曰："善事[⑯]上官，无失名誉。"延对曰："臣闻忠臣不私，私臣不忠。履正奉公，臣子之节[⑰]。上下雷同[⑱]，非陛下之福也。善事上官，臣不敢奉诏。"帝叹息曰："卿言是[⑲]也。"

【注释】

①平帝：汉平帝。刘衎（公元前9年～公元6年），原名刘箕子。汉元帝孙，汉成帝的侄子，父中山王刘兴。为王莽所立，在位六年。

②汉中：汉中郡。秦置，西汉初郡治迁西城（今陕西安康市汉江北岸），东汉建武六年改迁南郑（今陕西省汉中市南郑县附近）。

③锡光：见前注。

④民夷：犹民众。古代用于少数民族。

⑤礼义：礼法道义。礼，谓人所履；义，谓事之宜。

⑥化声侔于延：化声，推行教化的声誉。侔，齐等；相当。延，任延。

⑦王莽：见前注。

⑧岭南革风：岭南，指五岭以南的地区，即广东、广西一带。革风，谓改变风气。

⑨二守：指任延，锡光两位郡守。

⑩视事：就职治事。多指政事言。

⑪征诣：召往。

⑫生为立祠：生，活着。立祠，建立祠堂。

⑬武威：武威郡。元鼎二年（公元前115年）汉武帝置。武威郡治在姑臧县（今武威市凉州区）。

⑭亲见：亲自接见。

⑮戒：告诫。

⑯善事：善于侍奉；好好地侍奉。

⑰节：气节；节操。

⑱雷同：随声附和。

⑲是：正确。

【译文】

以前，汉平帝时，汉中人锡光为交址太守，他慢慢用礼义来教化夷狄百姓，推行教化的声望和任延等同。到了王莽末年，闭关拒守。建武初年，锡光派遣使者前来进贡，被封为盐水侯。岭南地区得以改变习俗，是从锡光、任延两位太守开始的。任延在九真做太守四年，被征调京都洛阳，九真吏民为他立了生祠。后任延被任命为武威郡太守，光武帝亲自接见并告诫他说："好好侍奉上级，不要丢掉名誉。"任延对答说："臣闻忠臣不私，私臣不忠，奉公行事是做臣子的节操。群臣上下随声附和，这不是陛下的福气啊！'好好侍奉上级'，臣不敢奉诏从命。"光武帝感叹地说："您说的对啊！"

酷吏传

【原文】

董宣[1]，字少平，陈留人也。为洛阳令。时湖阳公主[2]苍头[3]白日杀人，因匿[4]主家，吏不能得[5]。及主出行，以奴骖乘[6]，宣于夏门亭候[7]之，乃驻车[8]叩马[9]，数[10]主之失，叱[11]奴下车，因挌杀[12]之。主即还宫诉帝，帝大怒，召宣，欲捶杀[13]之。宣曰："陛下圣德中兴，而纵[14]奴杀良民，将何以治天下乎？臣不须[15]捶，请得自杀。"即以头击楹[16]，流血被面[17]。帝令小黄门持之，使宣叩头谢[18]主，宣不从。帝强使顿[19]之，宣两手据地[20]，终不肯俯[21]。主曰："文叔为白衣时[22]，臧亡匿死[23]，吏不敢至门[24]。今为天子，威不能行一令乎[25]？"帝笑曰："天子不与白衣同。"因敕[26]强项令[27]出，赐钱三十万。搏击豪强[28]，莫不震栗[29]。京师号为"卧虎"[30]，歌[31]之曰："枹鼓[32]不鸣，董少平也！"

董宣

【注释】

①董宣：字少平，陈留郡国（今河南省杞县南）人。他自幼饱读诗书，学识渊博，为人刚正不阿，精明能干。在东汉初年为官时正直廉洁，秉公执法，不畏权势。

②湖阳公主：刘黄，汉光武帝刘秀的姐姐。刘秀自小父母双亡，与兄弟姐妹六人相依为命，后来，他大哥刘演、二哥刘仲、二姐刘元先后惨死。公元26年，刘秀登基次年，湖阳公主丈夫病故。刘黄欣赏大臣宋弘，刘秀做媒，结果遭到坚决反对。

③苍头：指奴仆。

④匿：隐藏。

⑤得：捕获。

⑥骖乘：陪乘或陪乘的人。骖，通"参"。

⑦候：等待。

⑧驻车：停车。

⑨叩马：勒住马。叩，通“扣”。

⑩数：责备。

⑪叱：责骂；呵斥。

⑫挌杀：击杀。挌，同“格”。

⑬捶杀：用棍棒打死。

⑭纵：放纵。

⑮不须，不用；不必。

⑯楹：厅堂的前柱。

⑰被面：满面。

⑱谢：道歉。

⑲顿：以首叩地。

⑳据地：以手按着地。

㉑俯：低头，面向下。

㉒文叔为白衣时：文叔，刘秀，字文叔。白衣，古代平民服，因即指平民。

㉓臧亡匿死：臧，“藏”的古字，收藏，隐藏。亡，逃跑，出逃，此处当名词，指逃亡之人。匿，隐藏；隐瞒。死，判死刑的人。

㉔至门：犹上门。

㉕威不能行一令乎：行，使用；行使。令，命令；法令。

㉖敕：委任。

㉗强项令：指董宣。强项，谓刚正不为威武所屈。

㉘搏击豪强：搏击，惩处打击；弹劾。豪强，指有权势而强横的人。

㉙震栗：惊惧、战栗。

㉚卧虎：比喻执法严峻或作战勇猛者。

㉛歌：赞美。

㉜枹鼓：指报警之鼓。枹，击鼓杖也。

【译文】

董宣，字少平，陈留郡人。为洛阳令。当时湖阳公主的仆人白天杀人，因为藏在了公主府中，官吏捉不到他。等公主出行时让这个仆人作陪乘，董宣就等候在夏门亭，拦下车、勒住马，大声责备公主的过失，喝令这个仆人下车，当即就击杀了他。公主回到宫中将这件事告诉了光武帝，皇帝大怒，召唤董宣准备用棍棒打死他。董宣说：“陛下有中兴汉室的圣德，却放纵奴仆杀害良民，将来凭什么治理天下呢？臣不需要动刑，请让我自杀吧！”说着就用头撞击柱子，血流满面。光武帝让宦官拉住他，让他向公主叩头谢罪，董宣不听从，宦官强令他叩头，董宣两手撑住地，始终不肯低头。公主说：“文叔做平民时，也藏匿过逃亡和犯了死罪的人，官吏不敢上门来，现在做了天子，您的权威还不能使一个县令屈服吗?”光武帝笑着说道:“当天子和当老百姓不一样啊!”于是任命董宣为强项令,并赐钱三十万。董宣打击强豪,没有不害怕的。京师的人们称董宣为“卧虎”,并且歌颂他说:“枹鼓不鸣,董少平也。”

【原文】

论[1]曰:“古者敦庞[2],善恶易分,至画衣冠[3]、异服色,而莫之犯[4]。叔世偷薄[5],上下相蒙[6],德义不足以相洽[7],化导不能以惩违[8],乃严刑痛杀,以暴治奸[9],倚疾邪之公直[10],济忍苛之虐情[11]。与夫断断守道[12]之吏,何工否之殊乎[13]?故严君[14]蚩[15]黄霸[16]之术,密民[17]笑卓茂[18]之政,猛既穷矣[19],而犹或未胜。然朱邑[20]不以笞辱[21]加物[22],袁安[23]未尝[24]鞫人臧罪[25],而猾恶自禁,民不欺犯[26]。何者[27]?以为威辟[28]既用,而苟免[29]之行兴;仁通道孚[30],故感被之情著[31]。苟免者,威隟则奸起[32];感被[33]者,人亡而思存[34]。由一邦以言天[35],则刑讼繁措[36],可得而求矣!”

【注释】

①论:论赞。附在史传后面的评语。

②敦庞:敦厚。

③画衣冠:传说上古有象刑,即以异常的衣着象征五刑表示惩戒。犯人穿着特殊标志的衣冠代替刑罚,称为“画衣冠”。

④犯:犯罪。

⑤叔世偷薄:叔世,犹末世,衰乱的时代。偷薄,即不敦厚。偷,苟且也。本或作“渝”。渝,变也。

⑥上下相蒙:上下,指位分的高低。相蒙,互相欺骗;互相隐瞒。

⑦相洽:相熙洽。

⑧化导不能以惩违:化导,教化开导。惩违,惩办违逆。

⑨以暴治奸:暴,凶恶残酷。治奸,惩治奸邪。

⑩倚疾邪之公直:倚,依靠,依仗。疾邪,憎恶邪行。公直,公道正直。

⑪济忍苛之虐情:济,成就。忍苛,残忍苛刻。虐情,暴虐情状。

⑫断断守道:断断,专诚守一。守道,坚守某种道德规范。

⑬何工否之殊乎:何,疑问代词,为什么,什么缘故。工否,好坏。殊,差异;不同。

⑭严君:严延年,为河南太守,其治严酷,被称为“屠伯”。后为人所告,以诽谤朝廷罪被杀。

⑮蚩:通“嗤”,嘲笑;讥笑。

⑯黄霸:公元前130年至公元前51年在世,西汉有名的大臣。字次公。少学律令,武帝末,补侍郎谒者,历河南太守丞,时吏尚严酷,而霸为政宽和。

⑰密民:密县之民。密县,属河南郡。约今郑州西南,嵩山南麓,双洎河上游。因境内有密岵山而得名。

⑱卓茂：生年不详，卒于建武四年（公元 28 年），字子康，南阳宛人，西汉著名良臣，为人宽仁恭爱，不与人竞争。

⑲猛既穷矣：猛，严厉。穷，尽，完。

⑳朱邑：生年不详，卒于公元前 61 年，字仲卿，西汉中叶庐江舒（今安徽庐江）人。他处处秉公办事、不贪钱财，以仁义之心广施于民，深受吏民的爱戴和尊敬。

㉑笞辱：拷打而使受辱。

㉒加物：施加于人。物。人，众人。

㉓袁安：生年不详，卒于公元 92 年，东汉大臣，字邵公。少承家学，举孝廉，驭属下极严，政号严明，断狱公平。不畏权贵，守正不移，多次直言。

㉔未尝：未曾，不曾。

㉕鞫人臧罪：鞫人，审讯犯人。鞫，审讯。臧罪，贪污受贿之罪。

㉖而猾恶自禁，民不欺犯：猾恶，刁滑奸恶，亦指刁滑奸恶者。欺犯，欺骗凌犯。

㉗何者：为什么，用于设问。

㉘威辟：严酷的刑法。

㉙苟免：苟且免于损害。

㉚仁通道孚：仁，仁爱；相亲。通，施行；实行。道，道理。孚，信服；信从。

㉛故感被之情著：感被，感化。著，明显；显著。

㉜威隟则奸起：威，威力。隟，古同"隙"，空隙；可乘之机。奸，奸邪；罪恶。起，兴起。

㉝感被：感通泽被。

㉞思存：思念，念念不忘。存，铭记在心。

㉟由一邦以言天下：一邦，古代诸侯的一个封国，亦指一方。言，料想；知道。

㊱刑讼繁措：刑讼，刑罚和诉讼。繁，多。措，弃置；搁置。

【译文】

论赞说："古人淳朴敦厚，善恶容易分清。等到给罪犯穿上特殊标志的衣冠和不同颜色的衣服时，便没有人敢犯罪了。末世风气日益浅薄，上下互相欺蒙。德义也不足以让人们融洽相处，教化也不能戒止违法，于是就靠严刑痛杀的办法，用暴力治理奸邪，依仗憎恶邪行的公道正直，来助成残忍苛刻的暴虐情状。这与笃诚守道的官吏相比，怎么好坏相差得这么悬殊呢？所以严延年嗤笑黄霸的宽政；密县的人民耻笑卓茂的政令。威猛的办法已使用尽了，但还是起不到应起的效果。然而朱邑从来不以笞打羞辱的方式对待众人，袁安未曾审问过犯人的贪赃之罪，但是猾恶之事却自动禁绝了，百姓也不欺诈犯法。这是什么原因呢？那是由于严酷的刑法一经施用，则苟且求得幸免的行为便兴起；落实仁爱大道就会使人信服，故而感化之情就能起到作用。只求苟免的人，威力有隙漏时，奸邪之事就会发生；受到感化者，即使施政者不在了，其仁爱的思想依然长存于他们心中。从一个邦邑来看全天下，那么刑讼的繁多和废置，不是可以得出结论而去追求了吗？"

宦者传

【原文】

单超[1]，河南人；徐璜，下邳人[2]；具瑗[3]，魏郡人；左悺[4]，河南人；唐衡[5]，颍川人也。桓帝[6]初，超、璜、瑗为中常侍，悺、衡为小黄门史[7]。初，梁冀两妹为顺、桓二帝皇后，冀代父商[8]为大将军，再世权戚[9]，威震天下。冀自诛李固[10]、杜乔[11]等，骄横益甚。皇后乘势忌恣[12]，多所鸩毒[13]。上下钳口[14]，莫有言者。帝逼畏[15]久，恒怀[16]不平。延熹[17]二年，皇后[18]崩，帝因如厕，独呼衡[19]，问："左右[20]与外舍[21]不相得[22]者皆谁乎？"衡对："单超、左悺、徐璜、具瑗，常私忿疾外舍放横，口不敢道[23]。"于是帝呼超、悺、璜、瑗等五人，遂定[24]其议。诏收[25]冀及宗亲党与[26]诛之；悺、衡迁中常侍；封超新丰侯[27]，二万户；璜武原侯，瑗东武阳侯[28]，各万五千户，赐钱各千五百万；悺上蔡侯，衡汝阳侯，各万三千户，赐钱各千（旧无五百至各千二十字。补之）三百万。五人同日封，故世谓之"五侯"[29]。又封小黄门刘普、赵忠等八人为乡侯[30]。

【注释】

①单超：生年不详，卒于公元160年，东汉专权朝政的首要宦官之一，河南（今河南洛阳）人。桓帝初为中常侍，与宦官徐璜、具瑗、唐衡共谋诛灭外戚梁冀兄弟，以功封新丰侯，为"五侯"之一，食邑二万户。后官拜车骑将军，不久卒。

②徐璜，下邳人：徐璜（？～公元164年），下邳良城人。桓帝初年，为中常侍。下邳，古郡名。东汉置国，南朝宋改郡，治下邳，辖苏、皖北部各一部分。

③具瑗：东汉魏郡元城（治今河北大名东）人。宦官。桓帝时，任中常侍，与宦官单超、左悺、徐璜、唐衡合谋诛灭外戚梁冀，封东武阳侯。后被司隶校尉韩演劾奏，贬为都乡侯。卒于家。

④左悺：生年不详，卒于公元165年，东汉宦官。河南平阴（今河南孟津东）人。桓帝时为小黄门使，因与单超、具瑗、徐璜、唐衡合谋诛外戚梁氏，任中常侍，封上蔡侯，为"五侯"之一。他和具瑗等骄横贪暴，兄弟亲戚都为州郡刺史、太守。后被司隶校尉韩演劾奏，自杀。

⑤唐衡：生年不详，卒于公元165年，东汉颍川郾县（今河南郾城）人。宦官。桓帝时小黄门，与宦官单超、左悺、具瑗、徐璜合谋诛灭外戚梁冀，封汝阳侯，时称"五侯"。唐衡贪暴，欲以女妻汝南傅公明，公明不娶，最后嫁荀彧。延熹七年（公元165年）死。赠车骑将军。

⑥桓帝：刘志。东汉章帝曾孙，在位二十七年崩。

⑦小黄门史：通鉴胡注："小黄门之掌书者也。"

⑧冀代父商：冀，梁冀。商，梁商，字伯夏，少以外戚拜郎中，迁黄门侍郎。永建元年，

袭父封乘氏侯。三年，顺帝选商女及妹入掖庭，迁侍中、屯骑校尉。阳嘉元年，女立为皇后，妹为贵人，加商位特进，更增国土，赐安车驷马，其岁拜执金吾。

⑨再世权戚：再世，两代。权戚，有权势的外戚。

⑩李固：公元94年至公元147年在世，东汉大臣。汉中南郑（今属陕西）人。字子坚。因对策指斥时政，要求“权去外戚、政归国家”，为议郎。冲帝即位后，任太尉，与大将军梁冀参录尚书事。冲帝死，因为不归附梁冀，被梁冀忌恨，因此被免职。桓帝即位，遭受梁冀诬陷，逮捕治罪，死于狱中。

⑪杜乔：字叔荣，东汉河内林虑（今河南林州）人。少为诸生，举孝廉。为人忠正。历任大司农、大鸿胪、光禄勋，官至太尉。因不附梁冀，遭其谗毁，免官。后梁冀派人收捕杜乔，死狱中，与李固均暴尸洛阳城北。

⑫忌恣：恣意猜忌。

⑬鸩毒：以毒酒害人。引申为毒害。

⑭钳口：闭口。

⑮逼畏：谓受到压力而畏惧。

⑯恒怀：恒，副词，经常；常常。怀，指心中存有。

⑰延熹：汉桓帝刘志的第六个年号。

⑱皇后：梁皇后，即梁莹，梁冀的妹妹。

⑲衡：唐衡。

⑳左右：胡三省曰，左右谓宦官也。

㉑外舍：外戚。李贤注：“外舍，谓皇后家也。”

㉒不相得：不投合；不融洽。

㉓常私忿疾外舍放横，口不敢道：忿疾，愤怒憎恶。放横，恣意蛮横。道，说。

㉔定：预定。

㉕诏收：诏，皇帝下达命令。收，拘捕。

㉖党与：同党之人。

㉗新丰侯：新丰，县名。汉高祖七年置，唐废。治所在今陕西省临潼区西北。侯，古代爵位名。

㉘璜武原侯，瑗东武阳侯：璜，徐璜。武原侯，官名。瑗，具瑗。东武阳侯，官名。

㉙五侯：指同时封侯的五人。汉桓帝封宦者单超新丰侯、徐璜武原侯、左悺上蔡侯、具瑗东武阳侯、唐衡汝阳侯。

㉚乡侯：汉制列侯爵号名。次于县侯，高于亭侯。

【译文】

单超，河南郡人；徐璜，下邳国人；具瑗，魏郡人；左悺，河南郡人；唐衡，颍川郡人。汉桓帝初年，单超、徐璜、具瑗做了中常侍，左悺、唐衡做了小黄门史。当初，梁冀的两个妹妹，分别是顺帝、桓帝的皇后，梁冀接替他的父亲梁商做大将军，两代人都是有实权的外戚,威震天下。梁冀自从诛杀了李固、杜乔等人以后,更加骄横。梁皇后乘势猜忌放纵,用毒酒害死了不少人,朝廷上下缄口沉默,没有人敢说话。桓帝遭受梁氏的压力而心存畏惧已经很久了,经常心怀不满。延熹二年,梁皇后驾崩,皇帝趁一次上厕所的机会,单独召唤唐衡问:"左右的人跟外戚和不来的都有谁?"唐衡回答说:"单超、左悺、徐璜和具瑗等人经常在背地里愤恨外戚梁家的恣意专横,只是嘴上不敢说罢了。"于是桓帝叫来单超、左悺、徐璜和具瑗等五人,做出了(诛杀梁氏)决议,下诏逮捕并诛杀了梁冀及其宗亲党羽。左悺、唐衡迁升为中常侍;封单超为新丰侯,食邑二万户;徐璜为武原侯,具瑗为武阳侯,各食邑一万五千户,赐钱各一千五百万;左悺为上蔡侯,唐衡为汝阳侯,各食邑一万三千户,赐钱各一千三百万。五人在同一天受封,所以世人称他们为"五侯"。又封小黄门刘普、赵忠等八人为乡侯。

【原文】

自是[1]权归宦官,朝廷日乱矣。超疾病[2],帝遣使者就拜车骑将军[3]。薨[4],赐东园秘器[5],棺中玉具[6],赠侯将军印绶,使者治丧[7]。及葬,发五营[8]骑士[9],侍御史[10]护丧[11],将作大匠[12]起冢茔[13]。其后四侯转横[14],天下为之语曰:"左回天[15],具独坐[16],徐卧虎[17],唐两堕[18]。"皆竞起第宅[19],楼观壮丽,穷极伎巧[20];金银罽毦[21],施于犬马;多取良人美女,以为姬妾,皆珍饰华侈[22],拟则宫人[23]。其仆从[24]皆乘牛车,而从列骑。又养其疏属[25],或乞嗣异姓[26],或买苍头[27]为子,并以传国袭封[28]。兄弟姻戚[29],皆宰州临郡,辜較[30](胶作较。)百姓,与盗贼无异。五侯宗族宾客[31],虐遍天下,民不堪命[32],起为寇贼[33]。衡卒[34],亦赠[35]车骑将军,如超故事[36]。司隶校尉[37]韩演[38],奏悺[39]罪恶,及其兄大仆[40]南乡[41]侯称,请托[42]州郡,聚敛[43]为奸,宾客放纵,侵犯吏民,悺、称皆自杀。演又奏瑗兄[44]沛相[45]恭赃罪[46],征诣[47]廷尉[48]。瑗诣狱谢,贬为都乡侯[49],卒于家。超及璜、衡袭封[50]者,并降为乡侯[51],子弟分封[52]者,悉夺爵土[53]。刘普等贬为关内侯[54]。

【注释】

①自是:从此。

②疾病:病重。

③车骑将军:官名。汉制,仅次于大将军、骠骑将军,金印紫绶,地位相当于上卿,或比三公。典京师兵卫,掌宫卫。

④薨:死的别称。自周代始,人之死亡,有尊卑之分,"薨"以称诸侯之死。

⑤东园秘器:皇室、显宦死后用的棺材。

⑥玉具:"玉具剑"的省称。剑鼻和剑镡用白玉制成的剑。

⑦治丧:办理丧事。

⑧五营:指屯骑、越骑、步兵、长水、射声五校尉所领部队。

⑨骑士:骑兵。

⑩侍御史:为御史的一种,简称侍御,中国古代官制。秦朝初置,汉代沿用,隶属于御

史大夫之下，可弹劾非法。

⑪护丧：护送灵柩归葬。

⑫将作大匠：官名。秦始置，称将作少府。西汉景帝时，改称将作大匠，职掌宫室、宗庙、陵寝及其他土木营建。东汉、魏、晋沿置。

⑬起冢茔：起，兴建；建造。冢茔，墓地。

⑭四侯转横：四侯，除单超外徐璜、具瑗、左悺、唐衡四人。转，副词，渐渐；更加。

⑮左回天：左，左悺。回天，谓权大势重。

⑯具独坐：具，具瑗。独坐，专席而坐。亦谓骄贵无匹；骄贵无偶也。

⑰徐卧虎：徐，徐璜。卧虎，比喻残暴凶横之人。

⑱唐两堕：唐，唐衡。两堕，亦作"两墮"，谓随意所为不定也。

⑲第宅：犹宅第，住宅。

⑳穷极伎巧：穷极，穷尽；极尽。伎巧，技术；技艺。

㉑罽毦：罽，毛织物。毦，以鸟羽或兽毛做成的装饰物，常用以饰头盔、犬马或兵器。

㉒珍饰华侈：珍饰，华美的妆饰。华侈，豪华奢侈。

㉓拟则宫人：拟则，效法；模仿。宫人，妃嫔、宫女的通称。

㉔仆从：跟随在身边的仆人。

㉕疏属：远宗；旁系亲属。

㉖或乞嗣异姓：乞，求讨；祈求；请求。嗣，过继。异姓，不同姓，亦指不同姓的人。

㉗苍头：指奴仆。

㉘传国袭封：传国，古谓帝王传位给子孙或让位给他人。袭封，子孙承袭先代的封爵。

㉙姻戚：犹姻亲。

㉚辜駮：亦作"辜较"，搜刮聚敛，指对财利的把持。

㉛宾客：指贵族的门客、策士等。

㉜民不堪命：不堪，不可；不能。命，生存；生活。

㉝寇贼：盗匪。

㉞卒：古代指大夫死亡，后为死亡的通称。

㉟赠：赐死者以爵位或荣誉称号。

㊱故事：先例，旧日的典章制度。

㊲司隶校尉：是西汉、东汉、曹魏和西晋等朝代中的一个监察官职，其职与刺史相似。但刺史是监督地方官，而司隶校尉是监督中央官员，地位比刺史高。后发展成为正式行政区。

㊳韩演：东汉韩棱之孙，顺帝时为丹阳太守，政有能名。桓帝时为司徒。大将军梁冀被诛，韩演坐阿党抵罪，以减死论，遣归本郡。后复征拜为司隶校尉。

㊴悺：左悺。

㊵大仆：即太仆，周官名。掌传达王命、侍从出入等事。

㊶南乡：南乡县。东汉侯国，建安十三年（公元208年）为南乡郡治，西晋废。

㊷请托：谓以私事相嘱托，走门路，通关节。

㊸聚敛：谓急于敛取赋税。

㊹瑗兄：具瑗的哥哥。

㊺沛相：沛国相。沛国，地名。故城在今江苏省沛县。

㊻赃罪：指贪污受贿罪。

㊼征诣：召往。

㊽廷尉：官名。秦始置，九卿之一，掌刑狱。汉初因之，秩中二千石。景帝时改称大理，武帝时复称廷尉。

㊾都乡侯：东汉所封侯国名，在列侯之下，关内侯之上。

㊿袭封：封建时代子孙承袭先代的封爵。

(51)乡侯：汉制列侯爵号名。次于县侯，高于亭侯。

(52)分封：分地以封诸侯。

(53)爵土：官爵和封地。

(54)关内侯：爵位名。秦汉时置，为二十等级之第十九级，位于彻（列）侯之次。有其号，无国邑。一般系对立有军功之将的奖励，封有食邑多少户，有按规定户数征收租税之权，可世袭。

【译文】

从此政权落入宦官手中，朝廷一天天混乱了。单超病重，桓帝派使者去其府宅任他为车骑将军。单超死后，皇上赐予他王公贵族的棺木和玉具剑，赠予列侯和将军印绶，派使者料理丧事。到下葬时，动员五营骑士，由侍御史护丧，由将作大匠为他修筑坟墓。从此以后四侯愈发专横，天下人给他们编了个谚语说："左悺力回天，具瑗贵无双，徐璜凶似虎，唐衡行无常。"他们都争相修盖起宅院，房宇楼阁，十分壮丽，极尽能工巧匠之能。用金银毛羽，装饰犬马。他们掠来许多良人美女作为姬妾，都打扮得雍容华贵，仿效宫女的装束。（外出时）他们的仆人都乘坐牛车，后面有列骑跟从。还赡养他们的远房亲属，或是请求皇帝准许他们以异姓作为继嗣，或者收买私家奴仆作为儿子，并让他们继承封地和爵位。他们的兄弟、姻戚，都到州郡做长官，搜刮百姓，和盗贼没有什么差异。五侯宗族宾客，暴虐之行遍及天下，百姓痛苦而不能生活，纷纷起义成为盗贼。唐衡死了，也被追封为车骑将军，像单超的规制一样。司隶校尉韩演，上奏左悺的罪恶，以及他的哥哥太仆南乡侯左称买通州郡长官、聚敛作奸、宾客放纵、侵犯官吏和百姓的罪行，左悺、左称二人都自杀了。韩演又上奏具瑗哥哥沛相具恭的贪污罪。朝廷召其前往廷尉候审，具瑗去狱中请罪，被贬为都乡侯，死于家中。单超、徐璜、唐衡三家继承爵位的人，一起降为乡侯，子弟有分封的，爵土都被夺回。刘普等人被贬为关内侯。

【原文】

侯览[①]者，山阳[②]人也。桓帝初，为中常侍[③]，以佞猾[④]进，倚埶贪放[⑤]，受纳货遗[⑥]，以巨万计。爵关内侯。又托以与议诛梁冀功,进封[7]高乡[8]侯。览兄参,为益州[9]刺史[10],民有丰富者,辄诬以大逆[11],皆诛灭之,没入财物,前后累亿计。大尉[12]杨秉[13]奏[14]参,槛车征[15],于道自杀。参车重三百余两,皆金银锦帛珍玩,不可胜数。览坐免[16],旋复复官。

【注释】

①侯览:见前注。

②山阳:属河南郡。故城在今河南省修武县境。

③中常侍:西汉时皇帝近臣,给事左右,职掌顾问应对。

④佞猾:奸邪狡诈。

⑤倚埶贪放:埶,"势"的古字,倚埶,即"倚势",仗着势力。贪放,贪婪放纵。

⑥受纳货遗:受纳,受取;容纳。货遗,贿赂;馈赠。

⑦进封:进授官职,加封名号。

⑧高乡:西汉置高乡县,一度为高乡侯国,属徐州琅琊郡,故址在山东莒南县十字路镇,东汉初省。

⑨益州:中国古地名,其范围包括今天的四川盆地和汉中盆地一带。

⑩刺史:古代官名。原为朝廷所派督察地方之官,后沿为地方官职名称。汉武帝时,分全国为十三部(州),部置刺史。成帝改称州牧,哀帝时复称刺史。

⑪大逆:指封建时代称危害君父、宗庙、宫阙等罪行,为"十恶"之一。

⑫大尉:即太尉。官名。秦至西汉设置,为全国军政首脑,与丞相、御史大夫并称三公。汉武帝时改称大司马。东汉时太尉与司徒、司空并称三公。历代亦多曾沿置,但渐变为加官,无实权。

⑬杨秉:字叔节,东汉大儒杨震中子。年四十余,应司空辟,拜侍御史,频出为豫、荆、徐、兖四州刺史,迁任城相。自为刺史、二千石,计日受奉,余禄不入私门。以廉洁称。

⑭奏:向帝王上书弹劾官吏的过失。

⑮槛车征:槛车,用栅栏封闭的车。用于囚禁犯人或装载猛兽。征,收捕。

⑯坐免:因事或因罪免职。

【译文】

侯览,山阳郡人。桓帝初年为中常侍,因谄佞狡猾得以晋升,依仗势力,贪婪放纵,收受贿赂数以万计。受封为关内侯,又凭借参与诛灭梁冀有功,晋封为高乡侯。侯览的哥哥侯参为益州刺史,凡老百姓有家境富裕的,常常被诬陷为谋反,都予以诛灭,没收他们的财物,先后累积,数以亿计。太尉杨秉弹劾侯参,用槛车去逮捕他,结果在半路上自杀了。(有人检查侯参的遗产)他的车子竟有三百多辆,装的都是金银锦缎、珍奇古玩,多得无法计算。侯览(因受牵连)被免职,不久又官复原职。

【原文】

建宁[1]二年,丧母还家,大起茔冢[2]。督邮[3]张俭[4],因举奏览贪侈奢纵[5],前后请夺人宅[6]三百八十一所、田百一十八顷，起立第宅十有六区，皆有高楼池苑[7]，堂阁相望，饰以绮画丹漆之属[8]，制度深广，僭类宫省[9]，又豫作寿冢[10]，石椁双阙[11]，高庑[12]百尺，破人居室，发掘坟墓，虏夺[13]良民，妻略妇子[14]，及诸罪衅[15]，请诛之。而览伺候遮截[16]，章竟不上[17]。俭遂破览冢宅[18]，籍没[19]资财，具言[20]罪状，又奏览母生时，交通宾客[21]，干乱[22]郡国。复不得御[23]。览遂诬俭为钩党[24]，及故长乐少府[25]李膺[26]、太仆[27]杜密[28]等，皆夷灭[29]之。遂领[30]长乐太仆。熹平元年[31]，有司举奏览专权骄奢，策收[32]印绶，自杀。阿党[33]者皆免。

【注释】

①建宁：东汉灵帝刘宏的第一个年号。公元168年至公元172年，共计五年。

②茔冢：茔墓。

③督邮：官名。汉置，郡的重要属吏，代表太守督察县乡，宣达教令，兼司狱讼捕亡。唐以后废。

④张俭：字元节，山阳高平（今山东邹县西南）人。汉桓帝时任山阳郡东部督邮，后因受党锢之祸四处流亡，直至党锢结束才回家。

⑤贪侈奢纵：贪侈，贪婪奢侈。奢纵，奢侈放纵。

⑥前后请夺人宅：前后，先后。请，索求。夺，强取。人宅，人家住宅。

⑦池苑：指有池水花木的风景园林。

⑧饰以绮画丹漆之属：饰，修饰；装饰。绮画，华丽的画作。丹漆，朱红色的漆。

⑨制度深广，僭类宫省：制度，规模；样式。深广《后汉书》原文作“重深”。僭，超越本分。类，相似；像。宫省，犹宫禁。指皇宫。

⑩豫作寿冢：豫，预先；事先。作，制造。此处指修建。寿冢，生时所建之墓。

⑪石椁双阙：石椁，亦作“石郭”，石制的外棺。双阙，古代宫殿、祠庙、陵墓前两边高台上的楼观。

⑫庑：堂下周围的走廊、廊屋。

⑬虏夺：掠夺。

⑭妻略妇子：妻略，奸污霸占。妇子，指妻子儿女。

⑮衅：罪过。

⑯伺候遮截：伺候，窥伺；窥测。遮截，犹拦截。

⑰章竟不上：章，臣下给君主的奏本。竟，竟然。不上，不能上达。

⑱冢宅：坟墓，坟地。

⑲籍没：谓登记所有的财产，加以没收。

⑳具言：备言，详细告诉。

㉑生时交通宾客：生时，活着的时候；生前。交通，勾结，串通。俭既杀览母，因称其生时罪恶。此奏为览所遮截不得上也。

㉒干乱：干预扰乱。

㉓御：进呈皇帝观览。

㉔钩党：谓相牵引为同党。

㉕长乐少府：汉代制度，太后宫官皆冠宫名。汉初有长信詹事，主管太后宫，由宦者任职。汉景帝时改为长信少府。汉平帝时又改长乐少府，位在少府正卿之上。长信或长乐少府所属官吏均系宦者。此外又长乐卫尉、长乐太仆，总名太后三卿。太后去世，即省去不置。东汉时，驸马郭璜曾任长乐少府一职，故此时任此职者非宦官。

㉖李膺：人名，见前注。

㉗太仆：春秋时代始设，官名。秦汉相沿，为九卿之一，秩禄中二千石。掌管皇帝的车马和马政。

㉘杜密：人名，见前注。

㉙夷灭：诛杀；消灭。

㉚领：以地位较高的官员兼理较低的职务，谓之"领"，也称"录"。

㉛熹平元年：熹平，是汉灵帝刘宏的第二个年号。元年，帝王即位或改换年号的第一年。

㉜策收：策，古代君主对臣下封土、授爵、免官或发布其他教令的文件。收，收回。

㉝阿党：逢迎上意，徇私枉法；比附于下，结党营私。

【译文】

灵帝建宁二年，侯览丧母回家，大修陵墓。督邮张俭因此举奏侯览贪婪奢侈、肆意放纵，先后索取、抢夺别人宅院三百八十一所，田地一百一十八顷；自己修盖的宅第十六处，都有亭台楼阁，水池花园，楼阁相望。有华丽的画作和朱红色的漆作为装饰，设计的规模样式深邃而广阔，超越了本分，(其奢侈华丽的程度)类似于宫廷。又预先为自己修建坟墓，用石头作为棺椁，两旁还有瞭望楼，堂周围的廊屋方圆百尺，为此破坏别人的住房，挖开他人的坟墓；抓走守法的良民，霸占他们的老婆孩子；还有许多罪行，请求将其处死。但是侯览伺机拦截，奏章竟不得上达。于是张俭拆毁侯览的冢宅，没收他的家财，详细地陈列他的罪状。又上奏侯览母亲活着的时候，勾结宾客，扰乱郡国。奏章又不能送达皇帝。于是侯览诬陷张俭私下结党，以及原长乐少府李膺、太仆杜密等都被诛杀。于是自己兼任长乐太仆。熹平元年，有关官员检举上奏侯览专权骄纵奢侈，(灵帝)下令收回了他的印绶。侯览自杀，追随他的党羽都被罢免。

【原文】

曹节[①]，字汉丰，南阳人也。建宁元年，持节[②]将[③]中黄门[④]虎贲[⑤]羽林[⑥]千人，北迎灵帝[⑦]，陪乘[⑧]入宫。及即位，以定策[⑨]封长安乡侯。时窦太后[⑩]临朝，后父大将军武与太傅陈蕃，谋诛中官[⑪]，节与长乐五官史朱瑀[⑫]、从官史张亮、中黄门王尊等十七人，共矫诏[⑬]以长乐食监王甫[⑭]为黄门令，将兵诛武、蕃[⑮]等。节迁长乐卫尉，封育阳侯；甫迁中常侍[⑯]，黄门令如故；瑀封都乡侯[⑰]；亮等五人各三百户；余十一人皆为关内侯，岁食租二千斛[⑱]。赐瑀钱五千万，余各有差，后更封华容侯。二年，节病困[⑲]，诏拜为车骑将军，有顷疾瘳[⑳]，复为中常侍，位特进[21]，秩中二千石[22]，寻转大长秋[23]。

【注释】

①曹节：字汉丰，南阳新野（今河南新野）人。东汉时大宦官。

②持节：古代使臣奉命出行，必执符节以为凭证。

③将：统率，指挥。

④中黄门：在宫廷服役的太监。

⑤虎贲：官名。掌侍卫国君及保卫王宫、王门之官。

⑥羽林：禁卫军名。

⑦灵帝：汉灵帝刘宏（公元156年~公元189年），东汉第十一位皇帝。

⑧陪乘：古代乘车，尊者在左，驾车者在中，又一人在右，称"陪乘"。亦称参乘或车右。

⑨定策：亦作"定册"。古时尊立天子，书其事于简策，以告宗庙，因称大臣等谋立天子为"定策"。

⑩窦太后：此指汉桓帝皇后窦妙，父窦武，公元165年被立为皇后。

⑪中官：宦官。

⑫朱瑀：东汉后期宦官，长乐五官史，公元168年宫廷政变的组织者。

⑬矫诏：假托诏令。

⑭王甫：东汉大宦官。

⑮武蕃：武，窦武。蕃，陈蕃。

⑯中常侍：官名，常由宦官充任。

⑰黄门令如故瑀封都乡侯：中华书局本《后汉书》断句为：黄门令如故。瑀封都乡侯。

⑱斛：量词。多用于量粮食。古代一斛为十斗，南宋末年改为五斗。

⑲病困：犹言病笃（病势沉重）。

⑳有顷疾瘳：有顷，不久。疾瘳，病愈。

㉑特进：官名。始设于西汉末。授予列侯中有特殊地位的人，位在三公下。东汉至南北朝仅为加官，无实职。

㉒秩中二千石：秩，俸禄。中二千石，汉官秩名。《汉书·宣帝纪》：颍川太守黄霸以治行尤异，秩中二千石。颜师古注：汉制，秩二千石者，一岁得一千四百四十石，实不满二千石也。其云中二千石者，一岁得二千一百六十石，举成数言之，故曰中二千石。中者，满也。

㉓寻转大长秋：寻，不久；接着；随即。转，转任。大长秋，官名。汉置，为皇后近侍，多由宦官充任。其职掌为宣达皇后旨意，管理宫中事宜。

【译文】

曹节，字汉丰，南阳郡人。建宁元年，他手持符节带领中黄门、虎贲羽林军一千人，向北迎接灵帝，陪皇上乘车入宫。等到灵帝即位后，因迎立天子有功封为长安乡侯。当时窦太后临朝听政，太后的父亲大将军窦武和太傅陈蕃谋杀宦官，曹节和长乐五官史朱瑀、从官史张亮、中黄门王尊等十七人，共同假托诏令以长乐食监王甫为黄门令，领兵诛杀了窦武、陈蕃等。曹节迁升为长乐卫尉，封为育阳侯；王甫迁升为中常侍，仍担任黄门令；朱瑀封为都乡侯；张亮等五人各食邑三百户；其余十一人皆封为关内侯，每年享食租禄二千斛，赏赐朱瑀钱五千万，其余的人各有所差别，后来朱瑀改封为华容侯。建宁二年，曹节得了重病，诏拜为车骑将军。不久病愈，重新做了中常侍，位列特进，俸禄为中二千石，不久转任为大长秋。

【原文】

吕强[①]，字汉盛，河南人也。少以宦者小黄门，迁中常侍。清忠奉公[②]。灵帝时，例封[③]宦者，以强为都乡侯[④]。强辞让恳恻[⑤]，帝乃听之。因上疏陈事曰："臣闻诸侯上象[⑥]四七[⑦]，下裂[⑧]王土[⑨]。高祖[⑩]重约[⑪]，非功臣不侯[⑫]，所以重天爵[⑬]、明劝戒[⑭]也。伏[⑮]闻中常侍曹节、王甫等，并为列侯[⑯]。节等谗谄[⑰]媚主[⑱]，佞邪徼宠[⑲]，放毒[⑳]人物[㉑]，嫉妒[㉒]忠良，有赵高[㉓]之祸，未被[㉔]轘裂[㉕]之诛，掩[㉖]朝廷之明，成私树[㉗]之党。

【注释】

①吕强(？～公元184年)：东汉宦官。字汉盛，成皋(今荥阳)人。曾上书请求斥奸佞，任忠良，薄赋敛，厚农桑，开言路，灵帝知其忠而不能用。黄巾起义爆发，建言应赦党人，诛杀贪官，考核地方官吏是否称职。宦官大惧。中常侍赵忠等诬奏强兄弟为官贪浊，灵帝派人拘捕，愤而自杀。

②清忠奉公：清忠，清正忠诚。奉公，奉行公事，不徇私。

③例封：循例封官。指朝廷推恩把官爵授给官员在世的父祖辈。

④都乡侯：东汉所封侯国名，在列侯之下、关内侯之上。

⑤恳恻：诚恳痛切。

⑥象：象征。

⑦四七：二十八。指二十八宿。

⑧裂：分。

⑨王土：天子的土地。

⑩高祖：多为开国之君的庙号。此处指汉高祖刘邦。

⑪重约：重要的盟约。

⑫侯：谓封侯。

⑬天爵：天子所封的爵位，朝廷官爵。

⑭劝戒：亦作"劝诫"。勉励告诫。

⑮伏：敬词。古时臣对君奏言多用之。

⑯列侯：爵位名。秦制爵分二十级，彻侯位最高。汉承秦制，为避汉武帝刘彻讳，改

彻侯为通侯，或称“列侯”。

⑰谗谄：谗毁和谄谀。

⑱媚主：逢迎取悦君主。

⑲徼宠：亦作“邀宠”。迎合权贵，企求恩宠。

⑳放毒：恣意毒害。

㉑人物：指才能杰出或声望卓著、有地位的人。

㉒嫉妒：忌妒。

㉓赵高（？～公元前207年）：秦时宦官。始皇崩于沙丘，赵高伪造遗诏，赐死太子扶苏，立胡亥为二世，杀李斯，自为丞相，专权用事，旋又弑二世，立子婴，后为子婴所诛。

㉔被：蒙受，遭受，领受。

㉕轘裂：即车裂，俗称五马分尸。

㉖掩：遮没，遮蔽。

㉗私树：私下成立。

【译文】

吕强，字汉盛，河南郡人。年轻时由宦者小黄门，迁升为中常侍。为人忠诚、不徇私。灵帝时，按照质例进封宦者，吕强被封为都乡侯。吕强恳切推辞不受，灵帝就听从了他的意见。吕强上书陈事说：“我听说诸侯在上象征着天上的二十八星宿，在下受封王土。高祖盟约，不是功臣者不得封侯，为的是重视天子的爵位和向臣下申明劝诫的内容。臣得知中常侍曹节、王甫等人，都封为列侯。曹节等人阿谀奉迎、取悦皇上，以巧言欺诈来企求恩宠，恣意毒害人才，嫉妒忠良，有像赵高那样的祸害，却没有受到车裂刑罚的诛杀，从而掩盖了朝廷的英明，树立起自己的私党。”

【原文】

张让[①]，颍川人；赵忠[②]，安平人也。少时给事省中[③]。灵帝[④]时（时作皆），让、忠并迁中常侍，封列侯[⑤]，与曹节、王甫等，相[⑥]为表里[⑦]。节[⑧]死后，忠领大长秋[⑨]。让有监奴[⑩]典任[⑪]家事，交通货赂[⑫]，威形喧赫[⑬]。扶风[⑭]人孟他[⑮]资产饶赡[⑯]，与奴[⑰]朋结[⑱]，倾竭馈问[⑲]，无所遗爱[⑳]。奴咸德[㉑]之，问他曰：“君何所欲？力[㉒]能办[㉓]也。”他曰：“吾望[㉔]汝曹[㉕]为我一拜耳。”时宾客求谒[㉖]让者，车恒[㉗]数百千两，他[㉘]时[㉙]诣让，后至，不得进，监奴乃率诸苍头[㉚]迎拜[㉛]于路，遂共轝车[㉜]入门。宾客咸惊[㉝]，谓他善[㉞]于让，皆争以珍玩[㉟]赂之。他分以遗[㊱]让，让大喜，遂以他为凉州[㊲]刺史。

【注释】

①张让（？～公元189年）：东汉宦官，颍川（今河南禹县）人。桓帝、灵帝时，历为小黄门、中常侍、列侯等职。在职时以搜刮暴敛、骄纵贪婪见称，灵帝极为宠信，常谓“张常侍是我父”。中平六年（公元189年），何进谋诛宦官，事泄，他和宦官赵忠等杀进。不久

袁绍捕杀宦官时投河自尽。

②赵忠:东汉灵帝时期“十常侍”之一,灵帝时信任宦官,以张让与赵忠最受重用,公然觍颜称:“张常侍乃我父,赵常侍乃我母”。

③给事省中:给事,供职。省中,宫禁之中。

④灵帝:刘宏(公元181年~公元234年),东汉章帝的玄孙,继桓帝立。在位时宠信宦官,戮杀忠臣,朝政日益凋败,终于在中平年初,引起黄巾起义,使东汉走向衰乱的局面。在位二十二年崩。

⑤列侯:爵位名。秦制爵分二十级,彻侯位最高。汉承秦制,为避汉武帝刘彻讳,改彻侯为通侯,或称“列侯”。

⑥相:交互,互相,共同。

⑦表里:表面和内部,内外。

⑧节:曹节。

⑨领大长秋:领,汉代以后,以地位较高的官员兼理较低的职务,谓之“领”。也称“录”。大长秋,官名,汉置,为皇后近侍,多由宦官充任。

⑩监奴:为权贵豪门监管家务的奴仆头子。

⑪典任:掌管,主持,任职。

⑫交通货赂:交通,交往、往来。货赂,犹贿赂。

⑬威形喧赫:威形,令人生畏的声势。喧赫,犹显赫。

⑭扶风:古郡名。旧为三辅之地,多豪迈之士。

⑮孟他:又作“孟佗”,字伯郎,东汉扶风郡人,凉州刺史,新城太守孟达之父。

⑯饶赡:富足。

⑰奴:家奴。

⑱朋结:结党,结交。

⑲倾竭馈问:倾竭,倒尽。指消耗干净或全部拿出。馈问,馈赠。

⑳遗爱:爱未遍及,偏爱。

㉑德:感恩,感激。

㉒力:能力。

㉓能办:能够办到。

㉔望:希望。

㉕汝曹:你们。

㉖求谒:求,请求、乞求。谒,晋见、拜见。

㉗恒:副词。经常,常常。

㉘他:孟他。

㉙时:当时,那时。

㉚苍头:指奴仆。

㉛迎拜:迎见礼拜。

㉜辇车:亦作"舆车"。小车。

㉝惊:惊奇。

㉞善:交好,亲善。

㉟珍玩:亦作"珍翫"。珍贵的玩赏物。

㊱遗:给予,馈赠。

㊲凉州:古地名,即甘肃省西北部的武威,地处河西走廊东端,是古丝绸之路上的重镇,史有"四凉古都,河西都会"之美称,素有"银武威"之称。

【译文】

张让,颍川郡人。赵忠,安平郡人。二人年少时都在宫中供职。灵帝时,他们两人一起迁升为中常侍,封为列侯,与曹节、王甫等人内呼外应。曹节死后,赵忠兼任大长秋。张让有一个监奴,主管家事,行贿受贿,威风显赫。扶风郡有个叫孟他的人,资产丰厚,和监奴结党。孟他倾其家产,全都馈赠给监奴,自己一点不留。监奴十分感激他,问他说:"您想要什么?我们都可以办到。"他说:"我希望你们能带我拜见张让。"当时宾客们请求拜见张让的人,列队等候的车子经常多达百千辆。孟他这时候也去拜谒张让,因为来得晚了挡在后面,不能进门,张让的监奴就率领众仆人在路边迎拜,并与孟他一起乘小车进门。众宾客都很惊奇,认为孟他与张让的关系很好,都争着用珍玩向他行贿。孟他都分送给张让,张让非常高兴,于是就让孟他做了凉州刺史。

【原文】

是时让、忠及夏恽、郭胜、孙璋、毕岚、栗嵩、段珪、高望、张恭、韩悝、宋典十二人,皆为中常侍,封侯贵宠[①],父兄子弟,布列[②]州郡,所在贪残[③],为人蠹害[④]。黄巾既作[⑤],盗贼糜沸[⑥],郎中[⑦]中山张钧[⑧]上书曰:"窃惟[⑨]张角[⑩]所以能兴兵作乱,万民所以乐附之者,其源皆由十常侍多放父兄、子弟、婚亲[⑪]、宾客[⑫]典据[⑬]州郡,辜榷[⑭]财利,侵掠百姓。百姓之冤,无所告诉[⑮],故谋议不轨[⑯],聚为盗贼。宜斩十常侍,悬头南郊[⑰],以谢百姓,又遣使者布告天下,可不须师旅而大寇自消。"

【注释】

①贵宠:显贵而受宠信。

②布列:分布陈列,遍布。

③贪残:贪婪凶残。亦指贪婪凶残的人。

④蠹害:犹祸害。

⑤黄巾既作:黄巾,东汉末年张角所领导的农民起义军,因头包黄巾而得名。既作,开始作乱。

⑥糜沸:比喻世事混乱之甚,如糜粥之沸于釜中。

⑦郎中:官名。掌管门户、车骑等事,内充侍卫,外从作战。

⑧中山张钧：中山，在今河北省定州市一带。张钧，人名。

⑨窃惟：私下思考。

⑩张角（？～公元184年）：东汉巨鹿（今河北省平乡县）人。以符咒治病，借此聚众，达数十万人，号太平道。灵帝时，遂趁政敝民饥，起而为乱，自称黄天。徒众皆着黄巾。后由皇甫嵩讨平。

⑪婚亲：有婚姻关系的亲戚。

⑫宾客：东汉以后对依附世家豪族人口的一种称谓。

⑬典据：掌管，占据。

⑭辜榷：搜括，聚敛。

⑮告诉：亦作"告诉"。向上申诉。

⑯谋议不轨：谋议，谋划、计议。不轨，指叛乱。

⑰悬头南郊：悬头，亦作"悬首"。谓杀人后挂头示众。南郊，在京都南面的郊外筑圜丘以祭天的地方。

【译文】

这时候，张让、赵忠和夏恽、郭胜、孙璋、毕岚、栗嵩、段珪、高望、张恭、韩悝、宋典十二人，都任中常侍。他们被封为侯，异常显贵，受皇帝宠信。他们的父子、兄弟分布在各州郡，贪婪凶残，是人民的祸害。黄巾军开始起义，盗贼作乱，郎中中山人张钧上书说："我私下里考虑张角之所以能兴兵作乱，万民之所以乐于跟着他，其根源都在于十常侍大多放纵他们的父兄、子弟、婚亲、宾客霸占州郡，搜刮财物，侵犯掠夺百姓，百姓有冤无处申诉，所以才图谋作乱，集合起来成为盗贼。应该将十常侍斩首，将其首级挂在南郊，来向百姓谢罪；再派遣使者向天下人宣布，如此不需要动用军队，而贼寇自然会消解。"

【原文】

天子以钧章[①]示[②]让等，皆免冠徒跣顿首[③]，乞自致洛阳诏狱[④]，并出家财，以助军费。有诏皆冠履[⑤]，视事[⑥]如故[⑦]。帝怒[⑧]钧曰："此真狂子[⑨]也。"钧复重上，犹如前章，辄[⑩]寝不报[⑪]。诏使廷尉[⑫]、侍御史[⑬]，考[⑭]为张角道者[⑮]，御史承[⑯]让等旨[⑰]，遂诬奏[⑱]钧学黄巾道，收掠[⑲]死狱中（旧无收掠死狱中五字。补之）。后中常侍封谞、徐奏[⑳]事独[㉑]发觉[㉒]坐诛，帝因怒诘[㉓]让等曰："汝曹常言党人欲为不轨[㉔]，皆令禁锢[㉕]，或有伏诛[㉖]。今党人更为国用[㉗]，汝曹反与张角通[㉚]，为可斩未？"皆叩头云："故[㉛]中常侍王甫、侯览所为。"帝乃止。

【注释】

①钧章：张钧所上的奏章。

②示：把事物摆出来或指出来给人看。

③免冠徒跣顿首：免冠，脱帽，古人用以表示谢罪。徒跣，赤足。顿首，磕头。

④自致洛阳诏狱：自致，自至其处。洛阳，东汉首都。诏狱，关押钦犯的牢狱。

⑤冠履：戴上帽子，穿上鞋子。

⑥视事：就职治事。多指政事言。

⑦如故：跟原来一样。

⑧帝怒：帝，汉灵帝。怒，谴责。

⑨狂子：狂妄无礼的人。

⑩辄：副词。就。

⑪不报：不上报。

⑫廷尉：官名。掌刑狱。

⑬侍御史：官名。秦置，汉沿设，在御史大夫之下。受命御史中丞，接受公卿奏事，举劾非法；有时受命执行办案、镇压农民起义等任务，号为"绣衣直指"。

⑭考：省察，察考。

⑮张角道：张角自创"太平道"，为"黄巾军"的领袖。

⑯承：顺从，奉承。

⑰让等旨：让等，张让等人。旨，意思。

⑱诬奏：捏造罪名向君王告发。

⑲收掠：收捕拷打。

⑳徐奏：中华书局本《后汉书》校勘记云："徐奏"当依《皇甫嵩传》作"徐奉"，《通鉴》亦作"徐奉"。

㉑独：单独。

㉒发觉：被发现觉察；暴露，败露。

㉓诘：责备，质问。

㉔不轨：指叛乱。

㉕禁锢：谓禁止做官或参与政治活动。

㉖伏诛：被处死。

㉗国用：言为国所用。

㉘通：串通，勾结。

㉙故：过去，从前。

【译文】

灵帝将张钧的奏章拿来，叫张让等人看。他们都摘下帽子，赤脚叩头，要求将自己关到洛阳监狱中去，并拿出家中财产来资助军费。灵帝却下诏，命他们都穿戴整齐，照常办事。灵帝谴责张钧说："这真是一个狂妄无礼之徒！"张钧再次上奏，与上次奏章内容一样，却被宦官们搁置起来而没有呈报。灵帝颁诏让廷尉、侍御史考察信奉张角邪道的人，御史奉承张让等人的主意，于是诬陷张钧是学张角邪道的人，(张钧)被逮捕拷打，死在狱中。后来中常侍封谞、徐奉(私通黄巾军)的事败露被杀，灵帝因此怒斥张让等说："你们常说朋党之人图谋不轨，下令把他们都关起来不许做官，有的还被诛杀了。现今党人反为国效用，而你们反跟张角沟通，该不该杀？”张让等人都叩头说：“这都是过去中常侍王甫、侯览干的。”灵帝便不再追究。

【原文】

明年，南宫灾[①]。让、忠等说[②]帝，令敛[③]天下田，亩税十钱，以修宫室。发[④]大原[⑤]、河东[⑥]、狄道[⑦]诸郡材木及文石[⑧]，每州郡部送[⑨]至京师。黄门、常侍辄令谴呵不中者[⑩]，因强折贱买[⑪]，十分雇一[⑫]，因复货[⑬]之于宦官，复不为，即受，材木遂至腐积，宫室连年不成。刺史、太守，复增私调，百姓呼嗟[⑭]。凡诏所征求[⑮]，皆令西园驺密约敕[⑯]，号曰“中使”[⑰]，恐动[⑱]州郡，多受赇赂[⑲]。刺史二千石，及茂才、孝廉迁除[⑳]，皆责助军修宫钱，大郡[㉑]至二三千万，余各有差。当之官者，皆先至西园谐价[㉒]，然后得去。有钱不毕者，或至自杀。其守清者，乞不之官[㉓]，皆迫遣[㉔]之。

【注释】

①南宫灾：南宫，秦、汉宫殿名。灾，自然发生的火灾。

②说：劝说别人听从自己的意见。

③敛：征收，索取。

④发：征发，征调。

⑤大原：太原郡。

⑥河东：河东郡。

⑦狄道：夷狄郡。汉置。故址在今甘肃临洮一带。

⑧材木及文石：材木，可作木材的树、木材。文石，有纹理的石头。

⑨部送：部，部署。安排布置。送，运送。

⑩谴呵不中者：谴呵，亦作“谴诃”，谴责呵斥。不中者，不符合的。

⑪强折贱买：谓强迫折价，便宜买进。

⑫十分雇一：十分，犹十成。雇，给价、付报酬。一，一成。

⑬货：卖，出售。

⑭呼嗟：呼号哀叹。

⑮征求：征收，求索。

⑯西园驺密约敕：西园，园林名，汉上林苑的别名。驺，古时掌管养马并管驾车的人。密约，秘密条约、秘密契约。敕，古时自上告下之词。汉时凡尊长告诫后辈或下属皆称敕。

⑰中使：宫中派出的使者。多指宦官。

⑱恐动：惊恐扰动。

⑲赇赂：贿赂。

⑳茂才孝廉迁除：茂才，即秀才。因避汉光武帝名讳，改秀为茂。迁除，谓官职之升迁除授。

㉑大郡：面积大、人口多的郡。

㉒谐价：论价，商定价格。

㉓之官：上任，前往任所。

㉔迫遣：谓强使就职。

【译文】

第二年，南宫发生火灾。张让、赵忠等劝说皇上诏令天下，每亩田征收十个钱，用来修宫室；征发太原、河东、狄道诸郡的木材和有纹理的石料，各州郡安排运送到京师，黄门常侍经常呵斥谴责说（石材）不合要求，借此强行折价贱买，十成才给一成的钱，然后再卖给宦官，便不再管，已买回的木材逐渐堆积腐朽，宫室几年都未修成。刺史、太守又私下增收赋税，老百姓呼号哀叹。凡是诏书中征集的内容，都令西园养马人秘密带敕书出发，号称"中使"，恐吓惊动州郡，多受贿赂。刺史、二千石和茂才、孝廉升迁，都责令他们交纳助军费、修宫钱，大郡多达二三千万，其余州郡不等。凡是要去上任的官员，都要先到西园商定价格，然后才能去上任。有的人因钱没交齐，竟然自杀了。凡清白守法的人，请求不去做官，就逼他们就职。

【原文】

时巨鹿太守河内司马直新除[①]，以有清名[②]，减责三百万。直被诏[③]，怅然[④]曰："为民父母，而反割剥[⑤]百姓，以称时求[⑥]，吾不忍也。"辞疾[⑦]不听[⑧]，行至孟津[⑨]，上书极陈[⑩]当世之失、古今祸败之戒[⑪]，即吞药自杀。书奏，帝为暂绝修宫钱。又造万金堂于西园，引[⑫]司农[⑬]金钱缯帛[⑭]，仞积[⑮]其中。又还河间，买田宅，起第观[⑯]。

【注释】

①时巨鹿太守河内司马直新除：河内郡人司马直刚刚担任巨鹿郡太守。巨鹿，巨鹿郡。秦置，汉因之。在今河北平乡县城西南平乡。河内，河内郡。汉置，古以黄河以北为河内，以南、以西为河外，这是晋国人的观点。楚汉之际置河内郡，辖今豫北的西部，治怀县（今河南武陟）。新除，谓新拜官职。

②清名：清美的声誉。

③直被诏：直，司马直。被诏，承受诏命。

④怅然：失意不乐貌。

⑤割剥：侵夺，残害。

⑥以称时求：称，满足。时，当时。

⑦辞疾：以身体有病为由推辞不就某种职务或不做某件事。

⑧不听：不允许。

⑨孟津：古黄河津渡名。在今河南省孟津县东北、孟州市西南。相传周武王在此盟会诸侯并渡河，故一名盟津。一说本作盟津，后讹作孟津。为历代兵家争战要地。

⑩极陈：尽力上言。

⑪戒：鉴戒。

⑫引：转引，转运。

⑬司农：官名。汉始置，掌钱谷之事。亦称大司农，为九卿之一。汉建安改为大农，由魏至明，历代相沿，或称司农，或称大司农。

⑭缯帛：丝绸之统称。

⑮仞积：堆满。仞，通“轫”。

⑯起第观：起，兴建，建造。第观，第宅与楼观。

【译文】

当时巨鹿太守河内郡人司马直新到任，因有清廉声名，减少索要三百万。司马直接到诏命后，怅然叹息说：“做百姓的父母官，反而要剥削百姓，来满足现时的需求，我不忍这样做。”于是推说有病，想辞官回家。皇帝没有准许。上任到达孟津时，司马直上书极力陈述当朝的失误，以及古往今来祸乱败亡的借鉴，当即服毒自杀。他死前的上书呈奏后，灵帝为此暂停征收修宫钱。灵帝又在西园修造万金堂，把司农掌管的金钱缯帛运来，堆满万金堂。还回到河间买田宅、修建宅第和楼观。

【原文】

帝本侯[1]家，宿贫，每叹[2]桓帝不能作家居[3]，故聚为私藏[4]，复寄[5]小黄门常侍钱各数千万。常云：“张常侍[6]是我父，赵常侍[7]是我母。”宦官得志[8]，无所惮畏[9]，并起第宅，拟则[10]宫室。帝常登永安候台[11]，宦官恐其望见居处，乃使中大夫尚但[12]谏曰：“天子不当登高，登高则百姓虚散。”自是不敢复升台榭[13]。复以忠为车骑将军[14]。帝崩。中军校尉[15]袁绍[16]，说大将军何进[17]，令诛中官。谋泄[18]，让、忠等因进入省[19]，遂共杀进。而绍勒兵斩忠[20]，捕宦官无少长[21]悉斩之。让等数十人，劫质[22]天子，走之河上[23]。追急，皆投河而死也。

【注释】

①帝本侯：帝，汉灵帝。东汉章帝的玄孙，继桓帝立。本，原来。侯，灵帝祖父刘开封解渎亭侯，死后灵帝父刘苌袭封解渎亭侯。刘苌死，刘宏袭封解渎亭侯。

②每叹：每，副词。常常，屡次。叹，叹气，叹息。

③家居：家居，家业；家宅。

④聚为私藏：聚，蓄积；储集。私藏，犹私蓄，指私有的财产。

⑤寄：寄放；寄存。

⑥张常侍：中常侍张让。

⑦赵常侍：中常侍赵忠。

⑧得志：实现其志愿。此处指名利欲望得到满足，多含贬义。

⑨惮畏：畏惧。

⑩拟则：效法；模仿。

⑪候台：烽火台。此处指宫中为守望报警而筑的高台。

⑫中大夫尚但：中大夫，汉官名。备顾问应对。尚但，人名。

⑬台榭：台和榭，亦泛指楼台等建筑物。

⑭车骑将军：官名。掌管车骑，典京师兵卫。仅次于大将军、骠骑将军。

⑮中军校尉：东汉灵帝时，在京都洛阳，设立西园八校尉，即上军校尉、中军校尉、下军校尉、典军校尉、左校尉、助军左校尉、右校尉、助军右校尉。以宦官负主要统率之责。当时曹操担任典军校尉，袁绍任中军校尉。而上军校尉蹇硕则是小黄门，统率八校尉。

汉灵帝

⑯袁绍：生年不详，卒于公元 202 年，字本初，东汉汝阳（今河南省商水县西北）人。曾起兵讨董卓，后据河北，与曹操战于官渡，大败，发病而死。

⑰何进：（？～公元 189 年），东汉南阳宛（今河南南阳）人。字遂高。因异母女弟为灵帝后，故得权，拜为大将军，讨黄巾贼，以发贼党奸，封慎侯。何太后临朝，进为太傅，后因谋诛宦官，反为所害。

⑱泄：泄漏。

⑲因进入省：因，利用，凭借。进，何进。入省，入宫。

⑳而绍勒兵斩忠：绍，袁绍。勒兵，率兵。斩忠，斩杀了赵忠。

㉑少长：年少的和年长的。

㉒劫质：谓挟持人以为人质。

㉓走之河上：走，疾趋，奔跑。之，至。河上，黄河边。

【译文】

灵帝原本出身于诸侯家，家境向来贫困，每每叹息桓帝不能经营家业，所以他就聚敛私钱，又在小黄门常侍处各寄存几千万。常常说："张常侍是我的父亲，赵常侍是我的母亲。"宦官得志，无所畏惧，都一起大修宅第，效仿宫室的规模。灵帝经常登上永安宫的瞭望台，宦官们害怕皇帝望见他们的居处，于是让中大夫尚但谏议皇上说："天子不应当登高，否则百姓就会逃亡流散。"从此灵帝就不敢再登楼台了。又让赵忠为车骑将军。灵帝驾崩。中军校尉袁绍劝说大将军何进，让他诛杀宦官。结果计谋泄漏了，张让、赵忠等利用何进入宫的机会，杀了何进。接着袁绍领兵杀了赵忠，逮捕宦官，不论老少全部杀死。张让等数十人，劫持天子作人质，跑到黄河边。袁绍领兵急追不舍，张让等人都投河而死。

逸民传

【原文】

严光[1]，字子陵，会稽[2]人也。少有高名，与世祖同游学。及世祖即位，光乃变名姓，隐身不见。帝乃令以物色[3]访之，至舍[4]于北军[5]，给床褥，大官朝夕进膳[6]。车驾[7]幸[8]其馆，光卧不起，帝即[9]其卧所，抚光腹[10]曰："咄咄[11]子陵，不可相助为治耶？"光卧不应，良久，乃张目[12]熟视[13]曰："昔唐尧[14]著德，巢父洗耳[15]。士故有志，何至[16]相迫乎？"帝曰："子陵，我竟不能下汝耶？"于是升舆[17]，叹息而去。复引光入，论道旧故[18]，相对[19]累日[20]，除[21]为谏议大夫，不屈[22]，乃耕于富春山[23]。年八十，终于家。帝伤惜[24]之，赐钱百万、穀千斛。

【注释】

①严光：生卒年未详，本姓庄，后人避汉明帝刘庄讳改其姓，一名遵，字子陵。

②会稽：郡名。秦置，今江苏省东部及浙江省西部地。

③物色：形貌。

④舍：居住。

⑤北军：汉代守卫京师的屯卫兵。

⑥朝夕进膳：朝夕，早晨和晚上。进膳，奉上食物。

⑦车驾：帝王所乘的车。亦用为帝王的代称。

⑧幸：到达。

⑨即：接近；靠近。

⑩腹：肚子。

⑪咄咄：感叹声，表示感慨。

⑫张目：睁眼。

⑬熟视：注目细看。

⑭唐尧：古帝名。帝喾之子，姓伊祁（亦作伊耆），名放勋。初封于陶，又封于唐，号陶唐氏。以子丹朱不肖，传位于舜。

⑮巢父洗耳：巢父，传说为尧时的隐士，与许由为友。尧要禅让帝位给许由，许由以告巢父。巢父责其隐匿不深，便到水边洗耳。比喻隐士不近尘俗。

⑯何至：何至于；岂有。

⑰：升舆：登车，上车。

⑱旧故：犹故旧，指旧友，旧交。

⑲相对：面对面；相向。

⑳累日：连日；多日。

㉑除:拜官,授职。

㉒不屈:不顺从。

㉓富春山:今杭州富阳县也。

㉔伤惜:哀伤惋惜。

【译文】

严光,字子陵,会稽郡人。他在年轻时就有很高的名声,曾经和光武帝游历求学。等到光武帝即位,严光改名换姓,隐居不见,光武帝就下令凭借当年的形貌找到了他,把他安置在北军,赐给床褥,由太官早晚进膳伺候。光武帝到馆舍看望他,严光却卧床不起,光武帝靠近他,抚摸着他的肚子说:"哎呀!子陵,难道不能帮助我治理国家吗?"严光只是躺着不应声,过了好久,才睁开眼睛看着刘秀说:"从前唐尧很有德行,要让位于巢父,巢父听后却到河边洗耳(表示不愿听这种话)。人各有志,何必来强迫呢!"光武帝说:"子陵,我竟不能说服你吗?"于是上车,叹息着离开了。后来又召严光入宫,谈论往事,相对而谈一连数日。光武帝要封他为谏议大夫,严光坚决不从,随后隐居躬耕于富春山。八十岁时死在家中。光武帝哀伤惋惜,赐他家中钱百万,谷一千斛。

【原文】

汉滨[①]老父[②]者,不知何许人也。桓帝延熹[③]中,幸竟陵[④],过云梦[⑤],临沔水[⑥],百姓莫不观者,有老父独耕不辍。尚书郎[⑦]南阳张温[⑧]异[⑨]之,使问曰:"人皆来观,老父独不辍,何也?"父笑而不对。温自与言,老父曰:"我野人[⑩]耳,不达[⑪]斯语。请问天下乱而立天子耶?理[⑫]而立天子耶?立天子以父[⑬]天下耶?役天下以奉天子耶?昔圣王宰世[⑭],茅茨[⑮]采椽[⑯],而万民以宁。今子[⑰]之君,劳民自纵[⑱],逸游[⑲]无忌[⑳]。吾为子羞之,子何忍欲人观之乎?"问其名姓,不告而去。

【注释】

①汉滨:《后汉书》作"汉阴"。

②老父:对老人的尊称。

③延熹:汉桓帝刘志的第六个年号。

④竟陵:湖北省天门市古称。

⑤云梦:湖北省中部偏北。

⑥沔水:今汉江。北源出自今陕西省留坝县西,一名沮水;西源出自今宁强县北。二源合流后通称汉水,故古代也作汉水的别称。

⑦尚书郎:官名。东汉之制,取孝廉中之有才能者入尚书台,在皇帝左右处理政务,初入台称守尚书郎中,满一年称尚书郎,三年称侍郎。魏晋以后尚书各曹有侍郎、郎中等官,综理职务,通称为尚书郎。

⑧张温:字伯慎(? ~公元 191 年)。南阳穰县(今河南邓县)人。初为黄门曹腾进

之，为大司农。延熹中，为尚书郎。后为司空，封互乡侯。

⑨异：惊异；诧异。

⑩野人：泛指村野之人；农夫。

⑪不达：不明白；不通达。

⑫理：谓治理得好，秩序安定。与"甜"相对。

⑬父：谓作为父亲对待。

⑭宰世：掌管、治理天下。

⑮茅茨：用茅草盖的屋，亦指茅屋。

⑯采椽：用栎木或柞木做椽子。言俭朴。韩子曰："尧舜采椽不刮，茅茨不剪。"

⑰子：代词，表示第二人称，相当于"您"。

⑱自纵：放纵自己。

⑲逸游：放纵游乐。

⑳无忌：无所忌惮。

【译文】

汉江边有位老者，不知是什么人。延熹年间，桓帝游巡到竟陵，经过云梦来到汉江，老百姓都来观看皇帝的出行队伍，只有一位老者仍然耕作不止。尚书郎南阳人张温感到这人很奇怪，派人去问他说："人们都来观看，您老却不停止耕作，这是为什么呢？"老父笑而不答。张温亲自和老者谈话。老者说："我是个村野农夫，听不懂你讲的话。请问是为了天下乱才立天子呢，还是为了天下治而立天子？立天子是让他以天下百姓为父母呢，还是役使天下人来侍奉他？以前圣王治理天下，茅草盖的房子不加修剪，用栎木做的椽子也不加砍削，老百姓因而过着安宁的日子。现在你的君王，劳役民众，放纵自己，安逸游乐无所顾忌，我真替你感到羞耻，你还怎么忍心想让百姓观看呢？"张温问老者的姓名，老者没有告诉他就走开了。

西羌①

【原文】

建武九年，司徒掾②班彪③上言："今凉州④部郡，皆有降羌。羌胡⑤被发左衽⑥，而与汉人杂处，习俗既异，言语不通，数为小吏黠民⑦所侵夺，穷恚⑧无聊⑨，故悉致反叛。夫蛮夷⑩寇乱⑪，皆为此也，宜明威防。"世祖从之。十一年，夏，先零种⑫复寇⑬临洮⑭，陇西太守⑮马援⑯破降之，徙置⑰天水⑱、陇西、扶风、三郡。明年，武都⑲参狼羌⑳反，援又破降之。永平元年，复遣捕虏将军马武㉑等击滇吾㉒，滇吾远去，余悉散降，徙七千口置三辅㉓。

【注释】

①西羌：东汉时，生活在西部地区的羌族游牧部落，主要从事狩猎及原始畜牧业和农

业生产。

②司徒掾：司徒，官名。相传少昊始置，唐虞因之。周时为六卿之一，曰地官大司徒。掌管国家的土地和人民的教化。汉哀帝元寿二年，改丞相为大司徒，与大司马、大司空并列三公。东汉时改称司徒。掾，官府中佐助官吏的通称。

③班彪：东汉史学家、文学家。字叔皮。扶风安陵（今陕西咸阳）人。班固的父亲。家世儒学。

④凉州：古地名，今甘肃省西北部的武威。

⑤羌胡：指我国古代的羌族和匈奴族，亦用以泛称我国古代西北部的少数民族。

⑥被发左衽：头发披散不束，衣襟向左掩。古代指中原地区以外少数民族的装束。

⑦黠民：狡黠之民。

⑧穷恚：窘困怨愤。

⑨无聊：贫穷无依。

⑩蛮夷：亦作“蛮彝”。古代对四方边远地区少数民族的泛称。亦专指南方少数民族。

⑪寇乱：侵扰。

⑫先零种：即先零羌，是古代羌人部落之一。

⑬寇：侵略；侵犯。

⑭临洮：县名。古称狄道。约在今甘肃省中部。

⑮陇西太守：陇西，古代郡名。东汉时属凉州，治狄道县。约在今甘肃省南部和东南部。太守，官名。秦置郡守，汉景帝时改名太守，为一郡最高的行政长官。

⑯马援：东汉开国功臣之一，扶风茂陵人，因功累官伏波将军，封新息侯。

⑰徙置：移民使定居于某地。

⑱天水：天水郡，治所在冀县（今甘肃甘谷东南）。

⑲武都：郡名。治所在武都道（县治在今甘肃省礼县南）。东汉初，郡治移至下辨县（县治在今甘肃省成县西北），改属凉州刺史部。

⑳参狼羌：古羌人的一支。主要分布在今甘肃省南部武都地区，尤其是白龙江一带。

㉑马武：东汉大臣。字子张，南阳湖阳（今河南唐河湖阳镇）人，东汉大将，“云台二十八将”之一。封杨虚侯。

㉒滇吾：烧当羌豪滇良的儿子。滇吾继位后，该部落日趋强盛。

㉓三辅：西汉治理京畿地区的三个职官的合称。亦指其所辖地区。

【译文】

光武帝建武九年，司徒掾班彪上书说：“当今凉州各部郡地方，都住有投降的羌人。羌族人披着长发，衣襟向左掩，而和汉人杂居，习俗不一样，言语又不通，多次被汉族小官和狡猾之民侵夺，穷困怨恨又没有依靠，所以导致反叛。凡蛮夷侵扰作乱，都是由此而引起的，应该像原来一样明确边境的防卫区域。”光武帝采纳了这一建议。建武十一年夏天,先零种族又来侵犯临洮,陇西太守马援击败并迫使他们投降,并将他们迁徙到天水、陇西、扶风三郡。第二年,武都参狼羌反叛,马援又攻破降伏了他们。明帝永平元年,朝廷又派遣捕虏将军马武等攻打滇吾,滇吾逃到远方,其余零散的人也都归降了,于是将他们的七千民众迁徙安置在三辅地区。

【原文】

章和①十二年,金城②太守侯霸③与迷唐④战,羌众折伤⑤,种人⑥瓦解。降者六千余口,分徙汉阳⑦、安定⑧、陇西。永初⑨中,诸降羌布在郡县,皆为吏民豪右⑩所徭役,积以愁怨,同时奔溃⑪,大为寇掠⑫,断陇道⑬。时羌归附既久,无复⑭器甲⑮,或持竹竿木枝以代戈矛⑯,或负板案以为楯⑰,或执铜镜以象兵⑱。郡县不能制⑲,遣车骑将军邓骘、征西校尉任尚⑳、副将五营㉑及三辅㉒兵合㉓五万人屯汉阳。骘使尚率诸郡兵㉔与滇零㉕等战于平襄㉖,尚军大败,于是滇零自称天子于北地㉗,招集武都参狼、上郡㉘西河㉙诸杂种,众遂大盛,东犯赵、魏,南入益州㉚,寇钞㉛三辅,断陇道,湟中㉜诸县粟石万钱,百姓死亡,不可胜数。朝廷不能制,而转运难剧,遂诏骘还师,留任尚屯汉阳。复遣骑都尉任仁㉝,督诸郡屯兵。仁战每不利㉞,众羌乘胜㉟,汉兵数挫㊱。

【注释】

①章和:汉章帝刘炟的第三个年号,也是他的最后一个年号。共计二年。

②金城:古郡名。属凉州刺史部。初置时郡治在金城县(县治在今甘肃省兰州市城区),后移治允吾县(县治在今甘肃省永靖县西北)。

③侯霸:字君房,东汉初大臣,详见前注。

④迷唐:烧当羌首领。羌王迷吾的儿子。迷吾被东汉护羌校尉张纡设计杀死。

⑤折伤:死伤。

⑥种人:同种族的人。指羌人。

⑦汉阳:汉阳郡。东汉永平十七年(公元 74 年)改天水郡置,治冀县(今甘肃甘谷县东)。属凉州。

⑧安定:郡名。汉武帝元鼎三年(公元前 114 年)分北地郡置。郡治在高平县(今宁夏固原),属凉州刺史部。东汉时移治临泾县。

⑨永初:是东汉安帝刘祜的第一个年号。

⑩豪右:指富豪家族、世家大户。

⑪奔溃:逃散。

⑫寇掠:侵犯劫掠。

⑬陇道:古地名。

⑭无复:指不再有,没有。

⑮器甲:武器、盔甲。

⑯戈矛:戈和矛。亦泛指兵器。

⑰楯：同“盾”。盾牌。

⑱象兵：据《后汉书集解》通鉴胡注：“铜镜映日：‘人遥望之以为兵也。’”

⑲制：制服。

⑳任尚：东汉将领。详见前注。

㉑五营：指屯骑、越骑、步兵、长水、射声五校尉所领部队。

㉒三辅：西汉治理京畿地区的三个职官的合称。亦指其所辖地区。

㉓合：共计；总共。

㉔郡兵：地方武装力量。

㉕滇零：先零羌族首领。

㉖平襄：古县名。西汉置。治所在今甘肃通渭西北。西汉为天水郡（原称汉阳郡）治所，新莽为镇戎郡治所。

㉗北地：北地郡。

㉘上郡：战国时期魏国所置，秦初三十六郡之一，郡治肤施县（在今陕西榆林市南）。汉沿置，郡治未变。

㉙西河：郡名。战国初年魏国置。秦废。汉武帝元朔四年（公元前125年）分上郡北部置西河郡。治所在平定县（县治在今内蒙古鄂尔多斯东南），属朔方刺史部。

㉚益州：地名，西汉开始设置的行政区划，其范围包括今天的四川盆地和汉中盆地一带。

㉛寇钞：亦作“寇抄”。劫掠。

㉜湟中：胡三省：“湟水两岸之地，通谓之湟中。”

㉝骑都尉任仁：骑都尉，军职名。任仁，人名。

㉞不利：不顺利；不能取胜。

㉟乘胜：趁着胜利的形势。

㊱数挫：多次被挫败。

【译文】

章和十二年，金城太守侯霸与羌人首领迷唐交战。羌兵死伤很多，族人离散，投降者有六千多人，分别迁往汉阳、安定、陇西各郡。安帝永初年间，归降的羌人分散在各郡县，都被当地的吏民、富豪所役使，他们的怨气不断积聚，于是同时逃散了，大肆侵犯抢掠，切断了陇道。当时羌人归附的时间已经很久了，不再有武器兵甲，于是有的拿竹竿、木棒来代替兵器，有的背起木板几案作为盾牌，有的拿铜镜反射阳光，远远望去好似兵仗，郡县却不能制服他们。于是朝廷派遣车骑将军邓骘为主将、征西校尉任尚为副将，率五营及三辅兵卒共五万人屯驻在汉阳。邓骘命任尚率领各郡兵士与滇零等战于平襄，任尚军大败。于是滇零在北地郡自称“天子”，召集武都参狼、上郡、西河各羌种，兵马大为强盛，开始向东进犯赵、魏，向南进入益州，抢掠三辅，切断了陇道。湟中各县的粟米一石价值万钱，死亡的百姓不计其数。朝廷不能制止，而转运又很困难，于是命邓骘还师，留任尚屯兵汉阳。又派遣骑都尉任仁督领各郡屯兵，任仁每战都不能胜利，众羌人乘胜出击，汉兵多次被挫败。

【原文】

羌遂入寇[①]河东，至河内[②]。百姓相惊，多奔[③]南度河。使北军中候[④]朱宠[⑤]，将五营士屯孟津[⑥]，诏魏郡[⑦]、赵国常山、中山[⑧]，缮作坞候[⑨]六百一（一作二）十六所。羌既转盛，而二千石令长[⑩]并无守战意，皆争上徙郡县以避寇难[⑪]。朝廷从之，遂移陇西徙[⑫]襄武[⑬]、安定徙美阳[⑭]、北地徙池阳[⑮]、上郡徙衙[⑯]。百姓恋土[⑰]，不乐去旧，遂乃刈[⑱]其禾稼，发彻[⑲]室屋，夷[⑳]营壁[㉑]，破积聚[㉒]。时连旱蝗饥荒[㉓]，而驱蹙[㉔]劫略[㉕]，流离分散，随道死亡，或弃捐[㉖]老弱，或为人仆妾[㉗]，丧其大半。自羌叛，十余年间，兵连师老，不暂[㉘]宁息[㉙]，军旅之费，转运委输[㉚]，用[㉛]二百四十余亿。府帑[㉜]空竭，延及[㉝]内郡。边民死者，不可胜数。并[㉞]、凉[㉟]二州，遂至虚耗。

【注释】

①入寇：入侵进犯。

②河内：古代指黄河以北的地区。

③奔：逃亡。

④北军中候：官名。东汉置，掌监北军五营，秩六百石。五营指屯骑、越骑、步兵、长水、射声五校尉所统宿卫兵。

⑤朱宠：字仲威，京兆（今陕西西安东）人。初辟邓骘府，再迁颍川太守，治理有声誉。顺帝时拜太尉，录尚书事，封安乡侯。

⑥孟津：古黄河津渡名。在今河南省孟津县东北、孟县西南。

⑦魏郡：西汉至唐朝期间的一个郡级行政区划。

⑧赵国、常山、中山：赵国，两汉时期的诸侯国之一。常山，秦设恒山郡。西汉时，汉高祖沿恒山郡置。元氏县（今元氏县西北）汉文帝刘恒改称常山郡。东汉光武帝建武十三年（公元 37 年）改称常山国。中山，西汉置中山国，屡改为郡。汉景帝三年（公元前 154 年），分常山郡东部置中山国，治所在卢奴县（今河北定县）。

⑨坞候：犹坞壁，防御用的土堡，土障。

⑩令长：秦汉时治万户以上县者为令，不足万户者为长。后因以"令长"泛指县令。

⑪寇难：谓由内乱外患所造成的灾难。亦指蒙受敌人侵犯之难。

⑫徙：迁移；移居。

⑬襄武：《后汉书集解》云：县名，属陇西郡。

⑭美阳：县名，属右扶风。

⑮池阳：县名，属左冯翊。即今陕西省泾阳县和三原县的部分地区。

⑯衙：衙县。古地名。在今陕西白水县东北四十里。

⑰恋土：留恋乡土。

⑱刈：割取。

⑲发彻：撤除；毁坏。"彻"同"撤"。

⑳夷：弄平。

㉑营壁：营垒。

㉒积聚：指积累聚集起来的物资或钱财。

㉓饥荒：指庄稼收成很差或颗粒无收。

㉔驱蹙：驱赶促迫。

㉕劫略：抢劫掠夺。

㉖弃捐：抛弃。

㉗仆妾：指奴仆婢妾。

㉘暂：须臾；短时间。

㉙宁息：谓安宁；平静。

㉚委输：转运。亦指转运的物资。

㉛用：财用；费用。

㉜府帑：国库。

㉝延及：扩展到；延伸到。

㉞并：并州。汉武帝元封中年置并州刺史部，为十三州部之一，领太原、上党等九郡。东汉时，并州始治晋阳，建安十八年（公元213年）并入冀州。

㉟凉：凉州。又称西凉，古代十三州之一，因凉州在中国的西部，故称西凉，意为"地处西方，常寒凉也"。

【译文】

羌兵于是进犯河东郡，一直打到河内，百姓恐慌，大多向南逃奔渡过黄河。朝廷派北军中侯朱宠带领五营兵士屯驻孟津，下诏让魏郡、赵国、常山、中山等地修缮土堡六百一十六所。羌人的势力已经强大起来了，但是俸禄为二千石的郡守、县令，都没有坚守作战的意志，都争相上书，要求向内地迁徙郡县以躲避战乱。朝廷采纳了这个建议，于是将陇西郡迁往襄武，将安定郡迁至美阳，北地郡迁到池阳，将上郡迁于冯翊县。老百姓留恋乡土，不愿意离开故乡，于是官吏们就割掉他们的庄稼，拆除他们的房屋，夷平营垒，破坏积聚的物资。当时连年闹旱灾、蝗灾，引起饥荒，加之官吏驱赶逼迫，盗贼趁机抢劫掠夺，弄得老百姓流离分散，一路不断有人死去，有的抛弃了老弱，有的做了别人的奴仆妻妾，死亡人数大约过半。自从羌人反叛以来十几年间，连年战争，军队疲惫，没有片刻安宁，军费的开支、交通转运物资的花销，费用总计达二百四十多亿。国库空虚，影响到了内地各郡，边民死亡人数无法计算，并、凉二州，终至虚耗殆尽。

【原文】

论曰：中兴①以后，边难②渐大。朝规③失绥御④之和，戎帅⑤骞⑥然诺⑦之信⑧。其内属[9]者，或倥偬[10]于豪右[11]之手，或屈折[12]于奴仆之勤。塞候时清[13]，则愤怒而思祸；桴革[14]暂动，则属鞬[15]而乌惊。故永初[16]之间，群种蜂起[17]，自西戎作逆[18]，未有凌斥[19]上国[20]若斯其炽者也。呜呼！昔先王疆理九土[21]，判别[22]畿荒[23]，知夷貊[24]殊性[25]，难以道御，故斥远[26]诸华[27]，薄[28]其贡职[29]，唯与辞要[30]而已。若二汉[31]御戎之方，失其本矣。何则[32]？先零[33]侵境，赵充国[34]迁之内地；当煎[35]作寇，马援[36]徙之三辅[37]。贪其暂安之势，信其驯服[38]之情，计[39]日用之权宜[40]，忘经世[41]之远略，岂夫识微[42]者之为乎？故微子垂泣于象箸[43]，辛有[44]浩叹[45]于伊川[46]也。

【注释】

①中兴：指光武中兴。

②边难：边患；边害。

③朝规：朝廷的规划、政策。

④绥御：亦作“绥御”。安定抵御。

⑤戎帅：戎族军队的统帅。

⑥骞：亏损。

⑦然诺：然、诺皆应对之词，表示应允。引申为言而有信。

⑧信：信用。

⑨内属：谓归附朝廷为属国或属地。

⑩倥偬：困苦窘迫。

⑪豪右：富豪家族、世家大户。

⑫屈折：屈身。

⑬清：清平；太平。

⑭桴革：鼓槌与战甲。犹兵革。桴，击鼓槌也。革，甲也。

⑮属鞬：属，佩带；带。鞬，箭服也。马上盛弓矢的器具。

⑯永初：汉安帝刘祜的第一个年号。

⑰蜂起：像群蜂飞舞，纷然并起。

⑱作逆：作乱，造反。

⑲凌斥：亦作“陵斥”。侵凌；侵犯。

⑳上国：外藩对帝室或朝廷的称呼。

㉑疆理九土：疆理，划分，治理。九土，九州。

㉒判别：辨别。

㉓畿荒：畿，古代王都所领辖的千里地面。荒，古以离王都最远处为“荒服”。亦泛指边地，远方。

㉔夷貊：古代对东方和北方民族之称。亦泛指各少数民族。

㉕殊性：习性不同。

㉖斥远：排斥疏远。

㉗诸华:犹诸夏。指中原诸国。后指中原。

㉘薄:减轻,减损。

㉙贡职:贡赋;贡品。

㉚辞要:犹结盟。

㉛二汉:两汉。西汉和东汉。

㉜何则:为什么。多用于自问自答。

㉝先零:汉代羌族的一支。

㉞赵充国:公元前137年至公元前52年在世,字翁孙,西汉陇西上邽人。善骑射,好兵法,熟悉匈奴与羌族的情况。武帝时破匈奴有功,拜中郎将;宣帝时破羌。其言屯田十二便,寓兵于农,为世所推重。卒谥壮。

㉟当煎:古羌人之一。

㊱马援:字文渊,东汉著名的军事家。详见前注。

㊲三辅:西汉治理京畿地区的三个职官的合称。

㊳驯服:顺从。

㊴计:计虑;考虑。

㊵权宜:谓暂时适宜的措施。

㊶经世:治理国事。

㊷识微:《易·系辞下》:"君子知微知彰,知柔知刚,万物之望。"后指看到事物的苗头而能察知它的本质和发展趋向。

㊸微子垂泣于象箸:微子,周代宋国的始祖。名启,殷纣王的庶兄,封于微(今山东梁山西北)。因见纣淫乱将亡,数谏,纣不听,遂出走。周武王灭商,复其官。周公承成王命诛武庚,乃命微子统率殷族,奉其先祀,封于宋。象箸,象牙制作的筷子。

㊹辛有:左传曰,平王迁都洛阳时,大夫辛有在伊水附近看到一个披发的人(披发是戎族的风俗习惯)在野外祭祀。辛有据此预言这地方不到百年必将沦为戎人居住。辛有死后,戎人果然迁居于伊水之滨。

㊺浩叹:长叹,大声叹息。

㊻伊川:古地名。指伊水所流经的伊河流域。

【译文】

论赞说:光武中兴以后,边患问题逐渐严重。朝廷缺少安定抵御的和平方针,戎族将帅违背已然应诺的信用。那些归附朝廷的外族,有的被富豪压迫而生活困窘,有的屈身于奴仆行列而劳苦度日,边塞刚得到一时的太平,他们却因愤怒而企图作乱。刚一有战争的苗头,他们就拉弓射箭而使人民如惊鸟一般。所以在安帝永初年间,各个少数民族蜂拥而起,自从西戎反叛以来,从未见过侵犯朝廷像这么厉害的。唉!从前先王划分九州,分别以京畿和边疆,知晓夷狄习俗特殊,难以用道义统治,所以疏远他们于中原之外,减少他们的贡赋,只是与他们结盟而已。像两汉统治戎狄的办法,已经失掉这一根本方针了。为什么这样说呢？先零族侵犯边境，赵充国把他们迁移到内地；当煎族作乱，马援迁徙他们到三辅，贪图一时安定的局势，轻信他们已经顺从朝廷的心情，只做短期内的权宜之计，而忘却了治理国家的长久策略。这岂是见微知著之人所为？所以才有微子对着象牙筷子垂泪、辛有看到伊川有了外族而不禁长叹的历史教训啊！

鲜卑[①]

【原文】

熹平三年[②]，夏育[③]为护乌桓校尉[④]。六年，夏，鲜卑寇[⑤]三边[⑥]。秋，育上言，请征幽州[⑦]诸郡兵出塞击之。帝乃拜田晏[⑧]为破鲜卑中郎将[⑨]，大臣多有不同[⑩]。乃召百官议，议郎蔡邕[⑪]议曰："《书》载（载作戒）猾夏[⑫]，《易》[⑬]伐鬼方[⑭]，周有猃狁[⑮]、蛮荆[⑯]之师，汉有阗颜[⑰]、瀚海[⑱]之事，征讨殊类[⑲]，所由尚[⑳]矣。然而时有同异，势有可否，故谋有得失，事有成败，不可齐[㉑]也。"

【注释】

①鲜卑：东汉初，鲜卑族从属于匈奴，建武二十一年（公元45年），汉辽东太守祭彤大败鲜卑人，收其地，其首领偏何率部降汉。不久，鲜卑族另一部落首领仇贲到洛阳朝见汉皇，刘秀封其为王，与宁城护乌桓校尉同辖鲜卑人。及至北匈奴被汉击溃，鲜卑人乘机进入匈奴故地，将当地人遗留的匈奴人同化为鲜卑族人。东汉桓帝时，鲜卑人在其首领檀石槐领导下，制定了法令，发展了农牧、狩猎、捕鱼等业，并在仇水（今河北怀来）建立行政中心。熹平六年（公元177年）鲜卑领兵南下扰边抢掠，东汉军前往击之，败归。东汉晚期东胡、北鲜、西羌三边地区皆与汉朝对峙和冲突。但最终为东汉击败。

②熹平三年：公元174年。熹平，汉灵帝刘宏的第二个年号，共七年。

③夏育：东汉后期将领。

④护乌桓校尉：官名。西汉初，乌桓为冒顿单于所破，自此受匈奴奴役。霍去病破匈奴左地，乃迁乌桓人于上谷、渔阳、右北平、辽东等郡塞外。武帝置护乌桓校尉，秩比二千石。

⑤寇：侵犯。

⑥三边：指东、西、北边陲。

⑦幽州：武帝所置十三部刺史之一。东汉治所在蓟县（今北京城西南）。辖境相当今河北北部及辽宁等地。

⑧田晏：东汉桓帝、灵帝时期将领。

⑨破鲜卑中郎将：军职名。

⑩不同：不同意。

⑪蔡邕：字伯喈，陈留圉（今河南杞县）人也。东汉文学家、书法家。灵帝时召拜郎

中，校书于东观，迁议郎。曾因弹劾宦官流放朔方。献帝时董卓强迫他出仕为侍御史，官左中郎将。董卓被诛后，为王允所捕，死于狱中。

⑫猾夏：扰乱；侵犯。

⑬易：古书名，《周易》的简称，亦称《易经》。

⑭鬼方：上古种族名。为殷周西北境强敌。

⑮猃狁：我国古代北方少数民族名。也写作"玁狁"。

⑯蛮荆：古代称长江流域中部荆州地区，即春秋楚国的地方。亦指这一地区的人。

⑰阗颜：阗颜山，在今蒙古人民共和国境内。武帝派大将军卫青击匈奴，至阗颜山，斩首万余级。

⑱瀚海：地名。其含义随时代而变。或曰即今呼伦湖、贝尔湖，或曰即今贝加尔湖，或曰为杭爱山之音译。亦多用为征战、武功等典故。

⑲殊类：不同的类别。此处指少数民族。

⑳尚：久，远。

㉑齐：相同；一样。

【译文】

灵帝熹平三年，夏育任护乌桓校尉。六年夏，鲜卑族侵扰幽、并、凉三州边陲。同年秋，夏育上书，请求朝廷征调幽州诸郡国的兵力远出塞外还击来犯之敌。灵帝就任命田晏为破鲜卑中郎将，大臣多不同意，于是下诏百官商议此事。议郎蔡邕谏议说："《尚书》上讲蛮夷扰乱华夏；《易经》上有高宗武丁讨伐鬼方的事；周代有讨伐猃狁、蛮荆的战争；汉朝有攻打匈奴到阗颜、瀚海的军事。征讨异族，由来久矣。然而时代有同有异，形势有可为有不可为，所以策略有得有失，事情有成有败，不能一概而论。"

【原文】

"武帝[①]情存远略[②]，志辟[③]四方，南诛百越[④]，北讨强胡，西征大宛[⑤]，东并朝鲜[⑥]。因文、景[⑦]之蓄积，借天下之余饶[⑧]，数十年间，官民俱匮[⑨]。既而觉悟，乃息兵罢役，封丞相为富民侯[⑩]。故主父偃[⑪]曰：'夫务战胜、穷武事[⑫]，未有不悔者也。'夫以武帝神武[⑬]，将帅良猛，财富充实，所拓[⑭]广远，犹有悔焉，况今人财并乏，事[⑮]劣[⑯]昔时[⑰]乎？昔段颎[⑱]良将，习兵[⑲]善战，有事西羌，犹十余年。今育[⑳]、晏[㉑]才策[㉒]，未必过颎，鲜卑种众，不弱于前，而虚计二载，自许[㉓]有成[㉔]，若祸结兵连[㉕]，岂得中休[㉖]？当复征发众人，转运无已[㉗]，是为耗竭[㉘]诸夏[㉙]，并力蛮夷。夫边垂之患，手足之蚧搔[㉚]；中国之困，胸背之瘭疽[㉛]也。"

【注释】

①武帝：汉武帝刘彻。

②情存远略：情，心中。远略，深远的谋略。

③志辟：志，志向。辟，开辟；开拓。

④百越：亦作“百粤”，我国古代南方越人的总称。

⑤大宛：古国名。为西域三十六国之一，北通康居，南面和西南面与大月氏接，产汗血马。大约在今乌兹别克斯坦费尔干纳盆地。汉武帝派李广利两征大宛。

⑥朝鲜：国名。武帝元封二年，派楼船将军杨仆和左将军荀彘伐朝鲜，在使臣卫山带领的庞大军队的支援下，于次年降服朝鲜。

⑦文、景：指汉太宗孝文皇帝刘恒和汉孝景皇帝刘启。

⑧余饶：富余。

⑨匮：穷尽，空乏。

⑩富民侯：汉武帝晚年，悔以江充谮杀卫太子据，又悔征伐连年。会车千秋上书为卫太子鸣冤，因擢升为大鸿胪，数月后又代刘屈厘为丞相，封富民侯，取“大安天下，富实百姓”之意。后因以“富民侯”称安天下、富百姓的高官。

⑪主父偃：汉武帝时大臣。临淄人。出身贫寒，早年学长短纵横之术。

⑫武事：与军队或战争有关的事情。

⑬神武：沿用为英明威武之意，多用以称颂帝王将相。

⑭拓：扩大；开辟。

⑮事：特指对外族进行战争。

⑯劣：不如。

⑰昔时：往日；从前。指武帝时期。

⑱段颎：字纪明，东汉武威姑臧人，平羌大将。段颎屡破羌军，先后交战一百八十多次，斩杀近四万人。汉灵帝时官至太尉。

⑲习兵：精通军事。

⑳育：夏育。

㉑晏：田晏。

㉒才策：才智和谋略。

㉓自许：自夸；自我评价。

㉔有成：成功；有成效；有成就。

㉕祸结兵连：谓战争之类的灾难接连不断。

㉖中休：中途停止。

㉗无已：无止境；无了时。

㉘耗竭：消耗干尽。

㉙诸夏：此处指中国。

㉚疥搔：即疥疮。蚧，通“疥”。

㉛瘭疽：局部皮肤炎肿化脓的疮毒。常生于手指头或脚趾头。中医学上称蛇头疔，俗称虾眼。

【译文】

“武帝胸怀大略，志在开辟四方疆域，南诛百越，北讨匈奴，西征大宛，东并朝鲜。凭借的是文帝、景帝的积蓄，依靠的是天下的富饶，结果在征讨的几十年之间，弄得官民都匮乏不堪，后来他觉悟了，便止息战事免除劳役，进封丞相为富民侯。所以主父偃说：'大凡搞军事战斗，穷兵黩武，没有不后悔的。'武帝英明威武，将帅精良勇猛，财富充实富庶，所开拓的疆土又是那样广远，还对战争感到后悔，何况如今人力、财物困乏，对外作战的形势较之过去更为恶劣呢？昔日良将段颎，熟知军事，善于打仗，但与西羌的战争，还延续了十多年。今天夏育、田晏的才能和策略，未必超过段颎，鲜卑的人数也不比西羌少，而夏育估计还要再等两年，自认为（与鲜卑作战）有把握成功。若战争接连不断，又怎能中途停止？肯定要征发更多的人民，转运不停，这样做将耗尽国力，增大蛮夷的力量。边境的祸患如同手脚上长的疥疮；而中原的穷困，则是胸背上长得恶疮啊！"

【原文】

"昔高祖[①]忍平城之耻[②]，吕后[③]弃慢书之诟[④]。方[⑤]之于今何者为甚[⑥]？天设山河，秦筑长城，汉起塞垣[⑦]，所以别内外、异殊俗[⑧]也。苟无蹙国内侮[⑨]之患，则可矣，岂与虫蚁[⑩]校寇计争往来哉！虽或破之，岂可殄[⑪]尽？而方令本朝为之旰食[⑫]乎？昔淮南王安[⑬]谏伐越[⑭]曰：'如使越人蒙死[⑮]，以逆执事[⑯]，厮舆[⑰]之卒，有一不备[⑱]而归者，虽得越王之首，犹为大汉羞之。'而欲以齐民[⑲]易[⑳]丑虏[㉑]，皇威辱外夷，就如其言，犹已危矣，况乎得失不可量耶？昔珠崖郡[㉒]反，孝元皇帝[㉓]纳贾捐之[㉔]言，而下诏罢[㉕]珠崖郡，此元帝所以发德音[㉖]也。"

【注释】

①高祖：汉高祖刘邦。

②平城之耻：汉高祖六年，汉高祖刘邦被匈奴围困于白登山（今山西省大同市东北马铺山），陈平施计，七日方得脱险撤出。

③吕后：吕雉，汉高祖刘邦（公元前202年~公元前195年在位）的皇后，高祖死后，被尊为皇太后（公元前195年~公元前180年），是中国历史上有记载的第一位皇后、皇太后和太皇太后。

④慢书之诟：慢书，侮辱性的书简。诟，羞辱。

⑤方：比较；对比。

⑥甚：厉害；严重。

⑦塞垣：本指汉代为抵御鲜卑所设的边塞。后亦指长城；边关城墙。

⑧殊俗：风俗、习俗不同。

⑨蹙国内侮：蹙国，丧失国土。内侮，借指一国之内以武力相侵。

⑩虫蚁：对禽鸟等小动物的通称。

⑪殄：灭绝；绝尽。

⑫旰食：晚食。指事务繁忙不能按时吃饭。

⑬淮南王安：淮南王刘安。

⑭伐越：征讨南越。

⑮蒙死：冒死。

⑯执事：指供役使者，仆从。

⑰厮舆：犹厮役。

⑱不备：不防备。

⑲齐民：犹平民。

⑳易：交换。

㉑丑虏：对敌人的蔑称。

㉒珠崖郡：西汉武帝元鼎六年（公元前111年），伏波将军路博多、楼船将军杨仆等率师平定南越之乱。元封元年（公元前110年），在海南岛设置珠崖郡、儋耳郡。实现了汉代中央直接对海南的治理。珠崖郡治所在瞫都县（今海南琼山龙塘镇）。元帝初元三年（公元前46年）春，罢珠崖郡，设置朱卢县，隶属交州合浦郡。

㉓孝元皇帝：刘奭（公元前74年~公元前33年），西汉第十一位皇帝。汉宣帝长子，生于民间，母恭哀皇后许平君。宣帝死后继位，在位十六年。

㉔贾捐之：生年不详，卒于公元43年，西汉官吏。字君房，洛阳（今属河南）人。贾谊曾孙，汉元帝初即位，上疏言得失，招待诏金马门，数召见，言多采纳，忤中书令石显，被其告发，下狱死。

㉕罢：免去；解除。

㉖德音：善言。用以指帝王的诏书。至唐宋，诏敕之外，别有德音一体，用于施惠宽恤之事，犹言恩诏。

【译文】

"昔日高祖忍受了在平城被匈奴围困的耻辱，吕后不把匈奴单于侮辱性的书信放在心上。和今天比较，哪个更严重呢？自然界形成山河，秦朝修建长城，汉朝建立了边塞的防卫工事，目的是区别内外，分别不同的习俗。如果还没有使国家受到丧失国土、内地受辱的祸患，就可以（不出兵）了，难道可以与虫蚁狡寇计较往来争夺吗？即使有时打败了他们，怎么能将他们杀完，而又要使国家宵衣旰食吗？过去淮南王刘安劝阻武帝伐越说：'如果越人冒死迎战，军中贱役之人有一个不备而归于越人者，即使能得到越王的首级，仍然算是大汉的羞辱。'而想用平民换丑虏、用皇威受辱于外夷，就像刘安说的，就已经有些危害了，更何况得失还不能估量呢？昔日珠崖郡反叛，汉元帝采纳了贾捐之的谏议，因而下诏撤掉珠崖郡，这是元帝发出的圣德之音啊！"

【原文】

"夫恤人救急，虽成郡列县，尚犹弃之，况障塞[①]之外，未曾为民居者乎？守边之术[②]，李牧[③]善其略；保塞[④]之论，严尤[⑤]申其要。遗业犹在，文章具存。循[⑥]二子[⑦]之策，守先帝之规，臣曰可矣。"帝不从，遂遣夏育出高柳[⑧]、田晏出云中[⑨]、匈奴中郎将臧旻[⑩]率南单于[⑪]

出雁门[12]，檀石槐[13]命三部大人[14]各帅众逆战[15]。育等大败，丧其节传[16]辎重[17]，各将数千骑奔还，死者十七八[18]，缘边[19]莫不被毒也。

【注释】

①障塞：即障堡。

②术：方法；手段。

③李牧：生年不详，卒于公元前299年，战国时赵将。常年居雁门关以防备匈奴，匈奴十余年不敢犯边境。后大破秦军，以功封武安君。秦施反间于赵，李牧遭诬为谋反，被斩。秦遂灭赵国。

④保塞：谓居边守塞。

⑤严尤：字伯石，庄君平的远房玄孙。曾与王莽共读于长安敦学坊，著《三将》。自比乐毅、白起。颇受王莽器重，曾经担任大司马，征战无数，胜多败少。曾经在平定高句丽的斗争中立下战功。

⑥循：遵从；遵循。

⑦二子：李牧和严尤。

⑧高柳：高柳县，古县名。西汉以高柳邑置，至今山西省阳高县。为代郡西部都尉治。东汉为代郡治，东汉末废。北魏复置，为高柳郡治。

⑨云中：郡名。秦置，治所云中县（今内蒙古托克托东北）。汉代辖境较小。

⑩匈奴中郎将臧旻：匈奴中郎将，军职名。臧旻，东汉广陵郡射阳（今江苏省宝应东）人，汉灵帝时代的将领，历任扬州刺史。

⑪南单于：即南匈奴（公元48年～公元216年），是南部匈奴贵族日逐王比建立的政权。

⑫雁门：雁门郡，战国时赵武灵王置，秦时治所在善无，今山西旧代州宁武之北部及朔平南部、大同东部北部皆其境。汉亦为雁门郡治善无，在今山西右玉县南，后汉移郡治阴馆，在今山西代县西北。

⑬檀石槐：公元136年至公元181年在世，东汉时期的鲜卑首领之一。

⑭三部大人：延熹元年（公元158年）后，鲜卑多次在长城一线的缘边九郡及辽东属国骚扰，汉桓帝忧患，欲封檀石槐为王，并跟他和亲。檀石槐非但不受，反而加紧对长城缘边要塞的侵犯和劫掠，并把自己占领的地区分为三部，各置一名大人统领。

⑮逆战：迎战。

⑯节传：玺节与传言。

⑰辎重：指随军运载的军用器械、粮秣等。

⑱十七八：十分之七八。

⑲缘边：沿边。指边境。

【译文】

"抚恤百姓救助危急，即使整郡整县，尚且还可放弃它，何况边塞以外，还未有汉民居住的地方呢？守卫边境的办法，战国时李牧擅长其韬略；保卫边塞的言论，王莽时严尤明白其要领。他们留下的功业还在，论述的文章尚存，遵循这两人的策略，遵守先帝的规章，臣认为这就可以了。”灵帝没有听从蔡邕的谏议，于是就派夏育从高柳出兵，田晏从云中出兵，匈奴中郎将臧旻率领南单于从雁门出兵，檀石槐命令三部大人各率众迎战。夏育等人大败，丢失了节传、辎重，各领数千骑兵逃奔回国，死亡的人数占十分之七八，沿边地区无不遭到鲜卑的侵害。

《三国志》治要

【题解】

《三国志》是一部纪传体断代史书。所记历史从东汉末年直到西晋统一为止。最早以《魏志》《蜀志》《吴志》单独流传，北宋时合而为一，改称《三国志》。全书共 65 卷，《魏书》30 卷，《蜀书》15 卷，《吴书》20 卷。其书体例只有人物本纪和列传，没有记载地理、经济、典章制度的志书或表。《魏志》有本纪、列传，《蜀志》《吴志》只有列传。

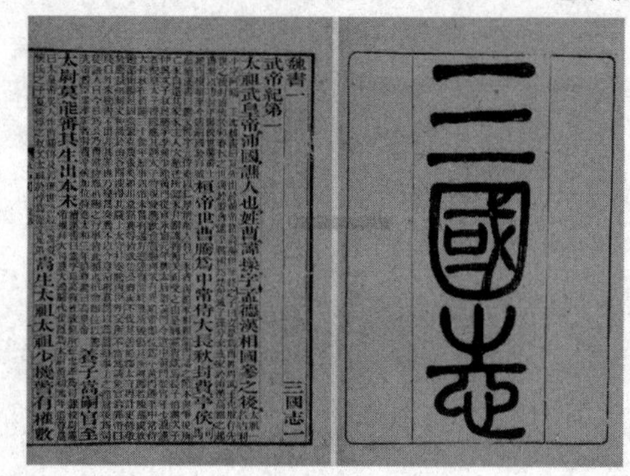

《三国志》书影

作者陈寿，曾任职于蜀汉，汉亡之后，被征入洛阳，在西晋担任著作郎职务。《三国志》之前，魏、吴两国已有史书，如王沈《魏书》、鱼豢《魏略》、韦昭《吴书》，这些都成为陈寿依据的材料。刘勰《文心雕龙·史传》说："魏代三雄，记传互出，《阳秋》《魏略》之属，《江表》《吴录》之类，或激抗难征，或疏阔寡要。唯陈寿《三国志》，文质辨洽，荀、张比之迁、固，非妄誉也。"《三国志》是全国统一后文化整合的产物，它的创作成书，虽然也是私人修史，但也含有史官职务作品的因素在内。

陈寿是晋臣，晋承魏而得天下，所以魏为正统。《三国志》善于叙事，文笔简洁，它不仅是一部史学著作，也是一部文学著作。作者取材精审，认真考订，慎重选择，对于不可靠的资料，不妄加评论和编写。这使《三国志》有了文辞简约的特点，但也造成了史料不足的缺点。

魏志

纪

【原文】

太祖武皇帝，沛国谯人也，姓曹，讳[1]操，字孟德，汉相国参之后。桓帝世，曹腾为中常侍大长秋，封费亭侯。养子嵩嗣[2]，官至太尉，莫能审其生出本末。嵩生太祖。太祖少机警，有权数[3]，而任侠放荡，不治行业[4]，故世人未之奇也，惟梁国桥玄、南阳何颙异焉。玄谓太祖曰:"天下将乱,非命世之才不能济[⑤]也,能安之者,其在君乎!"年二十,举孝廉为郎,除洛阳北部尉,迁顿丘令,征拜议郎。

【注释】

①讳:避讳,古代对帝王和长辈不能直接称呼名字,表示尊敬。

②嗣:继承。

③权数:谋略,权术,有随机应变和善于出谋划策的才能。

④行业:操行,学业。

⑤济:帮助,拯救。

【译文】

魏太祖武皇帝是沛国谯县人,姓曹,名操,字孟德,相传是西汉相国曹参的后代。汉桓帝时,曹腾任中常侍大长秋,被封为费亭侯。曹腾的养子曹嵩继承了爵位,官职做到太尉,但是人们根本搞不清楚他的真实来历。曹嵩生子曹操。曹操少年时就很机警,富于权谋,但由于喜好行侠,任性放纵,不注重品行和学业,所以当时的人们并不觉得他有什么出奇的地方,只有梁国人桥玄和南阳人何颙觉得他不一般。桥玄曾对曹操说:"天下快要大乱了,没有盖世才能是不能拯救国家的,能安定天下的人,大概就是您吧!"曹操二十岁时,被推举为孝廉做了郎官,被任命为洛阳北部尉,又升任顿丘令,被征召为议郎。

【原文】

冬十月,宛守将侯音等反,执南阳太守,劫略吏民,保宛。初,曹仁讨关羽,屯樊城,是月使仁围宛。

二十四年春正月,仁屠宛,斩音。夏侯渊与刘备战于阳平,为备所杀。三月,王自长安出斜谷,军遮要以临汉中,遂至阳平。备因险拒守[①]。夏五月,引军还长安。秋七月,以夫人卞氏为王后。遣于禁助曹仁击关羽。八月,汉水溢,灌禁军,军没,羽获禁,遂围仁。使徐晃救之。九月,相国钟繇坐西曹掾魏讽反免。冬十月,军还洛阳。孙权遣使上书,以讨关羽自效。王自洛阳南征羽,未至,晃攻羽,破之,羽走,仁围解。王军摩陂。

二十五年春正月,至洛阳。权击斩羽,传其首。

庚子,王崩于洛阳,年六十六。遗令曰:"天下尚未安定,未得遵古也。葬毕,皆除服[②]。其将兵屯戍者,皆不得离屯部。有司各率乃[③]职。敛以时服[④],无藏金玉珍宝。"谥曰武王。二月丁卯,葬高陵。

评曰:汉末,天下大乱,雄豪并起,而袁绍虎眎四州,强盛莫敌。太祖运筹演谋,鞭挞宇内,揽申、商之法术,该韩、白之奇策,官方授材,各因其器,矫情任算,不念旧恶,终能总御皇机,克成洪业者,惟其明略最优也。抑可谓非常之人,超世之杰矣。

【注释】

①拒守:抗拒、镇守。

②除服：也叫除丧，除掉丧服。

③乃：其，他。

④敛：给尸体穿上衣服放进棺材里。

【译文】

冬季十月，宛城守将侯音等人造反，抓住了南阳太守，抢劫官吏和平民的财产，在宛城防守。之前，曹仁为攻打关羽，驻在樊城。当月曹操就派曹仁去包围宛城。

建安二十四年(219)春季正月，曹仁屠杀宛城军民，杀死了侯音。夏侯渊和刘备在阳平交战，被刘备杀死。三月，曹操从长安经斜谷进军，在险要地点驻军守卫，逼近汉中，到达阳平。刘备利用险要地势防守。夏季五月，曹操领兵回到长安。秋季七月，曹操立夫人卞氏为王后；派于禁去帮助曹仁攻打关羽。八月，汉水泛滥，淹了于禁的军营，曹军被消灭。关羽抓住了于禁，又去包围曹仁。曹操派徐晃去救援曹仁。九月，相国钟繇因为西曹掾魏讽造反受到牵连，被免职。冬季十月，曹军回到洛阳。孙权派使节送信，愿意讨伐关羽为朝廷效力。曹操从洛阳向南征讨关羽，他还没有到战场，徐晃已去攻打关羽，打败了他，关羽逃走，对曹仁的包围被解除。曹操在摩陂驻军。

建安二十五年(220)春季正月，曹操到了洛阳。孙权攻打关羽，杀死了他，把首级传送给曹操。

正月庚子，曹操在洛阳去世，终年六十六。他的遗嘱中说："天下还没有安定，不要遵守古代的葬制。安葬完毕，大家就不要守丧了。率领士兵驻防的将领都不要离开自己的驻地，各级官员仍然坚守自己的职责。用平常穿的衣服给我收殓，墓中不要藏金玉珍宝。"给他的谥号是"武王"。二月丁卯，将他埋葬在高陵。

评论说：汉朝末年，天下大乱，豪强同时起兵，袁绍在北方四州虎视眈眈，力量强大，没有人是他的敌手。曹操运筹帷幄，用武力征讨国内，采取申不害、商鞅的法家治国方略，通晓韩信、白起的用兵奇计，根据每个人的才能授予官职，使人尽其才，克制感情，讲求谋略，不计旧仇，终于能完全掌握了国家机要，建成大业，就因为他具有最卓越的智慧和才略。曹操可以说是个非凡的人物、盖世的豪杰。

【原文】

文皇帝讳丕[①]，字子桓，武帝太子也[②]。黄初二年[③]，诏以议郎孔羡为宗圣侯[④]，奉孔子祀，令鲁郡[⑤]修起旧庙，置百户吏卒以守卫之。日有蚀之，有司奏免太尉[⑥]，诏[⑦]曰："灾异之作，以谴元首[⑧]，而归过股肱[⑨]，岂禹、汤罪己[⑩]之义乎？其令百官各虔厥职[⑪]，后有天地之眚[⑫]，勿复劾三公[⑬]。"

【注释】

①文皇帝讳丕：魏文帝曹丕(公元187年~公元226年)，字子桓，沛国谯(今安徽省亳州市)人，魏武帝曹操与卞夫人的长子。三国时期著名的政治家、文学家，曹魏的开国

皇帝,公元220年至公元226年在位。延康元年(公元220年),曹操去世,世子曹丕继位为魏王、丞相、冀州牧。同年十月,逼迫汉献帝禅位,登基称帝,定国号为大魏,改元黄初,定都洛阳,从此结束了汉朝四百多年的统治。黄初七年(公元226年)去世,终年四十岁。谥曰"文皇帝",庙号"高祖",葬于首阳陵。

②武帝太子也:建安二十二年(公元217年),曹丕被立为魏太子。

③黄初二年:公元221年。黄初,三国时魏文帝曹丕年号,公元220年至公元226年,历七年。黄初七年五月,魏明帝曹睿即位沿用,第二年改元。

④诏以议郎孔羡为宗圣侯:议郎,官名。汉代设置;为光禄勋所属郎官之一,掌顾问应对,无常事。汉秩比六百石。多征贤良方正之士任之。晋以后废。孔羡,字子余。孔子第二十一代孙。魏文帝黄初元年拜为奉议郎,二年封为宗圣侯,赐食邑百户。宗圣侯,封爵名。孔子嫡派后裔的世袭封号,各朝皆置。

⑤鲁郡:西汉高后元年置鲁国,封女婿张偃为鲁元王。公元前180年,诸吕伏诛,张偃废为侯,鲁国为鲁郡。鲁郡治鲁县(山东曲阜市),领六县。东汉时,或为国或为郡,仍治鲁县,领县如故。三国魏因之。

⑥太尉:官名。秦至西汉设置,为全国军政首脑,与丞相、御史大夫并称三公。汉武帝时改称大司马。东汉时为三公之一。历代亦多曾沿置,但渐变为加官,无实权。

⑦诏:《灾异免策三公诏》。

⑧元首:君主。

⑨股肱:大腿和胳膊,比喻左右辅佐之臣。肱,音功。

⑩禹、汤罪己:《左传·庄公十一年》:"禹汤罪已,其兴也勃焉;桀纣罪人,其亡也忽焉。"

⑪各虔厥职:虔,恭敬;诚心。厥,代词。其。起指示作用。

⑫眚:音省。日月蚀。亦指灾异;妖祥。

⑬三公:古代中央三种最高官衔的合称。东汉之制,以太尉、司徒、司空为三公。

【译文】

文皇帝,名丕,字子恒,魏武帝曹操的太子。黄初二年,文帝下诏封议郎孔羡为宗圣侯,承奉起对孔子的祭祀。又命令鲁郡修复孔子的旧庙,安置一百户官兵守卫孔庙。(那年)发生日蚀,有关部门按惯例奏请罢免太尉,文帝下诏说:"灾异现象的发生,是上天用来谴责君主的,而归罪于辅政大臣,这难道合乎夏禹、商汤归罪于己的意思吗?我命令百官各自尽忠职守,今后若有天地灾变,不要再弹劾三公。"

【原文】

三年,表首阳山东为寿陵[1],作终制[2]曰:"礼,国君即位为椑[3],存不忌[4](忌作忘)亡也。封树之制[5],非上古也[6],吾无取焉。寿陵因山为体,无为封树,无立寝殿[7],造园邑,通神道[8]。夫葬者,藏也,欲人之不得见也,骨无痛痒之知,冢非栖神[9]之宅,礼不墓祭[10],

欲存亡之不黩[11]也，为棺椁[12]足以朽骨[13]，衣衾[14]足以朽肉（肉上旧有骨字。删之）而已。故吾营此丘墟不食之地[15]，欲使易代[16]之后，不知其处。无施苇炭[17]，无藏金银铜铁，一以瓦器[18]，合古涂车、刍灵[19]之义。饭含[20]无以珠玉，无施珠襦玉柙[21]，诸愚俗所为也。季孙以玙璠敛，孔子譬之暴骸中原[22]。宋公厚葬，君子谓华元、乐吕（吕作莒）不臣[23]。汉文帝之不发霸陵，无求也[24]；光武之掘原陵，封树也[25]。霸陵之完，功在释之[26]；原陵之掘[27]，罪在明帝。是释之忠以利君，明帝爱以害亲也。忠臣孝子，宜思仲尼、丘明[28]、释之之言，鉴华元、乐吕（吕作莒）、明帝之戒，存[29]于所以安君定亲，使魂灵万载无危，斯则贤圣之忠孝矣。自古及今，未有[30]不亡之国，是无不掘之墓。丧乱以来，汉氏诸陵，无不发掘，至乃[31]烧取玉柙金缕[32]，骸骨并尽，岂不重痛哉！其皇后及贵人[33]以下，不随王之国[34]者，有终没[35]皆葬涧西。魂而有灵，无不之也，一涧之间，不足为远。若违诏，妄有所变改造施[36]，吾为戮死[37]地下，死而重死。臣子为蔑[38]死君父，不忠不孝。其以此诏藏之宗庙，副在尚书、秘书、三府[39]。"

【注释】

①表首阳山东为寿陵：表，标明；标出。首阳山，位于今河南省偃师市邙岭乡，魏晋帝后之陵多位于此。寿陵，指帝后生前预筑的陵墓。

②终制：死者生前对丧葬礼制的嘱咐。

③礼，国君即位为椑：礼，指《礼记》。椑，音必。内棺。后亦泛指棺材。语出《礼记·檀弓上》："君即位而为椑，岁壹漆之藏焉。"郑玄注："椑谓杝棺，亲尸者。"

④忌：《三国志·文帝纪》原文作"忘"。

⑤封树之制：堆土为坟，植树为饰。古代士以上的葬礼。

⑥非上古也：《易·系辞下》："古之葬者，厚衣之以薪，葬之中野，不封不树。"

⑦寝殿：陵墓的正殿。

⑧神道：神道：墓道。谓神行之道。

⑨栖神：谓死后安息。

⑩墓祭：在墓前祭祀；扫墓。

⑪黩：音读。轻慢不敬；狎近。

⑫棺椁：亦作"棺郭"。棺与椁。

⑬朽骨：谓死者之骨。

⑭衣衾：指装殓死者的衣服与单被。

⑮丘墟不食之地：丘墟，山陵之地。不食之地，不宜耕种的土地。

⑯易代：更换朝代。

⑰苇炭：苇，芦苇。炭，当为蜃炭（即蜃灰，用大蛤壳烧成的灰。一说，蜃灰与木炭），有防湿之效。

⑱瓦器：用泥土烧制的器皿。亦泛指粗拙的陶器，以别于瓷器。

⑲涂车刍灵：涂车，泥车。古代送葬用的明器。刍灵，刍，音除。用茅草扎成的人马，

为古人送葬之物。《礼记·檀弓下》:“涂车、刍灵,自古有之,明器之道也。孔子谓为刍灵者,善;谓为俑者,不仁。”

⑳饭含:古丧礼。以珠玉贝米等物纳于死者之口。《后汉书·礼仪志下》:“饭唅珠玉如礼。”

㉑珠襦玉柙:柙,音侠。古代帝、后及贵族的殓服。《汉书·佞幸传·董贤》:“及至东园秘器,珠襦玉柙,预以赐贤,无不备具。”颜师古注:“《汉旧仪》云东园秘器作棺梓……珠襦,以珠为襦,如铠状,连缝之,以黄金为缕。要以下,玉为柙,至足,亦缝以黄金为缕。”

㉒季孙以璵璠敛,孔子譬之暴骸中原:卢弼注引《孔子家语·子贡问篇》第四十三:“季平子卒,将以君之璵璠敛,赠以珠玉。孔子初为中都宰,闻之,历级(历级遽登阶,不聚足。)而救焉。曰:‘送而以宝玉,是犹曝尸于中原也。其示民以奸利之端,而有害于死者,安用之！且孝子不顺情以危亲,忠臣不兆奸以陷君。乃止。’”璵璠,美玉。暴骸,暴露尸骸。中原,原野之中。璵璠,音于凡。

㉓宋公厚葬,君子谓华元、乐吕不臣:乐吕。《三国志·文帝纪》原文作“乐莒”,《左传》作“乐举”。《左传·成公二年》:“八月,宋文公卒,始厚葬,用蜃炭,益车马,始用殉。重器备,椁有四阿,棺有翰桧。君子谓华元、乐举,于是乎不臣。臣,治烦去惑者也,是以伏死而争。今二子者,君生则纵其惑,死又益其侈,是弃君于恶也,何臣之为！”不臣,不守臣节,不合臣道。

㉔霸陵:即灞陵。汉文帝陵名。

㉕光武之掘原陵,封树也:此句疑当断为:光武之掘,原陵封树也。原陵,东汉光武帝刘秀之陵。卢弼注引《帝王纪》曰:“原陵方三百二十步,高六丈,在临平亭东南,去洛阳十五里。”

㉖霸陵之完,功在释之:《汉书·张释之传》:“文帝顾谓群臣曰:‘嗟乎！以北山石为椁,用纻絮斫陈漆其间,岂可动哉！’左右皆曰:‘善。’释之曰:‘使其中有可欲,虽锢南山犹有隙;使其中亡可欲,虽亡石椁又何戚焉?’文帝称善。”释之,即张释之,字季,西汉南阳人。历文帝、景帝两朝。文帝时,官至廷尉。

㉗原陵之掘:原陵之墓于东汉末年被董卓所盗。《后汉书·董卓传》:“卓自屯留毕圭苑中,悉烧宫庙官府居家,二百里内无复孑遗。又使吕布发诸帝陵,及公卿已下冢墓,收其珍宝。”

董卓

㉘丘明:即左丘明,春秋时鲁国人,相传曾著《左传》。

㉙存:留意;关注。

㉚未有:从来没有。

㉛至乃:犹言甚至,竟至。

㉜玉柙金缕:卢弼注:《御览》五百五十五《西京杂记》云:“汉帝及诸王葬,皆珠襦玉匣,形于铠甲,连

以金缕。匣上皆缕为蛟龙、鸾凤、龟麟之象，时谓蛟龙玉匣。”金缕，指金缕衣。

㉝贵人：女官名。后汉光武帝始置，地位次于皇后。历代沿其名，而位尊卑不一。

㉞之国：前往封地。

㉟终没：亦作“终殁”，寿终。

㊱造施：制订并实施。

㊲戮死：受戮而死。

㊳蔑：轻视；侮慢。

㊴副在尚书秘书三府：卢弼注引胡三省曰：“其副本在尚书及秘书及三公府也。”

【译文】

黄初三年，（文帝）标明首阳山以东之地作为自己的陵园，并留下关于丧葬的遗嘱说：“按照礼制，国君即位后就要为自己制作棺材，表示活着时不忘记死亡。堆土为坟，又在坟上种树，这不是上古的制度，我不会采用。我的陵墓利用自然的山势作为主体，不要垒土植树，不建立寝殿，不营造守陵的县邑，不要开通神道。葬，是藏的意思，是希望人们都看不见。尸骨没有痛痒的感觉，坟墓也并非灵魂安息的地方。礼制规定不应到墓前祭祀，就是希望活着的人不要对亡者轻慢。制作棺椁时，厚度只要能保持到骨头腐朽就够了；穿衣盖被时，件数只要能保持到肌肉腐朽也就够了。所以，我选这块不能耕种的荒山营建陵墓，是希望在改朝换代之后，无人知道埋葬我的地点。墓穴里面不要放置防潮的芦苇、炭灰，也不要藏入金、银、铜、铁的器物，一律使用瓦器陪葬，以符合古代用泥车、草人、草马殉葬的礼仪。遗体口含之物不要用珍珠玉器，也不要使用金缕玉衣，这些都是无知的俗人才干的事。季平子死后，用美玉作殉葬品，孔子将此比喻为把尸体暴露在原野上；宋文公去世后实行厚葬，君子说（主持丧事的）华元、乐莒不符合为臣之道。汉文帝的陵墓没有被发掘，是因为霸陵中没有人们所贪求的东西；光武帝的陵墓被人挖掘，是因为原陵筑起了坟墓，种上了树木的缘故。霸陵保存完好，功劳在于（奉劝汉文帝实行薄葬的）张释之；原陵被盗掘，罪过在于（违背光武帝遗嘱）实行厚葬的汉明帝。这是张释之尽忠而有利于君主，汉明帝爱亲却有害于父亲。凡是忠臣孝子，应当认真思考孔子、左丘明、张释之的话，以华元、乐莒、汉明帝为借鉴，关心如何让君亲死后安宁，让他们的魂灵经过万年也不会有危险，这才是贤圣之人的忠孝啊！从古至今，没有不会灭亡的国家，也没有不被发掘的陵墓。自从汉末天下动乱以来，汉朝皇帝的各个陵墓没有不遭到开掘的，（盗墓者）甚至放火焚烧尸骨以取得金缕玉衣，使得尸骨全被烧尽，难道不是死后又受一次痛苦吗？（我死后）皇后和贵人以下的妃子等，凡是不愿跟随诸国王到封国去的，死后都葬在这片陵园的溪涧西边。假如魂魄真的有灵，就没有不能去的地方，一涧之隔也不能算远。以后，如果有谁违背这道诏书，随意加以改变而实行厚葬，就是对我地下的尸体进行残害，让我死后再死一次。这样的臣下、儿子就是侮慢死去的君主、父亲，就是不忠不孝。要把这道诏书收藏在宗庙中，副本分别存放在尚书省、秘书省和三公府。”

【原文】

五年，诏曰："先王制礼，所以昭孝[①]事祖，大则郊社[②]，其次宗庙[③]。三辰五行[④]，名山大川，非此族也，不在祀典[⑤]。叔世[⑥]衰乱，崇信巫史[⑦]，至乃宫殿之内、户牖[⑧]之间，无不沃酹[⑨]，甚矣其惑也。自今其敢设非祀之祭、巫祝[⑩]之言，皆以执左道[⑪]论。"

【注释】

①昭孝：宣扬孝道。

②郊社：祭祀天地。周代冬至祭天称郊，夏至祭地称社。

③宗庙：古代帝王、诸侯祭祀祖宗的庙宇。

④三辰五行：三辰，指日、月、星。五行，水、火、木、金、土。我国古代称构成各种物质的五种元素。古人常以此说明宇宙万物的起源和变化。

⑤祀典：记载祭祀仪礼的典籍。

⑥叔世：犹末世。衰乱的时代。

⑦巫史：古代从事求神占卜等活动的人叫"巫"，掌管天文、星象、历数、史册的人叫"史"。这些职务最初往往由一人兼任，统称"巫史"。

⑧户牖：门窗。牖，音有。

⑨沃酹：以酒浇地而祭奠。酹，音类。

⑩巫祝：古代称事鬼神者为巫，祭主赞词者为祝；后连用以指掌占卜祭祀的人。

⑪左道：邪门旁道。多指非正统的巫蛊、方术等。

【译文】

黄初五年，文帝下诏说："先王制定礼法，是用来宣扬孝道、尊奉祖先的。最重要的是祭祀天地，其次是祭祀祖宗。对日、月、星和五行，以及名山大川的祭祀，不属于这一范畴之内，不在祭祀礼仪的典籍之中。末世之时，社会衰败混乱，人们崇拜相信巫师，以至于宫殿之内、门窗之间，没有不洒酒祭祀鬼神的，人们的迷惑真是太深了！从今以后，有胆敢再设立不属于祀典之内的祭祀，听信巫祝之言的，都以施行邪道之罪论处。"

【原文】

明皇帝讳睿[①]，字元仲，文帝太子也[②]。青龙元年[③]，祀故大将军夏侯惇等[④]于太祖庙庭[⑤]。《魏书》载诏曰："昔先王之礼，于功臣存则显其爵禄，没则祭于大蒸[⑥]，故汉氏功臣，祠于庙庭。大魏元功之臣，功勋优著、终始休明[⑦]者，其皆依礼祀之。"于是以惇等配厚也[⑧]（厚也作飨之）。

【注释】

①明皇帝讳睿：魏明帝曹睿（公元204年~公元239年），字元仲。沛国谯县（今安徽

亳州)人,曹丕之子。曹睿即位后,指挥曹真、司马懿等人成功防御了吴、蜀的多次攻伐,并且平定鲜卑,攻灭公孙渊,颇有建树。然而统治后期,大兴土木,临终前托孤不当,导致后来朝政动荡。景初三年(公元239年),曹睿病逝,年仅三十五岁,葬高平陵。

②文帝太子也:黄初七年(公元226年),曹丕病危,立曹睿为皇太子。

③青龙元年:公元233年。青龙,三国时魏明帝曹睿的年号,公元233年至公元237年,共五年。因青龙见郏之摩陂井中,故名。

④祀故大将军夏侯惇等:与夏侯惇同受祭祀者还有故大司马曹仁和车骑将军程昱。夏侯惇(?~220年),惇,音蹲。字元让,沛国谯(今安徽亳州)人。曹操部下大将,是随曹操最早起兵的将领之一,西汉开国功臣夏侯婴之后。封高安乡侯。魏文帝时,拜大将军,不久病逝,谥号"忠侯"。

⑤太祖庙庭:魏太祖曹操的神庙。庙庭,宗庙;神庙。

⑥大蒸:蒸,同"烝"。大烝,祭名。冬时祭先王,以功臣配享。

⑦休明:美好清明。

⑧配厚也:《三国志·明帝纪》原文作"配飨之"。配飨,合祭;柑祀。指功臣祔祀于帝王宗庙。

【译文】

明皇帝,名睿,字元仲,是魏文帝曹丕的太子。青龙元年,他在太祖武皇帝的神庙中祭祀已故大将军夏侯惇等。[《魏书》记载明帝的诏书说:"以前先王礼遇功臣,对活着的人就封给他们显赫的官爵和俸禄,对已经去世的便让他们在祭祀时配享先王,以往汉朝的功臣都会受祭于宗庙之中。对大魏有功的大臣,其中凡功勋卓著,始终如一,恪尽职守的,都应按照礼法来祭祀他们。"于是以夏侯惇等人祔祀于太祖之庙。]

【原文】

三年。《魏略》[①]曰:是年起大极诸殿[②],筑总章观[③]。又于芳林园[④]中起陂池[⑤],楫棹[⑥]越歌。又于列殿之北立八坊[⑦],诸才人[⑧]以(以下旧有下字。删之)次序处其中,秩名[⑨]拟百官之数。使博士马均[⑩]作水转百戏[⑪],鱼龙蔓延[⑫],备如汉西京[⑬]之制。筑闾阖[⑭]诸门,阙外罘罳[⑮]。太子舍人张茂[⑯]以吴、蜀数动,诸将出征,而帝盛兴宫室,留意于翫饰[⑰],赐与无度,帑藏[⑱]空竭,又录夺士女前已嫁为吏民妻者,还以配士,既听以生口[⑲]自赎[⑳],又简选其有姿色者(旧无其有姿色者五字。补之)内之掖庭[㉑],乃上书谏曰:"臣伏见诏书,诸士女嫁非士者,一切录夺,以配战士,斯诚权时[㉒]之宜,然非大化[㉓]之善者也。臣请论之。陛下,天之子;百姓吏民,亦陛下之子也。今夺彼以与此,亦无以异于夺兄之妻妻弟也,于父母之恩偏矣。又诏书听得以生口代[㉔],故富者则倾家尽产,贫者举假贷贯[㉕],贵买生口以赎其妻。县官[㉖]以配士为名,而实内之掖庭,其丑恶者乃出与士。得妇者未必有欢心,而失妻者必有忧色,或穷或愁,皆不得志。夫君有天下。而不得万姓之欢心者,尠[㉗]不危殆。且军师[㉘]在外数十万人,一日之费非徒千金,举天下之赋以奉此役,犹将不给,况复有宫廷非员无录[29]之女、椒房母后[30]之家，赏赐横兴，其费半军。昔汉武帝好神仙，信方士[31]，掘地为海，封土为山[32]，赖此时天下为一，莫敢与争者耳。自衰乱以来，四五十载，马不舍鞍，士不释甲，每一交战，血流丹野[33]，疮痍[34]号痛之声，于今未已。犹强寇在疆，图危魏室。陛下当兢兢业业[35]，念崇节约，思所以安天下者，而乃奢靡是务，中尚方[36]纯作玩弄之物，炫耀后园，建承露之盘[37]。斯诚快耳目之观，然亦足以骋寇雠之心矣。惜乎！舍尧、舜之节俭，而为汉武之侈事，臣窃为陛下不取也。愿陛下霈[38]然下诏，事无益而有损者，悉除去之，以所除无益之费，厚赐将士父母妻子之饥寒者，问民所疾而除其所恶，实仓廪，缮甲兵[39]，恪恭[40]以临天下。如是，吴贼面缚，蜀虏舆榇[41]，不待诛而自服，太平之路可计日而待也。臣年五十，常恐至死无以报国，是以投躯没命[42]，冒昧以闻，唯陛下裁察[43]。"书通，上顾左右曰："张茂恃乡里故也。"以事付散骑[44]而已。

【注释】

①魏略：三国时记录魏国历史的史书。作者鱼豢，京兆人，曹魏时任郎中，私撰《魏略》，其书久已亡佚，其内容散见于《三国志》《后汉书》《太平御览》等史籍中。

②是年起大极诸殿：《三国志·明帝纪》："是时大治洛阳宫，起昭阳、太极殿。""大极"即"太极"。

③总章观：古宫观名。

④芳林园：园名。建于东汉，三国魏避齐王芳讳，改名华林园。故址在今河南故洛阳城中。

⑤陂池：池沼；池塘。陂，音杯。

⑥楫櫂：指船。櫂，音赵。

⑦坊：别室；专用的房舍。

⑧才人：宫中女官名，多为妃嫔的称号。汉置，晋代爵视千石以下，唐为宫官正五品，后升正四品，嗣后历代多曾沿置。

⑨秩名：裴松之注引《魏略》原文作"秩石"。秩，俸禄。石，量词。官俸的计量单位。秦汉以为官位的品级，如万石、二千石等。

⑩马均：又作马钧，字德衡，魏国扶风(今陕西省兴平市)人，曾为给事中。为三国时期魏国著名科学家。

⑪水转百戏：即马钧利用水流动力所制作的能动的"百戏图"，又名"水转百戏图"。《三国志·杜夔传》裴松之注《马钧传》："其后有人上百戏者，能设而不能动也。帝以问先生：'可动否？'对曰：'可动。'帝曰：'其巧可益否？'对曰：'可益。'受诏作之。以大木雕构，使其形若轮，平地施之，潜以水发焉。设为女乐舞象，至令木人击鼓吹箫；作山岳，使木人跳丸、掷剑，缘垣、倒立，出入自在，百官行署，舂磨、斗鸡，变化百端。此三异也。"

⑫鱼龙蔓延：鱼龙，指古代百戏杂耍中能变化为鱼和龙的猞猁模型。亦为该项百戏杂耍名。蔓延，汉代杂戏名。又有"鱼龙曼延"，古代百戏杂耍名。由艺人执持制作的珍异动物模型表演，有幻化的情节。鱼龙即所谓猞猁之兽，曼延亦兽名。

⑬西京:古都名。西汉都长安,东汉改都洛阳,因称洛阳为东京,长安为西京。

⑭阊阖:音昌河。古官门名。为洛阳城官城正门。

⑮阙外罘罳:阙,官门、城门两侧的高台,中间有道路,台上起楼观。罘罳,音符思。古代设在门外或城角上的网状建筑,用以守望和防御。

⑯太子舍人张茂:太子舍人,秦朝始置。汉有此官,秩二百石,选良家子孙任职,轮番宿卫,似郎中。无员额,轮流宿卫,如三署郎中。西汉隶太子太傅、少傅,东汉隶太子少傅。太子阙位则隶少府。三国沿置,魏七品。张茂,魏太子舍人,字彦材,沛人。魏主曹睿穷奢极欲,大兴土木。张茂上表切谏,睿命斩之。

⑰翫饰:供玩赏的东西。翫,音玩。饰,指宝物或饰品。

⑱帑藏:国库。帑,音躺。

⑲生口:指奴隶。

⑳自赎:以资财入官赎罪或立功以赎罪。

㉑掖庭:亦作"掖廷"。宫中旁舍,妃嫔居住的地方。

㉒权时:暂时,临时。

㉓大化:广远深入的教化。

㉔诏书听得以生口代:裴松之注引《魏略》:"又诏书听得以生口年纪、颜色与妻相当者自代。"

㉕举假贷贳:举假,借贷。贷贳,借贷赊欠。贳,音是。

㉖县官:指天子。

㉗尠:同"鲜",少。

㉘军师:军队。

㉙非员无录:卢弼注引胡三省曰:"非员,谓出于员数之外者;无录,谓官中录籍无其名者。"

㉚椒房母后:椒房,后妃的代称。母后,帝王之母。泛称太皇太后、皇太后、皇后。

㉛方士:方术之士。古代自称能访仙炼丹以求长生不老的人。

㉜掘地为海,封土为山:卢弼注引胡三省曰:"掘地为海,谓开昆明池;封土为山,谓作三神山渐台也。"

㉝丹野:血染红原野。

㉞疮痍:创伤。

㉟兢兢业业:谨慎戒惧貌。

㊱中尚方:古代官署名。掌官内营造杂作。始置于汉代,唐改称中尚署,元为中尚鉴,明以后不设。

㊲承露之盘:即承露盘,汉武帝迷信神仙,于建章官筑神明台,立铜仙人舒掌捧铜盘承接甘露,冀饮以延年。后三国魏明帝亦于芳林园置承露盘。

㊳霈:音配。谓赐予恩泽。

㊴甲兵:铠甲和兵械。泛指兵器。

㊵恪恭：恭谨；恭敬。

㊶吴贼面缚，蜀虏舆榇：吴贼、蜀虏指吴国和蜀国，贼、虏皆是对敌寇的贬称。面缚舆榇，谓双手反绑，车载空棺，表示投降并自请极刑。语本《左传·僖公六年》："许男面缚衔璧，大夫衰绖，士舆榇。"杜预注："缚手于后，唯见其面……榇（音趁），棺也。将受死，故衰绖。"

㊷没命：犹舍命。

㊸裁察：裁断审察。

㊹散骑：即散骑常侍，官名。秦汉设散骑（皇帝的骑从）和中常侍，三国魏时将其并为一官，称"散骑常侍"。在皇帝左右规谏过失，以备顾问。

【译文】

青龙三年。［《魏略》说：这一年兴建太极等宫殿，建总章观，又在芳林园中修建水池，泛舟歌唱。又在众宫殿北边建立了八坊，将诸位才人依照顺序安置在其中，给她们的俸禄和朝中大臣相仿。让博士马均制作了"水转百戏图"；鱼龙蔓延等百戏杂耍一应俱全，如同西汉长安城中的规模。修建阊阖等宫门，门阙外设有罘罳。太子舍人张茂考虑到吴国、蜀国多次侵扰，将领们征战在外，而皇帝却大修宫殿，关心玩饰宝物，赏赐没有节制，国库空虚。另外，又剥夺那些已嫁给普通吏民的士家女子，重新嫁给士家子弟.既听任她们用奴隶来赎免自己，又从中挑选有姿色的收入掖庭，于是上书劝谏说："臣看到诏书上说，士家之女不是嫁给士家子的，一律剥夺、拆散，重新许配给战士们，这只是权宜之计，并不是深远教化万民的良方。臣请求对此进行论述。陛下是上天之子，百姓臣民是陛下之子。现在夺取人家的妻子来许配给他人，无异于夺取兄长的妻子强嫁给弟弟，于父母对子女的恩德来说就是有偏差了。另外诏书准许他们用奴隶来替代自己的妻子，所以富有者倾家荡产，贫困者就去借高利贷，出高价买来奴隶以赎回妻子。天子假借选配给士家之子为名义，而实际上却（把有姿色的女子）收入后宫，而剩下那些丑陋的才嫁给士人。这样，得到妻子的士人未必会高兴，而失去妻子的人必定会有忧愁，有的人穷困，有的人愁苦，都不能满意。君主拥有天下却不能使百姓欢心、高兴，这样很少会不出现危险的。并且，在外征战的士兵有数十万，每一天的花销都不下千金，把天下的赋税都用于供给他们，仍不能满足，何况还有宫廷里在正式编制以外的女子！皇后外戚的家族，常随意给予他们赏赐，其费用相当于军费的一半。以前汉武帝喜好神仙，信任方术之士，挖地造湖，堆土做山。仗着当时天下统一，没有人敢和他争锋。自从汉末大乱以来，四五十年间，马不离鞍，兵不卸甲。每次作战，鲜血便会染红原野，人们因伤口疼痛发出的哀号之声，到现在还没有停止。现在强大的敌人还在边境，企图危及魏朝。陛下应当兢兢业业，想着崇尚节俭，思考如何能够安定天下，然而您却以奢侈为要务。中尚方专门制作玩赏之物，以此炫耀于芳林园，又修建承露盘，这些确实能带来耳目观赏的快乐，但也足以满足敌人的心意。可惜啊！抛弃尧、舜的节俭作风，却做像汉武帝一样奢侈的事，臣私下认为陛下不应这样做。希望陛下您能赐恩下诏，把对国家无益而有损的事情全都废除，用省下来的费用，厚赏将士们饥饿贫寒的父母妻子，考察百姓的疾苦，除去他们厌恶的事，充实粮仓，修缮军械，以谨慎恭敬的态度治理天下。如果能够这样做，吴、蜀自会前来投降，不必等到前去征讨就会自动臣服，那么天下太平的日子也就指日可待了。臣今年五十岁，常常担心到死也没有什么可以报效国家的，所以情愿献身舍命，冒昧的上奏，希望陛下您裁决审察。”张茂的奏书呈上之后，明帝对身边的人说：“张茂是仗着与我同乡的缘故才这么说的。”于是，使把这件事交给散骑常侍处理了。]

【原文】

景初元年[①]。《魏略》曰：“是岁，徙长安诸钟簴[②]、骆驼、铜人[③]、承露盘。盘折，铜人重不可致，留于霸城[④]。大发铜铸作铜人二，号曰翁仲[⑤]，列坐于司马门[⑥]外。又铸黄龙、凤皇各一，置内殿[⑦]前。起土山于芳林园，使公卿群僚负土[⑧]成山，树[⑨]松竹杂木善草[⑩]于其上，捕山禽杂兽置其中。《魏略》载董寻[⑪]上书曰（魏略载董寻上书曰，旧作魏书谏曰，改之）：“臣闻古之直士[⑫]，尽言于国，不避死亡。故周昌比高祖于桀、纣[⑬]，刘辅譬赵后于人婢[⑭]，天生忠直，虽白刃沸汤，往而不顾者，诚为时主[⑮]爱惜天下也。若今之宫室狭小，当广大之，犹宜随时，不妨农务，况乃作无益之物，黄龙、凤皇、九龙、承露盘，土山、渊池，其功三倍于殿舍。三公九卿、侍中尚书[⑯]，天下至德，皆知非道而不敢言者，以陛下春秋方刚[⑰]，心畏雷霆[⑱]。今陛下既尊群臣，显以冠冕[⑲]，被以文绣[⑳]，载以华舆，所以异于小人，而使穿方[㉑]举土，面目垢黑，沾体涂足[㉒]，衣冠了鸟[㉓]，毁国之光，以崇无益，甚非谓[㉔]也。孔子曰：‘君使臣以礼，臣事君以忠[㉕]。’无礼无忠，国何以立！故有君不君，臣不臣，上下不通，心怀郁结[㉖]，使阴阳不和，灾害屡降，凶恶之徒，因间[㉗]而起，谁当为陛下尽言事者乎？又谁当千万乘[㉘]以死为戏乎？臣知言出必死，而臣自比于牛之一毛，生既无益，死亦何损？秉笔[㉙]流涕，心与世辞。”既通，帝曰：“董寻不畏死耶！”主者奏收[㉚]寻，有诏勿问[㉛]之也。”

【注释】

①景初元年：公元237年。景初，魏明帝曹睿的第三个年号，公元237年至公元239年，共三年。

②钟簴：即钟虡，饰以猛兽形象的悬乐钟的格架。簴，音巨。

③铜人：铜铸的人像。

④霸城：胡三省曰：“霸城即汉京兆霸陵县故城也。”

⑤翁仲：传说秦始皇初兼天下，有长人见于临洮，其长五丈，足迹六尺，仿写其形，铸金人以像之，称为“翁仲”。见《淮南子·泛论训》高诱注。后遂称铜像或石像为“翁仲”。

⑥司马门：皇宫的外门。

⑦内殿：皇帝召见大臣和处理国事之处。因在皇宫内进，故称。

⑧负土：背土。

⑨树：种植；栽种。

⑩善草：指珍奇花草。

⑪董寻：河东人，魏明帝时为司徒军议掾。

⑫直士：正直、耿直之士。

⑬周昌比高祖于桀、纣：卢弼注引《汉书·周昌传》："昌尝燕入奏事，高帝方拥戚姬；昌还走，高帝逐得，骑昌项上，问曰：我何如主也？昌仰曰：陛下即桀、纣之主也。于是上笑之，然尤惮昌。"周昌（？~公元前192年），西汉初年大臣，沛郡丰邑人（今属江苏丰县）人。

⑭刘辅譬赵后于人婢：卢弼注引《汉书·刘辅传》："成帝欲立赵婕妤为皇后，辅上书言：里语曰：腐木不可以为柱，卑人不可以为主。天之所不予，必有祸而无福。"刘辅，西汉时大臣，成帝时任谏议大夫。赵后，即成帝皇后赵飞燕，原为阳阿公主家舞女。

⑮时主：当代的君主。

⑯九卿、侍中、尚书：九卿，古代中央政府的九个高级官职。汉以太常、光禄勋、卫尉、太仆、廷尉、大鸿胪、宗正、司农、少府为九寺大卿（即九卿）。以后各朝的名称、司职略有不同。侍中，古代职官名。秦始置，两汉沿置，为正规官职外的加官之一。因侍从皇帝左右，出入宫廷，与闻朝政，逐渐变为亲信贵重之职。尚书，官名。始置于战国时，或称掌书，尚即执掌之义。秦为少府属官，汉武帝提高皇权，因尚书在皇帝左右办事，掌管文书奏章，地位逐渐重要。汉成帝时设尚书五人，开始分曹办事。东汉时正式成为协助皇帝处理政务的官员，从此三公权力大大削弱。魏晋以后，尚书事务益繁。

⑰春秋方刚：春秋，年纪。方刚，指壮年。

⑱雷霆：对帝王或尊者的暴怒的敬称。

⑲冠冕：古代帝王、官员所戴的帽子。

⑳文绣：刺绣华美的丝织品或衣服。

㉑穿方：挖土为立方，用以计算定量。

㉒沾体涂足：亦作"霑体涂足"。身体沾湿，足涂污泥。形容劳作之辛苦。

㉓了鸟：悬物貌。引申为颠倒，不整齐。

㉔非谓：无谓，没有意义，不合道理。

㉕君使臣以礼，臣事君以忠：语出《论语·八佾》。

㉖郁结：谓忧思烦怨纠结不解。郁，音玉。

㉗因间：乘隙，趁机会。

㉘干万乘：干，干犯；冲犯。万乘，指天子，帝王。

㉙秉笔：执笔。

㉚收：拘捕。

㉛问：追究。

【译文】

景初元年。《魏略》说："这一年，明帝把长安的钟虡、骆驼、铜人和承露盘迁移到洛阳。承露盘折断了，铜人太重运不到，就留在了霸城。于是大量征集铜，铸成两个铜人，称为翁仲，摆放在司马门外。又铸黄龙、凤凰各一个，放在内殿前面。在芳林园里建起土山，让公卿大臣们背土筑山，在山上种植松、竹、杂木和各种奇花异草，同时捕捉各种飞禽走兽放于山中。《魏略》记载董寻上书说："臣听说古代的正直之士，都是对国事直言不讳，不怕杀头。所以，周昌把汉高祖比作桀、纣，刘辅把赵皇后飞燕比作奴婢。天生忠良、正直之人，即使有利刃、沸汤在面前，仍会一往直前，无所顾忌，实在是为他的君主爱惜天下江山啊！如果现在宫殿狭小，要加以扩大，也应顺应天时，不得妨碍农事，何况是制造无用的器物，黄龙、凤凰、九龙、承露盘，土山、深池，它们所花费的功夫相当于修造宫室的三倍。三公、九卿、侍中、尚书这些大臣，都是天下大德之人，他们都知道这样做不合道理，却又不敢进言的原因，是因为陛下年轻气盛，心中惧怕您会大发雷霆而迁怒于己。现在陛下既然尊重群臣，赐予冠冕使他们显贵，让他们穿华美的衣服，坐华丽的车子，就是为了区别于普通百姓，而今又让他们挖地背土，形象肮脏狼狈，汗流满身，两脚是泥，衣冠不整，损害国家的光彩，却崇尚无用的东西，这是非常不合道理的。孔子说：'君主对臣下以礼相待，臣下以忠贞来侍奉君主。'无礼无忠，国家的秩序靠什么确立呢！所以，才有君不像君，臣不像臣，上下之间不沟通了解，心怀忧思而不解；使得阴阳不相调和，灾害屡次降临，凶恶的人乘机作乱，谁应当为陛下直言进谏？又有谁当冒犯陛下（而进忠言）视死亡为儿戏呢？臣知道说了这些话之后必然会死，但臣把自己比作是牛身上的一根毛，活着既然没有用，死了又有什么损失呢？臣拿着笔，流着泪，心中已和这个世界告别了。"奏书送达皇上，明帝说："董寻是不怕死的呀！"主管官员上奏要求逮捕董寻，皇帝下达诏书，不要追究此事。"

【原文】

齐王芳[①]，字兰卿。正始八年[②]，尚书何晏[③]奏曰："善为国者必先治其身，治其身者慎其所习[④]。所习正，则其身正，其身正，则不令而行。所习不正，则虽令不从[⑤]。是故为人君者，所与游[⑥]必择正人，所观览必察正象，放郑声[⑦]而弗听，远佞人[⑧]而弗近，然后邪心不生，而正道可弘也。季末暗主[⑨]，不知损益，斥远君子，引近小人，忠良疏远，便辟亵狎[⑩]，乱生近暱[⑪]，譬之社鼠[⑫]。考其昏明[⑬]，所积以然，故圣贤谆谆[⑭]，以为至虑[⑮]。舜戒禹曰：'邻哉，邻哉[⑯]！'言慎所近也。周公戒成王曰：'其朋，其朋[⑰]！'言慎所与也。《诗》云：'一人有庆，兆民赖之[⑱]。'自今以后，可御幸式干殿[⑲]，及游豫[⑳]后园，皆大臣侍从，因从容戏宴，兼省文书，询谋[㉑]政事，讲论经籍，为万世法。"

【注释】

①齐王芳：即曹芳（公元232年~公元274年），字兰卿，曹魏第三位皇帝，魏明帝曹睿之养子。曹芳于公元235年被封为齐王，曹睿病逝后继立为帝。公元254年，司马师将曹芳废为齐王，改立高贵乡公曹髦为帝。司马炎代魏称帝后，改封曹芳为邵陵县公。公元274年，曹芳病逝，谥号"厉公"。

②正始八年：公元247年。正始，魏齐王曹芳的第一个年号，公元240年至公元249

年，共十年。

③何晏(？～公元249年)：字平叔，南阳宛(今河南南阳)人。三国时期魏国玄学家。其父早逝，曹操纳其母尹氏为妾，何晏被收养，为曹操所宠爱。少以才秀知名，好老、庄言。娶魏金乡公主。服饰拟于魏太子曹丕，故为曹丕所憎，称其为"假子"，文帝时未授官职。明帝以其浮华，亦抑之，仅授冗官。正始年间，曹爽秉政，何晏党附曹爽，因而累官侍中、吏部尚书，典选举，爵列侯，仗势专政，因依附曹爽，后为司马懿所杀，夷三族。

④习：熟悉亲近之人。

⑤其身正，则不令而行；所习不正，则虽令不从：卢弼注："《论语》：'子曰：其身正，不令而行；其身不正，虽令不从。'何晏盖本此。晏有《论语集解》，于正始中奏上。"

⑥游：结交的朋友。

⑦郑声：原指春秋战国时郑国的音乐。因与孔子等提倡的雅乐不同，故受儒家排斥。此后，凡与雅乐相悖的音乐，甚至一般的民间音乐，均为崇"雅"黜"俗"者斥为"郑声"。

⑧佞人：善于花言巧语，阿谀奉承的人。

⑨季末暗主：季末，末世，衰世。暗主，昏昧的君主。

⑩便辟亵狎：便辟，亦作"便僻"。指谄媚逢迎之人。亵狎，亲近宠幸。

⑪近暱：帝王所亲近狎昵的人：近臣。

⑫社鼠：社庙中的鼠。比喻有所依恃的小人。《晏子春秋·问上九》："景公问于晏子曰：'治国何患？'晏子对曰：'患夫社鼠。'公曰：'何谓也？'对曰：'夫社，束木而涂之，鼠因往托焉。熏之则恐烧其木，灌之则恐败其涂。此鼠所以不可得杀者，以社故也。夫国亦有社鼠，人主左右是也。'"

⑬昏明：愚昧和明智。

⑭谆谆：反复告诫、再三叮咛貌。

⑮至虑：最大的忧虑。

⑯舜戒禹曰，邻哉邻哉：卢弼注引《书·益稷篇》："帝曰，吁，臣哉，邻哉！邻哉，臣哉！"孔传云："邻，近也；言君臣道近，相须而成。"

⑰周公戒成王曰，其朋其朋：卢弼注引《书·洛诰篇》："周公曰，孺子其朋，孺子其朋！其往。"孔传云："少子慎其朋党，少子慎其朋党，戒其自今以往。"

⑱诗云，一人有庆，兆民赖之：卢弼注："此书吕刑篇之辞。'诗云'当作'书云'。"《书·吕刑》："一人有庆，兆民赖之。"孔传："天子有善，则兆民赖之。"孔颖达疏："我天子一人有善事，则亿兆之民蒙赖之。"一人，古代称天子。庆，善，善事。兆民，古称天子之民，后泛指众民，百姓。

⑲御幸式干殿：御幸，谓皇帝驾临。式干殿，卢弼注引胡三省曰："参考魏、晋所记，式干殿当在皇后宫。坤为母，干为父，言皇后为天下母，以干为式，从夫之义也。"

⑳游豫：游乐。

㉑询谋：咨询；商议。

【译文】

齐王曹芳，字兰卿。正始八年，尚书何晏上奏说："善于治国者必须先修养自身，修身者应当慎重对待自己所亲近的人。所亲近的人正派，那么自身就会正派，自身正派，则不用下达命令，下属也会按你的心意去做；若所亲近的人不正派（自身就不会正派），即使发号施令，下属也不会听从。所以说，做君主者，他所交往的一定要挑选正派的人，所观看的一定要选择纯正的景象，抛开庸俗的音乐而不听，疏远谄媚的人不要接近，这样才能使邪恶之心不生而正道也可以得到弘扬了。末代暧昧的君主不懂得什么有害什么有利，排斥疏远君子，招引亲近小人，忠良之臣被疏远，逢迎谄媚者受到宠信，结果祸乱就从亲近者当中产生，这些人就好像是社庙中的老鼠。考察君主的愚昧或明智，是长期积累的结果，所以古代圣贤总是反复告诫，并将此看作是最大的忧患。虞舜告诫夏禹说：'邻哉，邻哉！'就是说要慎重选择所亲近的大臣；周公告诫成王说：'其朋，其朋！'意思是说要慎重选择所交往的人。《尚书》上说：'天子一人向善，亿万百姓都会得到利益。'可以从今以后，在皇上驾临式干殿或到后园游览时，都由大臣陪从，借机悠闲的游乐、饮宴，同时批阅文书，商议政事，讲论经书典籍，作为千秋万代效法的榜样。'"

【原文】

袁绍[①]，字本初，汝南人也。领冀州牧[②]，转为大将军[③]。出长子谭为青州[④]，沮授[⑤]谏绍："必为祸始。"绍不听。《九州春秋》[⑥]载授谏辞曰："世称一兔走，万人逐之，一人获之，贪者悉止，分定故也。且年均以贤，德均则卜，古之制也[⑦]。愿上惟先代成败之戒，下思逐兔分定之义。"绍曰："孤欲令四儿各据一州，以观其能。"授出，曰："祸其始此乎！"

【注释】

①袁绍（？~公元202年）：字本初，汝南汝阳（今河南周口商水县）人。初为司隶校尉，于初平元年（公元190年）被推举为关东联军盟主，讨伐董卓；但不久联合军即瓦解。此后，在汉末群雄割据的过程中，袁绍先占据冀州，又先后夺青、并二州，于建安四年（公元199年）击败了割据幽州的军阀公孙瓒，势力达到顶点；但在建安五年（公元200年）的官渡之战中大败于曹操，此后一蹶不振。在平定冀州叛乱之后，于建安七年病逝。

②冀州牧：管理冀州的最高长官。冀州，时为十三刺史部之一。辖境大致为河北省中南部，山东省西端和河南省北端。后代辖境渐小，治所亦迁移不一。古代以九州之长为"牧"，"牧"是管理人民之意。汉武帝时设十三州部，每部设一刺史，汉成帝时，改刺史为州牧。后废置无常。东汉灵帝时，为镇压农民起义，再设州牧，并提高其地位，居郡守之上，掌一州之军政大权。

③转为大将军：《三国志·袁绍传》原文作"天子以绍为太尉，转为大将军，封邺侯。"

④出长子谭为青州：长子谭，袁绍长子袁谭，字显思，汝南汝阳（今河南商水）人。据青州之地，后为曹操所灭。为，治理。青州，汉置青州。魏及晋初因之。南北朝仍置州，

治所屡迁，辖领不一。东汉时，辖郡、国十一，县六十五。治所临淄县，故城址在今山东淄博市临淄北。辖境相当于今山东临南以东的北部地方。

⑤沮授（？～公元200年）：广平（治今河北鸡泽东）人，袁绍帐下谋士。他经常对袁绍提出良策，但很多时候袁绍并不听从。官渡之战时袁绍大败，沮授未及逃走，被曹操所获，誓死不降，因而被曹操处死。

⑥九州春秋：记录东汉末年历史的史书，已佚。作者司马彪，字绍统，西晋宗室。博览群书，立志著述。历仕骑都尉、秘书郎、秘书丞。

⑦年均以贤，德均则卜，古之制也：《左传·昭公二十六年》："昔先王之命曰：'王后无适，则择立长。年钧以德，德钧以卜。'王不立爱，公卿无私，古之制也。"

【译文】

袁绍，字本初，汝南人。任冀州牧，后转任大将军。袁绍安排长子袁谭出任青州刺史，沮授劝谏说："这样必然引起祸乱。"袁绍不听。[《九州春秋》记载了沮授劝谏袁绍的话："世间人说一只兔子在跑，有一万个人在追它。其中有一个人捕获了兔子，其他追兔子的人就都停下了，这是因为兔子已有归属。况且，（选择继承人）年龄相同时要挑选其中较贤能的，德行相近时要通过占卜来决定，这是古代的制度。希望您能上念古代成败的教训，下思万人追逐兔子，名分确定（而止）的含意。"袁绍说："我想让四个儿子各自统领一州，以此来考察他们的能力。"沮授从帐中出来后说："灾祸就要从这里开始了。"]

【原文】

绍进军黎阳，太祖击破之。初，绍之南也[①]，田丰[②]说绍曰："曹公善用兵，变化无方[③]，众虽少，未可轻也，不如以久持之。将军据山河之固，拥四州之众[④]，外结英雄，内修农战，然后简其精锐，分为奇兵，乘虚迭[⑤]出，以扰河南，救右则击其左，救左则击其右，使敌疲于奔命[⑤]，民不得安业。我未劳而彼已困，不及二年，可坐克[⑦]也。今释庙胜[⑧]之策，而决成败于一战，若不如志[⑨]，悔无及也。"绍不从，丰恳谏，绍怒，以为沮众，械系[⑩]之。绍军既败，或谓丰曰："君必见重[⑪]。"丰曰："若军有利，吾必全，今军败，吾其死矣。"绍还，曰："吾不用田丰言，果为所笑。"遂杀之。

【注释】

①初绍之南也：指袁绍最初南下攻许都时。

②田丰（？～公元200年）：字元皓，巨鹿（今河北巨鹿一带）人。袁绍部下谋臣，官至冀州别驾。其为人刚直，曾多次向袁绍进言而不被采纳。后因谏阻袁绍征伐曹操而被袁绍下令监禁。官渡之战后，田丰被袁绍杀害。

③无方：谓变化无穷。

④拥四州之众：当时袁绍总督黄河以北的冀州、幽州、并州、青州。

⑤迭：轮番；接连。

⑥疲于奔命：谓因忙于奔走应付而劳累不堪。

⑦坐克：谓不战而胜。

⑧庙胜：指朝廷预先制定的克敌制胜的谋略。

⑨如志：随顺意愿；实现志愿。

⑩械系：戴上镣铐，拘禁起来。

⑪见重：受到重视。

【译文】

后来，袁绍率军进攻黎阳，被太祖（曹操）打败。起初，袁绍率大军南下时，谋士田丰曾劝阻袁绍说："曹公善于用兵，变化无穷，他的军队虽然不多，但不可轻视，不如和他打持久战。将军您依靠山河的险固，拥有冀、青、幽、并四个州的民众，应对外结交天下英雄，对内发展农业、训练军队，然后挑选精锐部队，组成多靖兵，对敌人的薄弱之处轮番出击，骚扰黄河以南地区，对方救援右边就袭击他的左边，救援左边就袭击他的右边，使敌人疲于奔命，百姓不能安于本业，这样我方不用费很大力气而敌人就已经疲惫不堪，用不了两年，我们就可不战而胜了。如今放弃在朝堂上预定的制胜策略，却要以冒险一战来决定成败，如果此战不如人意，后悔就来不及了。"袁绍不听。田丰再恳切的劝谏，袁绍大怒，认为田丰是有意动摇军心，就给他戴上镣铐囚禁起来。袁绍大军已经失败后，有人对田丰说："您必然会受到重用了。"田丰却说："如果我军打了胜仗，我必能保全性命；如今我军大败，我恐怕也要死了。"袁绍回来后，说："我没有采纳田丰的建议，果然要被他取笑了。"于是便将田丰杀了。

后妃[①]传

【原文】

《易》称："男正位于外，女正位于内。男女正，天地之大义也[②]。"古先哲王，莫不明后妃之制，顺天地之德，故二妃嫔妫[③]，虞[④]道克隆[⑤]，任、姒配姬[⑥]，周室用熙[⑦]，废兴存亡，恒此之由。《春秋》说云："天子十二女，诸侯九女。"考之情埋[⑧]，不易之典也。而末世奢纵[⑨]，肆其侈欲[⑩]，至使男女怨旷[⑪]，感动和气，唯色是崇，不本淑懿[⑫]。故风教陵迟[⑬]，而大纲毁泯[⑭]，岂不惜哉！呜乎！有国有家者，其可以永鉴[⑮]矣！

【注释】

①后妃：指皇后妃嫔。

②"易称"下四句：语出《易·家人》彖辞。

③二妃嫔妫：二妃，指尧之二女，即娥皇和女英，均嫁给舜为妻。嫔，音频，嫁。妫，音归，本为水名，指舜。妫汭，妫水隈曲之处。传说舜居于此，尧将两个女儿嫁给他。妫水

在山西省永济县南，源出历山，西流入黄河。

④虞：指舜。舜，姚姓，有虞氏，名重华，史称虞舜或舜。

⑤克隆：兴隆，昌盛。

⑥任、姒配姬：任，太任亦称大任，周室三母之一，季历(王季)之妻，姬昌(周文王)之母。

⑦熙：兴盛。

⑧情埋：《三国志·后妃传》原文亦作“情理”。

⑨奢纵：奢侈放纵。

⑩侈欲：过分的欲望。

⑪怨旷：指女无夫，男无妻。

⑫淑懿：美德。懿，音意。

⑬风教陵迟：风教，风俗教化。陵迟，败坏；衰败。

⑭大纲毁泯：大纲，主要的法纪。毁泯，毁坏，消失净尽。

⑮永鉴：长久鉴戒。

【译文】

《周易》上说：“男子主其位于外，女子主其位于内；男女的位置端正，这是天地间的大道理。”古代的圣王，无不明确设立后妃的制度，顺应天地间的道德。唐尧将他的两个女儿嫁给住在妫水边的虞舜，虞舜的事业方得以兴盛；太任、太姒分别嫁给姬姓的季历和周文王，周王朝才因此而昌盛。可见一个王朝的兴废存亡，总是和后妃有关系的。《春秋说》记载：“天子有十二个妻妾，诸侯有九个妻妾。”考究其中的情理，这应是不可改变的制度。而末世的君主生活奢侈，放纵情欲，以至于造成男子无妻，女子无夫，触动了阴阳调和之气，(在选择后妃时)只看重姿色，而不以美德为根本，所以造成社会风气衰败，使维系社会的基本准则毁坏，这难道不令人痛惜吗？唉！拥有国家的人，要永远的以此作为借鉴啊！

【原文】

武宣卞皇后[①]，琅邪[②]人，文帝母也。黄初中，文帝欲追封大后[③]父母，尚书陈群[④]奏曰：“陛下应运受命[⑤]，创业革制[⑥]，当永为后式[⑦]。案[⑧]典籍之文，无妇人裂土[⑨]，因夫爵[⑩]。秦违古制，汉氏因之，非先王之令典[⑪]也。”帝曰：“此议是也，其勿施行。以作著，诏下，藏之台阁，永为后式。”

【注释】

①武宣卞皇后(公元159年~公元230年)：琅邪开阳(今山东临沂)人，魏武帝曹操的正妻，魏文帝曹丕、任城威王曹彰、陈思王曹植、萧怀王曹熊的母。

②琅邪：秦始设琅邪郡，汉治东武，即今山东诸城县治，东汉时为琅邪国，治开阳，在今山东临沂县北十五里。

③大后:即太后,此指卞皇后。

④尚书陈群:陈群(公元165年~公元237年),字长文,颍川(今河南禹州市)人。早年被刘备辟为别驾,曹操入主徐州后,辟为司空西曹掾属。青龙四年逝,追谥“靖侯”。

⑤应运受命:应运,顺应时势。受命,受天之命。古帝王自称受命于天以巩固其统治。

⑥革制:改革制度。

⑦后式:后世的楷模、法则。

⑧案:通“按”。依据,按照。

⑨裂土:分封土地。

⑩因夫爵:《礼记·郊特牲》:“妇人无爵,从夫之爵。”

⑪令典:好的典章法度。

【译文】

武宣卞皇后,琅邪人,魏文帝曹丕之母。黄初年间,魏文帝想要追封太后的父母,尚书陈群上奏说:“陛下顺应时势,受天之命(即位称帝),开创大业,革新制度,应当永远作为后代的楷模。依据历代典章文献,从没有对妇人分封土地爵位的做法,只能根据丈夫爵位的高低来确定自己的地位。秦朝违背了古代制度,汉朝又因袭秦朝的做法,这并不是前代帝王好的典章制度。”文帝说:“这个建议很对。我此前所说的(追封太后父母之事)就不要执行了。把这个建议写成诏书,交给尚书台收藏,作为后世永久的典范。”

【原文】

文德郭皇后[①],广宗[②]人也。黄初三年,将登后位,中郎栈潜[③]上疏曰:“在昔帝王之有天下,不唯外辅,亦有内助[④],治乱所由,盛衰从之。故西陵配黄[⑤],英娥降妫[⑥],并以贤明,流芳上世[⑦]。桀奔南巢,祸阶末喜[⑧];纣以炮烙,怡悦妲己。是以圣哲慎立元妃,必取先代世族之家,择其令淑,以统六宫,虔奉宗庙,阴教聿修。《易》曰:‘家道正,而天下定。’由内及外,先王之令典也。《春秋》书宗人衅夏云:‘无以妾为夫人之礼。’齐桓誓命于葵丘,亦曰:‘无以妾为妻。’今后宫嬖宠,常亚乘舆,若因爱登后,使贱人暴贵,臣恐后世下陵上替,开张非度,乱自上起也。”文帝不从。

【注释】

①文德郭皇后:文德皇后郭氏(公元184年~公元235年),字女王,魏文帝曹丕皇后,安平广宗(今邢台市广宗县)人。

②广宗:地名。约在今河北省邢台市东部广宗县。

③中郎栈潜:中郎,官名。秦置,汉沿用。担任宫中护卫、侍从,属郎中令。分五官、左、右三中郎署。各署长官称中郎将,省称中郎。栈潜,任城人,曹操时为县令,曾督守邺城。魏明帝时卒。

④内助：指妻子对丈夫的帮助。

⑤西陵配黄：卢弼注引《史记·五帝本纪》："黄帝娶于西陵之女，是为螺祖。螺祖为黄帝正妃，生二子，其后皆有天下。"

⑥英娥降妫：英娥，即女英与娥皇，皆尧帝之女。降，(帝王之女)下嫁。妫，本为水名，因舜居妫水之滨，故代指舜。

⑦上世：先代，古代。

⑧桀奔南巢，祸阶末喜：《书·仲虺之诰》："成汤放桀于南巢，惟有惭德。"南巢，古地名。在今安徽巢县西南。因位于古代华夏族活动地区的南方，故名。阶，缘由。末喜，夏桀宠妃。

【译文】

文德郭皇后，广宗县人。黄初三年，文帝欲立她为皇后，中郎栈潜上疏说："过去的帝王治理天下，不仅需要外面公卿大臣的辅佐，也离不开内宫后妃的帮助。后妃是导致国家稳定与动乱的根由，兴盛和衰败都受此影响。所以西陵氏的女儿许配给黄帝，娥皇和女英下嫁给虞舜，她们都因贤明有德，所以在上古时代就流下美名。夏桀亡国而逃到南巢，祸根就在于宠幸妹喜；商纣使用炮烙的酷刑，只为以此来取悦妲己。所以圣明智慧的君王在确立正妻时都格外慎重，必定要在世代为官的名门望族中，选择善良贤淑的女子(为妻)，来统领后宫妃嫔，恭敬的奉祀宗庙，使对女子的教化发扬光大。《易经》中说：'家庭的规矩端正了，天下就会安定。'由家内而影响到外面，这是古代明君的好办法啊！《春秋》记载，鲁国的礼官衅夏说：'没有以小妾立为夫人的礼仪。'齐桓公在葵丘会盟诸侯时立誓警戒，也说'不能让妾成为嫡妻'。可如今后宫中受到宠爱的妃嫔，享受的待遇常常仅次于天子，如果因为受宠而升为皇后，使卑贱者骤然尊贵，那么臣担心后世会出现在下位者欺侮于上而在上位者衰弱不振的现象，从而开启不守法度之门，祸乱就会从您而起呀！"文帝不听。

传(旧无传字。加之)

【原文】

夏侯尚[①]，字伯仁。子玄[②]，字太初，少知名[③]，累迁散骑常侍中护军[④]。司马宣王[⑤]问以时事，玄议以为："夫官才[⑥]用人，国之柄也。故铨衡[⑦]专于台阁[⑧]，上之分[⑨]也；孝行存乎闾巷[⑩]，优劣任之乡人，下之叙也。夫欲清教审选[⑪]，在明其分叙，不使相涉[⑫]而已。何者？上过其分，则恐所由之不本，而干势驰骛[⑬]之路开；下逾其叙，则恐天爵[⑭]之外通，而机权[⑮]之门多矣。夫天爵下通，是庶人议柄[⑯]也；机权多门，是纷乱之源也。自州郡中正[⑰]，品度官才之来，有年载矣，缅缅纷纷[⑰]，未闻整齐，岂非分叙参错[⑱]，各失其要之所由哉！若令中正但考行伦辈[⑲]，辈当行均，斯可官矣。何者？夫孝行著于家门，岂不忠恪[⑳]于在官乎？仁

恕称于九族[21]，岂不达于为政[22]乎？义断[23]行于乡党，岂不堪[24]于事任[25]乎？三者之类，取于中正，虽不处[26]其官名，斯任官可知矣。行有大小，比有高下，则所任之流，亦焕然[27]必明（旧无明字。补之）矣。奚必使中正干铨衡之机于下，而执机柄[28]者有所委仗[29]于上，上下交侵[30]，以生纷错哉？

【注释】

①夏侯尚（？～公元225年）：字伯仁，三国曹魏武将，夏侯渊之侄。

②子玄：夏侯玄（公元209年～公元254年），字太初，沛国谯（今安徽亳州）人。曹魏时期大臣、玄学家，夏侯尚之子，夏侯霸之侄。有名望，仪表出众。

③知名：声名为世所知。犹出名。

④中护军：官名，原名护军。

⑤司马宣王：即司马懿（公元179年～公元251年），字仲达，河内郡温县（今属河南温县）人。

⑥官才：亦作"官材"，按照才能授予官职；任用有才能的人为官。

⑦铨衡：考核、选拔（人才）。

⑧台阁：汉时指尚书台。后亦泛指中央政府机构。

⑨分：职分。

⑩间巷：里巷；乡里。

⑪清教审选：卢弼注引何焯曰："清教，谓中正；审选，谓台阁。"清教，使教化清明。

⑫相涉：互相牵涉。

⑬驰骛：奔走；奔竞。

⑭天爵：天子所封的爵位；朝廷官爵。

⑮机权：枢机大权。

⑯议柄：谓干扰朝廷选用人才之权。柄，指选士用人之权。

⑰中正：官名。

⑱缅缅纷纷：缅缅，杂乱貌。纷纷，乱貌。

⑲参错：犹错乱。

⑳考行伦辈：考行，考察行为事迹。伦辈，同辈；流辈。

㉑忠恪：忠诚恭谨。

㉒九族：以自己为本位，上推至四世之高祖，下推至四世之玄孙为九族。

㉓为政：治理国家；执掌国政。

㉔义断：秉公断事。

㉕堪：胜任。

㉖事任：犹言承担职务。

㉗处：享有；据有。

㉘焕然：明显貌。

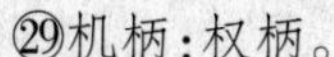

㉙机柄:权柄。

㉚委仗:亦作"委杖"。依凭,依靠。

㉛交侵:迭相侵犯。

【译文】

夏侯尚,字伯仁。其子夏侯玄,字太初,年少时就已出名,(曹爽执政时)不断升迁至散骑常侍、中护军。(太傅)司马懿向他咨询当时的政事,他发表议论认为:"使用人才授予官职,这是国家的根本。因此,考核选拔人才之事专门由尚书台负责,这是朝廷的职分;孝道的德行表现在所居住的街巷中,其优劣应由同乡的人给予评价,这是地方上的职权。要想使教化清明、选拔审慎,就在于明确朝廷和地方的职权,不使其相互干涉而已。为什么这样说呢?朝廷如果超越其职分(而直接选任),那么恐怕选拔人才的途径不能立足于根本,从而使巴结权势、奔走钻营的门路大开;而地方上如果逾越其职权,则恐怕朝廷的封爵授官就会受到地方上的干扰,而获得国家枢机大权的门路就多了。朝廷的封爵授官受到下面影响,是因为庶人干扰了朝廷选拔人才的缘故;获得机要大权的门路多了,这是造成纷乱的根源。自从各州郡设立中正官来品评衡量官员的才能以来,已经有好几年了,但情况依然纷乱不堪,没听说有标准统一、衡量公平的规范。这难道不是朝廷的职分与地方的职权混淆错乱,两方面都没有把自己的关键工作做好所造成的吗?如果让中正只负责考察同一类人(如一族、一乡)的品行事迹,这些人中有品行普遍得到大众认可的,这就可以授予官职。为什么呢?如果一个人的孝行彰显于家族之中,一旦为官怎么会不忠诚谨慎呢?如果一个人的仁厚宽容在九族中广受赞扬,一旦为官怎么会不善于施政呢?如果一个人能在乡里秉公断事,一旦为官怎么会不胜任其职务呢?上述三种人才的考评分类,都取决于中正,他们即使还没有官位的名称,但这样的人可以授予官职是可想而知的了。德行有大小,比较的顺序有高低,那么应当授予何类官职,也就显而易见了,又何必让地方的中正在下面干预朝廷考核选拔人才的要务,而让在上面掌握权柄的尚书台却对地方的中正有所依托(来选拔人才),使上下相互侵权,以致发生纷乱呢?"

【原文】

且台阁临下[①],考功校否[②],众职之属,各有官长,旦夕相考,莫究于此。闾阎[③]之议,以意裁处,而使匠宰[④]失位,众人驱骇[⑤],欲风俗清静,其可得乎?天台县远[⑥],众所绝意,所得至者,更在侧近[⑦],孰不修饰[⑧]以要所求?所求有路,则修己家门者,不如自达于乡党矣;自达于乡党者,不如自求于州邦矣。苟开之有路,而患其饰真离本,虽复严责中正,督以刑罚,犹无益也。岂若使各帅其分,官长则各以其属能否[⑨],献之台阁,台阁则据官长能否之第[⑩],参以乡闾德行之次,拟其伦比[⑪],勿使偏颇。中正则唯考其行迹,别其高下,审定辈类[⑫],勿使升降。台阁总之官长所第,中正辈拟比,随次率而用之,如其不称,责负[⑬]在外。然则内外相参,得失有所,互相形检,孰能相饰?斯则人心定而事理得,庶可以静风俗而审官才矣。"

【注释】

①临下:指治理下属。
②考功校否:准考核官吏的政绩。校否,考核过失。
③闾阎:里巷内外的门。泛指民间。
④匠宰:主持考核铨叙官吏的高级官员。
⑤驱骇:奔走惊骇。
⑥天台县远:天台,谓尚书台、省。县远,距离遥远。
⑦侧近:左右;附近。
⑧修饰:引申谓故意做作以取悦于人。
⑨能否:有才能与否。
⑩第:品第;评定。
⑪比:类;辈。
⑫辈类:犹类别。指人才高下的品类。
⑬责负:责任。

【译文】

再说尚书台治理下面的各级官署,考察政绩、审核过失,众多职务的归属,都有各自的长官负责,他们每天进行考核,没有比这更清楚的了;地方中正的评议,只是以个人的看法来裁决,却使得朝廷主管铨选的大臣失去了这方面的职权,大家奔走惊慌。在这种情况下,要想风气清明安宁,能做得到吗?尚书台高高在上与下级相距遥远,大众也不抱什么希望,能够拉上关系的,就是身旁的中正了,那么谁又不粉饰自己来企图达到他所希望的目的呢?既然有这样一条门路,那么在家庭中认真修养自己的德行,就不如自己使用手段在乡里博得好评;在乡里有了声誉又比不上自己直接去请托州郡的中正。如果开后门有机会,却担忧人们弄虚作假背离实际,即使是严格要求中正奉公守法,甚至用刑罚来监督,也是没有用处的。还不如让官吏们各司其职,各级长官各自把其下属才能的高低情况,上报尚书台,尚书台就根据各官长上报的属员有无才能的结果,再参考乡里对其品行优劣的评定,拟定出相应的类别,不使其产生偏颇。中正则只考察他们的行为事迹,然后辨别高下,审定其等级,不使偏高或偏低。尚书台汇总各级官长所列的等级和中正所考察划分的类别,再比较参照,选择任用。如果选择任用的人不称职,就由尚书台以外的长官和中正来负责。这样做,则朝内朝外互相参验,任用得当不得当都有人负责,互相对比检查,谁还敢弄虚作假呢?如此则会人心安定而事理分明,大概可以净化风气,审慎的量才授官了。

【原文】

荀彧[①],字文若,颍川[②]人也。为侍中尚书令[③]。《彧别传》[④]曰:"彧德行周备[⑤],非正道不用心，名重天下，莫不以为仪表[6]，海内英俊咸宗[7]焉。然前后所举，佐命大才[8]，则荀攸[9]、钟繇[10]、陈群、司马宣王，及引致[11]当世知名，郗虑[12]、华歆[13]、王朗[14]、荀悦[15]、杜袭[16]、辛毘[17]、赵俨[18]之俦[19]，终为卿相，以十数人。取士不以一揆[20]，戏志才[21]、郭嘉[22]等有负俗之讥[23]，杜畿[24]、简傲[25]少文，皆以智策举之，终各显名。荀攸后为魏尚书令，推贤进士。太祖曰：'二荀令[26]之论人[27]也，久而益信，吾没世不忘也。'"

【注释】

①荀彧（公元 163 年～公元 212 年）：彧，音域，字文若，颍川颍阴（今河南许昌）人。东汉末年曹操帐下首席谋臣，他是曹操最信任的谋士之一，杰出的战略家，为曹操统一北方做出了不朽的贡献。

②颍川：颍川郡。秦王政十七年（公元前 230 年）置。

③为侍中、尚书令：汉献帝迁都许昌后，荀彧升为汉侍中，守尚书令。尚书令，尚书台主官，东汉政务归尚书台，尚书令直接对皇帝负责，总揽事权。

荀彧

④别传：史部分类之一，属于杂史。

⑤周备：严密完备；周密完备。

⑥仪表：准则；法式；楷模。

⑦宗：尊重。亦谓推尊而效法之。

⑧佐命大才：佐命，指辅助帝王创业的功臣。大才，堪当重任之才；学识很高的人。

⑨荀攸（公元 157 年～公元 214 年）：字公达，颍川颍阴（今河南许昌）人。荀彧之侄，曹操的主要谋臣之一，被曹操称为"谋主"，官至尚书令。

⑩钟繇（公元 151 年～公元 230 年）：字元常，颍川长社（今河南长葛东）人。三国时期曹魏著名书法家、政治家。

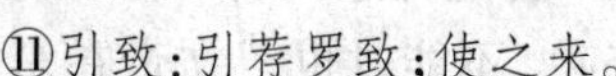

⑪引致：引荐罗致；使之来。

⑫郗虑：郗，音西，字鸿豫，生卒年不详，少受业于郑玄。曾效力于东汉和魏，官至御史大夫。

⑬华歆（公元 157 年～公元 232 年）：歆，音心，字子鱼，平原高唐（今山东禹城西南）人。汉末三国时期名士。

⑭王朗：见本卷《王朗传》。

⑮荀悦（公元 148 年～公元 209 年）：字仲豫，颍川颍阴（今河南许昌）人，东汉史学家、政论家。

⑯杜袭：字子绪，生卒年不详，颍川郡定陵建安区（今河南省叶县）人。

⑰辛毘：毘，音皮，即辛毗，字佐治，颍川阳翟人。

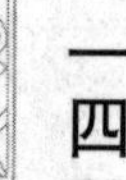

⑱赵俨:颍川名士。赵俨投奔曹操之后历任郎陵县令、司空府掾属、主薄、都督护军等职。

⑲俦:音愁,辈,同类。

⑳一揆:谓同一道理;一个模样。

㉑戏志才:颍川(治今河南禹州)人,被荀彧推荐成为曹操的谋士,曹操十分器重他,不幸早卒。

㉒郭嘉(公元170年~公元207年):字奉孝,颍川阳翟(今河南禹州)人,自弱冠匿名迹,密交结英隽,不与俗接。

㉓负俗之讥:因不谐于流俗而受到的讥议。

㉔杜畿:畿,音基,见本卷《杜恕传》。

㉕简傲:高傲;傲慢。

㉖二荀令:荀彧或于汉献帝时任侍中,守尚书令;荀攸于魏国初建时,任尚书令。

㉗论人:选拔人才。

【译文】

荀彧,字文若,颍川郡颍阴县人。任侍中、尚书令。(《荀彧别传》记载:荀彧德才兼备,心中所存都是符合道义之事,在天下有很高的名望,人们没有不把他当做表率的,天下的英雄、豪杰都推崇他并向他学习。他先后所举荐的人,辅佐曹操创业的天下大才有荀攸、钟繇、陈群、司马懿,以及招引的当世名士有郗虑、华歆、王朗、荀悦、杜袭、辛毗、赵俨等辈,后来都位至公卿宰相,这样的有十几个人。他选用人才不拘一格,戏志才、郭嘉等有因不和于流俗而受到的讥议,杜畿为人傲慢而缺少文采,都因为有智谋而被举荐,最终都获得了显赫的名声。荀攸后来在曹操当魏王时任尚书令,也大力推举贤士。曹操说:"二位荀公举荐、选拔的人才,时间越久,越让人信服,我终生不会忘记。")

【原文】

荀攸,字公达,彧从子[①]也。太祖以为军师[②]。每称曰:'公达外愚内智、外怯内勇、外弱内强,不伐善[③],不施劳[④],智可及,愚不可及,虽颜子、宁武[⑤]不能过也。"文帝在东宫[⑥],太祖谓曰:"荀公达,人之师表[⑦]也,汝当尽礼[⑧]敬之。"《傅子》[⑨]曰:"太祖称'荀令君[⑩]之进善,不进不休;荀军师[⑪]之去恶,不去不止'也。"

【注释】

①从子:侄儿。

②军师:古军官名。

③伐善:夸耀自己的长处。

④施劳:施,显扬;表白。劳,功劳。

⑤颜子、宁武:颜子,即颜回,春秋末鲁国人,名回,字子渊,亦颜渊,孔子最得意的

弟子。

⑥文帝在东宫:文帝曹丕尚为太子时。东宫,太子所居之宫。

⑦师表:表率,在道德或学问上的学习榜样。

⑧尽礼:竭尽礼仪。

⑨傅子:书名。西晋傅玄撰,已佚。

⑩荀令君:此指时人对荀彧的敬称。令君,魏晋间对尚书令的敬称。因荀彧任尚书令,居中持重达十数年,被人敬称为"荀令君"。

⑪荀军帅:裴松之注引《傅子》原文作"荀军师",即荀攸。

【译文】

荀攸,字公达,是荀彧的侄子。太祖曹操任命他为军师,常常称赞他说:"公达外表看似愚钝而内心充满智慧,外表显得怯懦而内心却很勇敢,外表好像软弱而内心刚强有力,不夸耀自己的好处,不显扬自己的功劳,他的聪慧别人或许可以达到,但他的"愚钝"别人却达不到,即使是颜回、宁武子这样的贤人也不能超过他。"文帝在东宫做太子时,太祖对他说:"荀公达,是人中的表率,你应当竭尽礼仪来敬重他。"[《傅子》记载:"太祖曹操称赞荀彧进举贤善,贤才得不到进用就绝不罢休;荀军师对于恶行去除不尽绝不停止。"]

【原文】

贾诩[①],字文和,武威[②]人也。为大中大夫[③]。是时,文帝为五官将[④],而临灾侯植[⑤]才名[⑥]方盛,各有党与[⑦],有夺宗[⑧]之议。太祖尝问诩,诩嘿然[⑨]不对。太祖曰:'与卿言而不答,何也?"诩曰:"属[⑩]适[⑪]有所思,故不即对耳。"太祖曰:"何思?"诩曰:"思袁本初、刘景升父子[⑫]。"太祖大笑,于是太子(旧无大笑于是太子六字。补之)遂定。文帝即位,以诩为太尉。《魏略》曰:"文帝得诩之对太祖,故即位首登上司[⑬]。"《荀勖[⑭]别传》曰:"晋司徒阙[⑮],武帝[⑯]问其人于勖。勖答曰:'三公具瞻所归[⑰],不可用非其人。昔文帝用贾诩为三公,孙权笑之。'"

【注释】

①贾诩(公元 147 年~公元 223 年):字文和,武威姑臧(今甘肃武威)人。三国时期魏国著名谋士。

②武威:郡名。

③大中大夫:官名。属光禄勋,掌议论。

④文帝为五官将:五官将,指五官中郎将。

⑤临灾侯植:曹植(公元 192 年~公元 232 年),字子建,沛国谯(今安徽省亳州市)人。三国时期曹魏诗人、文学家,建安文学的代表人物。

⑥才名:才华与名望。

⑦党与:同党之人。

⑧夺宗:指夺取嫡长子地位。

⑨嘿然:沉默无言的样子。

⑩属:适逢。

⑪适:刚才,方才。

⑫袁本初、刘景升父子:袁本初,指袁绍,字本初。

⑬上司:汉时对三公的称呼。

⑭荀勖:字公曾,生年不详。西晋颍川颍阴(今河南许昌市)人。初仕魏,为大将军曹爽掾。曹爽被诛,勖迁安阳令、骠骑从事中郎、廷尉正。后为大将军司马昭记室,数进策谋,深见信任。

⑮司徒:官名。相传少昊始置,唐虞因之。

⑯武帝:晋武帝司马炎,西晋开国君主。

⑰具瞻所归:具瞻,谓为众人所瞻望。所归,归向;归属。

【译文】

贾诩,字文和,武威郡人,任太中大夫。当时文帝曹丕担任五官中郎将,而其弟临淄侯曹植才华名声正盛,两人都有自己的同党。当时出现了曹植会取代曹丕成为继承人的议论。太祖曾经就此事询问贾诩,贾诩默然不答。太祖说:"我和您说话而您却不回答,这是为什么呢?"贾诩说:"恰好我刚才在思考问题,所以没有马上回答。"太祖问:"您在想什么?"贾诩说:"思考袁本初父子、刘景升父子的事啊!"太祖大笑,于是立太子的事就定了下来。文帝曹丕即位后,任命贾诩为太尉。(《魏略》上说:文帝知道了贾诩回答太祖的话,所以即位后首先让贾诩升任三公的高位。《荀勖别传》记载说:"晋朝司徒一职空缺,晋武帝问荀勖谁能担任。荀勖答道:'三公为众望所归的要职,不可以任用不合适之人。以前魏文帝任用贾诩为三公,曾遭到孙权的嘲笑。'")

【原文】

袁涣[①],字曜卿,陈郡[②]人也。刘备之为豫州[③],举涣茂才[④],后为吕布[⑤]所拘留。布初与刘备和亲[⑥],后离隙。布欲使涣作书骂辱备,涣不可,再三强之,不许。布大怒,以兵胁涣曰:"为之则生,不为则死。"涣颜色不变,笑而应之曰:"涣闻唯德可以辱人,不闻以骂。使彼固君子耶,且不耻将军之言,彼诚小人耶,将复将军之意,则辱在此,不在于彼。且涣他日之事刘将军,犹今日之事将军也,如一旦去此,复骂将军,可乎?"布惭而止。

【注释】

①袁涣:字曜卿,陈郡扶乐(今河南太康西北)人。

②陈郡:秦始置陈郡。西汉时为淮阳郡或淮阳国,治陈县,属兖州刺史部,其辖境大致相当于今河南淮阳、太康、鹿邑、西华、柘城一带。

③刘备之为豫州:此指刘备任豫州牧时。

④茂才：即秀才，汉时开始与孝廉并为举士的科名，东汉时避光武帝讳，改称“茂才”。

⑤吕布（？～公元198年）：字奉先，五原郡九原县（今内蒙古包头）人。东汉末年名将。

⑥和亲：和睦相亲。

【译文】

袁涣，字曜卿，陈郡（扶乐县）人。刘备任豫州牧时，举荐袁涣为茂才。后来他又被吕布扣留。吕布当初与刘备和睦亲善，后来产生了矛盾。吕布想让袁涣写信辱骂刘备，袁涣没有答应，吕布再三强迫他，袁涣仍然不同意。吕布大怒，拿着兵器威胁袁涣说：“写信就能活命，不写就死！”袁涣面不改色，笑着回答说：“我听说只有德行胜过别人才会使人感到耻辱，没听说用辱骂可以使人感到耻辱的。假使刘备本来就是君子，他也不会以将军的话为耻辱；假使他的确是个小人，那他将用将军所用的办法来对付您，那么被羞辱的是我们而不是他。且如果我改日侍奉刘将军，就像现在侍奉将军您一样，如果我一旦离开这里，又回过头来骂您，可以吗？”吕布感到羞惭，就不再逼迫他了。

【原文】

王修[①]，字叔治，北海[②]人也。年七岁丧母。母以社日[③]亡，来岁邻[④]里社[⑤]，修感念母，哀甚。邻里闻之，为之罢社。袁谭在青州，辟[⑥]修为治中从事[⑦]，谭欲攻弟尚[⑧]，修谏曰：“夫兄弟者，左右手也。譬人将斗，而断其右手，而曰‘我必胜’，若是者可乎？夫弃兄弟而不亲，天下其孰亲之？属有谗人[⑨]，固将交斗其间，以求一朝[⑩]之利，愿明使君[⑪]塞耳而勿听也。若斩佞臣数人，复相亲睦，以御四方，可以横行[⑫]天下。”谭不听。太祖遂引军，攻谭于南皮[⑬]。修闻谭已死，号哭曰：“无君焉归？”遂诣太祖，乞收谭尸。太祖不应。修复曰：“受袁氏厚恩，若得收敛谭尸，然后就戮，无所恨。”太祖嘉[⑭]其义，听之。

【注释】

①王修：字叔治。北海郡营陵人，先后侍奉孔融、袁谭、曹操。魏国既建，为大司农郎中令。

②北海：郡名。

③社日：古时祭祀土神的日子，一般在立春、立秋后第五个戊日。

④来岁：来年。

⑤社：谓祭土地神。

⑥辟：征召。

⑦治中从事：刺史的高级佐官之一，主众曹文书，居中治事，故名治中。

⑧尚：袁尚，字显甫。袁绍第三子，袁谭之弟，袁绍死后，继承袁绍爵位，与袁谭有隙，兄弟之间相互征伐。后被曹操所败，投奔辽东太守公孙康，被杀。

⑨谗人：进谗言之人。谗：音禅。

⑩一朝:一时。

⑪使君:汉时称刺史为使君。此指袁谭。

⑫横行:广行,遍行。

⑬南皮:县名。今河北省东南南皮县。秦朝始置南皮县,属巨鹿郡。东汉时属渤海郡。三国时,南皮属魏国。

⑭嘉:嘉许;表彰。

【译文】

王修,字叔治,北海人。七岁时丧母,他的母亲在祭祀土神之日去世。第二年(社日),乡亲们祭祀土神,王修思念母亲,极为哀痛。乡亲们知道后,就为此停止了祭祀。袁谭在青州时,征召王修为治中从事。袁谭想攻打他的弟弟袁尚,王修劝谏说:"兄弟之间就像人的左右手。比如有人将要打斗时,却砍断自己的右手,反而说我一定能取胜,像这样可能吗?抛弃亲兄弟而不亲近,天下人还有谁可以亲近呢?您的部下中有进谗言的人,本来就想让你们兄弟之间互相争斗,以追求一时之利,希望您堵上耳朵不要听他们的话。若能斩杀几个奸邪谄媚的下属,兄弟间重新亲近和睦,以抵御四方的敌人,是完全可以横行天下的。"袁谭不听。太祖曹操于是率军在南皮县攻打袁谭。王修听说袁谭已死,痛哭着说:"没有主公了,我将回到哪里去呢?"于是去见太祖,请求让他收葬袁谭的尸体。太祖不作回答。王修又说:"我曾受到袁氏的厚恩,如果能允许我收敛袁谭尸体,然后再被杀,我便不会有遗憾了。"太祖嘉许他的忠义,答应了他。

【原文】

太祖破南皮,阅[①]修家谷不满十斛[②],有书数百卷。太祖叹曰:"士不妄有名。"乃辟为司空掾[③]。《魏略》曰:郭宪[④],字幼简,西平[⑤]人也。韩约[⑥]失众依宪。众人多欲取约以徼功[⑦],而宪皆责怒之,言:"人穷来归我,云何欲危之?"后约病死,而阳逵[⑧]等就斩约头,欲条疏宪名,宪言:"我尚不忍生图之,岂忍取死人以要功乎?"逵等乃止。约首到。太祖宿闻[⑨]宪名,及视疏,怪不在中,以问逵等,逵具以情对。太祖叹其志义[⑩],乃并表列[⑪],赐爵关内侯[⑫]。

【注释】

①阅:检阅。

②斛:音胡,量词。多用于量粮食。古代一斛为十斗,南宋末年改为五斗。

③司空掾:司空,官名。

④郭宪:字幼简,西平人。

⑤西平:即西平郡。

⑥韩约:即韩遂(?~公元251年),字文约,金城(治今甘肃永靖西北)人。

⑦徼功:徼,通"邀"。犹求功。

⑧阳逵:韩遂部将。逵,音魁。

⑨宿闻:早已知闻。

⑩志义:犹志节。

⑪表列:表,标明。列,列入。

⑫关内侯:爵位名。秦汉时置,为二十等级之第十九级,位于彻(列)侯之次。有其号,无国邑。

【译文】

太祖攻破南皮县,察看王修的家,谷物不满十斛,只有几百卷书籍,太祖感叹地说:"王修不是徒有虚名啊!"于是征召王修为司空府的属官。[《魏略》说:郭宪,字幼简,西平郡人。韩约(战败)丧失了军队,前来投奔郭宪。郭宪手下很多人想捉拿韩约送到曹操那里请功,而郭宪对这些人都痛斥一番,说:"人家走投无路来投奔我,为什么想要危害人家呢?"后来韩约病死,阳逵等人便砍下韩约的头(准备向曹操请功),打算在上疏中写上郭宪的名字,郭宪说:"他活着的时候我尚且不忍心杀他,又怎么能忍心用死人去邀功呢?"阳逵等才不再这样做。韩约的首级送到了曹操那里,曹操平素里听说过郭宪,等看完上疏,奇怪名单中没有郭宪,就问阳逵等人,阳逵把实情上报。曹操赞叹郭宪的志向和节操,就把他的名字写上,赐给他关内侯的爵位。]

【原文】

邴原[①],字根矩,北海朱虚[②]人也。太祖辟司空掾。原女早亡,时太祖爱子仓舒[③]亦没,太祖欲求合葬,原辞曰:'合葬,非礼也。原之所以自容[④]于明公[⑤],公之所以待原者,以能守训典[⑥]而不易也。若听明公之命,则是凡庸也,明公焉以为哉?"太祖乃止。《原别传》曰:"魏太子为五官中郎将,天下向慕[⑦],宾客如云,而原独守道持顺[⑧],自非[⑨]公事,不妄举动。太祖微[⑩]使人从容问之,原曰:'吾闻国危不事冢宰[⑪],君老不奉世子[⑫],此典制也。'"

【注释】

①邴原:字根矩,北海朱虚(今山东临朐东)人。

②朱虚:县名。属北海郡(国),约在今山东临朐县。

③仓舒:即曹冲(公元196年~公元208年),字仓舒,东汉末年沛国谯(今安徽亳州)人,曹操之子,为环夫人所生。

④自容:谓自己得以容身。

⑤明公:旧时对有名位者的尊称,此指曹操。

⑥训典:指先王典制之书。

⑦向慕:向往仰慕。

⑧顺:裴松之注引《原别传》原文作"常"。

⑨自非：倘若不是。

⑩微：安安；悄悄。

⑪冢宰：周官名。为六卿之首，亦称太宰。

⑫世子：周朝天子、诸侯的嫡子称“世子”。

【译文】

邴原，字根矩，北海朱虚县人。太祖征召他为司空府属官。邴原的女儿去世早，当时太祖心爱的小儿子曹冲也去世了，太祖想将这两个孩子合葬，邴原推辞说：“（未成配偶）合葬是不符合礼制的。我之所以能在明公您这容身，您所以能接纳我邴原，是因为我能遵守先王的典制而不改变的缘故。如果我听从了您的命令，那就是一个凡夫俗子，明公您哪里还能用得着我呢？”于是，太祖打消了这个念头。[《邴原别传》上说：“魏太子曹丕做五官中郎将时，天下人都很向往敬仰，宾客很多，而唯有邴原坚守着道义保持像平常一样，倘若不是公事，绝不随便前去拜访。曹操悄悄派人从容的向他问及此事，邴原说：‘我听说国家危难时，不要侍从宰相一级的大官；君主年纪大时，不要去侍奉世子，这是古来的典章制度啊！’”]

【原文】

崔琰[①]，字秀珪，清河[②]人也。太祖领冀州牧[③]，辟为别驾从事[④]。太祖征并州[⑤]，留傅文帝于邺[⑥]。世子仍[⑦]出田猎[⑧]，变易服乘[⑨]，志在驱逐[⑩]。书谏曰：“盖闻盘于游田，《书》之所戒[⑪]；鲁隐观鱼，《春秋》讥之[⑫]。此周、孔之格言[⑬]，二经之明义也。今邦国殄瘁[⑭]，惠康[⑮]未洽，士女企踵[⑯]，所思者德。况公亲御戎马[⑰]，上下劳惨，世子宜遵大路[⑱]，慎以行正，思经国之高略[⑲]，深惟储副[⑳]，以身为宝。而猥袭虞旅之贱服[㉑]，忽驰骛[㉒]而陵崄[㉓]，志雉兔[㉔]之小娱，忘社稷之为重，斯诚有识所以恻心也。唯世子燔翳捐褶[㉕]，以塞[㉖]众望，不令老臣获罪于天。”世子报曰：“昨奉嘉命[㉗]，惠示雅教，欲使燔翳捐褶，翳已坏矣，褶亦去焉。后有此比，蒙复诲诸。”

【注释】

①崔琰（？～公元216年）：字季珪，清河东武城（今山东武城东北）人。东汉末年曹操部下。

②清河：郡名。

③太祖领冀州牧：建安九年，汉献帝以曹操领冀州牧。

④别驾从事：即别驾从事史，汉制，刺史属吏之长，因跟随刺史出巡时要另乘专车，故称别驾，三国因置。

⑤太祖征并州：并州，汉武帝元封中年置并州刺史部，为十三州部之一，领太原、上党等九郡。东汉时，并州始治晋阳。建安十八年（公元213年）并入冀州。魏黄初元年（公元220年）复置，领太原、上党、西河等六郡，仍治晋阳。

⑥邺:音页,古都邑名。春秋齐桓公始筑,战国魏文侯建都于此。

⑦仍:一再;频繁。

⑧田猎:打猎。

⑨服乘:指车马。

⑩驱逐:策马驰逐。

⑪盘于游田,书之所戒:《书·无逸》:"(周公曰)文王不敢盘于游田。"孔传:"文王不敢乐于游逸田猎。"盘,娱乐;欢乐。游田,亦作"游畋"。出游打猎。

⑫鲁隐观鱼,春秋讥之:《春秋·隐公五年》:"春,公矢鱼于棠。"杜预注:"矢鱼陈鱼,以示非礼也。"鲁隐,即鲁隐公,名息姑,鲁惠公的庶长子,鲁国第十三代国君。矢鱼,谓使渔人陈设渔具,观其捕鱼。

⑬格言:含有教育意义可为准则的话。

⑭殄瘁:困穷,困苦。

⑮惠康:加恩使之安乐。

⑯士女企踵:士女,泛指人民、百姓。企踵,踮起脚跟。多形容急切仰望之状。

⑰戎马:军马;战马。借指军队。

⑱大道:正道。

⑲经国之高略:经国,治理国家。高略,重大的谋略。

⑳储副:国之副君。指太子。

㉑猥袭虞旅之贱服:猥袭,谓降低身份而随意穿着。虞旅,狩猎之军卒。贱服,卑贱的服用之物。

㉒驰骛:亦作"驰鹜"。疾驰;奔腾。

㉓崄:同"险"。险要;危险。

㉔雉兔:野鸡和兔子。亦指猎取野鸡和兔子。

㉕燔翳捐褶:燔,音繁,焚烧。翳,音易,古时盛放弓箭的器具。捐,舍弃。褶,音习,裤褶服中的上衣。始为左衽骑服,后亦改为右衽,用作常服、朝服。

㉖塞:犹满足。

㉗嘉命:敬称别人的告语。

【译文】

崔琰,字季珪,清河郡人。太祖任冀州牧时,征召崔琰为别驾从事史。太祖征讨并州,把崔琰留在邺城辅佐文帝曹丕。曹丕常常外出打猎,改穿猎装骑上快马,一心想着追逐猎物。崔琰上书劝谏说:"我曾听说,乐于出游打猎,这是《尚书》中所告诫的;鲁隐公外出观看捕鱼,《春秋》中则予以讥讽。这是周公、孔子留下的格言,《尚书》《春秋》两经中的要旨。现今国家困苦,使人民安乐的恩惠尚未普遍的施与,百姓们踮起脚跟所盼望的,是实施德政。况且曹公亲自率军在外征战,上上下下的事都要他劳心费神,世子您应当遵行正道,谨慎的端正自己的行为,思虑治国的策略,深思您作为继承人的责任,爱惜自己的身体。而您却降低身份，穿上狩猎士兵的卑贱服装，快速地奔驰，登上危险之地，心里只想着猎取野鸡兔子之类的小娱乐，忘记了以国家社稷为重，这实在是有识之士之所以痛心的原因啊！希望世子您烧毁射猎的用具，舍弃打猎的服装，以满足众人的期望，不要让老臣得罪上天。"世子答复说："昨天接受到您的劝告，赐予我美好的教诲，您希望我烧毁射猎用具，舍弃打猎服装。现在打猎的用具已经毁掉了，猎装也已脱去。以后若有这类的错误，还希望您再次教诲我。"

【原文】

魏国初建，拜尚书。时未立太子，临灾侯植有才而爱。太祖狐疑[①]，以函令[②]密访于外。惟琰露板[③]答曰："盖闻《春秋》之义，立子以长。加五官将，仁孝聪明，宜承正统[④]，琰以死守之。"植，琰之兄女壻[⑤]也。太祖贵其公亮[⑥]，喟然叹息，迁中尉[⑦]。琰，甚有威重[⑧]，朝士瞻望[⑨]，而太祖亦敬惮[⑩]焉。《先贤行状》曰："琰清忠高亮[⑪]，雅识经远[⑫]，推方直道[⑬]，正色于朝。魏初载，委铨衡[⑭]，总齐清议[⑮]，十有余年。文武群才，多所明拔。朝廷归高[⑯]，天下称平矣。"琰荐扬训[⑰]。太祖为魏王，训发表褒述盛德。时人谓琰为失所举，琰与训书曰："省表，事佳耳！时[⑱]乎时乎，会当[⑲]有变。"时（旧无琰荐至变时四十三字，补之）有白[⑳]琰此书傲世[㉑]怨谤者，太祖怒，罚为徒隶[㉒]，使人视之，辞色无挠[㉓]。太祖令曰："琰虽见刑，而通宾客，门若市人，对宾客，虬须直视，若有所嗔[㉔]。"遂赐琰死。为世所痛惜，至今冤之。

【注释】

①狐疑：犹豫。
②函令：谓用信函下达命令。
③露板：亦作"露版"。指奏章。
④正统：旧指一系相承、统一全国的封建王朝。
⑤女壻：壻，古同"婿"。
⑥公亮：公正诚信。
⑦中尉：官名。
⑧威重：威严持重的神态、气度。
⑨朝士瞻望：朝士，朝廷之士。瞻望，仰望；仰慕。
⑩敬惮：犹敬畏。
⑪清忠高亮：清忠，清正忠诚。高亮，高尚忠正。
⑫雅识经远：雅识，高明的识见。经，量度；筹划。
⑬直道：犹正道。指确当的道理、准则。
⑭铨衡：指主管选拔官吏的职位。亦指主管选拔官吏的部门之长。
⑮总齐清议：总齐，犹统一。清议，对时政的议论：社会舆论。
⑯归高：犹推崇。

⑰扬训:《三国志·崔琰传》:"琰尝荐巨鹿杨训,虽才好不足,而清贞守道。
⑱时:时势。
⑲会当:该当;当须。含有将然的语气。
⑳白:上告。
㉑傲世:谓轻视世人。
㉒徒隶:刑徒奴隶,服劳役的犯人。
㉓辞色无挠:辞色,言辞和神色。无挠,比喻不屈服。
㉔虬须直视,若有所嗔:虬须,拳曲的胡子。直视,谓瞪目正视。

【译文】

魏国刚刚建立的时候,任命崔琰为尚书。当时尚未确立太子,临淄侯曹植因有才华而受到太祖宠爱。太祖犹豫不决,于是以信函的方式秘密的征求大臣们的意见。只有崔琰用不封口的书信公开答复说:"我听说《春秋》中的原则,是立年长的儿子作继承人,加上五官中郎将(曹丕)仁爱孝顺,聪慧贤明,应当继承正统为太子。我崔琰将誓死坚守这个原则。"曹植是崔琰哥哥的女婿,太祖赞赏崔琰的公正真诚,感叹不已,晋升他为中尉。崔琰很有威严持重的气度,朝廷官员都很敬仰他,而太祖对他也有几分敬畏。[《先贤行状》上说:"崔琰清廉忠诚,高尚正直,有着高明的识见和深远的考虑,遵行正道,上朝时神情庄重严肃。魏国建立之初,委任他为主管选拔官吏的长官,他汇集、整理大众对被选之人的评价,做了有十几年。文武大臣中的人才,很多都是他选拔的。朝廷对他很推崇,天下人也都称赞他公平。"]崔琰曾经举荐了杨训。后来太祖被封为魏王,杨训上表称赞太祖的盛德。当时的人认为崔琰举荐此人不当。崔琰写信对杨训说:"读了你的表文,此事很好啊!时势啊时势,一定会有变化的时候。"当时有人却报告说崔琰这封信傲视当世,有怨恨毁谤之意,于是太祖发怒,罚崔琰为刑徒奴隶。太祖派人去看他,而崔琰的言谈表情无丝毫屈服之意。太祖下令说:"崔琰虽然在服刑,却与宾客来往,门庭若市;接待宾客时手抚蜷曲的胡须,瞪目直视,好像有所愤恨。"于是赐崔琰死。此事令世人痛惜,至今为他感到冤屈。

【原文】

毛玠[①],字孝先,陈留[②]人也。为东曹掾[③],与崔琰并典[④]选举。其所用皆清正[⑤]之士,虽于时有盛名,而行不由本者,终莫得进。务以俭率[⑥]人,由是天下之士,莫不以廉节[⑦]自厉,虽贵宠之臣,舆服[⑧]不敢过度。太祖叹曰:"用人如此,使天下人自治,吾复何为哉!"文帝为五官将,亲自诣玠,属所亲眷[⑨]。玠答曰:"老臣以能守职,幸得免戾[⑩]。今所说人非迁次[⑪],是以不敢奉命。"魏国初建,为尚书仆射[⑫],复典选举。《先贤行状》曰:"玠雅亮[⑬]公正,在官清恪[⑭]。其典选举,拔贞实[⑮],斥华伪[⑯],进逊[⑰]行,抑党与。四海翕然[⑱],莫不厉行[⑲]。贵者无秽欲之累,贱者绝奸货之求,吏洁于上,俗移于下,民到于今称之。"崔琰既死,玠内不悦。后有白玠者:"出见黥面[⑳]反者,妻子没为官奴婢,玠言曰:'使天不雨者,盖由此也。'"太祖大怒,收玠付狱。

【注释】

①毛玠(? ~公元216年):玠,音介,字孝先,陈留平丘(今河南封丘)人,三国时期魏国大臣、政治家。官至东曹掾。

②陈留:郡名。汉武帝元狩元年(公元前122年)置陈留郡,属兖州。治所陈留县,共辖十七县。

③东曹掾:官名。汉制,丞相、太尉自辟掾吏分曹治事,有东曹掾,秩比四百石,月五十斛,初出督为刺史,后主二千石长吏及军吏的迁除。三国因之。

④典:掌管;主持。

⑤清正:廉洁公正;清白正直。

⑥率:指作为表率。

⑦廉节:指清廉的节操。

⑧舆服:车舆冠服与各种仪仗。古代车舆与冠服都有定式,以表尊卑等级。

⑨属以亲眷:属,委托,嘱咐。亲眷,谓亲近信爱的人。

⑩戾:罪行。

⑪迁次:谓依次提升官职。

⑫尚书仆射:秦始置,为少府属官。

⑬雅亮:正直诚信。

⑭清恪:廉洁恭谨。

⑮贞实:忠信诚实。

⑯华伪:虚浮诈伪。

⑰逊:谦虚;恭顺。

⑱翕然:指一致称颂。

⑲厉行:砥砺操行。

⑳黥面:于面额上刺字,以墨涅之。古代的一种肉刑。黥,音情。

【译文】

毛玠,字孝先,陈留郡人。曾任东曹掾,与崔琰一起主持选拔官吏之事。他所选用的都是清廉正直之士,一些即使在当时享有盛名,但行为却不安守本分的人,始终也得不到任用。他力求以俭朴的作风为人做出表率,因此天下的士人无不以廉洁的节操自我勉励,即使是位尊受宠的大臣,他们的车马服饰也不敢逾越礼制。太祖感叹地说:"用人能做到这样,使天下的人自己治理自己,我还要再做什么呢?"魏文帝曹丕任五官中郎将时,亲自去见毛玠,委托他为自己的亲信之人提升官位。毛玠回答说:"老臣我因为能够忠于职守,有幸得以不犯罪过。如今您所说的这个人不符合升迁的条件,因此我不敢遵行您的命令。"魏国刚刚建立的时候,毛玠任尚书仆射,再次主持选拔官员的事务。[《先贤行状》上说：毛玠诚信公正，为官廉洁恭谨。他主持选举事宜时，选拔忠信诚实之人，斥退虚浮诈伪之徒；进用有谦恭品行的人，抑制结党营私的人。四海之内一致称颂，人们没有不勉励自己操行的。高贵的人没有了贪财受贿的拖累，卑贱的人也断绝了偷奸行贿的贪求，在上官吏廉洁，这种风气传播到下面，直至现在百姓还称赞他。］崔琰被杀之后，毛玠心中不快，后来有人告发毛玠说："他外出去见一个受过黥面之刑的叛乱者。那人的妻子儿女都被没入官府成了奴婢，毛玠竟说：'使老天爷不下雨的原因，大概就是因为这个吧！'"太祖大怒，把毛玠逮捕入狱。

【原文】

大理钟繇诘玠[①]，玠辞曰："臣闻萧生缢死，因于石显[②]；贾子放外，谗在绛、灌[③]。白起赐剑于杜邮[④]，晁错致诛于东市[⑤]，伍员绝命于吴都[⑥]。斯数子者，或妒其前，或害其后。臣垂龆执[⑦]，累勤取官，职在机近[⑧]，人事所窜。属臣以私，无势不绝；语臣以冤，无细不理。青蝇横生[⑨]，为臣作谤，谤臣之人，势不在他。昔王叔、陈生争正王廷，宣子平理，命举其契[⑩]，是非有宜，曲直有所，《春秋》嘉焉，是以书之。臣不言此，无有时人。说臣此言，必有征要[⑪]。乞蒙宣子之辨，而求王叔之对。若臣以曲闻，即刑之日，方之安驷之赠[⑫]；赐剑之来，比之重赏之惠。谨以状对。"

【注释】

①大理钟繇诘玠：魏国初建，钟繇任大理。大理，掌刑法的官。

②萧生缢死，因于石显：萧生，即萧望之，字长倩。汉宣帝、元帝两朝重臣，著名经学家，汉元帝的老师。

③贾子放外，谗在绛灌：贾子，贾谊，西汉初年政论家、文学家。二十余岁被文帝召为博士。不到一年被破格提为太中大夫。后因遭群臣忌恨，被贬为长沙王的太傅。绛灌，指绛侯周勃和颍阴侯灌婴。

④白起赐剑于杜邮：白起，芈姓，白氏，名起，楚白公胜之后。战国时期秦国名将。郿（今陕西郿县东北）人，杰出的军事家、统帅。杜邮，古地名。在今陕西省咸阳市东。

⑤晁错致诛于东市：晁错，晁，音潮，西汉颍川人。汉文帝时任太常掌故，后历任太子舍人、博士、太子家令、贤文学。景帝时任御史大夫，曾上《削藩策》，建议景帝削弱诸侯国势力。后因七国之乱被腰斩于长安东市。东市，汉代在长安东市处决判死刑的犯人。

⑥伍员绝命于吴都：伍员，伍子胥，名员，字子胥，楚国人。春秋末期吴国大夫、军事家。伍子胥为报父兄之仇，从楚国逃入吴国，成为吴国倚重的大臣。吴王夫差时，太宰伯嚭进谗，诬陷伍子胥阴谋倚托齐国反吴。夫差听信谗言，赐伍子胥宝剑，令其自杀。

⑦垂龆执简：垂龆，亦作"垂髫"。指儿童或童年。髫，音条，儿童垂下的头发。执简，手持简册。

⑧机近：机密近要的地位。

⑨青蝇横生：青蝇，苍蝇。喻指谗佞。横生，意外地发生。

⑩昔王叔陈生，争正王廷，宣子平理，命举其契：宣子，范宣子，士丐，祁姓，范氏，名丐，其名范丐。因范氏为士氏旁支，故又称士丐。春秋时期晋国人，史称范宣子。平理，评断。

⑪征要：犹证据。要，核实之辞。

⑫方之安驷之赠：方，比拟；比喻。驷，古代一车套四马，因以称驾一车之四马或四马所驾之车。

【译文】

大理钟繇审问毛玠，毛玠回答："我听说，萧望之自杀，是因为石显的陷害；贾谊被贬至外地，是因为周勃、灌婴等人的毁；白起被秦王赐剑自刎于杜邮；晁错被斩首于东市；伍员命断于吴都。这几位人士的死，或是当面受人妒忌，或是背后遭人陷害。我年少时就手持简册（为政府办事），长期勤勉的工作而取得官职。如今我身居要职，牵涉到复杂的人事关系。有人以私事请托的，即使他再有权势我也会加以拒绝；有人将冤屈告诉我，即使再细微的事情我也会处理。进谗言的小人就如同苍蝇一样无端生事，对我进行诽谤，诽谤我的人，肯定不是其他人。过去王叔陈生在朝廷上（与伯舆）争辩，范宣子进行评断，他叫双方列出证据，这样判断是非曲直就有了相应的依据，《春秋》对此事表示赞许，所以记录了下来。我没有说过对朝廷不满的话，也就没有说这话的时间和当事人。说我说过这样的话，必定要有证据。我请求您能像范宣子那样明辨审查，请求让我像王叔那样能和状告我的人当面对质。如果我所说的歪曲事实，那么我在接受死刑时，会将其看作安车、驷马一样的馈赠；赐死的宝剑送来时，我会将它视为重赏一样的恩惠。谨以实情回答如上。"

【原文】

时桓楷[①]、和洽[②]进言救玠，玠遂免黜[③]，卒于家。孙盛曰："魏武于是失政刑[④]矣。《易》称'明折庶狱[⑤]'，传有'举直错枉'[⑥]。庶狱明则国无冤民，枉直[⑦]当则民无不服。未有征[⑧]青蝇之浮声，信浸润[⑨]之谮诉[⑩]，可以允厘[⑪]四海、唯清缉熙者也。昔汉高狱萧何，出复相之，玠之一责，永见摈放，二主度量，岂不殊哉！"

【注释】

①桓楷：桓阶，字伯绪，长沙临湘人。曾为曹操丞相府主薄、赵郡太守。曹丕继位后历任尚书令、侍中，晋封高乡亭侯，屡为曹氏父子出奇谋，被视为寄命之臣。后升任太常，晋封安乐乡侯。谥号"贞侯"。

②和洽：字阳士，汝南郡西平县人。

③免黜：罢免，黜退。多指免官。

④政刑：政令和刑罚。

⑤明折庶狱：语出《周易·贲卦》君子以明庶政，无敢折狱。

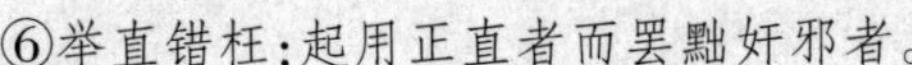

⑥举直错枉:起用正直者而罢黜奸邪者。

⑦枉直:曲与直。比喻是非、好坏。

⑧征:取信。

⑨浸润:逐渐渗透。引申为积久而发生作用。

⑩谮诉:谗毁攻讦。

⑪允厘:谓治理得当。

【译文】

当时桓阶、和洽都进言营救毛玠,毛玠便被免官,后来死于家中。[孙盛说:“魏武帝在这件事上有失政令和刑罚的公正。《易经》上讲:‘君子要修明政事,不能够以威刑断狱。’《左传》上讲:‘起用正直者而罢黜奸邪者。’判决案子公正严明,国家就没有被冤枉的人;是非曲直处理得当,民众就没有不顺服的。没有取信于像苍蝇一样的谗言、听信积久而生的毁谤,却可以治理好天下、达到太平光明的。以前汉高祖刘邦把萧何投入监狱,释放后又让他担任相国;而毛玠被责罚一次,就永远被摈弃不用了。这两位君主的器量,难道不是相差太远了吗?”]

【原文】

徐奕[1],字季才,东莞[2]人也。太祖辟东曹。属[3]丁仪[4]等见宠于时,并害之,而奕终不为动。《傅子》曰:武皇帝,至明也。崔琰、徐奕,一时清贤[5],皆以忠信显于魏朝。丁仪间[6]之,徐奕失位,而崔琰被诛。

【注释】

①徐奕(? ~公元216年):字季才,曹魏大臣。

②东莞:卢弼注:“郡国志:‘徐州琅邪国东莞。’谦曰:‘汉末置郡,三国魏末废郡,还属琅邪。通鉴胡注,魏既分而复合于琅邪,晋又分置,说与魏氏春秋亦合,今从之。晋志改属东莞郡。一统志,故城今山东沂州府沂水县治。’”

③东曹属:官名。汉制,丞相、太尉掾吏,其正职称掾,副职称属,皆比二百石。

④丁仪(? ~公元220年):字正礼,沛国(治今安徽濉溪西北)人。有文才,擅长政论。建安中,曹操辟为丞相西曹椽。与曹植亲善。

⑤清贤:清正贤良。

⑥间:毁谤。

【译文】

徐奕,字季才,东莞郡人。太祖任命他为东曹属官。当时丁仪等人受宠,一起陷害他,而徐奕始终没有动摇屈服。[《傅子》说:“魏武帝曹操是非常英明的。而崔琰、徐奕是一代清正贤良之人,都以忠诚信实显扬于魏国。只可惜丁仪毁谤、中伤他们,于是徐奕丢了官位，而崔琰也被诛杀。”]

【原文】

鲍勋[①]，字叔业，泰山[②]人也。为中庶子[③]。出为魏郡西部都尉[④]。太子郭夫人弟[⑤]，断盗官布[⑥]，法应弃市[⑦]。太子数手书[⑧]为之请，勋不敢擅纵，具列上。勋前在东宫，守正不挠[⑨]，太子固不能悦，及重此事，恚望[⑩]滋甚。延康元年[⑪]，勋兼侍中[⑫]。文帝受禅[⑬]，勋每陈：“今之所急，唯在军农，宽惠百姓。台榭苑囿，宜以为后。”帝将出游猎，勋停车[⑭]上疏曰：“臣闻五帝三王[⑮]，靡不明本立教，以孝治天下。陛下仁圣恻隐，有同古烈[⑯]。臣冀当继踪[⑰]前代，令万世可则也。如何在谅暗[⑱]中，修驰骋[⑲]之事乎？臣冒死以闻，唯陛下察焉。”帝手毁其表，而竟行猎。

【注释】

①鲍勋（？～公元226年）：字叔业，泰山平阳（今山东新泰）人。三国时期曹魏官员，官至宫正（御史中丞），后被贬为治书执法。

②泰山：郡名。治奉高，在今山东泰安东北。

③为中庶子：建安二十二年，曹丕被立为太子，以鲍勋为中庶子。

④魏郡西部都尉：魏郡，郡名。汉高帝十二年（公元前195年）置魏郡，辖十八县，东汉辖五县，郡治都在邺，属冀州。

⑤太子郭夫人弟：其名未详，任曲周县吏。太子，指曹丕。郭夫人，即后来之文德郭皇后。

⑥断盗官布：断盗，犹言从中盗窃，贪污中饱。官布，古代官府的钱币。

⑦弃市：本指受刑罚的入皆在街头示众，民众共同鄙弃之，后以“弃市”专指死刑。

⑧手书：亲手作书；亲笔书写。

⑨守正不挠：形容为人、做事坚守正道而不屈从。

⑩恚望：怨望，怨恨。

⑪延康元年：公元220年。汉献帝刘协的第六个年号，共计七个月，为东汉的最后一个年号。

⑫勋兼侍中：《三国志·鲍勋传》：“延康元年，太祖崩，太子即王位，勋以驸马都尉兼侍中。”

⑬受禅：王朝更迭，新皇帝承受旧帝让给的帝位。

⑭停军：使车停下。

⑮五帝三王：五帝，上古传说中的五位帝王，说法不一。一说为：黄帝（轩辕）、颛顼（高阳）、帝喾（高辛）、唐尧、虞舜。三王，指夏、商、周三代之君。夏禹、商汤、周文王（或者周武王）。

⑯古烈：前代的义烈之士。

⑰继踪：继承前人的踪迹。

⑱谅暗：亦作“谅阴”。借指居丧。

⑲驰骋：驰射；田猎。

【译文】

鲍勋，字叔业，泰山郡人，为中庶子，后出任魏郡西部都尉。太子郭夫人的弟弟（为曲周县官吏），贪污盗窃官钱，按法律当被弃市。太子多次亲自写信给鲍勋为郭夫人的弟弟求情。鲍勋不敢擅自释放，就把情况详细的上报。鲍勋之前在东宫任职时，刚正不阿，太子本来就不高兴，加上现在这件事，就更加深了对他的怨恨。延康元年，鲍勋兼任侍中。文帝接受汉献帝的禅让而称帝，鲍勋常常陈述说：“当今的急务，在于军事、农业，对百姓要宽厚慈惠，楼台园林的兴建，应该放在后面。”文帝将出游打猎，鲍勋拦住车子，上奏说：“臣听说五帝三王，无不明确治国根本，树立教化，以孝道治理天下。陛下仁慈圣明，心怀怜悯，如同古代的明君。臣希望您能继承前代圣王的行谊，让后世万代都能效法您。怎么能在居丧守孝期间，去做打猎的事呢？臣冒着死罪向您进言，希望陛下明察。”文帝亲手撕毁了鲍勋的奏章，竟自出去打猎。

【原文】

中道顿息[①]，问侍臣曰：“猎之为乐，何如八音也[②]？”侍中刘晔[③]对曰：“猎胜于乐。”勋抗辞[④]曰：“夫乐，上通神明，下和人理[⑤]，隆治致化，万邦咸乂[⑥]。故移风易俗，莫善于乐。况猎，暴华盖[⑦]于原野，伤生育之至理，栉风沐雨[⑧]，不以时隙[⑨]哉？昔鲁隐观渔于棠，《春秋》讥之。虽陛下以为务，愚臣所不愿也。”因奏：“刘晔佞谀[⑩]不忠，阿顺[⑪]陛下过戏[⑫]之言，昔梁丘据取媚于遄台[⑬]，晔之谓也。请有司议罪，以清皇朝[⑭]。”帝怒作色[⑮]，还，即出勋为右中郎将[⑯]。

【注释】

①中道顿息：中道，半途；中途。顿息，停留休息。

②何如八音也：何如，何似，比……怎么样。八音，我国古代对乐器的统称，通常为金、石、丝、竹、匏、土、革、木八种不同质材所制。泛指音乐。

③刘晔：字子扬，淮南成德（今安徽寿州东南）人，三国时期魏国重要谋臣，曹氏三代重臣、战略家，官拜太中大夫。

④抗辞：犹严辞。

⑤人理：做人的道德规范。

⑥乂：音易，安定。

⑦华盖：帝王或贵官车上的伞盖。

⑧栉风沐雨：风梳发，雨洗头。形容奔波劳苦。栉，音至。

⑨时隙：谓农闲。

⑩佞谀：以美言奉承讨好。

⑪阿顺:阿谀随顺。

⑫戏:开玩笑。

⑬昔梁丘据取媚于遄台:梁丘据,春秋齐景公时大臣。取媚,犹讨好。遄台,遄,音船,又称歇马台,在今山东临淄附近。

⑭皇朝:封建时代对本朝的尊称。也称国朝。

⑮作色:脸上变色。指神情变严肃或发怒。

⑯右中郎将:西汉始置,秩比二千石、主右中郎署,职隶光禄勋。

【译文】

中途休息时,(文帝)问身边的侍臣说:"打猎的快乐与听音乐相比怎么样?"侍中刘晔回答道:"打猎的乐趣胜过听音乐。"鲍勋态度严厉地说:"音乐,上能通达神明,下与做人之道相和谐,可使政治兴隆,教化大行,天下安定。所以改变风气习俗,没有比用音乐教化更好的了。何况打猎之事,使帝王之尊暴露在原野中,损害生物繁衍的天理,风吹雨淋,不按照四时有间隙的进行呢?过去,鲁隐公到棠地去观看捕鱼,《春秋》中对此事进行了批评。即使陛下将打猎当作要事,愚臣却不希望您这样做啊!"接着又上奏:"刘晔谄媚不忠,阿谀顺从陛下过分玩笑的话。过去梁丘据曾疾驰至遄台以讨好齐景公,刘晔就是这样的人。请有关部门议定他的罪过,以使皇朝清净。"文帝发怒,脸色大变(停止打猎回朝),随即让鲍勋改任右中郎将。

【原文】

黄初四年①,尚书令陈群、仆射②司马宣王③,并举勋为宫正④。帝不得已⑤而用之,百寮严惮⑥,罔不肃然⑦。六年,帝欲征吴,群臣大议⑧,勋面谏⑨以为不可。帝益忿之,左迁⑩勋为治书执法⑪。帝从寿春⑫还,屯陈留郡界⑬。太守孙邕⑭见,出过⑮勋。时营垒⑯未成,但立标埒⑰,邕邪行⑱不从正道,军营令史⑲刘曜欲推⑳之,勋以堑垒㉑未成,解止㉒不举。大军还洛阳,曜有罪,勋奏绌遣㉓,而曜密表勋私解邕事。诏曰:"勋指鹿作马㉔,收付廷尉㉕。"廷尉法议㉖:"正刑五岁㉗。"三官驳㉘:"依律罚金二斤。"帝大怒曰:"勋无活分㉙,而汝等敢纵之!收三官以下付刺奸㉚,当令十鼠同穴㉛。"大尉钟繇、司徒华歆等并表"勋父信㉜有功于太祖",求请勋罪。帝不许,遂诛勋。勋内行㉝既修,廉而能施,死之日,家无余财。莫不为勋叹限。

【注释】

①黄初四年:公元223年。

②仆射:官名。秦始置,汉以后因之。

③司马宣王:即司马懿。

④宫正:魏初,曾改御史中丞为正,后复旧。

⑤不得已:《三国志·鲍勋传》原文作"不得已"。

司马懿

⑥严惮:畏惧;害怕。

⑦罔不肃然:罔,无,没有。肃然,恭敬貌。

⑧大议:朝廷集议国家大事。

⑨面谏:当面直言规劝。常用于臣对君。

⑩左迁:降官,贬职。

⑪治书执法:卢弼注引《晋书·职官志》:"魏置治书执法,掌奏劾。"

⑫寿春:县名。东汉置,约在今安徽寿县附近。

⑬郡界:谓郡治范围之内。

⑭孙邕:邕,音庸,生卒年不详,青州乐安(今广饶县)人。以儒雅知名于世。

⑮过:前往拜访。

⑯营垒:军营周围的防御建筑物;堡垒。

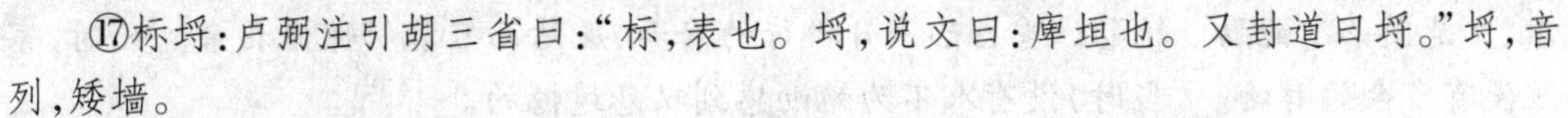

⑰标埒:卢弼注引胡三省曰:"标,表也。埒,说文曰:庳垣也。又封道曰埒。"埒,音列,矮墙。

⑱邪行:斜向行进。

⑲军营令史:卢弼注引《续百官志》:"大将军令史及御属三十一人。"

⑳推:推究;审问。

㉑堑垒:深壕高垒的防御工事。堑,音欠。

㉒解止:休止。

㉓绌遣:贬逐。绌,音触,通"黜"。

㉔指鹿作马:亦作"指鹿为马",比喻有意颠倒黑白,混淆是非。

㉕收付廷尉:收付,谓拘捕罪犯,交付案办。廷尉,官名。秦始置,九卿之一,掌刑狱。汉初因之,秩中二千石。景帝时改称大理,武帝时复称廷尉。东汉以后,或称廷尉,或称大理,又称廷尉卿。

㉖法议:根据法律议罪。

㉗正刑五岁:卢弼注引胡三省曰:"正,结正也。五岁刑,髡钳为城旦舂。"

㉘三官驳:三官,古代三种官的合称。

㉙活分:活命的权利。

㉚刺奸:督察奸吏。后为行使此种职责的官名。汉王莽始设,东汉、魏、晋因之。其权限有别。

㉛十鼠同穴:比喻把坏人集中于一处,以便一举歼灭。

㉜勋父信:即鲍信(? ~192年),泰山平阳(今山东新泰)人。东汉末年济北相,讨伐董卓的诸路人马之一。

㉝内行:平日家居的操行。

【译文】

黄初四年,尚书令陈群、仆射司马懿一同举荐鲍勋为宫正(即御史中丞),文帝不得已而任用了他,百官都很畏惧,无不规规矩矩。黄初六年,文帝想征讨孙吴,与群臣共同商议,鲍勋当面直谏,认为不可,文帝更加怨恨他,将鲍勋贬为治书执法。文帝从寿春返回,驻军在陈留郡境内。陈留太守孙邕前去进见文帝,出来后去拜访鲍勋。当时营垒尚未建成,只立了营外矮墙做标识,孙邕斜着穿过营地而没有走正路,军营令史刘曜想要追究此事,鲍勋以营垒尚未建成为由,就劝止了他而没有举报。大军返回洛阳后,刘曜犯了罪,鲍勋上奏应将他贬官放逐,而刘曜秘密的上奏了鲍勋私下为孙邕开脱一事。文帝下诏:"鲍勋指鹿为马,予以逮捕,交给廷尉查办!"廷尉依法议罪:"判处髡钳之刑并服劳役五年。"廷尉三官反驳说:"依照律法应判罚金二斤。"文帝大怒说:"鲍勋没有活命的道理,你们竟敢宽纵他!逮捕三官以下的人员交付刺奸处治,要把他们一起处死!"太尉钟繇、司徒华歆等人一同上奏说:"鲍勋的父亲鲍信对太祖有功,请求赦免鲍勋的死罪。"文帝不准,于是便杀了鲍勋。鲍勋注重自己平日操行的修养,廉洁而且能够慷慨施舍。死时,家里没有多余的财物。(当时)没有人不为鲍勋感到叹息遗憾的。

【原文】

王朗[①],字景兴,东海[②]人也。文帝即王位[③],迁御史大夫[④]。上疏劝育民省刑曰:"《易》称敕法[⑤],《书》著祥刑[⑥],慎法狱之谓也。昔曹相国以狱市为寄[⑦],路温舒疾治狱之吏[⑧]。夫治狱者得其情,则无冤死之囚;丁壮[⑨]者得尽地力[⑩],则无饥馑之民;穷老者得仰食[⑪]仓廪,则无馁饿之殍[⑫];嫁娶以时,则男女无怨旷之恨;胎养[⑬]必全,则孕者无自伤之哀;新生必复[⑭],则孩者无不育之累[⑮];壮而后役,则幼者无离家之思;二毛[⑯]不戎,则老者无顿伏[⑰]之患。医药以疗其疾,宽繇[⑱]以乐其业,威罚[⑲]以抑其强,恩仁以济其弱,赈贷[⑳]以赡其乏。十年之后,既笄[㉑]者必盈巷;二十年之后,胜兵者必满野矣。"

【注释】

①王朗(? ~公元228年):本名王严,字景兴,东海郯(今山东郯城西北)人。三国时期名士,仕于曹魏,官至司徒、兰陵侯,与钟繇、华歆并为三公。

②东海:郡名。秦置。楚汉之际也称郯郡。

③文帝即王位:汉献帝延康元年(公元220年),曹操去世,曹丕即位为魏王。

④御史大夫:官名。秦置。汉因之,为御史台长官,地位仅次于丞相,掌管弹劾纠察及图籍秘书。

⑤敕法:整饬法令。

⑥祥刑:同"详刑"。谓善用刑罚。

⑦曹相国以狱市为寄:曹相国,即曹参,西汉开国功臣,曾继萧何之后任相国。

⑧路温舒疾治狱之吏:卢弼注引《汉书·路温舒传》:"温舒字长君,巨鹿东里人。宣

帝即位，温舒上书，宜尚德缓刑。”

⑨丁壮：强壮，健壮。

⑩地力：土地的出产能力。

⑪仰食：依靠他人而得食。

⑫馁饿之殍：馁饿，饥饿。殍，饿死的人。

⑬胎养：养育。

⑭复：谓免除徭役或赋税。

⑮累：忧患。

⑯二毛：斑白的头发。常用以指老年人。

⑰顿伏：犹跌倒。

⑱宽繇：减轻徭役。

⑲威罚：刑罚。

⑳赈贷：救济。

㉑笄：指女子十五岁成年。

【译文】

王朗，字景兴，东海郡人。文帝即位为魏王，王朗升任御史大夫。他上书劝谏文帝要抚育百姓，减免刑罚，说：“《周易》上说要整饬法令，《尚书》中写着要慎用刑罚，说的就是要谨慎的对待法令和刑罚。过去，汉相国曹参（嘱咐继任者）将（齐国的）狱市作为一些人行为的寄托之处；路温舒也曾憎恶那些审理案件的酷吏。如果审理案件的人能获得真实的案情，那么就没有冤死的囚犯；健壮的男子能充分利用土地的潜力，那么就没有遭受灾荒的百姓；贫穷年老的人能得到国家救济的粮食，那么就没有被饿死的人；让人们按适婚年龄进行嫁娶，那么男女就不会有无妻无夫的怨恨；胎儿的养育都能保障，那么怀孕的妇女就没有自伤其身的哀叹；对有新生儿的家庭一定免除徭役，那么婴儿就没有无人养育的忧患；人到健壮后再服劳役，那么年幼的人就不会有离家的乡思；年迈的人不再从军当兵，那么老年人就不会有跌倒（在行军路上）的担忧；用医药治疗人民的疾病，宽减徭役使百姓安居乐业；用刑罚来抑制豪强，用恩惠、仁爱来帮助弱者，发放救济钱粮来供给贫乏。这样，十年之后，已然成年的女子必定会充满街巷；二十年之后，能够当兵参战的人必定会遍布乡野了。”

【原文】

文帝践祚[①]，改为司空，时帝颇出游猎，或昏夜[②]还宫，朗上疏曰：“夫帝王之居，外则饰周卫[③]，内则重禁门[④]，将行则设兵而后登舆[⑤]，清道而后奉引[⑥]，遮列而后转毂[⑦]，静室而后息驾[⑧]，皆所以显至尊、务戒慎、垂法教[⑨]也。近日车驾[⑩]出临捕虎，日昃[⑪]而行，及昏而反，违警跸[⑫]之常法，非万乘[⑬]之至慎也。”帝报曰：“览表，虽魏绛称虞箴以讽晋悼[⑭]，相如陈猛兽以戒汉武[⑮]，未足以喻。方今二寇未殄[⑯]，将帅远征，故时入原野以习戎备，至于夜还之戒,辄诏有司施行。”

【注释】

①践祚:亦作“践阼”“践胙”,即位;登基。

②昏夜:黑夜。

③周卫:环卫,禁卫。

④禁门:宫门。

⑤设兵而后登舆:设兵,设置军队;布置军队。舆,车。

⑥清道而后奉引:清道,又称净街。清除道路,驱散行人。旧时常于帝王、官员出行时行之。奉引,为皇帝前导引车。

⑦遮列而后转毂:遮列,列队遮拦。转毂,飞转的车轮。比喻行进迅速。

⑧静室而后息驾:静室,古代天子行幸,对所居宫室先派人清扫和检查,以保持洁净并防止意外。息驾,停车休息。

⑨法教:法制教化。

⑩车驾:帝王所乘的车。亦用为帝王的代称。

⑪日昃:太阳偏西,约下午二时左右。昃,音仄。

⑫警跸:指古代帝王出入时,于所经路途侍卫警戒,清道止行。跸,音必。

⑬万乘:指天子;帝王。

⑭魏绛称虞箴以讽晋悼:魏绛,姬姓,魏氏,名绛,谥号为庄,故史称“魏庄子”,晋悼公时曾任司马。虞箴,右代虞人为戒田猎而作的箴谏之辞。晋悼,晋悼公,姬姓,晋氏,名周,一名纠,称晋周。在位期间惩乱任贤,整顿内政,是晋国霸业的复兴者。

⑮相如陈猛兽以戒汉武:相如,即司马相如,字长卿,蜀郡(今四川省南充人)。西汉大辞赋家。

⑯殄:音舔,灭绝。

【译文】

文帝称帝后,王朗改任司空。当时文帝常常外出打猎,有时到黑夜才回宫。王朗上疏说:“帝王的住处,外面设有禁卫,里面有重重宫门。将要出行时,要设好卫队之后才上车,清除道路之后再导引前行,列队遮护帝王的车驾之后再转动车轮,清洁好宫室然后再停车休息。这些都是用来显示帝王至高无上的尊严,力求警惕谨慎,垂示礼法教化的。近日,陛下出外捕虎,午后出发,到了天黑才返回,违背了帝王出行警戒清道的常规,也不是君王格外谨慎的做法啊!”文帝答复说:“看了你的上奏,即使是魏绛引用虞人的箴言来劝谏晋悼公;司马相如陈述射猎猛兽的危险以告诫汉武帝,也不足以和您说的相比。现在吴、蜀二敌还未消灭,将帅都在远方征战,所以我要时常进入原野以练习战备。至于不应该夜晚才返回的告诫,已经下诏有关部门施行了。”

【原文】

子肃[1]，字子雍，拜散骑常侍[2]。上疏陈政本[3]曰："夫除无事[4]之位，损不急之禄，止浮食[5]之费，并[6]从容之官，使官必有职，职任其事，事必受禄，禄代其耕，乃往古之常式[7]，当今之所宜也。官寡而禄厚，则公家之费鲜、进仕[8]之志劝。各展才力，莫相倚杖，敷奏[9]以言，明试[10]以功，能之与否，简在帝心矣。"

【注释】

①子肃：王朗之子王肃（公元195年~公元256年），字子雍，东海郡人。魏国儒家学者，著名经学家。

②散骑常侍：官名。秦汉设散骑（皇帝的骑从）和中常侍，三国魏时将其并为一官，称"散骑常侍"。在皇帝左右规谏过失，以备顾问。

③政本：为政的根本。

④无事：无所事事。

⑤浮食：多谓不事耕作而食。

⑥并：通"屏"。屏弃。

⑦常式：法式；常规。

⑧进仕：晋升为官。

⑨敷奏：陈奏，向君上报告。

⑩明试：明白考验。

【译文】

王朗的儿子王肃，字子雍，任散骑常侍。他上疏陈述为政的根本，说："废除无实事可做的职位，减少并不急需的禄位，停发供养冗员的费用，裁减悠闲无事的官员；使当官者必有职责，有职责就要承担相应的事务，承担事务必定要发给俸禄，以俸禄替代其耕作，这是自古以来的常规，也是当今所应实施的制度。官员的数量少而俸禄优厚，那么国家的费用就会减少，人们入仕为官的志愿也就可以得到鼓励。官吏各自施展其才能，就不会相互依赖推诿。让他们陈奏各自的政务，考核他们的政绩，官员是否贤能，陛下的心里就会很清楚了。"

【原文】

景初间，宫室盛兴，民失农业，期信不敦[1]，刑杀仓卒。肃上疏曰："大魏承百王之极[2]，生民无几，干戈未戢[3]，诚宜息民[4]而惠之，以安静遐迩[5]之时也。夫务蓄积而息疲民，在于省徭役[6]勤稼穑[7]。今宫室未就，功业未讫[8]，运漕调发[9]，转相供奉，是以丁夫[10]疲于力作，农者离于南亩[11]。今见作者三四万人。九龙[12]可以安圣体，其内足以列六宫[13]，显阳之殿，又向[14]将毕，惟太极已前，功夫尚大，方向盛寒，疾疢[15]或作。诚愿陛下发德音[16]，下明诏，深愍役夫之疲劳，厚矜兆民之不赡，取常食廪[17]之士，非急要[18]者之用，选其丁壮，择留万人，使一期而更之，咸知息代有日，则莫不悦以即事，劳而不怨矣。"

【注释】

①期信不敦：期信，约定的时间。敦，笃实。

②百王之极：百王，历代帝王。极，困窘。

③干戈未戢：干戈，指战争。戢，音集，收藏兵器，引申指停止战争。

④息民：谓使人民得到休养生息。

⑤遐迩：远近。

⑥徭役：古代官方规定的平民（主要是农民）成年男子在一定时期内或特殊情况下所承担的一定数量的无偿社会劳动。

⑦稼穑：耕种和收获。泛指农业劳动。

⑧讫：完毕。

⑨运漕调发：运漕，谓由水路运粮。调发，征调；征发。

⑩丁夫：壮健的男子。

⑪南亩：谓农田。南坡向阳，利于农作物生长，古人田土多向南开辟，故称。

⑫九龙：即九龙殿。

⑬六宫：古代皇后的寝宫，正寝一，燕寝五，合为六宫。

⑭向：面临；将近。

⑮疾疢：病害。疢，音趁。

⑯德音：犹德言，指合乎仁德的言语、教令。

⑰廪：音林，三声，俸米。

⑱急要：犹紧要。

【译文】

景初年间，大规模的兴建宫室，人民无法从事农业生产，官府所约定的服劳役的期限不能兑现，刑罚杀戮仓促草率。王肃上疏说："大魏承继于历代帝王之后的危困时期，幸存下来的百姓没有多少，战争还没有停止，实在应让人民休养生息，施予他们恩惠，以稳定远近的时局。要想致力于积聚储存而使疲惫的百姓得以休息，就在于减少徭役而勤于农作。现今宫殿没有修好，统一天下的大业还没有完成，要从水路征调运送粮食，辗转供给。因此服劳役的壮丁因繁重的劳作而疲惫不堪，农民离开了他们的田地。现在修建皇宫的劳工有三、四万人，已完工的九龙殿可以让陛下的圣体安居，里面足以安置六宫妃嫔；显阳殿也将要完工，只有太极殿的前面，工程还很大。眼下正日近严冬，疾病时有发生，实在希望陛下发布仁德之言，颁布英明之诏，深深怜悯劳工们的疲惫辛劳，多多同情广大百姓的困乏不足。选取平常吃公粮的士兵，还有那些没有紧急事务的劳力，挑选其中强壮的，择取留下一万人，让他们干满一年就可以更换。这样，人们都知道休息、替换有固定时日，就没有人不高高兴兴的去做事，即使感到劳累也不会有怨恨了。”

【原文】

“夫信之于民，国家大宝也。仲尼曰：‘自古皆有死，民非信不立[1]。’夫区区之晋国[2]，微微之重耳[3]，欲用其民，先示以信，用能一战而霸，于今见称[4]。前车驾当幸洛阳，发民为营，有司命以营成而罢。既成，又利其功力[5]，不以时遣。有司徒营其目前之利，而不顾经国之体。臣以为自今以后，傥复使民，宜明其令，使必如期[6]。若有事以次，宁复更发[7]，无或[8]失信。凡陛下临时之所行刑[9]，皆有罪之吏、宜死之人也。然众庶不知，谓为仓卒。故愿陛下下之于吏而暴[10]其罪。钧[11]其死也，无使污于宫掖[12]而为远近所疑。且人命至重，难生易杀，气绝而不续者也，是以圣王重之。孟轲称，‘杀一无辜以取天下，仁者不为也[13]。’汉时有犯跸[14]惊乘舆[15]马者，廷尉张释之[16]奏使罚金，文帝怪其轻，而释之曰：”方其时，上使诛之则已，今下廷尉。廷尉，天下之平也，一倾之，天下用法皆为轻重，民安所措手足哉？’臣以为大失其义，非忠臣所宜陈也。廷尉者，天子之吏也，犹不可以失平，而天子之身，反可以惑谬[17]乎？斯重于为己，而轻于为君，不忠之甚也。周公曰：‘天子无戏言。’言犹不戏，而况行之乎？故释之之言，不可不察；周公之戒，不可不法也。”

【注释】

①自古皆有死，民非信不立：语出《论语·颜渊》：“子贡问政，子曰：‘足食，足兵，民信之矣。’子贡曰：‘必不得已而去，于斯三者，何先？’曰：‘去兵。’子贡曰：‘必不得已而去，于斯二者，何先？’曰：‘去食。自古皆有死，民无信不立。’”

②区区之晋国：区区，小，形容微不足道。晋国，国名，周成王封弟叔虞于尧之故墟唐，南有晋水，至叔虞子燮父改国号晋。

③微微之重耳：微微，渺小。重耳，即晋文公，姬姓，名重耳，谥号曰“文”，春秋中前期晋国国君，晋献公之子，晋惠公之兄。

④见称：受人称誉。

⑤功力：指雇工。

⑥如期：按照约定的期限；至期。

⑦发：征发；征调。

⑧无或：不要。

⑨行刑：执行刑罚，多指执行死刑。

⑩暴：显露。

⑪钧：通“均”，相同。

⑫宫掖：指皇宫。掖，掖庭，宫中的旁舍，嫔妃居住的地方。

⑬杀一无辜以取天下，仁者不为也：语出《孟子·公孙丑》：“行一不义，杀一不辜，而得天下，皆不为也。”

⑭犯跸：冲犯皇帝的车驾。

⑮乘舆：亦作“乘轝”，古代特指天子和诸侯所乘坐的车子。

⑯张释之：字季，生卒年月不详，西汉南阳堵阳（今河南方城东）人。曾事汉文帝、汉景帝二朝。

⑰惑谬：迷乱。

【译文】

“取信于民，是一个国家最宝贵的财富。孔子说：‘自古以来，人都免不了死亡，如果失去了百姓的信任，国家是建立不起来的。’像区区的一个晋国，小小的一个重耳，想要使用他的人民，还要先让大家看到他的信用，所以能够一战而称霸，至今还受到人们的称赞。之前陛下要到洛阳，征调百姓修建行营，有关部门下令说行营建成后就结束劳役。但是行营建成后，又贪图使用这些民工。没有按时让他们回去。有关官员只知道谋取眼前利益，却不顾及治理国家的根本。臣认为从今以后，倘若再使用民力，应该申明有关的命令，一定要让他们如期返回。如果接着还有别的事情，宁可再重新征调，也不要失信于民。凡是陛下临时判处死刑的人，都是些有罪的官员，应该处死的人。但是百姓不知道其中的情况，认为（这些人）是被仓促处死的。所以希望陛下将这些人交付司法之官处理，公布他们的罪行，同样是将其处死，但不要让朝廷受到玷污而被远近的人们所怀疑。而且人命最为重要，让人活着困难而杀死人却容易，断了气就无法继续活着了，因此圣明的君王对这一点很重视。孟子说，‘即使杀一个无辜的人便能够获得天下，仁德之人也是不会做的。’汉朝时有人冲犯了文帝的车驾，使驾车的马受惊，廷尉张释之上奏应判处此人交纳罚金。汉文帝责怪他处罚过轻。而张释之却说：‘当抓住此人时，圣上派人将他杀了也就算了。现在交给了廷尉，廷尉是天下公平执法的代表，如果一有偏差，天下执法之人都会受其影响，百姓又当怎么做才好呢？’臣认为他的话大失为臣之道，不是忠臣所应该说的。廷尉是天子的官吏，尚且不可以失去公平，难道天子本身，反而可以迷惑而随意杀人吗？这种话偏重在为自己着想，却忽视了为君主着想，是极不忠诚的行为。周公说：‘天子不说开玩笑的话。’说话尚且不能开玩笑，何况是行动呢？所以对张释之的话不可不明察，对周公的告诫不可不遵循。”

【原文】

帝尝问曰：“汉桓帝[①]时，白马令李云[②]上书言：‘帝者，谛[③]也。是帝欲不谛。’当何得不死？”肃对曰：“但为言失逆顺[④]之节，原其本意，皆欲尽心，念存补国。且帝者之威，过于雷霆，杀一匹夫，无异蝼蚁，宽而宥[⑤]之，可以示容受切言[⑥]，广德宇[⑦]于天下。故臣以为杀之，未必为是也。”

【注释】

①汉桓帝（公元132年~公元167年）：刘志，汉章帝曾孙，被梁冀等迎立为帝。

②李云：东汉官员。

③谛：细察。

④逆顺：逆与顺。多指臣民的顺与不顺，情节的轻与重，事理的当与不当等。

⑤宥：宽恕；赦免。

⑥切言：犹直言。

⑦德宇：德泽恩惠的庇荫。

【译文】

明帝曾问王肃说："汉桓帝的时候，白马县令李云上书说：'帝，是审谛万物的意思。（朝政如此混乱）这是皇帝不想审谛万物了吗？'当时李云怎么没有被处死呢？"王肃回答说："李云只是说话上有失顺逆的分寸，推究其本意，都是想尽自己的忠心，念念不忘弥补国事的缺失。况且帝王的威严，比雷霆还要厉害，杀死一个普通人，跟杀死一只蚂蚁没有什么两样。宽恕赦免李云这样的人，可以表明自己能够容纳接受直言劝谏，让帝王的恩德庇荫整个天下。所以臣下认为处死李云未必正确。"

【原文】

程昱[①]，字仲德，东郡[②]人也。孙晓[③]字季明，嘉平[④]中，为黄门侍郎[⑤]。时校事放横[⑥]，晓上疏曰："《周礼》[⑦]云：'设官分职，以为民极[⑧]。'春秋传曰："天有十日[⑨]，人有十等[⑩]。'愚不得临贤，贱不得临贵。于是并建圣哲[⑪]，明试以功，各修厥[⑫]业，思不出位[⑬]。故栾书欲拯晋侯，其子不听[⑭]；死人横于街路，邴吉不问[⑮]。上不责[⑯]非职之功，下不务分外之赏；吏元兼统[⑰]之势，民无二事之役。斯诚为国要道，治乱所由也。远览典志[⑱]，近观秦、汉，虽官名改易，职司[⑲]不同，至于崇上抑下，显明分例[⑳]，其致一也，初无校事之官干与庶政[㉑]者也。

【注释】

①程昱：魏国名臣。

②东郡：郡名。秦置，汉因之。

③孙晓：程昱之孙，程晓（？～公元264年），三国魏学者，黄初中封列侯。

④嘉平：曹魏君主齐王曹芳的第二个年号，公元249年至公元254年，共计六年。

⑤黄门侍郎：秦代初置，即给事于宫门之内的郎官，皇帝近侍之臣，可传达诏令。

⑥校事放横：校事，三国时魏、吴所置掌侦察刺探官民情事的官名，是皇帝执政的耳目，吴也称校官。

⑦周礼：儒家经典。

⑧设官分职，以为民极：设官，谓设立官府，设置治理政事的机构。分职，各司其职；各授其职。民极，民众的准则。

⑨十日：十干所表示的日子（甲、乙、丙、丁至癸）。

⑩人有十等：人的十种等级（王、公、大夫、士至台）。

⑪圣哲：指超人的道德才智，亦指具有这种道德才智的人。

⑫厥：代词，其。

⑬思不出位：虑事不逾越自己的职分。

⑭栾书欲拯晋侯，其子不听：栾书，姬姓，栾氏（一作架氏），名书，一名傀，谥号武。时人尊称栾伯，即栾武子。春秋时晋国权臣。

⑮死人横于街路，邴吉不问：邴吉（？～公元前55年），又作丙吉，字少卿，西汉鲁国北海人。昭帝时曾任大将军长史。宣帝即位，代魏相为丞相。五凤三年春，邴吉病逝。谥号"定侯"。

⑯责：要求；期望。

⑰兼统：犹总领；并管。

⑱典志：记载典章制度的文章和书籍。

⑲职司：职务。

⑳例：等，类。

㉑庶政：各种政务。

【译文】

程昱，字仲德，东郡人。他的孙子程晓，字季明，嘉平年间，任黄门侍郎。当时校事官放纵蛮横，程晓上疏说："《周礼》说：'设立官府各授其职，以此作为民众的准则。'《春秋左传》上说，'天有十干所表示的日子，人有十个不同的等级。'愚昧者不能统治贤能者，卑贱者不能统治高贵者，于是一并树立起德智出众的人。仔细的考察官员的功绩，官员们各自做好本职工作，考虑问题不超出自己的职分。所以栾书想要拯救晋厉公，其子栾针却不让；看到横摆在街道上的死尸，邴吉却不闻不问。上边不要求下级做出不属于自己职权范围内的功绩，下边不谋求职分以外的赏赐，官吏没有总领并管的权势，百姓不同时承担两种劳役，这的确是治国的重要方法，是安定与动乱的缘由啊！远看古代的典章制度，近观秦、汉的政事，虽然官位名称有所改变，职务也不相同，但说到尊崇君主、抑制臣子，表明本分、划清等级，其目的是一样的，始终没有校事官干预各种政务的情况。"

【原文】

"昔武皇帝大业草创，众官未备，而军旅勤苦，民心不安，乃有小罪，不可不察，故置校事，取其一切[①]耳，然检御[②]有方，不至纵恣[③]也。此霸世之权宜[④]，非帝王之正典[⑤]。其后渐蒙见任[⑥]，转相因仍[⑦]，莫正其本。遂令上察宫庙，下摄众司，官无局[⑧]业，职无分限[⑨]，随意任情[⑩]，唯心所适。法造于笔端，不依科条[⑪]；诏狱[⑫]成于门下[⑬]，不顾覆讯[⑭]。其选官属，以谨慎为粗疏[⑮]，以謥詷[⑯]为贤能。其治事，以刻暴[⑰]为公严，以修（修作循）理[⑱]为怯弱。外托天威[⑲]以为声势[⑳]，内聚群奸以为腹心[㉑]。大臣耻与分势，含忍[㉒]而不言；小人畏其锋芒[㉓]，郁结[㉔]而无告。至使尹模[㉕]公于目下[㉖]，肆其奸慝[㉗]，罪恶之著，行路皆知，纤恶[㉘]之过，积年[㉙]不闻。既非《周礼》设官之意，又非《春秋》十等之义也。

【注释】

①一切:权宜;临时。

②检御:督察驾驭。

③纵恣:肆意放纵。

④霸世之权宜:霸世,称霸于世。权宜,谓暂时适宜的措施。

⑤正典:国家颁定的典章制度。

⑥见任:受到信赖而任用。

⑦因仍:犹因袭,沿袭。

⑧局:拘束,局限。

⑨分限:界限;限度。

⑩任情:任意;恣意。

⑪科条:法令条文;法律条文。

⑫诏狱:奉旨办理的案件。

⑬门下:谓在某人的门庭之下。

⑭覆讯:审讯。

⑮粗疏:疏略;不精细。

⑯謥詷:音从(去声)洞,形容说话急促,内容夸诞。

⑰刻暴:刻毒暴戾。

⑱修理:依照道理或遵循规律。

⑲天威:帝王的威严;朝廷的声威。

⑳声势:犹权势。声望与势力。

㉑腹心:指亲信。

㉒含忍:犹容忍。

㉓锋芒:比喻锐利的气势。

㉔郁结:谓忧思烦怨纠结不解。

㉕尹模:《晋书·何曾传》:"嘉平中,为司隶校尉。抚军校事尹模凭宠作威,奸利盈积,朝野畏惮,莫敢言者。"

㉖目下:目前;近来。

㉗奸慝:奸恶的心术或行为。慝,音特。

㉘纤恶:轻微的罪恶。

㉙积年:多年;累年。

【译文】

"过去太祖武皇帝大业初建,各种官职还不完备,且军队征战劳苦,民心尚未安定,以至于犯有小的罪行也不能不查办,所以才设置了校事一职,这只不过是为了临时方便,然而因为约束控制有方，校事官员还不至于肆意放纵。这只是为了称霸于世的权宜之计，而不是帝王的正式制度。后来校事官渐渐受到信任，辗转因袭下来，没有人能从根本上加以整治。于是便让校事官向上可鉴察宫廷宗庙，对下可兼理各个官署。他们为官没有一定范围的职事，职权也没有限制，随意放纵，只要满足自己的心意就好。法令出自他们笔下，而不依据法令条规；奉诏审讯的案件就在他们门下结案，不考虑核实复审。他们选用下属官员，把谨慎视为粗疏，把匆促夸诞视为贤能。他们处理事情，将刻毒暴戾视为公正严明，将依理守法视为怯懦软弱。对外假托天子的威严作为自己的声势，对内则聚集众多奸邪的小人作为亲信。大臣们耻于和他们分掌权力，对其容忍而一言不发；地位卑下的人畏惧他们咄咄逼人的气势，忧烦纠结而无从申诉。以致使尹模近来公然放纵其奸恶的行为，他罪恶昭著，路人皆知，然而其微小的罪过，却多年不被人知道。这既不是《周礼》设置官职的本意，也不符合《春秋》中人有十等的意思。”

【原文】

“今外有公卿将校[1]总统[2]诸署，内有侍中尚书综理万机[3]，司隶校尉[4]督察京辇[5]、御史中丞[6]董摄[7]宫殿，皆高选[8]贤才以充其职，申明科诏[9]以督其违。若此诸贤犹不足任，校事小吏，益不可信。若此诸贤各思尽忠，校事区区，亦复无益。若更高选国士[10]。以为校事，则是中丞司隶重增一官；若如旧选，尹模之奸今复发矣。进退推筭[11]，无所用之。昔桑弘羊[12]为汉求利，卜式以为独烹弘羊，天乃可雨[13]。若使政治得失必感天地，臣恐水旱之灾，未必非校事之由也。曹恭公远君子，近小人，《国风》托以为刺[14]；卫献公舍大臣，与小臣谋，定姜谓之有罪。纵令校事有益于国，以礼义言之，尚伤大臣之心，况奸回暴露，而复不罢，是衮阙不补，迷而不反也。”于是遂罢校事。

【注释】

①公卿将校：公卿，三公九卿的简称，亦泛指高官。将校，军官的通称。

②总统：总揽；总管。

③综理万机：综理，总揽；管理。万机，同“万几”。泛指执政者处理的各种政务。

④司隶校尉：官名。汉武帝置司隶校尉，领兵一千二百人，捕巫蛊，督察大奸猾。后罢其兵，改察三辅、三河、弘农七郡。哀帝时称司隶，东汉复旧称，仍察七郡。魏晋以后沿用，唐废。

⑤京辇：指国都。

⑥御史中丞：官名。汉以御史中丞为御史大夫的助理。外督部刺史，内领侍御史，受公卿章奏，纠察百僚，其权颇重。东汉以后不设御史大夫时，即以御史中丞为御史之长。

⑦董摄：监督整饬。

⑧高选：谓用高标准选拔官吏。

⑨科诏：法律与诏令。

⑩国士：一国中才能最优秀的人物。

⑪推算:即推算,推演计算。

⑫桑弘羊(? ~公元前80年):汉武帝时大臣。

⑬卜式以为独烹弘羊,天乃可雨:卜式,洛阳人,以牧羊致富。武帝时,曾上书愿以家财之半捐公助边。先后赐爵左庶长、关内侯。元鼎中,官至御史大夫。后因反对盐铁官营,又兼不习文章,贬为太子太傅,以寿终。

⑭曹恭公远君子近小人,国风托以为刺:曹恭公,即曹共公曹襄,姬姓,伯爵,春秋时曹国第十七位国君,曹昭公曹班之子,为人无礼。

【译文】

"现今外有公卿将校总管各个部门,内有侍中、尚书总理各项政务,司隶校尉督察京城地区,御史中丞统管宫殿,这些都是由高标准选举的贤才来担任。又郑重宣明法律和诏令,来监督官吏们的违法行为。如果说这些贤才还不值得信任,那么校事这样的小官,就更加不可信任了。如果这些贤才各自都想着尽忠竭力,那么区区的校事,也就没有什么用处了。如果再重新严格的选拔优秀杰出之人来担任校事,那就是在御史中丞、司隶校尉以外,又重复设立一个鉴察官职而已。如果仍然依照旧例选任校事,那么像尹模那样的奸邪之辈,将又会在今天重新出现。再三斟酌考虑,校事的设置是没有什么用处的。过去桑弘羊为汉室谋求利益,而卜式却认为只有煮杀了桑弘羊,上天才会下雨。假如政治上的得失必定能感动天地,臣担心近年的水旱灾害,未必不是由校事所引起的。过去曹恭公疏远君子,亲近小人,《曹风·候人》一诗借物对其进行讽刺;卫献公舍弃大臣,而与小臣商议政事,定姜说他有罪。即便是校事对国家有益,但从礼法道义上来说,仍伤了大臣们的心,何况校事的奸邪行径已经暴露。若仍然不取消这一官职,这就是君主有过失而不愿弥补,陷于迷途而不知回返啊!"于是朝廷便废除了校事一职。

【原文】

刘晔[①],字子扬,淮南[②]人也。为侍中。《傅子》曰:晔事明帝,大见亲重[③]。帝将伐蜀,朝臣内外皆曰"不可"。晔入与帝议,因曰"可伐";出与朝臣言,因曰"不可伐"。晔有胆智[④],言之皆有形[⑤]。中领军杨暨[⑥],帝之亲臣,又重晔,持不可伐蜀之议最坚,每从内出,辄过晔,晔讲不可伐之意。后暨从驾[⑦]行天渊池[⑧],帝论伐蜀事,暨切谏[⑨]。帝曰:"卿书生,焉知兵事!"暨曰:"臣诚不足采,侍中刘晔,先帝谋臣,常曰[⑩]蜀不可伐。"帝曰:"晔与吾言蜀可伐。"暨曰:"晔可召质[⑪]也。"诏召晔,晔至,帝问之,晔终不言。后独见,晔责帝曰:'伐国,大谋[⑫]也,臣得与闻[⑬]大谋,常恐眛梦漏泄[⑭]以益臣罪,焉敢向人言之?夫兵,诡道[⑮]也,军事未发,不厌其密。陛下显然露之,臣恐敌国已闻之矣。"于是帝谢之。晔出责暨曰:"夫钓者中大鱼,则纵而随之,须可制而后率[⑯](率作牵),则无不得也。人主之威,岂徒大鱼而已!子诚直臣,然计不精思也。"暨亦谢之。晔能应变持两端如此。或恶晔于帝曰:"晔不尽忠,善伺[⑰]上意所趣而合之。陛下试言皆反意而问之,若皆与所问反者,是晔常与圣意合也。复每问皆同者,晔之情必无所复逃矣。"帝如言验之,果得其情,从此疏焉。晔遂狂,出为大鸿胪[18],以忧死。谚曰:"巧诈不如拙诚[19]。"信矣。

【注释】

①刘晔:见本卷《鲍勋传》注。

②淮南:秦设九江郡,汉朝时或为淮南国,或为九江郡,均治寿春。东汉兴平元年(公元194年),袁术改九江郡为淮南郡。建安四年(公元199年),术亡改称九江郡,仍兼扬州治(五年,改治合肥)。

③亲重:亲近器重。

④胆智:胆识与智谋。

⑤言之皆有形:卢弼注引胡三省曰:"谓言蜀之可伐与不可伐,皆有胜负之形,可以动人之听。"

⑥中领军杨暨:中领军,古代高级将领。与中护军、中都护等官,共同掌管禁军、主持选拔武官、监督管制诸武将。谥号"肃侯"。

⑦从驾:随从皇帝出行。

⑧天渊池:《三国志·文帝纪》:"(黄初五年)是岁穿天渊池。"

⑨切谏:直言极谏。

⑩常日:裴松之注引《傅子》原文作"常曰"。

⑪质:对质。卢弼注引胡三省曰:"质,证也,验也,对问也。"

⑫大谋:犹大计。

⑬与闻:谓参与其事并且得知内情。

⑭漏泄:泄露。

⑮诡道:诡诈之术。

⑯率:裴松之注引《傅子》原文作"牵"。

⑰伺:窥伺;窥探;观察。

⑱大鸿胪:官名。

⑲巧诈不如拙诚:巧诈,机巧诈伪。拙诚,虽然愚钝但却真诚。

【译文】

刘晔,字子扬,淮南人。文帝时任侍中。[《傅子》上说:刘晔侍奉明帝,特别受到亲近和器重。明帝将要讨伐蜀国,朝廷内外的大臣都说:"不可以。"刘晔入朝与明帝商议,于是就说:"可以讨伐。"出来和群臣们讨论,就说:"不可讨伐。"刘晔有胆识和智谋,谈论可伐与不可伐之事,都能说得有理有据,悦耳动听。中领军杨暨是明帝亲近的大臣,也很尊重刘晔,他是主张不可伐蜀意见的大臣中最坚决的。杨暨每次从宫中出来,就会去拜访刘晔,刘晔就向他讲说不可征讨的道理。后来,杨暨侍从明帝到天渊池,明帝谈到伐蜀之事,杨暨直言极谏。明帝说:"爱卿您是书生,怎么懂得争战之事呢?"杨暨说:"臣的话确实不足以采纳,侍中刘晔是先帝的谋臣,也常说蜀国不可伐。"明帝说:"刘晔对我说蜀国可伐。”杨暨说:“您可以召刘晔前来对质。”于是下诏召刘晔。刘晔来了以后,明帝问他,刘晔始终不说话。后来,明帝单独召见他,刘晔埋怨明帝说:“征伐敌国是重大的计划,臣能够得知这一重大计划的实情,常怕在睡梦中都走漏了消息,加重自己的罪责,怎么敢向别人说呢?用兵,是诡诈之术,战事没有发生前,怎样保密都不为过。陛下却把它明白的透露出来,臣恐怕敌国已经知道这件事了。”于是明帝向他致歉。刘晔出来后,又责备杨暨说:“钓鱼的人钓到了大鱼,应当先放线让它游,紧紧跟着它,等到能控制住它时再拉线收竿,这样没有钓不上来的。君主的威严难道仅仅是大鱼而已吗?你确实是正直之臣,但是没有精心考虑。”杨暨也向他致歉。刘晔就是像这样善于应变、能把握住两端。有人在明帝面前讲刘晔的坏话说:“刘晔不尽忠,却善于观察圣上的意向而附和。陛下可以试着用反话问他,如果他的回答与您问的意思相反,那就证明刘晔常常和您的意见一致;如果每次问(他的回答)都与您的反话意思相同,刘晔曲意逢迎的实情就不能再隐瞒了。”明帝用这个办法试验,果真弄清了真相,从此便疏远了刘晔。刘晔于是变得精神失常,后来出任大鸿胪,因忧郁而死。谚语说:“机巧诈伪不如愚钝真诚。”确实如此。]

【原文】

蒋济[①],字子通,楚国[②]人也。文帝践祚,为散骑常侍。有诏,诏[③]征南将军夏侯尚[④]曰:“卿腹心[⑤]重将,特当任使。恩施足死[⑥],惠爱[⑦]可怀。作威作福[⑧],杀人活人。”尚以示济。济既至,帝问曰(旧无活人至问曰十二字。补之):“卿所闻见,天下风教[⑨]何如?”济对曰:“未有他善,但见亡国之语耳。”帝忿然作色[⑩],而问其故。济具以答,因曰:“夫‘作威作福’,《书》之明诫。‘天子无戏言’,古人所慎。唯陛下察之!”于是帝意解,遣追取前诏。

【注释】

①蒋济(公元188年~公元249年):字子通,楚国平阿(今安徽怀远县常坟镇孔岗)人,魏国重臣,历仕曹操、曹丕、曹睿、曹芳,官至太尉。

②楚国:诸侯国名。东汉建武十七年(公元41年),刘秀封其子刘英为楚王,改彭城郡为楚国,都彭城(今江苏徐州)。永平十四年(公元71年),国除为彭城郡。魏明帝时,以淮南郡进封曹操之子曹彪为楚王,都寿春(今安徽寿县寿春镇),后因与王凌通谋,曹彪被司马懿赐死,国废。

③诏:告知。

④夏侯尚:见本卷《夏侯尚传》。

⑤腹心:肚腹与心脏,皆人体重要器官,亦比喻贤智策谋之臣。

⑥恩施:施恩,恩赐。

⑦惠爱:犹仁爱。

⑧作威作福:指握有生杀予夺大权。

⑨风教:指风俗教化。

⑩忿然作色：忿然，愤怒貌。作色，变脸色，指神情变严肃或发怒。

【译文】

蒋济，字子通，楚国人，文帝即位后，任散骑常侍。文帝有诏书告诉征南将军夏侯尚说："您是朝廷值得信赖的重要将领，特让您担当重任。您可以施予人们足以为您效死的恩德，可以给人值得怀念的仁爱。您可以作威作福，可以杀人也可以让人活命。"夏侯尚将此诏书拿给蒋济看。蒋济到了朝廷后，文帝问道："据您所闻所见，天下的风俗教化怎样？"蒋济回答说："没有什么好的现象，只听见了灭亡国家的话而已。"文帝听后气愤地变了脸色，问他这样说的原因。蒋济告知事情的原委，并回答说："'作威作福'是《尚书》中明确的告诫；'天子无戏言'是古人慎重的训诲。希望陛下明察。"于是文帝怒气渐消，派人去追回了此前（给夏侯尚）的诏书。

【原文】

杜畿[①]，字伯侯，京兆[②]人也。子恕[③]，字务伯，为散骑黄门侍郎，每政有得失，常引纲维[④]以正言。时又大议考课[⑤]之制，以考内外众官。恕上疏曰："《书》称'明试以功，三考黜陟[⑥]'，诚帝王之盛制。然历六代[⑦]而考绩[⑧]之法不著，关七圣[⑨]而课试[⑩]之文不垂，臣诚以为其法可粗依。其详难备举[⑪]故也。语曰：'世有乱人[⑫]，而无乱法[⑬]。'若使法可专任[⑭]，则唐、虞可不须稷、契[⑮]之佐，殷、周无贵伊、吕[⑯]之辅矣。今奏考功[⑰]者，陈周、汉之法为缀[⑱]，京房[⑲]之本旨，可谓明考课之要矣。于以崇揖让之风，兴济济[⑳]之治，臣以为未尽善也。其欲使州郡考士，必由四科[㉑]者，皆有事效[㉒]，然后察举[㉓]，试辟公府，为亲民长吏，转以功次[㉔]补郡守者，或就增秩[㉕]赐爵，是最考课之急务也。至于公、卿及内职[㉖]大臣，亦当俱以其职考课之也。

【注释】

①杜畿（公元163年~公元224年）：字伯侯，京兆杜陵（今陕西西安东南）人，三国时期魏大臣。历任郡功曹、守郑县令，能决狱，荀彧荐之于曹操，以为司空司直，迁护羌校尉，领西平太守，迁河东太守。魏文帝立，封丰乐亭侯。官至尚书仆射。谥号"戴侯"。

②京兆：地名。约在今陕西西安以东至华县之间。

③子恕：杜畿之子（公元198年~公元252年），字务伯，京兆杜陵人。为人倜傥任意，而思不防患。太和中（公元230年左右）为散骑黄门侍郎。推诚以质，不治华饰，专心向公，论议亢直，故无名誉。在朝八年，不结党援。后为幽州刺史，为程喜所劾，徙章武郡，卒。

④纲维：总纲和四维。比喻法度。

⑤考课：按一定标准考核官吏优劣，分别等差，决定升降赏罚，谓之"考课"。

⑥黜陟：指人才的进退，官吏的升降。

⑦六代：指唐、虞、夏、殷、周、汉。

⑧考绩：按一定标准考核官吏的成绩。

⑨关七圣：卢弼注引胡三省曰："七圣，尧、舜、禹、汤、文、武、周公。关，通也。"

⑩课试：考核官吏的政绩。

⑪备举：详细列举。

⑫乱人：违背正道或制造混乱的人。

⑬乱法：引起国家动乱的法令。

⑭专任：单独依靠。

⑮稷、契：稷和契的并称。唐虞时代的贤臣。稷，又称"后稷"，周之先祖。相传姜嫄践天帝足迹，怀孕生子，因曾弃而不养，故名之为"弃"。虞舜命为农官，教民耕稼。契，人名，传说中商的祖先，为帝喾之子。舜时佐禹治水有功，任为司徒，封于商，赐姓子氏。

⑯伊、吕：商伊尹辅商汤，西周吕尚（姜尚）佐周武王，皆有大功。

⑰考功：按一定标准考核官吏的政绩。

⑱缀：系结；连接。

⑲京房：（公元前77年~公元前37年），西汉学者，本姓李，字君明，东郡顿丘（今河南清丰西南）人。

⑳济济：整齐美好貌。

㉑四科：卢弼注引胡三省曰："四科，即汉左雄所上，黄琼所增者也。"弼按：《通鉴》："顺帝汉安二年，尚书令黄琼以前左雄所上孝廉之选，专用儒学文吏，于取士之义，犹有所遗，乃奏增孝悌及能从政为四科。"

㉒事效：实效；功效。

㉓察举：古代选拔官吏的制度，由官吏荐举，经过考核，任以官职。

㉔功次：指功绩的大小、官阶升迁的先后顺序。

㉕增秩：增俸；升官。

㉖内职：指供职禁中，内参机要的朝廷重臣。

【译文】

杜畿，字伯侯，京兆人。其子杜恕，字务伯，任散骑常侍、黄门侍郎。每当政事有什么得失，他总是引用朝廷的法度发表正直的言论。当时朝廷又对考核官吏的制度大加讨论，以便考察朝廷内外的官员们。杜恕上疏说："《尚书》中说，'明确考核臣子们的功绩'，'通过三次考察后，对官员加以罢黜或升迁'。这实在是帝王最重大的制度。虽然经历了唐、虞、夏、商、周、汉六代，考核制度仍然不明确；经过了唐尧、虞舜、夏禹、商汤、周文王、周武王、周公七位圣人，但考核官员政绩的条文却没有流传下来。臣实在认为是由于这种考核办法只能粗略的依循，而它的详细内容则难以一一列举的缘故。俗话说：'世上有作乱的人，却没有使国家动乱的法令。'如果治理国家可以只依靠法令的话，那么唐尧、虞舜也就用不着稷、契的辅佐，殷、周也就不必重视伊尹、吕尚的辅助了。现在上奏请求实施考核制度的人，陈述了周、汉两朝的法令措施，续接了西汉京房有关官员考课的宗旨，可说是明了考核制度的要旨了。但对于推崇礼让之风，兴隆美好的德治来说，臣认为还没有达到十分完善的地步。如果想让州郡考察人才，必须要通过儒学、文吏、孝悌、能从政这四科，如果都能取得实效，然后再选拔授官，由官府征召试用，再担任治理百姓的基层长官，然后按政绩大小的顺序补任郡守，有的可根据功绩增加俸禄，赐予爵位。这可谓是当前官吏考核中最为紧要的工作。至于公卿和机要大臣，也都应根据他们的职责进行考核。"

【原文】

庞德[①]，字令明，南安[②]人也。拜立义将军。屯樊[③]，讨关羽。樊下诸将以德兄在汉中[④]，颇疑之。德常曰："我受国恩，义在效死[⑤]。"会汉水[⑥]暴溢[⑦]，羽乘船攻之，矢尽，短兵接[⑧]。德谓督将成何曰："吾闻良将不怯死以苟免[⑨]，烈士[⑩]不毁节[⑪]以求生，今日，我死日也。"战益怒，气愈壮，而水浸盛，为羽所得，立而不跪。谓曰："卿兄在汉中，我以卿为将，不早降何为？"骂羽曰："竖子[⑫]，何谓降也！魏王带甲[⑬]百万，威震天下，汝刘备庸才耳，岂能敌邪！我宁为国家鬼，不为贼将也。"遂为羽所杀。太祖闻而悲之，为流涕，封其二子为列侯。

【注释】

①庞德（？~公元 219 年）：字令明，东汉末年雍州南安郡狟道县（今甘肃天水市武山县四门镇）人。曹操部下重要将领。官至立义将军、关门亭侯。谥号"壮侯"。

②南安：郡名。汉献帝建安中期，从汉阳郡析置南安郡。治原道县（今陇西东南），领三县，属凉州。魏文帝黄初元年（公元 220 年），南安郡属秦州，仍治原道县（今陇西东南）。

③樊：古地名，樊城的省称。在今湖北省襄阳市。

④诸将以德兄在汉中：汉中，郡名。三国时属蜀国。

⑤效死：舍命报效。

⑥汉水：即汉江，古亦称沔水，为长江最大支流之一。

⑦暴溢：急剧涨溢。

⑧短兵接：犹言短兵相接。敌我逼近，用短兵器交战。

⑨苟免：苟且免于损害。

⑩烈士：有气节有壮志的人。

⑪毁节：毁弃气节操守。

⑫竖子：对人的鄙称，犹今言"小子"。

⑬带甲：披甲的将士。

【译文】

庞德，字令明，南安郡人，被拜为立义将军。他驻扎在樊城，讨伐关羽。樊城的将领们因为庞德的从兄在汉中(为蜀国效力),很怀疑庞德。庞德常常说:“我受国家深恩,理应以死报效。”这时恰逢汉水暴涨、泛滥,关羽乘船攻打他们。庞德的箭用完了,就用短兵器交战。庞德对督将成何说:“我听说良将不会因畏惧死亡而苟且偷生,有气节壮志的人不会毁弃节操以求活命。今天就是我死的日子了!”于是,他作战更加奋勇,气势更加雄壮,然而水势也越来越大,最终被关羽所俘获。庞德直立不跪,关羽对他说:“您的兄长在汉中,我想任您为将军,为何不早些投降呢?”庞德骂道:“小子,说什么投降! 魏王率兵百万,威振天下。你们刘备不过是个平庸之人,怎能与魏王匹敌? 我宁肯做国家的鬼,也不当贼人的将!”于是被关羽杀死。太祖听说后很悲痛,为他的死而流泪。于是,封他的两个儿子为列侯。

【原文】

文帝即王位,乃遣使就德墓赐谥,策[①]曰:“昔先轸丧元[②],王蠋绝脰[③],殒身徇节[④],前代美之。惟侯式昭果毅[⑤],蹈难成名,声溢当时,义高在昔[⑥],寡人愍焉,谥曰壮侯。”又赐子会等四人爵关内侯,邑各百户。

【注释】

①谥策:即谥册。

②先轸丧元:先轸,即原轸(? ~公元前627年),春秋时晋国卿大夫。卢弼注引《左传·僖公三十三年》:“先轸免胄入狄师,死焉。狄人归其元,面如生。”

③王蠋绝脰:王蠋,蠋,音竹,战国时齐国画邑(今临淄区高阳乡)人,齐国退隐大夫。绝脰,脰,音豆,断颈。卢弼注引《史记·田单传》:“燕之初入齐,闻画邑人王蠋贤。令军中曰:环画邑三十里无入。以王蠋之故。已而使人谓蠋曰:齐人多高子之义,吾以子为将,封子万家。蠋固谢,遂经其颈于树枝,自奋绝脰而死。”《索隐》云:“经,犹系也。”何休曰:“脰,颈,齐语也。音豆。”

④徇节:为保全节操而死。徇,通“殉”。

⑤式昭果毅:式昭,用以光大。果毅,果敢坚毅。

⑥在昔:从前;往昔。

【译文】

曹丕即魏王位,派使者到庞德墓前赐予谥号。谥册中说:“以前,先轸战死沙场为国断头,王蠋拒绝投敌断颈而死,他们都为保全节操而捐躯,前代之人都赞美他们。您发扬古人果敢坚毅的精神,投身危难而成名于世,美好的名声传扬于当时,您的节义比过去之人还要崇高,寡人对您十分哀怜,赐谥号为壮侯。”又赐给庞德的儿子庞会等四人关内侯的爵位,封邑各一百户。

传

【原文】

陈思王植[①],字子建。每进见难问[②],应声[③]而对,特见宠爱。既以才见异,而丁仪[④]、丁廙[⑤]、杨修[⑥]等,为之羽翼[⑦]。太祖狐疑[⑧],几为太子者数矣。黄初三年,立为鄄城[⑨]王。太和元年[⑩],徙为雍(雍作雍)丘王[⑪]。三年,徙封东阿[⑫]王。五年,上疏求存问[⑬]亲戚,(旧无亲戚二字。补之)因致其意曰:"臣闻天称其高,以无不覆;地称其广,以无不载;日月称其明,以无不照;江海称其大,以无不容。故孔子曰:'大哉尧之为君!唯天为大,唯尧则之[⑭]。'夫天德之于万物,可谓弘广矣。盖尧之为教,先亲后疏,自近及远。周之文王亦崇厥[⑮]化。昔周公吊管、蔡之不咸[⑯],广封懿亲[⑰]以藩屏[⑱]王室。传曰:'周之同盟[⑲],异姓为后。'诚骨肉之恩,爽[⑳]而不离;亲亲[㉑]之义,实在敦固[㉒]。未有义而后其君、仁而遗其亲者也。

【注释】

①陈思王植:曹植(公元192年~公元232年),字子建,沛国谯(今安徽省亳州市)人。三国时期曹魏诗人、文学家,建安文学的代表人物。

②难问:提出疑问。

③应声:随着声音。形容快速。

④丁仪(?~公元220年):三国魏文学家。字正礼。沛国(治今安徽濉溪西北)人。有文才,擅长政论。

⑤丁廙(?~约公元220年):廙,音亦,字敬礼,沛郡(治今安徽濉溪)人,丁仪弟。少有才姿,博学治问。

⑥杨修(公元175年~公元219年):字德祖,弘农华阴(今陕西华阴东)人。东汉末期文学家,太尉杨彪之子,以学识渊博而著称。

⑦羽翼:指辅佐的人或力量。

⑧狐疑:犹豫。

⑨鄄城:鄄,音倦,古地名。汉为鄄城县,三国时属魏国兖州东郡。约在今山东省鄄城县西北。

⑩太和元年:公元227年。太和,魏明帝曹睿的第一个年号,共计六年。

⑪雍丘王:雍丘,今河南杞县。

⑫东阿:县名。约在今山东省阳谷县东阿镇。三国时期属魏国,隶属东郡。

曹植

⑬存问：问候；探望。

⑭“孔子曰”下三句：语出《论语·泰伯》：“子曰：大哉！尧之为君也，巍巍乎！唯天为大，唯尧则之。”

⑮厥：代词，其。

⑯周公吊管、蔡之不咸：周公，姓姬名旦，亦称叔旦，周文王姬昌第四子，周武王之弟。吊，伤痛。管、蔡，周武王弟管叔鲜与蔡叔度的并称。武王崩，成王幼，周公摄政，管蔡流言于国，谓“公将不利于孺子”，周公避居东都，后成王迎周公归，管蔡惧，挟纣子武庚叛，成王命周公讨伐，诛杀武庚与管叔鲜，流放蔡叔度，其乱终平。不咸，不和。

⑰懿亲：至亲。特指皇室宗亲、外戚。

⑱藩屏：捍卫。

⑲同盟：《三国志·陈思王植传》原文作“宗盟”，宗盟，指天子与诸侯的盟会。

⑳爽：差失。

㉑亲亲：亲属。

㉒实在敦固：实，确实，实在。敦固，敦厚坚贞。

【译文】

陈思王曹植，字子建。每次进见太祖，太祖提出问题问他，他都能应声对答，所以特别受到太祖宠爱。曹植既因才华受到宠爱，又有丁仪、丁廙、杨修等人作为他的辅佐，太祖犹豫不决，有好几次差点儿立他为太子。黄初三年，曹植被立为鄄城王。太和元年，改封为雍丘王。太和三年，又改封东阿王。太和五年，曹植上疏请求探望亲戚，于是表达自己的心意说：“臣听说上天之所以被称为高，是因为没有什么不被其覆盖；大地之所以被称为广，是因为没有什么不受其承载；日月之所以被称为明，是因为没有什么不受其照耀；江海之所以被称为大，是因为没有什么不能被它容纳。所以孔子说：‘尧作为君主，真是伟大啊！只有天最高大，也只有尧能效法上天。’上天施予万物的恩德，可以说是弘远广大了。唐尧施行教化，先亲后疏，由近到远。周朝的文王也遵从这一教化。从前，周公伤痛于管叔鲜、蔡叔度与王室不和，所以广泛分封宗室至亲，以此来捍卫周王室。《左传》上说：‘周朝时天子与诸侯盟会，异姓的诸侯排列在后。’实在是因为骨肉之间恩情深厚，即使有过失也不会离弃；亲属之间的情义，确实应当深厚坚固。未曾有忠义的臣子会怠慢君主，也未曾有仁德之人会遗弃自己的亲人。”

【原文】

臣伏惟[①]陛下资[②]帝唐[③]钦明[④]之德，体[⑤]文王翼翼[⑥]之仁，惠洽椒房[⑦]，恩昭九亲[⑧]，群后百寮[⑨]，番休递上[⑩]，执政不废于公朝[⑪]，下情得展[⑫]于私室，亲理[⑬]之路通，庆吊[⑭]之情展，诚可谓恕己[⑮]治人、推惠施恩者矣。至于臣等，婚媾[⑯]不通，兄弟乖绝[⑰]，吉凶之问塞，庆吊之礼废，恩纪[⑱]之违，甚于路人，隔阂[⑲]之异，殊于胡越[⑳]。以一切[㉑]之制，无朝觐[㉒]之望，至于注心皇极[㉓]，结情紫闼[㉔]，神明知之矣。愿陛下沛然垂诏，使诸国庆问[㉕]得展，以叙

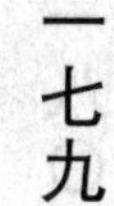

骨肉之欢恩[26]，全怡怡[27]之笃义[28]；妃妾之家，膏沐[29]之遗，岁得再通。齐义于贵宗[30]，等惠[31]于百司[32]，如此则《风》《雅》[33]所咏，复存于圣世矣。

【注释】

①伏惟：亦作"伏维"。下对上的敬辞。多用于奏疏或信函。谓念及，想到。
②资：具有，具备。
③帝唐：指唐尧。
④钦明：敬肃明察。
⑤体：效法。
⑥翼翼：恭敬、谨慎的样子。
⑦惠洽椒房：惠，恩惠。洽，浸润（即沾濡，多指恩泽普及）。椒房，后妃的代称。
⑧九亲：犹九族，指高祖至玄孙的九代直系亲属。
⑨群后百寮：本指四方诸侯及九州牧伯，此处泛指公卿。百寮，亦作"百僚"，百官。
⑩番休递上：番休，轮流休息。递，本义为轮流，交替。
⑪公朝：古代官吏在朝廷的治事之所，借指朝廷。
⑫展：申述；陈述。
⑬亲理：亲属邻里。
⑭庆吊：庆贺与吊慰。亦指喜事与丧事。
⑮恕己：谓扩充自己的仁爱之心。
⑯媾：有婚姻关系的亲戚。
⑰乖绝绝：分离；隔绝。
⑱恩纪：犹恩情。
⑲隔阂：情意不相通，彼此思想有距离。
⑳胡越：胡地在北，越在南，比喻疏远隔绝。
㉑一切：权宜。
㉒朝觐：谓臣子朝见君主。
㉓注心皇极：注心，集中心意，专心；关心。皇极，指皇帝。
㉔紫闼：指宫廷。闼，宫中小门。
㉕庆问：庆贺聘问。
㉖欢恩：欢乐的恩情。
㉗怡怡：形容喜悦欢乐的样子，特指兄弟和睦的样子。
㉘笃义：谓深厚的恩义。
㉙膏沐：古代妇女润发的油脂。
㉚贵宗：犹贵族。
㉛等惠：恩惠等同。
㉜百司：即百官，古指公卿以下的众官。

㉝风雅：指《诗经》中的《国风》和《大雅》《小雅》。

【译文】

臣想到陛下有着尧帝那样敬肃明察的德行，效法周文王那样恭敬谨慎的仁爱，恩惠施及于后妃，恩德显扬于九族；公卿百官轮流休息，依次入值侍奉陛下，既不荒废在朝廷上处理政务，个人的情感也能在私室里得到抒发；亲戚间的来往通畅无碍，庆贺与吊唁的情感能够表达，确实可以称得上是扩充自己的仁爱之心来治理百姓，推己及人广施恩惠了。至于臣下，姻亲之间不相往来，兄弟之间彼此隔绝，问候吉凶的音讯被阻塞，庆贺吊唁的礼仪被废弃；恩情的疏远，超过陌路之人；隔阂的程度，比天各一方的胡越还严重。因为受到权宜之制的限制，使臣永无进京朝见的希望；至于臣对陛下的关心，情系于宫廷，只有神明知道了。希望陛下迅速下诏，使各诸侯王之间的庆贺问候得以进行，以叙谈骨肉之间欢乐的恩情，成全兄弟间友好和睦的深厚情谊。对妻妾之家，馈赠润发脂膏之类的物品；每年可以两次往来问候，使皇室宗亲在恩义上与贵族外戚相等，在恩惠上等同于百官。这样，那么《诗经》中所歌颂的事情就又会出现在当今圣明的时代了。

【原文】

"臣伏自思惟，无锥刀[①]之用。及观陛下之所戒（戒作拔）授[②]，若以臣为异姓，窃自料度[③]，不后于朝士[④]矣，若得辞远游[⑤]，戴武弁[⑥]，解朱组，佩青绂[⑦]，驸马奉车[⑧]，趣得一号[⑨]，安宅京室[⑩]，执鞭珥笔[⑪]，出从华盖[⑫]，入侍辇毂[⑬]，承答圣问，拾遗[⑭]左右，乃臣丹诚[⑮]之至愿也。远慕《鹿鸣》[⑯]君臣之宴，中咏《常棣》[⑰]匪他[⑱]之戒，下思《伐木》[⑲]友生[⑳]之义，终怀《蓼莪》罔极之哀[㉑]。每四节[㉒]之会，块然[㉓]独处，左右唯仆隶[㉔]，所对唯妻子，高谈无所与陈，发义[㉕]无所与展，未尝不闻乐而拊心[㉖]、临觞[㉗]而叹息也。臣伏以为，犬马之诚不能动人，譬人之诚不能动天。崩城陨霜[㉘]，臣初信之，以臣心况[㉙]，徒虚语耳。若葵藿[㉚]之倾叶，大阳不为之回光，亦终向者诚也，窃自比葵藿，若降天地之施，垂三光[㉛]之明者，实在陛下。今之否隔[㉜]，友于[㉝]同忧，而臣独倡言[㉞]者，窃不愿于圣世使有不蒙施之物，必有惨毒[㉟]之怀。故《柏舟》有天只之怨[㊱]，《谷风》有弃予之叹[㊲]。故伊尹耻其君不如尧舜。臣之愚蔽[㊳]，欲使陛下崇光日月、被时雍[㊴]之美者，是臣慺慺[㊵]之诚也。"

【注释】

①锥刀：小刀，喻微薄，微细。
②戒授：《三国志·陈思王植传》原文作"拔授"。拔授，选拔任用。
③料度：料想揣度。
④朝士：朝廷之士。泛称中央官员。
⑤远游：即远游冠。古代冠名。
⑥武弁：武冠。弁，音辨。
⑦解朱组，佩青绂：朱组，红色丝带。古代达官贵人用以系冠、佩玉、佩印之用，亦借

指高官。青绂，绂，音福，青绶。佩系官印的青色丝带。

⑧驸马、奉车：驸马，驸马都尉的简称（驸，即副。驸马都尉，汉武帝时始置，掌副车之马）。奉车，即奉车都尉，官名，汉武帝元鼎二年（公元前115年）置，秩比二千石，掌御乘舆车。东汉属光禄勋，奉朝请（奉朝会请召），无员额。

⑨趣得一号：卢弼注引济注："趣，疾也。言将立功绩，疾取一勋号也。"一号，一种勋号或名号。

⑩安宅京室：安宅，犹安居、安所。京室，谓王室。

⑪执鞭珥笔：执鞭，持鞭驾车。多借以表示卑贱的差役。珥笔，古代史官、谏官上朝，常插笔冠侧，以便记录，谓之"珥笔"。

⑫华盖：帝王车驾的伞形顶盖。泛指高贵者所乘之车。

⑬辇毂：皇帝的车舆，代指皇帝。毂，音古。

⑭拾遗：补正别人的缺点过失。

⑮丹诚：赤诚的心。

⑯鹿鸣：古代宴群臣嘉宾所用的乐歌。

⑰常棣：木名。《诗·小雅·常棣》："常棣之花，鄂不韡韡，凡今之人，莫如兄弟。"诗序："常棣，燕兄弟也。"后因以常棣喻兄弟。

⑱匪他：谓都是兄弟而非他人。

⑲伐木：以"伐木"为表达朋友间深情厚谊的典故。

⑳友生：指朋友。

㉑蓼莪罔极之哀：卢弼注引何焯曰："此谓太皇太后四年崩也。"蓼莪，音路额，《诗·小雅》篇名。此诗表达了子女追慕双亲抚养之德的情思。后因以"蓼莪"指对亡亲的悼念。罔极，《诗·小雅·蓼莪》："父兮生我，母兮鞠我……欲报之德，昊天罔极。"

㉒四节：指四时的节日。

㉓块然：孤独貌；独处貌。

㉔仆隶：奴仆。

㉕发义：阐发义理。

㉖拊心：拍胸。表示哀痛。拊，音府。

㉗临觞：犹言面对着酒。觞，音商，酒杯。

㉘崩城陨霜：崩城，城墙倒塌。

㉙况：比。比较。

㉚葵藿：指葵与藿，均为菜名。葵性向日。古人多用以比喻下对上赤心趋向。藿，音或。

㉛三光：日、月、星。

㉜否隔：亦作"否鬲"。隔绝不通。

㉝友于：借指兄弟。

㉞倡言：首先陈述某种意见；提倡。

㉟惨毒：悲痛怨愤。

㊱柏舟有天只之怨：柏舟，《诗·鄘风》篇名。只，语气词。表终结或感叹。

㊲谷风有弃予之叹：弃予，抛弃我。谓弃恩忘旧。

㊳愚蔽：愚钝，不通事理。

㊴时雍：亦作"时邕""时雝"或"时廱"。犹和熙。

【译文】

"臣思量自己，连像锥刀那样微小的用处都没有，等看到陛下所选拔任用的人，如果臣是异姓之人，暗自揣度，也不会比朝廷上的官员差。如果能够脱掉王侯的远游冠，戴上武官的帽子，解下诸侯的朱组，佩上武将的青绂，在驸马都尉或奉车都尉中，尽快得到其中一个名号，然后安住在京城，持鞭驾车，戴笔记录，外出时跟从陛下的车驾，入宫时陪侍陛下左右，在您身边拾遗补缺，这才是臣赤诚之心的最大愿望啊！臣远慕《鹿鸣》诗中君臣欢宴的情景，其次歌咏《常棣》诗中'兄弟不是外人'的告诫，近思《伐木》诗中珍惜朋友情谊的道理，最终感怀《蓼莪》诗中父母深恩无以为报的哀伤。臣每逢四季中亲人聚会的日子，孤身独处，左右只有奴仆，面对的只有妻子儿女，高谈阔论没有人倾听，阐发理义却无处表达，未尝不是一闻奏乐就捶胸悲痛，对着酒杯就叹息不已。臣以为犬马的真诚不能感动人，就好像人的真诚不能感动上天一样。听说杞梁的妻子能哭崩城墙，邹衍的冤死会让夏天降霜的故事，臣起初还相信，但现在以臣的心境来比较，这只是些假话罢了。像葵藿的叶子倾向太阳，太阳虽然并不会为此而回光照耀，但葵藿始终向着太阳却是真诚的。臣私下把自己比作葵藿，而能够降下像天地那样的恩惠，赐予像日、月、星那样光辉的人，确实就是陛下您啊！现今亲戚隔绝不通，兄弟们同有忧愁，然而唯独臣首先向陛下进言的原因，是自己不希望在圣明之世还有得不到陛下恩惠的人。若有这样的人，他们必定会有悲痛怨愤的心情，所以《柏舟》诗中有'天啊，为何不信任我'的悲怨，《谷风》诗中有弃恩忘旧的哀叹。因而伊尹为他的君主不如唐尧、虞舜而深感羞愧。为臣愚钝，但希望使陛下能够与日月同光，广施和睦亲族的美德，确实是出自臣恭谨至诚的心愿啊！"

【原文】

诏报曰："夫忠厚仁及草木，则《行苇》①之诗作；恩泽衰薄，不亲九属②，则《角弓》③之章刺。今令诸国兄弟，情理简怠④，妃妾之家，膏沐疏略，纵不能敦⑤而睦之，王援古喻义，备矣悉矣，何言精诚不足以感通哉？夫明⑥贵贱，崇亲亲⑦，礼贤良，顺⑧少长，国之纲纪⑨，本无禁诸国通问⑩之诏也。矫枉过正⑪，下吏惧谴，以至于此耳。已敕⑫有司，如王所诉。"

【注释】

①行苇：路旁的芦苇。

②九属：九代直系亲属。

③角弓:以兽角为饰的硬弓。

④简怠:怠慢。

⑤敦:指使敦厚笃实。

⑥明:分辨区分。

⑦亲亲:亲属;亲戚。

⑧顺:谓使之依循次序。

⑨纲纪:纲要;提纲;要点。

⑩通问:相互问候;互通音信。

⑪矫枉过正:指纠正偏差而超过应有的限度。

⑫敕:告诫。

【译文】

明帝下诏回答说:"君主的忠厚仁爱施及草木,《行苇》之诗就因此产生了;而君主的恩惠寡薄,不亲善九族,那么就会有《角弓》那样的诗篇予以讽刺。现今使各诸侯国兄弟之间,人情冷淡,对妃妾之家,膏沐的馈赠也忽略了。纵然不能使大家亲厚和睦,但是您援引古代的事例来说明道理,已经十分详尽了,怎么能说精诚不足以感动人呢?区分贵贱,尊崇亲族,礼遇贤才,使长幼有序,这些都是国家的法度纲常。朝廷本来就没有禁止诸王之间互通问候的诏令,大概是矫枉过正,下面的官吏害怕受到谴责,才到了今天这样的地步。朕已经下令有关部门按照您所说的去做了。"

【原文】

植复上疏陈审举之义曰:"臣闻天地协气而万物生,君臣合德而庶政[①]成。五帝[②]之世非皆智,三季[③]之末非皆愚,用与不用、知与不知也。书曰:'有不世[④]之君,必能用不世之臣。用不世之臣,必能立不世之功。'昔乐毅奔赵,心不忘燕[⑤],廉颇在楚,思为赵将[⑥]。臣生乎乱,长乎军,又数承教于武皇帝,伏见行师用兵之要,不必取孙吴[⑦]而暗与之合。窃揆[⑧]之于心,常愿得一奉朝觐,排金门[⑨],蹈玉陛[⑩],列有职之臣,赐须臾之间,使臣得一散所怀,摅[⑪]尽蕴积,死不恨矣。然天高听远[⑫],情不上通,徒独望青云而拊心、仰高天而叹息耳。屈平[⑬]曰:'国有骥[⑭]而不知乘焉,遑遑[⑮]而更索!'昔管、蔡放诛,周、邵作弼[⑯];叔鱼陷刑,叔向匡国[⑰]。三鉴之釁[⑱],臣自当之;二南[⑲]之辅,求必不远。华宗[⑳]贵族,藩王之中,必有应斯举者。故传曰:'无周公之亲,不得行周公之事。'唯陛下少留意焉。

【注释】

①庶政:各种政务。

②五帝:上古传说中的五位帝王,说法不一。一说为:黄帝(轩辕)、颛顼(高阳)、帝喾(高辛)、唐尧、虞舜。

③三季:指夏、商、周三代的末期。

④不世：非一世所能有，罕有。多谓非凡。

⑤乐毅奔赵，心不忘燕：乐毅，子姓，乐氏，名毅，生卒年不详，中山灵寿（今河北灵寿西北）人，魏将乐羊之后。战国时名将。

⑥廉颇在楚，思为赵将：廉颇，战国后期赵国杰出的军事家，生卒年不详。他与白起、王翦、李牧并称“战国四大名将”。

⑦孙吴：春秋时孙武和战国时吴起的并称。皆古代兵家。

⑧揆：度，揣测。

⑨金门：指金马门，汉代官门名。学士待诏之处。

⑩玉陛：帝王宫殿的台阶。

⑪摅：音书，抒发；表达。

⑫天高听远：指处于远离君王或中央政权的地方，下情无径上达，上面也无从听得下面的呼声。

⑬屈平：即屈原。

⑭骥：骏马。

⑮遑遑：惊恐匆忙，心神不定。

⑯管蔡放诛，周邵作弼：周邵，亦作“周召”。周成王时共同辅政的周公旦和召公奭的并称。两人分陕而治，皆有美政。弼，指辅佐天子的大臣。

⑰叔鱼陷刑，叔向匡国：叔鱼，羊舌鲋（公元前580年~公元前531年），一名叔鲋，字叔鱼。春秋时期晋国贵族，叔向之弟。他是中国历史上第一个被以“墨”（贪污）罪论处、杀头示众的人。叔向，姬姓，羊舌氏，名肸，字叔向。春秋后期晋国贤臣，公族大夫。历晋悼公、平公和昭公。以正直和才识见称于世。匡国，匡正国家。

⑱三鉴之衅：三鉴，周武王灭商后，以商旧都封给纣子武庚，并以殷都以东为卫，由武王弟管叔鉴之；殷都以西为鄘，由武王弟蔡叔鉴之；殷都以北为邶，由武王霍叔鉴之；总称三鉴。衅，音信，《三国志·陈思王植传》原文作“衅”，祸患；祸乱。

⑲二南：指周公和邵公。

⑳华宗：犹贵族。

【译文】

曹植又向明帝上疏，陈述审慎选用官吏的道理说：“臣听说天地阴阳之气协调，万物才能生长；君臣同心同德，各项政事才能成功。五帝时代的人，并不都是智者；夏、商、周三代末期的人，也不都是愚人，这全在于对贤才用与不用、了解与不了解。《尚书》中说：‘有非凡的君主，必定能使用非凡的臣子；使用非凡的臣子，必定能建立非凡的功业。’从前乐毅逃奔到赵国，心里不曾忘记燕国；廉颇移居到楚国，仍想着做赵国的将军。臣生于乱世，长在军中，又多次受到太祖武皇帝的指教，看到太祖行军用兵的要领，不必照搬孙武、吴起之说，却能与他们的兵法暗合。臣心里考虑，常常希望能奉命朝见陛下，待诏于金马门，踏上宫殿的玉阶，排在任职大臣之列，赐予臣短暂的时间，使臣能畅叙心意，尽情抒发郁积多年的话语，这样臣就是死也没有遗憾了！然而陛下身居高位，难以听到臣在远方的心声，臣的心情不能上达陛下，只有独自望着浮云而捶胸悲痛，仰望苍天而深深叹息。屈原说：'国内有骏马不知道去骑，为何匆匆忙忙到别处去寻觅？'从前管叔鲜被处死，蔡叔度被流放，周公、召公做辅佐大臣；晋国的叔鱼犯罪被陈尸示众，叔向仍匡扶国家。三鉴反叛这样的灾祸，就由臣来承受好了；像周公、召公那样的辅政大臣，必定在您身边不远处就能找到。贵族藩王之中，必定会有能担此重任之人。所以《左传》上说；'没有周公那样的亲族关系，就不能做周公那样的事。'希望陛下稍加留意。"

【原文】

"近者汉氏广建藩王，丰则连城数十，约则飨食祖祭[①]而已，未若姬周之树国[②]五等[③]之品制[④]也。若扶苏之谏始皇[⑤]，淳于越（越下有之字）难周青臣[⑥]，可谓知时变[⑦]矣。能使天下倾耳注目[⑧]者，当权[⑨]者是矣，故谋能移主，威能慴[⑩]下。豪右[⑪]执政，不在亲戚。权之所在，虽疏必重；势之所去，虽亲必轻。盖取齐者田族[⑫]，非吕宗[⑬]也；分晋者赵、魏[⑭]，非姬姓也。唯陛下察之。苟吉专其位、凶离其患者，异姓之臣也；欲国之安，祈家之贵，存共其荣，没同其祸者，公族[⑮]之臣也。今反公族疏而异姓亲，臣窃惑焉。今臣与陛下践冰履炭[⑯]，高下共之，岂得离陛下哉？不胜愤懑[⑰]，拜表陈情[⑱]，若有不合，乞且藏之书府[⑲]，不便灭弃，臣死之后，事可思。"

【注释】

①飨食祖祭：飨食，举行飨食之礼。祖祭。奉祖的祭祀。

②树国：谓建立藩国。

③五等：五个等级。

④品制：等级规定。

⑤扶苏之谏始皇：扶苏，秦始皇长子。嬴姓，名扶苏，素有贤名。秦始皇统一全国后，他多次议政，对于治国、安定天下颇有见地。曾劝谏秦始皇不要实行"焚书坑儒""重法绳之"等政策，因而触怒始皇，被贬到上郡鉴蒙恬军。

⑥淳于越难周青臣：淳于越，战国时齐国博士，秦朝时曾任仆射。周青臣，秦朝人，曾任仆射。

⑦时变：时世的变化。亦指时世变化的规律。

⑧倾耳注目：倾耳，谓侧着耳朵静听。注目，注视。集中目光看。

⑨当权：掌握大权。

⑩慴：音设，威慑。

⑪豪右：封建社会的富豪家族、世家大户。汉以"右"为上，故称"豪右"。

⑫田族：指齐国田氏。周初，齐国原为姜姓。春秋末，田氏夺得政权，世称田齐。其先人陈完为陈国厉公之子，因陈国发生变乱投奔齐国，改姓田。后田氏子孙世代为齐卿，逐渐夺得齐国政权。周安王时列为诸侯。

⑬吕宗:指齐国吕氏。齐国本为周太公望吕尚所传姜姓吕氏。太公佐武王灭商,封于齐,传至康公,为田氏所代。

⑭赵魏:晋国本为周之宗裔,故为姬姓。周成王封弟叔虞于尧之故墟唐,南有晋水,至叔虞子燮父改国号晋。后为晋国赵、魏、韩三家大夫所分。

⑮公族:诸侯或君王的同族。

⑯践冰:犹履冰。比喻处于险境。履炭:比喻经历艰难。

⑰愤懑:亦作"愤满""愤闷"。抑郁烦闷。懑,音闷。

⑱拜表陈情:拜表,上奏章。陈情,陈诉衷情。

⑲书府:收藏文书图籍的府库。

【译文】

"近代的汉朝大举分封藩王,封地大的有接连几十座城池,小的则只够供奉祭祀祖宗而已,不像周朝的分封藩国,有公、侯、伯、子、男五等爵位的制度。像扶苏劝谏秦始皇,淳于越驳斥周青臣,都可以说是知道时势的变化了。能够使天下的人倾听和注视的,就是掌握大权的人了。所以他们的谋略能够左右君主,其威势能够震慑下级。名门大族执掌国政,不在于他是不是皇室宗亲。若大权在握,虽是疏远的关系(而非宗亲),也定会显得举足轻重;一旦失去权势,即使是皇族近亲也会变得轻微。取代齐国君主位置的是田氏家族,而非吕氏的宗亲;瓜分晋国的是赵氏、魏氏家族,而非姬姓的宗亲,希望陛下明察。如果在有利可图时就把持官位,在形势险恶时就逃离祸患的,必是异姓大臣;而希望国家安定,祈望家族尊贵,得势时共同享受富贵,失势时共同承受祸难的人,定是王室宗族的大臣了。如今的情况反而是宗族被疏远而异姓得亲近,臣私下对此感到困惑。现今臣与陛下,如同一起踏过薄冰、踩过炭火,或上或下都将共同承受,怎么能离开陛下呢?臣无法承受心中的抑郁,所以向您呈上奏章来陈述衷情。如果有不合陛下心意的地方,乞求您暂且把它收藏在书府,不要立即销毁丢弃,在臣死了之后,这些事情或许还值得反思。"

【原文】

《魏略》[①]曰:植以近前诸国士息[②]已见发,其遗孤[③]稚弱,在者无几,而复被取,乃上书曰:"臣闻古之圣君,与日月齐其明,四时等其信,恩不中绝,教无二可,以此临朝,则臣下知所死矣。受任在万里之外,审主之所以授官,必己之可以投命,虽有构会[④]之徒,泊然[⑤]不以为惧者,盖君臣相信之明效也。臣初受封,策书[⑥]曰:'植受兹青社[⑦],为魏藩辅[⑧]。'而所得兵百五十人,皆年在耳顺[⑨],或不逾矩[⑩],虎贲[⑪]官骑[⑫]及亲事凡二百余人。皆使年壮,备有不虞[⑬],检校[⑭]乘城[⑮],顾不足以自救,况皆复耄耋[⑯]罢曳[⑰]乎?而名为魏东藩,使屏翰王室,臣窃自羞矣。就之诸国,国有士子[⑱],合不过五百人,伏以为三军[⑲]益损,不复赖此。方外[⑳]定否,必当须办[㉑]者,臣愿将部曲[㉒],倍道[㉓]奔赴,夫妻负襁[㉔],子弟怀粮,蹈锋履刃,以徇[㉕]国难,何但习业[㉖]小儿哉?愚诚以挥涕[㉗]增河,鼷鼠[㉘]饮海,于朝万无损益,于臣家计甚有废损。又,臣士息前后三送,兼人已竭。唯尚有小儿,七八岁已上、十六七已还,三十余人。今部曲皆年耆[29]，卧在床席，非糜[30]不食，眼不能视，气息裁属[31]者，凡三十七人；疲瘵[32]风靡，疣[33]盲聋聩[34]者，二十三人。唯正须[35]此小儿，大者可备宿卫，虽不足以御寇[36]，粗可以警小盗。小者未堪大使，为可使耘锄秽草[37]，驱护鸟雀。休候人[38]则一事废，一日猎则众业散，不亲自经营则功不摄。常自躬亲，不委下吏而已。陛下圣仁，恩诏三至，士子给国，长不复发。明诏之下，有若皦日[39]，保金石[40]之恩，必明神之信，定习业者并复见送，晻若昼晦[41]，怅然失图[42]。伏以为陛下既爵臣百僚之右[43]，居藩国之任，为置卿士[44]，屋名为宫，冢[45]名为陵，不使其危居独立，无异于凡庶[46]。若陛下听臣，悉还部曲，罢官属，省鉴官[47]，使解玺释绂[48]，追柏成[49]、子仲[50]之业，营颜渊[51]、原宪[52]之事，居子臧[53]之庐，宅延陵[54]之室，如此，虽进无成功，退有可守节，身死之日，犹松、乔[55]也。然伏度国朝，终未肯听臣之若是，固当羁绊[56]于世绳，维系[57]于禄位，怀屑屑之小忧，执无已之百念，安得荡然肆志，逍遥于宇宙之外哉？此愿未从，陛下必欲崇亲亲，笃骨肉，润白骨而荣枯木者，唯遂仁德，以副前恩，有诏皆遂还之也。”

【注释】

①魏略：记载三国时魏国历史的史书，共五十卷，为魏郎中鱼豢私撰。原书已亡佚。
②士息：魏晋时指士兵之子。
③遗孤：死者遗留下来的孤儿。
④构会：谓设计陷害。
⑤泊然：恬淡无欲貌。
⑥策书：指古代书写帝王任免官员等命令的简策。
⑦青社：祀东方土神处。借指东方之地。
⑧藩辅：喻指藩国、藩镇。
⑨耳顺：六十岁的代称。
⑩不逾矩：指七十岁。
⑪虎贲：勇士之称。贲，音奔，通“奔”。
⑫官骑：王室的骑兵。
⑬不虞：指意料不到的事。
⑭检校：查核察看。
⑮乘城：守城。
⑯耄耋：音茂蝶，犹高龄，高寿。
⑰罢曳：罢，弱；无能。曳，困顿。
⑱士子：将士家的子弟。
⑲三军：指军队的通称。
⑳方外：边远地区。
㉑办：治理。
㉒部曲：部属；部下。亦指私人军队。

㉓倍道:兼程。

㉔负襁:背负婴儿。

㉕徇:通"殉"。谓有所求而不惜身。

㉖习业:攻习学业,钻研学问。

㉗挥涕:挥洒涕泪。

㉘鼷鼠:鼠类最小的一种。

㉙年耆:年老。

㉚糜:粥。

㉛裁属:谓呼吸勉强接上。形容气息极其微弱。裁,通"才"。

㉜疲瘵:患病;疾病。瘵,音债。

㉝疣:音由,皮肤病名。

㉞聋瞶:耳聋眼瞎。

㉟须:等待。

㊱御寇:谓防御贼寇。

㊲秽草:杂草;恶草。

㊳候人:古代掌管整治道路稽查奸盗,或迎送宾客的官员。

㊴皦日:明亮的太阳。多用于誓词。

㊵金石:常用以比喻不朽。

㊶晻若昼晦:晻,昏暗。昼晦,白日光线昏暗。

㊷怅然失图:怅然,失意不乐貌。失图,失去主意。

㊸右:古代崇右,故以右为上,为贵,为高。

㊹卿士:指卿、大夫。后用以泛指官吏。

㊺冢:坟墓。

㊻凡庶:平民;平常人。

㊼省鉴官:省,减少;削减。鉴官,鉴察或管理地方事务的官吏。

㊽解玺释绂:解玺,解下印玺。此指解下官印。

㊾柏成:即"柏成子高",亦作"柏成子皋"。传说为尧时高士。

㊿子仲:指于陵子仲,战国时隐逸之士,或谓即陈仲子。

51颜渊:曹姓,颜氏,名回,字子渊,亦颜渊。为孔子最得意弟子。

52原宪:孔子弟子,为古之清高贫寒之士。他出身贫寒,个性狷介,一生安贫乐道,不肯与世俗合流。

53子臧:曹公子喜时,字子臧,春秋时曹宣公之子。曾让国于公子负刍。

54延陵:指延陵季子,指春秋时吴公子季札。相传吴王寿梦有四子:诸樊(或称谒)、余祭、余眛(一作夷昧)、季札。季札贤,寿梦欲废长立少。季札让不可。寿梦卒,诸樊立,与余祭、余眛相约,传弟而不传子,弟兄迭为君,欲终致国于季札。季札离国赴延陵(一说封于延陵),终身不入吴国,故世称延陵季子。

55松乔：神话传说中仙人赤松子与王子乔的并称。泛指隐士或仙人。

56羁绊：犹言耒缚牵制。

57维系：亦佗"维系"。牵绊。

颜回

【译文】

《魏略》说：曹植因为看到离皇帝较近的诸侯国的子弟已被征调，那些死难者所遗留下的子孙又太幼弱，留在国中的人已经所剩无几，然而这些人却仍不断被派走，于是上书说："臣听说古代圣明的君主，有和日月一样的光明，同四季的交替一般守信，恩惠从不中断，教化也没有双重标准，以此来处理朝政，那么臣下即使为之去死，心里也很明白。臣远在万里之外接受任命，认真思考陛下之所以授予职位，必定是因为自己可以舍命报效，即便有从中设法陷害的小人，臣却能淡然处之而不以此为忧虑的原因，大概是君臣之间相互信任带来的明显效果吧！臣刚受封时，策书上说：'曹植受封于此东方之地，作为我大魏的藩国。'然而，臣所分得的军队只有一百五十人，他们的年龄都在六十岁或是七十岁，勇士、骑兵以及亲信侍从，加在一起也只有二百多人。即使他们都是壮年的士兵，用来防备意外之事，巡查守城，尚且都不能自救，更何况都是些年老疲弱的人呢？而名义上作为魏国东面的藩王，让臣保卫大魏王室，臣私下感到羞愧。臣就任于藩国，而国内将士家的子弟加起来不过五百人，臣以为为朝廷军队的增减，不会再依赖他们。若边境不安定，必须要进行治理时，臣愿率领这些部下日夜兼程，奔赴前线，即使夫妻背着小孩、子弟带着干粮，踩着锋刀，踏着利刃，也会为国家的危难而献身，岂止是这些还在研习学业的孩童啊？臣确实愿用挥散泪水也要使河水上涨，像鼷鼠饮海水却要把海水喝干一样的诚心来报效陛下，但这对朝廷也许没有多大用处，但对臣的家庭生计却会造成严重的损害。另外，臣已先后向朝廷三次选送士兵上前线，其他的人已经没有了，唯独还有年龄在七、八岁以上至十六、七岁以下的孩童三十多人。现在臣的部下都是年老的士卒，其中卧病在床，只能喝点稀粥，眼睛看不清楚，奄奄一息的，共有三十七人；身患疾病，弱不禁风，长有疣疮，耳聋目盲的，有二十三人。正等着这些孩子成长，大一些的可以担任警卫，即使不足以防御贼寇，大略还是可以防备小贼的；年龄小的，还不能派上大用处，但可以让他们去田间除草、驱赶鸟雀。罢免了候人，一件事情就做不成；打一天猎，许多事情就会变得杂乱。不亲自规划经营，则事情不能持久，就只好经常亲自动手，不去委派下属官吏而已了。陛下圣明仁爱，降恩的诏书三次下达，征调将士家的子弟供给国家，年长之人不再被征调。英明的诏书颁发后，就像明亮的太阳，永保不朽的恩惠，必能表明上苍的信用。然而后来又规定攻习学业的人还是要被派送出去，就像是白昼中的阴影，令人失意而不知所措。臣以为，陛下既然封臣在百官之上的爵位，居于藩国的职任，又专为设置了下属官吏，臣住的房屋称为宫殿，死后的坟墓称为陵寝，而不让臣危居独立，实际上与普通百姓没什么差别。若陛下允许臣全部退还现有的老弱兵士，罢黜官属，削减鉴察地方事务的官吏，让臣解下官印，辞去官职，追随柏成、子仲的前业，经营颜渊、原宪所行之事，身居曹子臧的庐舍，居于延陵季子的宅室。这样，臣即使在位时没有成就的功业，引退后还能保守节操，去世的时候，也会像赤松子和王子乔那样了。然而臣思量朝廷始终未肯让臣这样做，所以臣还是要被世俗的绳索所牵制，牵绊于俸禄爵位，心怀琐碎的小小忧愁，持守着与己无关的各种想法，怎能随心快意，安闲自在的逍遥于宇宙之外啊！臣的这个愿望还没有实现，若陛下必定要推崇亲亲之义，加深骨肉之情，让白骨受到润泽，让枯木重新繁茂，臣只有顺从您的仁德，不辱皇上此前的恩诏了。"皇上下达诏书，让把这些人都放还诸国。

【原文】

六年[①]，封植为陈王。时法制待藩国，既自峻迫[②]，寮属[③]皆贾竖[④]下才，兵人给其残老，大数[⑤]不过二百人。十一年而三徙都，常汲汲[⑥]无欢，遂发疾薨[⑦]。孙盛[⑧]曰：异哉，魏氏之封建[⑨]也！不度先王之典，不思藩屏之术，违敦穆[⑩]之风，背维城[⑪]之义。汉初之封，或权侔[⑫]人主，虽云不度，时势然也。魏氏诸侯，陋同匹夫，虽惩[⑬]七国，矫枉[⑭]过也。且魏之代汉，非积德之由，风泽[⑮]既微，六合[⑯]未一，而彫翦[⑰]枝干，委权[⑱]异族，势同瘣木[⑲]，危若巢幕[⑳]，不嗣[㉑]忽诸[㉒]，非天丧也。五等之制，万世不易之典。六代[㉓]兴亡，曹囧论之详矣[㉔]。

【注释】

①六年：魏明帝太和六年，即公元 232 年。
②峻迫：形容严厉无情。
③寮属：僚属；属官。
④贾竖：旧时对商人的贱称。
⑤大数：约计之数。
⑥汲汲：忧惶不安貌。
⑦薨：死的别称。自周代始，人之死亡，有尊卑之分，"薨"以称诸侯之死。
⑧孙盛：东晋著名史学家。
⑨封建：封邦建国。
⑩敦穆：亦作"敦睦"。亲厚和睦。
⑪维城：本意指连城以卫国。借指皇子或皇室宗族。
⑫侔：齐等；相当。
⑬惩：鉴戒。
⑭矫枉：比喻纠正偏斜。
⑮风泽：德泽。
⑯六合：天下。

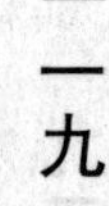

⑰彫翦：摧折，剪除。彫，音刁。

⑱委权：授以权柄。

⑲瘣木：有病瘿肿，枝叶不荣的树木。瘣，音会。

⑳巢幕：筑巢于帷幕之上。喻处境危险。

㉑不嗣：谓不足以继承前人之位。

㉒忽诸：指忽然而亡。

㉓六代：指夏、殷、周、秦、汉、魏。

㉔曹囧论之详矣：曹囧，音炯，字元首，沛国谯县（安徽亳州）人，曹魏宗室。曹操从子，魏少帝曹芳族祖。

【译文】

太和六年，曹植被封为陈王。当时的法令制度，对待各藩国已经开始严厉急迫，配给各藩国的属官都是些商贾和才能低劣之辈，配备的士兵也都是残疾或年老之人，大约不到二百人。曹植在十一年当中三次迁徙封地，常常忧虑不安、郁郁寡欢，最终发病去世。[孙盛说：魏国的封邦建国真是奇怪。不思量先王的典制，不考虑捍卫王室的方法，违背了敦厚和睦的风教，背弃了以宗亲连城保卫皇室的本义。汉朝初期的分封，有的诸侯王权势相当于天子，虽然说不合礼法，但也是时势造成的。魏国的诸侯，鄙陋得和普通百姓一样，即使是鉴戒于七国之乱的教训，即矫枉过正，但也太过了。况且魏国取代汉朝，并不是积德的缘由，德泽已经衰微，而天下尚未统一，却剪除如枝干一样的宗族，将权柄交给异姓之人，国势就像快要病死的树木，危险得就像筑在帷幕上的鸟巢，后人不足以继承前人之位，于是国家突然灭亡，不是上天要灭掉它啊！五等爵禄的制度，是万代不能改变的法则。六代兴亡的道理，曹囧已经论述得很详细了。]

【原文】

中山恭王衮[①]，每兄弟游娱，衮独谭思[②]经典。文学[③]防辅，[④]遂共表[⑤]称陈[⑥]衮美。衮闻之，大惊惧，责让[⑦]文学曰："修身自守，常人之行耳，而诸君乃以上闻[⑧]，是适所以增其负累[⑨]也。且如有善，何患不闻，而遽[⑩]共如是，是非益我。"其诫慎如此。衮尚约俭，教敕妃妾，纺绩织絍[⑪]，习为家人[⑫]之事。衮病困，令世子曰："汝幼少，未闻义方[⑬]，早为人君，但知乐，不知苦，必将以骄奢为失也。接大臣，务以礼。虽非大臣，老者犹宜答拜[⑭]。事兄以敬，恤弟以慈。兄弟有不良之行，当造膝[⑮]谏之。谏之不从，流涕喻[⑯]之。喻之不改，乃白[⑰]其母。若犹不改，当以奏闻[⑱]，并辞国土[⑲]。与其守宠罹祸，不若贫贱全身也。此亦谓大罪恶耳，其微过细愆[⑳]，故当奄[㉑]覆之。嗟乎小子[㉒]，慎修乃身，奉圣朝以忠贞[㉓]，事太妃[㉔]以孝敬。闺闱[㉕]之内，奉令于太妃；阃阈[㉖]之外，受教于沛王[㉗]。无怠乃心，以慰余灵。"薨，诏使大鸿胪[㉘]持节典护[㉙]丧事，赠赗[㉚]甚厚。

【注释】

①中山恭王衮：曹衮，曹操与杜夫人之子，谦逊谨慎，质朴好学，有谦谦君子之风。

②谭思：深加探究。
③文学：官名。
④防辅：三国魏官名。
⑤表：启奏，上奏章给皇帝。
⑥称陈：犹称述。
⑦责让：斥责；谴责。
⑧上闻：向朝廷呈报。
⑨负累：负担；包袱。
⑩遽：仓猝；匆忙。
⑪纺绩织紝：纺绩，把丝麻等纤维纺成纱或线。织紝，紝，同"纴"，指织作布帛之事。
⑫家人：指妇女。
⑬义方：行事应该遵守的规范和道理。
⑭答拜：回拜。
⑮造膝：犹促膝。
⑯喻：晓谕；开导。
⑰白：禀报。
⑱奏闻：臣下将情事向帝王报告。
⑲国土：封国的领地。
⑳愆：罪过，过失。
㉑奄：通"掩"。掩藏。
㉒小子：儿子。
㉓忠贞：忠诚坚贞。
㉔太妃：三国魏以来尊称诸王之母为太妃。此指曹衮生母杜夫人。
㉕闺闱：内室。
㉖阃阈：谓妇女所居内宅的门户。
㉗沛王：即曹林，曹操之子，与曹衮同为杜夫人之子，太和六年，徙封沛王。青龙三年，曹衮有疾，明帝遣太妃、沛王曹林同来省疾。
㉘大鸿胪：官职名。
㉙典护：鉴领，督察。
㉚赠赗：赠送车马等以助人送葬。

【译文】

中山恭王曹衮。每次兄弟们游玩娱乐时，曹衮却独自深思经典。文学侍从和防辅之官于是一同上表称述曹衮的美德。曹衮听说后，大为惊恐，责备文学说："修养身心、保持操守，不过是平常人的行为罢了，而诸位却将此上报给朝廷，这恰恰会为我增加负担。再说，如果我有好的行为，何必担心别人不知道，而你们却急着一起这样做，这并不是对我好啊!"他的警惕谨慎就像这样。曹衮崇尚节约俭朴,教导训诫妻妾纺线织布,学做普通妇女所做的事情。曹衮病重之时,教令继承自己王位的儿子说:"你年纪尚小,还不懂得为人处世的道理,过早地成为人主,若知道享乐而不知道吃苦,必将会因为骄傲奢侈犯下过失。接待大臣时,务必要遵照礼仪,即使不是大臣,对年老的人也应该回拜;侍奉兄长要恭敬,照顾弟弟要仁慈。兄弟中有不好的行为,应当促膝谈心劝谏他;若劝谏不听,就要流着泪给他讲道理;讲道理还不改,那就要禀告他的母亲。如果仍然不改,就应当上奏天子,并削夺其封国土地。与其让他保持着恩宠而遭祸,不如身处贫贱而保全性命,当然这说的是大的罪恶。至于微细的过错,就应当为他们掩盖。唉,儿子啊!要谨慎的修养自身,侍奉朝廷要忠诚坚贞,侍奉太妃要孝顺恭敬。家里的事应遵从太妃的指令,外面的事要接受伯父沛王的教导。不要有懈怠的心,以此来慰藉我的灵魂。"曹衮去世,明帝下诏派大鸿胪持符节主持料理丧事,赠送的丧葬物品十分丰厚。

【原文】

评曰:魏氏王公,徒有国土之名,而无社稷之实,又禁防拥(拥作壅)隔[1],同于囹圄[2]。位号[3]靡定,大小岁易[4]。骨肉之恩乖[5],《棠棣》[6]之义废。为法之弊,一至于此[7]乎?《魏氏春秋》[8]载宗室曹冏上书曰:"臣闻古之王者,必建同姓以明亲亲,必树异姓以明贤贤。故传曰:'庸勋亲亲,昵近尊贤'[9]。《书》曰:'克明俊德,以亲九族'[10]。《诗》云:'怀德惟宁,宗子维城'[11]。由斯观之,非贤无与兴功[12],非亲无与辅治[13]也。夫亲亲之道,专用则其渐也微弱;贤贤之道,偏任则其獘[14]也劫夺[15]。先圣知其然也,故博兼亲疏而并用之;近则有宗盟藩卫[16]之固,远则有仁贤辅佐之助,兴则有与共其治,衰则有与守其土,安则有与享其福,危则有与同其祸。夫然,故能有其国家、本枝百世[17]也。今魏尊尊之法虽明,亲亲之道未备。《诗》不云乎?'鹡鸰在原,兄弟急难'[18]。以斯言之,明兄弟相救于丧乱之际,同心于忧祸之间,虽有阋墙[19]之忿,不忘御侮[20]之事。何则[21]?忧患同也。今则不然,或任而不重(旧无或任而不重五字。补之),或释而不任,一旦疆场称警[22],关门反拒,股肱[23]不扶,胸心[24]无卫。臣窃惟此,寝不安席。

【注释】

①拥隔:阻隔。

②囹圄:音玲语,监狱。

③位号:爵位与名号。

④易:改变,更改。

⑤乖:背离;违背。

⑥棠棣:《诗·小雅·常棣》篇,是一首申述兄弟应该互相友爱的诗。后常用以指兄弟。

⑦一至于此:竟到如此地步。

⑧魏氏春秋:东晋孙盛撰,共二十卷,原书已亡佚。

⑨庸勋亲亲，昵近尊贤：庸勋，酬赏有功的人。昵近，接近近臣。

⑩克明俊德，以亲九族：克明，能明，后亦用作歇后语；谓任用贤能之士。

⑪怀德惟宁，宗子维城：怀德，怀有德行。宗子，古代宗法制度称大宗的嫡长子。维城，连城以卫国。

⑫兴功：建立功业。

⑬辅治：辅佐治理政事。

⑭弊：通“弊”。

⑮劫夺：卢弼注引胡三省曰：“谓威权陵逼，劫其君而夺之也。”

⑯宗盟藩卫：宗盟，同宗；同姓。藩卫，捍卫。

⑰本支百世：谓子孙昌盛，百代不衰。

⑱鹡鸰在原，兄弟急难：鹡鸰，音急零，鸟类的一属。比喻兄弟。鹡鸰在原，比喻兄弟友爱之情。

⑲阋墙：谓兄弟相争于内。后用以指内部相争。阋，音细。

⑳御侮：谓抵御外侮。

㉑何则：为什么。多用于自问自答。

㉒称警：有战事警报。

㉓股肱：比喻左右辅佐之臣。

㉔胸心：借喻要害之地。

【译文】

有评论说：魏朝的王公，空有封国领地的虚名，却没有国家的实质，又对他们设置禁令进行防范、阻隔，如同被关进监狱一般。爵位和封号不固定，封地大小年年变动，违背了骨肉之间的恩情，兄弟间的和睦友爱也被废弃。这种制定法令的弊端，竟然到了如此地步！[《魏氏春秋》记载魏宗室曹冏的奏书说：“臣听说古代的君王必定封立同姓宗亲，以表示亲爱亲属；必定要树立异姓之臣，以表明尊崇贤才。所以《左传》说：‘酬赏有功之人，亲爱宗族亲戚，亲近身边的大臣，尊敬贤明的人才。’《尚书》说：‘能任用贤明之士，以此来和睦九族宗亲。’《诗经》说：‘为政有德国以安宁，宗子连城以卫王室。’由此可见，不是贤才就不能兴立功业，不是宗亲就不能辅佐治理政事。如果一味任用亲戚宗族，王室就会逐渐衰弱；如果只注重任用贤明之士，恐国家会被外族篡位。先圣知道这个道理，所以广泛的任用亲疏两方面的人才。近有同姓宗族捍卫的稳固保护，远有仁义贤明大臣的辅佐帮助。国家兴盛时，有人和君主共同治理；国家衰落时，有人和君主共同守卫国土。国家安定时，有人与君主共享幸福；国家危亡时，有人与君主共赴国难。这样，才能保有他的国家，使子孙昌盛，百代不衰。现在魏国尊敬尊长的法制虽很明确，但亲爱宗亲的方法还不完备。《诗经》上不是说：‘鹡鸰被困在原野，兄弟赶来解救急难。’以此说来，表明了兄弟在动乱患难的时候要相互救助，在忧愁祸患的时候要同心协力，即使有内部争斗的愤懑，也不要忘记抵御外侮的事情，为什么呢？因为大家面对的是同样的忧患。现在却不是这样,有的受到委任而不受重视,有的则被弃之一旁而不加任用,一旦战场有紧急情况,兄弟们反而关起门来拒绝授命,辅佐大臣也不扶持帮助,要害之地无人护卫。臣私下思考此事,经常忧虑得睡不好觉。”]

【原文】

“谨撰[1]合所闻,叙论成败。论[2]曰:昔夏、殷周历世数十,而秦二世而亡。何则?三代之君,与天下共其民,故天下同其忧也[3]。秦王独制其民,故倾危[4]莫救也。夫与人共其乐者,人必忧其忧。与人同其安者,人必拯其危。先王知独治之不能久也,故与人共治之;知独守之不能固也,故与人共守之。兼亲疏而两用,参同异而并建,是以轻重足以相镇[5],亲疏足以相卫,并兼路塞[6],逆节[7]不生。及其衰也,桓、文帅礼[8],王纲[9]弛而复张,诸侯傲而复肃[10]。二霸之后,浸以陵迟[11],吴、楚凭江汉[12],负固方城[13],虽心希九鼎[14],而畏迫宗姬[15],奸情[16]散于匈怀[17],逆谋消于唇吻[18]。斯岂非信重亲戚。任用贤能,枝叶硕茂,本根赖之与?自此之后,转相攻伐,暨[19]于战国,诸姬微矣。至于王赧[20],降为庶人,犹枝叶相持,得居虚位,海内无主,四十余年。秦据形胜[21]之地,骋谲诈之术[22],至于始皇,乃定天位[23]。旷日[24]若彼,用力若此,岂非深固根蒂不拔之道乎?秦观周之弊[25],以为小弱见夺,于是废五等之爵[26],立郡县[27]之官。子弟无尺寸之封,功臣无立锥之土[28]。内无宗子以自毘辅[29]。外无诸侯以为藩卫。仁心不加于亲戚,惠泽不流于枝叶[30]。譬犹芟刈[31]股肱,独任胸腹[32];浮舟江海,弃捐楫櫂[33]。观者为之寒心,而始皇晏然[34],自以为关中之固,金(旧无捐楫至固金二十二字。补之)城千里[35],子孙帝王万世之业也。岂不悖[36]哉!至于身死之日,无所寄付[37],委天下之重于凡人之手,托废立之命于奸臣之口,至令赵高之徒,诛锄[38]宗室。胡亥少习刻薄之教,长遭[39]凶父之业,不能改制易法,宠任兄弟,而乃师谭申商[40]、谘谋[41]赵高。自幽深宫,委政谗贼,身残望夷,求为黔首,岂可得哉[42]?遂乃郡国离心,众庶溃叛[43],胜、广[44]倡之于前,刘、项弊之于后。向使始皇纳淳于之策[45],抑李斯之论[46],割裂州国,分王子弟,封三代之后,报功臣之劳,士有常君[47],人有定主,枝叶相扶,首尾为用,虽使子孙有失道之行,时人无汤、武之贤,奸谋未发,而身已屠戮,何区区之陈、项[48]。而得措[49]其手足哉?故汉祖奋三尺之剑[50],驱乌集之众[51],五年之中,而成帝业。自开辟[52]已来,其兴立功勋,未有若汉祖之易者也。夫伐深根者难为功,摧枯朽[53]者易为力[54],理势[55]然也。汉鉴[56]秦之失。封殖[57]子弟,及诸吕擅权[58],图危刘氏,而天下所以不倾动者、百姓所以不易心者,徒以诸侯强大,盘石胶固[59],东牟、朱虚[60]受命于内,齐、代、吴、楚[61]作卫于外也。向使高祖踵[62]亡秦之法,忽先王之制,则天下已传,非刘氏有也。然高祖封建,地过古制,大者跨州兼郡,小者连城数十,上下无别,权侔京室[63],故有吴楚七国之患[64]。贾谊曰:‘诸侯强盛,长乱起奸。莫若众建诸侯而少其力,则下无背叛之心,上无诛伐之事。’文帝不从。至于孝景,猥[65]用晁错之计,削黜[66]诸侯,亲者怨限,疏者震恐,吴、越[67]倡谋,五国从风。兆发高帝,衅钟[68]文、景,由宽之过制、急之不渐[69]故也。所谓末大必折[70],尾大难掉[71]。尾同于体,犹或不从,况乎非体之尾,其可掉哉?武帝从主父之策,下推恩之令[72],自是之后,齐分为七[73],赵分为六[74],淮南三割[75],梁、代五分[76],遂以陵迟,子孙微弱,衣食租税,不预政事，或以酎金[77]免削，或以无后国除。至于成帝，王氏擅朝。刘向谏曰：'臣闻公族者，国之枝叶。枝叶落则本根无所庇荫。'其言深切，多所称引[78]，成帝虽悲伤叹息而不能用。至于哀、平[79]，异姓秉权，假周公之事，而为田常[80]之乱，高拱[81]而窃天位，一朝而臣四海。汉宗室王侯，解印释绶[82]，贡奉社稷，犹惧不得为臣妾，或乃为之符命[83]，颂莽恩德，岂不哀哉！由斯言之，非宗子独忠孝于惠、文之间，而叛逆于哀、平之际也，徒权轻势弱，不能有定耳。赖光武皇帝挺不世之姿，禽王莽于已成，绍[84]汉嗣于既绝，斯岂非宗子之力邪？而曾不鉴秦之失策，袭周之旧制，踵亡国之法，而徼幸无疆之期。至于桓、灵[85]，阉竖执衡[86]，朝无死难[87]之臣，外无同忧之国，君孤立于上，臣弄权于下，本末不能相御，身首不能相使。由是天下鼎沸[88]，奸凶并争，宗庙焚为灰烬，宫室变为榛薮[89]，居九州之地，而身无所安处，悲夫！汉氏奉天，禅位于大魏。大魏之兴，于今二十四年矣，观五代之存亡而不用其长策，睹前车之倾覆而不改其辙迹，子弟王空虚之地，君不使[90]之民，宗室窜于闾阎[91]，不闻邦国之政，权均匹夫，势齐凡庶，内无深根不拔之固，外无盘石宗盟之助，非所以保安社稷，为万世之策。且今之州牧、郡守，古之方伯[92]、诸侯，皆跨有千里之土，兼军武[93]之任，或比国数人，或兄弟并据。而宗室子弟，曾无一人间厕[94]其间，非所以强干弱枝、备万一之虞[95]也。今之用贤，或超为名都[96]之主，或为偏师[97]之帅，而宗室有文者必限小县之宰，有武者必置于百人之上，使夫廉高[98]之士毕志于衡轭[99]之内，才能之人耻与非类为伍，非所以劝进贤能、褒异宗室之礼。夫泉涸则流竭，根朽则叶枯。枝繁者荫根，条落者本孤。故语曰：'百足之虫，至死不僵。'扶之者众也。此言虽小，可以譬大。且墉基不可仓卒而成，威名不可一朝而立，皆为之有渐，建之有素。譬之种树，久则深固其根本，茂盛其枝叶，若造次徙于山林之中，植于宫阙之下，虽壅之以黑坟，暖之以春日，犹不救于枯槁，何暇蕃育哉？夫树犹亲戚，土犹士民，建置不久，则轻下慢上，平居犹惧其离叛，危急将如之何？是以圣王安而不逸，以虑危也；存而设备，以惧亡也。故疾风卒至而无摧拔之忧，天下有变。而无倾危之患矣。"

【注释】

①撰：述也。

②论：即曹冏之《六代论》。

③三代之君，与天下共其民，故天下同其忧也：卢弼注引吕延济曰："与天下共其民，谓建立诸侯，与之共理，共有其利也。故天下有难，则诸侯同忧。"

④倾危：倾覆；倾侧危险。

⑤镇：安抚；安定。

⑥并兼路塞：路塞，道路阻塞。

⑦逆节：犹叛逆。

⑧桓、文帅礼：桓、文，春秋五霸中齐桓公与晋文公的并称。帅，遵循。

⑨王纲：天子的纲纪。

⑩肃：恭敬。

⑪陵迟：败坏；衰败。

⑫江汉：古荆楚之地，在今湖北省境内。

⑬负固方城：负固，依恃险阻。方城，春秋时楚北的长城。

⑭心希九鼎：相传夏禹铸九鼎，象征九州，夏商周三代奉为象征国家政权的传国之宝。

⑮畏迫宗姬：畏迫，畏惧。宗姬，指周王室。

⑯奸情：犹奸心。指做坏事的念头。

⑰匈怀：《魏氏春秋》载《六代论》原文作"胸怀"。

⑱唇吻：亦作"唇眠"。嘴唇；口，嘴。

⑲暨：至；到。

⑳王赧：即周赧王东周的第二十五位天子，也是最后一位天子。

㉑形胜：谓地理位置优越，地势险要。

㉒骋谲诈之术：骋，施展。谲诈，狡诈；奸诈。

㉓天位：天子之位，帝位。

㉔旷日：耗费时日。

㉕獘：弊病。

㉖五等之爵：公、侯、伯、子、男五等爵位。

㉗郡县：郡和县的并称。郡县之名，初见于周。

㉘立锥之土：极言地方之小。

㉙毘辅：辅助。

㉚枝叶：喻同宗的旁支。

㉛芟刈：割。引申为杀戮。

㉜胸腹：胸部与腹部。亦以指心腹。

㉝楫櫂：船桨。短桨称楫，长桨称櫂。

㉞晏然：安宁；安定。

㉟金城千里：谓辽阔的国土坚城环绕，险固可靠。

㊱悖：谬误，荒谬。

㊲寄付：委托；托付。

㊳诛锄：除灭；诛杀。

㊴遭：《魏氏春秋》引《六代论》原文作"遵"。

㊵申、商：战国时申不害与商鞅的并称。

㊶谘谋：商议谋划。

㊷身残望夷，求为黔首，岂可得哉：望夷，秦代宫名。故址在今陕西省泾阳县东南，因东北临泾水以望北夷，故名。秦末，赵高追杀秦二世于此。黔首，古代称平民；老百姓。

㊸众庶溃叛：众庶，众民；百姓。溃叛，亦作"溃畔"。叛乱离散。

㊹胜广：秦末农民起义首领陈胜、吴广的并称。

㊺淳于之策：淳于即淳于越，原为齐国博士，入秦后曾任仆射。

㊻李斯之论：此指李斯提出的以郡县制取代分封制的建议。

㊼常君：固定的君主。

㊽陈项：指陈胜和项羽。

㊾措：安放。

㊿三尺之剑：古剑长凡三尺，故称。

51乌集之众：犹言乌合之众。

52开辟：亦作"开辟"。指宇宙的开始。

53枯朽：枯槁腐朽。

54为力：成功；奏效。

55理势：事理的发展趋势；情势。

56鉴：借鉴；参考。

57封殖：亦作"封埴"。亦作"封植"。本指壅土培育。引申为扶植势力；培养人才。

58诸吕擅权：诸吕，指汉代吕后的亲信吕产、吕禄等。擅权，专权，揽权。

59盘石胶固：盘石，指封藩宗室。胶固，牢固。

60东牟、朱虚：东牟，指东牟侯刘兴居，齐悼惠王子，刘邦之孙。

61齐、代、吴、楚：当时四国之主为齐哀王刘襄、代王刘恒、吴王刘濞、楚元王刘交，此四王皆为刘氏宗亲。

62踵：继承；因袭。

63京室：王室。

64吴楚七国之患：指发生在汉景帝三年（公元前154年）的一次诸侯王国的叛乱。参与叛乱的七国国王是吴王濞、楚王戊、赵王遂、济南王辟光、淄川王贤、胶西王卬、胶东王雄渠。叛军最终被汉军击败，刘濞逃至东瓯，被杀；其余诸王或自杀或伏诛。

65猥：谬；错误地。

66削黜：亦作"削绌"。削减封地，贬降官爵。

67吴越：《魏氏春秋》引《六代论》原文作"吴楚"。

68衅钟：祸患；祸乱。

69渐：缓进；逐步。

70末大必折：谓树木枝端粗大，必折其干。喻下属权重，危及上级。

71尾大难掉：犹言尾大不掉。比喻属下势强，不听从调度指挥。

72武帝从主父之策，下推恩之令：汉武帝元朔二年（公元前127年），主父偃针对当时诸侯国势力强大，威胁中央集权的现象，在向武帝的上书中提出了新的建议。

73齐分为七：卢弼注引郝经曰："谓齐、城阳、济北、济南、淄川、胶西、胶东也。"

74赵分为六：卢弼注引郝经曰："谓赵、平原、真定、中山、广川、河间也。"

75淮南三割：卢弼注引郝经曰："谓淮南、衡山、庐江也。"

76梁代五分：卢弼注引郝经曰："谓梁、济川、济东、山阳、济阴也。代未尝分，此言五分,未详。”

⑰酎金:汉代诸侯献给朝廷供祭祀之用的贡金。酎,音宙。

⑱称引:援引,称述。

⑲哀平:指汉哀帝和汉平帝。

⑳田常:春秋时齐国大臣。妫姓,田(陈)氏,名恒,后人因避汉文帝刘恒讳称他为田常,亦称田成子。

㉑高拱:两手相抱,高抬于胸前。安坐时的姿势。

㉒释绶:犹让位。

㉓符命:上天预示帝王受命的符兆。

㉔绍:承继。

㉕桓灵:东汉末世桓帝与灵帝的并称。

㉖阉竖执衡:阉竖,对宦官的蔑称。衡,喻指权力中枢;权柄。

㉗死难:为国家的危难或正义事业而付出生命。

㉘鼎沸:比喻形势纷扰动乱。

㉙榛薮:音真叟,山林,丛林。

㉚不使:不顺从。

㉛闾阎:音吕言,泛指民间。

㉜方伯:殷周时代一方诸侯之长。后泛称地方长官。汉以来之刺史,唐之采访使、观察使,明清之布政使均称“方伯”。

㉝军武:军事武备。

㉞间厕:夹杂,掺杂。

㉟虞:忧患。

㊱名都:著名的城市。

㊲偏师:指主力军以外的部分军队。

㊳廉高:谓志行高洁。

㊴衡轭:亦作“衡扼”。比喻控制;束缚。

【译文】

[“臣慎重的写出自己所知道的,陈述论说其中成败的原因。论文中说:过去夏、商、周三代经历了几十世,而秦朝到二世就灭亡了,为什么呢?因为夏、商、周三代的君主,能分封诸侯,与他们共同治理百姓,共享利益,所以天下有难时,诸侯会与天子共同承担忧患。而秦始皇独裁专制、压迫人民,所以在国家覆灭时,却无人相救。能与百姓共享快乐的君主,百姓必定会忧虑他所忧虑的事。能与百姓共享安宁的君主,百姓必定会拯救他的危难。先王知道靠一人治理国家是不能维持长久的,所以要与人共同治理;也知道独自守护王室是不稳固的,所以要与人一起守护。对亲戚和外人都能任用,对同姓和异姓都能树立,所以轻重足以安定国家,亲疏足以保卫王室,兼并、动乱的途径被堵塞,叛逆也

不会发生。等到周王室衰微时，齐桓公、晋文公遵循礼义，废弛的周王朝纲纪又重新树立起来，诸侯们由傲慢又重新变得恭敬起来。齐桓公、晋文公之后，周朝就渐渐衰落了。吴国、楚国凭借长江、汉水，依恃着险要的方城，虽然心里希望得到九鼎，却又害怕周王室，于是奸邪的想法在心中散去，叛逆的阴谋在嘴边消失。这难道不是周朝信任重视宗亲、任用贤能的人才，就如同枝叶茂盛，而根本才可以有所依赖一样吗？从此以后，各诸侯国转而相互攻打讨伐。等到了战国时，众姬姓之国渐渐衰微，到周赧王的时候，周天子则沦落到如同普通百姓一般了，但仍因宗亲相互扶助，还能够居于天子的虚位，天下没有实际的君主，这种情况持续了四十多年。秦国占据险要的地势，运用狡诈的手段，到秦始皇的时候才确定了帝位，耗废了那么长的时间，花了这么大的力气，难道不正是因为周王朝的分邦建国根深蒂固、不可轻易动摇的原因吗？秦朝看到周朝分封的弊端，认为分封诸侯会使王室弱小而容易被侵夺，于是便废除了五等爵位的制度，设立了郡县制的官职。同宗子弟没有尺寸土地的封赏，功臣也得不到立锥之地，内部没有宗族子弟来自相辅助，外部没有诸侯来作为屏障护卫。仁爱之心不施加给亲戚，恩惠德泽也不能扩散到宗族，就好像砍去胳膊和大腿，只留下胸腹；又像行船于江海之中，却丢弃了船桨。看到这种情况的人无不为之寒心，而秦始皇却显得很安然，自认为关中稳固，辽阔的国土坚城环绕，险固可靠，可以作为子孙万代的帝王基业，这岂不是很荒谬吗？等到秦始皇去世的时候，皇权却无可寄托，只好把治理天下的重任托付于平庸之人的手中，把废立皇子的诏命委托于奸臣之口，致使赵高之辈能诛杀除掉秦朝的宗室。胡亥从小接受刻薄寡恩的教育，长大后继承其凶暴父亲的帝业，不能改革制度、变更法令，也不能宠爱重用宗室兄弟，竟效法申不害、商鞅的方法，和赵高商议谋划治国之道。自己幽居深宫，却把权柄委托给谗贼赵高，等自己在望夷宫受到侵害，乞求成为普通的百姓，又怎么能做得到呢？于是郡国各怀异心，百姓叛乱离散，先是陈胜、吴广带头发动叛乱在前，接着刘邦、项羽灭亡秦朝在后。假使秦始皇采纳了淳于越建议分封的策略，抑制李斯提出的郡县制的谬论，分割疆土，分封子弟为王，封赏三代的后裔，报答功臣们的功劳，士大夫们有了固定的君主，百姓也有了稳定的国君，同宗兄弟相扶持，首尾呼应为王室效力，即使后世子孙有违背道义的行为，当时的人也没有像商汤、周武王那样的贤才，有谋反之心的人还未发难，就已经被诛杀了，何至于区区的陈胜、项羽便能谋反得逞呢？所以汉高祖举起三尺之剑，率领乌合之众，五年之中便成就了帝业，自从开天辟地以来，建立功勋帝业，还没有像汉高祖这样容易的先例。砍伐深根之树难以成功，摧折枯朽之木却很容易奏效，这是形势所趋的缘故啊！汉朝借鉴于秦朝失败的教训，分封子弟。等到诸吕独揽大权，企图危及刘姓江山时，而天下之所以不被其动摇，百姓之所以不改变心志，只是因为诸侯的势力强大，封藩的宗室十分稳固。东牟侯、朱虚侯受命宿卫于京城之内，齐、代、吴、楚等诸侯国在外部进行护卫。假如汉高祖因袭亡秦的方法，忽略先王的制度，那么天下早已另传于他人，不再归刘氏所有了。然而，汉高祖的封邦建国，封地的范围超过了古代的制度，封地大的横跨州郡，封地小的也有几十座城池相连，君臣上下没有区别，权势等同于皇室，所以才有后来的吴、楚等七国之乱。贾谊说：‘诸侯国强盛，会增长祸乱，引起奸邪。不如多建诸侯国而削弱它们各自的势力，那么下面的诸侯国就不会有背叛之心，皇上也不会有诛伐叛乱之事。’汉文帝没有听从。到孝景帝时，错误的使用了晁错的建议，削减诸侯的封地，同宗族的诸侯产生了怨恨，异姓之人也感到惊恐，于是吴、楚两国带头谋反，其他五国也随即附和。此事的开端产生于高帝，祸乱却集中在文帝、景帝之时，是由于分封时过于宽松而超过了礼制，后来又急于削藩而不循序渐进的缘故。这就是人们所说的：树枝的末端太大了，枝干必然折断；尾巴太大了，难以掉转。尾巴和身体相连，有时仍不听从调遣，更何况不是自己身体上的尾巴，怎么可以支配呢？汉武帝听从主父偃的策略，颁布推恩令。从此以后，齐国一分为七，赵国一分为六，淮南国一分为三，梁、代一分为五，诸侯国势力于是逐渐削弱，子孙势微，仅以租税作为衣食生计，不再干预政事。有的因为奉献酎金的质地和数量不合规定而被削除侯爵，有的则因为没有后代此侯国便被废除。到汉成帝时，王氏外戚独揽朝政。刘向劝谏说：‘我听说皇室宗族好比国家的枝叶，枝叶凋落了，那么树木的根就得不到庇护了。’他的话深刻恳切，多引经据典，汉成帝虽然为之悲伤叹息，最终还是不能采用。到汉哀帝、汉平帝时，异姓大臣执掌政权，假借周公辅佐成王之事，实际做的却是田常专权的叛乱。（王莽）拱手安坐而窃取皇位，一时间使四海称臣，汉朝刘氏的宗族王侯，解下印绶，让位辞官，把社稷江山拱手奉献于他人，仍担心自己不能成为王莽的臣下；有的人还为王莽制造祥瑞的凭证，歌颂王莽的恩德，难道不令人悲哀吗？按此说来，不是刘氏宗亲只效忠于汉惠帝、汉文帝之时，而在汉哀帝、汉平帝时就叛逆，只是因为他们权力轻，势力弱，不能稳定江山社稷罢了。幸而汉光武帝以杰出非凡的才干，制服了已成帝业的王莽，使已经断绝的汉朝皇嗣又得以延续下去。这难道不是同姓宗族的力量吗？然而东汉竟不借鉴秦朝失败的政策，不沿袭周朝旧有的制度，继承西汉的陈规旧法，却侥幸希望得到永久的存在。到了汉桓帝、汉灵帝时，宦官执掌权柄，朝廷里没有为国难献身的大臣，外部没有共当忧患的藩国，皇上在上被孤立，奸臣在下滥用权力，本末不能相约束，身首不能相支配。因此，天下分忧动乱，奸凶并起争权夺利，汉室宗庙被烧成灰烬，宫室变成长满荆棘的荒地，虽在九州之地，却没有安身的处所，可悲啊！汉朝奉行天命，禅让帝位给魏国。魏国兴起，至今已有二十四年了。观察夏、商、周、秦、汉五代兴亡的历史，而不采纳它们成功的政策；看到前面的车已翻倒却仍不改变旧的车辙而行进。宗亲子弟在虚设的封地称王，统治不顺从的百姓，宗室亲族混迹于民间，听不到国家的政务，权力和匹夫相等，势力和普通百姓一样。皇室内部没有根深不拔的稳定，外部没有同姓宗室磐石般的扶助，这并不是用来保护国家社稷安定、可以流传万代的良策。况且现在的州牧、郡守，就像是古代的方伯、诸侯，都拥有千里的土地，兼任军队的武职，有的整个诸侯国有好几个这样的人，有的兄弟共同占据州郡，而宗族子弟却没有一个人参与其间，这不是使树干粗壮、使枝叶细弱，防备于万一的忧患的做法啊！现在皇帝任用贤才，有的超越制度提拔为著名城市的主宰，有的封为偏师的主帅。而对同姓宗亲中，有文采的人必是被限制为小县的县令，有武功的人也被限于统率百人的职位。使那些志行高洁之士在种种限制中丧失志向，有才能的人则耻于和志趣不同的人为伴。这不是用来劝勉贤才，褒奖宗亲的礼义。泉水干涸了，水流就会枯竭；树根腐烂了，枝叶就会枯萎。

枝叶繁茂的，树根就能受到保护；枝条枯落的，树根就会孤立无援。所以谚语说：'有一百只脚的虫，到死去时身体都不会倒下，这是因为扶持身体的脚很多。'这句话虽然说的是小事，但可以用来说明大道理。而且，城墙的根基不可在仓促间完成，威望名声不能在一时间树立，都是要有逐步发展的过程才能做到，要日积月累才能建立。比如种树，时间久了，树根就会扎得深而且牢固，树叶也会长得茂盛，倘若一会儿把它移栽到山林当中，一会儿种植在宫殿的之中，即使用肥土来培育它的根部，让它接受春日照耀的温暖，仍然不能阻止它枯萎，哪里还谈得上繁衍培育呢？树好比是亲戚，土好比是士民，藩王的建立不能长久，就会轻慢下属和上司，安居无事时还害怕他离心背叛，如果国家遭遇危难又将会如何呢？因此，圣明的帝王安定而不放逸，因为要考虑如何应付危难；存在时而有设防，因为惧怕灭亡。所以即使剧烈的变故突然袭来，也不会有摧枝拔根的担忧；即使天下有变乱，国家也不会有倾覆灭亡的忧患。"]

【原文】

王粲[①]，字仲宣，山阳[②]人也，拜侍中。始文帝为五官将[③]，及平原侯植[④]皆好文学。粲与徐干[⑤]、陈琳[⑥]、阮瑀[⑦]、应瑒[⑧]、（旧无应瑒二字。补之）刘祯[⑨]并见友善。琳，字孔璋，避难冀州，袁绍使典[⑩]文章。《魏氏春秋》载："绍使琳作檄文[⑪]曰：'司空曹操[⑫]祖父腾，故中常侍[⑬]，与左倌、徐璜[⑭]并作妖孽[⑮]，饕餮[⑯]故横，伤化虐民。父嵩，乞丐携养[⑰]，因赃[⑱]假位，舆金辇璧[⑲]，输货权门[⑳]，窃盗鼎司[㉑]，倾覆重器[㉒]。操赘阉遗丑[㉓]，本无令德[㉔]，僄狡锋侠[㉕]，好乱乐祸。幕府[㉖]昔遇董卓侵官暴国，方罗[㉗]英雄，弃瑕录用[㉘]，谓其鹰犬[㉙]之才，爪牙可任。遂乘资跋扈，肆行酷裂，割剥元元[㉚]，残贤害善，放志专行，威劫省禁[㉛]，卑侮王宫，败法乱纪，坐召三台[㉜]，专制朝政，爵赏由心，刑罚由口，所爱光五宗[㉝]，所恶灭三族[㉞]，群谈者蒙显诛[㉟]，腹议[㊱]者蒙隐戮[㊲]，道路以目[㊳]，百寮钳口[㊴]。梁孝王，先帝母弟[㊵]，坟陵尊显。操率将士，亲临发掘[㊶]，破棺裸尸[㊷]，略取金宝。又署发丘中郎将模金校尉[㊸]，所过堕突[㊹]，无骸不露。身处三公之官，而行桀虏[㊺]之态，殄国虐民，毒流人鬼。加其细政[㊻]苛惨，科防[㊼]互设，缯缴充蹊[㊽]，坑阱[㊾]塞路。历观古今书籍所载，贪残虐烈[㊿]，无道之臣，于操为甚。'"

【注释】

①王粲（公元 177 年~公元 217 年）：字仲宣，山阳高平人，三国时曹魏名臣，著名文学家。

②山阳：古代郡、国名。即山阳郡，或为山阳国、昌邑国，西汉置。

③五官将：指五官中郎将。此指曹丕，曹丕于建安年间曾任五官中郎将。

④平原侯植：即曹植。

⑤徐干：字伟长，北海郡（今山东昌乐附近）人。汉魏间文学家，建安七子之一。

⑥陈琳：字孔璋，广陵射阳（今江苏淮安东南）人。东汉末年著名文学家，建安七子之一。

⑦阮瑀：字元瑜，陈留尉氏（今河南开封）人，阮籍之父，建安七子之一。

⑧应瑒:字德琏,东汉南顿县(今项城)人。文学家,建安七子之一。

⑨刘祯:字公干,东汉末宁阳(今宁阳县泗店镇古城村)人,著名文学家,建安七子之一。

⑩典:掌管;主持。

⑪檄文:古代文书、文告的一种,即古时官府用以征召、晓喻、声讨的文书。

⑫司空曹操:建安元年(公元196年),汉献帝拜曹操为司空。

⑬祖父腾故中常侍:曹操祖父曹腾,字季兴,沛国谯人,东汉宦官。汉顺帝即位后,升任中常侍。后因策划迎立桓帝有功,被封为费亭侯。中常侍,始于西汉,为皇帝近臣,给事左右,职掌顾问应对。

⑭左悺徐璜:左悺(? ~公元165年),悺,音贯,东汉宦官。河南平阴(今河南孟津东)人。

⑮妖孽:比喻邪恶的事物。

⑯饕餮:音掏帖(去声),传说中的一种贪残的怪物。比喻贪婪;贪残。

⑰父嵩乞丐携养:父嵩,曹操之父曹嵩,字巨高,沛国谯县人,宦官曹腾的养子。乞丐,乞求;请求。携养,指古代宦官无子,收养他人为子。

⑱赃:指行贿。

⑲舆金辇璧:用车载运金玉宝货。

⑳权门:权贵,豪门。

㉑鼎司:指重臣之职位。

㉒重器:比喻天下,政权。

㉓赘阉遗丑:对曹操的詈语。

㉔令德:美德。

㉕僄狡锋侠:僄狡,音票脚,敏捷勇猛。锋侠,谓仗势凌人。

㉖幕府:本指将帅在外的营帐,借指将帅。此指袁绍。

㉗罗:罗致;招请。

㉘弃瑕录用:谓不计较缺点、过失而录用人才。

㉙鹰犬:打猎时追捕禽兽的鹰和狗。比喻受驱使而奔走效劳的人。

㉚割剥元元:割剥,侵夺,残害。元元,百姓;庶民。

㉛威劫省禁:威劫,威逼,胁迫。省禁,宫中。

㉜三台:汉因秦制,以尚书为中台,御史为宪台,谒者为外台,合称三台。

㉝五宗:犹言五世。谓高祖、曾祖、祖、父、己身五代。

㉞三族:有几种说法一谓父、子、孙。二谓父族、母族、妻族。三谓父母、兄弟、妻子。

㉟显诛:公开诛戮。

㊱腹议:犹腹诽。

㊲隐戮:谓借故杀戮。

㊳道路以目:路上相见,以目示意,不敢交谈。多表示政治黑暗暴虐。

㊴钳口：闭口。

㊵梁孝王先帝母弟：梁孝王刘武，西汉文帝次子，与兄长汉景帝同为窦太后所生。

㊶发掘：开掘，把埋藏的东西挖掘出来。

㊷裸尸：谓使尸骨暴露于野外。

㊸又署发丘中郎将、模金校尉：署，委任，任命。发丘中郎将，古代军职名，专司发掘坟墓盗取财物以充军饷。模金校尉，曹操所设官职，专司掘坟挖金。

㊹堕突：毁坏，破坏。

㊺桀虏：凶恶的人。

㊻细政：苛细烦杂的法令。

㊼科防：用禁令刑律加以防范。

㊽缯缴充蹊：缯缴，即矰缴。猎取飞鸟的射具。缴为系在短箭上的丝绳。缯，通"矰"。蹊，小路。亦泛指道路。

㊾坑阱：犹陷阱。

㊿虐烈：残暴酷烈。

【译文】

王粲，字仲宣，山阳郡(今高平市)人。魏国初建，任侍中。魏文帝曹丕还为五官中郎将时，与弟弟平原侯曹植都很喜好文学。王粲与北海人徐干、广陵人陈琳、陈留人阮瑀、汝南人应玚、东平人刘祯都受到曹丕兄弟的友好对待。陈琳，字孔璋。他因避难来到冀州，袁绍让他掌管文章之事。[《魏氏春秋》记载：袁绍让陈琳作声讨曹操的檄文说："司空曹操，他的祖父曹腾是原来的中常侍，与左悺徐璜共同作乱，贪诈蛮横，伤害教化，虐待百姓；他的父亲曹嵩乞求作为曹腾的养子，靠着行贿，借助曹腾的地位，用车子载运黄金宝玉，向权贵豪门进献财物，窃取得了三公的职位，颠覆皇权。曹操是宦官养子的后代，本没有什么美德，轻疾狡黠仗势凌人，喜欢叛乱，好为祸患。将军袁绍过去遇到董卓侵犯百官，欺凌国家，于是网罗天下英雄，不记缺点过失而加以录用。人们说曹操有鹰犬一样的才干，可以当作爪牙使用。曹操于是凭借其才质骄横跋扈，横行放肆，残忍妄为，侵夺百姓，残害贤明善良之人，放纵恣意，独断专行，威逼天子，凌辱皇室，败坏法纪。坐着召见三台，独揽朝廷政务。封爵赏赐任凭心意，施用刑罚随口而说。他所宠爱的人可令其光耀五宗，所厌恶的人则会被诛灭三族。聚众议论的人会遭到公开的杀戮，口中不说而内心不满的人，也会被借故杀害。人们在路上相遇，以目示意，不敢交谈，朝廷百官也都闭口不言。梁孝王是景帝的同母胞弟，他的坟墓陵寝显赫尊贵。曹操亲自率领部下挖掘他的坟墓，破坏棺椁，将尸体暴露荒野，夺取其中的金银财宝。又设立了发丘中郎将和模金校尉(专司掘坟挖金)，其所过之地的陵墓均遭破坏，尸体没有不暴露在野外的。曹操身居三公的官位，却做出凶恶之人的邪行，灭绝国家，虐待百姓，其危害遍及人鬼。再加上他实行苛细的法令，暴虐残酷，又用禁令刑律加以防范，两者相互施用。到处是手持弓箭的吏卒，陷阱布满道路。逐一看看古今书籍中所记载的贪婪残忍、凶暴酷烈、邪恶无道的臣子,到曹操是最厉害的。”]

【原文】

袁氏败,琳归太祖。太祖谓曰:“卿昔为本初移书[1],但可罪状[2]孤而已,恶恶[3]止其身,何乃上及父祖邪?”琳谢罪。《文士传》称:“琳谢曰:‘楚汉未分,蒯通进策于韩信[4];干时之战[5],管仲肆力[6]于子纠。唯欲效计其主,取祸一时。故跖[7]之客可使刺由[8]、桀之犬可使吠尧[9]也。令明公必能进贤于忿后,弃愚于爱前,四方革命[10],而英豪托心[11]矣,唯明公裁[12]之。’”太祖爱才而不咎[13]也。太祖以琳为军谋祭酒[14],管记室[15]。

【注释】

①移书:发送公文;布告。

②罪状:宣布他人罪行。

③恶恶:憎恨邪恶。

④蒯通进策于韩信:蒯通,秦末汉初之人,楚汉战争时,曾为韩信帐下谋士。韩信平定齐国后,蒯通曾向韩信提出与刘邦、项羽三分天下的建议,但未被韩信采纳。

⑤干时之战:周庄王十一年冬,齐公孙无知杀襄公启立为君。齐大夫管仲等奉公子纠奔鲁;大夫鲍叔牙奉公子小白奔莒。

⑥肆力:尽力。

⑦跖:同“跖”。古人名。即盗跖,相传为古时民众起义的领袖。

⑧由:许由,亦作“许繇”。传说中的隐士。

⑨桀之犬可使吠尧:桀相传是夏代的暴君,尧是传说中的远古时代的圣君。“桀犬吠尧”谓桀的狗向着尧乱叫。比喻坏人的爪牙攻击好人。也谓各为其主。

⑩革命:谓实施变革以应天命。

⑪托心:犹委心。谓将心交托他人。

⑫裁:裁断;裁决。

⑬咎:责怪;追究罪责。

⑭军谋祭酒:官职名称,高级军事参谋,由曹操在东汉建安三年设立。后因避司马师讳,也称为军祭酒或军谋祭酒。

⑮记室:官名。东汉置,掌章表书记文檄。

【译文】

袁氏败亡后,陈琳归附了太祖。太祖对他说:“您过去为袁绍发布檄文,只列举我一个人的罪状也就可以了,憎恶邪恶应限于我本人,为什么还要向上涉及我的祖父和父亲呢?”陈琳认错。[《文士传》记载:陈琳谢罪说:“楚汉之争未见分晓时,蒯通曾向韩信进献三分天下的计策;干时之战时,管仲仍为公子纠效力。他们都是希望为各自的主人效力谋划,而一时间惹下了祸害。所以盗跖的客人可以让他刺杀许由,夏桀的狗可以让它

朝着尧帝狂吠。明公您必定能在气消之后进用贤才，在宠爱之前忘记我的愚昧。现在全国都在战乱之中，然而天下的英雄豪杰都倾心于您，希望您裁察。”太祖曹操爱惜陈琳的才干，对其既往不咎。]太祖任命陈琳为军谋祭酒，掌管记室。

【原文】

卫觊[①]，字伯儒，河东[②]人也，为尚书。明帝即位，百姓凋匮[③]，而役务方殷[④]，觊上疏曰：“夫变情厉性，强所不能，人臣言之既不易，人主受之又艰难。且人之所乐者，富贵荣显也；所恶者，贫贱死亡也。然此四者，君上之所制，君爱之则富贵显荣，君恶之则贫贱死亡。顺指[⑤]者，爱所由来也；逆意[⑥]者，恶所从至也。故人臣皆争顺指而避逆意，非破家为国、杀身成君者，谁能犯颜色[⑦]、触忌讳，建[⑧]一言、开一说哉？陛下留意察之，则臣下之情[⑨]可见矣。今议者多好悦耳[⑩]。其言治（治上有政字），则比[⑪]陛下于尧舜；其言征伐，则比二虏于狸[⑫]鼠。臣以为不然[⑬]。汉文之时，诸侯强大，贾谊累息[⑭]以为至危。况今四海之内，分而为三，群士陈力[⑮]，各为其主。是与六国分治，无以为异也。当今千里无烟[⑯]，遗民[⑰]困苦，陛下不善留意，将遂凋獘难可复振。礼，天子之器必有金玉之饰，饮食之肴必有八珍[⑱]之味，至于凶荒[⑲]，则彻膳降服[⑳]。然则奢俭之节，必视世之丰约也。武帝[㉑]之时，后宫食不过一肉，衣不用锦绣[㉒]，茵蓐不缘饰[㉓]，器物无丹漆[㉔]，用[㉕]能平定天下，遗福子孙。此皆陛下之所亲览也。当今之务，宜君臣上下量入为出[㉖]。深思勾践滋民之术[㉗]，由恐不及，而尚方[㉘]所造金银之物，渐更增广，侈靡日崇[㉙]，帑藏[㉚]日竭。昔汉武信神仙之道，谓当得云表[㉛]之露以飡玉屑[㉜]，故立仙掌[㉝]以承高露。陛下至通[㉞]（至通作通明），每所非笑[㉟]。汉武有求于露，而由尚见非[㊱]，陛下无求于露而空设之，不益于好而糜费[㊲]功夫，诚皆圣虑所宜裁制[㊳]也。”

卫觊

【注释】

①卫觊（公元155年~公元229年）：字伯儒，河东安邑（今山西运城市）人。三国时期文学家。

②河东：郡名。约在今山西省境内黄河以东地区。

③凋匮：困苦匮乏。

④役务方殷：役务，劳役之事。方殷，谓正当剧盛之时。

⑤顺指：亦作“顺旨”。谓曲意逢迎。

⑥逆意：违背尊长的心意。

⑦颜色：指尊严。

⑨建：提出。

⑨情：实情，情况。

⑩悦耳：动听，好听。

⑪比：比拟；比喻。

⑫狸：同“貍”。豹猫。也叫狸猫、狸子、山猫等。

⑬不然：不如此，不是这样。

⑭累息：长叹。

⑮陈力：贡献、施展才力。

⑯千里无烟：谓广大地区粮尽炊断。

⑰遗民：本指前朝留下的老百姓。亦泛指老百姓。

⑱八珍：本指古代八种烹饪法。泛指珍馐美味。

⑲凶荒：荒灾。

⑳彻膳降服：彻膳，古代遇有灾患变异时，帝王撤减膳食，以示自责。降服，犹降物。古代遇有灾患病故或天象变异时，帝王及大臣皆脱下盛装换上素服，谓之“降物”。

㉑武帝：即魏武帝曹操。

㉒锦绣：花纹色彩精美鲜艳的丝织品。

㉓茵蓐不缘饰：茵蓐，床垫子。缘饰，镶边加饰；绘饰。

㉔丹漆：朱红色的漆。

㉕用：连词。因而；因此。

㉖量入为出：根据国家收入数额来确定支出数额的财政原则。始于周朝，历代因之。

㉗勾践滋民之术：卢弼注引《国语》：“勾践命壮者无取老妇，老者无取壮妻。女子十七不嫁，其父母有辠；丈夫二十不取，其父母有辠。”

㉘尚方：古代制造帝王所用器物的官署。

㉙崇：助长；增高。

㉚帑藏：国库。

㉛云表：云外。

㉜以飡玉屑：飡，同“餐”，指喝，饮。玉屑，玉的碎末。

㉝仙掌：汉武帝为求仙，在建章宫神明台上造铜仙人，舒掌捧铜盘玉杯，以承接天上的仙露，后称承露金人为仙掌。

㉞至通：《三国志·卫觊传》原文作：“通明”，指开通而贤明。

㉟非笑：讥笑。

㊱非：责备；反对。

㊲縻费：浪费。

㊳裁制：制止；抑止。

【译文】

卫觊，字伯儒，河东郡安邑县人，任尚书。明帝即位，百姓生活贫困匮乏，但劳役却十

分繁多。卫觊上疏说:“要让人改变性情,是不可以强迫的。臣子敢说这些已经不容易,君主接受这些意见就更难了。况且,人们所喜欢的是富贵和荣华,所厌恶的是贫贱和死亡。但这四样,都是由君主来掌握的。君主喜欢谁,谁就会富贵显荣;君主厌恶谁,谁就会贫贱死亡。逢迎君主的意思,宠爱就会由此而来;违背君主的心意,厌恶就会从此而至。因此,做臣子的都争着顺从君主的旨意而避免违背君主的意志,却不是能为国牺牲小家,能舍身来成就君主的人。谁能够冒犯君主的尊严,触犯君主的忌讳,而提出一个建议,陈述一个说法呢?若陛下留心观察,那么臣子们的情况就可以了解了。如今议论政事的人大都爱说好听话,他们谈到治国,就把陛下比作尧舜;谈起征战讨伐,就把吴、蜀两国比作狸猫和老鼠。臣认为不是这样的。汉文帝时,诸侯强大,贾谊为此而长叹,认为天下形势已极其危险。何况现在天下一分为三,众多人才各献其能,各为其主。这种状况,和战国时六国分治没什么区别。当今,方圆千里之内粮尽炊断,百姓困苦不堪,陛下若不好好留意这些事,国家就会凋敝衰败,难以再复兴起来啊!礼制规定,天子所用的器物,必定有金玉的装饰;饮食的菜肴,必定有八种珍贵的美味。等遇到荒灾时,就要撤减膳食,脱下盛装换上素服。可见奢侈与节俭的调节,一定要根据当时国家的贫富情况来定。武皇帝在世的时候,后宫里吃饭不过一样肉食,衣服不用锦绣制作,褥垫不加边饰,器物不涂红漆,因此才能平定天下,留福于子孙。这些都是陛下亲眼见到的啊!当今的要务,应当君臣上下,量入为出。深思勾践繁衍百姓的方法,尚且还唯恐不及,然而尚方署所制造的金银器物,却逐渐增加,奢侈浪费的风气日益增长,国库的储蓄日益空虚。从前汉武帝相信神仙的方术,说是应当取云外的露水再调和玉石的碎末一起喝下(就能长生不老),因此树立起捧着铜盘的仙人以承接云露。陛下开通圣明,对此举每每讥笑。汉武帝想求取云露,尚且被人指责,而陛下不欲求取云露,却(下令把承露盘从长安搬到洛阳来)空设承露盘,既不能增益陛下所好,又浪费功夫,这些确实都是陛下所应考虑并加以制止的。”

【原文】

刘廙[①],字恭嗣,南阳[②]人也,为五官将文学。魏讽[③]反,廙弟伟为讽所引[④],当相坐[⑤]诛。太祖令曰:“叔向不坐弟虎,古之制也[⑥]。”特原[⑦]不问[⑧]。《廙别传》[⑨]载廙表论治道[⑩],曰:“昔周有乱臣十人,有妇人焉,孔子称:‘才难,不其然乎[⑪]!’明贤者难得也。况乱弊[⑫]之后,百姓彫[⑬]尽,士之存者,盖亦无几。其股肱大职,及至州郡督司,边方重任,虽备其官,亦未得其人也。此非选者之不用意,盖才匮使之然耳。况长吏[⑭]已下,群职小任[⑮],能皆简练[⑯],备得其人乎?其计莫如督之以法也。不尔[⑰]而数转易,往来不已,送迎之烦,不可胜计。转易之间,辄有奸巧[⑱],既于事不省,而为政者亦以其不得久安之故,知惠益[⑲]不得成于已,而苟且之可免于患,皆将不念尽心于恤[⑳]民,而梦想于声誉,此非所以为政之本意也。今之所以为黜陟[㉑]者,近[㉒]颇以州郡之毁誉,听往来之浮言[㉓]耳,非皆得其事实而课其能否[㉔]也。长吏之所以为佳者,奉法[㉕]也、忧公[㉖]也、恤民也。此三事者,或州郡有所不便,往来者有所不安,而长吏执之不已,于治虽得计[㉗],其声誉未为美。屈而从人,于治虽失计[28]，其声誉必集也。长吏皆知黜陟之在于此也，亦何能不去本而就末哉？以为长吏皆宜使少久[29]，足使自展岁课[30]之能，三年总计，乃加黜陟。课之皆当以事，不得依名也。事者皆以其户口[31]，率[32]其垦田[33]之多少，及盗贼发兴[34]、民之亡叛[35]者，为得负[36]之计。如此行之，则无能之吏，修名无益；有能之人，无名无损。法之一行[37]，虽无部司之鉴[38]，奸誉妄毁，可得而尽也。"事上，太祖甚善之。

【注释】

①刘廙（公元180年~公元221年）：字恭嗣，南阳安众人。生于汉灵帝光和三年，卒于魏文帝黄初二年，年四十二岁。

②南阳：郡名。秦置，包有河南省旧南阳府和湖北省旧襄阳府。三国时，南阳为魏国所有，隶属荆州。

③魏讽：字子京，沛人（一说为济阴人），有口才，整个邺城为之倾动。钟繇因此举荐他。

④引：株连。

⑤相坐：谓一人有罪，连坐他人。

⑥叔向不坐弟虎，古之制也：叔向，春秋晋大夫羊舌肸，字叔向，历事晋悼公、平公和昭公，为晋国贤大夫。坐，连坐（旧时一人犯法，其家属亲友邻里等连带受处罚）。弟虎，即羊舌虎，叔向之弟，曾因贪污而被暴尸示众。

⑦原：宽恕；原谅。

⑧不问：不依法处分；不追究刑事责任。

⑨别传：史部分类之一，属于杂史。

⑩治道：治理国家的方针、政策、措施等。

⑪周有乱臣十人，有妇人焉。孔子称才难，不其然乎：乱臣，善于治国的臣子。妇人，马融以为是文母，但文母又未详。古注或以为武王之母太姒，或以为武王之妻邑姜。才难，谓人才难得。

⑫乱獘：犹丧乱。獘，音必。

⑬彫：通"凋"。凋敝。

⑭长吏：指州县长官的辅佐。

⑮小任：犹言小吏。

⑯简练：精明干练。

⑰不尔：不如此；不然。

⑱奸巧：犹奸诈。

⑲惠益：谓惠世济民。

⑳恤：忧念；悯惜。

㉑黜陟：指人才的进退，官吏的升降。

㉒近：副词。殆，大概。

㉓浮言：无根据的话。
㉔课其能否：课，考核；考查。能否，有才能与否。
㉕奉法：奉行或遵守法令。
㉖公：朝廷；国家；公家。
㉗得计：计策得当。
㉘失计：谋划错误。
㉙少久：稍微长久。
㉚岁课：一年的劳绩。
㉛户口：指人口。
㉜率：计算。
㉝垦田：已开垦的田地。
㉞发兴：发生。
㉟亡叛：叛逃。
㊱得负：犹得失。指优劣。
㊲行：实施。
㊳鉴：督察。

【译文】

刘廙，字恭嗣，南阳郡（安众县）人。任五官中郎将曹丕的文学侍从。魏讽谋反，刘廙之弟刘伟被魏讽所牵连，按律刘廙当连坐被处死。太祖下令说："叔向不因其弟弟羊舌虎犯罪而受株连，这是古代已有的制度。"于是特别宽恕了刘廙，不再追究他的罪过。[《廙别传》记载刘廙上表议论治国之道说："过去周朝（武王时）有善于治国的臣子十人，其中还有一位妇人，孔子说人才难得，难道不是这样吗？"这说明贤才是很难得到的。更何况丧乱之后，百姓困苦贫乏，存留下来的人才大概也不多了。自辅佐大臣的要职，到地方州郡的官署和镇守边疆的重要职位，虽然官员都已配齐，却没有得到真正称职的人才。这不是选拔官吏的人不用心，而是人才匮乏所造成的。何况长吏以下的各种小官，难道都能选到精明干练的称职之人吗？解决这一问题的办法，不如用法制进行监管。不然，官员们会屡次辗转调换，来来去去不断，迎来送往的烦劳就无法计算了。调换官员的期间，常常会有奸诈之事发生，对于这些事已经没有人理会，而做官的人也因为他不能长期安于这一职务的缘故，知道惠世济民的事不可能在自己任内完成，而以得过且过的态度则会免于祸患。所以官员们都将不再考虑全心全意忧念百姓的疾苦，却幻想着自己能有个好的声誉。这不是为政的本来意图。现在官员们之所以罢免或者提升的原因，大概多是根据州郡长官的褒贬，听取往来之人的流言而已，都不是了解到了官员为政的实际情况而考察他们有无能力。能成为优秀长吏的原因，是遵守法令，心忧国家，能忧虑百姓的疾苦。官员的这三个方面，有的州郡长官不甚了解，道听途说的信息又不可靠。然而长吏在这三个方面坚持不懈的努力，对当地的治理即使策略得当，但他的声誉不一定就好；委屈自己而随顺大众，对当地的治理即使谋划失误，但好的声誉一定会得到。若长吏们都知道官位升降的关键全在于此，又怎么能不舍本而逐末呢？臣以为长吏任职的期限都应该稍微长一些，足以使他们施展自己取得政绩的能力，每三年进行总结计算，然后再加以黜退或提拔。考核都应根据事实，不能依据虚名。事实都要根据其辖区内的人口数量，计算已开垦的田地有多少，以及抢劫盗窃之事发生的情况，百姓中有多少叛逃的人，以这些作为对他为官优劣的审核。按照这种办法来实施，那些没有能力的官吏，即使得到好的名声也没有益处；有能力的人才，即使没有好的名声也不会有损害。这项制度一实施，即使没有各部门官署的监督，虚假的声誉和不实的毁谤，也可以完全消失了。"表章送上后，太祖曹操很称赞他。]

【原文】

陈群[①]，字长文，颍川[②]人也。为司空[③]，录[④]尚书事。青龙[⑤]中，营治[⑥]宫室，百姓失农时[⑦]。群上疏曰："禹承唐、虞之盛，犹卑宫室[⑧]而恶衣服，况今丧乱[⑨]之后，人民至少，吴、蜀未灭，社稷不安！今舍此急而先宫室，臣惧百姓遂困，将何以应敌？此安危之机[⑩]也，唯陛下虑之。"帝答曰："王者[⑪]宫室，亦宜并立。灭贼之后，但当罢守耳，岂可复兴役耶？是故君之职，萧何之大略也[⑫]。"群又曰："昔汉祖唯与项羽争天下，羽已灭，宫室烧焚，是以萧何起武库太仓[⑬]，皆是要急，然犹非其壮丽。今二虏未平，诚不宜与古同也。夫人之所欲，莫不有辞[⑭]，况乃天下莫之敢违。前欲坏武库，谓不可不坏也。后欲置[⑮]之，谓不可不置也。若必作之，固非臣下辞言所屈。若少留神，卓然[⑯]回意，亦非臣下之所及也。汉明帝[⑰]欲起德阳殿，钟离意[⑱]谏，即用其言。后乃复作之，殿成，谓群臣曰：'钟离尚书在，不得成此殿也。'夫王者岂惮[⑲]一臣？盖为百姓也。今臣曾不能少凝圣听，不及意远矣。"帝于是有所减省。

【注释】

①陈群（？～公元237年）：字长文，颍川许昌（今河南许昌东）人。公元237年病逝，谥号"靖侯"。

②颍川：郡名。

③司空：官名。

④录：统领；管领。

⑤青龙：魏明帝曹睿的第二个年号，公元233年至公元237年，共计五年。

⑥营治：修建；建造。

⑦农时：适宜于从事耕种、收获的时节。

⑧卑宫室：使宫室简陋。卑，使卑下。

⑨恶：粗劣；不好。

⑩机：事物的关键；枢纽。

⑪王者：《资治通鉴》中"王者"作"王业"。

⑫是故君之职，萧何之大略也：卢弼注引胡三省曰："此指萧何治未央宫事而言。"

⑬武库、太仓：武库，古代储藏器物的仓库。太仓，古代京师储谷的大仓。

⑭辞：借口。

⑮置：建立、建造。

⑯卓然：突然。

⑰汉明帝：刘庄，字子丽，东汉第二位皇帝。

⑱钟离意：字子阿，东汉初年会稽山阴人。明帝时任尚书，以清廉著称。

⑲惮：畏惧。

【译文】

陈群，字长文，颍川郡（许昌县）人。明帝时任司空，统领尚书台事务。青龙年间，明帝兴建宫殿，百姓因此耽误了农作的时节。陈群上疏说："大禹继承了唐尧、虞舜的盛世基业，却仍住在简陋的宫室中，穿着粗劣的衣服。何况当今是战乱之后，人口数量很少，吴、蜀二国尚未消灭，国家还不安定。现在舍弃当务之急而先建宫殿，臣担心百姓就会更加贫困，那么将用什么来应付敌人呢？这是国家安危存亡的关键，希望陛下认真考虑。"明帝回答说："帝业和宫殿，应该一同建立。消灭吴、蜀之后，只应当遣散防守的士兵，怎么可以再兴起徭役呢？所以您的职责，大概就像萧何督建未央宫那样。"陈群又说："当初汉高祖仅和项羽一人争夺天下，项羽已被消灭，而宫殿都被大火烧毁了，因此萧何才在长安修建了武库和太仓，这些都是当时所急需的，可汉高祖仍责备建造得过于壮丽。如今吴、蜀两国尚未平定，确实不应该与过去（萧何大兴土木）相提并论。人们对于自己想要做的事，没有找不到托词的，何况您又是天下无人敢违抗的天子呢？此前想要拆毁武库，说是不能不拆掉，后来又打算建立武库，又说不能不建造。如果你一定要修建宫殿，固然不是臣下的言辞能使您改变的；如果您稍加注意，突然回心转意，也不是臣下所能做到的。从前汉明帝想修建德阳殿，钟离意进行劝谏，汉明帝当即采纳了他的意见，后来（钟离意死后）才又动工兴建。宫殿建成后，明帝对大臣们说：'如果钟离尚书还在，就不能建成这座德阳殿了。'帝王难道会惧怕一个臣子吗？这都是为了百姓啊！如今臣竟不能让陛下稍稍留意来听听臣的意见，比起钟离意来差得太远了！"明帝于是对宫殿的建造有所减少。

【原文】

陈矫[①]，字季弼，广陵[②]人也。迁尚书令[③]。明帝尝卒[④]至尚书门，矫跪问帝曰："陛下欲何之？"曰："欲案行[⑤]书耳。"矫曰："此自臣职分[⑥]，非陛下所宜临[⑦]也。若臣不称其职，则请就黜退[⑧]。陛下宜还。"帝惭[⑨]，回车而反。其亮直如此。

【注释】

①陈矫：字季弼，生年不详，卒于景初元年（公元237年）。广陵郡东阳县（安徽天

长)人。

②广陵:郡名。秦置县,西汉设广陵国,东汉为广陵郡,以广陵县为治所,故址在今淮安市。曹魏设郡,移治淮阴。

③迁尚书令:陈矫于文帝时迁尚书令。迁,晋升。尚书令,尚书台主官。

④卒:突然。后多作"猝"。

⑤案行:巡视。

⑥职分:职务上应尽的本分。

⑦临:鉴视,鉴临。亦引申为治理。

⑧黜退:贬黜;斥退。

⑨惭:羞愧。

【译文】

陈矫,字季弼,广陵郡(东阳县)人。文帝时升任尚书令。明帝曾乘车突然来到尚书台的门前,陈矫跪在地上问明帝说:"陛下想去哪里呢?"明帝说:"我想视察一下尚书台的文书案卷。"陈矫说:"这自是为臣的职责,不是陛下所应亲临察看的。如果臣不称职,请陛下立即将臣罢免。陛下应当回去。"明帝感到惭愧,掉转车头回宫去了。陈矫的诚实正直就像这件事一样。

【原文】

卢毓[①],字子家,涿郡[②]人也。青龙中,入为侍中[③]。侍中高堂隆[④],数以宫室事切谏[⑤],帝不悦,毓进曰:"臣闻君明则臣直。古之圣王,恐不闻其过,故有敢谏之鼓[⑥]。近臣尽规[⑦],此乃臣等所以不及隆。隆诸生[⑧],名为狂直[⑨],陛下宜容之。"为吏部尚书[⑩]。前此诸葛诞[⑪]等驰名誉,有四窗八达之诮[⑫],帝深疾之。时举中书郎[⑬],诏曰:"得其人与否,在卢生耳。选举莫取有名,名如画地作饼,不可啖[⑭]。"毓对曰:"名不足以致异人[⑮],而可以得常士。常士畏教慕善,然后有名,非所当疾也。愚臣既不足以识异人,又主者[⑯]正以循名案[⑰]常为职,但当有以验其后。故古者敷奏以言,明试以功[⑱]。"帝纳其言。

【注释】

①卢毓(公元183年~公元257年):字子家,涿郡涿人,卢植之子。

②涿郡:郡名。汉高帝置。治所在涿县(今河北涿州)。

③侍中:古代职官名。

④高堂隆:字升平,泰山平阳(今三东新泰)人。

⑤切谏:直言极谏。

⑥敢谏之鼓:即登闻鼓。进谏者所击之鼓。

⑦尽规:指竭力谏诤。

⑧诸生:众有知识学问之士;众儒生。

⑨狂直:疏狂率直。

⑩吏部尚书:吏部主官。

⑪诸葛诞(? ~公元258年):字公休,琅邪阳都(今山东沂南)人。

⑫有四窗八达之诮:四窗,疑作"四聪",指魏国的夏侯玄、诸葛诞、邓飏、田畴。八达,称三国魏诸葛诞等八位闻达之士。

⑬中书郎:官名。三国魏始置,属中书省,为编修国史之任。

⑭啖:吃。

⑮异人:不寻常的人;有异才的人。

⑯主者:主管人。

⑰案:通"按"。依据,按照。

⑱敷奏以言,明试以功:敷奏,陈奏,向君上报告。明试,明白考验。

【译文】

卢毓,字子家,涿郡(涿县)人。青龙年间,入朝任侍中。侍中高堂隆多次因兴建宫殿的事情直言极谏,明帝不高兴。卢毓进言说:"臣听说君主圣明臣下就正直。古代圣明的君王唯恐听不到自己的过错,因此设立了让人们敢于进谏的登闻鼓。作为近臣应竭力规谏,这正是臣等不如高堂隆的地方。高堂隆等儒生,有着豪放率直的名声,陛下应该宽容他。"后来卢毓任吏部尚书。在此之前,诸葛诞等人追逐名誉,人们对其有"四聪八达"的讥讽,明帝非常厌恶他们。当时朝廷正在选拔中书郎,明帝下诏说:"中书郎能不能得到合适的人选,全在卢毓了。选拔时不要选取有名的人,名声如同画在地上的饼,是不能吃的。"卢毓回答说:"只重视名声不足以招致来奇才,但却可以得到普通的士人。一般的士人敬服教化,仰慕美善,然后就会有名声,他们并不是应该被厌恶的。愚臣既不能识别奇异的人才,而主管人正是以根据名声和日常品行选拔人才为职责,因此只应当用他们任职后的表现来检验。所以古时候,天子让官员们各自陈述自己的政绩,再根据他们所说的话来进行明确的考察。"明帝采纳了他的意见。

【原文】

和洽[①],字阳士,汝南[②]人也。为丞相掾属[③]。时毛玠[④]、崔琰[⑤]并以忠清干事[⑥],其选用先尚俭节。洽言曰:"天下大器[⑦],在位与人,不可以一节俭也。俭素过中[⑧],自以处身[⑨]则可,以此格物[⑩],所失或多。今朝廷之议[⑪],吏着新衣、乘好车者,谓之不清;形容[⑫]不饰,衣裘弊坏[⑬]者,谓之廉洁。至令士大夫故污辱[⑭]其衣。藏其舆服[⑮];朝府大吏,或自挈壶餐[⑯]以人官寺[⑰]。夫立教观俗[⑱],贵处中庸[⑲],为可继也。今崇一概难堪之行,以检殊涂[⑳],勉而为之,必有疲瘁[㉑]。古之大教,务在通人情。而凡激诡[㉒]之行,则容隐伪[㉓]矣。"孙盛曰:"夫矫枉过正,则巧伪滋生,以克训下,则民志险隘,非圣王所以陶化[㉔]万物、闲邪存诚[㉕]之道。和洽之言,于是允[㉖]矣。"魏国既建(旧无魏国既建四字。补之),为侍中。后有白[㉗]毛玠谤毁太祖,太祖见近臣怒甚。洽陈玠素行[㉘]有本,求案[㉙]实其事。罢朝,太祖令曰："今言事者白玠，不但谤吾也，乃复为崔琰觖望[30]。此损君臣恩义，妄为死友怨叹，殆不可忍也。和侍中比[31]求实之，所以不听，欲重参[32]之耳。"洽对曰："如言玠罪过深重，非天地所覆载，臣非敢曲理[33]玠以枉大伦[34]也。以玠出群吏之中，特见拔擢[35]，显在首职[36]，历年荷宠[37]，刚直忠公，为众所惮，不宜有此。然人情难保，要宜考覈[38]，两验其实。今圣恩垂含垢[39]之仁，不忍致之于理[40]，更使曲直之分不明，疑自近始。"太祖曰："所以不考，欲两全玠及言事者耳。"洽对曰："玠信有谤上之言，当肆之市朝[41]。若玠无此，言事者加诬[42]大臣以误主听。二者不加检覈[43]，臣窃不安。"太祖曰："方有军事，安可受人言便考之耶？"转为太常[44]，清贫守约[45]，至卖田宅以自给。明帝闻之，加赐谷帛。

【注释】

①和洽：生卒年不详，字阳士，汝南西平（今河南舞阳东南）人。三国时期曹魏大臣。

②汝南：郡名。西汉初年置。故治上蔡，即今河南上蔡西南。

③掾属：佐治的官吏。

④毛玠：字孝先，陈留平丘（今河南封丘）人，三国时魏官吏。曹操辟为治中从事。毛玠官居显位，常布衣蔬食，以俭著称。

⑤崔琰：字季珪，清河东武城（今河北武城东北）人。

⑥忠清干事：忠清，忠诚廉正。干事，办事。

⑦大器：喻重要的事物。

⑧过中：超过适当的限度。

⑨处身：立身处世；对待自身。

⑩格物：犹正人。纠正人的行为。

⑪议：谓议论政事。

⑫形容：外貌。

⑬衣裘弊坏：衣裘，夏衣冬裘，或泛指衣服。獘，通"弊"。残破，破旧。

⑭污辱：玷辱；玷污。

⑮舆服：车舆冠服与各种仪仗。古代车舆与冠服都有定式，以表尊卑等级。

⑯壶餐：用壶盛的汤饭或其他熟食。

⑰官寺：官署；衙门。

⑱立教观俗：立教，树立教化；进行教导。观俗，观察风俗。

⑲中庸：儒家的政治、哲学思想。主张待人、处事不偏不倚，无过无不及。

⑳以检殊涂：检，约束，限制。殊涂，亦作"殊途"。异途，不同途径。

㉑疲瘁：弊病。

㉒激诡：矫情立异。

㉓隐伪：不为人知的奸伪之事。

㉔陶化：陶冶化育。

㉕闲邪存诚：指防止邪恶，保持诚敬笃实。

㉖允：公平得当。
㉗白：上告；弹劾。
㉘素行：平素之品行。
㉙案：通"按"。查办；审理。
㉚觖望：不满；怨望。觖，音决。
㉛比：副词。近日，近来。
㉜参：弹劾。
㉝理：申诉；辩白。
㉞大伦：指基本的伦理道德。
㉟拔擢：选拔提升。
㊱首职：犹要职。
㊲历年荷宠：历年，过去多年。荷宠，蒙受恩宠。
㊳考覈：考查核实。覈，音和。
㊴含垢：包容污垢；容忍耻辱。
㊵理：掌刑狱的官署。
㊶肆之市朝：肆，古代谓处死刑后陈尸示众。
㊷加诬：虚构诬陷。
㊸检覈：检查核实。
㊹太常：官名。秦置奉常，汉景帝六年更名太常，掌宗庙礼仪，兼掌选试博士。
㊺守约：保持俭朴的品德。

【译文】

和洽，字阳士，汝南郡（西平县）人，曾任丞相府属官。当时毛玠、崔琰都因忠诚清廉而处理政务，他们选任官员时首先注重节俭的品行。和洽说："天下最重要的东西，在于职位与任职的人，不能只以节俭一项来衡量人才。过于俭省朴素，自己用来要求自身还可以，若以此来纠正别人的行为，所失去的或许会更多。如今朝廷议论政事，官员中有穿新衣、坐好车的人，就认为他们不清廉；凡不修饰仪容，衣服破旧的人，就说他们清廉。以致使士大夫们故意弄脏衣服，藏起自己的车马、冠服；朝廷各官署的重要官员，有的自己带着饭食进入官府。推行教化，观察风俗，贵在适中，这样才可以延续下去。如今推崇单一而又难以做到的行为，以此来约束不同的人们，勉强做下去，必会产生弊病。古代崇高的教化，着重在通达人情事理，凡是矫情立异的行为，则常常包含着虚伪之事。"[孙盛说：矫枉过正，便会导致欺诈、虚伪的产生；以约束克制来训导百姓，那么民心就会变得刻薄、狭隘，这不是圣王用来陶冶、教化万物，防止邪恶、保持诚敬的方法。和洽的话，在此说得很得当。]魏国建立后，和洽任侍中。后来有人告发毛玠毁谤太祖，太祖召见近臣时非常愤怒。和洽陈述毛玠平素的行为很有原则，请求查证核实此事。退朝后，太祖下令说："现今报告此事的人说毛玠不但诽谤我，还为崔琰抱怨。这有损君臣之间的恩义，妄自为死去的好友怨叹，恐怕这是不能容忍的。和侍中近来要求核实此事，我之所以不听从，是因为准备重新弹劾他了。”和洽回答说：“如果说毛玠罪过深重，天地不容，臣不敢曲意为毛玠辩白而违背君臣之间的伦理。只是因为毛玠出自群臣之中，特别受到您的提拔，处于显赫的要职，多年来蒙受恩宠，他刚强正直，忠诚公正，被群臣敬畏，应当不会做出这等事情。然而人情难以保证，应当加以考查核实，让毛玠与告发者双方对质以验证实情。如今您降下容忍耻辱的仁慈，不忍心把毛玠交给司法官员审问，更会使是非难以分明，疑惑将会从您的身边开始。”太祖说：“我之所以不进行核查，是希望让毛玠和举报者双方都得以保全。”和洽回答说：“如果毛玠确实有诽谤主上的言论，就应当将其处死，陈尸市朝；如果毛玠没有此事，举报者就犯了诬陷大臣、迷惑君上视听之罪，两方面若不加以核查，臣私下里感到不安。”太祖说：“眼下正有战事，怎么可以听了别人的话就审问人家呢？”后来和洽转任太常，虽生活清寒贫苦，仍保持着俭朴的品德，以至于要卖掉田地住宅来养活自己。明帝听说后，赐给他谷物布帛。

【原文】

杜袭[1]，字子绪，颍川人也。为侍中[2]。将军许攸[3]拥部曲[4]，不附太祖而有慢言[5]。太祖大怒，先欲讨之。群臣多谏：“可招怀[6]攸，共讨强敌。”太祖横刀[7]于膝，作色[8]不听。袭入欲谏，太祖逆[9]谓之曰：“吾计已定，卿勿复言之。”袭曰：“若殿下[10]计是耶，臣方助殿下成之。若殿下之计非耶，虽成宜改之。殿下逆臣令勿言，何待下之不阐[11]乎？”太祖曰：“许攸慢吾，如何可置[12]乎？”袭曰：“殿下谓许攸何如[13]人耶？”太祖曰“凡人也。”袭曰：“夫唯贤知贤，唯圣知圣，凡人安能知非凡人邪？方今豺狼当路而狐狸[14]是先，人将谓殿下避强攻弱[15]，进不为[16]勇，退不为仁。臣闻千石[17]之弩不为鼷鼠[18]发机[19]，万钧之钟不以莛[20]撞起音[21]。今区区之许攸，何足以劳神武[22]哉？”太祖曰：“善。”遂厚抚攸，攸即归服。

【注释】

①杜袭：字子绪，颍川郡定陵县（今河南省叶县）人。杜袭在曹操手下历任西鄂县令、议郎、丞相府军祭酒、侍中、丞相府长史、驸马都尉。魏文帝时期出任督军粮御史、尚书，晋封关内侯、武平亭侯。明帝即位，晋封平阳乡侯，后出任曹真和司马懿的军师，任太中大夫。谥号“定候”。

②为侍中：魏国初建，杜袭为侍中。

③许攸：有别于自袁绍军中前来投奔曹操的许攸，为另外一人。

④拥部曲：拥，聚，聚集。部曲，借指军队。

⑤慢言：谓口出放肆之言。

⑥招怀：招抚，怀柔。

⑦横刀：横陈佩刀。

⑧作色：脸上变色。指神情变严肃或发怒。

⑨逆：拒绝。

⑩殿下：因卑达尊之称，汉魏以后对诸侯王、太子、诸王的尊称。此指曹操。
⑪阐：阐明。
⑫置：搁置；放下。
⑬何如：如何，怎么样。用于询问。
⑭狐狸：兽名。狐和狸本为两种动物。后合指狐。常喻奸佞狡猾的坏人。
⑮避强攻弱：卢弼注："谓弃巴、蜀也。"
⑯不为：不算，不是。
⑰千石：三十斤为一钧，千钧即三万斤。常用来形容器物之重或力量之大。
⑱鼷鼠：鼠类最小的一种。古人以为有毒，啮人畜至死不觉痛，故又称甘口鼠。
⑲发机：拨动弩弓的发矢机。
⑳莛：草茎。
㉑起音：发出声音。
㉒神武：原谓以吉凶祸福威服天下而不用刑杀。后沿用为英明威武之意，多用以称颂帝王将相。

【译文】

杜袭，字子绪，颍川郡（定陵县）人。魏国建立后，杜袭任侍中。当时将军许攸聚集属下军队，不肯归附太祖，而且口出狂言。太祖大怒，准备先去讨伐许攸。大臣们多数劝谏说："可以招抚许攸，共同征讨强敌。"太祖把刀横放在膝上，神情严肃，不肯听从。杜袭入朝想上前劝谏，太祖拒绝，对他说："我的主意已定，你不必再说了！"杜袭说："假如殿下您的主意正确，臣正当帮助殿下完成此事；假如殿下的主意不正确，即使决定了也应该改变。殿下拒绝臣的进谏，让臣不要再说，为何不等臣下把话阐述完呢？"太祖说："许攸轻慢于我，怎么能放下不管呢？"杜袭说："殿下认为许攸是个什么样的人？"太祖说："是个平凡的人。"杜袭说："只有贤人才能理解贤人，也只有圣人才能理解圣人。许攸这个平凡的人，怎么能理解您这位非凡的人呢？如今豺狼当道却要先消灭狐狸，人们将会说殿下是避开强敌而攻打弱小，进兵算不上英勇，退兵也算不上仁慈。臣听说千钧之力的强弩不会为鼷鼠而扣动扳机，有万钧重量的大钟不会因草茎的撞击而发出声音。如今区区一个许攸，哪里值得劳烦英明威武的殿下您呢？"曹操说：

"好。"于是优厚的安抚许攸，许攸便归附了太祖。

【原文】

高柔①，字文慧，陈留②人。拜丞相理曹掾③。时置校事④卢洪、赵达等，使察群下⑤，柔谏曰："设官⑥分职⑦，各有所司⑧。今置校事，既非居上信下之旨。又达等数以憎爱擅作威福⑨，宜检治⑩之。"太祖曰："卿知达等，恐不如吾也。要能刺举⑪而辨众事。使贤人君子为之，则不能也。昔叔孙通用群盗⑫，良有以也⑬。"达等后奸利⑭发，太祖杀之，以谢于柔。文帝践祚⑮，转治书执法⑯。时民间数有诽谤妖言⑰，帝疾之，有妖言，辄杀而赏告

者。柔上疏曰："今妖言者必戮，告之者辄赏。即使过误[18]无反善之路，又将开凶狡[19]之群，相诬罔[20]之渐[21]，诚非所以息奸省讼、缉熙[22]治道也。昔周公作诰[23]，称[24]殷之祖宗，咸不顾[25]小人之怨。在汉太宗[26]，亦除妖言诽谤之令。臣愚以为宜除妖谤赏告之法，以隆天父[27]养物之仁。"帝不即从，而相诬告者滋[28]甚。帝乃下诏："敢以诽谤相告，以所告罪罪[29]之。"于是遂绝。迁为廷尉[30]。明帝即位(旧无明帝即位四字。补之)。时猎法甚峻[31]，而典农[32]刘龟窃于禁内[33]射兔，其功曹[34]张京诣[35]校事言之。帝匿京名，收[36]龟付狱。柔表请告者名，大怒曰："刘龟当死，乃敢猎吾禁地。送龟廷尉，廷尉便当考掠[37]，何复请告者主名[38]，吾岂妄收龟邪？"柔曰："廷尉，天下之平也，安得以至尊[39]喜怒而毁法乎？"重复为奏，辞指深切。帝意寤，乃下京名。即还讯，各当其罪。

【注释】

①高柔(公元174年~公元263年)：字文惠，陈留圉(今河南杞县南)人，三国时期曹魏大臣。

②陈留：郡名。汉武帝元狩元年(公元前122年)置陈留郡，属兖州。

③理曹掾：古司法官名。即法曹。古代司法官署。亦指掌司法的官吏。

④校事：三国时魏、吴所置掌侦察刺探官民情事的官名。是皇帝或执政的耳目。吴也称校官。

⑤群下：泛指僚属或群臣。

⑥设官：谓设立官府，设置治理政事的机构。

⑦分职：各司其职；各授其职。

⑧所司：犹职责。

⑨威福：原指统治者的赏罚之权，后多谓当权者妄自尊大，恃势弄权。

⑩检治：查办。

⑪刺举：检举。

⑫叔孙通用群盗：叔孙通，又名叔孙和，薛(治今山东滕州东南)人，西汉初期儒家学者。

⑬良有以也：指某种事情的产生是很有些原因的。良，很；甚。以，所以，原因。

⑭奸利：指非法谋取的利益。

⑮践祚：亦作"践胙""践阼"。即位；登基。

⑯治书执法：卢弼注引《晋书·职官志》云："魏置治书执法，掌奏劾；治书侍御史，掌律令。二官俱置。及晋，唯置治书侍御史，员四人。"

⑰妖言：怪诞不经的邪说。

⑱过误：过失；错误。

⑲凶狡：凶顽狡诈。

⑳诬罔：诬陷毁谤。

㉑渐：开端，起始。

㉒缉熙：指光明，又引申为光辉。

㉓诰：《书》六体之一。用于告诫或勉励。

㉔称：称道；称扬。

㉕不顾：非不顾恤之谓。

㉖太宗：即汉文帝刘恒（公元前202年~公元前157年），刘邦之子，公元前180年至公前157年在位。谥号“孝文皇帝”，庙号“太宗”。

㉗天父：谓天子。

㉘滋：愈益；更加。

㉙罪：惩罚；治罪。

㉚廷尉：官名。秦始置，九卿之一，掌刑狱。

㉛峻：严酷；严厉。

㉜典农：即典农都尉。官名，三国魏置。

㉝禁内：即禁中。禁令所及范围之内。

㉞功曹：官名。亦称功曹史。

㉟诣：前往；到。

㊱收：拘捕。

㊲掠：拷问。

㊳主名：当事者或为首者的姓名。

㊴至尊：用为皇帝的代称。深切，

【译文】

高柔，字文慧，陈留郡（圉县）人。任丞相府理曹掾。当时设置了校事官，由卢洪、赵达等人担任，让他们鉴察群臣的过失。高柔进谏说：“设立官职、分配任务，官员们都有各自的职责。如今设置校事，既不符合上司信任下属的宗旨，且赵达等人多次凭着个人的憎爱作威作福，应当审查惩治他们。”太祖说：“您对赵达等人的了解，恐怕不如我。要能够打探检举官员的情况并辨别众多事务，这些事情让贤人君子去做，是不能做成的。过去叔孙通举荐许多盗贼（而不举荐儒生），确实是有原因的。”后来赵达等人非法牟利的事情败露，太祖便杀了他们向高柔致歉。魏文帝曹丕登基后，高柔转任治书执法。当时，民间常有诽谤朝廷的坏话，文帝对此很痛恨，一旦发现有散布邪说的人，就将其处死并赏赐告发的人。高柔上疏说：“如今对散布坏话的人必定要杀死，对告发的人就给予赏赐，这样就会使犯过错的人失去回心向善的机会，又将开凶残狡诈之徒诬陷他人的先河，实在不是消除奸伪、减少诉讼，正大光明的治国之道啊！从前周公撰写诰书《无逸》，称颂殷商的祖先能够不计较平民百姓的怨言；在汉文帝时，也废除了追查诽谤妖言的法令。臣愚钝，以为应该废除奖赏告发诽谤妖言者的法令，来兴盛天子养育万物的仁德。”文帝没有马上接受，而相互诬告的人越来越多，文帝于是下诏说：“胆敢借诽谤罪而诬告别人的，就以所告发的罪名来惩治他。”于是诬告之风便断绝了。后来高柔升为廷尉。魏明帝即位，当时关于狩猎的法令非常严厉。(宜阳县的)典农都尉刘龟私自在禁猎区内射兔,他的功曹张京到校事官那告发了此事。魏明帝隐瞒了张京的名字,将刘龟逮捕入狱。高柔上奏请求知道告发者的名字,明帝大怒说:"刘龟应该处死,竟敢在我的禁地打猎!把刘龟交付廷尉,廷尉就应该立即拷问他,为什么还要请求知道告发者的名字?我难道是随便逮捕刘龟的吗?"高柔说:"廷尉,是天下公平执法的象征,怎么能够因为皇上的喜怒而破坏法律的程序呢?"于是再次上奏,言辞深刻恳切。明帝有所醒悟,便告诉了张京的名字。高柔立即回去审问,使刘龟、张京都受到应有的惩处。

【原文】

辛毗[①],字佐治,颍川人也。文帝践祚,迁侍中。帝欲徙冀州[②]士家[③]十万户实河南。时连蝗[④]民饥,群司[⑤]以为不可,而帝意甚盛。毗与朝臣俱求见,帝知其欲谏,作色以见,皆莫敢言。毗曰:"陛下欲徙士家,其计安出?"帝曰:"卿谓我徙之非邪?"毗曰:"诚以为非。"帝曰:"吾不与卿共议。"毗曰:"陛下不以臣不肖[⑤]。置之左右[⑦],厕[⑧]之谋议之官,安得不与臣议也?臣所云非私也,乃社稷之虑,安得怒臣!"帝不答,起入内。

【注释】

①辛毗:字佐治,颍川阳翟人。起初,辛毗曾跟随其兄事袁绍。官渡战后,辛毗事袁绍之子袁谭。

②冀州:行政区划名。汉武帝时为十三刺史部之一。辖境大致为河北省中南部,山东省西端和河南省北端。后代辖境渐小,治所亦迁移不一。

③士家:魏晋时,职业士兵的家庭称为士家。士家子弟世代为兵。

④蝗:蝗灾。

⑤群司:百官。

⑥不肖:自谦之称。

⑦左右:身边。

【译文】

辛毗,字佐治,颍川郡(阳翟县)人。文帝曹丕登基,辛毗升任侍中。文帝打算把冀州十万户世代当兵的家庭迁徙到河南。当时接连发生蝗灾,人民饥饿,群臣都认为不可以这样做,而文帝移民的想法很坚决。辛毗与朝廷大臣一同求见,文帝知道他们想劝谏此事,就表情严肃的接见了他们,众人吓得都不敢说话。辛毗说:"陛下想迁徙世代当兵的家庭,是怎么考虑的呢?"文帝说:"您认为我的迁徙计划不对吗?"辛毗回答说:"确实认为不对。"文帝说:"那我就不和你商议此事了!"辛毗说:"陛下不认为臣不贤,把我安排在您的身边,置身于谋划政事的官员之列,怎么能不和臣商议呢?臣所说的不是私事,而是对国家社稷的考虑,陛下怎么能对臣发怒呢?"文帝不回答,起身朝内室走去。

【原文】

昆随而引其裾[①]，帝遂奋衣[②]不还，良久乃出，曰："佐治，卿持我何太急邪？"昆曰："今徙，既失人心，又无以食也。"帝遂徙其半。尝从帝射雉[③]，帝曰："射雉乐哉！"昆曰："于陛下甚乐，于群下甚苦。"帝默然[④]，后遂为之希[⑤]出。明帝即位，时中书鉴刘放[⑥]，令孙资[⑦]见信于主，制断[⑧]时政，大臣莫不交好[⑨]，而昆不与往来。昆子敞谏曰："今刘、孙用事[⑩]，众皆影附[⑪]，大人[⑫]宜小降意[⑬]，和光同尘[⑭]，不然，必有谤言[⑮]。"昆正色[⑯]曰："主上虽未称聪明，不为暗劣[⑰]。吾之立身[⑱]，自有本末。就[⑲]刘、孙不平，不过令吾不作三公而已，何危害之有？焉有大丈夫欲为公，而毁其高节[⑳]者耶？"冗从仆射[㉑]毕轨[㉒]表言"尚书仆射王思，精勤[㉓]旧吏，忠亮计略[㉔]，不如辛昆，昆宜代思。"帝以访[㉕]放、资，放、资对曰："陛下用思者，诚欲取其效力[㉖]，不贵虚名也。昆实亮直[㉗]，然性刚而专，圣虑[㉘]所当深察也。"遂不用，出为卫尉[㉙]。

【注释】

①引其裾：拉住文帝的衣襟。

②奋衣：犹拂袖。表示气愤。

③射雉：射猎野鸡。

④默然：沉默不语貌。

⑤希：少。

⑥中书鉴刘放：中书鉴，三国魏始置。

⑦令孙资：中书令孙资，字彦龙，太原郡中都（今平遥）人，三国时魏大臣。于曹操帐下，先为功曹，后任计吏，参丞相军事。魏国初建，与刘放共为秘书郎。后任中书令，赐爵关内侯。明帝时，加散骑常侍，晋爵乐阳亭侯。司马懿平定辽东，孙资以参谋之功，晋爵中都侯。明帝病危，孙资、刘放二人力主以曹爽、司马懿二人辅政。齐王芳即位，增邑至千户。后加右光禄大夫。又任卫将军。曹爽被诛，孙资复为侍中，领中书令，拜骠骑将军。谥号"贞侯"。

⑧制断：专断；裁决。

⑨交好：结交。

⑩用事：执政；当权。

⑪影附：谓如影随形。比喻依附，附随。

⑫大人：对父母叔伯等长辈的敬称。

⑬降意：降心相从，屈意。

⑭和光同尘：指随俗而处，不露锋芒。

⑮谤言：造谣中伤的话。

⑯正色：谓神色庄重、态度严肃。

⑰暗劣：愚昧无能。

⑱立身：处世、为人。

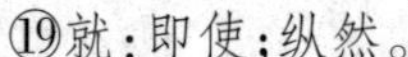

⑲就:即使;纵然。

⑳高节:高尚的节操。

㉑冗从仆射:魏因其名,置是官(《宋志》)。掌散从师射事。

㉒毕轨(?~公元249年):字昭先,东平(今山东泰安东平县东)人。三国时期曹魏大臣。

㉓精勤:专心勤勉。

㉔忠亮计略:忠亮,忠诚坚贞。计略,谋略。

㉕访:咨询。

㉖效力:功效;效验。

㉗亮直:诚实正直。

㉘圣虑:帝王的思虑或忧念。

㉙卫尉:官名。始于秦,为九卿之一,汉朝沿袭,为统率卫士守卫宫禁之官,隋以后改掌军器、仪仗等事。

【译文】

辛毗跟上去拉住文帝的衣襟,文帝便拂袖离开走进内室,过了很久才出来,说道:“佐治,你是不是把朕逼得太急了?”辛毗说:“现今迁徙士家,既丧失民心,又没有粮食给他们吃。”文帝就只迁徙了原计划的一半人口。辛毗曾经跟随文帝去射野鸡,文帝说:“射雉真是快乐啊!”辛毗却说:“这对陛下是很快乐,而对您的臣下们就很辛苦了。”文帝默不作声,后来便为此很少外出射雉了。魏明帝即位,当时中书鉴刘放、中书令孙资受到明帝的宠信,专断朝政,大臣们没有不和他们结交的,而辛毗却不与他们往来。辛毗的儿子辛敞劝他说:“现今刘放、孙资掌权,众人都像影子一样依附他们,父亲大人您应该稍微地屈意委从,随顺流俗而与之相处,不然必定会出现诽谤您的言论。”辛毗态度严肃地说:“当今皇上即使称不上聪明,也绝不是昏庸无能的君主。我立身处事自有主次的原则,纵然刘、孙二人不满,也不过使我当不上三公而已,又有什么危害呢?哪有大丈夫因为想当三公就毁弃自己高尚节操的呢!”冗从仆射毕轨上奏说:“尚书仆射王思是认真勤勉的旧臣,但论忠诚坚贞、计策谋略却不如辛毗,辛毗应当代替王思。”明帝以此事咨询刘放、孙资,两人回答说:“陛下任用王思的原因,实在是想得到他实干的功效,而不是重视虚名。辛毗确实忠诚正直,但是性情刚烈而专断,圣上应当深思熟虑。”明帝就没有任用辛毗。后来辛毗出任为卫尉。

【原文】

杨阜[①],字义山,天水[②]人也。为将作大匠[③]。时初治宫室,发美女充后庭[④],数出入弋猎[⑤]。阜上疏曰:“陛下奉武皇帝开拓[⑥]之大业,守文皇帝克终之元绪[⑦],诚宜思齐往古圣贤之善治[⑧],总观季世[⑨]放荡之恶政。所谓善治者,务俭约、重民力也;所谓恶政者,从心[⑩]恣欲[⑪]、触情而发也。惟陛下稽古[⑫],世代之初所以明赫[⑬],及季世所以衰弱,至于泯灭[⑭],

近览汉末之变,足以动心诫惧矣。曩使桓、灵[15]不废高祖之法、文景之恭俭,太祖[16]虽有神武,于何所施其能耶?而陛下何由[17]处斯尊哉?今吴、蜀未定,军旅在外,愿陛下动则三思,虑而后行,重慎出入,以往鉴来,言之若轻,成败甚重。”诏报曰:“间[18]得密表,先陈往古明王圣主,以讽暗政[19],切至[20]之辞,款诚笃实[21],将顺匡救[23],备悉[24]矣。览思苦言[25],吾甚嘉之。”迁少府。

【注释】

①杨阜:字义山,天水冀县(今甘肃甘谷东南)人,三国时期曹魏名臣。

②天水:郡名。今甘肃天水市及所辖地区。

③将作大匠:官名。职掌宫室、宗庙、陵寝及其他土木营建。

④后庭:犹后宫。

⑤弋猎:射猎;狩猎。

⑥开拓:开创。

⑦文皇帝克终之元绪:言文帝克终武帝元绪,大业。

⑧善治:犹善政。

⑨季世:末代;衰败时期。

⑩从心:随自己心意,想怎样就怎样。

⑪恣欲:纵欲。

⑫稽古:考察古事。

⑬赫:盛大;兴盛。

⑭泯灭:灭绝;消失。

⑮桓灵:东汉末世桓帝与灵帝的并称。

⑯太祖:指曹操。

⑰何由:怎能。

⑱间:近来。

⑲暗政:昏暗的政治。

⑳切至:恳切周至。

㉑款诚笃实:款诚,真诚厚道。笃实,淳厚朴实;忠诚老实。

㉒将顺匡救:顺应好事,匡正挽救失误。将顺,顺势促成。匡救,匡正补救。

㉓备悉:详尽。

㉔苦言:诤言,逆耳之言。

【译文】

杨阜,字义山,天水郡(冀县)人。明帝时任将作大匠。当时明帝开始修建宫殿,征发民间美女来充实后宫,多次出入射猎。杨阜上疏说:“陛下继承武皇帝开创的大业,守护着文皇帝能够完成太祖之志而成就的帝业,实在应当思考向古代圣贤君主的善政看齐,从整体上观察各个朝代末世放荡的恶政。所谓清明的政治,就是务求节约,重视民力;所谓恶劣的政治,就是随心所欲,因情绪和欲望而产生。希望陛下考察古代历朝开国之初所以会清明兴盛,到末期所以会衰弱以至于灭亡的原因,考察近代汉朝末年的变化,就足以触动内心而产生警惕和畏惧了。之前,假如桓帝、灵帝不废弃高祖创立的法度,不抛弃文帝、景帝谦恭节俭的作风,太祖虽然英明神武,将在何处施展他的才能呢?而陛下又怎能居于这至尊的位置呢?如今吴、蜀两国尚未平定,军队征战在外,希望陛下一举一动都要反复思考,然后再行动,慎重出入,用过去的历史教训作为将来的借鉴。这些话说起来好像很轻松,但对于事业成败影响却很重大。"明帝下诏回答说:"最近看到了您的密封奏表,先陈述了古代的圣明君主,以此来讽刺昏暗的政治,恳切精到的言辞,忠诚而实在,顺应善举,匡救时弊的意思也表达得很详尽。观看、思考您劝谏的忠言,朕非常赞许。"后来杨阜升任少府。

【原文】

后诏大议[①]政治之不便于民者,阜议以为:"致治[②]在于任贤,兴国在于务农。若舍贤而任所私[③],此忘治之甚者[④]也;广开宫馆[⑤],高为台榭[⑥],以妨民务[⑦],此害农之甚者也;百工[⑧]不敦[⑨]其器,而竞作奇巧,以合上欲,此伤本之甚者也。孔子曰:'苛政甚于猛虎[⑩]。'今守功文俗[⑪]之吏,为政不通治体[⑫],苟好烦苛[⑬],此乱民[⑭]之甚者也。当今之急,宜去四甚。"

【注释】

①大议:朝廷集议国家大事。
②致治:使国家在政治上安定清平。
③私:偏爱;宠爱。
④甚者:指情况比较严重或突出的事。
⑤宫馆:离宫别馆。供皇帝游息的地方。
⑥台榭:台和榭。亦泛指楼台等建筑物。
⑦民务:民众承担的事务。
⑧百工:各种工匠。
⑨敦:厚实。
⑩苛政甚于猛虎:谓繁重的赋税、苛刻的法令,比猛虎还要凶残。
⑪文俗:谓拘守礼法而安于习俗。
⑫治体:治国的纲领、要旨。
⑬烦苛:繁杂苛细。多指法令。
⑭乱民:侵害人民。

【译文】

后来明帝下诏集中商议当前的政策中对人民不利的地方,杨阜的议论认为:"使政治清明在于任用贤才，振兴国家在于致力于农业生产。如果舍弃贤才而任用自己所宠爱的人，这是玩忽治理最严重的事情；大肆建造离宫别馆，修筑高大的楼台，从而妨碍了百姓承担的事务，这是损害农业最严重的事情；各种工匠不制作朴实耐用的器具，而争着制造新奇、精巧的玩物，以满足上面的欲望，这是伤害国家根本最严重的事情。孔子说：‘繁重的赋税、苛刻的法令，比猛虎还要凶残。’而今守持事业、拘守礼法而安于习俗的官员，为政却不懂得治国的纲领，只是无原则的喜欢烦琐苛细，这是侵害百姓最严重的事情。当前最为紧急的事，就是应当去除上述四个最严重的问题。”

苛政猛于虎

【原文】

帝既新作许昌宫，又营洛阳宫殿观阁[①]。阜上疏曰：“古之圣帝明王，未有极宫室之高丽[②]，以彫獘百姓之财力者也。桀作璇室[③]象廊[④]，纣为倾宫[⑤]、鹿台[⑥]，以丧其社稷；楚灵[⑦]以筑章华[⑧]，而身受其祸；秦始皇作阿房而殃及其子，二世而灭。夫不度万人之力，以从[⑨]耳目之欲，未有不亡者。陛下当以尧、舜、禹、汤、文、武为法则[⑩]，夏桀、殷纣、楚灵、秦皇为深诫。巍巍[⑪]大业，犹恐失之。不夙夜敬止[⑫]、允恭[⑬]恤民[⑭]而自逸[⑮]，唯宫室是侈是饰，必有颠覆[⑯]危亡之祸。方今二虏合从[⑰]，谋危宗庙，十万之军，东西奔赴，边境无一日之娱。农夫废业，民有饥色。陛下不是[⑱]为忧，而营作宫室，无有已时。君作元首[⑲]，臣为股肱[⑳]，存亡一体，得失同之。臣虽驽怯[㉑]，敢忘争臣[㉒]之义？言不切至，不足以感寤[㉓]陛下。陛下不察臣言，恐皇祖烈考[㉔]之祚，将坠于地。使臣身死有补万一[㉕]，则死之日，犹生之年也。”奏御，天子感其忠言，手笔诏答。

【注释】

①观阁：楼阁。

②高丽：高超华美。

③璇室：玉饰的宫室。一说能旋转的宫室。相传为夏桀、商纣所建。

④象廊：亦作“象郎”。用象牙装饰的廊殿。

⑤倾宫：巍峨的宫殿。望之似欲倾坠，故称。

⑥鹿台：古台名。别称南单之台。殷纣王贮藏珠玉钱帛之地。故址在今河南省汤阴县朝歌镇南。

⑦楚灵：即楚灵王，春秋时楚国国君。楚共王次子，楚康王之弟。初名围，后杀侄儿楚郏敖自立，即位后改名熊虔。灵王穷奢极欲，即位第六年，建章华宫，宫中建高台，高三十仞，即“章华台”，加之对外穷兵黩武，劳民伤财，尽失人心。灵王十二年，楚国讨伐徐国，灵王居干溪，此时公子弃疾（灵王之弟）等在国内发动政变，另立新君，楚军班师回国。

灵王孤立无援,终自缢而死。

⑧章华:即章华台。楚离宫名,楚灵王所建。故址说法不一,一说在今湖北省鉴利县西北,晋杜预以为春秋时楚灵王所建者即此。台高十丈,基广十五丈。称“华容之章华”。

⑨从:放纵。

⑩法则:榜样,表率。

⑪巍巍:崇高伟大。

⑫止:语气助词。用于句末,表确定语气。

⑬允恭:信实而恭勤。

⑭恤民:谓忧虑人民的疾苦。

⑮自逸:身心安适。

⑯颠覆:颠坠覆败;灭亡。

⑰合从:泛指联合。

⑱不是:《三国志·杨阜传》原文作“不以是”。

⑲元首:头。

⑳股肱:大腿和胳膊。

㉑驽怯:驽下怯弱。

㉒争臣:能直言诤谏的大臣。争,通“诤”。

㉓感寤:感动之使醒悟。

㉔皇祖烈考:皇祖,君主的祖父或远祖。烈考,显赫的亡父。多用为对亡父的美称。

㉕万一:万分之一。表示极少的一部分。

【译文】

明帝已经新建了许昌的宫殿,又营造洛阳的宫殿楼阁。杨阜上疏说:“古代圣明的帝王,没有为把宫殿修得极为高大华丽,而以此来损耗百姓财力的。夏桀建造璇室、象廊,商纣修建倾宫、鹿台,他们都因此丢掉了天下。楚灵王因为修章华台而自身遭受灾祸,秦始皇建阿房宫而祸殃延及到他的儿子,以致秦朝传到二世就告灭亡。如果不估量众人之力,却来放纵自己耳目的欲望,没有不灭亡的。陛下应当以唐尧、虞舜、夏禹、商汤、周文王、周武王为榜样,把夏桀、商纣、楚灵王、秦始皇作为最深刻的鉴戒。宏伟的帝王大业,唯恐失去。如果不日夜恭敬,诚信恭勤,忧念百姓,反而自图安乐,只想着把宫殿建得奢侈华丽,必定会有颠覆灭亡的祸患。如今吴、蜀两国联合,企图危及国家,我们十万大军,东征西讨,边境上没有一天的安乐日子,农民荒废了本业,百姓面带饥色。陛下不以此为忧患,却营建宫殿,没有休止的时候。君主好比是头颅,臣子好比是四肢,存亡连为一体,得失共同承当。臣虽然才能低劣、性格怯懦,怎么敢忘掉臣子应该直言进谏的责任呢?话说得不恳切直率,就不足以感动陛下,使您有所醒悟。陛下若不体察臣的话,恐怕您先祖、先父开创的基业将会坠落在地了。假使臣死了能够对国家有万分之一的补救,那么臣死之日,则犹如再生之年。”此疏上奏明帝,明帝被他的忠直之言感动,亲笔写下诏书回复。

【原文】

高堂隆[1]，字升平，泰山[2]人也。为散骑常侍[3]。青龙中，大治殿舍，西取长安大钟。隆上疏曰："昔周景王[4]不仪刑[5]文、武之明德，忽公旦之圣制，既铸大钱[6]，又作大钟[7]，单穆公谏而不听[8]，泠州鸠对而不从[9]，遂迷不反，周德以衰，良史[10]记焉，以为永鉴[11]。然今之小人，好说秦、汉之奢靡，以荡[12]圣心，求取亡国不度[13]之器，劳役费损，以伤德政，非所以兴礼乐之和、保神明之休也。"是日，帝幸上方[14]，隆与卞兰[15]从。帝以隆表授兰，使难[16]隆曰："兴衰在政，乐何为也？化之不明，岂钟之罪？"隆对曰："夫礼乐者，为治之大本也。故箫韶九成，凤皇来仪[17]；雷鼓六变，天神以降[18]。政是以平，刑是以错[19]，和之至也。新声发响，商辛以殒[20]；大钟既铸，周景以弊[21]。存亡之机，恒由此作，安在废兴之不阶[22]也？君举必书，古之道也。作而不法[23]，何以示后？"帝称善。迁侍中，犹领太史令[24]。

【注释】

①高堂隆：字升平，泰山平阳（今三东新泰）人。三国时魏官吏。

②泰山：郡名。汉置博阳郡，后改泰山郡。治博，在今山东泰安东南十五公里。后治奉高，在今泰安东二十五公里。三国魏同。

③散骑常侍：官名。

④周景王：姬贵（？～公元前520年），周灵王第二子，在位二十五年，死于心疾。

⑤仪刑：效法。

⑥铸大钱：周景王二十一年（公元前524年），景王铸大钱。

⑦作大钟：周景王二十三年（公元前522年），景王始铸大钟，一名大林，一名无射，景王二十四年，无射钟成。大钟，即编钟。

⑧单穆公谏而不听：单穆公，春秋时期单国国君，名旗，伯爵。

⑨泠州鸠对而不从：泠州鸠，周景王时乐官，又称伶州鸠。

⑩良史：优秀的史官。指能秉笔直书、记事信而有征者。

⑪永鉴：长久鉴戒。

⑫荡：摇动。引申为动摇。

⑬不度：不合法度；不遵礼度。

⑭上方：同"尚方"。汉代官署名，主管制造、储藏、供应帝王及皇宫中所用刀剑、衣食及日用玩好器物。

⑮卞兰：魏武帝曹操卞皇后弟卞秉子。少有才学，为奉车都尉、游击将军，加散骑常侍，袭父爵为开阳侯。

⑯难：责难；诘问。

⑰箫韶九成，凤皇来仪：箫韶，舜乐名。九成，犹九阕。乐曲终止叫成。凤皇，亦作"凤凰"，古代传说中的百鸟之王。雄的叫凤，雌的叫凰。来仪，谓凤凰来舞而有容仪，古

人以为瑞应。

⑱雷鼓六变，天神以降：雷鼓，八面鼓。古代祭祀天神时所用。六变，谓乐章改变六次。古代祭百神，乐章变六次祭典始成。

⑲错：通"措"。舍弃；置而不用。

⑳新声发响，商辛以殒：商辛，即商纣王，号帝辛。殒，死亡。

㉑大钟既铸，周景以弊：弊，死亡；灭亡。周景王二十四年，无射钟成，次年景王病死。

㉒阶：缘由，途径。

㉓不法：不合法度。

㉔太史令：官名。西周、春秋时太史掌记载史事、编写史书、起草文书，兼管国家典籍和天文历法等。

【译文】

高堂隆，字升平，泰山郡（平阳县）人，明帝时任散骑常侍。青龙年间，明帝大修宫殿，还派人去西面把长安的大钟运来，高堂隆上奏说："从前周景王不效法文王、武王的美德，忽视周公定下的神圣制度，既铸造大钱，又制作大钟。单穆公劝谏，景王不听；泠州鸠规劝，景王也不从，终于陷入迷途而不知返回，周朝的德治因此衰败。优秀的史官记载了这件事，作为后世永久的鉴戒。然而如今的小人，喜欢鼓吹秦、汉两朝的奢侈靡费之风来动摇圣上的心，去求取那已经灭亡之国的不合法度的大钟，劳民伤财，以至损害德政。这不是为了兴盛礼乐教化的和谐、保持神明美善的做法。"当天，明帝来到尚方署，高堂隆与卞兰陪从。明帝把高堂隆的奏章交给卞兰，让他责问高堂隆，说："国家的兴衰取决于政治，音乐能起什么作用？教化不昌明，难道是钟的罪过吗？"高堂隆回答道："礼乐，是治国的根本。因此虞舜制定的音乐《箫韶》，在演奏了九遍后，则有凤凰来应和而舞；祭祀天神的雷鼓，在乐章变化六次后，就有天神降临。政治因此而安定，刑罚因此弃置不用，这是和谐达到了极点。新的靡靡之音一奏响，商纣便因此而灭亡；大钟铸成之后，周景王也因此而败亡。国家存亡的关键，常常是由此产生的。怎么能说它不是国家兴衰的缘由呢？君主的一举一动，都要被记录下来，这是古来就有的规矩，做事不合法度，用什么来让后人效法呢？"明帝称赞他说得好。后升任侍中，仍兼任太史令。

【原文】

崇华殿灾，诏问隆："此何咎[1]？于礼宁有祈禳[2]之义乎？"对曰："夫灾变之发，皆所以明教戒也，惟率礼[3]修德，可以胜之。《易传》[4]曰：'上不俭，下不节，孽火[5]烧其室。'又曰：'君高其台，天火为灾。'此人君苟饰宫室，不知百姓空竭，故天应之以旱，火从高殿起也。上天降鉴[6]，故谴告[7]陛下。陛下宜增崇[8]人道，以答天意。"陵霄阙始构[9]，有鹊巢其上，帝以问隆，对曰："诗云：'惟鹊有巢，惟鸠居之[10]。'今兴宫室，而鹊巢之，此宫室未成、身不得居之象也。夫天道无亲，唯与善人，不可不深虑。夏、商之季[11]，皆继体[12]也，不钦承[13]上天之明命，惟谗谄[14]是从，废德适欲[15]，故其亡也忽焉。臣备[16]腹心，苟可以繁祉圣躬[17]，安存社稷，虽灰身破族[18]，犹生之年也，岂惮忤逆之灾，而令陛下不闻至言[19]乎？"于是帝改容动色[20]。

【注释】

①咎：灾祸。

②祈禳：祈祷以求福除灾。禳，音瓤。

③率礼：遵循礼法。

④易传：《周易》的组成部分。对《经》而言，故曰《传》。

⑤孽火：灾害之火。

⑥降鉴：犹俯察。

⑦谴告：谴责警告。

⑧崇：尊崇，推重。

⑨构：架屋；营造。

⑩惟鹊有巢，惟鸠居之：《诗·召南·鹊巢》："维鹊有巢，维鸠居之。"

⑪季：末，指一个时期的末了。

⑫继体：嫡子继承帝位。

⑬钦承：恭敬的继承或承受。

⑭谗谄：好谗谮谄谀之人。

⑮适欲：顺遂其欲望。

⑯备：充任；充当。常用作谦词。

⑰繁祉圣躬：繁祉，多福。圣躬，犹圣体。臣下称皇帝的身体。亦代指皇帝。

⑱灰身破族：灰身，犹言粉身碎骨。破族，犹灭族。

⑲至言：直言；真实的话。

⑳改容动色：改容，改变仪容；动容。动色，谓脸上显出受感动的表情。

【译文】

崇华殿发生了火灾，明帝下诏问高堂隆："这是什么灾祸？从礼法上讲，有没有祈祷消灾的仪式呢？"高堂隆回答说："灾害的发生，都是上天用来显明教导和告诫的，只有遵循礼法、修养德行，才能够制止灾祸。《易传》上说：'上面的君主不俭朴，下面的臣民不节约，就会有灾害之火烧毁他们的房屋。'又说：'君主高筑楼台，天火就会造成灾害。'这就是说君主如果只知道修饰宫殿，不知道百姓已经穷困贫乏，那么就会感应上天降下旱灾，大火就会从高大的殿堂烧起来。上天进行俯察，因此谴责警告陛下，陛下应更加注重人伦道德，来回复上天的意愿。"陵霄阙刚开始修建时，有喜鹊在上面筑巢，明帝以此事问高堂隆，他回答说："《诗经·鹊巢》中说：'喜鹊筑好了窝，斑鸠却来霸占。'如今刚开始兴建宫殿，就有喜鹊在上面筑窝，这是宫殿尚未修成，就已经失去了居住机会的征兆。天道公正无私，只帮助善良的人，陛下不能不深思啊！夏朝、商朝的末期，都是继承先祖基业的君主,他们不能恭敬地承受上天明确的意旨,只听从好谄谀谗毁之人的话,废弃道德,随顺私欲,所以他们的灭亡是很迅速的。臣作为陛下的心腹大臣,只要能造福圣上,安定保全国家社稷,即使是粉身碎骨、灭族亡家,也如同活着的时候一样,怎么会害怕忤逆君主带来的灾祸,而使陛下听不到真实之言呢?”明帝听后不禁神色大变。

【原文】

帝愈增崇宫殿,雕饰[①]观阁,凿太行(行作山)之石英[②],采谷城之文石[③],起景阳山于芳林之园[④],建昭阳殿于太极之北,铸作黄龙凤乌奇伟[⑤]之兽,饰陵云台、陵霄阙。百役[⑥]繁兴,作者万数,公卿以下至于学生[⑦],莫不展力[⑧],帝乃躬自掘土以率之。而辽东不朝[⑨],悼皇后崩[⑩],天作淫雨[⑪],冀州水出,漂没[⑫]民物。

【注释】

①雕饰:雕琢文饰,使器物华美。

②石英:矿物名。质地坚硬而脆,透明晶体称“水晶”。

③文石:有纹理的石头。

④起景阳山于芳林之园:芳林之园,亦省称“芳林”。园名。建于东汉,三国魏避齐王芳讳,改名华林园。

⑤奇伟:奇异不凡。

⑥百役:指各种劳役。

⑦学生:在校学习的人。

⑧展力:犹效力,效劳。

⑨辽东不朝:卢弼注:“公孙渊发兵反。”

⑩悼皇后崩:悼皇后,又称明悼皇后,毛氏,魏明帝第一任皇后,河内人。太和元年(公元227年)被立为皇后。

⑪淫雨:久雨。

⑫漂没:冲没。

【译文】

此后明帝更加扩建增高宫殿,装饰楼阁。开凿太行山的石英,开采穀城带有有花纹的石头;在芳林园中堆起景阳山,在太极殿的北面建造昭阳殿;铸造黄龙、凤凰等奇异高大的兽像,装饰了陵云台、陵霄阙等。各种劳役兴起了很多,参与劳作的人数以万计,公卿以下的百官以至于在读的学生,没有不出力的,明帝竟亲自挖土以做表率。而当时,辽东的公孙渊反叛,毛皇后去世。天降大雨不停,冀州发生洪水,冲没了百姓的财物。

【原文】

隆上疏切谏曰:“昔在伊唐[①],洪水滔天[②]。灾眚[③]之甚,莫过于彼;力役[④]之兴,莫久于此。尧、舜君臣,南面[5]而已。禹敷[6]九州,庶士庸勋[7],各有等差;君子[8]小人,物有服章[9]。今无若时之急,而使公卿大夫并与厮徒[10],共供事役,闻之四夷[11],非嘉声[12]也;垂之竹帛[13],非令名[14]也。是以古先哲王,畏上天之明命,矜矜业业[15],惟恐有违。灾异既发,惧而修政[16],未有不延期流祚者也。爰及末叶[17],暗君荒主,不崇先王之令轨[18],不纳正士之直言,以遂其情志,恬[19]忽变戒,未有不至于颠覆者也。秦始皇不筑道德之基,而筑阿房之宫;不忧萧墙[20]之变,而修长城之役。当其君臣为此计也,亦欲立万世之业,使子孙长有天下,岂意[21]一朝匹夫大呼,而天下倾覆哉?故臣以为,使先代之君,知其所行必将至于败,则弗为之矣。是以亡国之主自谓不亡,然后至于亡;贤圣之君自谓将亡,然后至于不亡。昔汉文帝称为贤主,躬行约俭,惠下养民,而贾谊方[22]之,以为天下倒县[23],可为痛哭者一,可为流涕者二,可为长叹息者三。况今天下彫弊[24],民无儋石[25]之储,国无终年之畜,外有强敌,六军[26]暴边,内兴土功[27],州郡骚动,若有寇警[28],则臣惧板筑[29]之士,不能投命[30]虏庭[31]矣。又,将吏奉禄,稍见折减,方之于昔,五分居一。夫禄赐[32]谷帛,人主之所以惠养吏民,而为之司命[33]者也。若今有废,是夺其命。既得之,而又失之,此生怨之府也。今陛下所与共坐廊庙[34]治天下者,非三司九列[35],则台阁[36]近臣,皆腹心造膝[37],宜在无讳。若见丰省而不敢以告,从命奔走,唯恐不胜,是则具臣[38],非鲠辅[39]也。昔李斯教秦二世曰:'为人主而不恣睢[40],命之曰天下桎梏[41]。'二世用之,秦国以覆,斯亦灭族。是以史迁[42]议其不正谏,而为世诫。"

【注释】

①伊唐:伊,语助词。用于句中,无义。唐,朝代名。传说尧所建。即陶唐。

②滔天:弥漫天际。形容水势极大。

③灾眚:灾殃,祸患。

④力役:劳役。

⑤南面:古代以坐北朝南为尊位,故帝王诸侯见群臣,或卿大夫见僚属,皆面向南而坐,因用以指居帝王或诸侯、卿大夫之位。

⑥敷:分别;区分。

⑦庶士庸勋:庶士,众士。庸勋,功勋。

⑧君子:对统治者和贵族男子的通称。常与"小人"或"野人"对举。

⑨服章:古代表示官阶身份的服饰。

⑩厮徒:《三国志·高堂隆传》原文作"厮徒",犹厮役(旧称干杂事劳役的奴隶)。

⑪四夷:古代华夏族对四方少数民族的统称。

⑫嘉声:美好的声誉。

⑬竹帛:竹简和白绢。引中指书籍、史乘。

⑭令名:美好的声誉。

⑮矜矜业业:谨慎戒惧貌。

⑯修政:修明政教。

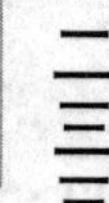

⑰末叶:犹末世。指王朝末期。

⑱令轨:良好的法度、制度。

⑲恬:满不在乎。

⑳萧墙:萧,通“肃”。古代宫室内作为屏障的矮墙。比喻内部。

㉑意:意料。

㉒方:比拟;比喻。

㉓倒悬:此以人之倒挂比喻处境极其困苦或危急。

㉔彫弊:衰败;困苦。弊,通“弊”。

㉕儋石:儋受一石,故称儋石。用以计量谷物。儋,石罂。一说一石为石,二石为儋,谓一人所担。借指少量米粟。

㉖六军:天子所统领的军队。

㉗土功:此指建造宫殿的工程。

㉘寇警:敌军入侵的警报。

㉙板筑:泛指土木建筑。

㉚投命:舍命;拼命。

㉛虏庭:亦作“虏廷”。古时对少数民族所建政权的贬称。

㉜禄赐:禄赏(俸给和奖赏)。

㉝司命:掌握命运。亦指关系命运者。

㉞廊庙:殿下屋和太庙。指朝廷。

㉟三司九列:三司,指三公。九列,九卿的职位。

㊱台阁:汉时指尚书台。后亦泛指中央政府机构。

㊲腹心造膝:腹心,肚腹与心脏,皆人体重要器官。亦比喻贤智策谋之臣。造膝,犹促膝。

㊳具臣:备位充数之臣。

㊴鲠辅:谓刚直有力的辅佐者。

㊵恣睢:放纵暴戾。

㊶桎梏:刑具。脚镣手铐。

㊷史迁:汉司马迁的别称。司马迁为太史令、掌修史,故称。

【译文】

高堂隆上疏直言极谏,说:“从前在唐尧的时候,洪水滔天。灾祸的严重,没有超过那时候的;劳役的征用,没有比这更久的。而尧、舜君臣,只是面向南面安坐本位而已。禹把天下分为九州,众多参加治水的士民的功劳,大小各有差别;官员和百姓,各有不同的服饰。现今没有那时候的紧急情况,却让公卿大夫与做杂务的奴隶一同供给劳役。让四方的少数民族听到了,不是好的声誉;若是记载在史册上流传后世,也不是好的名声。因此古代贤明的君主,畏惧上天明确的意旨,谨慎戒惧,生怕有所违背;灾害和反常的现象出现了，就会感到畏惧而修明政教，这样做则没有不使王朝寿命增长、国统得以延续的。等到了末代，昏庸荒淫的君主不尊崇先王良好的法度，不采纳正直人士的直言，随顺自己的情绪和欲望，毫不在意上天以异常变化发出的告诫，这样做则没有不走向灭亡的。秦始皇不建立道德的基础，而去筑造阿房宫；不担心内部的变乱，而去做修筑长城之事。当他们君臣为此谋划时，也是想建立万代永存的基业，使其子孙长久的享有天下，怎会料到有一天一个平民(陈胜)高呼一声，而秦朝的天下就随之覆灭了呢？所以臣认为，假使前代的君主知道他们的所作所为必将导致败亡，就不会那样做了。因此，亡国的君主自以为不会灭亡，然后才会导致灭亡；圣贤的君主自以为将会灭亡，然后才不会导致灭亡。从前汉文帝被称为贤明的君主，亲自实行节俭，施惠于下，养育万民，而贾谊比喻当时的形势，认为天下如同一个倒挂着的人(处境危急)，可为之痛哭的问题有一个，可为之流泪的问题有两个，可为之深深叹息的问题有三个。又何况如今天下穷困，百姓连很少米粮的存储也没有，国家也没有够用一年的粮食储备。外面有强大的敌人，军队驻扎在边境上；而国内却大兴土木，州郡受到骚扰，一旦有敌人入侵的警报，臣担心这些从事宫殿修筑的人们是不能为抗击敌人而舍命的。另外，目前将领官员的俸禄，逐渐被减少，与从前相比，只有过去的五分之一。俸禄赏赐和谷物布帛，是君主用来加恩抚养官吏百姓、作为维持他们生命的东西。如果像现在这样克扣减发，就等于是剥夺他们的生命。他们曾经得到的现在又失去了，这就是产生怨恨的根源。现在与陛下一起坐在朝廷上治理天下的人，不是三公九卿，就是尚书台的亲近大臣，都是关系亲密的心腹之臣，应当没有顾忌。如果看到官员俸禄丰厚或减少而不敢报告陛下，只知道服从命令而奔走效劳，唯恐不这就叫作称陛下心意，这只能算是充数之臣，而不是刚直有力的辅佐之臣。从前李斯告诉秦二世说：'当了君主若不能放任自己、无拘无束，这就叫做把天下变成束缚自己的脚镣手铐'。秦二世采用了他的话，秦国因此而灭亡，李斯也被灭族。所以司马迁评论李斯时说他不能正言进谏，以此作为对后世的告诫。"

【原文】

书奏，帝览焉，谓中书鉴、令曰[①]："观隆此奏，使朕惧哉！"隆疾笃[②]，口占[③]上疏曰："臣常疾世主，莫不思绍[④]尧、舜、汤、武之治，而蹈踵[⑤]桀、纣、幽、厉之迹；莫不蚩笑[⑥]季世惑乱亡国之主，而不登践虞、夏、殷、周之轨。悲夫！寻观三代之有天下，圣贤相承，历载数百，尺土[⑦]莫非其有，一民莫非其臣。癸、辛[⑧]之徒，恃其旅力[⑨]，知[⑩]足以拒谏，才足以饰非[⑪]，谄谀是尚，台观是崇，淫乐是好，倡优[⑫]是悦，上天不蠲[⑬]，眷然[⑭]回顾，宗国[⑮]为墟。天子之尊，汤、武有之，岂伊异人[⑯]，皆明王之胄[⑰]也。且当六国之时，天下殷炽[⑱]，秦既兼之，不修圣道，乃构阿房之宫，筑长城之守，矜夸[⑲]中国，威服百蛮[⑳]，天下震竦[㉑]，道路以目，自谓本枝百世[㉒]，永垂洪晖[㉓]，岂悟二世而灭，社稷崩圮[㉔]哉？臣观黄初之际，异类之鸟，育长燕巢，口爪胸赤，此魏室之大异也。宜防鹰扬之臣[㉕]于萧墙之内，可选诸王，使君国典兵[㉖]，往往綦跱[㉗]，镇抚皇畿[㉘]，翼亮[㉙]帝室。昔周之东迁，晋郑是依[㉚]，汉吕之乱，实赖朱虚[㉛]，盖前代之明鉴也。夫皇天无亲，唯德是辅。民咏德政，则延期过历[㉜]；下有怨叹，则掇录授能[㉝]。

由此观之，则天下之天下也，非独陛下之天下也（旧无非独至下也八字。补之）。臣百疾所钟[34]，气力稍微，辄自舆出还舍，若遂沉沦[35]，魂而有知，结草[36]以报。"

【注释】

①谓中书鉴令曰：卢弼注引胡三省曰："中书鉴、令，典奏事。观隆奏，遂以语之。"

②疾笃：病势沉重。

③口占：谓口授其辞。

④绍：承继。

⑤蹈踵：犹沿袭。

⑥蚩笑：讥笑；嘲笑。蚩，通"嗤"。

⑦尺土：犹尺地。即一尺之地，极言其小。

⑧癸、辛：指夏桀和商纣，二人均为末代君主，著名暴君。

⑨旅力：膂力，体力。

⑩知：聪明；智慧。

⑪饰非：粉饰掩盖错误。

⑫倡优：古代称以音乐歌舞或杂技戏谑娱人的艺人。

⑬蠲：音捐，除去；减免。

⑭眷然：亦作"睠然"。回视貌。

⑮宗国：犹祖国。亦兼称国家，朝廷。

⑯异人：别人，外人。

⑰胄：音宙，古代帝王或贵族的后嗣。

⑱殷炽：繁盛。

⑲矜夸：同"矜侉"。夸耀。

⑳威服百蛮：威服，以威力慑服。百蛮，古代南方少数民族的总称。后也泛称其他少数民族。

㉑震竦：震惊，惊惧。

㉒本枝百世：即"本支百世"，谓子孙昌盛，百代不衰。

㉓晖：同"辉"。光辉；日光。

㉔崩圮：塌毁。圮，音匹。

㉕鹰扬之臣：此指司马懿。鹰扬，逞威；大展雄才。

㉖君国典兵：君国，谓居君位而御其国。典兵，统领军队；掌管军事。

㉗綦跱：同"棋峙"，谓处相持之势，如弈棋之交互对峙。

㉘皇畿：旧指京城管辖的地区。

㉙翼亮：辅佐。

㉚周之东迁，晋郑是依：卢弼注引《左传·隐公六年》："周桓公曰：我周之东迁，晋、郑焉依。"

㉛汉吕之乱，实赖朱虚：卢弼注："朱虚侯刘章平诸吕之乱。"

㉜过历：谓超过预计的享国年数。

㉝掇录授能：掇录，选取记录在案的有功之人。掇，音夺。授能，任用有才能的人。

㉞钟：汇聚；集中。

㉟沉沦：指死。

㊱结草：受厚恩而虽死犹报之典。

【译文】

高堂隆的奏疏呈上，明帝看了之后，对中书鉴和中书令说："看了高堂隆这封奏疏，使朕感到畏惧啊！"后来高堂隆病势严重，便口述（由别人记录）上疏说："臣常常痛恨世上君主没有不想着承继尧、舜、汤、周武王的清明之治的，但实际上却重走了夏桀、商纣、周幽王、周厉王的道路；他们没有不耻笑末代迷乱亡国之君的，但却不遵循虞舜、夏禹、商汤、周武王的制度。可悲啊！回头看看夏、商、周三代拥有天下之时，圣贤君主一个接着一个，每个王朝都历时数百年，没有一尺土地不是归他们所有，没有一个百姓不是他们的臣民。夏桀、商纣之辈，依仗自己的力量，其智慧足以拒绝别人的劝谏，才能足以掩饰自己的过错。他们喜欢阿谀奉承，崇尚楼台亭观，喜好荒淫嬉乐，宠爱乐舞艺人。上天不能免除其罪过，等他们回头来看，国家已变成废墟，天子的尊严，被商汤、周武王所拥有。难道说夏桀、商纣是王族之外的人吗？他们都是圣明君主的后代啊！在六国（与秦国相互纷争）之时，天下繁荣兴盛，秦朝兼并六国之后，不实行圣人之道，却构筑阿房宫，修建长城来守边，在国内耀武扬威，以威力慑服周边的少数民族。天下人民震惊恐惧，人们在路上相见，只是以目示意，不敢交谈。而秦始皇却自以为会子孙昌盛，百代不衰，永远留下光辉，怎会想到第二代就灭亡，国家也覆灭了啊！臣看到黄初年间，有一只与燕子不同类的鸟，生长在燕子窝中，喙、爪和胸口都是红色的，这预示着魏朝的大灾异啊！应防备朝廷内部出现位高权重、难以驾驭的大臣，可选择藩王，让他们有统治封国的实权并统领军队，散布在各地形成力量，安抚京城地区，辅佐皇室。从前周朝东迁，依靠的是晋、郑二国；汉朝的诸吕之乱，实在是依赖于朱虚侯刘章才得以平定。这些都是前朝明显的鉴戒。上天没有偏爱，只是辅助有德之君。老百姓歌颂德政，上天就让他享国的时间延长超过预定期限；如果人民怨恨悲叹，上天就会选取任用贤能的人来治理天下。由此看来，天下是天下人的天下，不仅是陛下一人的天下啊！臣百病缠身，精神体力逐渐衰微，便准备自行乘车离开官府，返回家中，假如就此死去，若魂灵有知，也要在冥冥之中报答陛下。"

【原文】

田豫[①]，字国让，渔阳[②]人也。为护乌丸校尉[③]。《魏略》曰："鲜卑[④]、素利[⑤]等，数来客见，多以牛马遗[⑥]豫，豫转送官[⑦]。胡乃密怀金[⑧]三十斤，谓豫曰：'我见公贫，故前后遗公牛马，公辄送官，今密以此上，公可以为家资[⑨]。'豫张袖受之，答[⑩]其厚意。胡去之后，皆悉付外。于是诏褒之曰：'昔魏绛开怀以纳戎[⑪]，今卿举袖以受狄金，朕甚嘉焉。'乃赐青缣

五百匹也。”

【注释】

①田豫（公元171年~公元252年）：字国让，渔阳雍奴（今天津市武清区东北）人。三国时期曹魏将领。

②渔阳：郡名。战国燕置渔阳郡。

③护乌丸校尉：官名。

④鲜卑：我国古代少数民族名。

⑤素利：三国时东部鲜卑首领之一。

⑥遗：给予；馈赠。

⑦送官：送交官府。

⑧怀金：怀带金宝。

⑨家资：家中的财产。

⑩答：答谢。

⑪魏绛开怀以纳戎：魏绛，姬姓，魏氏，名绛，谥号为“庄”，故史称魏庄子，春秋时晋国卿。

【译文】

田豫，字国让，渔阳郡（雍奴县）人。文帝时任护乌丸校尉。[《魏略》说：鲜卑的素利等人，多次派人来拜见田豫，常赠送牛马给田豫，田豫随即转送官府。胡人秘密携带了三十斤黄金，对田豫说：“我看您贫困，所以前后多次送给您牛马，而您却都送交官府了。今天秘密地送上这些金子，您可以把它作为自家的财产。”田豫便张开袍袖收下了，并谢过胡人的深情厚谊。胡人走后，田豫便把这些金子都交给了官府。于是皇帝下诏称赞他说：“从前魏绛能敞开胸怀来包容戎狄，现在您张开袍袖接受胡人送上的金子，朕十分赞许。”于是赐给田豫青绢五百匹。]

【原文】

徐邈[①]，字景山，燕国[②]人也。为凉州[③]刺史[④]。西域[⑤]流通，荒戎[⑥]入贡[⑦]，皆邈勋也。赏赐皆散与将士，无入家者，妻子衣食不充[⑧]。天子闻而嘉之，随时供给其家。弹邪绳枉[⑨]，州界肃清[⑩]。嘉平六年[⑪]，朝廷追思清节[⑫]之士，诏曰：“夫显贤表德，圣王所重；举善而教，仲尼所美[⑬]。故司空[⑭]徐邈、征东将军胡质[⑮]、卫尉田豫[⑯]，皆服职[⑰]前朝，历事四世[⑱]，出统戎马[⑲]，入赞[⑳]庶政[㉑]，忠清[㉒]在公，忧国忘私，不营产业[㉓]，身没[㉔]之后，家无余财，朕甚嘉之。其赐邈等家，谷二千斛[㉕]，钱三十万，布告天下。”

【注释】

①徐邈（公元172年~公元249年）：字景山，燕国蓟县人，曹魏官员。

②燕国:郡、国名。曹魏太和末,改燕郡为燕国。
③凉州:州名。
④刺史:古代官名。原为朝廷所派督察地方之官,后沿为地方官职名称。
⑤西域:汉以来对玉门关、阳关以西地区的总称。
⑥戎:古代典籍泛指我国西部的少数民族。
⑦入贡:向朝廷进献财物土产。
⑧充:足;满。
⑨绳枉:惩处邪曲之人。
⑩肃清:犹清平。多指国家、社会安定太平,法纪严明。
⑪嘉平六年:公元254年。
⑫清节:清操。高洁的节操。
⑬举善而教,仲尼所美:举善,推荐德才兼优的人。美,称美;赞美。
⑭司空:官名。汉改御史大夫为大司空,与大司马、大司徒并列为三公,后去大字为司空。
⑮征东将军胡质:胡质(?~公元250年),字文德,淮南寿春(今安徽寿县)人,三国时魏将领。
⑯卫尉田豫:齐王曹芳正始初年,征田豫为卫尉。
⑰服职:犹就业,供职。
⑱历事四世:即魏武帝曹操、魏文帝曹丕、魏明帝曹睿和齐王曹芳。
⑲戎马:借指军队。
⑳赞:佐助。
㉑庶政:各种政务。
㉒忠清:忠诚廉正。
㉓产业:指私人财产,如田地、房屋、作坊等等。
㉔没:通"殁"。死。
㉕斛:量词。多用于量粮食。

【译文】

徐邈,字景山,燕国(蓟县)人。明帝时任凉州刺史。(魏国)与西域交往通好,远方少数民族前来进贡,这些都是徐邈的功劳。凡是得到的赏赐,他都分给将士,没有拿回家的,而自己的妻子儿女却常常衣食不足。天子听说后很赞许他,便随时供给他家衣食物资。他弹劾、惩处邪曲之人,凉州境内秩序井然。嘉平六年,朝廷追念清高有节操的官觅诏书说:"显扬贤良之才,表彰有德之人,是圣王所重视的事情;推举贤善之人以教育大家,也是孔子所赞美的行为。已故的司空徐邈、征东将军胡质、卫尉田豫,都曾在前朝任职,侍奉过我魏朝四代君主,出外则统领军队,入朝则辅佐政事,忠诚清廉一心为公,忧劳国事忘记自我,不置办家产,去世之后,家里没有多余的财物,朕十分赞赏他们,现赐给徐邈等人的家中粮食二千斛、钱三十万，以此公告天下。”

【原文】

王昶[①]，字文舒，太原[②]人也。迁兖州[③]刺史。为兄子及子作名字，皆依谦实，以见[④]其意。故兄子默字处静，沈字处道；其子浑字玄冲，深字道冲。遂书戒之曰：“夫人为子之道，莫大于宝身[⑤]全行[⑥]，以显父母。此三者，人知其善，而或危身[⑦]破家、陷于灭亡之祸者，何也？由所祖习[⑧]非其道也。夫孝敬仁义，百行[⑨]之首，而立身[⑩]之本也。孝敬则宗族[⑪]安之，仁义则乡党[⑫]重之，此行成于内、名著[⑬]于外者矣。若不笃[⑭]于至行[⑮]，而背本逐末[⑯]，以陷浮华[⑰]焉，以成朋党[⑱]焉。浮华则有虚伪之累，朋党则有彼此之患。此二者之戒，照然著明[⑲]，而循覆车[⑳]滋众，逐末弥甚，皆由惑当时之誉，昧[㉑]目前之利故也。夫富贵声名，人情所乐，而君子或得而不处[㉒]，何也？恶不由其道耳。患人知进而不知退，知欲而不知足，故有困辱[㉓]之累，悔吝[㉔]之咎。语曰：‘不知足则失所欲。’故知足之足，常足矣。览往事之成败，察将来之吉凶，未有干名[㉕]要[㉖]利，欲而不厌[㉗]，而能保世持家[㉘]、永全福禄者也。欲使汝曹[㉙]立身行己[㉚]，遵儒者之教，履道家之言，故以玄默[㉛]冲虚[㉜]为名，欲使汝曹顾名思义[㉝]，不敢违越也。古者盘杅[㉞]有铭[㉟]，几杖有诫[㊱]，俯仰[㊲]察焉，用无过行[㊳]，况在己名，可不戒之哉！夫物速成则疾[㊴]亡，晚就[㊵]则善终[㊶]。朝华[㊷]之草，夕而零落[㊸]。松柏之茂，隆寒[㊹]不衰。是以大雅[㊺]君子，恶速成、戒阙党[㊻]也。”

【注释】

①王昶（？～公元259年）：昶，音场，字文舒，太原郡晋阳县人。
②太原：郡国名。
③兖州：州名。三国时，兖州区域。兖，音眼。
④见：“现”的古字。显示；表示。
⑤宝身：珍惜身躯。
⑥全行：品行完美无缺。
⑦危身：谓危及于身。
⑧祖习：宗奉学习。
⑨百行：各种品行。
⑩立身：处世、为人。
⑪宗族：谓同宗同族之人。
⑫乡党：同乡；乡亲。
⑬著：明显，显著。
⑭笃：纯一；专一。
⑮至行：卓绝的品行。
⑯背本逐末：背离根本，追逐末节。
⑰浮华：讲究表面上的华丽或阔气，不务实际。

⑱朋党:指同类的人以恶相济而结成的集团。

⑲昭然著明:昭然,明白貌。著明,显明。

⑳覆车:翻车。比喻失败的教训。

㉑昧:贪;贪图。

㉒不处:不据有;不居。

㉓困辱:困窘和侮辱。

㉔悔吝:悔恨。

㉕干名:求取名位。

㉖要:求取。

㉗不厌:不满足。厌,通"餍"。

㉘保世持家:保世,谓保持爵禄、宗族或王朝的世代相传。持家,保持家业。

㉙汝曹:你们。

㉚行己:谓立身行事。

㉛玄默:谓清静无为。

㉜冲虚:恬淡虚静。

㉝顾名思义:看到名称,就想到它的含义。

㉞盘杅:亦作"盘盂"。圆盘与方盂的并称。用于盛物。古代亦于其上刻文纪功或自励。

㉟铭:刻写在器物上的文辞。

㊱几杖有诫:几杖,坐几和手杖、皆老者所用,古常用为敬老者之物。

㊲俯仰:低头和抬头。

㊳过行:错误的行为。

㊴疾:快速;急速。

㊵晚就:犹晚成。

㊶善终:指好的结果,好的结局。

㊷朝华:亦作"朝花"。早晨开的花朵。

㊸零落:凋谢。

㊹隆寒:严寒。

㊺大雅:谓高尚雅正。

㊻阙党:指阙里(孔子故里。在今山东曲阜城内阙里街。因有两石阙,故名。孔子曾在此讲学)。

【译文】

王昶,字文舒,太原郡(晋阳县)人。文帝时升任兖州刺史。他为哥哥的儿子和自己的儿子取名时,都依照谦虚和诚实的意思,以此来体现他的意愿。所以他哥哥的儿子,一个叫王默,字处静;一个叫王沈,字处道。他自己的儿子,一个叫王浑,字玄冲;一个叫王深，字道冲。他又告诫他们说："为人子之道，没有比爱惜自己的身体，保持良好的品行，从而使父母名声显扬更重要的了。这三件事，人们都知道好，而有的人却危害自身、破坏家庭，陷入灭亡的灾祸之中，这是为什么呢？是由于他们尊崇学习的不是正道。孝敬、仁义，是各种品行当中最重要的，也是为人处世的根本。能孝敬，则家族内部就会安定；有仁义，则会受到乡亲们的尊重。这就是德行养成于自身，好的名声就会显扬在外了。人如果不专注于培养卓越的品行，而背离根本，追逐末节，就会陷入华而不实之中，就会因此结成帮派。华而不实就会有虚伪的毛病，拉帮结派则会有彼此牵累的祸患。这两方面的鉴戒，是非常明显的，然而重蹈覆辙的人愈来愈多，舍本逐末的现象更加严重，这都是因为迷惑于当时的声誉，贪图眼前利益的缘故。富贵和名声，是人人心中都喜欢的，而君子有时得到了却不要，这是为什么呢？是因为厌恶它们不是从正道得来的。最怕的就是人们知进而不知退，知道贪求而不知道满足，所以才会有困窘侮辱的牵累，才会有令人悔恨的过错。俗话说：'如果不知足，就会失去想要的东西。'所以知足的满足是长久的满足。观察往事的成败，考察将来的吉凶，还没有追名逐利，贪婪而不知满足，却能保持家道世代相传并长久享有福禄的人。我希望让你们立身处世，遵从儒家的教诲，奉行道家的学说，所以用玄默冲虚这样的字来作为你们的名字，想让你们看到名字就想到其含义，不敢有所违背。在古代，盘盂上铸有铭文，几杖上刻有训诫，低头抬头都能看见，因此才不会有错误的行为。何况如今这些告诫就在自己的名字中，能不警惕吗？大凡事物成就得快而灭亡得也快；成就得慢，结果就会善终。早晨开花的草，到晚上就会凋谢；而松柏的茂盛，在严冬也不会衰败。因此高尚雅正的君子，不喜欢速成，以孔子对阙党童子的评价作为借鉴。"

【原文】

若范丐对秦客[①]，至武子[②]击之，折其委笄[③]，恶其掩人[④]也，夫人有善鲜不自伐[⑤]，有能者寡不自矜[⑥]。伐则掩人，矜则陵人[⑦]。掩人者人亦掩之，陵人者人亦陵之。故三郄为戮于晋[⑧]，王叔负罪于周[⑨]，不唯矜善[⑩]自伐好争之咎乎？故君子不自称[⑪]，非以让人，恶其盖人也。夫能屈以为伸，让以为得，弱以为强，鲜不遂[⑫]矣。夫毁誉，爱恶之原[⑬]，而祸福之机也，是以圣人慎之。孔子曰：'吾之于人，谁毁谁誉？如有所誉，必有所试[⑭]。'以圣人之德，犹尚如此，况庸庸[⑮]之徒而轻毁誉哉？昔伏波将军马援[⑯]戒其兄子，言：'闻人之恶，当如闻父母之名。耳可得闻，口不可得道也。'斯戒至矣。人或毁己，当退而求[⑰]之于身。若己有可毁之行，则彼言当矣。若己无可毁之行，则彼言妄矣。当则无怨于彼，妄则无害于身，又何反报[⑱]焉？且闻人毁己而忿者，恶丑声之加人也，人报者滋甚，不如默而自修[⑲]也。谚曰：'救寒莫如重裘[⑳]，止谤莫如自修。'斯言信矣。

【注释】

①范丐对秦客：裴松之注："臣松之案：对秦客者，范燮也。此云范丐，盖误也。"范燮，即范文子，范武子（士会）之子，历任晋国上军佐、上军将、中军佐。范丐，即范宣子，范燮

之子。

②武子：范武子，祁姓，士氏，名会，字季，因封于随，称随会；又封于范，故称范会；以大宗本家氏号，又为士会。于晋成公时任上军将，晋景公时任中军将，又为太傅，执掌国政。

③折其委笄：委笄，委貌（古冠名，以皂绢为之）冠上的簪子。裴松之注："国语曰：范文子暮退于朝，武子曰：'何暮也？'对曰：'有秦客廋辞于朝，大夫莫之能对也，吾知三焉。'武子怒曰：'大夫非不能也，让父兄也；尔童子而三掩人于朝，吾不在晋，国亡无日也。'击之以杖，折其委笄。"

④掩人：掩盖别人的优点。

⑤自伐：自夸；自夸其功。

⑥自矜：自负；自夸。

⑦陵人：以势压人。

⑧三郤为戮于晋：春秋晋大夫郤锜、郤犨、郤至的合称。

⑨王叔负罪于周：卢弼注引《左传·襄公十年》："王叔、陈生与伯舆争政，晋侯使士丐平王室，王叔与伯舆讼焉，王叔氏不能举其契。"

⑩矜善：夸奖。

⑪自称：自我称扬。

⑫不遂：不顺利。

⑬原：本原；根本。

⑭"孔子曰"下四句：语出《论语·卫灵公》："子曰：吾之于人也，谁毁谁誉？如有所誉者，其有所试矣。斯民也，三代之所以直道而行也。"

⑮庸庸：昏庸；平庸。

⑯马援（公元前14年~公元49年）：字文渊，扶风茂陵（今陕西兴平东北）人，东汉初年名将。

⑰求：责求。

⑱反报：谓报复仇怨。

⑲自修：修养自己的德性。

⑳重裘：厚毛皮衣。

【译文】

像晋国的范燮在秦国客人面前显示才能，以致被范武子打得折断了发簪，这是因为范武子厌恶他掩盖了别人的才能。人有优点，很少有不自夸的；人有才能，很少有不自负的。自夸就会掩盖别人，自负就会压低别人。掩盖别人的人，别人也会掩盖他；以势压人的人。别人也会压低他。所以晋国的郤锜、郤犨、郤至三人被杀：王叔（与人争权夺利）最后成为周朝的罪人。这不正是自夸自傲、争强好胜惹来的灾祸吗？所以，君子不称赞自己，不是为了谦让他人，而是厌恶这样做会掩盖别人。人如果能够以屈为伸，以让为得，以弱为强，就很少会有不顺利的。诋毁和赞誉，是喜好和厌恶产生的根源，也是决定祸福的关键，所以圣人对此特别谨慎。孔子说：'我对于他人，诽谤过谁？又赞誉过谁呢？如果有所赞誉，一定是经过试验的。'以圣人那样的德行，还尚且如此，何况平庸之辈反而能轻易诋毁或赞誉别人吗？从前伏波将军马援告诫他的侄儿说：'听到别人的过失，应当像听到自己父母的名字一样，耳朵可以听到，嘴里却不能说出来。'这样的告诫真是太对了。别人如果诋毁我，应当退一步反省自己。如果自己有可以被人诋毁的行为，那么他所说的就是恰当的；如果自己没有可被诋毁的行为，那么他的话就是虚妄的。若所言恰当，就不能怨恨别人；若所言不实，对自己也没有损害，何必要报复怨恨呢？再说，听见别人诋毁自己便发怒的人，便会用恶言恶语对待别人，这样别人对你的报复就会更加厉害，不如默不作声而去修养自己的德行。谚语说：'要防止寒冷，没有比穿上厚皮衣更有效的了；要止息谤言，没有比修养自己的德行更好的了。'这话真是不虚啊！

【原文】

若与是非之士、凶险[①]之人，近犹不可，况与对校乎？其害深矣。可不慎与！吾与时人从事，虽出处[②]不同，然各有所取。颍川郭伯益[③]，好尚通达，敏而有知。其为人弘旷[④]不足，轻贵有余。得其人，重之如山；不得其人，忽之如草。吾以所知[⑤]亲之昵之，不愿儿子为之。北海徐伟长[⑥]，不治名高[⑦]，不求苟得[⑧]，澹然自守[⑨]，唯道是务。其有所是非[⑩]，则托古人以见其意，当时无所褒贬。吾敬之重之，愿儿子师[⑪]之。乐安任昭先，淳粹履道[⑫]，内敏外恕，处不避洿[⑬]，怯而义勇[⑭]。吾友之善之，愿儿子遵之。若引而申之，触类而长[⑮]之，汝其庶几[⑯]举一隅[⑰]耳。及其用财先九族[⑱]，其施舍务周急[⑲]，其出入存故老，其议论贵无贬[⑳]，其进仕[㉑]尚忠节，其取人[㉒]务道实，其处世[㉓]戒骄淫[㉔]，其贫贱慎无戚，其进退念合宜，其行事加九思，如此而已，吾复何忧哉？

【注释】

①凶险：狠毒奸险。

②出处：谓出仕和隐退。

③郭伯益：裴松之注："伯益名奕，郭嘉之子。"

④弘旷：谓心胸宽阔。

⑤所知：相识的人；要好的人。

⑥徐伟长：即徐干，字伟长，北海郡（今山东昌乐附近）人。文学家，建安七子之一。

⑦不治名高：治，求乞，求取。名高，崇高的声誉；名声显著。

⑧苟得：不当得而得。

⑨澹然自守：澹然，恬淡貌。自守，自坚其操守。

⑩是非：褒贬；评论。

⑪师：学习，效法。

⑫淳粹履道：淳粹，淳厚精粹。履道，躬行正道。

⑬洿：低下；低洼。

⑭义勇：见义勇为的精神。

⑮触类而长：意谓掌握一类事物知识或规律，就能据此而增长同类事物知识。

⑯庶几：差不多；近似。

⑰一隅：指一个角落。亦泛指事物的一个方面。

⑱九族：以自己为本位，上推至四世之高祖，下推至四世之玄孙为九族。

⑲周急：周济困急。

⑳贬：给予低的评价。跟"褒"相对。

㉑进仕：晋升为官。

㉒取人：选择人。

㉓处世：生活在人世间。

㉔骄淫：骄纵放荡。

【译文】

如果遇上那些搬弄是非，狠毒奸险的人，接近他们尚且不可以，更何况与他们面对面的计较争论呢！这样做的危害很深啊！能不谨慎吗？我和世人交往共事，虽然有的出仕、有的隐退，情况有所不同，但各有其可取的长处。颍川的郭伯益，喜好洞达事理，聪敏而有智慧。可是他的为人心胸不够宽阔，对待人轻视尊重的分别有些过分。碰到他中意的人，就会敬重如山；碰到不中意的人，就会轻视如草芥。我因为和他相识，所以和他亲近，但不希望儿子们像他一样。北海的徐伟长，不求取显赫的名声，不谋求不当得到的利益，淡泊无求、坚守节操，一心追求道义。他要是有所褒贬评论，就会依托古人（言行）来表达自己的意见，不直接对人进行褒贬。我很敬重他，希望儿子们向他学习。乐安国的任昭先，为人淳厚精粹、躬行正道，内心聪敏而对人宽和，居处不避卑下的环境，看似怯弱却见义勇为。我和他友好亲善，希望儿子们以他为榜样。如果能从这些道理中加以引申，触类旁通，你们大概就能举一反三了。在使用钱财时要先考虑到家族其他成员，施舍时要着重周济那些急需的人，出外返回时要问候尊长，议论时注意不要贬低别人，做官时要崇尚忠贞的节操，选择朋友要注重道义和诚实，处世为人要戒除骄纵淫逸，贫贱时切勿忧愁，进与退要想到是否恰当。做事时要考虑到这九条，能这样做就行了，我还有什么可忧虑的呢？

【原文】

钟会[①]，字士季，颍川人也。司马文王[②]欲图蜀，以会为镇西将军[③]，从骆谷入[④]。姜维[⑤]等悉降会。诏以会为司徒[⑥]。会内有异志[⑦]，因邓艾[⑧]承制[⑨]专事，密白[⑩]艾有反状[⑪]。《世语》[⑫]曰："会善效人书，于剑阁[⑬]，要艾章表白事[⑭]，皆易其言，令辞指[⑮]悖傲[⑯]，多自矜伐[⑰]也。"于是槛车[⑱]征[⑲]艾。艾既禽，而会独统大众，威震西土[⑳]。自谓功名盖世[㉑]，不可复为人下，遂谋反，诸军兵杀会。《汉晋春秋》[㉒]曰："文王闻钟会功曹向雄[㉓]之收葬[㉔]会也，召而责之曰:‘往王经[25]之死,卿哭于东市[26]而我不问也,今钟会躬为叛逆而又辄[27]收葬,若复相容,其如王法何!”雄曰:“昔先王掩骸埋胔[28],仁流朽骨[29],当时岂先卜其功罪而后收葬哉?今王诛既加,于法已备,雄感义收葬,教亦无阙。法立于上,教弘于下,以此训物[30],雄曰可矣!何必使雄背死违生,以立于时。殿下雠对枯骨,损(损作捐)之中野[31],百岁[32]之后,为臧获[33]所笑,岂仁贤所掩哉?’王悦之,与宴谈而遣之。习凿齿[34]曰:‘向伯茂可谓勇于蹈义[35]也,哭王经而哀感市人,葬钟会而义动明主,彼皆忠烈[36]奋劲,知死而往,非存生也。’寻其奉死之心,可以见事生之情,览其忠贞之节,足以愧背义之士矣。王加礼[37]而遣,可谓明达[38]矣。”

【注释】

①钟会(公元225年~公元264年):字士季,颍川长社(今河南长葛东)人。三国时期魏将,太傅钟繇之幼子,钟毓之弟。

②司马文王:即司马昭(公元211年~公元265年),字子上,河内温(今河南温县)人。三国时期曹魏权臣,西晋王朝的奠基人之一。

③镇西将军:重要将军名号,为四镇将军之一。统兵将领,位次四征将军,掌征伐背叛、镇戍四方。

④从骆谷入:曹魏景元四年(公元263年),魏国分兵三路伐蜀,其中邓艾统兵三万余人,由狄道出,攻姜维于沓中;诸葛绪统兵三万余人,攻武街,以断姜维归路;钟会统兵十余万众,分从斜谷、骆谷入汉中。

⑤姜维(公元202年~公元264年):字伯约,天水冀县(今甘肃甘谷东)人,蜀汉著名军事家、军事统帅。

⑥司徒:官名。相传少昊始置,唐虞因之。周时为六卿之一,曰地官大司徒。掌管国家的土地和人民的教化。汉哀帝元寿二年,改丞相为大司徒,与大司马、大司空并列三公。东汉时改称司徒。历代因之,明废。后别称户部尚书为大司徒。

⑦异志:二心;叛离之心。

⑧邓艾(公元197年~公元264年):字士载,义阳棘阳(今河南新野)人。三国时期魏国杰出的军事家、将领。

⑨承制:谓秉承皇帝旨意而便宜行事。

⑩密白:秘密告诉;秘密禀告。

⑪反状:谋反的情况。

⑫世语:即《世说新语》。

⑬剑阁:地名。古称剑门,剑州。地当秦蜀要冲,位于今四川盆地北缘,地处川、陕、甘三省结合部,守剑门天险。因诸葛亮在剑门关凌空凿石修建飞梁阁道而得名,素有“蜀北屏障、两川咽喉”之称。

⑭章表白事:章表,奏章,奏表。白事,旧时文书的一种。犹报告。

⑮辞指:文辞或话语所表达出的含义、感情色彩和风格。

⑯悖傲：狂悖傲慢。

⑰矜伐：恃才夸功；夸耀。

⑱槛车：用栅栏封闭的车。用于囚禁犯人。

⑲征：谓收捕。

⑳西土：指蜀地。

㉑盖世：谓才能、功绩等高出当代之上。

㉒汉晋春秋：东晋习凿齿撰，共五十四卷（一说四十七卷）。

㉓钟会功曹向雄：功曹，官名。西汉始置，为郡守、县令的主要佐吏。主管选署功劳。东汉各州亦有功曹，而名称略有变更。属司隶校尉者称功曹从事，下设门功曹书佐等，协助处理选用人员等事。因钟会曾任司隶校尉，向雄任功曹从事。向雄，字伯茂，一说字茂伯，河内山阳（今河南修武西北）人。初仕魏为郡主薄，侍奉太守王经。及王经获罪处死，他哭丧而哀感市人。后以过失入狱，司隶校尉钟会从狱中辟为都官从事。及钟会以叛逆罪被杀，无人殡殓，他料理丧事事宜。晋太康初为河南尹，赐爵关内侯。后因齐王司马攸归藩事，愤恚而卒。

㉔收葬：收殓埋葬。

㉕王经：字彦纬，冀州清河（治今河北清河东南）人。历任江夏太守、雍州刺史。后任司隶校尉、尚书。甘露五年（公元260年），高贵乡公曹髦召见王沈、王经、王业，提出进讨司马昭的计划。王经进谏，但曹髦不听。曹髦事败被杀，王经因为没向司马昭告急，而和其母一同被处死。

㉖东市：汉代在长安东市处决判死刑的犯人。后以"东市"泛指刑场。

㉗辄：擅自；专擅。

㉘胔：音自，肉还没有烂尽的骨殖。亦泛指人的尸体。

㉙朽骨：谓死者之骨。亦指死者。

㉚训物：谓教诲民人。

㉛损之中野：裴松之注引《世语》原文作"捐之中野"。中野，原野之中。

㉜百岁：百年。指长时间。

㉝臧获：古代对奴婢的贱称。

㉞习凿齿：字彦威，襄阳（治今湖北襄樊）人，东晋著名文学家、史学家。

㉟蹈义：遵循仁义之道。

㊱忠烈：忠义壮烈。

㊲加礼：以礼相待。

㊳明达：对事理有明确透彻的认识；通达。

【译文】

钟会，字士季，颍川郡（长社县）人。司马文王想大举进攻谋取蜀国，任命钟会为镇西将军，率军从骆谷进入蜀汉境内。姜维等人向钟会投降，朝廷下诏任钟会为司徒。钟会怀有反叛之心，他借邓艾以皇帝的旨意擅自行事之机，秘密上奏邓艾有谋反的迹象。[《世说新语》说：钟会善于模仿别人的笔迹。在剑阁时，钟会取得了邓艾的奏章和报告，把邓艾的话都改了，使奏章的言辞显得很狂傲，多有自我夸耀的地方。]于是朝廷下令用囚车将邓艾押解回京。邓艾已经被擒，钟会独自统率大军，威震蜀地。他自认为功名盖世，不能再屈居人下，于是图谋反叛。后（谋反失败）诸军兵杀死了钟会。[《汉春秋》说：司马文王听说钟会的功曹从事向雄收殓埋葬了钟会的尸体，召见并责备他说："以前王经死后，你在刑场为他哭泣，我没有追究你的罪过。如今钟会亲自反叛，你却又擅自收葬了他的尸体，倘若再容忍你的话，将把王法放在哪里呢？"向雄说："从前先王埋葬遗骸死尸，仁爱施及枯骨，当时难道要先占卜死者的功过，然后再收葬吗？如今对钟会的诛杀已经施行，已满足了刑法的要求，向雄有感于道义而收葬他的尸体，对于教化也没有什么损害。法律在上建立，教化在下弘扬，以此来教诲百姓，向雄认为是可以的。何必让向雄违背死生的道义，而立身在世上呢？殿下对死人的骸骨也有仇恨，若把它扔到荒野中，那么百年之后，就会被奴婢所取笑。这难道是陛下的仁爱贤明所能掩盖的吗？"司马文王听后很高兴，与他宴饮交谈后，便让他回去了。习凿齿说："向伯茂可以说是勇于遵循道义了。哭悼王经，他的哀痛能感动市人；埋葬钟会，其忠义可打动明主。这些都是忠诚壮烈、奋勇刚劲之举，即使知道去死也要前往，不会顾及自己生命的存亡。观察他对待死者的存心，可以知道他侍奉生者的情形；看到他忠诚坚贞的节操，足以使背信弃义之人羞愧。司马文王对他以礼相待，然后放他回去，可以称得上是明达事理了。"]

蜀志

【原文】

先主姓刘，讳备，字玄德，涿郡涿县人，汉景帝子中山靖王胜之后也[①]。胜子贞，元狩六年封涿县陆城亭侯，坐酎金失侯，因家焉。先主祖雄，父弘，世仕州郡。雄举孝廉[②]，官至东郡范令。

先主少孤，与母贩履织席为业。舍东南角篱上有桑树生高五丈余，遥望见童童[③]如小车盖，往来者皆怪此树非凡，或谓当出贵人。

先主少时，与宗中诸小儿于树下戏，言："吾必当乘此羽葆盖车。"叔父子敬谓曰："汝勿妄语，灭吾门也！"年十五，母使行学，与同宗刘德然、辽西公孙瓒俱事故九江太守同郡卢植。德然父元起常资给先主，与德然等。元起妻曰："各自一家，何能常尔[④]邪！"起曰："吾宗中有此儿，非常人也。"而瓒深与先主相友。瓒年长，先主以兄事之。先主不甚乐读书，喜狗马、音乐、美衣服。身长七尺五寸，垂手下膝，顾[⑤]自见其耳。少语言，善下人，喜怒不形于色。好交结豪侠，年少争附之。中山大商张世平、苏双等赀累千金，贩马周旋于涿郡，见而异之，乃多与之金财。先主由是得用合徒众。

【注释】

①后:后代。

②孝廉:汉代选拔官吏的科目之一,由各郡国在所属的吏民中选举。

③童童:覆盖的样子。

④尔:这样。

⑤顾:回头看。

刘备

【译文】

先主姓刘,名备,字玄德,涿郡涿县人,是汉景帝的儿子中山靖王刘胜的后代。刘胜儿子刘贞,元狩六年(前117)被封为涿县陆城亭侯,由于给朝廷交的酎金不足而被免去了侯位,从此就住在涿县。刘备的祖父刘雄、父亲刘弘,相继在州郡做官。刘雄曾被推举为孝廉,官做到东郡范县令。

刘备很小父亲就死了,和母亲靠卖鞋织席子为生。他家东南角的篱笆旁边有一棵桑树,长了五丈多高,远处望去郁郁葱葱,好像小车上的伞盖。路过的人都为这棵树与众不同而惊讶,有的就说应该有贵人出现。

刘备幼时,和同宗族的孩子们在树下玩耍,说:"我一定会坐上有这样的羽毛伞盖的车子。"他叔父刘子敬对他说:"你不要胡说,这会让我们满门灭绝的。"十五岁时,刘备的母亲让他外出学习,和同族的刘德然、辽西人公孙瓒一同拜前任九江太守、同郡人卢植为师。刘德然的父亲刘元起经常资助刘备,给他的财物和给刘德然的一样。刘元起的妻子说:"各自有各自的家,怎么能经常这样呢?"刘元起说:"我们家族中有这样的孩子,他不是一般的人啊!"公孙瓒也和刘备非常友好。公孙瓒年龄大,刘备把他当作哥哥一样地侍奉。刘备不大喜爱读书,喜好狗、马、音乐和漂亮的衣服。他身高七尺五寸,手垂放下来可以超过膝盖,眼睛可以看到自己的耳朵。他很少说话,善于表现得谦虚低下,喜怒不在脸上表现出来;他喜好和豪侠结交,少年人都争着追随他。中山的大商人张世平、苏双等人积聚有几千金的家财,贩卖马匹,往来于涿郡一带,见到刘备后,认为他非同一般,就给他很多钱财。刘备因此得以用钱聚集了人马随从。

【原文】

灵帝末,黄巾起,州郡各举义兵,先主率其属从校尉邹靖讨黄巾贼①有功,除安喜尉②。督邮以公事到县,先主求谒③,不通,直入缚督邮,杖二百,解绶系其颈着马柳,弃官亡命④。顷之,大将军何进遣都尉毋丘毅诣丹杨募兵⑤,先主与俱行,至下邳遇贼,力战有功,除为下密丞。复去官。后为高唐尉,迁为令。为贼所破,往奔中郎将公孙瓒,瓒表为别部司

马，使与青州刺史田楷以拒冀州牧袁绍。数有战功，试守平原令，后领平原相。郡民刘平素轻先主，耻为之下，使客刺之。客不忍刺，语之而去。其得人心如此。

【注释】

①黄巾贼：黄巾起义的部队。

②除：授予官职。

③求谒：请求拜见。

④弃官亡命：放弃做官，保全性命。

⑤募兵：招募军队。

【译文】

汉灵帝末年黄巾军起义，各个州郡都组织义兵。刘备率领他的部属跟随校尉邹靖讨伐黄巾军有功，被任命为安喜尉。督邮为了公事到县里来，刘备请求拜见，督邮不让通报。刘备就一直冲进去把督邮绑起来，打了二百棒，解下自己的官印绶带系在督邮脖子上，把他绑到拴马桩上，弃官而逃。不久，大将军何进派遣都尉毋丘毅到丹杨郡去征募军队。刘备和他一起出发。到了下邳时遇到贼军，刘备奋勇作战有功，被任命为下密丞。不久刘备又辞去了这个官职。后来刘备又任高唐尉，还升为县令。他被贼军打败后，去投奔中郎将公孙瓒，公孙瓒上表，任命刘备做别部司马，让他和青州刺史田楷去抵挡冀州牧袁绍。刘备多次立有战功，代理平原令，后来兼任平原国相。郡里的居民刘平一向轻视刘备，因在刘备管辖下感到耻辱，派宾客去刺杀刘备。宾客不忍心刺死他，对他坦白后就离开了。刘备得人心达到如此程度。

【原文】

曹公既破绍，自南击先主。先主遣麋竺、孙乾与刘表相闻[①]，表自郊[②]迎，以上宾礼待之，益其兵，使屯新野[③]。荆州豪杰归先主者日益多，表疑其心，阴御之。使拒夏侯惇、于禁等于博望[④]。久之，先主设伏兵，一旦自烧屯伪遁[⑤]，惇等追之，为伏兵所破。

十二年，曹公北征乌丸，先主说表袭许，表不能用。曹公南征表，会表卒，子琮代立，遣使请降。先主屯樊，不知曹公卒至，至宛乃闻之，遂将其众去。过襄阳，诸葛亮说先主攻琮，荆州可有。先主曰："吾不忍也。"乃驻马呼琮，琮惧不能起。琮左右及荆州人多归先主。比到当阳，众十余万，辎重数千两，日行十余里，别遣关羽乘船数百艘，使会江陵。或谓先主曰："宜速行保江陵，今虽拥大众，被甲者少，若曹公兵至，何以拒之？"先主曰："夫济大事必以人为本，今人归吾，吾何忍弃去？"

【注释】

①与刘表相闻：通知刘表，让刘表知道这件事。

②郊：离都城百里叫作郊，这里泛指城外，野外。

③新野:地名,现在河南新野。

④博望:古代的地名,在现在的河南。

⑤伪遁:装作逃跑。

【译文】

曹操打败袁绍以后,亲自到南方攻打刘备。刘备派遣糜竺、孙乾去通知刘表。刘表亲自到郊外迎接刘备,用对待上等宾客的礼节接待他,给他补充兵马,让他驻扎在新野。荆州的豪杰们来投奔刘备,人数一天天增多。刘表怀疑刘备有二心,就在暗中提防他,让他到博望去抵挡夏侯惇、于禁等人。过了很久,刘备设下伏兵,一天早晨自己烧了军营假装逃跑,夏侯惇等人去追,被刘备的伏兵打败。

建安十二年(207),曹操向北征伐乌丸。刘备劝说刘表乘机袭击许都,刘表没有采纳。曹操南征刘表,恰遇上刘表去世,刘表的儿子刘琮承袭刘表做了荆州牧,他派使节向曹操投降。刘备驻在樊城,不知道曹操突然来临,曹军到了宛城后他才听说,就率领部下离开。经过襄阳时,诸葛亮劝说刘备攻打刘琮,占领荆州,刘备说:"我不忍心啊!"就停下马来呼喊刘琮,刘琮畏惧,不敢站出来答话。刘琮的部下和荆州居民中,很多人都来归附刘备。快到当阳时,刘备有了十多万人,几千辆车辆辎重,每天只能走十几里。另外派关羽领几百艘船到江陵会合。有的人劝刘备说:"应该尽快行军去保住江陵,现在虽然拥有大批人马,但能打仗的士兵很少,如果曹操的军队到了,用什么去抵挡他?"刘备说:"要办成大事必须把人当作根本,现在大家来归附我,我怎么忍心把他们抛弃了自己离开呢?"

【原文】

曹公以江陵有军实[①],恐先主据之,乃释辎重,轻军到襄阳。闻先主已过,曹公将精骑五千急追之,一日一夜行三百余里,及于当阳之长坂。

先主弃妻子,与诸葛亮、张飞、赵云等数十骑走,曹公大获其人众辎重。先主斜趋[②]汉津,适与羽船会,得济[③]沔;遇表长子江夏太守琦众万余人,与俱到夏口。先主遣诸葛亮自结于孙权,权遣周瑜、程普等水军数万,与先主并力,与曹公战于赤壁,大破之,焚其舟船。先主与吴军水陆并进,追到南郡,时又疾疫,北军多死,曹公引归。

先主表琦为荆州刺史,又南征四郡。武陵太守金旋、长沙太守韩玄、桂阳太守赵范、零陵太守刘度皆降。庐江雷绪率部曲数万口稽颡。琦病死,群下推先主为荆州牧,治公安。权稍畏之,进妹固好[④]。先主至京见权,绸缪恩纪[⑤]。权遣使云欲共取蜀,或以为宜报听许,吴终不能越荆有蜀,蜀地可为己有。荆州主簿殷观进曰:"若为吴先驱,进未能克蜀,退为吴所乘,即事去矣。今但可然赞其伐蜀,而自说新据诸郡,未可兴动,吴必不敢越我而独取蜀。如此进退之计,可以收吴、蜀之利。"先主从之,权果辍计。迁观为别驾从事。

【注释】

①军实:指器械,粮草等军用物资。

②斜趋:斜着插过。

③济:渡过。

④进妹:孙权把自己的妹妹进献给刘备做妻子。固好:巩固友好关系。

⑤绸缪恩纪:加深恩情。绸缪,紧密缠缚;恩纪,恩情。

【译文】

曹操因为江陵有军用物资,恐怕刘备占据它,就丢下辎重,轻装行军到襄阳。听说刘备已经过去了,曹操率领精锐骑兵五千人急速追赶,一天一夜里跑了三百多里路,在当阳的长坂追上了他。

刘备扔下妻子儿女,和诸葛亮、张飞、赵云等几十人骑马逃走。曹操缴获了刘备的大量辎重物资,俘获了大批人马。刘备走捷径直奔汉津,正巧与关羽的战船会合,得以渡过沔水;遇到刘表的长子江夏太守刘琦领兵一万多人,和他们一起都来到夏口。刘备派诸葛亮去和孙权结盟。孙权派遣周瑜、程普等人带几万名水军,和刘备共同作战,与曹操在赤壁交战,大败曹军,烧毁曹军战船。刘备和吴军从水陆两路同时进攻,追赶到南郡。当时又流行疾病,北军士兵病死得很多,曹操只好领兵而回。

刘备上奏章立刘琦为荆州刺史,又向南去征伐四个郡。武陵太守金旋、长沙太守韩玄、桂阳太守赵范、零陵太守刘度全投降了。庐江人雷绪率领他的部曲私兵几万人来归顺。刘琦病死,部下官员们推举刘备做荆州牧,官府设在公安。孙权逐渐有些担心刘备,就把妹妹嫁给刘备以巩固友好关系。刘备到京口去见孙权,双方亲密无间,互颂恩情。之后孙权派使节来说想要共同去夺取蜀地。刘备属下有人认为应该答应孙权的要求,因为吴国总不能跨越荆州去占有蜀地,蜀地可以自己占有。荆州主簿殷观进谏说:"如果我们给吴国做先锋,进攻未必能战胜蜀军,退回来会被吴国乘机攻打,我们的宏图大业就没有生机了。现在只能赞成吴国去讨伐蜀地,而说我们自己刚占据了几个郡,尚不能兴师动众,而吴国一定不敢越过我们这里去单独夺取蜀地。这样是可进可退的计策,可以坐收吴、蜀争斗的好处。"刘备按他说的办了。孙权果然收回了伐蜀的计划。刘备把殷观升为别驾从事。

【原文】

十六年,益州牧刘璋遥闻曹公将遣钟繇等向汉中讨张鲁,内怀恐惧。别驾从事蜀郡张松说璋曰:"曹公兵强无敌于天下,若因[①]张鲁之资以取蜀土,谁能御之者乎?"璋曰:"吾固忧之而未有计。"松曰:"刘豫州,使君之宗室而曹公之深仇也,善用兵,若使之讨鲁,鲁必破。鲁破,则益州强,曹公虽来,无能为也。"璋然之,遣法正[②]将四千人迎先主,前后赂遗[③]以巨亿计。正因陈益州可取之策[④]。先主留诸葛亮、关羽等据荆州,将步卒数万人入益州。至涪,璋自出迎,相见甚欢。张松令法正白先主,及谋臣庞统进说,便可于会所袭璋。先主曰:"此大事也,不可仓卒[⑤]。"璋推先主行大司马,领司隶校尉;先主亦推璋行镇西大将军,领益州牧。璋增先主兵,使击张鲁,又令督白水军。先主并军三万余人,车甲器械资货甚盛。是岁，璋还成都。先主北到葭萌，未即讨鲁，厚树恩德，以收众心。

【注释】

①因：利用。
②法正：人名。
③赂遗：送给别人的财物。
④因：趁机。陈：陈述。
⑤仓卒：匆忙。

【译文】

建安十六年(211)，益州牧刘璋在远方听说曹操将派钟繇等人到汉中去讨伐张鲁，心中恐惧不安。别驾从事蜀郡人张松劝说刘璋："曹操的军队强大，无敌于天下，如果凭借张鲁的物资来夺取蜀郡土地，谁能抵挡他呢？"刘璋说："我一直为这件事担忧，但没有办法。"张松说："刘备是您的本家亲属，又和曹操有深仇，他善于用兵，如果让他去攻打张鲁，张鲁一定被打垮。张鲁被打垮后，益州就强大了，曹操即使来攻也不能取胜。"刘璋认为他说得对，派遣法正率领四千人去迎接刘备，前前后后送给刘备的财物要用亿来计算。法正趁机向刘备陈述了赢取益州的策略。刘备留下诸葛亮、关羽等人据守荆州，自己率领几万名步兵进入益州。刘备到了涪城后，刘璋亲自出来迎接，见面时双方都非常高兴。张松让法正告诉刘备，同时谋臣庞统也进言劝说，他们都认为刘备当时就可以在会见的地方袭击刘璋。刘备说："这是大事，不能匆忙决定。"刘璋推举刘备代理大司马，兼任司隶校尉；刘备也推举刘璋代理镇西大将军，兼任益州牧。刘璋给刘备补充士兵，让他去攻打张鲁，又任命他统领白水的驻军。刘备会集的军队共三万多人，战车、甲胄、兵器和物资财物等十分充足。当年，刘璋回到成都。刘备向北到达葭萌，没有马上讨伐张鲁，却广布恩德，来收取军民之心。

【原文】

明年，曹公征孙权，权呼先主自救[①]。先主遣使告璋曰："曹公征吴，吴忧危急。孙氏与孤本为唇齿[②]，又乐进在青泥与关羽相拒[③]，今不往救羽，进必大克，转侵州界，其忧有甚于鲁。鲁自守之贼，不足虑也。"乃从璋求万兵及资实，欲以东行，璋但许兵四千，其余皆给半。张松书与先主及法正曰："今大事垂可立[④]，如何释此去乎？"松兄广汉太守肃，惧祸逮己[⑤]，白璋发其谋。于是璋收斩松，嫌隙始构矣。璋敕关戍诸将文书勿复关通先主。先主大怒，召璋白水军督杨怀，责以无礼，斩之。乃使黄忠、卓膺勒兵向璋。先主径至关中，质诸将并士卒妻子，引兵与忠、膺等进到涪，据其城。璋遣刘璝、冷苞、张任、邓贤等拒先主于涪，皆破败，退保绵竹。璋复遣李严督绵竹诸军，严率众降先主。先主军益强，分遣诸将平下属县，诸葛亮、张飞、赵云等将兵泝流定白帝、江州、江阳，惟关羽留镇荆州。先主进军围雒；时璋子循守城，被攻且一年。

【注释】

①自救：救自己。

②唇齿：比喻关系很密切。

③相拒：相互抗击。

④大事：指袭击刘璋，占据益州。垂：临近。

⑤逮己：连累自己。

【译文】

第二年，曹操征伐孙权，孙权向刘备呼救。刘备派使节告诉刘璋："曹操征伐吴国，吴国的形势危急，令人担忧。孙氏和我本来是唇齿相依的邻邦，又有乐进在青泥关和关羽相对峙，现在不去救关羽，乐进一定会大胜，进一步侵犯益州境界，那会比张鲁更让人担忧。张鲁只是自己守护一方的贼寇，不值得担心。"刘备向刘璋要求给一万名士兵和物资供应，想向东行军。刘璋只答应给四千士兵，其余的物资全只给一半。张松给刘备和法正写信，说："现在大事马上就能成功了，为什么丢下它走开呢？"张松的哥哥广汉太守张肃，害怕张松惹出灾祸连累自己，告诉刘璋，揭发了张松的阴谋。于是刘璋把张松抓起来杀死，刘璋和刘备的仇怨和裂痕也开始形成。刘璋命令守关的众将领不要再把文书交给刘备。刘备大怒，把刘璋的白水军督杨怀叫来，责备他无礼，并杀了他。刘备派黄忠、卓膺领兵攻打刘璋。刘备一直到白水关中，把各个将官和士兵们的妻子儿女扣做人质，领兵和黄忠、卓膺等人进攻到涪城，占据了它。刘璋派刘璝、冷苞、张任、邓贤等人在涪城抵挡先主，全被打败，退回去保卫绵竹。刘璋又派李严去督领绵竹的各支军队，可李严又率领军队投降了刘备。刘备的军队更加强大，把各个将领分别派出去平定下属各县，诸葛亮、张飞、赵云等人领兵逆流而上，平定了白帝、江州、江阳等地，只把关羽留下来镇守荆州。刘备进军围攻雒城。当时刘璋的儿子刘循守雒城，被围攻了近一年。

【原文】

十九年夏，雒城破，进围成都数十日，璋出降。蜀中殷盛丰乐[①]，先主置酒大飨士卒，取蜀城中金银分赐将士，还其谷帛[②]。先主复领益州牧，诸葛亮为股肱[③]，法正为谋主，关羽、张飞、马超为爪牙[④]，许靖、麋竺、简雍为宾友[⑤]。及董和、黄权、李严等本璋之所授用也，吴壹、费观等又璋之婚亲也，彭羕又璋之所排摈也，刘巴者宿昔之所忌恨也，皆处之显任，尽其器能。有志之士，无不竞劝。

二十年，孙权以先主已得益州，使使报欲得荆州。先主言："须得凉州，当以荆州相与。"权忿之，乃遣吕蒙袭夺长沙、零陵、桂阳三郡。先主引兵五万下公安，令关羽入益阳。是岁，曹公定汉中，张鲁遁走巴西。先主闻之，与权连和，分荆州江夏、长沙、桂阳东属；南郡、零陵、武陵西属，引军还江州。遣黄权将兵迎张鲁，张鲁已降曹公。曹公使夏侯渊、张郃屯汉中，数数犯暴巴界。先主令张飞进兵宕渠，与郃等战于瓦口，破郃等，郃收兵还南郑。先主亦还成都。

【注释】

①殷盛丰乐：物资丰富，生活舒适安逸。

②还其谷帛：把所掠夺来的东西都归还原主。

③股肱：辅佐。股，大腿；肱，小手臂。

④爪牙：比喻武臣。

⑤宾友：门下的宾客。

【译文】

建安十九年(214)夏天，雒城被攻占，刘备进军包围成都几十天，刘璋出城投降。蜀郡中殷实富裕，物产丰富，人民安乐。刘备设置酒宴，大规模招待士兵，取出蜀城中的金银分赐给将士们，把米谷布帛交还原主。刘备又代理益州牧，诸葛亮作为辅弼，法正作为谋划的负责人，关羽、张飞、马超作为猛将，许靖、糜竺、简雍是宾友。至于董和、黄权、李严等人，本来是刘璋任用的官员，吴壹、费观等人又是刘璋的姻亲，彭羕是被刘璋排挤的人，刘巴是刘璋过去忌恨的人，他们全被委任在显要的职位上，充分发挥他们的才能。有志向的士人，没有一个不是勤勉向上的。

建安二十年(215)，孙权因为刘备已经得到了益州，就派使节告诉刘备他想要荆州。刘备说："必须得到凉州以后，才会把荆州交给您。"孙权为此很气愤，就派吕蒙偷袭，夺取了长沙、零陵、桂阳三郡。刘备领着五万士兵沿江而下，到了公安，命令关羽进入益阳。这一年，曹操平定了汉中，张鲁逃到巴西去。刘备听说后，和孙权讲和，结成联盟，把荆州的江夏、长沙、桂阳划归东吴，把南郡、零陵、武陵划归西蜀。刘备领兵回江州，派黄权领兵去迎战张鲁，此时张鲁已经投降了曹操。曹操派夏侯渊、张郃驻在汉中，多次侵犯骚扰巴郡境内。刘备命令张飞进军宕渠，张飞和张郃等人在瓦口交战，打败了张郃等人，张郃收拢兵马回到南郑。刘备也回到成都。

【原文】

二十三年，先主率诸将进兵汉中。分遣将军吴兰、雷铜等入武都，皆为曹公军所没。先主次于阳平关，与渊、郃等相拒。

二十四年春，自阳平南渡沔水，缘山稍前[①]，于定军兴势作营[②]。渊将兵来争其地。先主命黄忠乘高鼓噪攻之[③]，大破渊军，斩渊及曹公所署益州刺史赵颙等。曹公自长安举众南征。先主遥策之曰："曹公虽来，无能为也，我必有汉川矣[④]。"及曹公至，先主敛众拒险[⑤]，终不交锋，积月不拔，亡者日多。

夏，曹公果引军还，先主遂有汉中。遣刘封、孟达、李平等攻申耽于上庸。

【注释】

①缘：沿着。山：定军山。稍前：逐步前进。

②作营：安营扎寨。

③乘高：登上高地。鼓噪：击鼓呐喊。

④必有：一定占有。

⑤敛众：集合部队。拒险：抗拒危险。

【译文】

建安二十三年(218)，刘备率领各路将领进军汉中。另派将军吴兰、雷铜等人进入武都，但他们全被曹操的军队消灭了。刘备军队到达阳平关，和夏侯渊、张郃等人相对峙。

建安二十四年(219)春天，刘备从阳平关向南渡过沔水，沿着山边逐渐前进，在定军山依势修建营垒。夏侯渊领兵来争夺这块阵地。刘备命令黄忠登上高山击鼓呐喊，向夏侯渊进攻，把他们打得大败，杀死了夏侯渊和曹操任命的益州刺史赵颙等人。曹操从长安发动军队南征。刘备事先分析说："曹操即使来了，也无能为力。我们必定会占有汉川。"到曹操来了后，刘备把军队聚集起来守住险要地势，抵挡曹军，始终不和他们交战，曹军几个月都无法攻克，逃跑的士兵日益增多。

夏天，曹操果然领兵回去了。刘备就占有了汉中，派刘封、孟达、李平等人到上庸去攻打申耽。

【原文】

秋，群下上[①]先主为汉中王，表于汉帝曰："平西将军都亭侯臣马超、左将军长史领镇军将军臣许靖、营司马臣庞羲、议曹从事中郎军议中郎将臣射援、军师将军臣诸葛亮、荡寇将军汉寿亭侯臣关羽、征虏将军新亭侯臣张飞、征西将军臣黄忠、镇远将军臣赖恭、扬武将军臣法正、兴业将军臣李严等一百二十人上言曰：昔唐尧至圣而四凶在朝，周成仁贤而四国作难，高后称制而诸吕窃命，孝昭幼冲而上官逆谋[②]，皆冯世宠[③]，藉履国权[④]，穷凶极乱[⑤]，社稷几危。非大舜、周公、朱虚、博陆，则不能流放禽讨，安危定倾。

"伏惟陛下诞姿圣德，统理万邦，而遭厄运不造之艰。董卓首难，荡覆京畿，曹操阶祸，窃执天衡；皇后太子，鸩杀见害，剥乱天下，残毁民物。久令陛下蒙尘忧厄，幽处虚邑。人神无主，遏绝王命，厌昧皇极，欲盗神器。左将军领司隶校尉豫、荆、益三州牧宜城亭侯备，受朝爵秩，念在输力，以殉国难。睹其机兆，赫然愤发，与车骑将军董承同谋诛操，将安国家，克宁旧都。会承机事不密，令操游魂得遂长恶，残泯海内。臣等每惧王室大有阎乐之祸，小有定安之变，夙夜惴惴，战傈累息。

"昔在《虞书》，敦序九族，周监二代，封建同姓，《诗》著其义，历载长久。汉兴之初，割裂疆土，尊王子弟，是以卒折诸吕之难，而成太宗之基。臣等以备肺腑枝叶，宗子藩翰，心存国家，念在弭乱。自操破于汉中，海内英雄望风蚁附，而爵号不显，九锡未加，非所以镇卫社稷，光昭万世也。奉辞在外，礼命断绝。昔河西太守梁统等值汉中兴，限于山河，位同权均，不能相率，咸推窦融以为元帅，卒立效绩，摧破隗嚣。今社稷之难，急于陇、蜀，操外吞天下，内残群寮，朝廷有萧墙之危，而御侮未建，可为寒心。臣等辄依旧典，封备汉中王，拜大司马，董齐六军，纠合同盟，扫灭凶逆。以汉中、巴、蜀、广汉、犍为为国，所署置依汉初诸侯王故典。夫权宜之制，苟利社稷，专之可也。然后功成事立，臣等退伏矫罪，虽死无恨。”遂于沔阳设坛场，陈兵列众，群臣陪位，读奏讫，御王冠于先主。

【注释】

①上：同“尚”，劝说。

②逆谋：阴谋作乱，想篡权。

③冯：同“凭”，凭借。世宠：世代所受到的恩宠。

④藉履国权：践踏，引申为掌握。

⑤穷凶极乱：也就是说穷凶极恶。

【译文】

秋天，部下官员们推举刘备做汉中王，给汉献帝上奏章说：“平西将军都亭侯臣马超、左将军长史领镇军将军臣许靖、营司马臣庞羲、议曹从事中郎军议中郎将臣射援、军师将军臣诸葛亮、荡寇将军汉寿亭侯臣关羽、征虏将军新亭侯臣张飞、征西将军臣黄忠、镇远将军臣赖恭、扬武将军臣法正、兴业将军臣李严等一百二十人进言上奏：过去唐尧是至高的圣人，但朝廷中有四凶；周成王仁义贤明，但属下有四国叛乱；高后执掌朝政，而吕氏想窃取君权；孝昭帝年幼，上官桀便阴谋叛逆；他们全是凭借世代受宠幸，利用掌握了国家大权，穷凶极恶地作乱，几乎颠覆国家社稷。不是大舜、周公、朱虚侯、博陆侯他们出面，征讨他们，就不能把凶徒们擒获、流放，使处于危难中的国家安定。

“臣子们想到陛下天生有圣明的德行和帝王的姿容，统治天下万国，却遭到厄运，受到无法救助的艰难。董卓首先发难，动摇颠覆了京都；曹操接着制造灾祸，窃取了国家权力。皇后太子都被毒死和杀害；天下百姓受到剥削，遭受动乱，民间财力被破坏。陛下长久地蒙受流亡之苦，忧愁困苦，被软禁在空旷的城里。人民和神灵都没有了主人，帝王的命令被阻挡和断绝，曹操抑制和遮掩着皇帝的权力，要盗窃国家政权。左将军领司隶校尉豫、荆、益三州牧宜城亭侯刘备，接受了朝廷的官秩和爵位，想为国家尽力，献身于国难。他看到变化的征兆，在关键时刻猛然奋起，和车骑将军董承一同谋划诛杀曹操，准备安定国家，使京城恢复旧日的安宁。但董承对机要保密不够，使曹操这个游魂得以继续作恶，残害海内志士。臣子们经常害怕王室大则遭到阎乐杀秦二世那样的灾祸，小则遭到王莽把皇帝废为定安公那样的政变，昼夜惴惴不安，浑身战栗，呼吸急促。

“过去《虞书》记载，天子的九族亲属要依照远近次序给予厚待。周朝鉴于夏、商两代的教训，给天子的同姓封地建国。《诗经》记载了它们的意义，传诵了很多年。汉朝建立的初年，分割疆土，尊崇君王的子弟，因此最终挫败了吕氏的叛乱，而成就了刘氏的基业。臣子们认为刘备是帝王的后裔、刘氏同宗子弟，是国家的屏障。他一心为国担忧，想要平定暴乱。自从曹操在汉中被打败，国内各地的英雄纷纷投奔刘备，向他归附。但是他的爵位不够显赫，朝廷还没有封赐给他九锡，这不是用来镇守住国家社稷、光照万代的做法。臣等奉命在外,朝廷的礼仪和命令都被隔绝了。过去河西太守梁统等人遇上汉朝中兴,被山河险阻隔断,众将们地位相同,权力均等,不能相互统率,就一致推举窦融做元帅,终于能建立功绩,打垮了隗嚣。现在国家遭到的危难,比光武帝时陇西、蜀郡被割据的形势更严重。曹操在外吞并天下,在朝内残害百官。朝廷有祸起萧墙的危险,但抵御危难的宗室还没有被封王,实在令人寒心。臣子们就依照先前的典章,推举刘备为汉中王,拜他为大司马,统帅六军,纠集同盟者,扫除凶恶的叛逆。把汉中、巴、蜀、广汉、犍为等郡作为汉中王的封国,所设置的官署和官员都依照汉代初年诸侯王的旧典章。这是权宜之计,如果对国家有利,臣子们擅自专权也是可以的。等到以后功业成就,大事完成,臣子们退伏在地承受假借圣意的罪责,即使被处死也不会悔恨。"于是就在沔阳设下祭坛和场地,排列军队和民众,大臣们陪同站立,读完奏章,给刘备戴上王冠。

【原文】

先主上言汉帝曰:"臣以具臣之才,荷上将之任[①],董督三军,奉辞于外,不得扫除寇难,靖匡王室[②],久使陛下圣教陵迟[③],六合之内,否而未泰[④],惟忧反侧[⑤],疢如疾首。曩者董卓造为乱阶,自是之后,群凶纵横,残剥海内。赖陛下圣德威灵。人神同应,或忠义奋讨,或上天降罚,暴逆并殪,以渐冰消。惟独曹操,久未枭除,侵擅国权,恣心极乱,臣昔与车骑将军董承图谋讨操,机事不密,承见陷害,臣播越失据,忠义不果。遂得使操穷凶极逆,主后戮杀,皇子鸩害。虽纠合同盟,念在奋力,懦弱不武,历年未效,常恐殒没,孤负国恩,寤寐永叹,夕惕若厉。"

"今臣群寮以为在昔《虞书》敦叙九族,庶明励翼,五帝损益,此道不废。周监二代,并建诸姬,实赖晋、郑夹辅之福。高祖龙兴,尊王子弟,大启九国,卒斩诸吕,以安大宗。今操恶直丑正,实繁有徒,包藏祸心,篡盗已显。既宗室微弱,帝族无位,斟酌古式,依假权宜,上臣大司马汉中王。臣伏自三省,受国厚恩,荷任一方,陈力未效,所获已过,不宜复忝高位以重罪谤。群寮见逼,迫臣以义。臣退惟寇贼不枭,国难未已,宗庙倾危,社稷将坠,成臣忧责碎首之负。若应权通变,以宁靖圣朝,虽赴水火,所不得辞,敢虑常宜,以防后悔。辄顺众议,拜受印玺,以崇国威。仰惟爵号,位高宠厚,俯思报效,忧深责重,惊怖累息,如临于谷。尽力输诚,奖厉六师,率齐群义,应天顺时,扑讨凶逆,以宁社稷,以报万分。谨拜章因驿上还所假左将军、宜城亭侯印绶。"于是还治成都。拔魏延为都督,镇汉中。时关羽攻曹公将曹仁,禽于禁于樊。俄而孙权袭杀羽,取荆州。

【注释】

①荷:担任。上将:高级武官,也就是大将,主帅。

②靖匡王室:安定辅佐王室。

③陵迟:引申为衰颓。

④否而未泰:世道衰退却不兴盛。

⑤惟忧反侧:辗转不安,翻来覆去。

【译文】

刘备向汉献帝上书说："臣子以勉强充当臣佐的微末才能，蒙受了上将的重任，统率三军，奉命在外地，没有能够扫除贼寇的危害，扶正安定王室，使陛下的圣明教化长期衰微下去，全国各地动荡混乱，没有得到太平。对此我心中忧虑，辗转反侧，像患头痛病一样难受。过去董卓首先制造了动乱的根源，从那以后，凶恶的贼人四处横行，残害和掠夺全国百姓。依仗陛下神圣的德行和威望，人和神灵共同响应，有时忠臣义士奋起讨伐，有时上天降下惩罚，消灭叛逆的暴徒，使他们如同严冰逐渐消融。只有曹操长久以来没有被消除，他侵夺国家权力，随心所欲地制造混乱。臣子过去和车骑将军董承谋划讨伐曹操，事情保密不够，董承被杀害。臣子到处流亡，没有根据地，忠义之心没有成效。如此便使得曹操穷凶极恶，大逆不道，皇后被杀死，皇子被毒害。臣子虽然大举缔结同盟，想要奋力作战，但生性懦弱没有武功，多年没收到效果。臣子经常害怕中途死去，辜负了国家的恩典，无时无刻不在叹息，昼夜警惕恐惧，像处在危险之中。"

"现在臣子的属官们认为过去《虞书》讲天子的九族亲属要依照远近次序给予厚待，用贤明的群臣作为国家的羽翼。五帝对制度有所增减，但这个原则没有废除过。周朝看到夏、商两代的教训，同时设立了很多姬姓王国，后来也确实依赖晋、郑两国的辅助得到了福祉。汉高祖建立汉朝后，尊崇自己的子弟们，设立了九个大王国，终于杀死了吕氏，安定了嫡亲的大宗子孙。现在曹操憎恶排斥正直的官员，在朝中大量安插他的党徒，包藏祸心，其篡夺国家政权的用心已经很明显了。宗室已经衰弱，皇帝的亲族没有地位，众人根据古代的范例斟酌，依照先例临时借用权力，推举臣子为大司马、汉中王。臣子多次反省自己，已经受到国家的大恩，受任管理一方，为国尽力还没有得到成效，所获得的恩惠已经过了头，不应该再占据不应有的高位，加重自己的罪责，招致诽谤。但群臣们用道义迫使臣子接受。臣子退下来想到贼寇不消灭，国家的危难就没有终结，宗庙摇摇欲坠，社稷将被推翻，这些成为臣子担忧自己职责未尽、要粉身碎骨救国家的思想负担。如果能适应临时需要采取变通方法，使圣朝平定安宁，臣子就是赴汤蹈火也在所不辞，怎么敢只考虑常规的要求，去避免以后追悔呢？臣子就依从众人的建议，拜受了印玺，以提高国家的威望。考虑到爵号地位崇高，国家对臣子的恩宠十分优厚，想到报效国家，忧思深切，责任重大，战战兢兢，像面临深谷一样。臣子尽力奉献忠诚，奖赏鼓励六军，率领忠臣义士们整齐队伍，顺应天时，去打击凶恶的叛逆，来使国家安宁，报答国家恩情的万分之一。谨行礼叩拜，送上奏章，并通过驿站送上授予臣的左将军、宜城亭侯印信与绶带。"于是刘备把成都作为王都，提拔魏延任都督，镇守汉中。当时关羽攻打曹操的将领曹仁，在樊城活捉了于禁。不久孙权袭击关羽，杀死了他，夺取了荆州。

【原文】

二十五年，魏文帝称尊号，改年曰黄初。或传闻汉帝见害，先主乃发丧制服[1]，追谥曰孝愍皇帝。是后在所并言众瑞[2]，日月相属。故议郎阳泉侯刘豹、青衣侯向举、偏将军张裔、黄权、大司马属殷纯、益州别驾从事赵莋、治中从事杨洪、从事祭酒何宗、议曹从事杜琼、劝学从事张爽、尹默、谯周等上言:"臣闻《河图》《洛书》,五经谶、纬,孔子所甄,验应自远。谨案《洛书甄曜度》曰:'赤三日德昌,九世会[③]备,合为帝际。'《洛书宝号命》曰:'天度帝道备称皇,以统握契,百成不败。'《洛书录运期》曰:'九侯七杰争命民炊骸[④],道路籍籍履[⑤]人头,谁使主者玄且来。'《孝经钩命决录》曰:'帝三建九会备。'臣父群未亡时,言西南数有黄气,直立数丈,见来积年,时时有景云祥风,从璿玑下来应之,此为异瑞。又二十二年中,数有气如旗,从西竟东,中天而行,《图》《书》曰:'必有天子出其方。'加是年太白、荧惑、填星,常从岁星相追。近汉初兴,五星从岁星谋;岁星主义,汉位在西,义之上方,故汉法常以岁星候人主。当有圣主起于此州,以致中兴。时许帝尚存,故群下不敢漏言。顷者荧惑复追岁星,见在胃昴毕;昴毕为天纲,《经》曰:'帝星处之,众邪消亡。'圣讳豫睹,推揆期验,符合数至,若此非一。臣闻圣王先天而天不违,后天而奉天时,故应际而生,与神合契。愿大王应天顺民,速即洪业,以宁海内。"

【注释】

①发丧:发布布告。制服:制造丧服。

②瑞:吉祥,古代的迷信说法,某将登皇位,就有吉祥的征兆出现。

③会:当,遇到。

④炊骸:用人骨头烧火做饭,指百姓伤痕累累。

⑤籍履:践踏。

【译文】

建安二十五年(220),魏文帝曹丕自称皇帝,改年号为黄初。有传闻说汉献帝被害,刘备就为汉献帝发丧,穿上丧服,追上谥号,称汉献帝为孝愍皇帝。这以后各地都说出现种种瑞兆,日日月月接连不断。因此前任议郎阳泉侯刘豹、青衣侯向举、偏将军张裔、黄权、大司马属殷纯、益州别驾从事赵莋、治中从事杨洪、从事祭酒何宗、议曹从事杜琼、劝学从事张爽、尹默、谯周等人上奏说:"臣子们听说《河图》《洛书》、五经谶纬这些书,经过孔子的甄选,在很早就有灵验。谨根据《洛书甄曜度》记载:'崇尚红色的第三个太阳德行昌盛,九代遇到备这个人,合起来是成为皇帝的时机。'《洛书宝号命》说:'天的规律和皇帝的大道都认定备这个人该称皇,以正统皇族的身份掌握皇权,事事成功不会失败。'《洛书录运期》说:'九个诸侯七个豪杰争夺天下,人民烧骨殖做饭,道路上行人都得踏着死人头走,谁能主宰天下呢?名字是玄的人就要来了。'《孝经钩命决录》说:'皇帝三次建国,第九代遇上备这个人。'臣子的父亲没有去世时,就说西南多次出现黄气,直升起几丈高,几年间,经常有彩云和祥和的风从天空上的璇玑方位下来与黄气应和,这是非凡的瑞兆。又在建安二十二年(217)中,几次有一股气像旗子一样从西向东,在天正中行走。《河图》《洛书》上说:'一定有天子从那个方向出现。'加上这一年太白、荧惑、填星等经常追赶岁星。汉朝刚兴起时,五颗星星聚集在岁星周围。岁星表示五常中的'义',汉的位置在西方，是‘义’的上方，所以汉代常常用岁星来占卜皇帝的出现。应该有圣主在这个州里兴起，并使汉朝中兴。当时许都的献帝还活着，所以群臣不敢把这情况泄漏出来。不久前荧惑又来追赶岁星，出现在胃、昴、毕三个区域中；昴、毕这个方位是天的中央枢纽，《经》记载：‘帝星处在这里，各种邪恶消亡。’您的名字已经被预示出来，推算出的时机有了验证，符兆和气数相合，像这样的瑞兆不止一件。臣子听说圣明的君王在天象之前行事，天也不会违背他；在天象出现后行事，就依照天时；所以他能顺应时机出生，与神灵相符合。希望大王顺应天意和民心，迅速完成伟大的事业，来使国内安宁。”

【原文】

太傅许靖、安汉将军麋竺、军师将军诸葛亮、太常赖恭、光禄勋黄柱、少府王谋等上言：“曹丕篡弑①，湮灭②汉室，窃据神器，劫迫忠良，酷烈无道。人鬼忿毒③，咸思刘氏。今上无天子，海内④惶惶，靡所式仰⑤。群下前后上书者八百余人，咸称述符瑞，图、谶明征。间黄龙见武阳赤水，九日乃去。《孝经援神契》曰‘德至渊泉则黄龙见’，龙者，君之象也。《易》乾九五‘飞龙在天’，大王当龙升，登帝位也。又前关羽围樊、襄阳，襄阳男子张嘉、王休献玉玺，玺潜汉水，伏于渊泉，晖景烛耀，灵光彻天。夫汉者，高祖本所起定天下之国号也，大王袭先帝轨迹，亦兴于汉中也。今天子玉玺神光先见，玺出襄阳，汉水之末，明大王承其下流，授与大王以天子之位；瑞命符应，非人力所致。昔周有乌鱼之瑞，咸曰休哉。二祖受命，《图》《书》先著，以为征验。今上天告祥，群儒英俊，并起《河》《洛》，孔子谶、记，咸悉具至。

“伏惟大王出自孝景皇帝中山靖王之胄，本支百世，乾祇降祚，圣姿硕茂，神武在躬，仁覆积德，爱人好士，是以四方归心焉。考省《灵图》，启发谶、纬，神明之表，名讳昭著。宜即帝位，以纂二祖，绍嗣昭穆，天下幸甚。臣等谨与博士许慈、议郎孟光，建立礼仪，择令辰，上尊号。”即皇帝位于成都武担之南。为文曰：“惟建安二十六年四月丙午，皇帝备敢用玄牡，昭告皇天上帝后土神祇：汉有天下，历数无疆。曩者王莽篡盗，光武皇帝震怒致诛，社稷复存。今曹操阻兵安忍，戮杀主后，滔天泯夏，罔顾天显。操子丕，载其凶逆，窃居神器。群臣将士以为社稷堕废，备宜修之，嗣武二祖，龚行天罚。备惟否德，惧忝帝位。询于庶民，外及蛮夷君长，佥曰‘天命不可以不答，祖业不可以久替，四海不可以无主’。率土式望，在备一人。备畏天明命，又惧汉祚将湮于地，谨择元日，与百寮登坛，受皇帝玺绶。修燔瘗，告类于天神，惟神飨祚于汉家，永绥四海！”

【注释】

①篡：臣子夺取皇上的皇位。弑：下级杀上级，臣子杀皇上。

②湮灭：埋灭。

③毒：痛恨。

④海内：中原地区，也指全国。

⑤靡：没有。式：榜样。仰：仰仗。这里指内心无主。

【译文】

太傅许靖、安汉将军糜竺、军师将军诸葛亮、太常赖恭、光禄勋黄柱、少府王谋等人上奏说："曹丕杀死皇帝篡夺皇位，灭掉了汉朝皇室，窃夺了天下大权，胁迫忠良，极端残酷，不讲道义。人民和鬼神都愤恨他们的罪恶行径，全在思念刘氏。现在上无天子，国内人心惶惶，没有敬仰效法的榜样。群臣前后有八百多人上书，全称颂各种符兆祥瑞，讲述图谶的明显征兆。近日武阳的赤水中出现黄龙，过了九天才离去。《孝经援神契》说：'德行达到了深涧中的泉水里，就出现黄龙。'龙是君王的象征。《易经·乾卦》九五'飞龙在天'，大王应该像龙一样升起来登上帝位。还有，前些时候关羽包围了樊城和襄阳，襄阳男子张嘉、王休献上玉玺。玉玺沉入汉水，落在深深的水底，发出火炬一样的光辉，神奇的光芒一直照射到天上。汉是高祖从汉中兴起并平定了天下的国号。大王沿袭先帝的足迹，也在汉中兴起。现在天子玉玺的神光先显现出来，玉玺出在襄阳，是汉水的下游，表明大王要承继汉朝的下游，这是授给大王天子的位置；瑞兆显示的天命与符契相合，不是人力所能达到的。过去周朝有白鱼、赤乌的祥瑞，大家都说多么美好啊！汉高祖和汉世祖（光武帝）接受天命，《河图》《洛书》上都预先有记载，作为征兆应验的先例。现在上天显示出祥瑞，杰出的人才和儒生们共同指出《河图》《洛书》等著作中都有记载，十分全面详尽。"

"臣子们想到大王是孝景皇帝中山靖王的后裔，主干和支系传了上百代，天神降下福气；大王的姿容魁梧雄壮，身具神一样的威武气势，仁爱施予百姓，积蓄德行，喜爱人才，好交结士人，因此四方百姓诚心归附您。考察审视《灵图》，打开谶纬书籍查寻，神明显示出的名字明显昭著。大王应该立即登上帝位，以继承高祖、世祖，接续宗庙祭祀的次序，这是天下人民的幸事。臣子等人谨与博士许慈、议郎孟光，建立礼仪制度，选择吉祥的时辰，向大王奉上尊号。"刘备在成都武担山的南面即皇帝位。撰写文告说："在建安二十六年（221）四月丙午这一天，皇帝刘备斗胆用黑色公牛祭祀，向皇天上帝后土等神祇明确宣告：汉朝统治天下经历了无数年。过去王莽篡夺大权，光武皇帝震怒，诛灭王莽，社稷得以重新存在下去。现在曹操依仗武力，何等残忍，杀害了君主皇后，毁灭中原，罪恶滔天，不顾天神显示的警告。曹操的儿子曹丕，继承了曹操的凶恶叛逆心理，窃取了国家大权，群臣和将士们都认为国家社稷被毁坏成废墟，刘备应该去修复它，继承高祖、世祖的功业，施行上天对贼人的惩罚。刘备德行不足，害怕自己辱没帝位。向平民百姓询问，外边一直问到蛮夷部族的首领，大家都说：'天命给予不可以不应允，祖先的事业不可以长久荒废，四海之内不可以没有君主。'全国土地上的人民都把希望寄托在刘备一个人身上。刘备畏惧上天明确显示的命令，又担心汉朝的政权将坠毁在地下，谨选择吉日，和百官们登上祭坛，接受皇帝的玺印绶带。置备了燔祭和瘗祭的祭品，向天神祭告，希望神灵享用，赐福于汉朝皇室，使四海之内永远和平安定。"

【原文】

章武元年夏四月，大赦①，改年②。以诸葛亮为丞相，许靖为司徒。置③百官，立④宗庙,祫祭[5]高皇帝以下。五月,立皇后吴氏,子禅为皇太子。六月,以子永为鲁王,理为梁王。车骑将军张飞为其左右所害。初,先生忿孙权之袭关羽,将东征,秋七月,遂帅诸军伐吴。孙权遣书请和,先主盛怒不许,吴将陆议、李异、刘阿等屯巫、秭归;将军吴班、冯习自巫攻破异等,军次秭归,武陵五溪蛮夷遣使请兵。

二年春正月,先主军还秭归,将军吴班、陈式水军屯夷陵,夹江东西岸。二月,先主自秭归率诸将进军,缘山截岭,于夷道猇亭,驻营,自佷山,通武陵,遣侍中马良安慰五谿蛮夷,咸相率响应。镇北将军黄权督江北诸军,与吴军相拒于夷陵道。夏六月,黄气见自秭归十余里中,广数十丈。后十余日,陆议大破先主军于猇亭,将军冯习、张南等皆没。先主自猇亭还秭归,收合离散兵,遂弃船舫,由步道还鱼复,改鱼复县曰永安。吴遣将军李异、刘阿等踵蹑先主军,屯驻南山。秋八月,收兵还巫。司徒许靖卒。冬十月,诏丞相亮营南北郊于成都。孙权闻先主住白帝,甚惧,遣使请和。先主许之,遣太中大夫宗玮报命。冬十二月,汉嘉太守黄元闻先主疾不豫,举兵拒守。

【注释】

①大赦:对已经判刑的罪犯施行减刑或者免刑。

②改年:改年号,改元。

③置:设置。

④立:设立。

⑤祫祭:宗庙中的一种祭祀的礼节,集合远近祖先的神主于太庙进行大合祭。

【译文】

夏季四月,大赦,改年号为章武元年(221)。刘备任命诸葛亮做丞相,许靖做司徒。设置百官,建立了宗庙,一起祭祀了高皇帝以下的各位皇帝。五月,册封了皇后吴氏,立儿子刘禅为皇太子。六月,封儿子刘永为鲁王,刘理为梁王。车骑将军张飞被他的手下所害。当初,刘备愤恨孙权袭击关羽,准备东征,秋季七月,就率领各路军队征伐吴国。孙权送信来请求讲和,刘备盛怒之下没有答应。吴国的将领陆议、李异、刘阿等人驻扎在巫县和秭归;刘备的将军吴班、冯习从巫县打垮了李异等人,军队到达秭归,武陵郡的五谿地区蛮夷部落派使者来请求刘备允许他们出兵帮忙。

章武二年(222)春季正月,刘备的军队回到秭归,将军吴班、陈式的水军驻扎在夷陵,夹着长江在东西两岸扎营。二月,刘备从秭归率领众将进军,沿着山路,开凿山岭,在夷道的猇亭扎下营垒,从佷山修筑了通到武陵的道路,派侍中马良去安慰五谿蛮夷,他们全都纷纷相继来响应刘备。镇北将军黄权统领江北的各支军队,与吴军在夷陵道上相对峙。夏季六月,秭归一带十几里地里出现了一股黄气,有几十丈宽。十几天以后,陆议在猇亭大败刘备军队,将军冯习、张南等人全战死了。刘备从猇亭回到秭归,收集离散的军队,于是放弃了战船,从陆路步行回到鱼复,把鱼复县改名叫永安。吴国派遣将军李异、刘阿等人追跟在刘备军队的后面,驻扎在南山上。秋季八月,他们才收兵回巫县。司徒许靖去世。冬季十月，下诏书让丞相诸葛亮在成都修建南北郊的祭坛。孙权听说刘备驻在白帝城，非常担心，派使节来请求讲和。刘备答应了，派遣太中大夫宗玮去复命。冬季十二月，汉嘉太守黄元听说刘备患病不能治愈，起兵反叛。

【原文】

三年春二月，丞相亮自成都到永安。三月，黄元进兵攻临邛县。遣将军陈曶讨元，元军败，顺流下江，为其亲兵所缚，生致成都，斩之。先主病笃，托孤[①]于丞相亮，尚书令李严为副。夏四月癸巳，先主殂[②]。于永安宫，时年六十三。

亮上言于后主曰："伏惟大行[③]皇帝迈仁树德，覆焘无疆，昊天不吊[④]，寝疾弥留[⑤]，今月二十四日奄忽升遐，臣妾号咷，若丧考妣。乃顾遗诏，事惟大宗，动容损益；百寮发哀，满三日除服，到葬期复如礼；其郡国太守、相、都尉、县令长，三日便除服。臣亮亲受敕戒，震畏神灵，不敢有违。臣请宣下奉行。"

五月，梓宫自永安还成都，谥曰昭烈皇帝。秋，八月，葬惠陵。

评曰：先主之弘毅宽厚，知人待士，盖有高祖之风，英雄之器焉。及其举国托孤于诸葛亮，而心神无贰，诚君臣之至公，古今之盛轨也。机权干略，不逮魏武，是以基宇亦狭。然折而不挠，终不为下者，抑揆彼之量必不容己，非唯竞利，且以避害云尔。

【注释】

①托孤：把儿子托付给别人。

②殂：去世。

③大行：一去不复返，臣子忌讳皇上死亡，用大行做比喻。汉以后称皇帝死为大行。

④昊天：苍天。不吊：不善良。

⑤弥留：本来说人久病不愈，后来用来称重病要死了。

诸葛亮

【译文】

章武三年(223)春季二月，丞相诸葛亮从成都来到永安。三月，黄元的军队进攻临邛县。诸葛亮派遣将军陈曶去讨伐黄元，黄元的军队被打败。黄元顺流而下，进入长江，被他的亲兵绑起来活着送到成都，砍了头。刘备病重，把儿子托付给丞相诸葛亮，尚书令李严做诸葛亮的副手。夏季四月癸巳，刘备在永安宫去世，当时六十三岁。

诸葛亮上奏章对继任皇帝刘禅说："故去的皇帝广布仁义，树立德政，覆盖着无边无际的土地，苍天不行善，使皇帝卧病不起，在这个月的二十四日忽然升天，臣子等号啕痛哭，像丧失了父母一样。看到遗诏写明，丧事遵奉大宗嗣子的安排，举动和哀容都要适度。百官发丧哀悼，满三天后就除去丧服，到了下葬的时候再依照礼仪行事；郡国的太守、相、都尉和县令们，三天后就除去丧服。臣诸葛亮亲自接受告诫和敕令，被先帝的神灵震慑，不敢违背他的诏令。臣子请求向下面宣布，依照执行。"

五月，刘备的棺柩从永安运回成都，定谥号为昭烈皇帝。秋季八月，刘备被葬在惠陵。

评论说：刘备胸怀广阔，刚毅宽厚，识别人才，礼遇士人，具有高祖的风度、英雄的气质。至于他把全国和儿子都托付给诸葛亮，而心中毫无怀疑，确实是君臣都有最大的公心，是古往今来最高尚的楷模。刘备在智谋、权变、才干与方略等方面都赶不上曹操，因此拥有的国土也狭小。然而他百折不挠，始终不肯屈居曹操之下的原因，可能只是估计曹操的度量一定容不下自己，不仅是与曹操争利，而且用以避免危害罢了。

【原文】

诸葛亮[①]，字孔明，琅邪[②]人也。每自比于管仲[③]、乐毅[④]，时人莫之许也。唯博陵崔州平[⑤]、颍川徐庶[⑥]元直与亮友善，谓为信然[⑦]。时先主屯新野。徐庶见先主，先主器[⑧]之，谓先主曰"诸葛孔明者，卧龙[⑨]也，将军岂愿见之乎？"先主遂诣[⑩]亮，凡三，于是与亮情好[⑪]日密。关羽、张飞等不悦，先主解之曰："孤[⑫]之有孔明，犹鱼之有水也，愿诸君勿复言。"羽、飞乃止。成都平，以亮为军师将军[⑬]。先主外出，亮常镇守成都，足食足兵。先主既帝位，策[⑭]亮为丞相，录[⑮]尚书事。先主病笃，召亮，属以后事，谓亮曰："君才十倍曹丕，必能安国，终定大事。若嗣子[⑯]可辅，辅之。如其不才，君可自取。"亮涕泣[⑰]曰："臣敢[⑱]竭股肱之力，效忠贞之节，继之以死！"先主又为诏敕后主曰："汝与丞相从事，事之如父。"

【注释】

①诸葛亮（公元181年~公元234年）：字孔明，号卧龙，琅邪阳都（今山东临沂市沂南县）人，蜀汉丞相，三国时期杰出的政治家、战略家、发明家、军事家，为匡扶蜀汉政权，呕心沥血，鞠躬尽瘁、死而后已，深受后世尊崇。封武乡侯，谥号"忠武侯"。

②琅邪：郡名。秦置，西汉因之，东汉为琅邪国，辖今山东半岛东南部，治开阳（在今临沂县北）。

③管仲（？~公元前645年）：名夷吾，谥曰"敬仲"，齐国颍上（安徽颍上）人，史称管子。

④乐毅：子姓，乐氏，名毅，字永霸。战国后期杰出的军事家，拜燕上将军，受封昌国君，辅佐燕昭王振兴燕国。

⑤博陵崔州平：博陵，郡名。东汉桓帝延熹元年（公元158年）析中山郡置，献帝建安十八年（公元213年），徙赵王珪为博陵王，博陵郡为博陵国，治博陵县（今蠡县南）。相当于今河北安平县、深州市、饶阳、安国等地。崔州平，（生卒年不详）。名不详，字州平，博陵安平（今河北安平）人。东汉末年隐士，太尉崔烈之子，西河太守崔均之弟。

⑥颍川徐庶：颍川，郡名。秦王政十七年（公元前230年）置，以颍水得名。治所在阳

翟(今河南省禹州市)。西汉仍治阳翟,领二十县。东汉沿置,辖区大体相仿,领十七县。徐庶,字元直,本名福,后因为友杀人而逃难,改名徐庶,自此遍访名师,与司马徽、诸葛亮等人为友。先曾效力于刘备,后因曹操囚禁其母而不得不弃备投操,临行前向刘备推荐诸葛亮之才。此后徐庶仕魏,官至右中郎将、御史中丞。

⑦信然:确实如此。

⑧器:器重;重视。

⑨卧龙:喻隐居或尚未崭露头角的杰出人才。

⑩诣:晋谒,造访。

⑪情好:感情;交情。

⑫孤:古代帝王的自称。

⑬军师将军:杂号将军之一。刘备自立汉中王时,草创军师中郎将,参议军事,由诸葛亮担任;刘备称帝后,军师中郎将晋升为军师将军。刘备死后,军师将军为全国最高军事统帅,后改为丞相。

⑭策:即策命。

⑮录:统领;管领。

⑯嗣子:帝王或诸侯的承嗣子(多为嫡长子)。

⑰涕泣:哭泣,流泪。

⑱敢:肯,愿意。

【译文】

诸葛亮,字孔明,琅玡郡(阳都县)人。他常常把自己比作管仲、乐毅,当时的人并不认同。只有博陵的崔州平、颍川的徐庶(字元直)与诸葛亮亲密友好,认为确实是这样。当时先主屯驻新野,徐庶来见先主,先主很器重他。徐庶对先主说:"诸葛孔明,人称卧龙,将军可愿意见见他吗?"于是先主便去拜访诸葛亮,一连去了三次(才得以见面)。于是与诸葛亮的情谊日益深厚。关羽、张飞等人因此不太高兴,先主对他们解释说:"我有了孔明,就像鱼有了水一样,希望诸位不要再说什么了。"关羽、张飞这才罢休。成都平定后,先主任诸葛亮为军师将军。先主外出征战时,经常让诸葛亮镇守成都,保证了前方粮食和兵力的充足。先主即位称帝后,册封诸葛亮为丞相,并统领尚书台事务。先主病重,把诸葛亮(从成都)召来,将后事托付给他,对他说:"您的才能是曹丕的十倍,必定能安定国家,最终完成复兴汉室的大业。如果我的儿子可以辅佐,您就辅佐他;如果他不成材,您可以自己取而代之。"诸葛亮流着泪说:"臣怎敢不竭尽辅佐大臣之力,用忠贞的节操来报效,直到竭尽自己的生命呢?"先主又立遗诏告诫后主,说:"你今后与丞相共事,要像侍奉父亲一样侍奉丞相。"

【原文】

建兴十二年①,亮悉②大众由斜谷③出,以流马④运,据武功五丈原⑤,与司马宣王⑥对于渭南[7]。分兵屯田，耕者杂于渭滨[8]居民之间，而百姓安堵[9]，军无私焉。相持百余日，亮病，卒于军。初，亮自表[10]后主曰："成都有桑八百株、薄田[11]十五顷，子弟衣食，自有余饶[12]。至于臣，在外任，无别调度[13]随身，衣食悉仰于官。若死之日，不使内有余帛，外有赢财[14]，以负陛下。"及卒，如其所言。《汉晋春秋》曰："樊建[15]为给事中[16]，晋武帝[17]问诸葛亮之治国（旧无国字。补之），建对曰：'闻恶必改，而不矜过；赏罚之信，足感神明。'帝曰：'善哉！使我得此人以自补，岂有今日之劳乎！'建稽首[18]曰："臣窃闻天下之论，皆谓邓艾[19]见枉，陛下知而不理，此岂冯唐所谓"虽得颇，牧而不能用"者乎[20]帝笑曰："吾乃欲明之，卿言起我意。'于是发诏理艾焉。"

【注释】

①建兴十二年：公元234年。建兴，蜀汉后主刘禅的第一个年号，公元223年至237年，共计十五年。

②悉：尽其所有。

③斜谷：山谷名。在陕西省终南山。谷有二口，南曰褒，北曰斜，故亦称褒斜谷。全长四百七十里。两旁山势峻险。扼关陕而控川蜀，古来为兵家必争之地。

④流马：古代的一种运载工具。范文澜蔡美彪等《中国通史》第二编第三章第七节："流马是改良的木牛，'前后四脚'，即人力四轮车。流马能载四石六斗食粮，比木牛多载，一天大概也只能走二十里。"

⑤武功五丈原：武功，县名。位于关中平原西部，隶属今陕西省咸阳市。五丈原，古地名。在今陕西省岐山县南，斜谷口西侧，渭水南岸。相传蜀汉诸葛亮六出祁山曾在此驻军。公元234年诸葛亮伐魏，出斜谷，驻军屯田，相持百余日后，病卒于此。

⑥司马宣王：即司马懿（公元179年~公元251年），字仲达，河内温县（今河南温县招贤镇）人，魏国杰出的政治家、军事家。历任曹魏大都督、太尉、太傅。多次亲率大军成功对抗诸葛亮的北伐。谥号"舞阳宣文侯"，次子司马昭被封晋王后，追封司马懿为"宣王"；司马炎称帝后，追尊其为"宣皇帝"。

⑦渭南：渭水南岸。

⑧滨：水边。

⑨安堵：犹安居。

⑩自表：自上奏章。

⑪薄田：贫瘠的田。有时也用以谦称自己的田地。

⑫余饶：富余。

⑬调度：征调赋税。

⑭赢财：余财。

⑮樊建：字长元，义阳（今河南桐柏东）人，三国时期蜀汉大臣，官至尚书令。蜀汉灭亡后和董厥一同降魏，官至魏相国参军、散骑常侍。司马炎称帝，樊建任给事中。

⑯给事中：官名。秦汉为列侯、将军、谒者等的加官。侍从皇帝左右，备顾问应对，参

议政事，因执事于殿中，故名。魏或为加官，或为正官。晋代始为正官。

⑰晋武帝：司马炎（公元236年~公元290年），字安世，河内温（今河南温县）人，西晋开国君主。公元265年，他继承父亲司马昭的晋王之位，数月后逼迫魏帝曹奂禅位，定国号为“晋”，都洛阳。公元279年，命杜预、王濬等人分兵伐吴，于次年灭吴，统一全国。公元290年病逝，谥号“武皇帝”，庙号“世祖”。

⑱稽首：古时的一种跪拜礼，叩头至地，是九拜中最恭敬的。

⑲邓艾（公元197年~公元264年）：邓，音凳，字士载，义阳棘阳（今河南新野）人。魏国杰出的军事家、将领。公元263年，他与钟会分别率军攻打蜀汉，并率先进入成都，使得蜀汉灭亡。后因受到钟会的污蔑和陷害，遭司马昭猜忌而被收押，最后与其子邓忠皆被卫瓘派遣的武将田续杀害。

⑳此岂冯唐所谓虽得颇、牧而不能用者乎：卢弼注引《史记·冯唐传》：“唐事文帝，上曰：嗟乎！吾独不得廉颇、李牧时为吾将，吾岂忧匈奴哉！唐曰：主臣，陛下虽得廉颇、李牧，弗能用也。”冯唐，西汉代郡（今张家口蔚县）人，以孝行著称于时，为中郎署长侍奉汉文帝。颇、牧，战国时赵国名将廉颇与李牧的并称。

【译文】

建兴十二年，诸葛亮率领全军从斜谷出兵，用流马运送粮草，据守在武功的五丈原，与司马懿在渭水南岸对峙。诸葛亮分出部分士兵在驻地进行屯田，耕作的士兵混杂在渭水岸边的居民中间，而百姓安居无忧，军队没有抢掠百姓以谋取私利的行为。双方相持了一百多天，诸葛亮病逝于军中。当初，诸葛亮曾向后主上表说：“臣在成都有桑树八百株，薄田十五顷，家中子弟的衣食，已有富余。至于臣在外任职，没有其他财物的征调收入，随身的衣食都依赖朝廷供给。如果臣有一天死去，不让家中有多余的布帛、家外有多余的财产，以致辜负陛下的信任。”到诸葛亮去世的时候，正像他所说的那样。[《汉晋春秋》说：樊建任给事中，晋武帝向他询问诸葛亮治理国家的方法，樊建回答说：“听到恶行必定改正，而不纵容过错；奖赏惩罚严而有信，足以使神明感动。”晋武帝说：“真好啊！如果让我得到这个人辅佐，哪里会有今天的辛劳呢！”樊建叩首说：“臣私下听到天下人的议论，都说邓艾被冤枉了，陛下您知道了却不理会，这难道不是冯唐所说的‘即使得到了像廉颇、李牧那样的将领，也不能重用他们’吗？”晋武帝笑着说：“我正想为他申明，您的话正符合我的心意。”于是下诏处理邓艾之事。]

【原文】

评曰：诸葛亮之为相国[①]也，抚百姓，示义轨[②]，约[③]官职，从权制[④]，开诚心，布公道。尽忠益时者虽雠[⑤]必赏，犯法怠慢者虽亲必罚。服罪输情[⑥]者虽重必释[⑦]，游辞巧饰[⑧]者虽轻必戮[⑨]。善无微而不赏，恶无纤[⑩]而不贬。庶事精练，物理其本[⑪]，循名责实[⑫]，虚伪不齿[⑬]。终于邦域[⑭]之内，咸畏而爱之，刑政[⑮]虽峻而无怨者，以其用心平而劝戒明也。可谓识治之良才，管、萧[⑯]之亚匹[⑰]矣。

【注释】

①相国：古官名。后为宰相的尊称。

②义轨：卢弼注引胡三省曰："仪，度也；轨，法也。"

③约：少，省减。

④权制：权宜之制，临时制订的措施。

⑤雠：仇敌。

⑥服罪输情：服罪，承认罪责。输情，表达真情。

⑦释：赦宥，免除。

⑧游辞巧饰：游辞，浮而不实的话。巧饰，诈伪粉饰。

⑨戮：惩罚。

⑩纤：细小；微细。

⑪物理其本：卢弼注引胡三省曰："言事事物物，必从其本而治之。"

⑫循名责实：按其名而求其实，要求名实相符。

⑬不齿：不与同列；不收录。表示鄙视。

⑭邦域：疆土，国境。

⑮刑政：刑法政令。

⑯管萧：管仲和萧何的并称。两人均为历史上的名相。

⑰亚匹：同一流人物。

【译文】

评论说：诸葛亮担任丞相，安抚百姓，明示礼仪法度，精简官职，采取顺应时宜的制度，坦露诚心，宣示公道。对竭尽忠心有益时政者，即使是仇人也必定奖赏；对触犯法律做事懈怠者，即使是亲信也必定惩罚；对承认罪过真心悔改的，即使罪过很重也必定宽释；对用花言巧语掩饰罪恶者，即使罪过较轻也必定责罚。对好人好事哪怕再微细，没有不奖赏的；对坏人坏事哪怕再轻微，没有不贬斥的。精通熟习各项政事，对事物从根本上加以治理，要求名实相符，鄙视虚伪。最终在蜀国的辖境之内，人们都敬畏而爱戴他，刑法政令虽然严厉却没有怨恨他的人，这是因为他用心公平而勉励告诫十分明确。他可以称得上是懂得治理国家的杰出人才，是能和管仲、萧何相媲美的人物。

【原文】

关羽字云长，本字长生，河东解人也。亡命奔涿郡。先主于乡里合徒众，而羽与张飞为之御侮。先主为平原相，以羽、飞为别部司马，分统部曲①。先主与二人寝则同床，恩若兄弟。而稠人广坐.侍立②终日，随先主周旋③，不避艰险。先主之袭杀徐州刺史车胄，使羽守下邳城，行太守事，而身还小沛。

【注释】

①部曲:私人招募的武装。
②侍立:在尊长身侧陪立。
③周旋:交接应酬。

【译文】

关羽字云长,本字是长生,是河东解人。曾经逃跑到了涿郡。这时候,刘备正在乡里聚集兵马,有关羽和张飞替他效力,抵御侵侮。刘备当了平原相,让关羽、张飞做别部司马,分别统领部分军队。刘备和他们两人睡觉一床睡,他们的恩情就像亲兄弟一样。厅中人很多的场合下,他们两个整天侍立在刘备身边,跟随着刘备应酬,不躲避艰险。刘备袭击、杀害了徐州刺史车胄,他命令关羽镇守下邳城,代理太守的职务,他自己回到了小沛。

【原文】

建安五年,曹公东征,先主奔袁绍。曹公禽[1]羽以归,拜为偏将军,礼之甚厚。绍遣大将颜良攻东郡太守刘延于白马,曹公使张辽及羽为先锋击之。羽望见良麾盖[2],策马刺良于万众之中,斩其首还,绍诸将莫能当[3]者,遂解白马围。曹公即表封羽为汉寿亭侯。初,曹公壮羽为人,而察其心神无久留之意,谓张辽曰:“卿试以情问之。”既而辽以问羽,羽叹曰:“吾极知曹公待我厚,然吾受刘将军厚恩,誓以共死,不可背之。吾终不留,吾要当立效以报曹公乃去。”辽以羽言报曹公,曹公义之。及羽杀颜良,曹公知其必去,重加赏赐。羽尽封其所赐,拜书告辞,而奔先主于袁军。左右欲追之,曹公曰:“彼各为其主,勿追也。”

【注释】

①禽:通“擒”。
②麾盖:旗帜和车盖。
③当:抵挡。

【译文】

建安五年(200),曹公向东征发,刘备投奔到袁绍门下。曹操捉拿到了关羽回师,授予他偏将军的官职,对他非常客气。袁绍派大将颜良在白马攻打东郡的太守刘延,曹操派张辽和关羽作为先锋去攻打他们。关羽远远地就看到了颜良的战旗和车盖,于是打马前进,在千军万马之中杀死颜良,获得他的首级回来了,袁绍的所有将领没有能阻挡他的,于是白马之围就被解了。曹操立即上表封关羽为汉寿亭侯。当初,曹操很欣赏关羽的为人,但是他看出关羽不想久留在曹操的身旁,就对张辽说:“你以私人的感情去帮我试试他。”不久张辽私下里询问关羽，关羽叹息道：“我非常明白曹公对我深厚的情谊，但是我还受到过刘将军的知遇之恩，我发誓要和他生死一起，是不可以违背的。我还是不能留下啊，我一定立下功劳报答了曹公才会离开的。”张辽把关羽的话报告给了曹公，曹公认为他是义士。等到关羽杀了颜良，曹公知道他一定会离开的，于是大大赏赐他。关羽把曹操所赐的东西都封存了起来，呈上书信告辞了，向袁绍的军中投奔刘备去了。曹操身边的人想追他，曹公说：“每个人都是为了自己的主人，不要追了。”

【原文】

从先主就刘表。表卒，曹公定荆州，先主自樊将南渡江，别遣羽乘船数百艘会江陵。曹公追至当阳长阪，先主斜趣汉津，适与羽船相值，共至夏口。孙权遣兵佐先主拒曹公，曹公引军退归。先主收江南诸郡，乃封拜元勋，以羽为襄阳太守、荡寇将军，驻江北。先主西定益州，拜羽董督荆州事。羽闻马超来降，旧非故人①，羽书与诸葛亮，问超人才可谁比类②。亮知羽护前③，乃答之曰：“孟起兼资文武，雄烈过人，一世之杰，黥、彭之徒，当与益德并驱争先，犹未及髯之绝伦逸群也。”羽美须髯，故亮谓之髯。羽省书大悦，以示宾客。

【注释】

①故人：旧友。

②比类：相比。

③护前：护短。

【译文】

关羽跟从刘备归附了刘表。刘表死了，曹操平定了荆州，刘备从樊城出发打算向南渡江，另外派关羽带领船只数百艘在江陵相会。曹操追到当阳长阪，刘备抄小路快速到达汉津，正好和关羽的船相遇，共同到了夏口。孙权派兵辅佐刘备抵抗曹操，曹操带领军队撤退回到驻地。刘备收复了江南的各个郡，于是赏赐、加封有大功的人，任命关羽担任襄阳太守、荡寇将军，驻守江北。刘备向西平定了益州，于是授予关羽担任董督荆州的职务。关羽听说马超要来归降，他又不是关羽的老朋友，于是关羽给诸葛亮写信询问，他问马超的才能能和谁相比。诸葛亮知道关羽好强护短，于是答复他说：“孟起这个人能文善武，他的盈猛超过了一般人，是一代的人才，是和黥布、彭越一类人，马超这个人可以和益德争个高下，但是还不如你美髯公那么超出众人。”关羽的胡须很好看，诸葛亮称他为美髯公。关羽看了回信非常高兴，把信给宾客看。

【原文】

羽尝为流矢所中，贯其左臂，后创①虽愈，每至阴雨，骨常疼痛，医曰：“矢镞有毒，毒入于骨，当破臂作创，刮骨去毒，然后此患乃除耳。”羽便伸臂令医劈之。时羽适请诸将饮食相对，臂血流离[2]，盈于盘器，而羽割炙引酒，言笑自若。

二十四年，先主为汉中王，拜羽为前将军，假节钺。是岁，羽率众攻曹仁于樊。曹公遣于禁助仁。秋，大霖雨，汉水泛溢，禁所督七军皆没。禁降羽，羽又斩将军庞德。梁、郏、陆浑群盗或遥受羽印号，为之支党，羽威震华夏。曹公议徙许都以避其锐[3]，司马宣王、蒋济以为关羽得志，孙权必不愿也。可遣人劝权蹑其后，许割江南以封权，则樊围自解。曹公从之。先是，权遣使为子索羽女，羽骂辱其使，不许婚，权大怒。又南郡太守麋芳在江陵，将军士仁屯公安，素皆嫌羽轻己。自羽之出军，芳、仁供给军资，不悉相救。羽言"还当治之"，芳、仁咸怀惧不安。于是权阴诱芳、仁，芳、仁使人迎权。而曹公遣徐晃救曹仁，羽不能克，引军退还。权已据江陵，尽虏羽士众妻子，羽军遂散。权遣将逆击羽，斩羽及子平于临沮。

追谥羽曰壮缪侯。子兴嗣。兴字安国，少有令问[4]，丞相诸葛亮深器异之。弱冠为侍中、中监军，数岁卒。子统嗣，尚公主，官至虎贲中郎将。卒，无子，以兴庶子[5]彝续封。

【注释】

①创：创伤、伤口。

②流离：淋漓，往下滴的样子。

③锐：锋锐。

④令问：好名声。

⑤庶子：妾所生的儿子。

【译文】

关羽曾经被流箭射中了，箭穿透了他的左臂，后来箭伤虽然愈合了，但是每到阴雨天，他的骨头就十分疼痛，医生说："箭头上有毒，而且那毒已经渗入到骨头里了，应该割开手臂到受伤的地方，刮去骨头上的余毒，然后这种病痛才能消除。"关羽于是伸出手臂让医生开刀。当时关羽恰好请了将领们一起喝酒，手臂上的血一直往下流，居然流满了一盘子，但是关羽却能割着烤肉拿着酒杯，像往常一样谈笑。

建安二十四年(219)，刘备做了汉中王，授予关羽前将军的官职，授予符节黄钺。就是这一年，关羽带领军队在樊城攻打曹仁。曹操派于禁帮助曹仁。这年秋天，大雨一直不停，汉水泛滥，于禁所带领的七路人马都被淹死了。于禁投降了关羽，关羽又斩了将军庞德。梁县、郏县、陆浑等地方的各种强盗，有的在远处接受了关羽的官印和称号，成为他的支系党羽，关羽于是在中原地区很有名声了。曹操商量着迁到许都去来避开他的锋芒，司马宣王、蒋济都认为关羽现在很得志了，孙权一定很不愿意。可以派人去劝说孙权偷袭关羽的后方，答应割江南这个地方封给孙权，那么这样就能解开樊城的围困。曹操听从了他的意见。开始的时候，孙权派使者向关羽请求娶他的女儿做孙权儿子的妻子，关羽大骂孙权的使者，不答应这门婚事，孙权非常气愤。加上南郡太守麋芳在江陵，驻守在公安的将军士仁，向来很憎恨关羽看不起自己。每次关羽出兵征战，都是麋芳、士仁给他供给军资，但不是全力援救。关羽说"回去就整治他们"，麋芳、士仁都非常害怕。于是孙权暗中诱惑麋芳、士仁，麋芳、士仁派人迎接孙权。并且曹操又派徐晃来援救曹仁，关羽不能攻下樊城，带领军队回去了。孙权已经盘踞了江陵，俘虏了关羽的全部人马和妻子儿女，关羽的军队于是溃败了。孙权派将领迎击关羽，在临沮把关羽和他的儿子关平杀了。

刘备追封关羽的谥号为壮缪侯。他的儿子关兴继承了父爵。关兴字安国，很小的时候就有好的名声，丞相诸葛亮非常器重赏识他。他二十岁的时候就做了侍中、中监军，几年后就去世了。关兴的儿子关统继承了父爵，娶了公主做妻子，官职到了虎贲中郎将。等他死的时候还没有儿子，让关兴的庶子彝继承了封赐。

【原文】

张飞字益德，涿郡人也，少与关羽俱事先主。羽年长数岁，飞兄事之。先主从曹公破吕布，随还许，曹公拜飞为中郎将。

先主背曹公依袁绍、刘表。表卒，曹公入荆州，先主奔江南。曹公追之，一日一夜，及于当阳之长阪。先主闻曹公卒[①]至，弃妻子走，使飞将二十骑拒后。飞据水断桥，瞋目横矛曰："身是张益德也，可来共决死！"敌皆无敢近者，故遂得免。

先主既定江南，以飞为宜都太守、征虏将军，封新亭侯，后转在南郡。

先主入益州，还攻刘璋，飞与诸葛亮等泝流[②]而上，分定郡县。至江州，破璋将巴郡太守严颜，生获颜。飞呵颜曰："大军至，何以不降而敢拒战？"颜答曰："卿等无状[③]，侵夺我州，我州但有断头将军，无有降将军也。"飞怒，令左右牵去斫[④]头，颜色不变，曰："斫头便斫头，何为怒邪！"飞壮而释之，引为宾客。飞所过战克，与先主会于成都。益州既平，赐诸葛亮、法正、飞及关羽金各五百斤，银千斤，钱五千万，锦千匹，其余颁赐各有差，以飞领巴西太守。

【注释】

①卒：通"猝"，仓促。

②泝流：逆流。

③无状：无礼。

④斫：砍。

【译文】

张飞字益德，是涿郡人，他年轻的时候就和关羽一起侍奉刘备。关羽比张飞大几岁，张飞像对待兄长一样对待他。刘备跟随曹操打败吕布，又跟随他回到许昌，曹操授予张飞官职为中郎将。

后来，刘备背叛了曹操归顺了袁绍、刘表。等刘表死了，曹操进入荆州，刘备逃奔到了江南。曹操一路追赶他，追了一天一夜，一直到了当阳之长阪。刘备听说曹操也来了，就撇下了妻子儿女逃跑了，命令张飞率二十多个骑兵为他断后。张飞据水断桥，瞪大眼睛举着长矛说："我就是张益德，谁来决一死战！"敌人没有敢近前的，于是刘备等才有机会脱免了。

刘备平定江南以后，任命张飞担任宜都太守、征虏将军，又封他做新亭侯，后来又转到了南郡。

刘备到达益州，后来又回师攻打刘璋，张飞和诸葛亮等沿着水流一路而上，分头平定了郡县。等到了江州，击破刘璋的大将巴郡太守严颜，并且活捉了严颜。张飞责备严颜说："大军已经来了，你为什么不投降却还抵抗呢？"严颜回答说："是你们无礼，入侵并抢夺我们的州县，我们的州县里只有可以被砍下头的将军，没有投降的将军。"张飞非常愤怒，命令身边的人把他拉出去砍头，严颜脸上没有害怕的表情，他说："砍头就砍头，生气干什么！"张飞很欣赏他就把他给放了，把他引为自己的宾客。张飞所到的地方都被攻下了，在成都和刘备会合了。益州已经被平定，刘备于是赏赐诸葛亮、法正、张飞和关羽各人黄金五百斤，白银一千斤，钱五千万，锦帛上千匹，其余人的赏赐都有差别，让张飞担任巴西太守。

【原文】

曹公破张鲁，留夏侯渊、张郃守汉川。郃别督诸军下巴西，欲徙其民于汉中，进军宕渠、蒙头、盪石，与飞相拒五十余日。飞率精卒万余人，从他道邀郃军交战，山道迮[1]狭，前后不得相救，飞遂破郃。郃弃马缘山，独与麾下十余人从间道[2]退，引军还南郑，巴土获安。

先主为汉中王，拜飞为右将军、假节。

章武元年，迁车骑将军，领司隶校尉，进封西乡侯，策曰："朕承天序，嗣奉洪业，除残靖[3]乱，未烛厥理[4]。今寇虏作害，民被荼毒，思汉之士，延颈鹤望。朕用怛然，坐不安席，食不甘味，整军诰誓，将行天罚。以君忠毅，侔踪召虎，名宣遐迩，故特显命，高墉进爵，兼司于京。其诞将天威，柔服以德，伐叛以刑，称朕意焉。《诗》不云乎，'匪疚匪棘，王国来极。肇敏戎功，用锡尔祉'。可不勉欤！"

【注释】

①迮：狭窄。
②间道：小道。
③靖：平。
④烛：明。厥：其。

【译文】

曹操打败张鲁，留下夏侯渊、张郃镇守汉川。张郃另外统率各路人马南下巴西，打算把那里的民众迁到汉中，他于是向宕渠、蒙头、荡石进军，和张飞相持了五十多天。张飞带领上万名士兵,从另外的路线进军寻找张郃的部队交战,这个地方的山道很狭窄,部队的前面和后面不能相互营救,就被张飞的部队打败了。张郃放弃了马沿着山爬行,仅仅和他部下的十几个人从小路退出来了,率领部队返还到南郑,巴西地区才得到了安宁。

刘备为汉中王时,授予张飞为右将军、给予符节。

章武元年(221),又升张飞做车骑将军,兼任司隶校尉,晋封为西乡侯,策书说:"我继承帝王的世系,继承祖先的大业,除去残余势力,消除叛乱,还没有理出一个头绪。现在贼寇作乱,民众受到伤害,我想念汉室的人,每天盼望着见到他们。我为这件事伤心难过,坐卧不安,吃饭不知道滋味,整治军队训诫发誓,将要对他们实行上天的惩罚。因为你的忠诚和毅力,你的事迹可以和召穆公相比,美好的名声远近扬名,特以帝王的名义向你授命,修筑府第,提升封号,在京都兼任京官。希望你能继续发挥你的才能,用恩德使人归顺你,对叛逆的人实行刑罚,使我能够满意。《诗经》不也这么说,'不要伤害百姓,不要心急,以王国作为准则。对于军事一定要迅速敏捷,会赐给你福禄的'。一定要勉励自己啊!"

【原文】

初,飞雄壮威猛,亚于关羽,魏谋臣程昱等咸称羽、飞万人之敌也。羽善待卒伍而骄于士大夫,飞爱敬君子而不恤小人[①]。先主常戒之曰:"卿刑杀既过差,又日鞭挝[②]健儿,而令在左右,此取祸之道也。"飞犹不悛。

先主伐吴,飞当率兵万人,自阆中会江州。临发,其帐下将张达、范彊杀飞,持其首,顺流而奔孙权。飞营都督[③]表报先主,先主闻飞都督之有表也,曰:"噫!飞死矣。"追谥飞曰桓侯。长子苞,早夭。次子绍嗣,官至侍中尚书仆射。苞子遵为尚书,随诸葛瞻于绵竹,与邓艾战,死。

马超字孟起,扶风茂陵人也。父腾,灵帝末与边章、韩遂等俱起事于西州。初平三年,遂、腾率众诣长安。汉朝以遂为镇西将军,遣还金城,腾为征西将军,遣屯郿。后腾袭长安,败走,退还凉州。司隶校尉钟繇镇关中,移书遂、腾,为陈[④]祸福。腾遣超随繇讨郭援、高幹于平阳,超将庞德亲斩援首。后腾与韩遂不和,求还京畿。于是征为卫尉,以超为偏将军,封都亭侯,领腾部曲。

【注释】

①小人:指普通士兵。

②鞭挝:鞭打。

③都督:官名。

④陈:陈述。

【译文】

开始时,张飞胆子很大作战威猛,仅次于关羽,魏国的谋臣程昱等都称关羽、张飞的勇力比得上一万人。关羽对待士兵很善良,但是对于士大夫却很傲慢,张飞喜爱敬重君子却不爱惜普通的军士。刘备常常告诫他说:“你杀人就已经过分了,天天鞭打士兵,却又把他们放在身边,这样会引起祸患的。”张飞还是不改。

刘备讨伐吴国时,张飞正带领士兵上万人,从阆中出发到江州相会合。在出发之前,他帐下的将领张达、范强把张飞杀了,拿着他的首级,顺着水流投奔孙权去了。张飞营里的都督上表报告了刘备这件事,刘备听说张飞的都督上了表文,叹息道:“唉!张飞死了。”追加张飞的谥号为桓侯。张飞的长子张苞,很年轻的时候就死了。他的第二个儿子张绍继承父爵,官职到了侍中尚书仆射。张苞的儿子张遵担任尚书,跟随着诸葛瞻到了绵竹,和邓艾交战时战死了。

马超字孟起,是扶风茂陵人。他的父亲是马腾,在灵帝末年和边章、韩遂等在西州举兵起义。初平三年,韩遂、马腾带领着部队到达了长安。汉朝封韩遂做了镇西将军,派他驻守金城,马腾担任征西将军,派他驻兵郿县。后来马腾偷袭长安,打了败仗之后撤退到了凉州。司隶校尉钟繇镇守关中,写信给韩遂、马腾,向他们陈述祸福。马腾派马超跟随钟繇到平阳讨伐郭援、高幹,马超手下的将领庞德亲自把郭援斩杀了。后来马腾和韩遂不和,要求返回到京城。于是朝廷封他做卫尉,任命马超做偏将军,加封都亭侯,带领马腾的部分人马。

【原文】

超既统众,遂与韩遂合从[①],及杨秋、李堪、成宜等相结,进军至潼关。曹公与遂、超单马会语,超负其多力,阴欲突前捉曹公,曹公左右将许褚瞋目眄之,超乃不敢动。曹公用贾诩谋,离间超、遂,更相猜疑,军以大败。超走保诸戎,曹公追至安定,会北方有事,引军东还。杨阜说曹公曰:“超有信、布之勇[②],甚得羌、胡心。若大军还,不严为其备,陇上诸郡非国家之有也。"超果率诸戎以击陇上郡县,陇上郡县皆应之,杀凉州刺史韦康,据冀城,有其众。超自称征西将军,领并州牧,督凉州军事。康故吏民杨阜、姜叙、梁宽、赵衢等,合谋击超。阜、叙起于卤城,超出攻之,不能下;宽、衢闭冀城门,超不得入。进退狼狈,乃奔汉中依张鲁。鲁不足与计事,内怀于邑,闻先主围刘璋于成都,密书[③]请降。

先主遣人迎超,超将兵径到城下。城中震怖,璋即稽首[④],以超为平西将军,督临沮,因为前都亭侯。先主为汉中王,拜超为左将军,假节。章武元年,迁骠骑将军,领凉州牧,进封斄乡侯,策曰:“朕以不德,获继至尊,奉承宗庙。曹操父子,世载其罪,朕用惨怛[⑤],疢如疾首。海内怨愤,归正反本,暨于氐、羌率服,獯鬻慕义。以君信著北土,威武并昭,是以委任授君,抗飏虓虎,兼董万里,求民之瘼。其明宣朝化,怀保远迩,肃慎赏罚,以笃汉祜,以对于天下。”二年卒,时年四十七。临没上疏曰:“臣门宗二百余口,为孟德所诛略尽,惟有从弟岱,当为微宗血食之继,深托陛下,余无复言。”追谥超曰威侯,子承嗣。岱位至平北将军,进爵陈仓侯。超女配安平王理。

【注释】

①合从:联合。

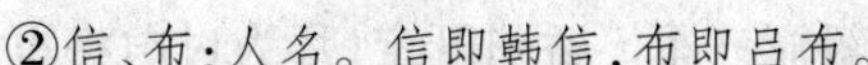

②信、布：人名。信即韩信，布即吕布。

③密书：秘密写信。

④稽首：古代的一种拜礼，叩头至地。

⑤惨怛：忧伤，痛悼。

【译文】

马超统领这些军队，不久与韩遂联合，又与杨秋、李堪、成宜等相联合，进军到了潼关。曹操和韩遂、马超单独会面交谈，马超倚仗自己的势力最大，暗中准备偷袭曹操并捉拿他，曹操身边的将领许褚瞪着眼睛愤怒地看着他，马超不敢轻举妄动。曹操采用贾诩的谋略，离间马超、韩遂之间的关系，使他们相互猜疑，于是他们的军队打败了。马超为了保命逃跑到了少数民族地区，曹操追他追到了安定，正赶上北方有事变，于是就带领军马向东回师。杨阜劝说曹操说："马超有韩信、吕布的勇力，很会取得羌族、胡族的心。要是大军回去了，不对他严加防备，陇上的各郡都不会属于国家了。"马超果然带领各个少数民族的人袭击了陇上的郡县，陇上的郡县都响应他，杀死了凉州的刺史韦康，占据了冀城，收复了那里的民众。马超自立为征西将军，兼任并州牧，总督凉州的军务。韦康以前的官吏杨阜、姜叙、梁宽、赵衢等联合起来打算袭击马超。杨阜、姜叙在卤城起义，马超出城攻打他们，没能把他们拿下；梁宽、赵衢关上了冀城的城门，马超不能回到城里。进退都不能，于是投奔到汉中依附了张鲁。张鲁不值得和他一起议论商量大事，内心还是怀念京城，听说刘备在成都包围了刘璋，于是秘密写信给刘备请求投降。

刘备派人迎接马超，马超带领兵马直接到了城下。城中的人都十分震惊，刘璋很快投降了，任命马超做平西将军，管理临沮，沿袭以前的封号为都亭侯。刘备当了汉中王，授予马超做了左将军，赐给他符节。章武元年(221)，又把他升为骠骑将军，统领凉州牧，晋封为斄乡侯，下策书说："朕很没有才能，却继承了帝位，供奉汉室宗庙。曹操父子，世代充满罪恶，朕非常伤心，非常头痛。海内的民众都很怨愤，都归依正统返回根本，以至于氐族、羌族都要求臣服，獯鬻仰慕大义。因为你在北方好的声誉，威仪武勇在当世都很显要，于是把重大责任委派给你，希望你继续发扬猛虎般的雄风，管理万里，关心百姓的疾苦。希望你传播给他们朝廷的教化，使远近的百姓得到安抚，严肃公平地奖罚他们，增加汉室的福分，答谢天下。"章武二年(222)，马超去世了，当时才四十七岁。他在临死时上疏说："我的门宗有二百多口，被曹孟德都诛杀了，只有同宗的弟弟马岱还活着是这个微弱宗族祭祀的继承人，希望陛下善待他，其余没有可以托付的了。"刘备追封他的谥号为威侯，他的儿子马承继承父爵。马岱官位达到了平北将军，晋爵为陈仓侯。马超的女儿配给了安平王刘理。

【原文】

黄忠字汉升，南阳人也。荆州牧刘表以为中郎将，与表从子磐共守长沙攸县。及曹公克荆州，假行裨将军，仍就故任，统属长沙太守韩玄。先主南定诸郡，忠遂委质，随从入

蜀。自葭萌受任,还攻刘璋,忠常先登陷陈,勇毅冠三军。益州既定,拜为讨虏将军。建安二十四年,于汉中定军山击夏侯渊。渊众甚精,忠推锋[①]必进,劝率士卒,金鼓振天,欢声动谷,一战斩渊,渊军大败。迁征西将军。是岁,先主为汉中王,欲用忠为后将军,诸葛亮说先主曰:"忠之名望,素非关、马之伦也。而今便令同列。马、张在近,亲见其功,尚可喻指[②];关遥闻之,恐必不悦,得无不可乎!"先主曰"吾自当解[③]之。"遂与羽等齐位,赐爵关内侯。明年卒,追谥刚侯。子叙,早没,无后。

【注释】

①推锋:冲锋。

②喻指:说明用意。

③解:解释。

【译文】

黄忠字汉升,是南阳人。荆州牧刘表任命他做中郎将,他与刘表的侄子刘磐一起镇守长沙攸县。等到曹操攻下荆州时,黄忠暂时代理副将军,仍旧担任原职,归长沙太守韩玄统领。刘备向南平定了各郡,黄忠于是归顺了刘备,跟随他回到了蜀国。黄忠自从在葭萌接受了委任后,回师攻打刘璋,黄忠常常率先冲锋陷阵,他的勇敢和刚毅在三军中是最突出的。益州被平定之后,授予他官职讨虏将军。建安二十四年(218),在汉中定军山黄忠袭击夏侯渊。夏侯渊的部队非常精良,黄忠冲锋在前奋勇前进,他鼓励士兵,战鼓被擂得震天,兵士的呐喊震动山谷,一交战就斩杀了夏侯渊,夏侯渊的部队大败。升黄忠做征西将军。这一年,刘备做了汉中王,想让黄忠做后将军,诸葛亮劝说刘备道:"黄忠的名望,不能与关羽、马超相比。现在把他们放在一个行列里,马超、张飞在近处,亲眼看到了他的功劳,尚且还可以说明用意;关羽却是在远处听说,恐怕他会很不高兴的,这样做实在是不行的!"刘备说:"我自然会解释这件事的。"于是把他和关羽等放在一个行列,赐给他爵位为关内侯。第二年黄忠去世,追封他的谥号为刚侯。他的儿子黄叙,很早就去世了,没有后代。

【原文】

赵云字子龙,常山真定人也。本属公孙瓒,瓒遣先主为田楷拒袁绍,云遂随从,为先主主骑。及先主为曹公所追于当阳长阪,弃妻子南走,云身抱弱子[①],即后主也,保护甘夫人,即后主母也,皆得免难。迁为牙门将军。先主入蜀,云留荆州。

先主自葭萌还攻刘璋,召诸葛亮。亮率云与张飞等俱泝江西上,平定郡县。至江州,分遣云从外水上江阳,与亮会于成都。成都既定,以云为翊军将军。建兴元年,为中护军、征南将军,封永昌亭侯,迁镇东将军。五年,随诸葛亮驻汉中。明年,亮出军,扬声由斜谷道,曹真遣大众当之。亮令云与邓芝往拒[②],而身攻祁山。云、芝兵弱敌强,失利于箕谷,然敛[③]众固守,不至大败。军退,贬为镇军将军。

七年卒，追谥顺平侯。

【注释】

①弱子：幼子。

②拒：阻挡。

③敛：收拢。

【译文】

赵云字子龙，是常山真定人。他原来归附在公孙瓒的手下，公孙瓒派刘备代替田楷抵抗袁绍，赵云于是也跟随刘备一起去，为刘备掌管骑兵。等到刘备被曹操追到当阳长阪时，刘备抛弃了妻子儿女向南逃命，赵云抱着刘备的弱子，也就是刘禅，保护甘夫人，也就是刘禅的母亲，使得他们免于灾难。后来封他为牙门将军。刘备到了蜀国，赵云留守荆州。

刘备从葭萌还师攻打刘璋，召见诸葛亮。诸葛亮带领赵云和张飞等一起逆着江水向西而上，平定了各个郡县。到了江州，分别派赵云从外水上江阳，与诸葛亮在成都相会。成都被平定后，任命赵云为翊军将军。建兴元年，赵云担任中护军、征南将军，封永昌亭侯，升为镇东将军。建兴五年，赵云跟随诸葛亮驻守汉中。第二年，诸葛亮出军，传播说自己从斜阳谷道走，曹真在那里安排了大量人马。诸葛亮命令赵云和邓芝一起前往抗拒他，他自己带领军队进攻祁山。赵云、邓芝的军队处于弱势但是敌人很强大，在箕谷失败了，但是他们仍然收拢兵马坚守着，没有遭到很大的损失。军队退回以后，赵云被贬为镇军将军。建兴七年赵云去世，追封谥号为顺平侯。

【原文】

初，先主时，惟法正见谥；后主时，诸葛亮功德盖世，蒋琬、费祎荷国之重，亦见谥；陈祗宠待，特加殊奖，夏侯霸远来归国，故复得谥；于是关羽、张飞、马超、庞统、黄忠及云乃追谥，时论以为荣。云子统嗣，官至虎贲中郎。督行领军。次子广，牙门将，随姜维沓中，临陈战死。

评曰：关羽、张飞皆称万人之敌，为世虎臣①。羽报效曹公，飞义释严颜，并有国士之风②。然羽刚而自矜③，飞暴而无恩，以短取败，理数之常也。马超阻戎负勇，以覆其族，惜哉！能因穷致泰，不犹愈乎④！黄忠、赵云强挚壮猛，并作爪牙，其灌、滕之徒欤？

【注释】

①虎臣：勇猛的臣子。

②国士：国中才能、品质出众的人。

③自矜：骄傲自负。

④愈：通“愉”，愉快。

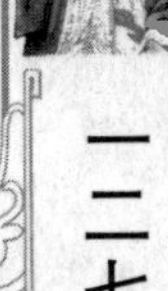

【译文】

当初，刘备在位时，只有法正被授予谥号；后主时，诸葛亮因为功德盖世，蒋琬、费祎担负着国家的重任，也被加封了谥号；陈祗受到恩宠和厚待，对他加以特殊奖赏，夏侯霸从远方来归顺蜀国，也得到了谥号；这时候，关羽、张飞、马超、庞统、黄忠和赵云都被追加了谥号，当时的人认为这是一件很荣耀的事情。赵云的儿子赵统继承了父爵，官职到了虎贲中郎，统领行领军。他的二儿子赵广，做了牙门将，跟随姜维到了沓中，死在战场上。

评论说：关羽、张飞都可以称得上是万人之敌，是当代勇猛的臣子。关羽报答了曹操，张飞讲究仁义释放了严颜，他们都有国士的风范。可是关羽性格刚烈骄傲自负，张飞性情暴虐不知道对部下施恩，都是因为短处招致失败，这也符合道理。马超依靠着少数民族和自身的勇气，导致了全族的覆灭，实在是可惜啊！他们能够因为穷困变得显达，不也是愉快的事情吗！黄忠、赵云意志坚强雄壮果敢，是辅佐君丰的得力助手，他们应该是灌婴、滕公那样的人吧！

【原文】

庞统字士元，襄阳人也。少时朴钝[①]，未有识者。颍川司马徽清雅有知人鉴[②]，统弱冠往见徽[③]，徽采桑于树上，坐统在树下，共语自昼至夜。徽甚异之，称统当南州士之冠冕，由是渐显。后郡命为功曹。性好人伦，勤于长养。每所称述，多过其才，时人怪而问之，统答曰："当今天下大乱，雅道陵迟，善人少而恶人多。方欲兴风俗，长道业，不美其谭即声名不足慕企，不足慕企而为善者少矣。今拔十失五，犹得其半，而可以崇迈世教，使有志者自励，不亦可乎？"吴将周瑜助先主取荆州，因领南郡太守。瑜卒，统送丧至吴，吴人多闻其名。及当西还，并会昌门，陆绩、顾劭、全琮皆往[④]。统曰："陆子可谓驽马有逸足之力，顾子可谓驽牛能负重致远也。"谓全琮曰："卿好施慕名[⑤]，有似汝南樊子昭。虽智力不多，亦一时之佳也。"绩、劭谓统曰："使天下太平，当与卿共料四海之士。"深与统相结而还。

先主领荆州，统以从事守耒阳令，在县不治，免官。吴将鲁肃遗先主书曰："庞士元非百里才也，使处治中、别驾之任，始当展其骥足耳。"诸葛亮亦言之于先主，先主见与善谭，大器之，以为治中从事。亲待亚于诸葛亮，遂与亮并为军师中郎将。亮留镇荆州。统随从入蜀。

【注释】

①朴钝：刀刃不锋利，这里比喻才能未能显露。

②鉴：镜子，引申为洞察力。

③徽：司马徽，人名。

④往：到。

⑤慕名：喜爱。

【译文】

庞统字士元，是襄阳人。他年轻的时候人很质朴驽钝，没有人注意他。颍川的司马徽为人高尚，很有雅量，非常会看人。庞统二十岁左右的时候，去拜见司马徽。恰巧司马徽在树上采摘桑叶，他让庞统坐在树下，他们从白天一直交谈到晚上。庞统让司马徽很吃惊，他认为庞统在南郡士人中是很出众的。从此，庞统渐渐出名了。后来他被郡里委任为功曹。庞统为人讲究人伦规范，尽自己的力量全心全意照顾老人，养育孩子。每当他称赞别人，自己的才能往往超过被称赞的人。当时人们很是不解，就问他，他总是回答说："现在天下不太平，正道衰微被败坏，好人少坏人多。现在最需要的是兴起好的风俗，增强道德观念，不夸赞他们的美德就不足以引起人们美慕景仰，不引起人美慕景仰，那么做好事的人就更少了。现在提拔的人十个中就有五个失当，我们还是能得到一半好人，这一半人就能够使世风教化得到改进，使有志者自我勉励，这样不也可以吗？"吴国将领周瑜帮助刘备夺得荆州之后，就做了南郡太守。周瑜死后，庞统替他送葬到吴国。吴国的人听说庞统人品很好，庞统回国的时候，老百姓都会集到昌门，陆绩、顾劭、全琮都去了。庞统说："陆先生可以说是驽马但是有余力，顾先生就好比是笨牛，可是能够背得动重物前行。"他又对全琮说："您喜欢施舍仰慕声名，就好比汝南郡的樊子昭，虽然不那么聪慧，却也是其中的佼佼者。"陆绩、顾劭对庞统说："要是天下太平的话，我们要和您一起评价天下的名士。"他们直到和庞统结成知己后才肯离去。

刘备在统领荆州时，庞统以从事的身份担任耒阳县令。因为在任上不治理政事被罢免官职。吴国的将领鲁肃给刘备写书信，写道："庞士元不是一个只能治理百里之地的人才，要是让他处在治中、别驾的位置上，才能让他充分施展开才华。"诸葛亮也这样对刘备举荐庞统。刘备于是接见庞统并和他交谈得很好，就很器重他，让他做治中从事，对待他很热情，仅次于诸葛亮。从这以后，庞统和诸葛亮一起做军师中郎将。诸葛亮留守荆州，庞统随着刘备进入蜀国。

【原文】

益州牧刘璋与先主会涪，统进策[①]曰："今因此会，便可执之，则将军无用兵之劳而坐定一州也。"先主曰："初入他国，恩信未著，此不可也。"璋既还成都，先主当为璋北征汉中，统复说曰："阴选精兵，昼夜兼道，径袭成都；璋既不武，又素无预备，大军卒至，一举便定，此上计也。杨怀、高沛，璋之名将，各仗强兵，据守关头，闻数有笺谏璋，使发遣将军还荆州。将军未至，遣与相闻，说荆州有急，欲还救之，并使装束[②]，外作归形[③]；此二子既服将军英名，又喜将军之去，计必乘轻骑来见，将军因此执之，进取其兵，乃向成都，此中计也。退还白帝，连引荆州，徐还图之，此下计也。若沉吟不去，将致[④]大困，不可久矣。"先主然其中计，即斩怀、沛，还向成都，所过辄[⑤]克。于涪大会，置酒作乐，谓统曰："今日之会，可谓乐矣。"统曰："伐人之国而以为欢，非仁者之兵也。"先主醉，怒曰："武王伐纣，前歌后舞，非仁者邪？卿言不当，宜速起出！"于是统逡巡引退。先主寻悔，请还。统复故位，初不顾谢，饮食自若。先主谓曰："向者之论，阿谁为失？"统对曰："君臣俱失。"先主大笑，宴乐如初。

【注释】

①策：计谋。

②装束：装卸整理行装。

③外作归形：表面上装作回去的样子。

④致：招致。

⑤辄：总是，常常。

【译文】

益州的州牧刘璋和刘备在涪县会谈，庞统献策说："趁着这次相会的机会，把他捉起来。那么将军您没有用兵的辛劳但是能稳坐一州。"刘备说："刚到达别人的州郡里，恩德和威信都还没有建立，这样做恐怕是不行的。"庞统又说："暗中挑选良兵，日夜兼程，抄小路偷袭成都；刘璋自己不勇武，也没有任何防备，大军突然来袭，一举就可以平定的，这是上上之策。杨怀、高沛，都是刘璋的名将，各自依据兵强，据守关卡。听说他们多次写信劝谏刘璋，要刘璋打发将军回荆州去。我建议您还没有到达他们的住地时，先派人告诉他们，说荆州发生了急事，马上回去救急，而且让大家打起行装，从表面上看是回荆州的样子；这两个人是很佩服将军的为人的，也很高兴您回去，相信他们一定会坐轻车快马来见您。将军要趁这个机会把他们捉住，把他们的军队招收，然后向成都出兵，这是中策；您退回白帝城，接着带领军队回荆州，慢慢再做打算，这是下策。如果犹豫不定的话，您一定会招来大难的。不能再拖延时间了。"刘备很赞同他的中策。把杨怀、高沛杀了，然后回师转向成都，所经过的地方都攻克下来。在涪县大会师，设酒犒劳军士。对庞统说："今天的聚会可以说是很快乐的！"庞统说："攻打别人的国家却在这作乐，不是仁义军队所为的。"刘备已经喝醉了，愤怒说道："武王伐纣，前歌后舞的，他不是仁者吗？你说的错误，赶紧出去吧！"庞统于是犹豫不定地出去了。没过多久，刘备就后悔了，赶忙请庞统回来。庞统又回到自己的座位上，但是并不低头认罪，照常吃喝。刘备对他说："刚才的事情，到底谁对谁错？"庞统答道："您和我都是有过错的。"刘备大笑，就和开始时一样宴饮，没有芥蒂。

刘璋

【原文】

进围雒县，统率众攻城，为流矢[①]所中，卒，时年三十六。先主痛惜，言则流涕。拜统父议郎，迁谏议大夫，诸葛亮亲为之拜。追赐统爵关内侯，谥曰靖侯。统子宏，字巨师，刚简有臧否[②]，轻傲尚书令陈祗，为祗所抑，卒于涪陵太守。统弟林，以荆州治中从事参镇北将军黄权征吴，值军败，随权入魏，魏封列侯，至钜鹿太守。

【注释】

①流矢：乱箭。

②臧否：善恶，褒贬，这里指敢于褒贬人物。

【译文】

刘备围攻雒县时，庞统率领军队攻打城池，被乱箭所伤而死，死时才三十六岁。刘备非常痛惜，一说起他就大哭不止。他拜庞统的父亲为议郎，后来又升为谏议大夫，诸葛亮亲自为他授官。追赐庞统为关内侯，加封谥号为靖侯。庞统的儿子庞宏，字巨师，性情刚直敢于直言善恶。但是他对尚书令陈祗很轻视傲慢，一直受压制。在涪陵太守的任上他去世了。庞统的弟弟庞林，是以荆州治中从事的身份参加镇北将军黄权征讨东吴的战事的。军队败北之后，他跟随黄权去了魏国，魏国封他做列侯，最后官至钜鹿太守。

【原文】

法正字孝直，扶风郿人也。祖父真，有清节高名[①]。建安初，天下饥荒，正与同郡孟达俱入蜀依刘璋，久之为新都令，后召署军议校尉。既不任用，又为其州邑俱侨客者所谤无行，志意不得。益州别驾张松与正相善，忖[②]璋不足与有为，常窃叹息。松于荆州见曹公[③]还，劝璋绝曹公而自结先主。璋曰："谁可使者？"松乃举正，正辞让，不得已而往。正既还，为松称说先主有雄略，密谋协规，愿共戴奉，而未有缘。后因璋闻曹公欲遣将征张鲁之有惧心也，松遂说璋宜迎先主，使之讨鲁，复令正衔命。正既宣旨，阴献策于先主曰："以明将军之英才，乘刘牧之懦弱；张松，州之股肱[④]，以响应于内；然后资益州之殷富，冯天府之险阻，以此成业，犹反掌也。"先主然之，泝江而西，与璋会涪。北至葭萌，南还取璋。

【注释】

①清节高名：清廉的节操，高尚的名声。

②忖：考虑。

③曹公：曹操。

④股肱：比喻得力的辅助者。

【译文】

法正字孝直，他是扶风郿县人。他的祖父叫法真，本性清廉有气节，名声很好。建安初年，天下闹饥荒。法正和同郡的孟达一起到了蜀国投靠刘璋，过了很长时间才被封作新都令，后来招他做了署军议校尉。法正既不能被重用，又被侨居蜀地的同乡诽谤品行不好，因此他常常不得志。益州别驾张松和法正交情很好，他考虑到自己不足以被刘璋重用，于是常常独自叹息。张松在荆州拜见曹操回来后，他劝谏刘璋和曹操断绝来往而和刘备交好。刘璋说："那么谁可以做使者呢？"张松于是举荐法正，法正推辞，最后不得不去。法正回来以后，对张松大加称赞刘备的雄才大略，他们密谋商定，一起规划，想一起拥护刘备，为他效力，可是苦于没有机会。后来刘璋听说曹操要派将领讨伐张鲁，他心里很害怕。张松于是趁机劝说刘璋应该迎接刘备，让刘备去征讨张鲁。刘璋再次派法正去见刘备。法正说完刘璋的意思后，暗地里向刘备献策说："凭您的才能，可以对刘璋的懦弱的特点加以利用，张松是州里最得力的助手，让他在城里做内应，然后凭借益州的富有，凭借天国的险要，足可以成就一份大业，一切易如反掌啊！"刘备很赞同他的说法。他沿着长江向西而行，与刘璋在涪县会见。向北取得了葭萌，回头向南攻下了刘璋。

【原文】

郑度说璋曰："左将军县军袭我，兵不满万，士众未附，野谷[①]是资，军无辎重[②]。其计莫若尽驱巴西、梓潼民内涪水以西，其仓廪野谷，一皆烧除，高垒深沟，静以待之。彼至，请战，勿许，久无所资，不过百日，必将自走。走而击之，则必禽耳。"先主闻而恶[③]之，以问正。正曰："终不能用，无可忧也。"璋果如正言，谓其群下曰："吾闻拒敌以安民，未闻动民以避敌也。"于是黜[④]度，不用其计。及军围雒城，正笺与璋曰："正受性无术，盟好违损，惧左右不明本末，必并归咎，蒙耻没身，辱及执事，是以损身于外，不敢反命。恐圣听秽恶其声，故中间不有笺敬，顾念宿遇，瞻望悢悢。然惟前后披露腹心，自从始初以至于终，实不藏情，有所不尽，但愚暗策薄，精诚不感，以致于此耳。今国事已危，祸害在速，虽捐放于外，言足憎尤，犹贪极所怀，以尽余忠。明将军本心，正之所知也，实为区区不欲失左将军之意，而卒至于是者，左右不达英雄从事之道，谓可违信黩誓[⑤]，而以意气相致，日月相迁，趋求顺耳悦目，随阿遂指，不图远虑为国深计故也。事变既成，又不量强弱之势，以为左将军县远之众，粮谷无储，欲得以多击少，旷日[⑥]相持。而从关至此，所历辄破，离宫别屯，日自零落。雒下虽有万兵。皆坏陈之卒，破军之将，若欲争一旦之战，则兵将势力，实不相当。各欲远期计粮者，今此营守已固，谷米已积，而明将军土地日削，百姓日困，敌对遂多，所供远旷。愚意计之，谓必先竭，将不复以持久也。空尔相守，犹不相堪，今张益德数万之众，已定巴东，入犍为界，分平资中、德阳，三道并侵，将何以御之？本为明将军计者，必谓此军县远无粮，馈运不及，兵少无继。今荆州道通，众数十倍，加孙车骑遣弟及李异、甘宁等为其后继。若争客主之势，以土地相胜者，今此全有巴东，广汉、犍为，过半已定，巴西一郡，复非明将军之有也。计益州所仰惟蜀，蜀亦破坏；三分亡二，吏民疲困，思为乱者十户而八；若敌远则百姓不能堪役，敌近则一旦易主矣。广汉诸县，是明比也。又鱼复与关头实为益州福祸之门，今二门悉开，坚城皆下，诸军并破，兵将俱尽，而敌家数道并进，已入心腹，坐守都、雒，存亡之势，昭然可见。斯乃大略，其外较耳，其余屈曲，难以辞极也。以正下愚，犹知此事不可复成，况明将军左右明智用谋之士，岂当不见此数哉？旦夕偷幸，求容取媚，不虑远图，莫肯尽心献良计耳。若事穷势迫，将各索生，求济门户，展转反覆，与今计异，不为明将军尽死难也。而尊门犹当受其忧。正虽获不忠之谤，然心自谓不负圣德，顾惟分义，实窃痛心。左将军从本举来，旧心依依，实无薄意。愚以为可图变化，以保尊门。”

【注释】

①野谷：民间收集的粮食。

②辎重：军用物资。

③恶：忧虑，担心。

④黜：贬斥，罢免。

⑤黩誓：违背誓言。黩，轻慢不敬，这里指不履行盟誓。

⑥旷日：长期。

【译文】

郑度劝说刘璋说：“左将军刘备只身来袭击我军，他们的兵力还不到一万，兵士和百姓都没有归顺他，他要靠从民间征集粮食，军队缺兵少食，没有物质基础。应对他不如驱赶巴西、梓潼的百姓到涪水以西的地方，然后把原来的粮仓都烧毁，筑起高高的堡垒，挖出深深的壕沟，静候他们的到来。只要他一来和我们请战，我们不必出战，因为他们没有物质储备，过不了一百天就会自己逃回去的。只要他们逃跑我们就出击，一定会捉拿住他们的。”刘备听说后非常讨厌郑度，问法正有没有这件事。法正说：“最终不会用郑度之计，不用担心。”刘璋果然像法正说的那样，对下属说：“我听说过通过抵抗敌人来保护百姓的，没听说过靠驱赶百姓来打败敌人的。”于是罢免郑度，不再用他的计策。刘备的军队围攻雒城时，法正给刘璋写信道：“法正我天生没什么能耐，现在盟誓的关系已被破坏，我担心你身边的人不明白事情的原委，一定会把所有的罪过归到我身上，使我蒙受耻辱断送性命，连累你一起受到侮辱，倒不如我一个人出来，不敢再返回去了。我还怕您听到污秽的声音，所以这段时间我没有给您写信表示敬意。我还挂念过去的交情，我远远地看着城府惆怅万分。可是我思前想后还是把我自己的心思和您说清楚吧；从开始跟随您到现在，我实在没有对您隐瞒什么，我所想的都彻底和您说了。只是我生性愚钝，才识浅薄，精诚没有感动您，所以才会到了今天这样。现在的国家形势已经很危急了，祸患就在眼前，虽然我是个放逐在外的人，我说的话足以使人憎恶、怨恨，但是我还是想把我的心里话说出来，来尽我最后的忠心。法正我是明白您的心意的，这就是我小心翼翼不想失去左将军的原因。只不过您身边的人不懂得为人处世的原则，他们以为做人是可以背信弃义,违背誓言的,人和人交往是靠意气相投,随着时间的深入,大家都追求顺耳之言,喜欢悦耳之事,喜欢随声附和顺从意旨,这恰恰就是不顾及将来只考虑眼前,不为国家作长远打算的缘由。现在事变已经发生了,却不能正确估算强弱的形势。只是认为左将军刘备孤军远征,没有储备足够的粮草,就想靠自己粮草足备,兵力多跟他打持久战。却没有想到从白水关到这里,只要是刘备经过的地方都被攻破了,帝王的行宫和军营都已经破败了。雒县虽然还有上万的兵力,但他们都是被打败的败兵、败将。要是真要决战,那么双方的兵将的实力是相差很远的。要是从长久相持需要粮食储备来说,现在这里已经加固了战垒,储备了足够的粮食,可是您的领地却日益减少,百姓也越来越穷,敌对的势力就会越来越强大,百姓对您的供给也不会及时跟上。据我认为,先弹尽粮绝的是您而不是刘备,您先不能打持久战。这种白地相持,您还不能坚持,况且张飞已经带领数万兵力平定了巴东郡,进入了犍为郡的地界,又兵分三路平定了资中、德阳,您凭什么能抵御他们呢?原来为将军您出谋划策的那个人肯定会说这支军队是孤军奋战没有足够的粮食,供给又跟不上,兵力得不到及时补充。可是现在到荆州的路已经被打通了,人马也增加了数十倍,再加上孙权派他的弟弟和李异、甘宁等在后面援助刘备。要是还要考虑两军攻守的形势,靠土地决定胜负的话,刘备现在已经占据了巴东郡,广汉、犍为两郡他们已经平定了一半,巴西一郡,也不再是明将军的领地了。我认为益州现在唯一依靠的是蜀郡,但是蜀郡也已经被攻破了。三分土地已经失去了两分,无论官吏还是百姓都十分困顿,想造反的百姓有十之八九,如果到远处攻打敌人,没有一个百姓愿意为军队运送粮食,等到敌人临近了,百姓又会不用一个早上就更换了主人了。一个最有说服力的例子就是广汉郡各县。再加上鱼复和关头实在是益州因祸得福的门户,现在这两个地方的城门已经打开,城池被攻下,所有的军马都被拿下,但是敌军却兵分好几路来了,并且深入到蜀地的心腹地带,您虽然坚守成都、雒县两地,存亡的形势已经很明了了。这里我只是想说一个大体的情况,其他的细节之处,一时半会儿是说不完的。我这么愚笨的人还知道这件事不会再成功,何况将军本身和身边的人都很聪明,足智多谋,难道还没看出来这种命运吗?每天只知道苟且偷生,得过且过,献媚讨好获得一个容身之地,却不能为您做长远打算,不肯尽心献良策。他们要是到了紧要关头,又会只顾自己求生,保全自己的门户,他们会反复无常,做出不同的打算,更不会为将军尽忠,可是您一家还是要承受这些忧虑的啊!我的想法虽然蒙受了很多人的误解和诽谤,但是我还是顾念您和我的情意和名分的,我还是很痛心您现在的遭遇。左将军刘备打这次从根本上来解决问题的举动来看,还是十分念旧情的,没有薄情的意思。我还是认为您可以考虑改变一下主意,使得您的家室得以保存。"

【原文】

十九年,进围成都,璋蜀郡太守许靖将逾[1]城降,事觉,不果。璋以危亡在近,故不诛靖。璋既稽服[2],先主以此薄[3]靖不用也。正说曰:"天下有获虚誉而无其实者,许靖是也。然今主公始创大业,天下之人不可户[4]说,靖之浮称,播流四海[5],若其不礼,天下之人

以是谓主公为贱贤也。宜加敬重，以眩远近，追昔燕王之待郭隗。”先主于是乃厚待靖。以正为蜀郡太守、扬武将军，外统都畿，内为谋主。一餐之德，睚眦之怨，无不报复，擅杀毁伤己者数人。或谓诸葛亮曰：“法正于蜀郡太纵横，将军宜启主公，抑其威福。”亮答曰：“主公之在公安也，北畏曹公之强，东惮孙权之逼，近则惧孙夫人生变于肘腋之下；当斯之时，进退狼跋，法孝直为之辅翼，令翻然翱翔，不可复制，如何禁止法正使不得行其意邪！”初，孙权以妹妻先主，妹才捷刚猛，有诸兄之风，侍婢百余人，皆亲执刀侍立，先主每入，衷心常凛凛；亮又知先主雅爱信正，故言如此。

【注释】

①逾：越过。
②稽服：稽首降服。
③薄：鄙视，轻视。
④户：这里指挨家挨户。
⑤四海：全中原地区。

【译文】

建安十九年(214)，刘备围攻成都，璋蜀郡太守许靖打算越城投降，事情被识破了，没有成功。因为这是在生死存亡之际，刘璋没有杀许靖。等到刘璋投降之后，刘备因为这件事瞧不起许靖，许靖得不到重用。法正劝说刘备道：“天下有很多有虚名但是没什么实际作用的人，许靖就是这样的人。可是现在您是刚开始创建大业，很多事情是不能逐户向天下人解释的。许靖这人在天下还是很有名声的，如果传出去您对他不能以礼相待的话，天下的人都会说您轻视贤才。您应该对他加以敬重，使天下的人被迷惑住，您应仿照燕王厚待郭隗的做法。”刘备因此对许靖很好。他任命法正做蜀郡太守、扬武将军，对外主管京都地区，对内担当重要的谋士。法正对别人给他一顿饭的恩惠和给一瞪眼的仇恨没有不报的，还擅自杀死好几个曾经中伤自己的人。有人对诸葛亮说：“法正在蜀郡实在太骄横了，将军您应该禀告主公，打压他的作威作福。”诸葛亮回答说：“主公在公安时，北面有曹操的强大，东面担心孙权的逼迫，又担心孙夫人在身边发生事变，这个时候，真是进退两难，只有法孝直能为他出谋划策，使他能够翻飞翱翔，使他免于受到别人的牵制，怎么可以禁锢法正不让他干自己想干的事情呢？”当初，孙权把自己的妹妹嫁给了刘备，孙权的妹妹为人才思敏捷，刚强英武，集她的各位长兄的特点于一身，身边有奴婢一百多人，都亲自拿着兵器侍立。刘备每次入宫，都心惊胆战的。诸葛亮很了解刘备喜爱法正才说出这番话。

【原文】

二十二年，正说先主曰：“曹操一举而降张鲁，定汉中，不因此势以图巴、蜀，而留夏侯渊、张郃屯守，身遽[①]北还，此非其智不逮[②]而力不足也.必将内有忧逼故耳。今策[③]渊、郃

才略，不胜国之将帅，举众往讨，则必可克。克之之日，广农积谷，观衅伺隙，上可以倾覆寇敌，尊奖王室，中可以蚕食雍、凉，广拓境土，下可以固守要害，为持久之计。此盖天以与我，时不可失也。”先主善其策[④]，乃率诸将进兵汉中，正亦从行。二十四年，先主自阳平南渡沔水，缘山稍前，于定军兴势作营。渊将兵来争其地。正曰：“可击矣。”先主命黄忠乘高鼓噪攻之，大破渊军，渊等授首。曹公西征，闻正之策，曰：“吾故知玄德不办有此，必为人所教也。”

【注释】

①遽：仓促。

②逮：至。

③策：估计。

④策：谋略。

【译文】

建安二十二年(217)，法正劝说刘备：“曹操一下子就使得张鲁投降于他，平定了汉中，可是却没有乘胜攻打巴蜀，而是留下夏侯渊、张郃驻守汉中，然后匆忙返回北方，这并不是他计谋不足兵力不够，一定是有内部的忧患使得他不得不这样。现在的夏侯渊、张郃的才能和智谋与我国的将帅是不能相比的，要是您能带领军队去讨伐他，那一定会成功的。您在那里可以扩大农耕，储备军粮，上可以等待机会把敌人一举消灭，使汉室得到尊崇和辅助；中可以逐步占据雍、凉两州，扩大国土，下可以坚守要害之地，做长久的打算。这真是天赐良机啊，这种时机不能失去啊！”刘备很赞成他的这个计策，于是率领军队进军汉中，法正也随军前行。建安二十四年(219)，刘备从阳平关南渡沔水，沿着山势一步步前进，在定军山安营扎寨。夏侯渊率领军队来争夺这个地方。法正说：“是出击的时候了！”刘备让黄忠登上高地擂鼓呐喊向敌人进攻，把夏侯渊一举打败了，夏侯渊等人被斩首。这时候，曹操正在西征，听说法正的计策后说：“我就知道刘备想不出这样的计谋，肯定是别人给他出的主意。”

【原文】

先主立为汉中王，以正为尚书令、护军将军。明年[①]卒，时年四十五。先主为之流涕者累日[②]。谥曰翼侯。赐子邈爵关内侯，官至奉车都尉、汉阳太守。诸葛亮与正，虽好尚不同，以公义相取。亮每奇[③]正智术。先主既即尊号，将东征孙权以复关羽之耻，群臣多谏，一不从。章武二年，大军败绩，还住白帝。亮叹曰：“法孝直若在，则能制主上，令不东行；就复东行，必不倾危矣。”

评曰：庞统雅好人流，经学思谋，于时荆、楚谓之高俊。法正著见成败，有奇画策算，然不以德素称也。拟之魏臣，统其荀彧之仲叔，正其程、郭之俦俪邪？

【注释】

①明年:第二年。

②累日:数日。

③奇:认为很奇妙。

【译文】

刘备在汉中自立为王时,他封法正做尚书令、护军将军。第二年,法正去世,年仅四十五岁。刘备非常伤心难过了好几天。追封他的谥号为翼侯,赐他儿子法邈为关内侯,官至奉车都尉、汉阳太守。诸葛亮和法正两个人虽然各自的喜好和崇尚的东西不一样,但是都能从国家利益出发互补长短。诸葛亮常常对法正的计谋暗暗称奇。刘备称帝之后,打算向东征讨孙权来报关羽的耻辱,大臣们都劝谏他,可是刘备还是一意孤行。章武二年(222),刘备大败,回到了白帝城。诸葛亮叹息说:"要是法孝直还在世的话,肯定能劝住主公,能够阻止他东行的;即使是东行也不会导致国家运势衰微的。"

评论说:庞统非常喜欢人伦,研究经学,出谋划策,在当时荆楚一带是一位才智出众的奇才。法正能够成功地预见成败,能够有很多出奇的谋略,然而历来不是因为品德好受到别人称颂的。把他们和魏国的大臣相比,庞统应该和荀彧是相当的,法正大概是程昱、郭嘉那一类的人吧!

【原文】

简雍[①],字宪和,涿郡人也。为昭德将军。时天旱禁酒,酿者有刑。吏于人家索得酿具[②],论者欲令与作酒者同罚。雍从先主游观[③],见一男子行道,谓先主曰:"彼人欲行淫,何以不缚[④]?"先主曰:"卿何以知之?"雍对曰:"彼有淫具,与欲酿者同。"先主大笑,而原[⑤]欲酿者。

【注释】

①简雍:字宪和。年少时与刘备相识。公元184年,刘备加入对抗黄巾军的战争,简雍跟随他奔走,擅于辩论、议事。为人性情简单直接、不拘小节。

②酿具:酿酒的器具。

③游观:游逛观览。

④缚:捆绑。

⑤原:宽恕;原谅。

【译文】

简雍,字宪和,涿郡人。为昭德将军。当时天旱缺粮,朝廷下令禁酒,酿酒者要被判刑。官吏在一人家中搜查出酿酒的器具,议事者想判处他与酿酒者同样的刑罚。简雍随先主出外游览，看到路上有一男子在行走，就对先主说："那个人想进行淫乱，为什么不抓起来？"先主说："您怎么知道？"他回答说："他有行淫的器官（就会行淫）。就像人家中藏有酿酒器具就会酿酒一样。"先主听了大笑，从而赦免了藏有酿酒器具的人。

【原文】

董和[①]，字幼宰，南郡[②]人也。先主定蜀，与诸葛亮并署[③]大司马[④]府事，献可替否[⑤]，共为欢交[⑥]。死之日，家无儋石之贮[⑦]。亮后为丞相，教[⑧]与群下曰："夫参署[⑨]者，集众思[⑩]、广忠益[⑪]力。若远小嫌[⑫]，难相违覆，旷阙损矣[⑬]。违覆而得中[⑭]，犹弃弊蹻[⑮]而获珠玉也。然人心苦不能尽，唯徐元直处兹不惑[⑯]，又董幼宰参署七年，事有不至[⑰]，至于十反，来相启告[⑱]。苟能慕[⑲]元直之十一、幼宰之殷勤[⑳]，有忠于国，则亮可少过矣。"又曰："昔初交州平，屡闻得失，后交元直，勤见启诲[㉑]，前参事[㉒]于幼宰，每言则尽，后从事于伟度[㉓]，数有谏止[㉔]。虽姿性鄙暗[㉕]，不能悉纳，然与此四子终始好合，亦足以明其不疑于直言也。"其追思和如此。伟度者，姓胡，名济，义阳[㉕]人也。为亮主簿[㉖]，有忠荩[㉗]之效，故见褒述[㉘]。

【注释】

①董和：生卒年不详，字幼宰，南郡枝江（今湖北枝江）人。起初在益州牧刘璋手下为官，历任牛鞞、江原长，成都县令。公元214年，刘备入主益州，征董和为掌军中郎将，与诸葛亮一起署理左将军大司马府的政务，二人相交甚欢。董和为官二十多年，在外治理边远地区，在内执掌机要权衡。至死，家中无多余之财。

②南郡：郡名。秦置，湖北旧荆州、安陆、汉阳、武昌、黄州、德安、施南诸府及襄阳境皆其地，治江陵（今荆州市）。

③署：署理（暂时代理）；兼摄。

④大司马：官名。汉武帝罢太尉置大司马。东汉初为三公之一，旋改太尉，末年又别置大司马。魏晋为上公之一，位在三公之上。蜀汉的大司马位在大将军之上。

⑤献可替否：进献可行者，废去不可行者。谓对君主进谏，劝善规过。亦泛指议论国事兴革。语出《左传·昭公二十年》："君所谓可而有否焉，臣献其否以成其可。君所谓否而有可焉，臣献其可以去其否。"

⑥欢交：欢悦之交。

⑦儋石之贮：犹言少量的财富。

⑧教：文体的一种。为官府或长上的告谕。

⑨参署：谓为官。多指代理、暂任或试充官职。

⑩众思：多数人的意思。

⑪忠益：尽忠报效的益处。

⑫远小嫌：远，避开。小嫌，小仇隙；小嫌疑。

⑬难相违覆，旷阙损矣：卢弼注引胡三省曰："违，异也；覆，审也。难于违异，难于覆审，则事有旷阙损矣。"

⑭得中：适当，适宜。

⑮弊蹻：破旧的草鞋。喻极无价值之物。蹻，音决。

⑯不惑：遇事能明辨不疑。

⑰至：得当，恰当。

⑱启告：告知。

⑲慕：仿效。

⑳殷勤：情意恳切。

㉑启诲：开导教诲。

㉒参事：参核其事；参与其事。

㉓伟度：即胡济，荆州义阳人，初为诸葛亮主簿，做事忠诚尽责，曾多次对诸葛亮提出谏言，官至骠骑将军。

㉔谏止：劝阻。

㉕姿性鄙暗：姿性，天资，禀赋。鄙暗，鄙陋昏昧。

㉖义阳：地名。约在今河南省信阳市。

㉗主簿：官名。汉代中央及郡县官署多置之。其职责为主管文书，办理事务。至魏晋时渐为将帅重臣的主要僚属，参与机要，总领府事。此后各中央官署及州县虽仍置主簿，但任职渐轻。

㉘忠荩：犹忠诚。荩，音进。

㉙褒述：谓记述其功德予以表彰。

【译文】

董和，字幼宰，南郡（今枝江市）人。先主平定益州后，他与诸葛亮一起掌理大司马府的事务，进献合理的建议，废去不可行的做法，两人相处得非常愉快。他去世的时候，家中连少量的积蓄也没有。诸葛亮后来出任丞相，告谕他的属下说："为官者就是要集中大家的意见，广泛采纳有益于国家的建议。如果为了避免与别人发生小的矛盾，而难以提出不同的意见，也不能反复审核，那么政事就会有所失误和损失。听取不同意见而能得出正确的结论，就如同扔掉破草鞋而获得珍珠美玉一样。然而人们内心的想法很难全部说出来。唯有徐元直在这种情况下能够不迟疑，还有董幼宰，参与处理政务七年，看到事情有不妥之处，甚至会往返十次前来禀告说明。如果我们能效法徐元直精神的十分之一，学习董幼宰的恳切尽职，效忠于国家，那我就可以少犯过失了。"又说："过去我初与崔州平交往，屡次听到他指出我的过失；后来又与徐元直交往，常常受到他的启发和教诲；此前与董幼宰共事，他每次进言时都是毫无保留；此后又与胡伟度共事，他也多次对我进行劝阻。虽然我的资质鄙陋愚昧，不能全部采纳他们的意见，但是与这四人始终保持着友好关系，这也足以表明他们对我的直言规劝没有任何犹豫了。"诸葛亮就是这样的怀念董和。（伟度，即胡济，义阳人。曾担任诸葛亮的主簿，因在任时忠心耿耿，尽心尽力辅佐丞相，所以在这里受到表扬赞赏。）

【原文】

允[1],字休昭,和子也。迁为侍中[2],甚尽匡救[3]之理,后主严惮[4]之。后主渐长大,爱宦人黄皓[5],皓便辟[6]佞[7]谄[8],欲自容入,允常上则正色[9]匡主,下则数责于皓。皓畏允,不敢为非。终允之世,皓位不过黄门丞[10]。陈祗[11]代允为侍中,与皓互相表里[12],皓始预[13]政事。祗死后,皓从黄门令为中常侍[14]、奉车都尉[15],操弄威柄[16],终至覆国[17],蜀人无不追思允。

【注释】

①允:董允(?~公元246年),字休昭,南郡枝江(今湖北枝江)人。蜀汉官员,董和之子。初为太子舍人。刘禅嗣位,迁黄门侍郎。不久迁侍中,领虎贲中郎将,统宿卫亲兵。董允对后主常诤谏。时后主宠宦官黄皓,允不但正色匡主,而且数责皓。皓畏允,允在世时不敢为非作歹。延熙七年(公元244年),以侍中守尚书令,为大将军费祎的副手。九年,卒。

②侍中:古代职官名。秦始置,两汉沿置,为正规官职外的加官之一。因侍从皇帝左右,出入宫廷,与闻朝政,逐渐变为亲信贵重之职。

③匡救:扶正补救。

④严惮:畏惧,害怕。

⑤黄皓:蜀国宦官。为人便辟佞慧,甚得后主喜爱。董允为黄门侍郎、侍中时,数责于皓。皓畏之,不敢为非。终允之世,皓位不过黄门丞。延熙九年(公元246年)允卒,陈祗为侍中,与皓互相表里,皓始预政事。景耀元年(公元258年),祗卒,皓从黄门令为中常侍、奉车都尉,始操弄威柄,独专国政。及邓艾至蜀,闻皓奸险,收闭,将杀之。皓厚赂艾左右,得免。

⑥便辟:谄媚逢迎。

⑦佞:轻慢,轻贱。

⑧谄:奉承,献媚。

⑨正色:严肃的神色。

⑩黄门丞:西汉少府属官有此职,东汉因之。黄门令之佐吏有丞、从丞各一人。

⑪陈祗(?~公元258年):字奉宗,汝南(今平与)人。少孤,弱冠知名。稍迁至选曹郎,矜厉有威容。多技艺,挟数术,费祎甚异,董允卒,越级拔祗继允为侍中。吕乂卒,以侍中守尚书令,加镇军将军。后主刘禅颇宠之,祗与黄皓互为表里,权重于姜维。卒谥"忠侯"。

⑫表里:谓呼应。

⑬预:参与。

⑭中常侍:官名。西汉时仅有虚衔,多为皇帝爱幸之宦臣,无定员,凡列侯、将军、卿大夫等,得此加衔,可出入禁中。始称"常侍"或"常侍郎"。元帝时改称中常侍。东汉时

中常侍已非加官，而成为有具体执掌的官职。

⑮奉车都尉：官名。汉武帝元鼎二年（公元前115年）置，秩比二千石，掌御乘舆车。

⑯操弄威柄：操弄，把持玩弄。威柄，威权，权力。

⑰覆国：亡国。

【译文】

董允，字休昭，董和之子。升任侍中，很能尽到匡正补救的职责，后主很敬畏他。后主逐渐长大，宠爱宦官黄皓。黄皓善于逢迎谄媚，一心想取悦后主以求得进身。董允常常对上严肃的匡正后主，对下则多次斥责黄皓。黄皓害怕董允，不敢为非作歹。董允在世时，黄皓的官位最高也不过是黄门丞。陈祗代替董允为侍中后，与黄皓内外勾结，黄皓开始参与政事。陈祗死后，黄皓从黄门令升任中常侍、奉车都尉，操纵权柄，终于导致国家灭亡。蜀国人没有不怀念董允的。

【原文】

张裔[①]，字君嗣，蜀郡[②]人也。丞相亮以为府长史[③]，常称曰："公[④]赏不遗远[⑤]，罚不阿[⑥]近，爵不可以无功取[⑦]，刑不可以势[⑧]贵免，此贤愚之所以佥[⑨]忘其身者也。"

【注释】

①张裔（公元165年～公元230年）：字君嗣，蜀郡成都人。刘璋时，举孝廉，为鱼复长，还州署从事，领帐下司马。先主以裔为巴郡太守，还为司金中郎将，典作农战之器。后丞相诸葛亮以张裔为参军，又领益州治中从事。加辅汉将军，领长史如故。建兴八年（公元230年）卒。

②蜀郡：秦灭古蜀国，始置蜀郡。汉仍其旧，辖境包有今四川省中部大部分，治所在成都。

③府长史：丞相属官。丞相府中长史有二人，征战时一人随军出征，一人留在府中处理日常政务。留在府中的称为留府长史，权力极大。诸葛亮屯汉中时，以杨仪随军，而张裔留守丞相府。

④公：指诸葛亮。

⑤遗远：谓遗弃关系疏远者。

⑥阿：徇私，偏袒。

⑦取：得到，招致。

⑧势：权力，权势。

⑨佥：音千，都；皆。

【译文】

张裔，字君嗣，蜀郡（今成都市）人。丞相诸葛亮任他为丞相府长史。他常称赞诸葛亮说："诸葛公奖赏时不遗漏关系疏远的人，惩罚时不袒护亲近的人；没有功劳的人不可以取得爵位，权势显贵的人也不会免掉应受的刑罚。这就是不论贤愚都能忘我为国效劳的原因啊！"

【原文】

蒋琬[①]，字公琰，零陵[②]人也。随先主入蜀，除[③]广都长[④]。先主尝因游观奄[⑤]至广都，众事不理，时又沉醉，先主大怒，将加罪戮[⑥]。诸葛亮请曰："蒋琬，社稷之器[⑦]，非百里之才。其为政以安民为本，不以修饰[⑧]为先。愿公重加察之[⑨]。"先主雅[⑩]敬亮，但免官而已。亮每言："公琰托志[⑪]忠雅[⑫]，当与吾共赞[⑬]王业[⑭]者也。"密表后主："臣若不幸[⑮]，后事宜以付琬。"亮卒，琬为尚书令，迁大将军，录尚书事。时新丧元帅，远近危竦[⑯]。琬出类拔萃[⑰]，处群僚之右[⑱]，既无戚容[⑲]，又无喜色，神守举止[⑳]，有如平日，由是众望渐服。加[㉑]大司马。

【注释】

①蒋琬（？～公元246年）：琬，音晚。字公琰，零陵湘乡人。三国时期著名政治家。初随刘备入蜀，诸葛亮卒后封大将军，录尚书事，封安阳亭侯，旋受命开府，加大司马，辅佐刘禅，总揽蜀汉军政，统兵御魏。采取闭关息民政策，国力大增。延熙九年病卒，谥号"恭侯"。

②零陵：郡名。汉武帝元鼎六年（公元前111年），置零陵郡；东汉末年属荆州，郡治泉陵县（今湖南省永州市零陵区）。

③除：拜官，授职。

④广都长：广都县长。汉武帝元朔二年（公元前127年），置广都县（四川双流区华阳镇古城村），属蜀郡。

⑤奄：忽然，突然，骤然。

⑥罪戮：罪诛（以罪处死）。

⑦社稷之器：国家的栋梁之材。

⑧修饰：指讲究外表、形式。

⑨重加察之：卢弼注引胡三省曰："言再三加察也。"

⑩雅：平素，素来。

⑪托志：寄托情志。

⑫忠雅：忠正高雅。

⑬赞：帮助，辅佐。

⑭王业：帝王之事业。谓统一天下，建立王朝。

⑮不幸：此特指死。

⑯危竦：《三国志·蒋琬传》原文作"危悚"。危悚，危惧。

⑰出类拔萃：拔，超出，类，同类，萃。原为草丛生的样子，引申指同类丛聚。后以"出

类拔萃”形容卓越出众，不同一般。

⑱右：古代崇右，故以右为上，为贵，为高。

⑲戚容：忧伤的容色。

⑳神守举止：神守，犹神情。举止，行动；举动。

㉑加：使居其位，担任。

【译文】

蒋琬，字公琰，零陵郡(今湘乡市)人。蒋琬随先主进入益州，担任广都县长。先主曾经借游览的机会突然来到广都县，看到众多公务都未处理，蒋琬当时又喝得大醉，先主大怒，要把他治罪处死。诸葛亮请求说：“蒋琬是国家的栋梁之材，不是当县官的人物。他处理政务以安民为本，不讲究表明的形式，希望主公对他重新加以考察。”先主素来敬重诸葛亮，所以只是罢免了他的官职而已。诸葛亮常说：“公琰心志忠正高雅，是和我共同辅佐帝王大业的人。”又秘密上奏后主说：“臣若有不幸，以后的国事应该托付给蒋琬。”诸葛亮去世后，蒋琬任尚书令，不久升任大将军，录尚书事。当时蜀国刚刚丧失统帅，远近之人都感到危惧。蒋琬德才出众，位居百官之上，既没有忧伤的表情，也没有喜悦的神色，神态举止和平时一样，因此众人对他逐渐信服了。后来加封蒋琬为大司马。

【原文】

东曹掾[1]杨戏，素性简略[2]，琬与言论，时不应答。或欲构[3]戏于琬曰：“公与戏语而不见应，戏之慢上，不亦甚乎！”琬曰：“人心不同，各如其面。面从后言[4]，古人之所诫也[5]。戏欲赞吾是邪，则非其本心；欲反吾言，则显吾之非。是以默然，是戏之快[6]也。”又督农[7]杨敏曾毁琬曰：“作事愦愦[8]，诚非及前人。”或以白琬，主者[9]请推治[10]敏，琬曰：“吾实不如前人，无可推也。”主者重据(据疑请)听不(听不字倒)推，则乞问其愦愦之状。琬曰：“苟其不如，则事不当理[11]。事不当理，则愦愦矣。复何问邪？”后敏坐事[12]系狱[13]，众人犹惧其必死，琬心无适莫[14]，得免重罪[15]。

【注释】

①东曹掾：汉制，丞相、太尉自辟掾吏分曹治事，有东曹掾，秩比四百石，月五十斛，初出督为刺史，后来主二千石长吏及军吏的迁除。三国因之。掾，官府中佐助官吏的通称。

②简略：疏阔。

③构：构陷，诬陷。

④面从后言：面从，谓当面顺从。后言，背后訾议。

⑤古人之所诫也：卢弼注引胡三省曰：“尚书舜、禹君臣之相告诫，其言曰：汝无面从，退有后言。”

⑥快：直爽，爽快。

⑦督农：卢弼注引胡三省曰：“督农，犹魏、吴之典农也。”

⑧愦愦：音愧，昏庸，糊涂。
⑨主者：主管人。
⑩推治：审问治罪。推，审问，推究。
⑪当理：合理。
⑫坐事：因事获罪。
⑬系狱：囚禁于牢狱。
⑭适莫：指用情的亲疏厚薄。
⑮重罪：死刑。

【译文】

东曹掾杨戏，一向性情疏阔，蒋琬和他谈论事情，有时他却不回答。有人想在蒋琬那儿诬陷杨戏，说："您与杨戏谈话却得不到回应，杨戏对上司的怠慢，不是太过分了吗？"蒋琬说："人的想法不同，就像人的面貌各不相同一样；当面顺从而背后非议，这是古人所警诫的事。杨戏要是称赞我说得对，那不是他的本心；想要反驳我的话，又会显出我的不对，所以他才沉默不语，这正是杨戏的爽快之处啊！"又有督农杨敏曾诋毁蒋琬说："做事糊涂，真是比不上他的前任。"有人把这话报告蒋琬，主管官员请求对杨敏审问治罪，蒋琬说："我确实不如前人，没有什么可追究的。"主办官员再次请求，即使不追究治罪，也希望查问杨敏说蒋琬做事糊涂的证据。蒋琬说："如果说不如前任，就是办事不够合理；办事不够合乎理，就是糊涂啊！还有什么可问的呢？"后来杨敏因事获罪被关进牢狱，众人则担心他必死无疑，然而蒋琬在处理这件事时却毫无偏见，杨敏得以免除死刑。

吴志

【原文】

孙权字仲谋。兄策既定诸郡，时权年十五，以为阳羡长。郡察孝廉，州举茂才①，行②奉义校尉。汉以策远修职贡，遣使者刘琬加锡命。琬语人曰："吾观孙氏兄弟虽各才秀明达，然皆禄祚不终，惟中弟孝廉，形貌奇伟，骨体不恒③，有大贵之表，年又最寿，尔试识之。"

【注释】

①茂才：秀才，东汉的时候，为了避光武帝刘秀讳，改称茂才。
②行：代理职位。
③不恒：不平常，不平凡。

【译文】

孙权，字仲谋。他的兄长孙策平定了江南数郡，当时孙权只有十五岁，孙策任命他为阳羡县长。当地的郡守举荐他为孝廉,刺史推举他为秀才,试用他为奉义校尉。汉王朝认为孙策虽然远在江南地区,但是却能执行职责的礼数,向朝廷进贡品,于是派遣刘琬为使者去孙策所在地颁发给他爵服等赏品的命令。刘琬回来后对别人说:"在我看来,孙家几个兄弟,每个都很出色,才能出众,聪慧、豁达,可是寿命都不长。只有二弟孝廉,体形高大伟岸,相貌堂堂,有享大福大贵的仪表,而且寿命最长。你们可以记住我说的这些话。"

【原文】

二十五年年春正月,曹公薨,太子丕代为丞相魏王,改年为延康。秋,魏将梅敷使张俭求见抚纳。南阳阴、酂、筑阳、山都、中庐五县民五千家来附。冬,魏嗣王称尊号,改元为黄初。二年四月,刘备称帝于蜀。权自公安都鄂,改名武昌,以武昌、下雉、寻阳、阳新、柴桑、沙羡六县为武昌郡。五月,建业言甘露[①]降。八月,城武昌,下令诸将曰:"夫存不忘亡,安必虑危,古之善教[②]。昔隽不疑汉之名臣,于安平之世而刀剑不离于身,盖君子之于武备,不可以已。况今处身疆畔,豺狼交接,而可轻忽不思变难[③]哉?顷[④]闻诸将出入,各尚谦约[⑤],不从人兵,甚非备虑爱身之谓。夫保己遗名,以安君亲,孰与危辱?宜深警戒,务崇其大,副孤意焉。"自魏文帝践阼,权使命称藩,及遣于禁等还。十一月,策命权曰:"盖圣王之法,以德设爵,以功制禄;劳大者禄厚,德盛者礼丰。故叔旦有夹辅之勋,太公有鹰扬之功,并启土宇,并受备物[⑥],所以表章元功[⑦],殊异[⑧]贤哲也。近汉高祖受命之初,分裂膏腴[⑨]以王八姓,斯则前世之懿事[⑩],后王之元龟也。朕以不德,承运革命,君临万国,秉统天机,思齐先代,坐而待旦。惟君天资忠亮,命世作佐,深睹历数[⑪],达见废兴,远遣行人,浮于潜汉。望风影附,抗疏称藩,兼纳纤[⑫]絺南方之贡,普遣诸将来还本朝,忠肃内发,款诚外昭,信著金石,义盖山河,朕甚嘉焉。今封君为吴王,使使持节太常高平侯贞,授君玺绶策书、金虎符第一至第五、左竹使符第一至第十,以大将军使持节督交州,领荆州牧事,锡君青土,苴以白茅,对扬[⑬]朕命,以尹东夏。其上故骠骑将军南昌侯印绶符策。今又加君九锡,其敬听后命。以君绥安东南,纲纪江外,民夷安业,无或携贰,是用锡君大辂、戎辂各一,玄牡二驷。君务财劝农,仓库盈积,是用锡君衮冕之服,赤舄副焉。君化民以德,礼教兴行,是用锡君轩县之乐。君宣导休风,怀柔百越,是用锡君朱户以居。君运其才谋,官方[⑭]任贤,是用锡君纳陛以登。君忠勇并奋,清除奸慝,是用锡君虎贲之士百人。君振威陵迈,宣力荆南,枭灭凶丑。罪人斯得,是用锡君𫓧钺各一。君文和于内,武信于外,是用锡君彤弓一、彤矢百、玈弓十、玈矢千。君以忠肃为基,恭俭为德,是用锡君秬鬯一卣,圭瓒副焉。钦哉!敬敷[⑮]训典,以服朕命,以勖相我国家,永终尔显烈。"是岁,刘备帅军来伐,至巫山、秭归,使使诱导武陵蛮夷,假与印传,许之封赏。于是诸县及五谿民皆反为蜀。权以陆逊为督,督朱然、潘璋等以拒之。遣都尉赵咨使魏。魏帝问曰:"吴王何等主也?"咨对曰:"聪明仁智,雄略之主也。"帝问其状,咨曰:"纳鲁肃于凡品,是其聪也;拔吕蒙于行陈,是其明也;获于禁而不害,是其仁也;取荆州而兵不血刃,是其智也;据三州虎视于天下,是其雄也;屈身于陛下,是其略也。"帝欲封权子登,权以登年幼,上书辞封，重遣西曹掾沈珩陈谢，并献方物[16]。立登为王太子。

【注释】

①甘露：甜美的雨露。古人迷信地认为天降甘露是太平的征兆。

②善教：有益的告诫。

③变难：意外的灾难。

④顷：近来，最近。

⑤谦约：谦虚、简约。

⑥备物：各种美好的东西。备，美好。

⑦元功：大的功劳，首要的功劳。

⑧殊异：指特殊不同的待遇。

⑨膏腴：指肥美的土地。

⑩懿事：盛事，美好的事。

⑪历数：运数，指王朝更替的次序。

⑫纤：指细纹的丝帛。

⑬对扬：对答称扬。

⑭官方：任用方正的人为官。

⑮敷：传布，传播。

⑯方物：指地方上的特产。

【译文】

建安二十五年(220)春正月，曹操去世，太子曹丕继任了丞相、魏王，把年号改称为延康。秋天，魏将梅敷派张俭来要求曹丕安抚、接纳他们。南阳郡所属的阴、酂、筑阳、山都、中庐五个县的五千家民众都来归附于他。这年冬天，新继任的魏王曹丕自称皇帝，改年号为黄初。黄初二年(221)四月，刘备在蜀地称帝。孙权从公安迁到鄂县，并在那里建都，把鄂县改称为武昌，把武昌、下雉、寻阳、阳新、柴桑、沙羡六个县归为武昌郡，同年五月，在建业宣称天降甘露，八月，修建武昌城，孙权对诸将下达命令说："在生存的时候不能忘记灭亡，在安全的时候务必要考虑身边的危险，这是古人给我们的有益教导。从前有个叫隽不疑的人，他是汉朝的名臣。他生活在安定和平的年代，但是刀剑从来都不离开他的身体。这说明君子认为武力的准备是不可以荒废的。何况我们现在住在国境的边缘，坏人像豺狼虎豹一样，可以通过很多渠道接近我们，难道我们能够轻率大意不考虑突然出现的灾难吗？我最近听说将军们在外出时都喜欢谦逊简朴，不带随从的侍卫，可以说这样做就是忧患不周、不爱惜自己。要爱惜自己，建功扬名，使君主和亲人都能放心，为什么要使自己遭遇危险和侮辱呢？应该加强警戒，真正重视这个重要问题，按照我的建议行事。"从魏文帝曹丕称帝以来，孙权派使者对曹丕说自己是魏的属国，又把于禁等人遣送回去。十一月，曹丕下发奖励孙权的诏令，诏书中写道："圣明的君王的律法，依照道德的标准确定封号和官位,依据功劳的大小来确定俸禄等级。功劳大的人享受的俸禄就好,道德素养高的人就会得到更高的尊重。所以周公有辅佐武王、成王的功劳,太公有施展才华使周朝强大的功劳,他们被分封土地,接受各种赏赐,都是为了表彰他们的雄伟功业,对卓越的人物特殊对待。近代的汉高帝最初称帝的那年,大量分封肥沃的土地,让非刘姓的八位功臣身居王位,这是前代的盛况,后代的帝王更应该作为借鉴。我个人的德操并不与帝王相称,只是承受天命,身居帝王的位子,治理天下,掌握国家的大权,很想把天下治理得像前代的盛世一样繁盛,所以日夜操劳。鉴于你本性忠诚淳厚,在天下声名显著,有辅佐帝王的才能。考察一下历代王朝更替的次序,就能知道汉朝废魏朝兴起,使臣大多是从潜水、汉水派来的。你得知我称帝的消息,立即归附于我,且献上文书,自称是我的属国。并呈献丝绸麻布等江南特产作为贡品。把各位将军遣送回本朝。你的忠诚恭敬是发自你的内心的,也明显地表现在外表上。你的信誉可以铭刻在金石上,普盖山河大地,我对此表示赞赏。现在封你为吴王,派遣使持节太常高平侯邢贞,授予你印章、诏书、金虎符第一至第五、左竹使符第一至第十,授命你为大将军使持节督交州,兼任荆州牧;赐你青土,外面包有白茅;要答复、称赞我的任命,将国家的东部地区治理好。要上缴前骠骑将军南昌侯的印章和诏书。再加赐你九种赏赐,要听以下的命令。因为你使国家的东南部安定,把长江中下游南岸地区治理得很好,使汉人与夷人安居乐业,没有人怀有二心,所以赐你大车、兵车各一辆,黑色公马八匹。你重视财富的积累,奖励农耕,积存的谷物装满了仓库,所以赐予你王侯穿的礼服礼帽,还有与其相配的红木的复底鞋。你用德操感化民众,鼓励礼教的推广,所以赐予你三面悬挂的乐器。你发扬美善、祥和的社会风气、善于笼络、安抚百越之民,因此特准你在有红色涂门的住所里居住。你发挥出了你的才能智谋,任用贤良纯朴的人做官,因此赏赐你拥有纳于檐下的殿坛台阶。你能发扬忠厚勇敢的精神,除掉奸诈邪恶的坏人,所以赏赐你百名勇士。你扬威于山区之外的海疆,在荆南表现出强大的威力,清除掉凶恶残忍的丑类,抓获了有罪的人,所以赏赐你斧、大斧各一件。你得文臣在朝内和睦,武将在外信服,因此赏赐你一张红弓、一百支红箭、十张黑弓、一千支黑箭。你能够把忠诚、肃穆、恭顺、俭朴作为道德修养的根本所在,所以赏赐你用于祭祀的美酒一卣,还有与盛这种美酒相配套的玉柄勺。要恭敬地执行你的职务啊!要真正遵行训导;服从命令。尽力辅佐我治理国家,永远保住你的显赫的功绩。"这一年,刘备率军进攻吴国,到达巫山、秭归,便派使者前去诱降武陵山区的百姓,假装说给予印章、符信,并且许诺封官赏赐,于是武陵各地以及五溪的百姓都反对吴国拥护蜀国。孙权任命陆逊为大都督,率领朱然、潘璋等将迎战。孙权派都尉赵咨出使魏国。曹丕问道:"吴王是什么样的君主?"赵咨回答说:"吴王聪明仁慈,是一个有雄韬大略的君主。"魏文帝又接着问这种评价的具体内容,赵咨回答说:"在众多平凡的人中唯独接纳鲁肃,这是吴王广泛听取重任建议的聪明之处;在众多的士兵中,越级提拔吕蒙,这是吴王亲眼视察所得的明达之处;俘虏了于禁,但是不加害于他,这是吴王的仁慈之处;没有伤亡一个人就夺取荆州,这是吴王有智谋的一面;占据荆、扬、交三州,像猛虎一样观察天下的局势,这是吴王的雄才;对于您,他委屈自己向您称臣,这是吴王的谋略。"魏文帝想要封赏吴王的儿子孙登，但是孙权认为孙登的年纪还小，上书辞谢了，又派西曹掾沈珩表达自己的谢意，还进献江南的特产。立孙登为王太子。

【原文】

黄武元年春正月，陆逊部将军宋谦等攻蜀五屯，皆破之，斩其将。三月，鄱阳言黄龙见。蜀军分据险地，前后五十余营，逊随轻重以兵应拒，自正月至闰月，大破之，临陈所斩及投兵降首[①]数万人。刘备奔走，仅以身免。

【注释】

①投兵降首：指投降的士兵和将领。

【译文】

黄武元年(222)春正月，陆逊率将军宋谦等人进攻蜀的五所军营，全部攻破了，杀掉了军营的守将。三月，鄱阳传出有黄龙出现。蜀国的军队分散开来占据各个险要的据点，前后建立了五十多所军营，陆逊依照战斗任务的大小派军队对付敌人，从正月到这年的闰月，大败敌军，临阵被杀、自动投降与被迫请求投降的人有好几万。刘备逃走，只有他一个人没被俘虏。

【原文】

初，权外托事魏，而诚心不款。魏欲遣侍中辛毗、尚书桓阶往与盟誓，并征任子，权辞让不受。秋九月，魏乃命曹休、张辽、臧霸出洞口，曹仁出濡须，曹真、夏侯尚、张郃、徐晃围南郡。权遣吕范等督五军，以舟军拒休等，诸葛瑾、潘璋、杨粲救南郡，朱桓以濡须督拒仁。时扬、越蛮夷多未平集，内难未弭[①]，故权卑辞上书，求自改厉[②]，“若罪在难除，必不见置，当奉还土地民人，乞寄命交州，以终余年。”文帝报曰：“君生于扰攘之际，本有从横之志，降身奉国，以享兹祚[③]。自君策名已来，贡献盈路。讨备之功，国朝仰成[④]。埋而掘之，古人之所耻。朕之与君，大义已定，岂乐劳师远临江汉？廊庙之议，王者所不得专；三公上君过失，皆有本末。朕以不明，虽有曾母投杼之疑，犹冀言者不信，以为国福。故先遣使者犒劳，又遣尚书、侍中践修前言，以定任子。君遂设辞[⑤]，不欲使进，议者怪之。又前都尉浩周劝君遣子，乃实朝臣交谋，以此卜君，君果有辞，外引隗嚣遣子不终，内喻窦融守忠而已。世殊时异，人各有心。浩周之还，口陈指麾，益令议者发明众嫌，终始之本，无所据仗，故遂俯仰[⑥]从群臣议。今省上事，款诚深至，心用慨然，凄怆动容。即日下诏，敕[⑦]诸军但深沟高垒，不得妄进。若君必效忠节，以解疑议，登身朝到，夕召兵还，此言之诚，有如大江！”权遂改年，临江拒守。冬十一月，大风，范等兵溺死者数千，余军还江南。曹休使臧霸以轻船五百、敢死万人袭攻徐陵，烧攻城车，杀略数千人。将军全琮、徐盛追斩魏将尹卢，杀获数百。十二月，权使太中大夫郑泉聘[⑧]刘备于白帝，始复通也。然犹与魏文帝相往来，至后年乃绝。是岁改夷陵为西陵。

【注释】

①弥:停止,停下来。

②改厉:改悔罪行。厉,罪行、罪过。

③祚:指福。

④仰成:仰首期待着成功。比喻期望非常殷切。

⑤设辞:指假设的言辞、理由。

⑥俯仰:应付、周全。有勉强的意思。

⑦敕:告诫,劝诫。

⑧聘:派遣使者访问、修好。

【译文】

最初的时候,孙权表面上假装臣服于魏国,但是内心却非常不诚恳、不老实。魏国想派遣侍中辛毗、尚书桓阶前往武昌与孙权立誓结盟,并要求孙权把他的儿子孙登送到魏国做人质,孙权极力推辞,不愿意接受。秋天九月,魏国派遣曹休、张辽、臧霸发兵进攻洞口,曹仁发兵进攻濡须,曹真、夏侯尚、张郃、徐晃围攻南郡。孙权派遣吕范等总管五路大军,用水军抗击曹休等,派遣诸葛瑾、潘璋、杨粲救援南郡,任命朱桓为濡须都督抵抗曹仁。当时扬、越山区的部族,大多数还没有被平定,没有顺从吴国,朝廷内部的动乱还没有停止,所以孙权用低下的言辞上书,请求允许他改过自新。他在文书中说:“如果你认为我的罪过很严重,难以悔过,不能被你原谅,我愿意奉还您封给我的土地民众,请求您允许我将生命托在交州,度过剩下的岁月。”文帝在回复给他的诏书中写道:“你生活在动乱纷争的年代,本来拥有纵横驰骋、建功立业的宏伟大志,能委屈自己臣服我国,长期享有俸禄。自从你接受封赏以来,进献贡品的使臣,不停地奔走在道路上。讨伐刘备的事,朝廷希望你能成功。反复不定的举动是古人所耻笑的。我与你的君臣关系早已经确定,难道我乐意远去江汉使军队劳累吗?朝廷中讨论的军国大事,帝王一个人也不能专断;三公都陈述了你的过失,都说明了事实的过程、原因。我知道自己并不圣明,虽然我曾经像曾参的母亲怀疑儿子那样对你也产生了不该有的怀疑,但是我还是希望三公所陈述的你的事实都不是真实的,而把这看作是国家的幸事。因此先派遣使者对你们赏赐、慰劳,又派遣尚书、侍中去完满的实现原先定的盟约,把孙登来朝作人质的事情办好。你却借故推辞,不愿意让孙登前来,参加讨论的大臣都感到很奇怪。此外前都尉使浩周劝你把儿子送来做人质,其实这是大家共同的意见,想借这件事来验证你的诚心,但是你果然推辞

孙权

了，对外引用隗嚣为例，说他虽然让儿子去做人质但是最终还是背叛了光武帝，对内用窦融来比喻自己，表明自己并没有二心只是谦恭自守罢了。时代已经完全变了，人们也会有各自的打算。浩周回来后，亲口表达了你的想法，更使参加议论的诸公发现你做了很多可疑的事，你所表示的始终忠于我的这一根本问题没法获得可靠的保证，因此我只能应付大家，听取他们的意见。现在看到你送来的信件，你对我表达的忠心可以说到了极点，我心中因此也深有感慨，不免动情。当日就下达命令，令南下诸军只挖战壕，修筑堡垒，不得随意进军。如果你真想效忠于我，以便消除人们对你的猜疑、议论的话，让孙登本人清早到达作人质，我晚上就下令撤回军队。我的话的真实性，就像大江一样！”孙权于是改元黄武，沿江防守魏军的进攻。冬十一月，天有大风，吕范等人率领的水军被淹死几千人，剩下的军队退回到了江南。魏将曹休派臧霸率领五百条装有万名敢于死战的将士的快船，暗中进攻徐陵，烧毁吴军的攻城车，杀死、俘虏了几千人。将军全琮、徐盛对魏将尹卢进行追杀，杀掉、俘虏了几百人。十二月，孙权派太中大夫郑泉到白帝城与刘备通好，这次是吴蜀两国重新交往的开始。孙权与魏文帝还是互有往来，但是直到后年才完全断绝关系。这年孙权将夷陵改为西陵。

【原文】

赤乌元年春，铸当千大钱。夏，吕岱讨庐陵贼，毕，还陆口。秋八月，武昌言麒麟见。有司奏言麒麟者太平之应，宜改年号。诏曰：“间者赤乌集于殿前，朕所亲见，若神灵以为嘉祥者，改年宜以赤乌为元。”群臣奏曰：“昔武王伐纣，有赤乌之祥，君臣观之，遂有天下，圣人书策载述最详者，以为近事既嘉，亲见又明也。”于是改年。步夫人卒，追赠[①]皇后。初，权信任校事吕壹，壹性苛惨，用法深刻。太子登数谏，权不纳，大臣由是莫敢言。后壹奸罪发露伏诛，权引咎[②]责躬，乃使中书郎袁礼告谢诸大将，因问时事所当损益。礼还，复有诏责数诸葛瑾、步骘、朱然、吕岱等曰：“袁礼还，云与子瑜、子山、义封、定公相见，并以时事当有所先后，各自以不掌民事，不肯便有所陈，悉推之伯言、承明。伯言、承明见礼，泣涕恳恻，辞旨辛苦，至乃怀执危怖，有不自安之心。闻此怅然，深自刻怪[③]。何者？夫惟圣人能无过行，明者能自见耳。人之举措，何能悉中[④]，独当已有以伤拒众意，忽不自觉，故诸君有嫌难[⑤]耳；不尔，何缘乃至于此乎？自孤兴军五十年，所役赋凡百皆出于民。天下未定，孽类犹存，士民勤苦，诚所贯知。然劳百姓，事不得已耳。与诸君从事，自少至长，发有二色，以谓表里足以明露，公私分计，足用相保。尽言直谏，所望诸君；拾遗补阙，孤亦望之。昔卫武公年过志壮，勤求辅弼，每独叹责。且布衣韦带，相与交结，分成好合，尚污垢不异。今日诸君与孤从事，虽君臣义存，犹谓骨肉不复是过。荣福喜戚，相与共之。忠不匿情，智无遗计，事统是非，诸君岂得从容[⑥]而已哉！同船济水，将谁与易？齐桓诸侯之霸者耳，有善管子未尝不叹，有过未尝不谏，谏而不得，终谏不止。今孤自省无桓公之德，而诸君谏诤未出于口，仍执嫌难。以此言之，孤于齐桓良优[⑦]，未知诸君于管子何如耳？久不相见，因事当笑。共定大业，整齐天下，当复有谁？凡百事要所当损益，乐闻异计，匡所不逮[⑧]。”

【注释】

①追赠:死后再封赠。
②引咎:认识过失、失误。
③刻怪:奇怪。刻,是怪的意思。
④悉中:完全正确,完全可靠。
⑤嫌难:忧虑、困难。
⑥从容:休闲、安逸的样子。
⑦良优:略微的优于。
⑧匡:纠正,改正。不逮:不及,考虑不周全。

【译文】

赤乌元年(238)春天,开始铸造币值一千文的大钱。夏天,吕岱攻打庐陵的贼人,战争结束后,返回陆口。秋八月,武昌对外宣称麒麟出现。主管官员上书进言说麒麟是太平的象征,应该把年号改掉。孙权下诏说:“最近有红色的乌鸦聚集在宫殿门前,这是我亲眼所见到的景象,如果神灵认为这是美好、吉祥的象征,改称年号的话应该用赤乌作为年号。”诸臣上书奏请道:“从前周武王攻打商纣,有赤乌的瑞兆,君臣都看见了,于是夺得了天下,这是圣人的书籍中记述得最详细的事件。因为出现赤乌是最近的喜事,帝王亲眼看见,而且十分明白。”于是改称年号。步夫人死后,追封为皇后。当初的时候,孙权信任校事吕壹,吕壹本性苛刻残忍,执法严酷、毒辣,太子孙登多次进言劝说,孙权都没有采纳,大臣们因此没有人敢再提建议。后来吕壹奸诈的罪行暴露,被杀掉。孙权因为这件事非常自责。于是派中书郎袁礼向各位将军表示歉意,并且向他们询问当时朝廷应该注意加强或者改正的建议。袁礼回来以后,孙权还下诏书责怪数落诸葛瑾、步骘、朱然、吕岱等人,说道:“袁礼回来,说他与子瑜、子山、义封、定公进行了会面,并且向你们征询了朝政急缓先后的建议,你们都以自己不主管民政为理由,不愿意表示个人的态度,完全推给伯言、承明。他们俩见了袁礼,流泪伤感,说话的语调非常沉痛,甚至还存在自危、害怕和不安的情绪。听到这些我非常懊恼,我深深地责备自己。为什么呢?只有圣人没有过失,聪明的人也只不过是能够发现自己的过失罢了。人们的所有举动,怎么能够做到恰当、准确,只是认为自己是正确的而反对,不接受众人的意见,一时间没有觉悟,所以诸位才产生了疑惑、烦恼;如果不是这样,为什么会有目前的这种情况呢?自从我起兵五十年来,所获得的一切财物都是民众给予的。天下还没有平定,叛乱的人还存在,士民勤劳、辛苦,这些都是大家知道得非常清楚的。但是,现在使百姓劳苦是没有办法的事情。我与诸位共事,从少年到老年,现在头发已经斑白,我认为我们的思想和行动可以明显地表露,从公私和职位的角度考虑,我们都应该互相依靠。直言规劝,所期望的是你们;帮助我改正缺点、补救过失,也是期望你们。从前,卫武公刚过青壮年时期时,就尽力寻访辅佐他的贤臣,我常常独自叹息、自责。何况布衣和皮带是互相交结的,有时分开,有时合在一起，即使有污垢也不离弃。现在各位与我共事，虽然存在君臣的名分，但是可以说骨肉至亲也不会超越我们之间的亲密关系。富贵幸福，喜悦忧愁，我和你们完全共同经历，诚实相待，不隐藏自己的真实情感；贡献谋略，不会有半点保留。事情关系到大是大非就应该有统一的认识，诸位难道能够安逸舒适敷衍了事吗？同船渡河，还有谁能够改变这个现状呢？齐桓公是当时诸侯中的霸主，做了好事，管子没有不赞赏的，有了过失，他没有不劝阻的，劝阻以后还不听的话就一直规劝不停。现在我自问没有桓公那样高尚的操守，但各位对我的直言规劝还没有从嘴里说出，就表现出了疑虑和困惑。从这点来说，与桓公相比，我确实超过他了；不知道各位与管子相比，又怎样呢？好长时间没有和你们见面了，因为从前有过许多事情，所以与你们做一次笑谈。一起努力成就帝王的伟业，统一天下，还有什么人能担当这样的重担呢？只要是当前应该做的或者不应该做的各种大事，我喜欢听到不同的意见，纠正我考虑不周的地方。

【原文】

五年春正月，立子和为太子，大赦，改禾兴为嘉兴。百官奏立皇后及四王，诏曰："今天下未定，民物劳瘁，且有功者或未录，饥寒者尚未恤，猥[①]割土壤以丰子弟，崇爵位以宠妃妾，孤甚不取。其释此议。"三月，海盐县言黄龙见。夏四月，禁进献御，减太官膳[②]。秋七月，遣将军聂友、校尉陆凯以兵三万讨珠崖、儋耳。是岁大疫，有司又奏立后及诸王。八月，立子霸为鲁王。

【注释】

①猥：急切，仓促。

②膳：指饮食用品。

【译文】

赤乌五年(242)春正月，立儿子孙和为皇太子，全国大赦，把禾兴县改称为嘉兴县。百官上书奏请封皇后和四位皇子，孙权下诏说："现在天下还没有平定，百姓劳苦，万物被毁掉。有功劳的人有的还没有封赏，忍饥挨饿的人还没有抚恤，就分封自己的儿子财物，赐予妻妾以崇高的爵位使其尊贵，我认为这种做法是不可取的。你们应该放弃这个建议。"三月，海盐县宣称出现了黄龙。夏四月，禁止进献贡品，减少皇帝饮食所用物资的供应数量。秋七月，派遣将军聂友、校尉陆凯率领三万名士兵进攻珠崖，儋耳。这一年，疫病流行，有关部门再次上书奏请封皇后以及众皇子，八月，封子孙霸为鲁王。

【原文】

孙休[①]，字子烈，权第六子也。弟亮[②]废，孙綝[③]使迎休。改元[④]永安[⑤]。以丞相濮阳兴[⑥]及左将军张布[⑦]有旧恩，委之以事，布典宫省[⑧]，兴关军国[⑨]。休锐意[⑩]于典籍，欲与韦曜[⑪]、盛冲讲论道艺[⑫]。曜、冲素皆切直[⑬]。布恐入侍[⑭]，发其阴失，令己不得专[⑮]，因妄饰说[16]以拒遏[17]之。休答曰："孤之涉学[18]，所见不少，其明君暗主、奸臣贼子，成败之事，无不览也。今曜等人，但欲与讲论书耳，不为从曜等始更受学[19]也。纵复如此，亦何所损？君特当以曜等恐道臣下奸变之事，以此不欲令入耳。"布得诏陈谢，重自序述[20]，又言惧妨政事。休答曰："书籍之事，患人不好，好之无伤也。此无所为非，而君以为不宜，是以孤有所及耳。政务学业，其流各异，不相妨也。不图君今日在事[21]，更行此于孤也，良所不取。"布拜表[22]叩头，休答曰："聊相开悟[23]耳，何至叩头乎！如君之忠诚，远近所知。《诗》云：'靡不有初，鲜克有终[24]。'终之实难，君其终之。"初，休为王时，布为左右将督，素见信爱[25]。及至践祚[26]，厚加宠待，专擅[27]国势[28]，多行无礼。自嫌瑕[29]短，惧曜、冲言之，故尤患忌[30]。休虽解此旨，心不能悦，更恐其疑惧，竟如布意，废其讲业，不复使冲等入。

【注释】

①孙休（公元235年~公元264年）：字子烈，孙权第六子，吴国第三任皇帝。

②弟亮：孙亮（公元243年~公元260年），字子明，吴国第二位皇帝，孙权第七子。公元252年，孙权去世，孙亮即位，时年十岁。公元258年，被权臣孙綝废为会稽王。

③孙綝（公元231年~公元258年）：綝，音身，字子通，吴国宗室，孙坚弟孙静之曾孙，孙暠之孙，孙绰之子，孙峻堂弟。孙峻死后，孙綝继孙峻掌握大权，专政嗜杀，废孙亮为会稽王而立孙休为帝。后被东吴宿将丁奉等人诛杀。

④改元：君主改用新年号纪年。年号以一为元，故称"改元"。

⑤永安：吴国景帝孙休的年号，公元258年至公元264年，共计七年。

⑥濮阳兴（？~公元264年）：字子元，陈留（治今河南开封）人。孙权时为上虞令，历任尚书左曹、五官中郎将、会稽太守。孙休即位，征为太常卫将军、平军国事，封外黄侯。永安三年（公元260年），力主建丹杨湖田，事倍功半，百姓大怨。后迁为丞相。休卒，与张布迎立孙晧。任侍郎，领青州牧。为万彧所谮，徙广州，于道中被追杀，夷三族。

⑦张布（？~公元264年）：三国时吴将领。孙休永安元年（公元258年），布由长水校尉迁辅义将军，封永康侯。旋为左将军。

⑧宫省：犹宫禁。指皇宫。

⑨关军国：关，参与；关心。军国，统军治国。

⑩锐意：谓用心专一。

⑪韦曜：字弘嗣，吴郡云阳人。少好学，能属文。孙权时，曾为尚书郎，迁太子中庶子。孙亮即位，诸葛恪辅政，表曜为太史令，撰吴书，华覈、薛莹等皆与参同。孙休即位，为中书郎、博士祭酒。孙晧时，封高陵亭侯，迁中书仆射，职省，为侍中，常领左国史。后被孙晧所杀。

⑫道艺：指学问和技能。

⑬切直：恳切率直。

⑭入侍：入朝侍奉。

⑮专：专断，擅自行事。

⑯饰说：虚饰其辞，托辞掩饰。

⑰遏：抑制，阻止。

⑱涉学：谓研究学问。

⑲受学：谓从师学习。

⑳序述：叙述。

㉑在事：居官任事。

㉒拜表：上奏章。

㉓开悟：领悟，解悟，（心窍）开通。

㉔靡不有初，鲜克有终：语出《诗·大雅·荡》。谓做事无不有个好的开端，但很少有坚持到底的。

㉕信爱：信任喜爱，信任爱戴。

㉖践祚：即位；登基。

㉗专擅：独揽。

㉘国势：国家的权力或政治形势。

㉙瑕：比喻事物的缺点或人的过失、毛病。

㉚患忌：嫌忌。

【译文】

孙休，字子烈，孙权的第六个儿子。他的弟弟孙亮被废黜，孙綝派使臣迎立孙休，改年号为永安。孙休因为丞相濮阳兴和左将军张布与自己有昔日的恩情，就把政事委托给他们，张布掌管宫禁，濮阳兴参与统军治国。孙休一心研读典籍，想和博士祭酒韦曜、博士盛冲讲论学问和技能，韦曜、盛冲向来说话恳切正直，张布害怕他们入宫侍奉孙休时，会揭发他那些不为人知的过失，使自己不能独断专行，就胡乱编造理由来阻止此事。孙休回答说："我在研究学问时，所读到的东西不算少，对那些关于明君昏君、奸臣贼子的成败之事，无不阅览。而今让韦曜等人入宫，只是想和他们讲论书籍而已，并不是为了跟随韦曜等人重新开始学习。就算是跟随他们重新学习，又有什么害处呢？您只不过是担心韦曜等人会讲述臣下奸邪狡诈之事，因此不想让他们入宫吧！"张布得到诏书后立即谢罪，他重新叙述了自己的观点，又说是怕会妨碍政事。孙休回答说："研读书籍之事，就怕人不喜欢，喜欢研读是不会有害处的，此事没有什么不对，而您却认为不适宜，所以我才有所论及。政务和学业，其品类各有不同，不会互相妨碍。没有想到您如今居官任事，却对朕研习典籍有如此看法，这是我很不赞成的。"张布呈上奏章叩头谢罪。孙休回答说："姑且开导，使您明白罢了，何至于叩头谢罪啊！像您这样的忠诚，远近的人都知道。《诗经》中说：'做事情无不有好的开头，但很少有坚持到底的。'能坚持到底确实困难，您应该坚持到底。"当初孙休做琅邪王时，张布为左右将督，素来受到信任宠爱；等到孙休登基后，对张布更加宠信厚待，于是张布独揽国家权力，做出许多无礼之事。他忌讳自己的毛病和短处，害怕韦曜、盛冲说出来，所以特别担忧、忌讳他们入宫。孙休虽然明白他的意思，心中不高兴，但是更怕张布猜疑畏县，竟顺从了他的意思，废弃了讲论典籍之事，不再让盛冲等人进宫。

【原文】

孙晧[①]，字元宗，权孙也。休薨，迎立晧。《江表传》[②]曰："晧初立，发优诏[③]，恤士民，开仓廪[④]，振贫乏，料[⑤]出宫女以配无妻，禽兽扰[⑥]于苑者放之。当时翕然[⑦]称为明主矣。"晧既得志，粗暴骄盈[⑧]，多忌讳，好酒色，大小失望。凤皇二年[⑨]，晧爱妾或使人至市，劫夺百姓财物。司市中郎将[⑩]陈声，素晧幸臣[⑪]也，绳之以法[⑫]。妾诉[⑬]晧，晧大怒，假他事，烧锯断声头，投其身于四望[⑭]之下。天玺元年[⑮]，会稽[⑯]大守[⑰]车浚[⑱]、湘东[⑲]大守张咏不出筭缗[⑳]，就在所[㉑]斩之，徇首[㉒]诸郡。《江表传》曰：浚在公清忠[㉓]，值郡荒旱，民无资粮[㉔]，表求振贷[㉕]。晧谓浚欲树私恩，遣人枭首[㉖]。又尚书熊睦，见晧酷虐[㉗]，微有所谏，晧使人以刀环[㉘]撞杀之，身无完肌。

【注释】

①孙晧（公元242年~公元284年）：字元宗，一名彭祖，字晧宗。吴大帝孙权之孙，孙和之子。吴国末代皇帝，公元264年即位。

②江表传：一说为主要记录孙吴人士的传记，西晋虞溥撰。

③优诏：褒美嘉奖的诏书。

④仓廪：贮藏米谷的仓库。

⑤料：裴松之注引《江表传》原文作"科"。科，考较；查核。卢弼注引胡三省曰："科，条也。"

⑥扰：侵扰。

⑦翕然：一致貌。

⑧粗暴骄盈：粗暴，粗鲁暴躁。骄盈，骄傲自满。

⑨凤皇二年：公元273年。凤皇，孙晧的第五个年号，公元272年至公元274年，共计三年。

⑩司市中郎将：官名。即主管集市贸易之官。

⑪幸臣：得宠的臣子。

⑫绳之以法：根据法律来制裁。

⑬诉：诉说，告发。

⑭四望：山名。在今江苏南京市西北。

⑮天玺元年：公元276年。孙晧的第七个年号，公元276年7月至12月，共计六个月。玺，音洗。

⑯会稽：郡名。秦置，今江苏省东部及浙江省西部地。

⑰大守：即"太守"，下同。

⑱车浚（？~公元276年）：后累迁会稽太守，史称"公清有政绩"。天玺元年，会稽郡

大旱，而孙皓贪婪暴虐，征收算缗，浚拒不出本郡缗钱，且上表为民请求赈贷。孙皓以浚“欲树私恩”，遂遣人枭其首。浚，音俊。

⑲湘东：郡名。太平二年（公元257年），以长沙郡东部设湘东郡，治酃县（今湖南衡阳）。

⑳筭缗：古时税收的一种。筭，同“算”。

㉑在所：犹言所在地。

㉒狥首：谓传首示众。狥，同“徇”。

㉓清忠：清正忠诚。

㉔资粮：粮食之意，泛指钱粮。

㉕振贷：赈济。

㉖枭首：斩首并悬挂示众。

㉗酷虐：残酷凶狠。

㉘刀环：刀头上的环。

【译文】

孙皓，字元宗，孙权之孙。孙休去世后，孙皓被迎立为皇帝。［《江表传》记载：孙皓初即位时，颁布嘉奖的诏书，体恤百姓，打开仓库赈济贫民，考较后放出多余的宫女以许配无妻之人，放生侵扰园林的珍禽异兽，当时一致被人们称为明主。］孙皓得志后，变得粗鲁凶暴，骄傲自满，多有忌讳，喜好酒色，大小官员都很失望。凤皇二年，孙皓的爱妾有时派人到集市上抢夺百姓的财物，司市中郎将陈声向来是孙皓宠爱的臣子，（他仗恃孙皓的宠待）就将那些人绳之以法。爱妾告诉了孙皓，孙皓大怒，借其他事情用烧红的锯子锯断了陈声的头，把他的尸体扔到四望山下。天玺元年，会稽太守车浚、湘东太守张咏交不出算缗钱，孙皓便派人将他们就地处决，并将其首级送到各郡示众。［《江表传》记载：车浚在任时，清正忠诚，适逢郡内发生旱灾，百姓没有粮食，车浚上奏请求赈济灾民。孙皓认为车浚想树立私恩，就派人将他斩首示众。又有尚书熊睦，看到孙皓残酷凶狠，稍有劝谏，孙皓便令人用刀环将他击杀，乃至死后体无完肤。］

【原文】

天纪三年①，晋②命杜预③向江陵④，王濬⑤、唐彬⑥浮江东下。初，皓每宴会群臣，无不咸令沉醉。置黄门郎⑦十人，特不与酒，侍立⑧终日，为司过⑨之吏，宴罢之后，各奏其阙失⑩，逆视⑪之咎，谬言之愆⑫，罔⑬有不举。大者即加威刑⑭，小者辄以为罪。后宫数千，而采择无已。又激水入宫，宫人有不合意者，辄杀流之。或剥人之面，或凿⑮人之眼。岑昏⑮险谀⑯贵幸⑰，致位九列⑱。好兴功役⑲，众所患苦⑳。是以上下离心，莫为尽力，盖积恶已极，不复堪命㉑故也。四年，濬、彬所至，则土崩瓦解。皓奉书于濬。濬受皓之降（旧无濬受皓之降五字。补之）。

【注释】

①天纪三年：公元279年。孙皓的第八个年号，公元277年至公元280年，共计四年。天纪四年三月，孙皓投降晋朝，东吴政权灭亡。

②晋：朝代名。公元265年，司马炎代魏称帝，国号晋，都洛阳，史称西晋。

③杜预（公元222年~公元285年）：字元凯，京兆杜陵（今陕西西安东南）人，西晋时期著名的政治家、军事家和学者，灭吴统一战争的统帅之一。历任三国魏尚书郎、河南尹，西晋度支尚书、镇南大将军、当阳县侯，官至司隶校尉。功成之后，耽思经籍，博学多通，多有建树，被誉为"杜武库"。

④江陵：地名。即今荆州市，位于湖北省中南部。三国时为荆州治所。

⑤王濬（公元206年~公元285年）：字士治，小字阿童，弘农湖（今河南灵宝西）人。西晋著名将领，曾指挥灭吴战役。官至襄阳县侯，镇军大将军，谥号"武侯"。

⑥唐彬（公元234年~公元294年）：字儒宗，鲁国邹人。与王濬共伐吴，为众军前驱；灭吴后，征拜翊军校尉，封上庸县侯。晋元康初，拜使持节、前将军、领西戎校尉、雍州刺史。元康四年卒，终年六十岁。

⑦黄门郎：官名。又称黄门侍郎，秦置，汉沿设。即给事于宫门之内的郎官。宫禁之门黄闼，故称黄门郎或黄门侍郎。

⑧侍立：恭顺的站立在旁边伺候。

⑨司过：伺察其过失。司，通"伺"。

⑩阙失：失误，错误。

⑪逆视：《三国志·孙皓传》原文作"迕视"。迕视，迎面直视。谓以非礼的态度看人。

⑫谬言之愆：谬言，妄言。愆，过错，罪过。

⑬罔：无，没有。

⑭威刑：严厉的刑法。

⑮凿：穿空；打孔。

⑯岑昏：孙皓佞臣，官至九卿之位，好兴土木，置人民劳苦于不顾。天纪四年（公元280年）三月，由于晋国伐吴节节胜利，东吴群臣数百人叩头请求孙皓杀岑昏，孙皓被迫答应，岑昏被杀。

⑰险谀：奸诈谄媚。

⑱贵幸：位尊且受君王宠信。

⑲九列：九卿的职位。

⑳功役：兴建土木工程的劳役。

㉑患苦：憎恨，厌恶。

㉒不复堪命：指无法再活下去。

【译文】

天纪三年，晋国命杜预出兵江陵，王濬、唐彬沿长江东下。当初，孙皓每次与群臣宴饮，没有不让大家喝得大醉的。设置了黄门郎十人，特地不让他们饮酒，整日侍立一旁，作为伺察群臣过失的官员。宴会结束之后，各自奏报他们发现的过错，目光不逊的错误，妄言谬说的过失，没有不举报的。过错大的当即处以严刑，过错小的也会被记录为罪。后宫宫女有几千人，孙晧仍在民间不停地挑选美女。又引水入宫，宫女有不合他心意的，就杀死丢到水中冲走。有时剥下人的面皮，有时挖出人的眼睛。岑昏奸诈谄媚却位尊受宠，位列九卿。又喜欢征发劳役大兴土木，为百姓所痛恨。因此吴国上下离心离德，没有人愿意为孙晧尽力，这大概是因为他的罪恶已积累到了极点，臣民们都无法再承受的缘故。天纪四年，王濬、唐彬所到之处，吴军便土崩瓦解。孙晧向王濬献上降书，王濬接受了孙晧的投降。

【原文】

张昭[①]，字子布，彭城人也。孙策创业，命昭为长史[②]，升堂拜母[③]，如比肩之旧[④]，文武之事，一以委昭。每得北方士大夫书疏[⑤]，专归美[⑥]于昭。昭欲嘿[⑦]而不宣，则惧有私，宣之则恐非宜也，进退不安。策闻之，欢笑曰："昔管子相齐，一则仲父，二则仲父[⑧]，而桓公为霸者宗。今子布贤，我能用之，其功名独不在我乎！"

【注释】

①张昭（公元156年~公元236年）：字子布，彭城（治今江苏徐州）人，三国时期吴国重臣。孙策创业，命张昭为长史、抚军中郎将，文武之事，一以委昭。策临亡，以弟孙权托昭，昭率群僚立而辅之。

②长史：官名。秦置。汉相国、丞相，后汉太尉、司徒、司空、将军府各有长史，为掾属之长，秩皆千石；边郡太守亦有长史，掌兵马，亦助太守掌兵。魏、晋与两汉略同。

③升堂拜母：古代挚友相访，行登堂拜母礼，结通家之好，表示友谊的笃厚。

④比肩之旧：比肩，并肩。旧，指老友，故人。

⑤书疏：奏疏，信札。

⑥归美：称许，赞美。

⑦嘿：用同"默"。不说话，不出声。

⑧一则仲父，二则仲父：卢弼注引《新序》曰："有司请吏于齐桓公，公曰以告仲父。有司又请，公曰以告仲父。在侧者曰：一则告仲父，二则告仲父，易哉为君。公曰：吾未得仲父则难，已得仲父，曷为其不易？故王者劳于求贤，佚于得人。"

【译文】

张昭，字子布，彭城人。孙策在江东开创基业，任命张昭为长史，和他一起登堂拜见自己的母亲，就像是关系亲密的同辈老友，行政和军事的公务，一概委托张昭处理。张昭每逢收到北方士大夫的来信，信中都把治理江东的成绩归功于张昭，张昭想保持沉默而不告诉别人，却担心别人会以为自己有不可告人的秘密；拿出来给孙策看，又怕不合适，因而进退两难，惴惴不安。孙策听说后，高兴地笑着说："从前管仲辅佐齐桓公，官员们请示事情时齐桓公总是说：去问仲父，去问仲父，最终齐桓公成了春秋霸主之首。如今子布贤明，我能任用他，他的功名难道不是在于我对他的任用吗！"

【原文】

策临亡，以弟权托昭，昭率群僚立而辅之。权每田猎[①]，常乘马射虎，虎常[②]突前攀持马鞍。昭变色而前曰："将军何有当尔？夫为人君者，谓能驾御英雄，驱使[③]群贤，岂谓驰逐于原野，校勇[④]猛兽者乎？如有一旦之患，柰天下笑何？"权谢昭曰："年少虑事不远。"权于武昌，临钓台，饮酒大醉。权使人以水洒群臣曰："今日酣饮[⑤]，惟醉堕台中，乃当止耳。"昭正色不言，出外车中坐。权遣人呼昭还，谓曰："为共作乐耳，公何为怒乎？"昭曰："昔纣为糟丘[⑥]酒池长夜之饮，当时亦以为乐，不以为恶也。"权嘿然[⑦]有惭色，遂罢酒。

【注释】

①田猎：打猎。
②常：通"尝"。曾经。
③驱使：调遣；使用。
④校勇：较量勇力。
⑤酣饮：畅饮；痛饮。
⑥糟丘：积糟成丘。极言酿酒之多，沉湎之甚。
⑦嘿然：沉默无言的样子。嘿，音末。

【译文】

孙策临终把弟弟孙权托付给张昭，张昭率领群臣拥立孙权为主并辅佐他。孙权每当外出打猎，常常骑马射虎，老虎曾扑上来抓住了孙权的马鞍。张昭看到后改变脸色，上前说："将军有什么必要这样做呢？作为君主，是指他能够驾驭英雄，任用群贤，难道是指在原野上驰马追逐，与猛兽比试勇力吗？若一旦发生意外，怎么面对天下人的嘲笑呢？"孙权向张昭致歉，说："我年轻，考虑事情不够长远。"孙权在武昌时，登临钓台与群臣饮酒，众人大醉。孙权派人向群臣洒水，说："今日痛饮，只有醉倒在台上，才可罢休。"张昭神色严肃、一言不发，径自出外坐在车上。孙权派人叫他回来，对他说："这只是为了一起取乐罢了，您为什么发怒呢？"张昭说："从前商纣王用过的酒糟堆成了山丘，以酒为池，彻夜痛饮，当时他也认为这是乐事，而不认为是恶事。"孙权沉默不语，露出惭愧的脸色，于是停止了饮酒。

【原文】

每朝见言论，辞气壮厉[①]，义形于色[②]。曾以直言逆旨，中不进见。后遣中使[③]劳问[④]，因请见昭，昭曰："昔太后[⑤]、桓王[⑥]不以老臣属[⑦]陛下，而以陛下属老臣，是以思尽臣节[⑧]，以报厚恩，使泯没[9]之后，有可称述，而意虑[10]浅短，违逆盛旨[11]，自分幽沦[12]，长弃沟壑，不图[13]复蒙引见，得奉帷幄[14]。然臣愚[15]所以事国，志在忠益[16]毕命[17]而已。若乃[18]变心易虑[19]，以偷荣取容[20]，此臣所不能也。"权辞谢焉。

【注释】

①辞气壮厉：辞气，语气；口气。壮厉，刚直毅烈。
②义形于色：正义之色现于颜面。
③中使：官名，宫中派出的使者。多指宦官。
④劳问：慰问。
⑤太后：卢弼注引胡三省曰："太后，谓权母吴氏也。"
⑥桓王：指孙策。孙权称帝后，追谥孙策为"长沙桓王"。
⑦属：委托。
⑧臣节：人臣的节操。
⑨泯没：消灭，消失。常用为死的婉称。
⑩意虑：思虑。
⑪盛旨：《三国志·张昭传》原文作"圣旨"。
⑫自分幽沦：自分，自料，自以为。幽沦，沉沦，陷没。
⑬不图：不料。
⑭帷幄：指帝王。天子居处必设帷幄，故称。
⑮然臣愚：《三国志·张昭传》原文作"然臣愚心。"
⑯忠益：犹忠效。
⑰毕命：指老死，寿终。
⑱若乃：至于。用于句子开头，表示另起一事。
⑲变心易虑：改变思想，改变打算。
⑳偷荣取容：偷荣，窃取荣禄。取容，讨好别人以求自己安身。

【译文】

张昭每次朝见时发表议论，语气刚直激烈，正义之色显现在脸上。他曾因直言进谏违背了孙权的心意，一度不去觐见。孙权派宫中的使者前去慰问，并要求召见张昭。（见面时）张昭说："从前太后、桓王不把老臣托付给陛下，而是把陛下托付给老臣，因此臣一心想着恪尽臣子之节，来报答他们的厚恩，以便老臣身死之后，还有可以值得称述的地方。而臣思虑短浅，违逆了陛下的意旨，自以为从此沉沦，将长久的被抛弃于沟壑之中，没想到又蒙受召见，得以侍奉陛下。但老臣的愚诚之心是用来事奉国家的，立志忠心报效，死而后已。至于要臣改变初衷，来窃取荣华富贵，获得陛下的欢心，这是臣所不能做到的。"孙权也向他表示歉意。

【原文】

权以公孙渊[①]称藩[②]，遣张弥、许晏至辽东，拜渊为燕王[③]，昭谏曰："渊背魏惧讨，远来求援，非本志也。若渊改图，欲自明[④]于魏，两使不反，不亦取笑于天下乎？"权与相反复。昭意弥切[⑤]。权不能堪，案[⑥]刀而怒曰："吴国士人，入宫则拜孤，出宫则拜君，孤之敬君，亦为至矣，而数于众中折[⑦]孤，孤尝恐失计[⑧]。"昭孰视[⑨]权曰："臣虽知言不用，而每竭愚忠者，诚以太后临崩，呼老臣于床下，遗诏顾命[⑩]之言故耳。"因涕泣横流。权掷刀致地，与昭对泣。昭容貌矜严[⑪]，有威风。权常曰："孤与张公言，不敢妄也。"举邦惮之。

【注释】

①公孙渊（？～公元238年）：字文懿，幽州辽东襄平（今辽宁辽阳）人。三国时辽东地方割据首领。

②称藩：自称藩属。向大国或宗主国承认自己的附庸地位。

③遣张弥、许晏至辽东，拜渊为燕王：《三国志·吴主传》原文作"（嘉禾二年）使太常张弥、执金吾许晏、将军贺达等将兵万人，金宝珍货，九锡备物，乘海授渊。"

④自明：自我表白。

⑤切：激烈。

⑥案：同"按"。

⑦折：挫伤，挫折。

⑧失计：卢弼注引胡三省曰："失计，谓不能容昭而杀之也。"

⑨孰视：注目细看。

⑩顾命：谓临终遗命，多用以称帝王遗诏。

⑪矜严：矜持严整。

【译文】

孙权因为公孙渊向东吴称藩，派张弥、许晏前往辽东，封公孙渊为燕王。张昭劝谏说："公孙渊背叛魏国，害怕遭到讨伐，才远道而来请求援助，称藩并不是他的本意。如果公孙渊改变主意，想向魏国表明自己的忠心，我们的两位使者不能返回，不是要招致天下人的耻笑吗？"孙权和他反复争论，张昭的态度更加激烈。孙权不能忍受，按着佩刀大怒说："吴国的士人，进宫则向我礼拜，出宫则向你礼拜，我对您的尊敬，也算是到极点了！然而您却多次当着众人的面驳斥我，我常常担心自己会忍不住而杀了你。"张昭仔细地看着孙权，说："臣虽然知道臣说的话不会被采纳，却每次都要竭尽愚忠进谏的原因，确实是因为太后临终时，把老臣叫到病床前，诏告臣的那些话一直铭记心中的缘故啊！"说罢便涕泪交流。孙权也把刀扔在地上，与张昭面对面的哭泣。张昭的容貌矜持庄严，很有威风。孙权常说："我与张公谈话。不敢随便啊！"全国上下都敬畏他。

【原文】

顾谭[①]，字子默，吴郡人也。祖父雍[②]卒，代雍平尚书事。是时鲁王霸[③]有盛宠[④]，与太子和[⑤]齐衡[⑥]。谭上疏曰："臣闻有国有家者[⑦]，必明嫡庶[⑧]之端，异尊卑之礼，高下有差，阶级[⑨]逾邈[⑩]。如此则骨肉之恩生，觊觎[⑪]之望绝。昔贾谊陈治安之计[⑫]，论诸侯之势，以为势重，虽亲必有逆节[⑬]之累；势轻，虽疏必有保全之祚[⑭]。故淮南亲弟[⑮]，不终飨国[⑯]，失之于势重也；吴芮[⑰]疏臣，传祚[⑱]长沙，得之于势轻也。今臣所陈，非有偏，诚欲以安太子而便鲁王也。"由是霸与谭有隙[⑲]。

【注释】

①顾谭（公元205年~公元246年）：字子默，吴郡吴县人。东吴文官，顾邵之子，顾雍之孙。

②雍：顾雍（公元168年~公元243年），字元叹，吴郡吴县（今江苏苏州）人。三国孙吴丞相、政治家。黄武四年（公元225年），改为太常，进封醴陵侯，继孙邵后担任丞相、平尚书事。赤乌六年（公元243年）十一月，顾雍病逝。孙权身穿素服亲临吊唁，谥号"肃侯"。

③鲁王霸：孙霸（？~公元250年），字子威，三国时东吴皇子。孙权第四子，孙和同母弟，孙权长子孙登逝世后，孙和被立为太子，孙霸被封为鲁王。

④盛宠：格外的宠幸。

⑤太子和：孙和（公元224年~公元253年），字子孝，孙权第三子，鲁王孙霸之兄。

⑥齐衡：等同，不相上下。

⑦有国有家者：指诸侯和大夫。诸侯的封地称"国"。卿大夫的封地称"家"。

⑧嫡庶：指嫡子与庶子。

⑨阶级：指尊卑上下的等级。

⑩逾邈：相差较远，遥远。

⑪觊觎：音寄于，非分的希望或企图。

⑫贾谊陈治安之计：指贾谊所上《治安策》。

⑬逆节：叛逆的念头或行为。

⑭祚：福。

⑮淮南亲弟：淮南厉王刘长（公元前198年~公元前174年），西汉初诸侯王，高祖刘邦少子，文帝刘恒之弟，公元前174年，与匈奴、闽越首领联络，图谋叛乱，事泄被拘。朝臣议以死罪，文帝赦之，废王号，谪徙蜀郡严道邛邮，途中不食而死。

⑯飨国：享国。飨，通"享"。

⑰吴芮（？~公元前202年）：余干人（今江西省余干县人）。卢弼注引《汉书·吴芮传》："芮，秦时番阳令也。项羽以芮率百越佐诸侯，立为衡山王，上以芮将梅鋗有功，徙为长沙王。"

⑱祚：君位。

⑲有隙：有嫌隙；有怨恨。

【译文】

顾谭，字子默，吴郡人。顾谭的祖父顾雍去世后，他接替顾雍参议尚书的公务。当时鲁王孙霸受到孙权特殊的宠幸，与太子孙和的待遇相同。顾谭上疏说："臣听说有国有家的人，必须明确嫡庶的次序，区分尊卑的礼数，使高下有所差别，等级相去很远。这样才能使骨肉之间的恩情产生，非分的希望断绝。从前贾谊陈述使国家长治久安的计策，论及诸侯的形势，认为诸侯权势重了，即使是亲近之人，也必将会有叛逆的忧患；如果权势较轻，即使关系疏远，也必将会有保全封国的福运。所以淮南王刘长是汉文帝的亲弟弟，却未能最终享有封国，过失就在于权势过重；吴芮是关系疏远的异姓大臣，却能在长沙国传承王位，就是得益于权势较轻。如今臣所陈述的，并非有所偏袒，实在是想让太子安定，也使鲁王受益啊！"从此孙霸与顾谭有了嫌怨。

【原文】

步骘[①]，字子山，临淮[②]人也。拜骠骑将军，都督西陵[③]。中书吕壹典校文书，多所纠举[④]。骘上疏曰："伏闻诸典校，擿抉[⑤]细微，吹毛求瑕[⑥]，重案[⑦]深诬，趣陷人以成威福[⑧]，无罪无辜，横受大刑[⑨]，是以吏民跼天蹐地[⑩]，谁不战栗[⑪]？昔之狱官[⑫]，唯贤是任，故民无冤枉，升泰[⑬]之祚，实由此兴。今之小臣，动与古异，狱[⑭]以贿成，轻忽[⑮]人命，归咎[⑯]于上，为国速怨[⑰]，甚可仇疾[⑱]。明德慎罚[⑲]，哲人惟刑[⑳]，书传所美。自今蔽狱[㉑]，都下[㉒]则宜谘顾雍，武昌则陆逊[㉓]、潘濬[㉔]，平心专意[㉕]，务在得情。骘党神明（旧无骘党神明四字。补之），受罪何恨？此三臣者，思虑不至则已，岂敢专擅[㉖]威福，欺其所天[㉗]乎？"权亦觉寤[㉘]，遂诛吕壹。

【注释】

①步骘（？～公元247年）：字子山，临淮淮阴（今江苏淮阴西北）人。三国时期孙吴重臣。

②临淮：郡名。汉武帝元狩六年（公元前117年），分广陵郡与沛郡数县置临淮郡，因其地跨淮水，故名临淮。郡治在徐县（今江苏省泗洪县南），属徐州刺史部。东汉中期废，其地属下邳国。

③西陵：地名。吴黄武元年（公元222年），孙权改夷陵为西陵，属宜都郡，约在今湖北宜昌东南。

④纠举：督察举发。

⑤擿抉：挑剔。

⑥吹毛求瑕：同"吹毛求疵"。吹开皮上的毛，寻找里面的毛病。比喻刻意挑剔过失或缺点。

⑦重案:严厉追查。

⑧威福:原指统治者的赏罚之权,后多谓当权者妄自尊大,恃势弄权。

⑨大刑:重刑。多指死刑。

⑩跼天蹐地:跼,屈曲不伸。弯腰。蹐,轻步行;小步行走。天虽高,却不得不弯着腰;地虽厚,却不得不小步走。形容惶惧不安貌。

⑪战栗:因恐惧而颤抖。

⑫狱官:主持刑狱的官吏。

⑬升泰:《三国志·步骘传》原文作"休泰"。休泰,安好,安宁。

⑭狱:罪案,官司。

⑮轻忽:轻视忽略。

⑯归咎:归罪。

⑰速怨:招致仇恨。

⑱仇疾:仇恨。

⑲明德慎罚:语出《尚书·康诰》:"惟乃丕显考文王,克明德慎罚。"明德,彰明德行。慎罚,谓用刑审慎。

⑳哲人惟刑:语出《书·吕刑》:"哲人惟刑,无疆之辞属于五极。"哲人,谓制裁犯罪者。哲,通"折"。王引之《经义述闻·尚书下》"哲人惟刑":"'哲'当读为'折'。'折'之言制也。折人惟刑,言制民人者惟法也。"

㉑蔽狱:犹冤狱。

㉒都下:京都。

㉓陆逊(公元183年~公元245年):本名陆议,字伯言,吴郡吴县(今江苏苏州)人。三国时期著名政治家、军事家,历任吴国大都督、上大将军、丞相。

㉔潘濬(?~公元239年):字承明,武陵汉寿(今湖南汉寿)人,蒋琬表弟。东吴重臣,长期主管荆州事务,官至太常。

㉕平心专意:平心,谓用心公平;态度公正。专意,专心,心思专用于某事。

㉖专擅:擅自行事。

㉗所天:旧称所依靠的人。指君主。

㉘觉寤:醒悟明白。

【译文】

步骘,字子山,临淮郡(淮阴县)人,被封为骠骑将军,又任西陵都督。中书吕壹负责审查官府公文,纠察举报了很多官员。步骘上疏说:"听说各典校挑剔官员们细小的毛病,吹毛求疵,严厉追究,深加诬陷,旨在陷害他人以作威作福。没有罪过的人,无端遭受重刑,所以官吏、百姓惶恐不安,谁不心惊胆战?从前主持刑狱的官员,只有贤能之人才可担任,所以百姓没有冤屈,安宁太平的福祉,实在是由此产生的。现今的小臣,其举动和古人不同,狱讼按贿赂的多少来决断,草菅人命,却把过失归于上级,为国家招来怨恨,非常令人愤恨。'彰明美德，慎用刑罚'，'制裁犯罪的人当依照刑律来审案'，这都是经典中所称美的。从今往后，凡是判决不明的案件，京都地区应当咨询顾雍，在武昌可咨询陆逊、潘濬，他们都用心公平，办事专注，力求了解案件的实情。臣与冥冥中的神灵同在，即使为此而获罪又有什么遗憾呢？这三位大臣，思虑不到的地方可能会有，但怎敢擅自行事、作威作福而欺骗陛下呢？"孙权也有所觉悟，于是诛杀了吕壹。

【原文】

张纮[①]，字子纲，广陵[②]人也。权以为长史。病卒，临困[③]留牋[④]曰："自古有国有家者，咸欲修德政以比隆[⑤]盛世，至于其治，多不馨香[⑥]。非无忠臣贤佐[⑦]、暗[⑧]于治体[⑨]也，由主不胜[⑩]其情，弗能用耳。夫人情惮难[⑪]而趣[⑫]易，好同而恶异，与治道[⑬]相反。传曰：'从善如登，从恶如崩[⑭]。'言善之难也，人君承奕世[⑮]之基，据自然之势，操八柄[⑯]之威，甘易同之欢，无假取于人。而忠臣挟难进之术，吐逆耳之言，其不合也，不亦宜乎！虽则有衅[⑰]，巧辩缘间[⑱]，眩于小忠[⑲]，恋于恩爱，贤愚杂错，长幼失叙，其所由来，情乱之也。故明君悟之，求贤如饥渴，受谏而不厌，抑情损欲，以义割恩[⑳]，上无偏谬[㉑]之授，下无希冀之望。宜加三思，含垢藏疾[㉒]，以成仁覆之大。"权省书流涕。

【注释】

①张纮（公元151年~公元211年）：字子纲，广陵人，东吴谋士。孙策平定江东时亲自登门邀请，张紘遂出仕为官。

②广陵：古郡名，魏晋南北朝时期长江北岸重要都市和军事重镇。三国时吴置广陵县于今扬州。

③临困：犹临终。

④留牋：指人臣死时留下的奏章。即遗表。牋，音尖。

⑤比隆：同等兴盛。

⑥至于其治，多不馨香：卢弼注引《尚书·君陈篇》曰："至治馨香，感于神明。"

⑦贤佐：贤明的辅臣。

⑧暗：不明了，不了解。

⑨治体：治国的纲领、要旨。

⑩不胜：制伏不住。

⑪惮难：畏难。

⑫趣：趋向，归向。

⑬治道：治理国家的方针、政策、措施等。

⑭"传曰"下二句：语出《国语·周语下》："谚曰：从善如登，从恶如崩。"意谓为善如登山那样不易，为恶如山崩那样容易。

⑮奕世：累世，代代。

⑯八柄：古代帝王统驭臣下的八种手段，即爵、禄、予、置、生、夺、废、诛。《周礼·天

官·大宰》:"以八柄诏王驭群臣:一曰爵,以驭其贵;二曰禄,以驭其富;三曰予,以驭其幸;四曰置,以驭其行;五曰生,以驭其福;六曰夺,以驭其贫;七曰废,以驭其罪;八曰诛,以驭其过。"

⑰虽则有衅:卢弼注:通鉴"虽"作"离"。胡三省注:"言纳忠而不合于上,则上下之情离,衅隙由此而生也。"有衅,有嫌隙,有怨恨。衅,音信。

⑱缘间:乘隙。

⑲小忠:在小事上效忠献媚。

⑳以义割恩:弃绝私恩。

㉑偏谬:偏颇不公。

㉒含垢藏疾:包容污垢,藏匿恶物。形容宽仁大度。语出《左传·宣公十五年》:"山薮藏疾……国君含垢。"

【译文】

张纮,字子纲,广陵郡人。孙权任命他为长史。后因病去世,临终时给孙权留下奏章说:"自古以来有国有家者,都想实施德政来达到与古代盛世同样的兴盛,但是他们治理的成果,大多都不美好。这不是因为没有忠诚贤明的辅臣,也不是因为他们不懂得治国的要领,而是由于君主不能克制自己的私情,不能使用忠臣良辅和正确的治国之道罢了。人之常情总是害怕困难而趋向容易,喜欢与自己相同的意见,而讨厌与自己不同的意见,这与治理国家的原则刚好相反。《国语》中说:'为善如登山那样不易,而为恶却像山崩那样容易。'说的就是为善的不易。君主承接累世传下来的基业,据有天然的优势,掌握着驾驭群臣的权威,习惯于趋易赞同的欢悦,不愿听取他人的意见。然而忠臣怀有的是难以被接受的方法,吐露的是君主不爱听的言语,那么忠臣与君主之间不和谐,不就是很自然的吗?君臣之间不和谐就会产生嫌怨,诡辩之人便有机可乘,君主被他们在小事上的忠君表现所迷惑,留恋于平日的感情和亲爱,使贤愚混杂,长幼尊卑失去秩序。这一切的由来,都是私情扰乱的。英明的君主明白这一点,所以寻求贤才如饥似渴,接受劝谏从不厌烦,克制私情、减少欲望,用大义来割舍私恩,使上面没有偏颇不公的封官授爵现象,下面也没有非分企图的奢望。(希望您)对这些事应加以三思,以宽宏的度量包容臣下的缺点,以成就仁德遍覆天下的大业。"孙权看到这封信流下了眼泪。

【原文】

吕蒙[①],字子明,汝南[②]人也。拜虎威将军[③]。关羽讨樊[④],权遣蒙到南郡,糜芳[⑤]降。蒙入据城,尽得羽及将士家属,蒙皆抚慰过于平时,故羽吏士无斗心,皆委[⑥]羽降,荆州遂定,以蒙为南郡守。蒙疾发,权时在公安[⑦],迎置内殿[⑧],所以治护[⑨]者万方[⑩],募封内[⑪],有能愈蒙疾者,赐千金。时有减加[⑫],权为之惨感[⑬],欲数见其颜色,又恐其劳动,常穿壁瞻[⑭]之,见其小能下食则喜,顾左右言笑,不然则咄唶[⑮],夜不能寐。病中瘳[⑯],为下赦令[⑰],令群臣毕贺。后更增笃,权自临视[⑱]。卒,权哀痛(旧痛下有心字。删之)甚。

【注释】

①吕蒙:汝南富陂(今安徽阜南吕家岗)人。东吴名将。

②汝南:郡名。西汉初年置。元延、绥和之际(公元前12年~公元前8年),领三十七县,郡治平舆(今河南省平舆县北),属豫州刺史部。辖境大致相当于今河南东南部、安徽阜阳一带。

③虎威将军:三国时期将军名。杂号将军之一,与军师将军、牙门将军、讨逆将军平级,魏、蜀、吴皆有此军号。

④关羽讨樊:事在建安二十四年(公元219年)。樊,古地名。樊城的省称。在今湖北省襄樊市。

⑤麋芳:又作糜芳,字子方,东海朐(今江苏连云港)人。本为徐州牧陶谦部下,后随兄长麋竺一同投奔刘备。刘备称汉中王时,麋芳为南郡太守,与关羽不和。后麋芳因未完成供给军资的任务而被关羽责骂,心中不安,在吴军的引诱下与将军士仁投降东吴。

⑥委:抛弃,舍弃。

⑦公安:县名,始建于汉高祖五年(公元前202年),时名孱陵县。

⑧内殿:皇帝召见大臣和处理国事之处。因在皇宫内进,故称。

⑨治护:治疗护理。

⑩万方:多种方法。

⑪封内:泛指国内或辖境之内。

⑫减加:《三国志·吕蒙传》原文作"针加"。针,同"针"。

⑬惨戚:悲伤凄切。

⑭瞻:观察,察看。

⑮咄唶:音多戒,叹息。

⑯瘳:音抽,病愈。

⑰赦令:旧时君主发布的减免罪刑或赋役的命令。

⑱临视:亲临省视。

【译文】

吕蒙,字子明,汝南郡(富陂县)人,被拜为虎威将军。关羽率军征讨(魏国的)樊城时,孙权派吕蒙领兵至南郡,南郡太守麋芳投降。吕蒙进入南郡并占领城池,俘虏了关羽及其将士的全部家属,吕蒙对他们都加以抚慰,比平日更为优待,因此关羽的将士没有了斗志,都抛弃关羽而投降,荆州于是就平定了。孙权任命吕蒙为南郡太守,这时吕蒙疾病发作,而孙权当时尚在公安,就把吕蒙接来安置在自己的宫殿。采用了各种方法为他治疗护理,招募境内有能治好吕蒙之病的人,就赏赐给他千金。治病过程中时常要用到针灸,孙权因之为他悲凄忧伤,想多看看吕蒙的气色,又怕吕蒙因施礼而劳累身体,于是经常通过墙壁上凿开的小洞来看望他,看到吕蒙稍微能吃些东西就欢喜,并回过头对左右的人又说又笑；否则，就会叹息，夜不能眠。吕蒙的病情曾一度好转，孙权专门为此下达赦令，又让群臣都来道贺。后来吕蒙病情加重，孙权亲临探视。吕蒙去世，孙权非常悲痛。

【原文】

吕范[①]，字子衡，汝南人也。迁前将军[②]。初，策使范典主[③]财计[④]，权时年少，私从有求，范必关白[⑤]，不敢专许[⑥]，当时以此见望[⑦]。权守阳羡[⑧]长，有所私用[⑨]，策或料覆[⑩]，功曹[⑪]周谷辄为传着簿书[⑫]，使无谴问[⑬]，权临时悦之。及后统事，以范忠诚，厚见信任；以谷能欺更簿书，不用也。

【注释】

①吕范(？~公元228年)：字子衡，汝南细阳人，东吴将领，官至前将军、扬州牧，追赠大司马。

②前将军：官名。战国已有，秦因之，汉不常置。三国时常设的高级将军位，负责京师兵卫和边防屯警。位次于九卿，而高于杂号将军。

③典主：掌管，统理。

④财计：财货。计，登记财物的簿册。

⑤关白：报告。

⑥专许：擅自许诺。

⑦望：怨恨。卢弼注引胡三省曰："望，责望也，怨望也。"

⑧阳羡：县名。古称荆溪、荆邑，秦始皇二十六年(公元前221年)置阳羡县，属会稽郡。东汉时设吴郡，阳羡属吴郡，约在今江苏宜兴。

⑨私用：自用。

⑩料覆：清查复核。

⑪功曹：官名。亦称功曹史。西汉始置，为郡守、县令的主要佐吏。主管选署功劳。东汉各州亦有功曹，而名称略有变更。历代沿置。

⑫簿书：记录财物出纳的簿册。

⑬谴问：责问。

【译文】

吕范，字子衡，汝南郡(细阳县)人，升任前将军。起初，孙策让吕范掌管财务，孙权当时还年轻，私下向他要钱，吕范必定要先向孙策报告，不敢擅自答应，当时因此而受到孙权的怨恨。孙权代理阳羡县长时，曾私用财物，孙策有时进行核查，县功曹周谷就替孙权补写账目，使孙权不至于被责问，孙权当时很喜欢周谷。等后来孙权统理政事时，因吕范忠诚，所以很受信任；又因周谷能作假更改账目，所以不予任用。

【原文】

虞翻[①],字仲翔,会稽[②]人也。孙策命为功曹,待以交友[③]之礼。孙权以为骑都尉[④]。数犯颜[⑤]谏争[⑥],权不能悦,又性不协俗,多见谤毁[⑦]。权既为吴王[⑧],欢宴之末,自起行酒[⑨],翻伏地阳[⑩]醉,不持。权去,翻起坐。权于是大怒,手剑[⑪]欲击之,侍坐者莫不遑遽[⑫],惟大司农刘基[⑬]起抱权谏曰:"大王以三爵[⑭]之后,手杀善士,虽翻有罪,天下孰知之?且大王以能容贤畜[⑮]众,故海内望风[⑯],今一朝弃之,可乎?"权曰:"曹孟德杀孔文举[⑰],孤于虞翻何有哉?"基曰:"孟德轻害士人,天下非之。今大王躬行德义,欲与尧舜比隆,何得自喻[⑱]于彼乎?"翻由是得免。权因敕左右,自今酒后言杀,皆不得杀,翻性疏直[⑲],数有酒失[⑳],权积怒非一,遂徙[㉑]翻交州[㉒]。

【注释】

①虞翻(公元164年~公元233年):字仲翔,会稽余姚(今浙江余姚)人。三国时吴国学者、官员。

②会稽:郡名。在今江浙地区。秦置,郡治吴县(今苏州),今江苏省东部及浙江省西部地。

③交友:朋友。

④骑都尉:官名。汉武帝始置。两汉均置,属光禄勋,秩比二千石,掌鉴羽林骑,无定员。

⑤犯颜:旧谓敢于冒犯君王或尊长的威严。

⑥谏争:直言规劝,使人改正过错。争,通"诤"。

⑦谤毁:毁谤。

⑧权既为吴王:公元222年,魏文帝曹丕赐给孙权九锡,册封其为吴王、大将军、领荆州牧,使其节督荆扬交三州诸军事。

⑨行酒:依次斟酒。

⑩阳:假装。

⑪手剑:以手执剑。

⑫遑遽:惊惧不安。

⑬大司农刘基:大司农,官名。秦置治粟内史,汉景帝时改称大农令,武帝太初元年更名大司农。掌租税钱谷盐铁和国家的财政收支,为九卿之一。刘基(公元183年~公元231年),字敬与,东汉扬州刺史刘繇长子,曾任吴国大司农,官至光禄勋,深得孙权信任。

⑭三爵:三杯酒。爵,雀形酒杯。卢弼注引胡三省曰:"古者臣侍君宴,不过三爵,惧其失节也。"

⑮畜:容纳,容留。

⑯望风:远望,仰望。

⑰曹孟德杀孔文举:此指建安十三年(公元208年),曹操杀孔融一事。孔文举,孔融

（公元153年~公元208年），字文举，鲁国（今山东曲阜）人，东汉文学家，建安七子之首，为孔子第二十世孙。建安元年，任将作大匠，迁少府，又任大中大夫。性好宾客，喜抨议时政，言辞激烈，后因触怒曹操，被杀，终年五十五岁。

⑱自喻：自譬，自比。

⑲疏直：正直，坦率；粗疏率直。

⑳酒失：酒后的过失。

㉑徙：古代称流放的刑罚。

㉒交州：古地名，汉武帝时置交趾刺史部，包括今越南北、中部和广西部分地区。

【译文】

虞翻，字仲翔，会稽郡（余姚县）人。孙策任命他为功曹，以朋友的礼节对待他。孙权任命虞翻为骑都尉。虞翻多次冒犯孙权的威严直言劝谏，孙权很不高兴。加上其性格不愿迎合世俗，故常遭人毁谤。孙权当了吴王后，在庆贺酒宴结束前，亲自起身为群臣依次斟酒，虞翻趴在地上假装醉了，不举杯接酒。孙权离开后，虞翻又起身坐好。孙权于是勃然大怒，亲手拔剑要杀他，在座者无不惊慌失措，只有大司农刘基起身抱住孙权，劝谏说："大王在酒过三巡后杀死有德之人，即使虞翻有罪，天下又有谁知道呢？而且大王因为能容纳贤才、包容大众，所以海内人士无不仰慕，如今一下子抛弃这些，可以吗？"孙权说："曹操尚且杀了孔融，我对虞翻又有什么杀不得的！"刘基说："曹操轻易杀害士人，天下人都责备他。如今大王亲自实行仁德道义，希望与尧、舜相媲美，怎么能拿自己与曹操相比呢？"虞翻因此得以免死。孙权于是告诫左右，从今以后凡酒后命令杀人，都不能杀。虞翻性格粗疏率直，多次在酒后犯下过失，孙权对虞翻积累的怨怒不止一次，于是就把虞翻流放到了交州。

【原文】

张温[①]，字慧恕[②]，吴[③]人也。容貌奇伟[④]。权延见[⑤]，文辞占对[⑥]，观者倾竦[⑦]，权改容[⑧]加礼。拜议郎[⑨]、选曹尚书[⑩]，以辅义中郎将[⑪]使蜀[⑫]。还，权既阴衔[⑬]温称美蜀政，又嫌其声名太盛，众庶[⑭]炫惑[⑮]，恐终不为己用，思有（旧无有字，补之）以中伤[⑯]之，会暨艳[⑰]事起，遂因此发举[⑱]。艳，字子休，亦吴郡人也，温引致[⑲]之，以为选曹郎[⑳]，至尚书。艳性狷厉[㉑]，好为清议[㉒]，见时郎署[㉓]杂浊，多非其人，欲令臧否[㉔]区别，贤愚异贯[㉕]；弹射[㉖]百僚，覈选[㉗]三署[㉘]，率皆贬高就下，其居位贪鄙[㉙]，志节污卑[㉚]者，皆以为军吏，置营府[㉛]以处之。而怨愤之声积，浸润之谮[㉜]行矣，竞言艳及选曹郎徐彪，专用私情憎爱[㉝]，不由公理。艳、彪皆坐自杀[㉞]。温宿与艳、彪同意，数交书疏，闻问[㉟]往还，即罪温。权幽[㊱]之有司，斥还[㊲]本郡。

【注释】

①张温：字惠恕，吴郡吴（今江苏苏州）人，三国时吴国大臣。

②慧恕:《三国志·张温传》原文作"惠恕"。

③吴:指吴县,东汉永建四年设吴郡,郡治吴县。约在今江苏省苏州市。

④奇伟:奇特壮美,奇异不凡。

⑤延见:召见,接见。

⑥占对:应对,对答。

⑦倾竦:惊讶,惊异。

⑧改容:改变仪容,动容。

⑨议郎:官名。郎官的一种。秦置。西汉沿置,掌顾问应对,无常事。属于光禄勋,秩比六百石,与中郎相同,高于侍郎、郎中。

⑩选曹尚书:列曹尚书之一,掌选拔官吏事。汉承秦制,设尚书,属少府。汉成帝时,设四尚书,分四曹办事。汉光武帝时,改常侍曹为吏曹,掌选举祠祭事。魏改选部为吏部。

⑪辅义中郎将:官职名。洪饴孙曰:"辅义中郎将一人,吴所置。"

⑫使蜀:事在黄武三年(公元224年)。

⑬衔:怀恨。

⑭众庶:众民;百姓。

⑮炫惑:迷乱,困惑。

⑯中伤:诬蔑别人使受损害。

⑰暨艳(?~公元224年):音记燕,字子休,吴郡(今江苏苏州)人。三国时吴官吏。

⑱发举:揭发,检举。

⑲引致:引荐罗致,使之来。

⑳选曹郎:官职名,三国吴置尚书郎,分曹治事,有选曹郎。

㉑狷厉:气量狭窄而严厉。

㉒清议:对时政的议论。

㉓郎署:汉唐时宿卫侍从官的公署。

㉔臧否:善恶。

㉕贯:序次。

㉕弹射:指摘。

㉗覈选:审核选择。

㉘三署:汉时五官署、左署、右署之合称。

㉙居位贪鄙:居位,居官任职。贪鄙,贪婪卑鄙。

㉚志节污卑:志节,志向和节操。污卑,卑污。谓品行卑劣,心地肮脏。

㉛营府:武将的府第。

㉜浸润之谮:比喻暗中诽谤别人的坏话。浸润,指谗言。谮,谗毁,诬陷。

㉝憎爱:憎恨与喜爱。

㉞坐自杀:卢弼注引胡三省曰:"坐自杀,谓赐死也。"

㉟闻问：通音问，通消息。

㊱幽：囚禁。

㊲斥还：贬斥并使之回去。

【译文】

张温，字慧恕，（吴郡）吴县人，容貌不凡。孙权召见他，张温言辞答对很有文采，旁观的人都很惊讶，孙权也肃然起敬，厚礼相待。任命他为议郎、选曹尚书，让他以辅义中郎将的身份出使蜀国。回来后，孙权既对张温称赞蜀国的政治怀恨在心，又嫌他的声名过于显赫，使百姓受到迷惑，怕他终究不能被自己所用，便想找个机会整治他。恰巧暨艳获罪之事发生，就借此揭发张温。暨艳，字子休，也是吴郡人。张温引荐他，任命为选曹郎，后来升任选曹尚书。暨艳性格严厉，气量狭窄，喜欢对时政发表议论。他看到当时的郎署中人员混杂，多数官员都不称职，就想使好人坏人有所区别，将贤才和愚人按类分开。他抨击百官，审核选拔三署的官员，大都从较高位置贬到低位，那些身居官位却贪婪卑鄙、志趣节操污浊卑下的人，都被贬为军中官吏，并设置营府来安置他们。然而怨恨之声越来越多，谗言也逐渐兴起。大家竞相传言暨艳和选曹郎徐彪，专凭个人感情办事，好恶不依照公理。暨艳、徐彪都因此获罪被赐死。张温一向与暨艳、徐彪二人志同道合，有过多次书信往来，互通音讯，于是就给张温定罪。孙权把张温囚禁在有关部门，之后将他贬回到原籍所在之郡。

【原文】

骆统[①]表理[②]温曰："伏惟[③]陛下，天生明德，神启圣心，招髦秀[④]于四海，置俊乂[⑤]于宫朝，多士[⑥]既受普笃[⑦]之恩，张温又蒙最隆之施[⑧]。而温自招罪谴[⑨]，孤负荣遇[⑩]，念其如此，诚可悲疚[⑪]。然臣周旋之间，为国观听，深知其状，故密陈其理。温实心无他情，事无逆迹[⑫]，但年纪尚少，镇重[⑬]尚浅，而戴赫烈[⑭]之宠，体卓伟[⑮]之才，亢[⑯]臧否之谈，效[⑰]褒贬之议。于是务势者妒其宠，争名者嫉其才，玄嘿[⑱]者非其谈，瑕衅[⑲]者讳其议。此臣下所当详辩[⑳]，明朝[㉑]所当究察[㉒]也。在昔，贾谊至忠之臣也；汉文，大明之君也。然而绛、灌[㉓]一言，贾谊远退。何者？疾[㉔]之者深，谮[㉕]之者巧也。然而误闻于天下，失彰于后世。故孔子曰：'为君难，为臣不易[㉖]。'温虽智非从横[㉗]，武非虓虎[㉘]，然其弘雅[㉙]之素，英秀[㉚]之德，文章之采，论议[㉛]之辩，卓踪冠群[㉜]，炜晔[㉝]曜世，世人未有及之者也。故论温才即可惜，言罪则可恕。若忍威烈[㉞]以赦[㉟]盛德，宥[㊱]贤才以敦[㊲]大业，固明朝之休光[㊳]，四方之丽观[㊴]也。"

【注释】

①骆统（公元 193 年~公元 228 年）：字公绪，会稽乌伤（今浙江义乌）人。年二十，为乌程相，有政绩，民户过万。迁为功曹，行骑都尉。曾劝孙权尊贤纳士，省役息民。出为建忠中郎将。凌统卒，领其兵。后因战功迁偏将军，封新阳亭侯，任濡须督。黄武七年（公元 228 年）卒，终年三十六岁。

②理：申诉，辩白。

③伏惟：下对上的敬辞。多用于奏疏或信函。谓念及，想到。

④髦秀：才俊之士。

⑤俊乂：才德出众的人。

⑥多士：古指众多的贤士。也指百官。

⑦笃：深厚。

⑧施：恩惠。

⑨罪谴：犯罪而受谴；罪责。

⑩孤负荣遇：孤负，违背，对不住。荣遇，谓荣获君主知遇而显身朝廷。

⑪悲疚：犹悲痛。

⑫逆迹：劣迹。罪恶的行迹。

⑬镇重：犹庄重。

⑭赫烈：显著盛多貌，显赫貌。

⑮卓伟：高超伟大。

⑯亢：高。

⑰效：显示，呈现。

⑱玄嘿：嘿，同默，谓沉静不语。

⑲瑕衅：指罪过，过失。

⑳详辩：《三国志·张温传》原文作“详辨”。

㉑明朝：盛明之朝。诗文中常称本朝为“明朝”。

㉒究察：研究审察。

㉓绛、灌：汉绛侯周勃与颍阴侯灌婴的并称。均佐汉高祖定天下，建功封侯。二人起自布衣，鄙朴无文，曾谗嫉陈平、贾谊等。

㉔疾：妒忌。

㉕谮：谗毁，诬陷。

㉖为君难，为臣不易：语出《论语·子路》。

㉗从横：合纵连横。

㉘虓虎：咆哮怒吼的虎。多用来比喻勇士猛将。虓，音消。

㉙弘雅：高雅。

㉚英秀：优美，高尚。

㉛论议：对人或事物的好坏、是非等所表示的意见。

㉜卓跞冠群：卓跞，卓荦；超绝出众。跞，音洛。冠群，超出众人。

㉝炜晔：美盛貌。

㉞威烈：威严。

㉟赦：免除和减轻刑罚。

㊱宥：宽容，饶恕。

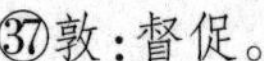

㊲敦：督促。

㊳休光：盛美的光华。亦比喻美德或勋业。

㊴丽观：比喻美德或勋业。

【译文】

将军骆统上奏为张温申诉说："臣想到陛下具有天生的美德，神灵启迪的圣心，从四方招纳优秀人才，将俊杰之士安置在朝廷。众多贤士都受到您普遍而深厚的恩德，其中张温又蒙受了最为隆重的恩惠。然而张温却自招罪责，辜负了您赐予的殊荣。想到他会这样，实在令人悲痛。然而臣周旋其间，为国家观察探听，深深了解其中的情况，所以才秘密地向您禀报其中的情况。张温心中确实没有其他的想法，所做的事情也没有叛逆的行迹，只是因为他年纪尚轻，还不够稳重，却承受了显赫的荣宠。具有卓越的才能，高声谈论他人的善恶得失，呈现出褒贬是非的议论，于是追求权势的人忌妒他的荣宠，争求名声的人妒忌他的才能；沉默不语的人非议他的言谈，有罪过的人厌恶他的评论。这些都是臣下应当详细分辨，圣明的朝廷应当深究细察的。在从前，贾谊是极为忠诚的臣子，汉文帝是非常英明的君主，然而周勃、灌婴一句话，贾谊就被贬到偏远之地。为什么呢？是因为人们对他的妒忌很深，诬陷的方法也很巧妙的缘故。虽然如此，汉文帝的过失还是被传遍了天下，其名声在后世也遭受了损失。孔子说'当君主难，做臣子也不容易'。张温的智谋虽然比不上战国时的纵横谋士，其勇武也不及猛虎一般的战将，然而他那高雅的气质、优秀的品德、文章的华美、议论的明辨，可说是卓越超群，盛名显耀于当世，如今的人没有能比得上他的。因此，论张温的才能则是值得爱惜的，论其罪过也是可以饶恕的。如果陛下能抑制威怒来赦免他，宽恕贤才以促进帝王大业，这确实是盛明之朝的功业，也将成为天下的美德。"